林强 主编

耕耘与收获

广西文物保护与考古研究所 编

百色盆地旧石器考古发现与研究 50 周年文集

上海古籍出版社

图书在版编目(CIP)数据

耕耘与收获:百色盆地旧石器考古发现与研究50周
年文集/广西文物保护与考古研究所编;林强主编. ——
上海:上海古籍出版社,2023.12
(广西文物保护与考古研究所学术丛书)
ISBN 978-7-5732-1016-6

Ⅰ.①耕… Ⅱ.①广… ②林… Ⅲ.①百色盆地—旧
石器时代考古—文集 Ⅳ.①K871.114-53

中国国家版本馆 CIP 数据核字(2024)第 008814 号

广西文物保护与考古研究所学术丛书

耕耘与收获
——百色盆地旧石器考古发现与研究 50 周年文集
广西文物保护与考古研究所　编
林　强　主编
上海古籍出版社出版发行
(上海市闵行区号景路 159 弄 1-5 号 A 座 5F　邮政编码 201101)
(1)网址:www.guji.com.cn
(2)E-mail:guji1@guji.com.cn
(3)易文网网址:www.ewen.co
上海雅昌艺术印刷有限公司印刷
开本 787×1092　1/16　印张 33.75　插页 15　字数 730,000
2023 年 12 月第 1 版　2023 年 12 月第 1 次印刷
ISBN 978-7-5732-1016-6
K·3539　定价:228.00 元
如有质量问题,请与承印公司联系

本书编委会

主　　编：林　强

副主编：吴　颉　韦　革　赖兰芳

执行主编：谢光茂

享有"考古富矿"之称的百色盆地的绮丽风光

20世纪七八十年代,右江民族博物馆曾祥旺带队在百色盆地进行了广泛的考古调查,发现了几十处旧石器遗址,采集了数以千计的石制品。图为1989年劳聪辉调查百色谢么遗址

1991年,广西壮族自治区博物馆谢光茂(右)和广西自然博物馆王頠在百色调查那模遗址

2005年，中国科学院古脊椎动物与古人类研究所侯亚梅研究员（左一）和美国史密森研究院国家自然博物馆理查德·波茨博士在百色盆地进行野外考察

中国科学院古脊椎动物与古人类研究所黄慰文研究员（右）和地质与地球物理研究所袁宝印研究员（左）对百色旧石器遗址进行了长期考察和研究。图为2005年二人在田阳那赖遗址观察出土石器的地层

1988 年,中国科学院古脊椎动物与古人类研究所黄慰文研究员率领考古队在田东高岭坡遗址进行试掘,在地层中发现了石器。图为当时的发掘场景,坐土埂者为黄慰文

1991 年,中国科学院古脊椎动物与古人类研究所、广西壮族自治区博物馆、中山大学等单位对田东高岭坡遗址进行试掘

1993年，中国科学院古脊椎动物与古人类研究所和广西壮族自治区博物馆联合对百色的百谷遗址进行发掘，首次在原生网纹红土地层中发现与石器共存的玻璃陨石，为解决百色旧石器年代问题带来了突破。图为考古人员正在起取发掘出土的石器（左起：谢光茂、侯亚梅、林强）

1993年，中国科学院古脊椎动物与古人类研究所和广西壮族自治区博物馆联合对田东高岭坡遗址进行发掘，出土石制品400多件

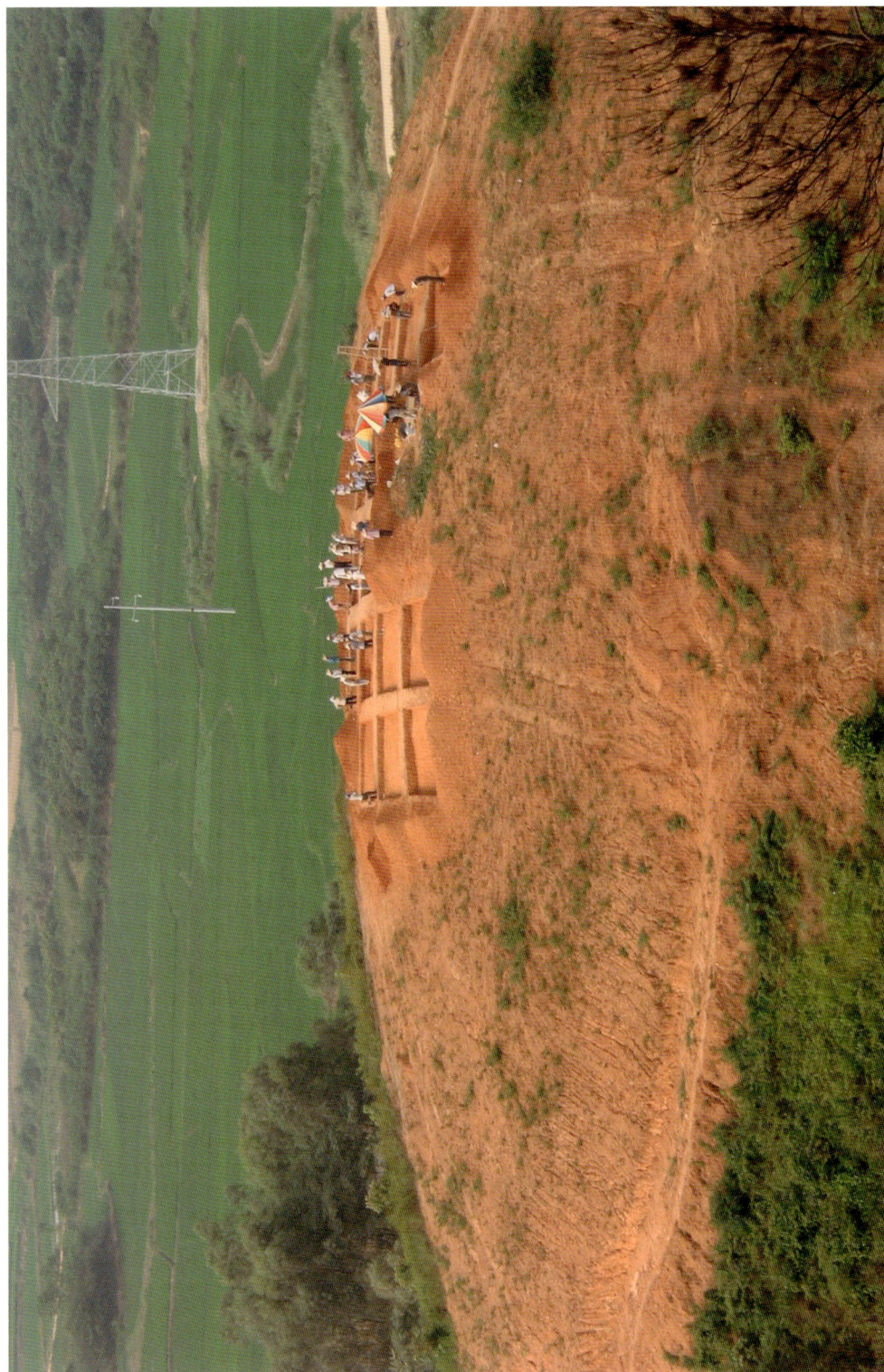

2002 年，广西壮族自治区文物工作队发掘田东百渡遗址

2005年,为配合南宁至百色高速公路建设,广西文物考古研究所对百色大梅遗址进行考古发掘,取得重要收获

2005年,大梅遗址发现的大型石器制造场。制造场面积700多平方米,分布有许多石器加工点,这些加工点就是工匠制作石器的地方

2013 年,田东高岭坡遗址发掘现场

2013 年,广西文物保护与考古研究所发掘田东高岭坡遗址,发现了一处石器制造场。图为制造场的主体部分

2005 年,百色大梅遗址发掘出土的砍砸器

2005 年,百色南半山遗址在同一地层层位出土手斧和玻璃陨石

百色枫树岛遗址发现的手斧(正、背面)

正面

背面

田阳那满遗址发现的手斧(正、背面)

百色南半山遗址出土的手镐

田阳那赖遗址发掘出土的玻璃陨石

百色旧石器的发现引起世人关注。2005年,"百色盆地旧石器研究暨旧大陆早期人类迁徙与演化国际学术研讨会"在百色市隆重举行,来自国内外的专家学者出席了会议

2003 年度国家最高科学技术奖得主、著名地质学家、中国科学院刘东生院士(前)考察百色盆地旧石器遗址

2005 年,考古学家、国家文物局专家组成员、中国科学院古脊椎动物与古人类研究所张森水研究员(前左一)在谢光茂陪同下考察百色盆地旧石器遗址

百色会议期间中外学者考察百色旧石器遗址

2006 年,考古学家北京大学吕遵谔教授(中)及夫人黄蕴平教授(右)在谢光茂陪同下到百色盆地考察旧石器遗址

2010 年，世界著名考古学家、美国科学院院士、美国哈佛大学 Ofer Bar-Yosef 教授（中）在北京大学王幼平教授和广西文物保护与考古研究所谢光茂研究员的陪同下考察百色盆地旧石器遗址

世界著名考古学家、法国法兰西科学院通讯院士、人类古生物研究所所长 Henry de Lumley 教授先后于 2005 年、2013 年和 2017 年参观考察百色盆地旧石器遗址。图为 Henry de Lumley 院士（左二）率领他的研究团队参观田东高岭坡遗址

2014年高岭坡遗址发掘期间，专家领导到现场考察。前排左六：中国科学院古脊椎动物与古人类研究所高星研究员；左七：广西文物保护与考古研究所林强所长；左八：北京大学王幼平教授；左九：中国科学院古脊椎动物与古人类研究所王社江研究员；右一：考古领队谢光茂研究员

· 领导视察 ·

2002年，广西壮族自治区博物馆馆长黄启善（中）考察上宋遗址考古工地

广西壮族自治区文化厅、文物局及广西文物考古研究所领导考察那赖遗址考古工地(2005 年)

广西壮族自治区文化厅陈映红副厅长(右二)在广西壮族自治区博物馆蓝日勇副馆长(右三)及百色市有关领导的陪同下考察大梅遗址考古工地(2005 年)

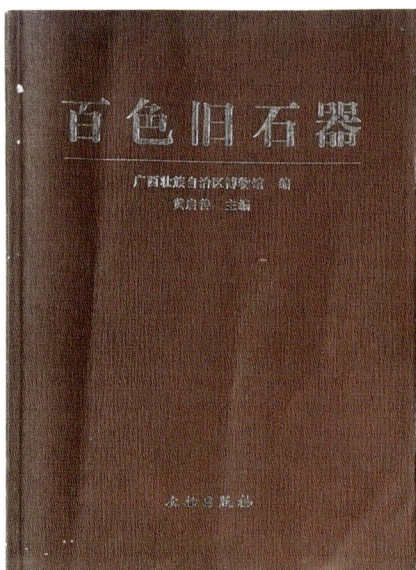

成果之一：《百色旧石器》(专著)

成果之二：《广西百色盆地枫树岛旧石器遗址》(专著)

成果之三：中美科研人员合作研究百色旧石器的成果——《中国南方百色盆地中更新世似阿舍利石器技术》发表在2000年的《科学》杂志上。图为刊登该成果的杂志封面

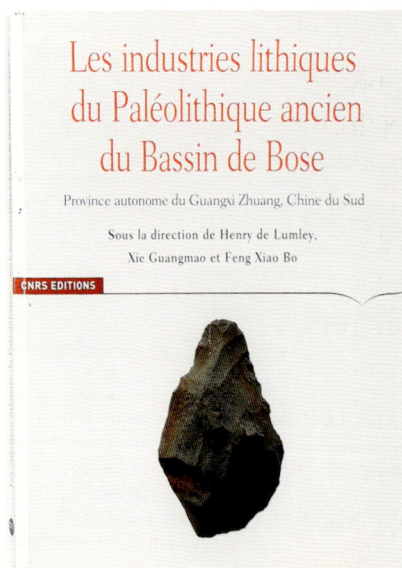

成果之四：广西文物保护与考古研究所和法国人类古生物研究所合作研究百色旧石器的成果——《中国广西百色盆地旧石器工业》2020年在法国巴黎出版

目　录

论　文　篇

广西百色盆地旧石器时代考古综述

谢光茂　林　强

　　百色旧石器是指发现于广西西部百色盆地的旧石器文化遗存,以旧石器时代早期遗存为主体,年代早到距今约 80 万年,晚到旧石器时代晚期。百色旧石器是中国南方最早发现的砾石石器工业,遗址众多且分布集中,石制品材料丰富,年代早,富有特色。百色旧石器多用砂岩、石英岩、石英砾石加工而成,以单面打制为主,制作比较简单,器身多保留或多或少的砾石面,器形粗大,工具类型有砍砸器、手斧、手镐、刮削器等,以砍砸器为主,手斧、手镐最具特色。百色旧石器是一个含手斧的石器工业,且年代早到距今约 80 万年,在中国南方及东南亚地区具有广泛的代表性,因此自发现以来,就引起了国内外学者的广泛关注。几代考古人不畏艰辛,筚路蓝缕,在盆地内做了大量的田野工作,并发表了一批引人瞩目的研究成果。2023 年是百色盆地旧石器发现 50 周年,本文拟对百色盆地旧石器时代考古工作进行梳理和总结,以此作为纪念。

一、调 查 与 发 掘

(一) 调查与考察

　　1973 年,由中国科学院古脊椎动物与古人类研究所、广西壮族自治区博物馆(以下简称广西博物馆)以及广西石油地质队组成的调查组在百色盆地进行地层古生物考察时发现上宋遗址,采集到 11 件石制品,包括 4 件石核、7 件石器[1]。这是百色盆地首次发现的旧石器遗址,成为该盆地旧石器时代考古的开端。此后的调查考察工作可分为三个阶段。

　　第一阶段是 1985 年之前,田野工作主要由广西地方文博单位的专业人员开展。从 1977~1978 年,右江民族博物馆曾祥旺带领调查小组在百色盆地进行广泛调查,发现 71 个旧石器地点,采集到大量石制品[2]。1982~1983 年,广西文物工作队何乃汉带领的百色地区文物普查队在百色盆地进行文物调查时发现更多的石器地点,采集石制品约 1 000 件[3]。

　　第二阶段为 1986 年至 1999 年。自 1986 年起,中国科学院古脊椎动物与古人类研究所黄慰文率领的由中央和地方单位组成的考察队,在盆地内进行了长时间的旧石器遗址的调查和地质考察。调查考察可分为前后两段:前段为 1986~1993 年,这一段的考察队员来自中国科学院古脊椎动物与古人类研究所、中山大学人类学系、广西博物馆（广西壮族自治区文物工作队）、广西壮族自治区自然博物馆（以下简称广西自然博物馆）、百色右江民族博物馆等单位，考察队对盆地内的上宋、东增、南坡山、那模、杨屋、大同、江凤、百谷、大梅、小梅、三雷、公蛇岭、长蛇岭、宦屯、甘莲、檀河等10多处旧石器遗址进行了调查，并对遗址附近的地质地貌进行考察[3]，同时发掘了百谷遗址和高岭坡遗址[4,5]；后段为1994~1999年，队员来自中国科学院古脊椎动物与古人类研究所、中国科学院地质研究所、美国史密斯研究院、广西博物馆、广西自然博物馆、百色右江民族博物馆等，此阶段不仅参加的科研单位数量增加，而且考察队成为国际性的团队，野外工作包括对盆地更大范围的地质地貌调查、田东高岭坡遗址和百色小梅遗址的试掘等[6,7]。

第三阶段为进入21世纪以来，相关单位在盆地进行更多的考古调查。2003年，为配合南宁至百色高速公路工程建设，广西文物工作队会同百色右江民族博物馆、百色市（即现在的百色市右江区）文物管理所、田阳县博物馆、田东县博物馆，对百色盆地沿线进行文物调查，新发现旧石器遗址9处，采集到砍砸器、手镐、手斧、刮削器、石核、石片等石制品1 000多件①。2005年4月，广西壮族自治区文物工作队与百色市右江区文物管理所在广西百色市进行野外文物调查，在澄碧湖水库库区的鸬鹚岛新发现了一处旧石器地点，并采集了部分石制品，其中有砍砸器、刮削器、手镐和手斧等[8]。2005年，广西自然博物馆和百色右江区文物管理所在澄碧湖水库区域调查，发现横山岛、喇叭口等地点，采集石制品130多件，其中手斧33件[7]。2009~2010年，右江民族博物馆在全国第三次文物普查中，于百色盆地新发现旧石器遗址34处，采集石制品743件[9]。

通过上述的调查考察工作，在盆地内共发现旧石器遗址110多处，基本摸清了盆地内旧石器的分布情况。从发现来看，旧石器遗址在盆地分布广泛，从盆地西端的百色上宋到东端的西林都有分布，而以盆地的西部分布最为密集。从遗址或地点所在的阶地看，右江两岸二级至七级阶地都有发现，其中又以四级阶地最为密集，二级、三级阶地发现较少，五级至七级阶地的遗址也少见，而且因侵蚀严重，几乎不见原生地层堆积[6]。

（二）发掘与收获

50年来考古工作者在百色盆地进行了一系列的考古发掘，其大致分为两个阶段。

第一阶段是1973年至1999年。这一阶段主要是小规模的发掘，而且以主动性发掘为主。1979年，广西文物工作队在田东长蛇岭进行试掘，在地层中出土石制品4件，采集到石制品106件，石器有砍砸器、刮削器等[10]。1988~1991年，中国科学院古脊椎动物与古人类研究所、广西博物馆在田东高岭坡遗址进行了两次试掘②，其中1988年的试掘出土石制品69件[11]。1993年，中国科学院古脊椎动物与古人类研究所和广西博物馆联合发掘百色百谷遗址和田东高岭坡遗址，参加发掘的人员还来自广西自然博物馆、百色右江

---

① 资料来源：广西文物工作队.南宁坛洛至百色高速公路文物古迹调查报告（内部资料），2003。

② 谢光茂作为主要参加人员参与了这两次试掘。

民族博物馆等单位①。百谷遗址发掘面积 76 m²,出土 70 件石制品和 6 件玻璃陨石;高岭坡遗址发掘面积 20 m²,出土 433 件石制品和 3 件玻璃陨石②[4,5]。1994 年,广西文物工作队发掘田东坡西岭遗址,发掘面积 800 m²,出土 244 件石制品和 4 件玻璃陨石,石器包括砍砸器、手镐、刮削器等[12]。1996 年,中国科学院古脊椎动物与古人类研究所、中国科学院地质研究所、美国史密斯研究院、广西自然博物馆等在小梅进行试掘,出土 36 件石制品和 2 件玻璃陨石[6,7]。1997 年,广西文物工作队对田阳赖奎遗址进行发掘,分为三个发掘区,分别位于第二、第三、第四级阶地上,发掘面积共 161 m²,三个发掘区共出土石制品 141 件[4]。

第二阶段是进入 21 世纪以来。除了主动性发掘外,一系列配合基本建设的考古发掘相继开展,而且发掘规模大,参加单位多。2002 年 8—9 月,广西文物工作队发掘田东百渡遗址,分为两个发掘区,共揭露面积 700 m²,出土石制品 1 500 件,包括砍砸器、手镐、刮削器等;在 B 区还发现一个石英制品分布面[13]。2002 年冬,广西文物工作队为配合高速公路建设,发掘百色上宋遗址,分为 A、B 两个发掘区,总揭露面积 1 000 m²,共出土石制品 185 件和玻璃陨石 106 件,石器包括砍砸器、手镐、刮削器等[14]。2002 年,中国科学院古脊椎动物与古人类研究所会同百色右江民族博物馆对百色杨屋遗址进行发掘,发掘面积约 140 m²,出土石制品 58 件,玻璃陨石 31 件③。2004~2005 年,广西自然博物馆发掘百色枫树岛遗址,发掘面积约 50 m²,出土石制品 88 件和玻璃陨石 9 件,石器包括手斧、手镐等[7]。

2005 年,为配合南宁至百色高速公路建设,由广西文物考古研究所主导,中国科学院古脊椎动物与古人类研究所、中国社会科学院考古研究所、广东省文物考古研究所(院)、广西自然博物馆等 9 个中央和地方文博科研单位参加,对百色盆地工程建设涉及的 11 个遗址进行抢救性考古发掘[15,16]。比较重要的发现有如下几个遗址。

六怀山遗址:发掘单位为中国科学院古脊椎动物与古人类研究所,分为 A、B 两个发掘区,发掘面积 1 000 m²,共出土石制品 136 件,砾石 37 件,石制品种类有石器、石核、石片、断块,石器包括手镐和砍砸器[17]。

大梅遗址:发掘单位为广西文物考古研究所,对位于不同阶地的三个地点进行发掘,总揭露面积 6 000 m²,出土的石制品共一万多件,发现旧石器时代晚期大型石器制作场和 2 处用火遗迹④[18]。

南半山遗址:发掘单位为广西自然博物馆,发掘面积 2 500 m²,出土石制品 176 件,玻璃陨石 155 件,石制品类型包括石锤、石核、石片、砍砸器、手镐、刮削器等[19]。

---

① 有的文章(Wang et al., 2014;Lei et al., 2021)说美国学者参加了 1993 年百谷、高岭坡两个遗址的发掘,这是不对的。谢光茂参加了这两个遗址的发掘,而且百谷遗址还是谢光茂主持发掘的。1994 年之前,百色盆地旧石器考古工作没有任何国外学者参加,从 1994 年开始才有国外学者参与进来。

② 这 3 件实际上不是玻璃陨石,而是炭化橄榄核外壳碎片,是出自棕红色土层(而不是下伏的原生网纹红土层),当时谢光茂就提出不同的看法。谢光茂在此之前曾多次参加广西新石器时代大石铲遗址的发掘,此类遗址经常发现这种炭化橄榄核外壳碎片,其质地和颜色跟玻璃陨石很相似,但硬度比后者低。

③ 资料由发掘领队侯亚梅提供。

④ 大梅遗址是谢光茂主持发掘的。第一地点发表了简报,第二、第三地点的报告尚未发表。

那满遗址：发掘单位为广东省文物考古研究所(院)，发掘面积 1 000 m²，出土石制品 112 件，石器类型包括砍砸器、刮削器、手镐、薄刃斧、尖状器等，发现 2 处人类活动面[20]。

那赖遗址：由广西文物考古研究所、柳州白莲洞博物馆、柳州市文物考古队联合发掘，发掘面积达 4 000 m²，分为南、北、东三个发掘区，发现旧石器时代晚期的石器加工点、用火遗迹等，共出土石制品约 3 000 件，玻璃陨石 300 余件[16,21]。

坡洪遗址：由中国社会科学院考古研究所、柳州市博物馆共同发掘，分 A、B 两个发掘区，总发掘面积 1 000 m²，发现多处用火遗迹，共出土石制品 500 多件，玻璃陨石 5 件①[22]。

2011 年，为配合百色至靖西高速公路工程建设，广西文物保护与考古研究所会同田阳县博物馆发掘了田阳红塘坡遗址和烟山遗址。红塘坡遗址发掘总面积 2 500 m²，共出土文化遗物约 300 件，石制品种类有手镐、砍砸器、刮削器、石锤、石片等；烟山遗址发掘面积 500 m²，出土了石制品 100 多件，种类有砾石、打击砾石、石核、石片、石器和断块等，其中石器类型有手镐、砍砸器和刮削器②。2013~2014 年，广西文物保护与考古研究所会同田东县博物馆对田东高岭坡遗址再次进行发掘，发掘面积 200 m²。此次发掘从遗址的地表往下一直发掘到砾石层，揭露出厚度超过 7 m 的完整的地层序列，发现一个小型石器制造场和一处用火遗迹，在不同地层发现了包括砍砸器、手镐、刮削器等工具在内的石制品 800 多件，文化遗存涵盖了旧石器和新石器两个时代。根据地层关系和石制品的特征及测年结果，旧石器时代文化遗存可分为三期，第一期的年代早于或等于距今 803 ka，第二期为距今 15 ka，第三期约为距今 10 ka[23]。2018 年，中国科学院古脊椎动物与古人类研究所对田东六林岭遗址进行试掘，共开 7 个探方和 1 条探沟，面积 28 m²(不包括探沟)，共获得石制品 182 件(其中地层出土 40 件，采集 142 件)，石器包括砍砸器、手镐和刮削器等[24]。

2022 年，为配合百色水库灌区工程建设，广西文物保护与考古研究所对百色盆地工程涉及的 6 个旧石器遗址进行了抢救性考古发掘，在不同地层发现了大量石制品，其中原生网纹红土地层出土了手斧和玻璃陨石。比较重要的发现有大梅遗址和火烧山遗址③。大梅遗址发掘面积 600 m²，出土了石制品 200 多件，种类有石核、石片、断块、石器，石器包括砍砸器、刮削器、手镐。火烧山遗址发掘面积近 850 m²，分 A、B、C 三个发掘区，共出土石制品 6 000 余件，玻璃陨石数十件，石制品种类有砍砸器、刮削器、手斧、手镐、石核、石片、断块等。

从 1973 年上宋遗址发现至今，共发掘了 26 处遗址，总揭露面积超过 2.4 万 m²，出土石制品约 2.6 万件，玻璃陨石 600 多件，还发现多处石器制造场或石器加工点、用火遗迹等。其中在枫树岛、坡洪、南半山、那赖、高岭坡、火烧山、小梅等遗址出土了手斧，而且在

———————

①　B 区资料来源：中国社会科学院考古研究所华南一队. 广西田东坡洪遗址 B 区发掘完工报告(2005 年)。

②　资料来源：广西文物保护与考古研究所. 百色至靖西高速公路工程建设范围内考古发掘完工报告(2011 年)。

③　资料来源：广西文物保护与考古研究所. 广西桂西北治旱百色水库灌区工程建设用地范围考古发掘完工报告(2023 年)。

枫树岛、南半山、那赖、火烧山等遗址的原生网纹红土中还发现玻璃陨石和手斧等石器共存的现象。二级阶地、三级阶地和四级阶地的原生地层均出土了旧石器。这些发掘和发现为建立百色旧石器的年代框架及文化发展序列提供了丰富的实物资料。

二、研　究　成　果

50 年来,考古工作者及相关人员除了在盆地做了大量的田野工作外,还进行了持续不断的研究,取得了一系列引人注目的研究成果。据不完全统计,已在国内外公开发表的关于百色盆地旧石器时代考古的报告、论文近百篇,出版专著 4 部,涉及领域有考古学、地质学、地貌学、年代学、遗址保护等。这些研究成果解决了百色旧石器多方面的问题。

(一) 确定了文化内涵及性质

百色旧石器最初发现时,只采集到 11 件石制品,石器类型仅有刮削器、砍砸器和手镐(大尖状器)3 种[1]。此后,通过一系列的调查和发掘,获得的石制品数以万计。对这些材料的研究表明,百色旧石器属于砾石石器工业。制作石器的原料是以石英岩、砂岩、石英为主的粗砾,剥片采用锤击法和碰砧法,石核台面不加修理,石片大小并存,有一定数量的大石片(10 cm 以上)。石器多用砾石直接打制而成,少数以石片为毛坯。除手斧外,其他基本上都是单面加工的,制作比较简单,几乎所有石器均保留有或多或少的砾石面。石器尺寸大,多半在 10 cm 以上[1,2,10,25]。

在工具分类上,早期研究者认为百色旧石器只有砍砸器、手镐、刮削器。随着材料增加和研究深入,发现有不少百色旧石器标本属于手斧[26~28]。此外,还有一定数量的薄刃斧[4,29]。这表明,百色旧石器不是"模式 I"那类简单的石片和石核工具,而是一个含手斧的石器工业,其具有西方阿舍利的石器制作技术特征。特别是这里的手斧,无论是在制作技术、器物形制上,还是在年代方面都和非洲的部分手斧十分接近[30]。侯亚梅等在美国《科学》杂志发表了题为《中国南方百色盆地中更新世似阿舍利石器技术》的研究报告,进一步指出百色旧石器是一个具有阿舍利技术的旧石器时代初期的石器工业[31]。这一研究成果对 70 多年前美国考古学家莫维斯提出的、在学术界影响深远的"两个文化"理论[32]造成巨大冲击,在国际学术界引起了强烈反响。2001 年 1 月,科学技术部将百色旧石器的发现和研究成果评为"2000 年中国基础科学研究十大新闻"。

(二) 解决了石器层位问题

百色盆地自第四纪以来发育了 7 级河流阶地。除第一级阶地外,第四级阶地是盆地中分布最广、保存最好的阶地,具有典型的河流堆积的二元结构,由厚砾石层和粉砂、砂质黏土、黏土组成,不整合覆盖在下第三系岩层之上。该阶地又是盆地内最具特色的标准的砖红壤化阶地,厚达 15 m 的砾石层之上是具有蠕虫状斑纹的原生砖红壤(又称网纹红土)层[6]。在砖红壤层的地表,广泛分布有旧石器。

百色旧石器发现之初,石器均采自地表,其原生层位不清楚。1979 年,广西文物工作队在田东长蛇岭进行试掘,开挖了 8 条探沟,其中有 4 条探沟发现了石器,均出自棕黄色黏土层,其年代被认为和上宋遗址相当,属于旧石器时代晚期[10]。1986 年,黄慰文等在对盆地内的十多处旧石器遗址进行了重点考察后认为,以往调查采集的石制品的原生层位为第三级阶地的黄色砂质黏土层[3]。1988 年,黄慰文等在高岭坡(檀河)遗址进行试掘,在褐色黏土层出土了近 70 件石制品。根据此次发掘,他们纠正了此前提出的百色旧石器的原生层位是第三级阶地黄色砂质黏土层的看法,认为第四级阶地砖红壤化堆积层才是石器的原生层位,其时代至少相当于北京人时代早期,而更有可能比北京人时代早并与蓝田人时代相当[11]。此后至 2000 年之前,先后发掘的百色百谷遗址、田东高岭坡遗址、坡西岭遗址等均被认为位于第四级阶地,石器也均出自砖红壤层;而 1997 年发掘的田阳赖奎遗址,虽然在三个不同高程的台地均出土了石器,但黄慰文等认为还是属于第四级阶地,不同高程是由于断层错落所致。因此,当时的结论认为,百色旧石器的原生层位是第四级阶地的砖红壤层[33]。

然而,此后对盆地内多个遗址进行的考古发掘表明,在不同阶地以及同一阶地的不同地层发现了旧石器。位于第四级阶地的枫树岛、六怀山、南半山、大梅(D 区)[34]、那哈[35,36]、那赖遗址、那满、坡洪、高岭坡[23]等遗址的网纹红土中均出土了旧石器。其中,在大梅(D 区)、那哈、那赖、那满、坡洪、高岭坡等遗址,除了堆积下部原生网纹红土层外,上部不同时代的地层也出土了石器。特别是 2013~2014 年谢光茂主持发掘的高岭坡遗址,从第四级阶地地表一直挖到砾石层,揭露出一个 7 m 多深的完整的地层剖面。这是百色盆地自 1973 年发现以来第一次在第四级阶地上通过科学的发掘,直接挖到砾石层。该遗址的堆积可分为上下两部分,上部堆积则不整合地叠压在下部堆积之上,暗示曾存在过一个侵蚀期。上下两部分堆积各有多个地层出土旧石器,这些含石器的地层显然属于不同时期。此外,2005~2006 年谢光茂主持发掘的大梅遗址,分别位于第二、第三、第四级阶地上的三个地点均出土了旧石器。可见,百色旧石器的原生层位不仅仅只有第四级阶地砖红壤层,在不同阶地甚至同一阶地的不同地层均有出土。

由上可知,从 1998 年以来,通过最初的试掘和后来多次的正式发掘,我们对百色盆地旧石器的出土层位的认识越来越深入,现在基本上搞清了石器的层位问题。可以明确的是,百色旧石器并不是像早年认为的那样全部来自第四级阶地,第二、第三级阶地也有发现,而以第四级阶地为主。同一阶地的不同地层也出土了旧石器。这些地层在有的遗址中从上到下是渐变的,中间没有明显的界线,它们可能是同时期形成的,如百色六怀山、南半山,田阳那满等遗址;而有的遗址出土石器的地层则明显属于不同时期,不仅土质土色有明显区别,中间的界线也很明显,形成不整合接触,石器的面貌也不一样,大梅遗址第三地点、田阳那赖、田东高岭坡、坡洪、檀河等遗址就属于这种情况。

（三）解决了手斧的年代问题

手斧是百色旧石器工业中最具特征的一种工具,关于它的出土层位和年代一直是学术界关注的焦点。在早期研究中,手斧和其他石器均是采自地表的,因此其年代问题一直悬而未决。最初,李炎贤等根据上宋遗址的地质地貌,并与广西此前发现的第四纪洞穴堆积进行比较,认为上宋遗址的时代为晚更新世[1]。1986 年,黄慰文等在对盆地内的多处旧石器遗址及其附近的地质地貌进行了考察后认为,盆地内存在 5 级阶地,石器产自覆盖在砖红壤化阶地(第四纪阶地)之上的第三级阶地,含石器的层位为黄色砂黏土地层,其时代与华南洞内含盐井沟大熊猫—剑齿象动物群的“黄色堆积”,或华北的以周口店为代表的含肿骨鹿、梅氏犀动物群的“红色土”的时代相当,属于中更新世[3]。1990 年,黄慰文等根据对田东高岭坡遗址试掘的结果,对百色盆地旧石器的年代产生了新的认识,认为百色石器产自第四级阶地的砖红壤层,纠正了之前提出的百色旧石器出自第三级阶地的说法,并根据前人在地质、地貌、古环境方面对中国南方和东南亚地区的研究和其他地区相关地点的测年结果,认为百色石器的时代至少相当于北京人时代早期,而更有可能比北京人时代早并与蓝田人时代相当[11]。但是,这些年代都是大致的推断,都没有直接的测年数据。

1993 年,中国科学院古脊椎动物与古人类研究所、广西博物馆等单位对百色百谷遗址的发掘,在原生网纹红土地层中发现了 6 件与石器共存的玻璃陨石。郭士伦等采用裂变径迹法对其中一件玻璃陨石进行测年,得出的年代为 732±39 kaBP,并认为玻璃陨石的年代即是石器被古人类制作、使用和丢弃的年代,也就是说,百色旧石器的年代应为距今约 73 万[37]。1999 年,袁宝印、黄慰文等根据在百色盆地的野外调查,重新建立百色盆地阶地序列,认为上新世末至第四纪时期,构造运动表现为间歇式抬升,盆地中形成七级阶地。其中第四级阶地发现旧石器遗址,出土石器的相同层位还有玻璃陨石共存,说明旧石器遗址的地质年龄大致在距今 73 万年。而第四级阶地不同地层单元发现的旧石器,根据地层穿时性分析,认为它们形成于同一时期[6]。换言之,百色盆地第四级阶地不同地层的石器,其年代是相同的,即距今约 73 万年。2000 年,侯亚梅等在美国《科学》杂志发表百色旧石器的研究报告,并公布了美国年代学家的对百谷遗址出土的玻璃陨石测年结果,为 803 kaBP[31]。由于采用的测年方法不同,距今 73 万年和 80 万年这两个测年结果都得到学术界的认可。至此,通过地层出土的玻璃陨石测年,百色旧石器的年代被认为是距今约 80 万年。

然而,由于在 2000 年之前,在原生的网纹红土层中一直没有发现手斧,更没有发现手斧和玻璃陨石共存于同一层位,因此,学术界存在对手斧年代的质疑[38]。

2004~2005 年,广西自然博物馆会同右江民族博物馆对百色枫树岛遗址进行发掘,首次在原生网纹红土中发现了手斧和玻璃陨石共存于同一层位,而且两者均属于原地埋藏[7]。2005 年,广西自然博物馆发掘百色南半山遗址,又在原生网纹红土地层发现了共存的手斧和玻璃陨石[39]。2005～2006 年,广西文物工作队对田阳那赖遗址的发掘,在原生网纹红土层发现了 300 余件玻璃陨石。这些玻璃陨石与手斧等石器共存。中外学者对遗址出土的玻璃陨石进行 $^{40}Ar/^{39}Ar$ 法测年,结果为 809±12 kaBP,即距今约 80.9 万年[40]。至此,百色手斧的层位和年代问题终于得到解决。

然而,学术界有人对百色旧石器的年代采用玻璃陨石测年提出质疑。有学者根据东南亚新石器遗址出土玻璃陨石,认为百色盆地旧石器遗址出土的玻璃陨石可能是经过搬运的,不是原地埋藏,玻璃陨石的年代不代表地层形成的年代[38]。其实,提出此类问题的学者要么没有实地考察过百色盆地旧石器遗址,要么不了解百色旧石器和玻璃陨石的出土地层情况及埋藏特点,也没有实际观察这些玻璃陨石是否有搬运痕迹和人工特征,只是根据文献资料作出推断。就百色盆地而言,这里发现的玻璃陨石有原地埋藏的,也有经过流水搬运在异地埋藏的。第四级阶地原生网纹红土发现的玻璃陨石较稳定地处于同一水平层位,并未发现在其他地层中有散布;与玻璃陨石同层位的堆积物均为黏土,其粒径与玻璃陨石差异明显,且在同层位间未见与玻璃陨石粒径相仿的砾石透镜体。这些玻璃陨石大小形状多样,棱角锋利,摸起来很扎手,也没有任何人为加工痕迹,表明是原地埋藏的。异地埋藏的玻璃陨石,如第三级阶地发现的玻璃陨石和第四级阶地裸露在砾石层面上的玻璃陨石,因经过流水搬运冲磨,玻璃陨石表面明显被磨蚀过,棱角不锋利,摸起来不扎手[19]。广西其他地区的史前文化遗址也发现数量众多的玻璃陨石,但这些玻璃陨石不是原地埋藏的,是史前人类从其他地方采集回来作为原料制作玻璃陨石制品的。代表性遗址有南宁邕宁顶蛳山遗址和隆安娅怀洞遗址。顶蛳山遗址是一处新石器时代贝丘遗址,在地层的最下层(属于新石器时代早期)出土了 100 多件玻璃陨石,除 15 件为完整的外,其余的都是经过加工的玻璃陨石制品。完整的玻璃陨石"表面光滑,表明经过河流二次搬运";人工制品中多为石片,有明显的半锥体等石片的主要特征[41]。娅怀洞遗址是谢光茂主持发掘的跨越旧、新石器时代的洞穴遗址,文化遗存以旧石器时代晚期为主。旧石器时代地层出土了大量的玻璃陨石,这些玻璃陨石大多具有明显的加工痕迹,石片有清楚的打击点和半锥体,二次修理的工具有明显的修疤。这些经过流水搬运和人类加工的玻璃陨石制品和百色盆地第四级阶地原生网纹红土地层出土的玻璃陨石完全不一样,具有明显区别。第四级阶地网纹红土地层的玻璃陨石和手斧等石器均为原地埋藏,两者是共生共存的,玻璃陨石的年代就是这些石器的年代[42]。

(四)初步确立年代框架和文化分期

百色盆地位于第四级阶地的遗址经过发掘的已有不少,但部分遗址没有挖至原生网纹红土层,挖到原生网纹红土层且发现玻璃陨石和石器共存的遗址有百谷、高岭坡、南半山、那赖、坡洪等,表明出自第四级阶地原生网纹红土地层的石器年代早到距今约 80 万年。大梅遗址第二地点(B 区)位于第三级阶地,其土状堆积分为上下两部分,上部为次生堆积,出土了旧石器时代晚期遗存;下部为原生堆积,也出土了旧石器。袁宝印实地考察后认为第三级阶地形成时代为中更新世中晚期①。百渡遗址的时代也和大梅第二地点下部堆积的时代相当,两者都出土了旧石器。大梅第一地点在发掘时编为A区,位于第二级阶地,其堆积的上部为次生堆积,出土了历史时期的遗存;下部为原生堆积,出土了旧石器,时代为更新世晚期。

2013~2014年,谢光茂主持了田东高岭坡遗址的再次发掘,从第四级阶地地表下挖至底部的砾石层,揭露出一个7 m多深的地层剖面,并在多个不同时代的地层中发现了石器。其中,原生网纹红土堆积中不同深度的地层(第9、12、17层)出土了石制品,第9层还出土了3件玻璃陨石(完整1件,碎片2件),叠压在网纹红土层之上的晚期堆积也出土了石制品。根据盆地其他遗址原生网纹红土层出土的与石器共存的玻璃陨石测年结果,以及本次发掘对网纹红土层之上的晚期堆积的碳十四测年和光释光测年结果,高岭坡遗址出土石器的年代早到803 kaBP以上,晚到10 kaBP。可分为三期,第一期的年代早于或等于803 kaBP,第二期为15 kaBP,第三期约为10 kaBP[23,43]。事实上,类似高岭坡遗址的情况在第四级阶地其他遗址也存在,如那赖遗址、坡洪遗址、小梅遗址、那哈遗址等[16,22,35,36]。这些遗址的上部堆积都是次生堆积,而下部属于原生堆积;上部堆积不仅有旧石器时代晚期的文化层,还有新石器时代,甚至历史时期的文化层。下部堆积均属于典型网纹红土,手斧、玻璃陨石均出自下部堆积。

总体而言,百色盆地旧石器在第二级至第五级阶地中均有发现。其中,第五级阶地绝大多数地点未见原生土状堆积,石器发现于裸露砾石层面上及次生红土堆积中;其余三个阶地(即第二、第三、第四级阶地)的原生堆积和次生堆积均出土有旧石器。目前发现的旧石器遗址及石制品主要集中在第四级阶地。石器的年代早到距今约80万年,晚到距今约1万年,涵盖了旧石器时代早期和中晚期。考虑到网纹红土中出土玻璃陨石层位之下还有多个地层出土石器,从理论上说这些石器的年代应早于玻璃陨石的年代,即早于距今约80万年。位于第二级至第四级阶地上的多数旧石器遗址,其堆积一般可分为下部的原生堆积和上部的次生堆积两部分,原生堆积比较单一,时代应和该阶地形成的时代一致。而次生堆积较为复杂,不同遗址的地层也不完全一样,包含有旧石器时代、新石器时代甚至历史时期的文化层,时代比原生堆积晚很多。

根据现有发现和研究,百色旧石器大体上可以分为三期。第一期为出自第四级阶地网纹红土堆积层的石器,年代为距今约80万年。这一期的石制品一般风化明显,表面泛白,多有网纹印痕;石器类型中有手斧和不典型的薄刃斧。第二期为出自第三级阶地下部原生堆积的石器,时代为中更新世中晚期[6]。第二期的石制品风化不明显,表面没有泛白现象,也没有网纹印痕;石器中缺乏两面加工的手斧和薄刃斧。第三期的石器包括出自第二级阶地下部原生堆积层的石器、第三级阶地和第四级阶地次生堆积中旧石器时代文化层出土的石器,年代可能在距今5万~1万年。这一期除了石制品,还发现有石器制造场、

---

① 大梅遗址发掘期间,谢光茂邀请了中国科学院地质研究所袁宝印研究员、古脊椎动物与古人类研究所黄慰文研究员、广州地球化学研究所朱照宇研究员到现场考察指导。

用火遗迹等遗存。石制品片疤面比较新鲜,看不到明显的风化现象,石器细小化,不见手斧和薄刃斧,工具组合中砍砸器比例下降,刮削器比例上升。另外,手镐的形制也发生变化,器身变薄,尖部多由早期的舌状变为尖锐状,早期常见的弓背形手镐此时已消失。

　　综上所述,经过 50 年来的调查、发掘和研究,百色盆地旧石器的时代问题得到了初步解决。从单纯根据地质地貌的研究结果进行的相对年代断代到通过测年得出的绝对年代,再到不同时期年代序列的确立,逐步建立了基本的年代框架和文化分期。可以这样说,百色盆地旧石器的年代早到距今 80 万年,晚到距今 1 万年,至少可以分为三个文化期。

三、问 题 与 展 望

(一) 存在问题

1. 手斧的划分标准问题

　　手斧这种最早发现于法国并由法国学者最初命名的工具,由于其是阿舍利文化的典型器物而广泛出现在国外考古文献中。它的名字也有不同的称呼,在西方有 4 个名字:handaxe、boucher、coup-de-poing、biface,但这些名称的含义有所不同,因此国外关于手斧的划分标准也并非完全一致。在我国学术界,21 世纪初进行了一场关于手斧划分标准的讨论(黄慰文 1987;林圣龙 1995;谢光茂 2002;高星 2012),但至今也无统一标准。虽然手斧一般被认为是两面加工的,但也存在单面制作的手斧[44]。在以往的报道中,百色盆地的手斧几乎都是两面加工的,只有极少数的单面手斧[45],而众多的手镐几乎都是单面加工的,包括了尖部扁薄的和尖部较厚、横截面为三角形的两种。其实,从器身大小和平面形状来说,手斧和手镐没有明显区别,只是手斧是两面加工的,而手镐是单面加工的。但近年来,有学者根据西方尤其是非洲和西亚的手斧材料,主张将尖部扁薄、横截面呈平凸或双凸的、以前报告中通常归为手镐的标本归到手斧类型[46]。如果把以前报告中单面加工、尖刃扁薄且形似手斧的手镐标本归入手斧类型,那么百色手斧的数量以及其在工具组合中的占比要高出很多,例如,雷蕾等在研究收藏于百色右江民族博物馆的 481 件大型切割工具(LCTs)时,按照这个新标准分类,结果是手斧(n = 402, 83.6%)要比手镐(n = 79, 16.4%)多得多;而按照以往的研究,无论是绝对数量还是工具组合中的占比,手镐都要比手斧多。例如,谢光茂等在研究百色盆地各旧石器遗址采集的 970 件石制品时,手斧和手镐的总数为 239 件,其中手斧 64 件,占 26.8%,手镐 175 件,占 73.2%[4]。这种标准不同的分类将在讨论石器工业的性质,尤其是东西方旧石器工业的比较时会得出不同的结论。另外,从目前的发现看,百色两面加工的手斧只出自第四级阶地原生网纹红土地层,比它更晚的地层尚未发现有这种手斧,但仍存在尖部扁薄的手镐。因此,不同的划分标准还会导致手斧制作人群在百色盆地活动时间的差异。这个问题在研究中国南方及东南亚地区含手斧的石器工业中普遍存在,需要讨论和解决。

2. 年代问题

百色旧石器的年代问题至今尚未完全解决。目前具有绝对测年的石器只有网纹红土中与玻璃陨石埋藏层位相同的石器,以及网纹红土堆积之上晚期形成的红土堆积出土的石器。通过玻璃陨石测年而得出与玻璃陨石同层的石器年代为距今约 80 万年。网纹红土堆积厚达七八米以上,从理论上讲上部的堆积要比下部的晚,手斧和玻璃陨石只发现于堆积的上部,下部的年代应该更早,但目前无绝对年代数据。另外,盆地内第二、第三级阶地不同地层的石器应有早晚之分,但原生堆积因为没有获取炭样,无法进行碳十四年代测定。谢光茂 2005 年发掘的大梅遗址虽然采集了光释光测年样品,但样品寄给相关测试单位后因为别的原因也没有结果。

3. 人群去向问题

百色盆地两面加工的手斧只发现在与玻璃陨石共存的地层,即距今约 80 万年,在时代更晚的地层完全缺失,没有延续下去。这种手斧文化在百色盆地的消失是环境变化的结果,还是手斧人群向外迁徙、离开百色盆地所致?第一种情况可能性不大,而很有可能是往外地迁徙了。根据早期人类走出非洲,从喜马拉雅山脉南侧向东迁徙,再由中南半岛通过广西进入东亚,那么,百色手斧人群很有可能向东、向北迁徙到珠江流域和长江流域,再扩散到东亚其他地区。近二三十年来,在中国南方和东南亚地区相继发现了多个属于含手斧石器工业的遗址群,年代早到旧石器时代早期,如位于广东南江盆地的旧石器遗址群[47]、越南安溪旧石器遗址群[48]、湖北丹江口库区旧石器遗址群[49]、陕西洛南旧石器遗址群[50]等。这些分布在不同区域的石器工业之间既有共性又有差异性,反映了人群的流动和文化的交流,甚至可能是一个地区较早出现的人群后来向其他地区迁徙,并适应当地环境的结果。就两面加工的手斧而言,根据目前的发现和研究,越南安溪和中国百色的手斧只出现在与玻璃陨石同期的地层,即存在于距今约 80 万年这个阶段,往后没有发现。而邻近广西的广东南江盆地和湖南澧水流域,除了旧石器时代早期发现有手斧外,其在中晚期继续存在[51]。这或许暗示,百色盆地的手斧人群迁移到这些地区,并继续在那里生存了很长时间。但是要解决这个问题,还需要更多的考古发现和研究。

(二) 今后的工作

1. 加快出土资料整理

进入 21 世纪以来,为配合基本建设,广西文物保护与考古研究所及其他相关单位在百色盆地进行了一系列考古发掘,涉及的遗址有十几处,出土了大量的旧石器时代的文化遗物。但由于各种原因,部分遗址的发掘材料至今尚未发表,这影响了百色盆地旧石器文化的深入研究。因此,今后需要加大发掘资料的整理和研究力度,尽早发表发掘报告。这样,可以通过对所有考古资料的梳理和研究,更全面深入地探讨诸如遗址和手斧在盆地内的时空分布、石器工业演变、年代序列与文化分期等问题。

2. 加强年代学的研究

就百色旧石器而言,至少从距今 80 万年开始到旧石器时代晚期,百色盆地都有古人类活动,因为盆地内第一至第五级阶地的地层都发现了文化遗存,但除了第四级阶地原生网纹红土中出土玻璃陨石的地层以及晚更新世晚期的地层有绝对测年外,其他地层都没有绝对年代。虽然第四级阶地原生网纹红土地层过去多次尝试古地磁测年,但由于网纹红土中存在较为强烈的化学风化作用形成了次生的(后期的)化学剩磁而测不出来[52]。直至目前,发现于第二、第三级阶地的旧石器主要是根据地质地貌研究及石制品的特征进行断代。但是中更新世晚期至晚更新世含石器的地层应该可以进行年代测定。张镟等曾对百色盆地第二、第三级阶地进行了 TL 热释光测年,得出的结果分别是 167.36 ~ 177.12 ka 和 210.97 ~ 293.65 ka[53]。从石器文化的发展演变来看,盆地内第二、第三、第四级阶地原生地层的石器是有变化的,同一级阶地下部的原生堆积和上部的次生堆积的石器也不同,因此要采用多种测年方法进行测年,提高年代分辨率。根据地质地貌的研究、地层叠压关系的分析以及石器特征,并结合绝对测年结果,可以对盆地的旧石器建立较为完整的年代序列和文化分期。这是今后工作的一个重点。

3. 进行多学科合作研究

百色盆地旧石器时代考古涉及地质学、地貌学、年代学等多学科的综合研究,需要这些学科学者的通力合作,发挥各学科的优势,形成合力,解决上述存在的各种问题。同时,还要开展石器功能研究,引入石器微痕分析和残留物分析等研究方法和手段。特别是晚更新世地层出土的石制品,在遗址中埋藏状态良好,没有经过搬运,可进行微痕分析和残留物分析。

百色旧石器在中国南方和东南亚地区旧石器时代考古研究中具有非常重要的地位。在过去的 50 年里,经过几代考古人的不懈努力,做了大量的田野工作,并开展了一系列的科学研究,取得了举世瞩目的成就。希望今后有更多的学者关注并加入百色盆地旧石器时代考古研究的行列,将研究水平提高到新的高度。

注　释

[1] 李炎贤,尤玉柱.广西百色发现的旧石器[J].古脊椎动物与古人类,1975,18(4):225~228+277~278.
[2] 曾祥旺.广西百色地区新发现的旧石器[J].史前研究,1983(2):81~88+186~187.

[3] 黄启善.百色旧石器[M].北京：文物出版社,2003.

[4] 黄慰文,刘源,李超荣,等.百色石器的时代问题[A].见：广东省博物馆等编.纪念马坝人化石发现三十周年文集[C].北京：文物出版社,1988.

[5] 侯亚梅,高立红,黄慰文,等.百色高岭坡旧石器遗址1993年发掘简报[J].人类学学报,2011,30(1)：1~12.

[6] 袁宝印,侯亚梅,王頠,等.百色旧石器遗址的若干地貌演化问题[J].人类学学报,1999,18(3)：215~224.

[7] Wang W, Bae CJ, Huang SM, et al. Middle Pleistocene bifaces from Fengshudao (Bose Basin, Guangxi, China)[J]. *Journal of Human Evolution*, 2014, 69：110 – 122.

[8] 黄鑫,谢光茂.广西百色盆地新发现旧石器地点[J].人类学学报,2005,24(3)：258.

[9] Huang SM, Wang W, Bae CJ, et al. Recent Paleolithic field investigations in Bose Basin (Guangxi, China)[J]. Quaternary International, 2012, 281：5 – 9.

[10] 广西文物工作队.广西新州打制石器地点的调查[J].考古,1983(10)：865~868.

[11] 黄慰文,冷健,员晓枫,谢光茂.对百色石器层位和时代的新认识[J].人类学学报,1990,9(2)：105~112.

[12] 林强.广西百色田东坡西岭旧石器时代遗址发掘简报[J].人类学学报,2002,21(1)：59~64.

[13] 谢光茂,林强,黄鑫.百色田东百渡旧石器遗址发掘简报[J].人类学学报,2010,29(4)：355~371.

[14] 谢光茂,林强.百色上宋遗址发掘简报[J].人类学学报,2008,27(1)：13~22.

[15] 林强,谢光茂,韦江.广西百色盆地旧石器时代考古发掘取得重大突破[N].中国文物报,2007-5-4(2).

[16] 柳州白莲洞博物馆,柳州市文物考古队,广西文物考古研究所,等.田阳那赖遗址B区发掘报告[A].见：广西文物考古研究所编.广西考古文集(第4辑)[C].北京：科学出版社,2010：175~212.

[17] 裴树文,陈福友,张乐,等.百色六怀山旧石器遗址发掘简报[J].人类学学报,2007,26(1)：1~15.

[18] 陈晓颖,谢光茂,林强.百色大梅遗址第一地点发掘简报[J].人类学学报,2017,36(3)：289~303.

[19] 广西自然博物馆,广西文物考古研究所.百色南半山旧石器时代遗址发掘报告[A].见：广西文物考古研究所编.广西考古文集(第4辑)[C].北京：科学出版社,2010：63~82.

[20] 广东省文物考古研究所,广西文物考古研究所.田阳那满旧石器时代遗址发掘报告[A].见：广西文物考古研究所编.广西考古文集(第4辑)[C].北京：科学出版社,2010：83~116.

[21] 韦江.田阳那赖遗址.见：2006年度南方地区考古新发现[J].南方文物,2007(4)：38.

[22] 广西文物考古研究所,田东县博物馆.田东坡洪遗址A区发掘简报[A].见：广西文物考古研究所编.广西考古文集(第4辑)[C].北京：科学出版社,2010：36~62.

[23] 谢光茂,林强,余明辉,等.广西百色盆地高岭坡遗址的地层及年代[J].人类学学报,2020,39(1)：106~117.

[24] 高立红,侯亚梅,黄秋艳,等.百色盆地六林岭旧石器遗址试掘报告[J].人类学学报,2022,41(1)：135~147.

[25] 何乃汉,邱中郎.百色旧石器的研究[J].人类学学报,1987,6(4)：289~297.

[26] 黄慰文.中国的手斧[J].人类学学报,1987,6(1)：61~68.

[27] 谢光茂.百色手斧研究[A].见：封开县博物馆等编.纪念黄岩洞遗址发现三十周年论文集[C].广州：广东旅游出版社,1991：116~124.

[28] 张森水.中国旧石器考古学中的几个问题[A].见：湖南省文物考古研究所编.长江中游史前文化暨第二届亚洲文明学术讨论会论文集[C].长沙：岳麓书社,1996：6~19.

[29] 谢光茂.百色薄刃斧初步观察[A].见：云南省文物考古研究所编."元谋人"发现40周年纪念会暨古人类国际学术研讨会文集[C].昆明：云南科技出版社,2006：182~188.

[30] 谢光茂.关于百色手斧问题——兼论手斧的划分标准[J].人类学学报,2002,21(1)：65~73.

[31] Movius, HL. The Lower Palaeolithic cultures of southern and eastern Asia[J]. *Transactions of the American Philosophical Society (New Series)*, 1948, 38(4)：329 – 420.

［32］Hou YM, Potts R, Yuan BY, et al. Mid-Pleistocene Acheulean-like Stone Technology of the Bose Basin, South China［J］. *Science*, 2000, 287(5458)：1622 - 1626.

［33］黄慰文,张镇洪.中国南方砖红壤中的石器工业［A］.见:封开县博物馆等编.纪念黄岩洞遗址发现三十周年论文集［C］.广州:广东旅游出版社,1991:125~129.

［34］谢光茂.百色右江大梅遗址［A］.见:广西文物保护与考古研究所编.广西基本建设考古重要发现［C］.南宁:广西科学技术出版社,2015:2~4.

［35］梧州市博物馆,广西文物考古研究所,田阳县博物馆.田阳那哈遗址A区发掘报告［A］.见:广西文物考古研究所编.广西考古文集(第4辑)［C］.北京:科学出版社,2010:117~149.

［36］桂林市文物工作队,广西文物考古研究所,田阳县博物馆.田阳那哈遗址B区发掘简报［A］.见:广西文物考古研究所编.广西考古文集(第4辑)［C］.北京:科学出版社,2010:150~174.

［37］郭士伦,郝秀红,陈宝流,等.用裂变径迹法测定广西百色旧石器遗址的年代［J］.人类学学报,1996,15(4):347~350.

［38］Koeberl, C, Glass, BP, Keates, SG. Tektites and the age paradox in Mid-Pleistocene China［J］. *Science*, 289(5479):507a.

［39］王頠,莫进尤,黄志涛.广西百色盆地大梅南半山遗址发现与玻璃陨石共生的手斧［J］.科学通报,2006,51(18):2161~2165.

［40］Michel V, Feng XB, Shen GJ, et al. First ^{40}Ar/^{39}Ar analyses of Australasian tektites in close association with bifacially worked artifacts at Nalai site in Bose Basin, South China：The question of the early Chinese Acheulean［J］. *Journal of Human Evolution*, 2021, 153：102953.

［41］广西壮族自治区文物工作队,等.广西邕宁县顶蛳山遗址的发掘［J］.考古,1998(11):11~33.

［42］Wang W, Bae CJ. How old are the Bose (Baise) Basin (Guangxi, Southern China) bifaces? ［J］. The Austalasian tektites question revisited. *Journal of Human Evolution*. 2015, 80：171 - 174.

［43］Xie GM, Chen XY, Li DW, et al. Stratigraphy and chronology of the palaeolithic industry in Bose Basin, South China：Excavation of Gaolingpo［J］. *Archaeological Research in Asia*, 2021, 26：100284.

［44］Clark, JD. Kalambo Falls Prehistoric Site［M］. Cambridge：Cambridge University Press, 1974.

［45］de Lumley, Xie GM, Feng XB. *Les Industries Lithiques du Paleolithique Ancien du Bassin de Bose*［M］. Paris：CNRS EDITIONS, 2020.

［46］Lei L, Lotter MG, Li DW, et al. Refining the Understanding of Large Cutting Tool Technology in the Baise Basin, South China［J］. *Lithic Technology*, 2021, 46(2)：87 - 103.

［47］刘锁强.广东郁南县磨刀山旧石器时代遗址发掘简报［J］.考古,2017(5):3~13.

［48］Derevianko, AP, Kandyba, AV, Nguyen, KS, et al. The Discovery of a Bifacial Industry in Vietnam ［J］. *Archaeology*, *Ethnology and Anthropology of Eurasia*, 2018, 46(3)：3 - 21.

［49］李超荣,冯兴无,李浩.1994年丹江口库区调查发现的石制品研究［J］.人类学学报,2009,28(4):337~354.

［50］王社江,沈辰,胡松梅,等.洛南盆地1995—1999年野外地点发现的石制品［J］.人类学学报,2005,24(2):87~103.

［51］袁家荣.湖南旧石器时代文化与玉蟾岩遗址［M］.长沙:岳麓书社,2013.

［52］杨小强,朱照宇,张铁男,等.广西百色盆地含石器层沉积物岩石磁学及古地磁学综合研究［J］.中国科学:地球科学,2008(1):108~117.

［53］张鲲,李细光,李志勇.百色盆地右江阶地特征及演化研究［J］.中国地质,2012,39(4):972~977.

报 告 篇

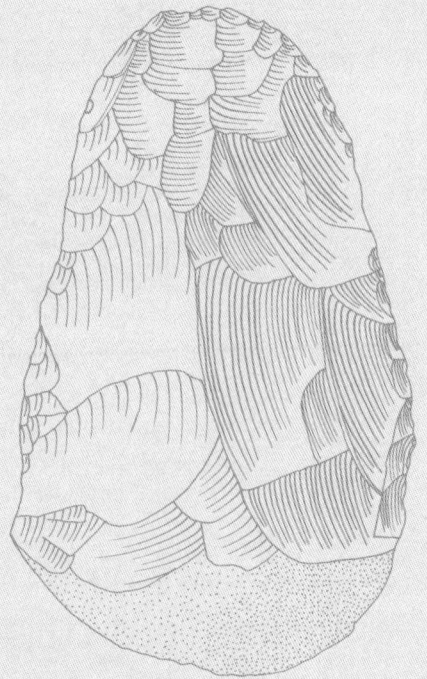

广西百色发现的旧石器

李炎贤　　尤玉柱

1973 年 10 月,中国科学院古脊椎动物与古人类研究所、广西壮族自治区博物馆和广西壮族自治区某一普查勘探队组成的调查队,在百色盆地进行地层古生物考察时,于百色县上宋村发现一石器地点(73071)。

上宋村位于百色镇西约 11 km。上宋村附近是一片剥蚀的丘陵区;右江在村北由西向东流过。右江南岸有三级阶地。第一级阶地高出右江河面 7~10 m,阶地堆积物由灰黑色的含砾石砂质土构成。第二级阶地高出右江河面约 15 m,阶地堆积物由灰色、灰褐色砾石层及砂质土构成。第三级阶地高出右江河面约 35 m,不整合于下第三系那读组之上。石器发现于上宋村西南 300 m 的第三级阶地的堆积中。石器地点的剖面如下(图 1):

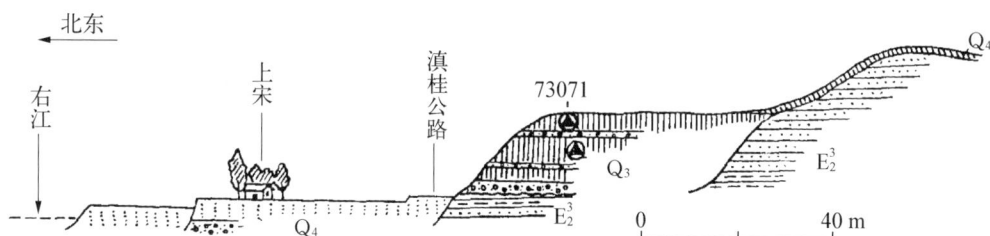

图 1　上宋遗址附近地层剖面

上更新统

7. 砖红色黏土,无层理。含石器。厚 6 m。

6. 棕褐色砾石层。砾石由疏松的砂岩及页岩组成,砾径一般为 2~5 cm。厚 0.2 m。

5. 砖红色黏土,偶含砂粒。含石器。厚 4 m。

4. 棕褐色砾石层。同 6。厚 0.2 m。

3. 砖红色黏土。厚 6 m。

2. 褐色砾石层。砾石由三叠纪砂岩及页岩组成,分选度和磨圆度均好。砾径大多为 3~5 cm,少数可达 10 cm。厚 0.9 m。

~~~~~~不整合~~~~~~

上始新统

1. 灰色、灰绿色砂岩、砂质泥岩及泥岩。

广西的第四纪地层,新中国成立前并未作详细划分。新中国成立后,中国科学院古脊椎动物与古人类研究所在广西做了一些调查研究工作,发现大批哺乳动物化石,对第四纪地层的划分提出了新的见解。据裴文中 1965 年的研究,第四纪洞穴中的堆积物,"更新世早期者,主要是前人所谓的'黄色堆积',一般都胶结坚硬,更新世中晚期者,可能为红色或淡红色的堆积,胶结程度因环境而不同。新石器时代的堆积物,多半是胶结或不胶结的灰色堆积,以含有大量的现代的介壳为特点"。从百色产石器的地点附近看来,右江的第一、二级阶地堆积的时代可能为全新世,第二级阶地的堆积物可能和洞穴中的含介壳的灰色堆积相当,也可能和两广的贝丘遗址的堆积物相当;第三级阶地的砖红色黏土显然不同于灰色堆积,可能就是前人所指的红色堆积(Red drift),也可能和洞穴中的红色或淡红色的堆积相当,时代大致为晚更新世。

石制品共 11 件,原料为细砂岩、石英。这 11 件标本均保留砾石面。大部分标本均由地层中挖出;只有 3 件标本一半埋在地层中,一半露在外面。依加工情形简要记述如下:

石核 4 件。其一(P4074)是在扁平砾石的一端向一个方向打片。石片疤较浅。石片剥落的边缘有许多小疤,可能这件标本又曾作为砍砸器使用或再进一步加工为砍砸器。另一件标本(P4075)两面均有剥片痕迹,一面的石片疤棱角鲜明,另一面的石片疤则经受不同程度的磨损。另两件标本(P4076、P4077)利用砾石的一侧或一端向一个方向连续打片,没有什么值得特别记述之处。

石器 7 件。均由砾石加工而成,一面或两面保留砾石面。最小的标本长 65、宽 81、厚 46 mm(P4078),最大的标本(P4082)长 175、宽 140、厚 49 mm,其余长宽在 100 mm 以上。依一般的分类办法可分为厚刮削器、砍砸器和尖状砍砸器三种。

厚刮削器 1 件(P4078)。轮廓呈半月形。一面保留砾石面。加工集中在半月形的弧边,向一面打击,石片疤大多是短而宽的,且多层重叠(图2)。

砍砸器 3 件,均由一面向另一面打击而成。P4081 号标本轮廓略呈扇形,加工限于较宽的一端。P4080 号标本(图3)则在相邻的两边加工,使之成为两直刃。另一件标本(P4079)轮廓呈三边形,相邻的两边加工成凸刃。

尖状砍砸器 3 件。一件较薄(P4082)但最大。轮廓近似三角形,沿扁平砾石的两长边向一面加工而成。右侧边加工较多,石片疤多短而宽;左侧边下端有许多小石片疤,而上端仅有大块的石片疤。两边相交的尖端未做进一步加工,但有零星剥落碎片的痕迹(图4)。

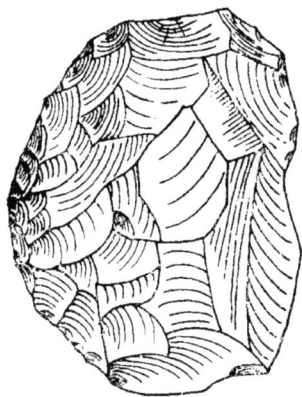

图 2 厚刮削器(P4078)　　　图 3 砍砸器(P4080)　　　图 4 尖状砍砸器(P4082)

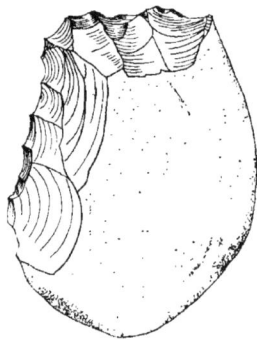

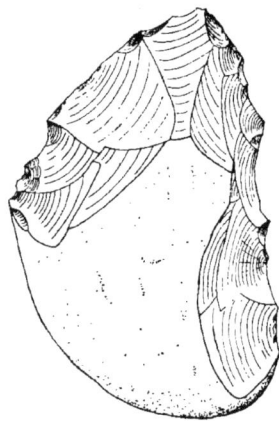

这一标本和常见的用石片做的尖状器不同,和用砾石做的砍砸器也不完全相同,但似乎兼有这两种石器的特点,故名之为尖状砍砸器,以示其特殊性质。山西襄汾丁村曾经发现过厚尖状器,其中 P0227 号鹤嘴形尖状器(裴文中等,1958,图版 XXV,B 及 XXVI,B)和百色这一标本轮廓相似,但后者较大而且是用砾石制成的,而前者显然是用厚大石片制成的。广西东兴亚菩山、马兰嘴山和杯较山遗址,广东潮安陈桥村遗址发现不少打制石器,其中有一种被称为蚝蛎啄。蚝蛎啄中有些标本和百色的尖状砍砸器轮廓相似,但前者加工细致,而且两面都有修整痕迹,这是有别于后者的。

P4083 号标本较厚,但略小(长 162、宽 135、厚 74 mm),也是向一面加工,但较为粗糙。

P4084 号标本和上述两件标本类似,但较小,尖端较钝,加工的两侧边略凹,而且有一部分边缘是两面加工的。

上述材料所显示出来的特点,有三点是值得注意的:1)基本上是砾石石器,尚未发现石片石器;2)以单向加工为主;3)器型粗大。

应当说明:由于野外工作时间较短,未做系统发掘,这次发现的标本较少,将来进一步工作和更多的发现可能带来新的情况。从一般常识看来,打制砾石石器必然产生大量石片,而这些石片就有可能被利用或被加工为石片石器,何况我们在百色还发现有石核,表明这里一定会有石片和石片石器存在。

总的看来,广西百色发现的石器和云南、贵州、四川、湖北等地已报道的石器有一定差别,但在加工方法上基本上一致。在石器类型方面,百色的标本有些和丁村的标本相似,但两者所利用的材料是不同的,前者用砾石,后者用石片。百色的标本和广西来宾、柳江、崇左、武鸣、桂林等地山洞中发现的打制石器有一定相似之处,如都是以砾石石器为主,但百色的标本较为粗大,加工亦较粗糙。百色的石器和两广贝丘遗址中发现的打制石器比较,两者都是以砾石石器为主,但加工方法不同,加工的精粗程度亦不同,而且百色的标本没有磨制石器及陶片伴生。

显然,如果我们发现有和石器伴生的哺乳动物化石,考虑百色石器的时代问题时就更有证据。在目前情况下,我们暂时把这批石器的时代看作是旧石器时代晚期。有利于这一说法的因素是:

1)石器发现于右江的第三级阶地堆积中。在这一级阶地尚未发现磨制石器或陶片。

2)石器本身的特点表明,它具有我国旧石器文化中的传统,但在某些方面又和广西山洞中的打制石器,甚至和两广贝丘遗址发现的打制石器有一定相似之处,当然也有一些不同之处,说明它们之间可能存在某种联系。

关于时代方面的证据,还有待今后进一步的工作和更多的发现来补充。百色石器的发现,对解决广西洞穴堆积和洞外堆积对比问题,右江阶地堆积时代划分问题,提供了有利的资料;另一方面,为广西石器时代文化增加了一点新的资料,同时使我们今后进行这方面考察时,要考虑把注意力从集中于洞穴调查改变为兼顾洞外调查。进一步的调查、发掘和研究工作,会让我们对百色地区的旧石器文化有更深入的了解,对解决广西的旧石器文化和华南其他省份发现的旧石器文化的对比关系问题,也将有所裨益。

参考文献

[1] 广东省文物管理委员会.广东潮安的贝丘遗址[J].考古,1961(11):577~584.

[2] 广东省博物馆.广东东兴新石器时代贝丘遗址[J].考古,1961(12):644~649.

[3] 李炎贤,等.云南宜良旧石器调查简报[J].古脊椎动物与古人类,1962,6(2):182~189.

[4] 李炎贤,等.湖北大冶石龙头旧石器时代遗址发掘报告[J].古脊椎动物与古人类,1974,12(2):139~157.

[5] 杨玲.四川汉源县富林镇旧石器时代文化遗址[J].古脊椎动物与古人类,1961,3(4):353~359.

[6] 贾兰坡,邱中郎.广西洞穴中打击石器的时代[J].古脊椎动物与古人类,1960,2(1):64~68.

[7] 贾兰坡,吴汝康.广西来宾麒麟山人类头骨化石[J].古脊椎动物与古人类,1959,1(1):16~18.

[8] 裴文中.柳城巨猿洞的发掘和广西其他山洞的探查[A],见:中国科学院古脊椎动物与古人类研究所编.中国科学院古脊椎动物与古人类研究所甲种专刊第七号[C].北京:科学出版社,1965.

[9] 裴文中等.山西襄汾县丁村旧石器时代遗址发掘报告[A],见:中国科学院古脊椎动物与古人类研究所编.中国科学院古脊椎动物研究所甲种专刊第二号[C].北京:科学出版社,1958.

[10] 裴文中等.贵州黔西县观音洞试掘报告[J].古脊椎动物与古人类,1965,9(3):270~279.

[11] 吴新智等,1962:广西东北地区调查简报[J].古脊椎动物与古人类,1962,6(4):408~413.

[12] Pei, W C, On a Mesolithic (?) industry of the caves of Kwangsi[J], *Bull. Geol. Soc. China*, 1935, 14(3):393-408.

[13] Teilhard de Chardin, CC Young, WC Pei and HC Chang. On the Cenozoic formations of Kuangsi and Kwangtung[J], *Bull. Geol. Soc. China*, 1935, 14(2):179-205.

(1975 年 4 月 24 日收到)

(本文发表于《古脊椎动物与古人类》1975 年第 13 卷第 4 期)

广西百色地区新发现的旧石器

曾祥旺

1977年以来，笔者对广西壮族自治区西部的百色地区进行考古调查，先后在平果、田东、田阳、百色和田林县发现旧石器地点71处，古人类遗址2处。在野外工作的过程中，采集了一批古人类化石、脊椎动物化石和旧石器。这些发现受到了中国科学院古脊椎动物与古人类研究所和广西壮族自治区博物馆的重视。1979年6月，广西壮族自治区博物馆文物工作队，对田东县的长蛇岭旧石器地点进行了试掘。1982年夏季，该队又会同百色地区文化局及百色右江革命文物馆等单位，对百色地区进行了一次文物普查，在普查中又新发现旧石器地点十多处。到目前为止，在百色地区共发现旧石器地点86处。除5处是在灰岩洞穴中发现的外，其余的81处都分布在右江沿岸一带的阶地上。现将从阶地上发现的旧石器先作简单的报道，其他材料将在今后陆续发表。

一、石器地点的分布概况

百色地区的旧石器地点，主要分布在包括田东、田阳、百色三县境内的百色盆地右江两岸的阶地上。从百色县的东笋至田东县的思林，在长90余km，宽约5km的狭长地带上，近乎是连绵不断的分布。此外，在右江上游的永乐盆地、田林县的乐里河沿岸和右江下游平果县的右江两岸也有发现。其中，遗物比较丰富的有田林县的百花寨村，百色县的那荷村、大翁村、东笋、东增村、大湾村、沙洲村、江凤、大法村、木民山、杨屋村、谢磨村、南坡山、六圹、百谷屯、桂明村、下国村、那圹屯、桂明新村、小梅村、大梅村、六坟山、三圹、那召屯，田阳县的公篓、明光村、漱奎村、百峰、那坡、二圹、红坡岭、三雷、百育、四那、那满、治圹村，田东县的长蛇岭、新洲村、六林岭、祥群旧屯、把达村、拉达村、甘莲村、马鞍山、那花屯、下铺村、檀河村、百发村、定象村、同均屯、那温屯、思林，平果县的那银岭、巴立村、驮秀村、驮意屯和平果县城镇等57处(图1)。

调查地区的地形主要有两类：

第一类是右江河谷盆地中的河成阶地，包括贯穿百色、田阳、田东三个县的百色盆地、百色县的永乐盆地和平果县的平果盆地。河谷盆地周围高山连绵，它们的基岩主要由新

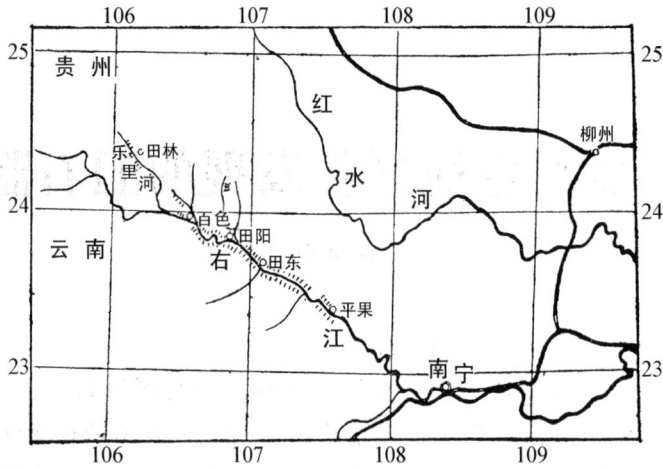

图 1　广西百色地区旧石器地点分布示意图

生代含煤系的河湖相堆积物构成。沿右江两岸发育有四级河成阶地：第一级阶地，阶面大约高出右江河面 10~12 m，堆积物由下部的灰褐色砾石层、中部灰色的亚黏土和上部浅黄色的粉砂土构成，阶面宽大，产状平缓，是主要的农作区。第二级阶地，阶面大的高出右江河面 15~18 m，堆积物由褐色的砾石层和浅黄色的亚砂黏土构成。这一阶地的局部地区发育成台状的阶面，大部分地区已被侵蚀成不连续的馒头低丘。第三级阶地，阶面大约高出右江河面 50~60 m，阶地的堆积物自下而上为：半胶结的褐色砾石层，厚约 5~8 m；砖红色的红土层，厚约 2~3 m；棕黄色的亚黏土层，厚约 0.4~2 m。三级阶地的阶面除个别地区较宽广外，多发育成条带状的山脊，阶地边缘侵蚀沟发育，形成一片剥蚀的红土坡。第四级阶地，阶面约高出右江河面 90~120 m。阶地的堆积物自下而上为：灰褐色的砾石层，厚约 3~7 m；灰白色的粉砂层，厚约 0.3~1 m；含钙质结核的红土层，厚约 2~3 m；灰黄色的亚黏土层，厚约 0.4~1 m。这一级阶地大多都被侵蚀成山脊台面或孤凸的山顶，局部地区尚保存着宽阔的阶面。有些阶地的边缘发育成陡坎或山崖。在这一地区第一级阶地浅黄色的亚砂土层和第二级阶地上部浅黄色的亚砂黏土层中，都零星发现有磨光石器等新石器时代的遗物。第三级阶地和第四级阶地黄土裸露的地表和侵蚀沟底，广泛发现为数众多的旧石器。在三级阶地棕黄色的亚黏土层和四级阶地的灰黄色亚黏土层的剖面，也常发现石制品和用火遗迹。

第二类地区是右江上游的山间河谷地形。如田林县的乐里河谷地，沿河一带是 300~500 m 宽的狭长谷地，两边紧靠高山，阶面狭小，大部分和山坡连成一体。这一地区发育有河成阶地三级：第一阶地，约高出河面 3~5 m，堆积物由现代河床砾石层和含角砾的亚砂黄土构成；第二级阶地，约高出河面 12~15 m，主要由砾石层和亚沙黄土层构成；第三级阶地大约高出河面 55~60 m，阶地的堆积物主要由 2~3 m 厚的砾石层和 3~4 m 厚的亚砂黄土构成。在三级阶地局部剥蚀的地表和侵蚀剖面都发现有制作粗糙的旧石器。

二、石制品的概貌

我们采集的石制品标本,总共有 1 500 多件,多数是从地表发现的,只有一小部分是发掘品。制造这些石制品的原料基本上都是砾石,岩性以砂岩为主,约占采集品总数的 75% 以上。其次是硅质岩,还有一部分石英、灰岩、页岩、燧石和铁矿石等。从石料的岩性和器体的大小来看,基本上和三级阶地及四级阶地下部的砾石层一致,说明主要是取自这些阶地砾石层。石制品的类型主要有石器、石核和石片。由于从各个石器地点采得的石制品选择的石料、打制的方法和器物的式样都基本相同,故将各个石器地点采集的标本综合在一起进行介绍:

(一) 石器

大部分石器是用厚重的砾石或石片单面制成的,交互打击的比较少,还有少量是用错向打击或用几种打法制成的。多数或多或少地保留一部分砾石面。器体的大小相差悬殊,以大型石器为主,重量在 1 000~2 000 g 的居多。按器物的形状和用途,可以区分为如下几种:

1. 尖状器

尖状器是采集品中器体最大,类型最多,制作较精致的一类器物。主要有十类:

(1) 扁平的大尖状器

器体扁平粗大。在百色县大梅村三级阶地堆积中发掘的 P8018 号标本(图 2,1),是用扁长石核单面制成的。它的正面和右侧边都崩裂了一块,左侧加工成一条粗糙的直刃,右侧在接近尖部时修理成平齐的凸刃,两侧刃于远端汇成扁平的尖端,尖刃角 60°,保留底部和把手的砾石面。这件石器的尖端底部有小石片疤,制造过程中形成的棱脊也比较圆钝,使用痕迹明显。器体长 383、宽 193、厚 90 mm,重 7 500 g,是本类标本中最大的一件。P8209(图 2,8)是在田林县百花寨三级阶地的地表发现的,其外形、加工方法和前述标本基本一致。器体长 322、宽 170、厚 75 mm,重 4 600 g。

(2) 宽身大尖状器

全部用扁平圆滑的砾石单面制成。P8170 标本(图 2,2)采自百色县南坡山四级阶地地表,器体呈三角形,除尖部左侧刃是单面打击的外,其余的边缘都用交互打击法制成。长 230、宽 180、厚 95 mm,重 4 500 g,尖刃角 62°。P8213 号标本(图 2,3),单面制成,把手下部有几个石片疤,器体长 232、宽 180、厚 100 mm,重 3 450 g。采自百色县江风村三级阶地地表。

(3) 似手斧尖状器

全部是交互打击制成,尖端有一个圆凸的刃。标本 P8203 号(图 2,5)采自百色县六

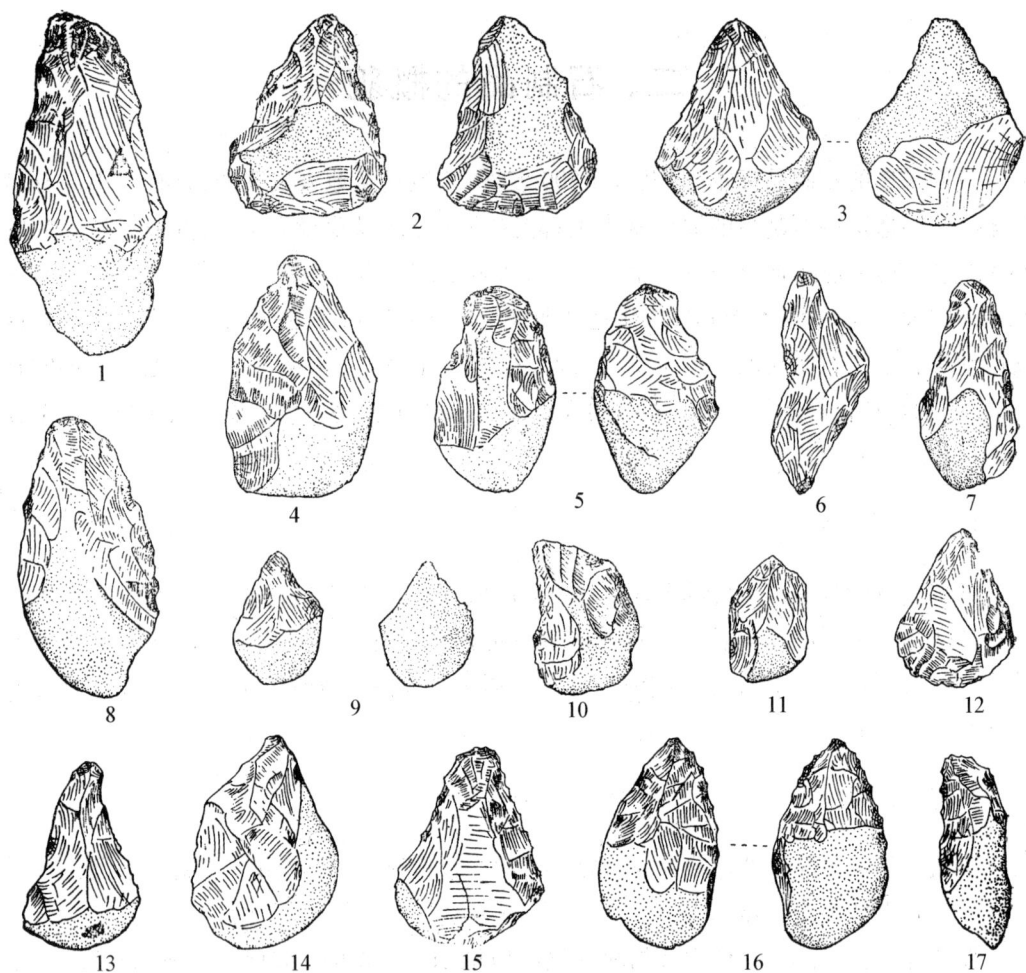

图 2　尖状器

1、8. 扁平的大尖状器(P8018、P8209)　2、3. 宽身大尖状器(P8170、P8213)　4. 薄刃尖状器(P8222)　5、7、15. 似手斧尖状器(P8203、P8282、P8072)　6. 双头尖状器(P8051)　9、13. 三棱尖状器(P8310、P8187)　10、17. 侧尖尖状器(P7783、P7901)　11. 宝剑头尖状器(P7709)　12、14. 心形尖状器(P7701、P7907)　16. 厚刃尖状器(P2001)

坟山四级阶地,由远端两侧向两个面加工制成,器体粗大,为本类标本之冠。长 236、宽 141、厚 113 mm,重 4 125 g。标本 P8072 号(图 2,15),发掘于田阳县公篓煤矿矿区的三级阶地堆积中,原料是浅黄色砾石片,两个修理面对称,刃缘平齐,石片疤浅平,是本类标本中做得最精美的工具之一。器体长 225、厚 75 mm,重 2 600 g。P8282 号标本发现于百色县南坡山第四级阶地的地表,用灰褐色的砂岩砾石制成,器体窄长(图 2,7)。

(4) 双头尖状器

有双锐尖型、双钝尖型和锐钝尖型三式:

Ⅰ式　双锐尖型,采用长条形的砂岩砾石从两侧边向一面加工制成,两端的尖刃锐利,侧刃较厚,中段粗大,轮廓类似“菱角”。标本 P8051 号,采自百色县东增村四级阶地。

长 245、中部宽 42、厚 116 mm,重 2 700 g(图 2,6)。

Ⅱ式　双钝尖型,两端都加工成钝尖。标本 P8201,采自百色县东增村四级阶地。

Ⅲ式　锐钝尖型,两端的尖部一个呈锐尖,另一个呈钝尖。器体只作简单的加工,其中一尖刃做得较细,另一尖则较粗糙。标本 P8304 采自百色县大翁村三级阶地,是此类标本中较典型的器物。

(5) 三棱尖状器

这类石器都有三条棱脊伸向尖端,其中大部分棱脊都比较短。构成三条棱脊的三个面有两种情况,多数是利用两个砾石相夹成一棱脊的砾石,从棱脊的两侧边向一个面加工,修成一个平坦面与棱脊相夹成尖部。如标本 P8310 号(图 2,9)。另一种是用石片的破裂面为底,从底面两侧向背面的砾石面打击,修出两个相夹的修理面和破裂面汇成尖端。如采自百色县南坡山四级阶地的 P8178 号标本(图 2,13),两个修理面都相当粗糙,底面两侧边缘有第二步加工的痕迹,长 210 mm,重 1 900 g。

(6) 厚刃尖状器

都用交互打击法制成,尖部较厚,横截为菱形,两侧刃平直,上下两个修理面中部都有伸向尖端的粗脊。标本 P2001(图 2,16)采自田阳县三雷村三级阶地,长 239 mm,重 2 650 g。

(7) 侧尖尖状器

这类尖状器的尖端都歪向中轴线的一侧。在田阳县红坡岭三级阶地采集的 P7901 号标本,采用砂岩砾石制成,以平坦的砾石面为底,以底的两侧向背面加工制成,左侧刃平直,右侧刃穿过中轴线左右前角与左侧刃汇成侧尖,侧刃陡厚,似锯齿状(图 2,17)。P7783 号标本是在田东县新洲村附近的三级阶地堆积中发掘的,原料是硅质岩砾石打成的石片,从破裂面的两侧边向背面斜向打击,制成薄锐的两侧刃和歪向左侧的锐尖(图 2,10)。

(8) 薄刃尖状器

尖端扁薄,有个小的圆凹刃。采自百色县小梅村第四级阶地的 P8222 号标本,是在扁平砾石相邻的两边向一面加工成,尖端薄锐,尖刃角 53°(图 2,4)。

(9) 心形尖状器

多是单面加工的,也有少量两面都有打击痕迹的。P7907 号标本是在田阳县百育三级阶地下部砾石层中发掘的,从圆厚的砂岩砾石的周边向一面打击成尖状,修理面粗糙,棱脊凸出且都比较圆钝,是在河流搬运过程中冲磨形成的(图 2,14)。这件石器的发现对研究百色盆地三级阶地堆积形成的时代和这个地区旧石器文化的性质都有重要意义。在田东县新洲村第三级阶地地表发现的 P7701 号标本,原料是背面带隆凸砾石面的石片,周边向破裂面修理,石片疤细小,呈阶梯状,它的把手部分修成隆凸,与背面隆凸的砾石面相对称,构成便于手握的把手。这件石器较小,重 725 g,但在此类标本中是加工得最好的一件(图 2,12)。

（10）宝剑头尖状器

仅一件，标本 P7709，采用浅黄色的砂岩砾石，在平坦的砾石面两侧边向背面加工而成。两侧刃缘陡厚、平行，在接近尖部时大角度折向中部汇成锐尖，尖刃角 64°，重 800 g（图 2,11）。

2. 砍砸器

砍砸器是采集品中数量最多的一类大型石器，它们的刃缘有薄锐的，也有相当厚钝的，其中最小的刃角 40°，最大的超过 90°，多在 65°。可分单刃砍砸器和复刃砍砸器两类。

（1）单刃砍砸器

有直刃、弧凸刃、斜凸刃和圆凸刃四种，其中弧凸刃的数量最多。用 4 件标本为例说明：P7910 号标本（图 3,5），采集于田阳县那坡四级阶地，以三角形砾石之一边制成锯齿状的直刃。刃角 75°，重 2 700 g。P7707 号标本（图 3,3）系从田东县长蛇岭三级阶地的地表发现，用砾石制成的石片修成一条斜凸的刃。它的把手经过修理。P8312 号标本（图 3,6），采自百色县大翁村三级阶地，用厚重的砂岩砾石从三边向一面加工，制成一条弧凸刃。器体呈半月形。P8205 号标本（图 3,4）采集于百色县百谷屯附近的四级阶地，采用硅质岩砾石从三边向一面打击，制成半圆形的刃缘，刃角 59°。

（2）复刃砍砸器

砾石或石片的几条边都加工成刃缘。依器物的形状可以分为如下五式：

Ⅰ式　锛形砍砸器，P7880 号标本，采自田阳县公篓四级阶地。在扁长砾石的远端三边加工成刃，两侧刃单向打成，左侧的刃缘薄锐，右侧刃陡厚。前端刃是交互打击制成。器体长 273、宽 178、厚 113 mm，重 5 100 g。是标本中最大的一件（图 3,1）。P8176 号标本，用浅黄色的砂岩砾石石片单面制成，两侧刃稍内凹，前端刃向前伸展，刃缘弧凸。把手左侧有修理的痕迹。这件石器是采集品中做得最精细的一件大型石器之一。在它的修理面上胶结有灰褐色的钙质结核，对研究石器制成的时代有重要意义（图 3,7）。

Ⅱ式　刀形砍砸器，用扁长的砾石相邻的两边向一面加工而成。P8151 号标本就是其中之一，这件石器是在百色县东增村第四级阶地地表发现的。在它的左侧边修成一条弧形的长凸刃，前端制成圆凸刃。器体长 252、宽 125、厚 81 mm，重 3 000 g（图 3,8）。

Ⅲ式　多角形砍砸器，P8152 号标本，发现地点和上述标本相同。原料多方块形铁矿石，从三边向背面加工成刃缘，保留把手未作加工；图 3,11）。

Ⅳ式　盘状砍砸器，用砾石的一平坦面为底，从底面的三边或周边向背面打击而成。P8173 号标本，采自田东县同均屯二级阶地，器体呈椭圆形盘状（图 3,14）。标本 P8219，采自百色县小梅村四级阶地，用硅质岩砾石的周边向背面加工，制成椭圆盘状的刃缘和龟背形凸起的背面（图 3,12）。

Ⅴ式　尖状砍砸器，这是一类具有尖凸刃的复刃砍砸器。例如，在田东县长蛇岭三级

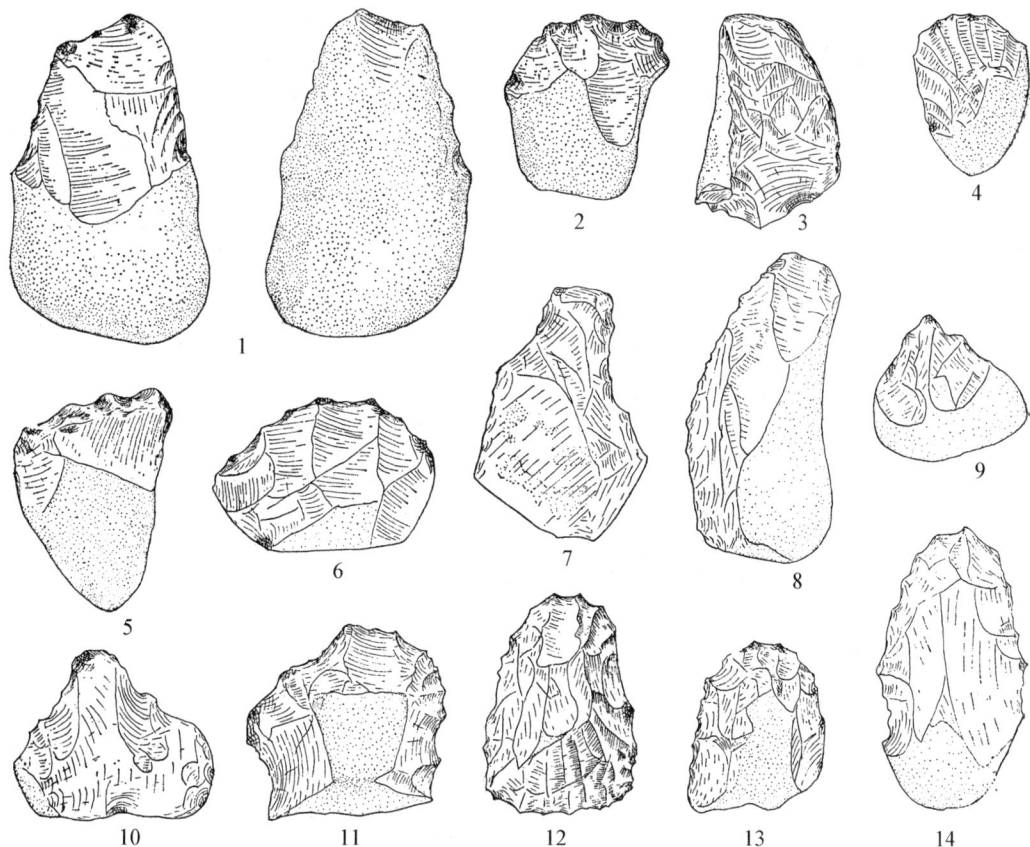

图 3 砍砸器

1. 复刃锛形砍砸器(P7880)　2、4、6. 单凸刃砍砸器(P7730、P8205、P8312)　3. 斜凸刃砍砸器(P7707)　5. 单直刃砍砸器(P7910)　7. 锛形砍砸器(P8176)　8. 刀形砍砸器(P8151)　9、10. 尖状砍砸器(P7720、P7733)　11. 多角形砍砸器(P8152)　12~14. 盘状砍砸器(P8219、P8206、P8173)

阶地下部的砾石层中发掘的 P7720 号标本,用三角形砾石单面制成,它的修理面和棱脊都很圆钝,但锤击制成的痕迹明显。这件石器对研究百色盆地第三级河成阶地形成的时代有重要意义(图3,9)。标本 P7733 号,采自田阳县红坡岭三级阶地,采用浅黄色砂岩砾石的石片制成(图3,10)。

3. 刮削器

数量很少,主要有三类:

(1) 直刃刮削器

用扁薄的石核、石片制成的较普遍,也有一些用砾石制成。例如,P7831 号标本是用石片之一长边错向加工成直刃(图4,12)。P7810 号标本,原料是打过石片之后遗弃的薄型石核,在它的两长边加工成刃。其中一直刃用单向打击而成,刃缘的片疤细小,另一刃是错向打击而成,稍扭曲(图4,13)。

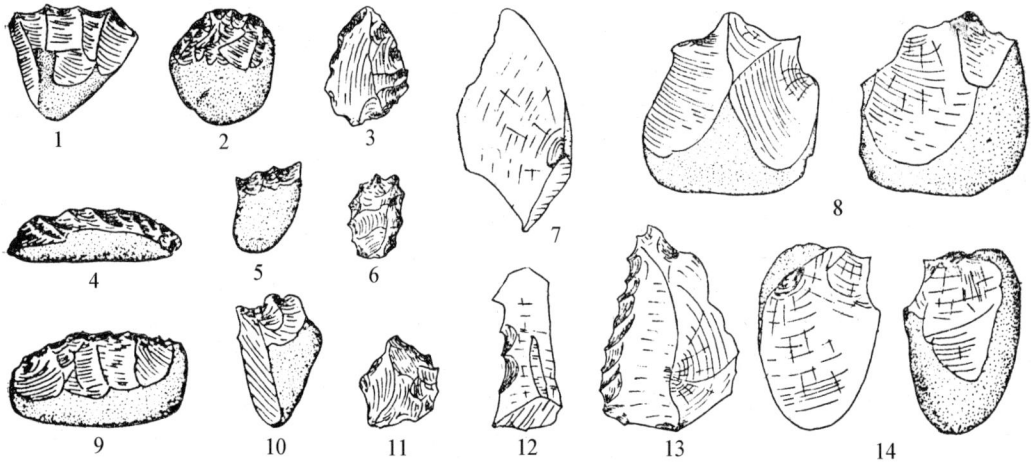

图 4　刮削器、石核、石片

1. 单台面石核(P7813)　2、4、9. 凸刮削器(P7743、P7707、P8178)　3、6、11. 盘状刮削器(P7714、P7713、P8211)　5、10. 端刮器(P8263、P7903)　12、13. 直刃刮削器(P7831、P7810)　8. 双台面石核(P7807)　7、14. 石片

（2）凸刃刮削器

有弧凸刃和圆凸刃两种,P7707 号和 P8178 号标本都是用扁长的砾石制成弧凸的刃缘(图 4,4、9)。P7743 号标本是用砾石加工的圆凸刃(图 4,2)。

（3）盘状刮削器

有圆盘状和椭圆盘状两类:P8211 号标本是用扁圆的砾石周边打成圆盘状刃(图 4,11)。P7713 号标本是用两极石片制成的椭圆盘状刃(图 4,6)。

4. 端刮器

是刃缘在一端的刮削工具,数量仅 16 件,其中石片制成的 4 件,石核制成的 1 件,另外 11 件是扁长的小砾石做的。P8263 号标本,是从百色县沙洲村附近的第三级阶地堆积中发掘的,原料是小砾石(图 4,5)。P7903 号标本是从田阳县九合村三级阶地地层中发现的,用石核制成(图 4,10)。

（二）石核

采集的石核标本,多数没有一定的形状,大小相差悬殊,其中以利用砾石面为台面直接打片的为主,也有一部分利用石片疤为打击台面。台面经过修理的极少。主要有三种类型:

1. 单台面石核

单台面石核数量最多,约占石核标本总数的 70% 以上。这类石核的台面角在 40°~90° 之间,其中 80°~90° 的比较多,他们的打击点都不太明显,半锥体阴疤也不很清楚,石片疤不平整,另外一部分单台面石核,台面角在 40°~70°之间,打击点不很清楚,石片疤宽大平整,呈台形或长三角形。

2. 双台面石核

双台面石核的打击台面多用两个砾石面为打击台面,其中也有用一个砾石面和一个石片疤的,还有少部分利用两个互相交汇的石片疤互为打击台面。这类石核的台面角多为 55°~75°之间。打击点不很清楚,半锥体阴痕不明显者居多。(图 4,8)。

3. 多台面石核

多台面石核大多数利用多面体砾石的几个砾石面进行打片,也有的利用部分砾石面和打片留下的石片疤交替使用。这类石核数量较少,台面角在 70~100°之间,其中 85°~90°的较多,打击点明显,石片疤细小,多没有一定的形状,也有一部分是长大于宽或宽大于长的。

(三) 石片

我们采集到的石片多数没有一定的形状,表面凹凸不平,体形细小。它们的背面大部分是砾石面,有少量是石片疤。石片上的打击点多不清楚,半锥体不凸起,也有一部分打击点有剥落碎片的疤痕。另外有一部分有个大而倾斜的台面,破裂面宽大平整,呈长三角形或梯形(图 4,7、14)。

三、结　语

广西壮族自治区百色地区右江沿岸的阶地上,旧石器地点分布广泛,石器数量众多,体形硕大,制作粗犷,在我国旧石器时代的石制品中别具一格。

石器的类型有尖状器、砍砸器、刮削器和端刮器四种,其中砍砸器的数量最多,尖状器其次,刮削器和端刮器甚少。尖状器和砍砸器以用砾石或石核加工的为主,石片制成的较少,刮削器和端刮器则用石片打成的较多。无论是砾石器还是石片石器,它们的石体大小相差悬殊,以大型石器为主。

采集的石核有单台面、双台面和多台面三种,其中以单台面的最多。它们的打击台面大多是利用原砾石面,其次是用劈裂面或石片疤,台面经过修理的极少。制取石片和加工石器时都普遍使用锤击法和碰砧法,砸击法较少使用。打成的石片多数是没有一定形状的小石片,也有一部分劈裂面是宽大平整的三角形或梯形的大石片。大部分石片打击点不明显,半锥体不凸起,少部分打击点清楚,半锥体小而凸出。还有一部分打击点不很清楚,半锥体大而散漫,辐射线稀疏。制造石器时以单面打击为主,也有一部分是用交互打击、错向加工或采取几种打法制成的。在制造石核石器时,多数是从底面向背面打击,加工石片石器时大部分是向劈裂面打击。

从以上的一些特点来看,广西百色地区的旧石器和我国已报道过的旧石器有许多相似之处。例如,百色地区的旧石器和陕西汉中地区梁山的旧石器相比,两者都是以大型的砾石石器为主。在石器的组合中,两地的砍砸器都占很大的比例,刮削器甚少。在梁山发现的"似手斧"的尖状器,百色地区大部分石器地点都有发现。当然也有不同的方面,例如百色发现的大型石器比梁山的石器大得多,梁山发现的尖状器数量不多,石球在石器中占有很大的比例,百色地区还未发现人工制作的石球。百色地区发现的大尖状器,类似陕西蓝田平梁的大尖状器、贵州黔西观音洞的厚三棱尖状器、山西丁村的大三棱尖状器和内蒙古大窑村南山发现的大尖状器。百色地区发现的锛形砍砸器、观音洞的半手斧砍砸器、丁村的"似手斧石器"和四川铜梁发现的锛形砍砸器类似。百色地区的石器加工方法也和黔西观音洞一致,两者都是以单向加工为主。百色地区的石片石器的加工方法也类似贵州猫猫洞的石片石器,两者都是以向破裂面加工为主。百色地区的旧石器和广西境内山洞中发现的旧石器也有相似之处,同是以砾石石器为主,以单向加工为主。

从上述的情况看来,广西百色地区的旧石器和我国已报道的旧石器,在时间和空间方面可能存在某种程度的传播继承关系,但它们又有自身的文化特征。因此很值得今后进一步发掘调查,逐步弄清楚出产石器的原生地层及其共存的遗物。以便确定出产石器的阶地形成时代和原始文化的性质。

关于百色地区石器文化的时代问题,在目前还缺乏足够的科学证据的情况下,要作出确切的结论还为时尚早。但根据目前已掌握的材料来看,应属旧石器时代的范畴之内,且延续的时间可能相当久远。支持这种看法的主要依据有如下三点:

1. 百色地区旧石器使用的石料、加工的方法和器物的式样和我国传统的旧石器一致。

2. 采集的石制品标本,绝大多数是在第三级阶地和第四级阶地的地表捡拾的。其中可能夹杂有不同时代的文化遗存。但有一部分是直接从地层中发掘出来的。例如,在田阳县百育旧石器地点和田东县的长蛇岭旧石器地点,在构成第三级基础阶地下部的砾石层中,都发掘出一些经过河流搬运、人工打击痕迹明显的旧石器。在平果县城镇属三级阶地的小山上,土层被侵蚀的砾石层上部和田阳县那坡圩镇西部的第四级阶地的砾石层上部也同样发现有被水流冲磨过的石制品。1979 年 6 月广西壮族自治区博物馆文物工作队,在田东县长蛇岭发掘时,也在地层中出土四件石制品及其共存的用火遗痕。在其他第三级阶地和第四级阶地上的旧石器地点,也在堆积物的剖面中发现一些和地表类似的石制品和用火遗痕。这些都表明,早在百色地区右江沿岸的第三级阶地和第四级阶地形成时,百色地区就已经有人类活动了。

3. 1979 年 10 月,笔者在田东县祥周公社模范大队一个叫定模洞的山洞堆积中,发现两颗人类的牙齿化石、一批打击石器、用火遗痕和十六种脊椎动物化石。其中动物化石经广西壮族自治区博物馆古生物工作者鉴定,认为它们的成分和柳江人洞的化石动物群类似,属更新世晚期的大熊猫—剑齿象化石动物群。这个山洞堆积物剖面,大约高出右江河面 27~30 m,相当于洞外堆积的第二级阶地和第三级阶地之间。

　　广西百色地区发现为数众多的旧石器地点和内涵丰富的文化遗物,进一步扩大了我国寻找古人类遗物的范围。随着今后对这些石器地点进行发掘和系统的研究,必将逐步加深对这个地区原始文化性质的了解,从而为我国史前时代考古提供新的资料。

参考文献

[1] 张森水.内蒙古中南部和山西西北部新发现的旧石器[J].古脊椎动物与古人类,1959,2(1).

[2] 贾兰坡,邱中郎.广西洞穴中打击石器的时代[J].古脊椎动物与古人类,1960,2(1).

[3] 李炎贤,黄蔚文.云南宜良旧石器调查简报[J].古脊椎动物与古人类,1962,6(2).

[4] 李炎贤,尤玉柱.广西百色发现的旧石器[J].古脊椎动物与古人类,1975,13(4).

[5] 丘中郎,等:《二十六年来的中国旧石器时代的考古》[A],见:中国科学院古脊椎动物与古人类研究所编.古人类论文集[C].北京:科学出版社,1978:43~64.

[6] 李炎贤,等:《贵州黔西观音洞旧石器时代文化的发现及其意义》[A],见:中国科学院古脊椎动物与古人类研究所编.古人类论文集[C].北京:科学出版社,1978:77~90.

[7] 阎嘉祺.陕西汉中地区梁山旧石器的再调查[J].考古与文物,1981(2).

[8] 李宣民,等.铜梁旧石器文化之研究[J].古脊椎动物与古人类,1981,19(4).

[9] 曹泽田.猫猫洞旧石器之研研[J].古脊椎动物与古人类,1982,20(2).

（本文发表于《史前研究》1983 年第 2 期）

广西新州打制石器地点的调查

广西文物工作队

1979 年 6 月,我们在新州煤矿(现改名为右江矿务局)长岭分矿曾祥旺同志的协助下,在新州进行了野外调查,发现了两个打制石器地点,并作了小规模试掘。现将调查情况报道如下。

一、地理位置和地层

新州位于百色盆地中段的右江北岸,西距田阳县城 18 km,东距田东县城 14 km (图 1)。石器地点位于右江两岸,一是治塘村后岭,位于右江南岸,没有进行试掘;一是长蛇岭(即新州煤矿所在地),位于右江北岸,由南、北两个山嶂组成一个"U"字形,走向与右江平行。山嶂上到处可见石器。我们在北嶂上挖了八条探沟,发现四件石器。由于严重剥蚀,南嶂上的石器散布于地表或冲沟中,我们在这里挖了四条探沟,未见石器。长蛇岭石器地点的地层从上到下可分为五层(图 2)。

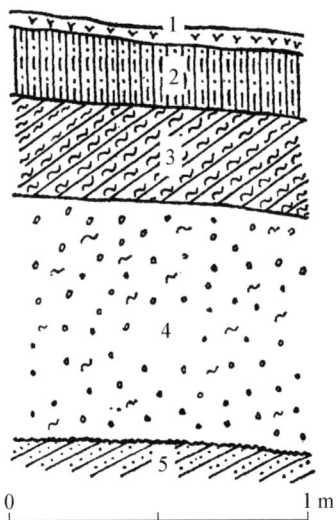

图 2 长蛇岭石器地点的
地层示意图

1. 灰褐色砂质土 2. 棕黄色黏土
3. 网状纹黏土 4. 网状纹泥砾层
5. 灰色含煤泥岩及粉砂层

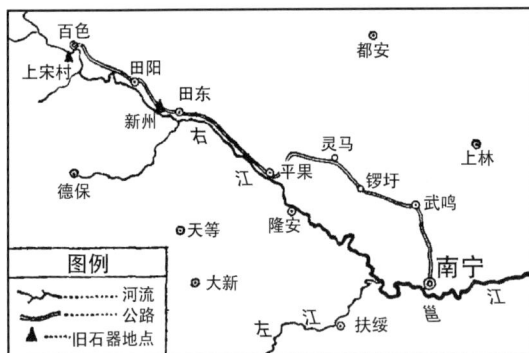

图 1 新州打制石器地点位置示意图

1. 全新统

灰褐色砂质土,含植物根系,厚 0.1~0.3 m,为近代风化层。

2. 更新统

棕黄色黏土,无层理,与下伏网状纹黏土成渐变关系,属下伏层进一步风化形成,厚约1~2 m,含石器和少许草木灰。

3. 更新统

网状纹黏土,由红、白、黄等色相混而成,即通常所谓的"网纹"红土,厚约1.5~3 m。

4. 更新统

网状纹泥砾层,由网状纹黏土与砾石杂乱相混而成,厚约4~10 m。此层上部砾石一般较小,直径2~7 cm,磨圆度较好,下部砾石次圆,较粗大,直径一般5~15 cm。

~~~~~~侵蚀不整合~~~~~~

5. 第三系

灰色含煤泥岩及粉砂层,出露厚度0.5~1 m。

二、石　　器

这两个地点的石器,大多散布于地表。我们采集了一些打击痕迹较清楚的标本,连同地层中出土的4件,共137件,其中长蛇岭地点的106件,治塘村后岭的31件。

两个地点的石器,石料的选择、打制的方法及石器的类型都无明显的差别,其时代应该相同,故综述之。

这批石器均以砾石或砾石石片制成,其岩质经初步鉴定,有如下几种:

砂岩90件(65.7%),粗砂岩2件(1.4%),角砾岩2件(1.4%),石英岩10件(7.4%),燧石4件(2.9%),硅质岩28件(20.5%),页岩1件(0.7%)。

这批石器按其形状和用途,可分为砍砸器、尖状器和刮削器三类。此外,还有一些石片。

1. 砍砸器

62件。是数量最多的类型。石器个体硕大,最大的长18、宽16、厚8 cm,重1 926 g;最小的长10、宽6、厚4 cm,重159 g;以重600~1 000 g为多。其加工方法主要是锤击法,也有碰砧法。以砾石制成者,加工主要集中于砾石的一端或一侧,多从较平坦的一面向隆凸的一面单向打击成刃缘。有的刃缘经第二步修整。以石片制成者,是利用大型石片剥落时形成的利刃稍微加工而成,加工时多由背面向劈裂面轻击。据器形及加工结果,可将这类石器分为以下几种。

侧刃砍砸器　29 件。大部分以较扁圆的砾石单向打击而成(个别交互打击),刃缘外凸,打击破裂面一般只占整个砾石面的 1/5~1/3。P79504 号标本,用交互打击法制成,片疤多宽大浅平,刃缘外凸,未经第二步修整(图 3,11)。P79502 号标本,于砾石一侧单面斜击,片疤大小不一,相互重叠,刃缘呈扇形突出,因使用崩缺而凹凸不平(图 3,7)。P79603 号标本,石片制成,正面为宽大的石片疤,背面为隆凸的砾石面,刃缘略微修整(图 3,8)。

端刃砍砸器　20 件。可分二式。

Ⅰ式 13 件。以椭圆扁平的砾石制成,加工集中于两侧或一端,器形扁长,均未经第二步加工。P79509 号标本,在砾石前端多次单面打击,片疤浅平重叠,刃缘斜弧,较厚钝(图 3,9)。P79548 号标本,为地层中掘出,在扁平砾石较宽的一端用碰砧法单向打击,片疤宽浅。P79554 号标本,用扁平石英砾石制成,于前端及两侧进行加工,刃缘外凸呈舌状(图 3,3)。

Ⅱ式 7 件。均以圆厚砾石制成,多在一端进行单向打击,刃部厚钝。P79547 号标本,器身近似球状,片疤浅凹重叠。

尖刃砍砸器　13 件。可分二式。均以厚重的砾石制成,器形较大。

Ⅰ式 7 件。断面呈三棱形,器身圆厚,棱脊居中,两侧打击成刃缘。P79514 号标本,用锤击法将砾石前部单面打击成坯形,然后在两侧边缘向内加工修整(图 3,10)。P79513 号标本,在砾石的前端两侧边缘分别向正、背两面交互打击,疤痕宽大,刃缘较扁薄,无细致修整加工痕迹(图 3,5)。P79561 号标本,是尖刃砍砸器中最大的一件,利用砾石较细的一端由两侧边缘向内进行单面打击,打击面大致呈一平面,片疤短宽,前端断面呈三棱形。

Ⅱ式 6 件。器身较Ⅰ式扁薄,加工方法是在砾石的一端沿两侧边缘单面打击,或交互打击。P79511 号标本,近似三角形,从砾石的尖端两侧向内交互打击,正、背面各有一棱,横截面呈菱形。正面两侧疤痕宽大而浅,背面的疤痕浅小而密,尖端扁平(图 3,1)。

2. 尖状器

3 件。用砾石石片制成,最大者重 179 g,最小者重 26 g。P79529 号标本,打击点不甚清楚,器体呈三棱锥状,三棱锥体的一面为原砾石面,两面为劈裂面,两个劈裂面所夹的一棱似乎稍加修整,尖端呈扁薄鸟啄状(图 3,2)。P79599 号标本,加工时沿两侧边缘由背面向正面斜击,石片疤浅平,两侧边缘薄锐,于前端内收成尖,正面有一脊从基部连到尖端(图 3,4)。

3. 刮削器

25 件。多以石片制成,个别用小块砾石制成。多以砾石面为打击台面,垂直进行打击,绝大部分有使用痕迹。P79523 号标本,由地层中掘出,以一扁平的石片制成,经过第二步加工,于刃部单面连续打击,石片疤凹凸不平呈梯状重叠。P79591 号标本,器形扁

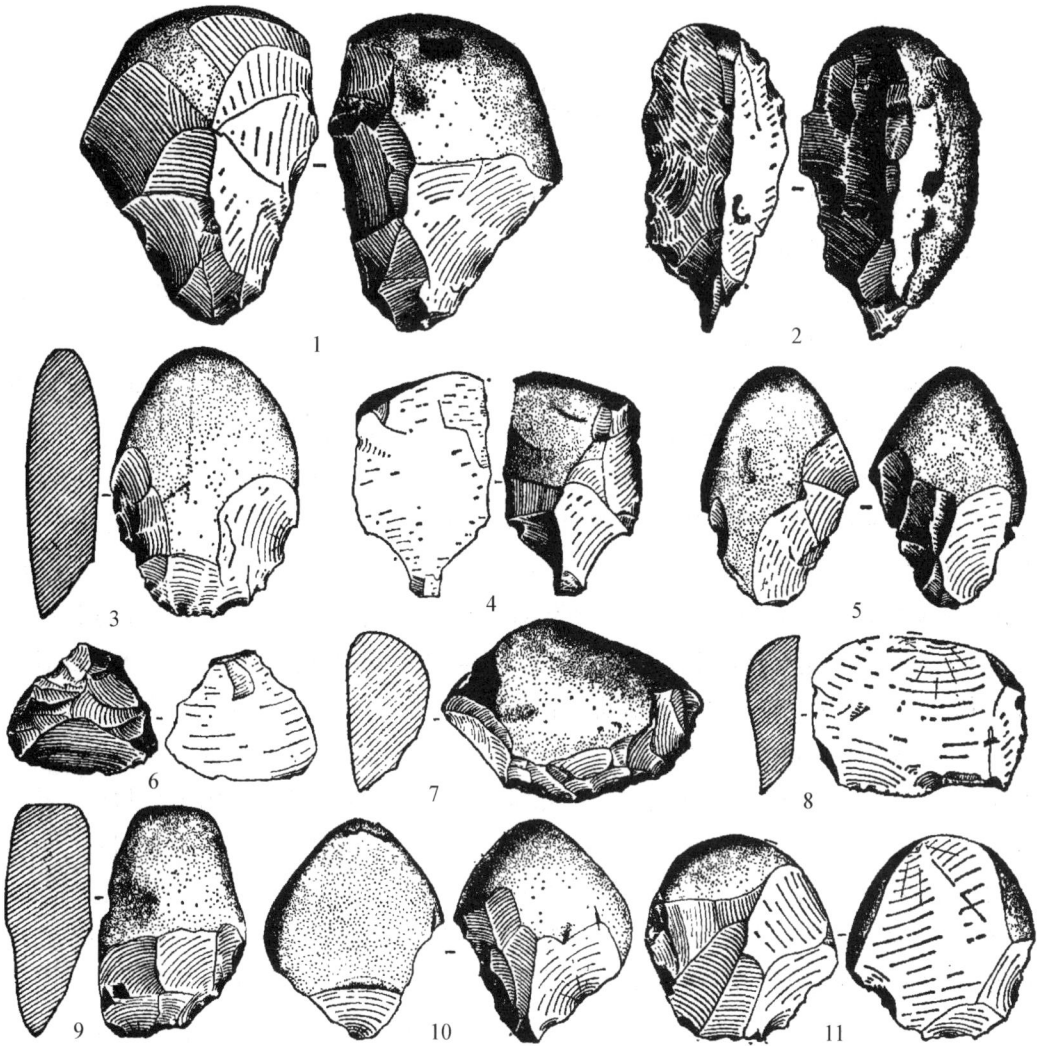

图 3　石器

1. Ⅱ式尖刃砍砸器(P79511)　2. 尖状器(P79529)　3. Ⅰ式端刃砍砸器(P79554)　4. 尖状器(P79599)　5. Ⅰ式尖刃砍砸器(P79513)　6. 刮削器(P79591)　7. 侧刃砍砸器(P79502)　8. 侧刃砍砸器(P79603)　9. Ⅰ式端刃砍砸器(P79509)　10. Ⅰ式尖刃砍砸器(P79514)　11. 侧刃砍砸器(P79504)

薄,略呈三角形,有三边利刃,制作较精致。背面片疤重叠,有三条棱脊分别延续到三个角,加工只在左、右两侧边缘,由劈裂面向背面敲击,经加工的两侧均内凹(图 3,6)。P79588 号标本制作较精致,正、背面均向外隆凸,片疤短、宽、浅且互相重叠,以交互打击法制成,周边为利刃,刃缘凹凸不平。

4. 石片

47 件。形状不规则,大小也很悬殊,小者重 9 g,大者重 480 g。在打片时多以砾石面为台面,少数以石片疤为台面,但未经修理。这些石片大都有使用痕迹。

三、结　语

新州石器有如下特点：1. 多以砾石石核制成，个体硕大，器身上保留较多的砾石面。2. 加工方法主要是锤击法，少数为碰砧法。加工时以单向打击为主，部分交互打击，制作粗糙。经第二步加工者较少，采用直接打击法。3. 打击台面为砾石面或石片疤，没有"修理台面"。主要是进行垂直打击。4. 绝大部分有使用痕迹。

从这些特点来看，新州石器比较原始，与广西其他地区的新石器相比，原始性质就更加明显。广西的新石器时代遗址中，东兴亚菩山、马兰山嘴和杯较山等贝丘遗址[1]发现的打制石器，在石料的选择和加工方法上与新州石器有着共同的风格，但也有明显的区别：东兴石器个体较小，器身保留自然砾石面者也较少，而新州石器个体较大，多保留 1/2～2/3 的砾石面；东兴石器的加工以交互打击法为主，片疤细小，第二步修整加工比较细致，而新州石器的制法以单向打击为主，片疤较宽大，加工制作较为粗糙，经第二步修整加工者甚少。东兴的打制石器显然比新州者进步。而且，东兴的打制石器与陶片、磨制石器共存，而新州一带还未发现与打制石器共存的磨制石器或陶片。新州石器似应属于旧石器。

从广西地区已发现的旧石器来看，一些山洞的含介壳的文化层中，曾发现打制粗糙的砾石石器[2]。据伴生的动物化石推断，这种文化层的时代应为更新世晚期，文化阶段约属旧石器时代晚期。这些山洞中的砾石石器在石料选择和打击方法上与新州石器也有共同的特点，可视为同一文化传统的遗物。但是，广西洞穴中发现的石器较少，类型也比较单纯，难以同新州石器作全面的对比。而且，广西地区第四纪的洞穴堆积和洞外阶地的对比问题还没有解决，新州石器与广西的洞穴石器是否同时尚难确断。但是二者在时代上大约不会有太大的距离。

另外，在百色上宋村也曾发现旧石器[3]，该地点的石器为旧石器时代晚期遗物。新州石器与之基本一致，二者又都出于右江第三级阶地中，地层的岩性也基本相同，所以二者应属同一时代的文化遗物。但是，没有发现与石器共存的动物化石或人类化石，广西第四纪地层的研究也还没有定论，因而，这种年代推断还未获得古生物化石和地层学的支持，尚有待于将来进一步的工作。

执笔者：覃圣敏　覃彩銮　梁旭达

绘图者：罗坤馨

注　释

[1] 广东省博物馆.广东东兴新石器时代贝丘遗址[J].考古,1961(12).

[2] 贾兰坡,邱中郎.广西洞穴中打击石器的时代[J].古脊椎动物与古人类,1960,2(1).

[3] 李炎贤,尤玉柱.广西百色发现的旧石器[J].古脊椎动物与古人类,1975,13(4).

（本文发表于《考古》1983 年第 10 期）

广西百色市百谷屯发现的旧石器

曾祥旺

1975 年 8 月,本文作者在广西壮族自治区百色市进行旧石器调查时,在百色市城区东南约 12 km 的百谷屯附近古河流阶地上,发现 7 处旧石器地点。其中在第二级阶地、第三级阶地、第四级阶地各发现 1 处,第五级阶地发现 4 处。从 1981 年至 1991 年,我们曾多次前往该处工作,先后在第五级阶地开挖 4 个探坑。砖红色的网纹红土层出土有石制品。现将调查发现的情况和对第五级阶地出土石制品的初步研究结果报道如下(图 1)。

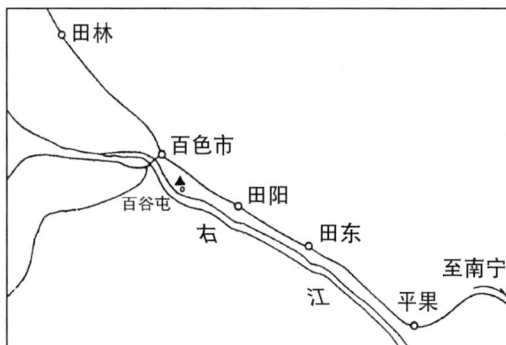

图 1　百谷屯地理位置图

一、地貌和地质概况

百谷屯在右江北岸近处,附近有高度在 200 m 以下的侵蚀丘陵和阶梯状分布的五级古河流阶地。这些阶地的基岩都是下第三纪湖相沉积的灰色砂岩和杂色泥岩。基岩和各级阶地下部的砾石层呈不整合接触。阶地的序列和地质概况如下(图 2):

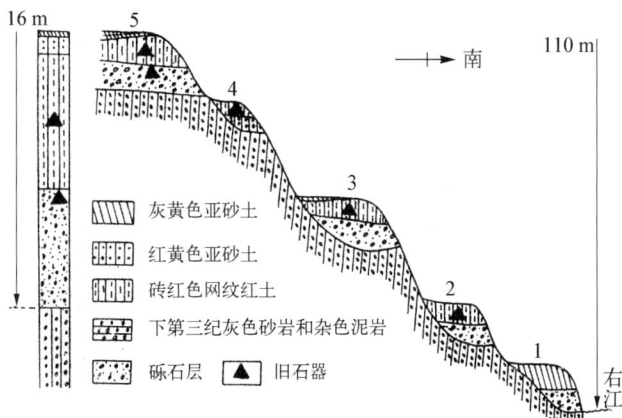

图 2　百谷屯地质剖面图

第一级阶地　阶面在右江水面之上 8 至 12 m,堆积物的下部是砾石层,上部为灰色的亚砂土层,厚 8 至 15 m。

第二级阶地　阶面高出右江水面 20 至 30 m,堆积物的下部是砾石层,上部是红黄色的亚砂土层。部分剖面的砾石层和红黄色亚砂土层之间有灰白色及砖红色亚砂土,形成网纹结构。红黄色亚砂土层中部埋藏有少量打击石器。

第三级阶地　阶面在右江水面之上 55 至 68 m,阶地堆积物的上部是红黄色亚砂土层的砖红色的网纹红土层,厚 8 至 13 m。在砖红色的网纹红土层及地表零星发现一些石制品。

第四级阶地　阶面在右江水面之上 80 至 90 m。阶地堆积物的下部是砾石层,上部是砖红色网纹红土层。砾石层的砾石个体细小,磨圆度和分选性都良好,含较多的白色石英岩砾石。红土层和地表都有少量石制品。

第五级阶地　阶面高出右江水面 105 至 115 m。残存阶面大约有 2 万 m² ,大部分成山顶平地,部分成为山脊,四周为急坡和陡坎。阶地堆积物的自上至下有如下几层:

5. 灰色的亚砂土层,厚 0.2 至 0.5 m,含植根和腐殖质,是近代风化层。

4. 红黄色的亚砂土层,厚 0.3 至 1 m。该层的上部有少量粗砂和细小的砾石。

3. 砖红色的网纹红土层,厚 3 至 8 m。网状纹发育良好,含少量红色的金属氧化物结核,局部呈半胶结状态。该层的中部埋藏有石制品、砾石、废品、碎屑和炭粒等文化遗存。

2. 砾石层,厚 3 至 7 m。磨圆度和分选性都欠佳。砾径在 2 至 15 cm 之间的占绝大多数,少数大的超过 30 cm。岩性以砂岩为主,约占总量的 40%;石英岩约占 35%;硅质岩约占 15%;页岩、砾岩、变质岩等共占 10% 左右。在砾石层中填充一些红土和粗砂。该层的上部零星发现一些石制品。

1. 下第三纪湖相沉积的灰色砂岩和杂色泥岩。

二、石 制 品

石制品 143 件。其中从探坑出土的 25 件,历年来在红土层遭剥蚀处陆续出露的 118 件。原来已经脱层的和其他阶地出土的都未计算在内。从石制品的岩性和个体大小来看,原材料都是从遗址所在地的河床砾石层挑选的砾石。其中岩性是砂岩的约占石制品总数的 65%,硅质岩约占 21%,石英岩占 9%,页岩、砾岩、变质岩等合占 5% 左右。类型有石器、石核和石片三种。

(一) 石器

石器 122 件,约占石制品总数的 85%。其中利用砾石直接加工成的 84 件,约占石器总数的 69%;石核加工的 12 件,约占 10%;用石片制成的 26 件,约占 21%。加工石器时主要采用碰砧法。其中用碰砧法打击成的 68 件,约占石器总数的 56%;锤击加工的有 12

件,约占 10%;用碰砧法和砸击法一起加工的有 25 件,约占 20%;碰砧法和锤击法一同加工的 17 件,约占 14%。加工方式以向一面加工为主,同时也有一部分采取复向加工、错向加工、相向加工和交互加工方式制成的石器。大部分石器的个体都很粗大,外观粗犷古朴,并保留一些砾石面。从石器的外观和使用功能来看,可以分为手斧、尖状器、砍砸器和刮削器等四种。

1. 手斧

12 件,约占石器总数的 10%。依斧刃的分布情况,可以区分为一端刃手斧和两端刃手斧两式。外观近似舌形的 4 件,三角形的 6 件,长椭圆形的 2 件。

一端刃手斧 11 件,它们的一端加工成斧刃,另一端作把手。其中把端刃制成扁尖小凸刃的 7 件,宽凸刃的 3 件,钝尖形凸刃的 2 件,正反两面都修理至把手近端的 5 件,其余加工仅局限于中腰至远端。

P010,外观近似舌形。原料是硅质岩砾石石片,正反两面都进行过认真修理。端刃薄锐平齐,刃缘弧形凸出,刃角 64 度。两侧缘都修至把手近端,一侧缘不平齐,另一侧平齐。长 168、宽 131、厚 90 mm,重 1 665 g(图 3,2)。

P012,外观近似三角形,原料是砂岩砾石石片。两侧缘都向中轴线倾斜,其中一侧缘只在远端的一部分采用两面加工,其余部分全都单面加工。另一侧缘全部是两面加工。

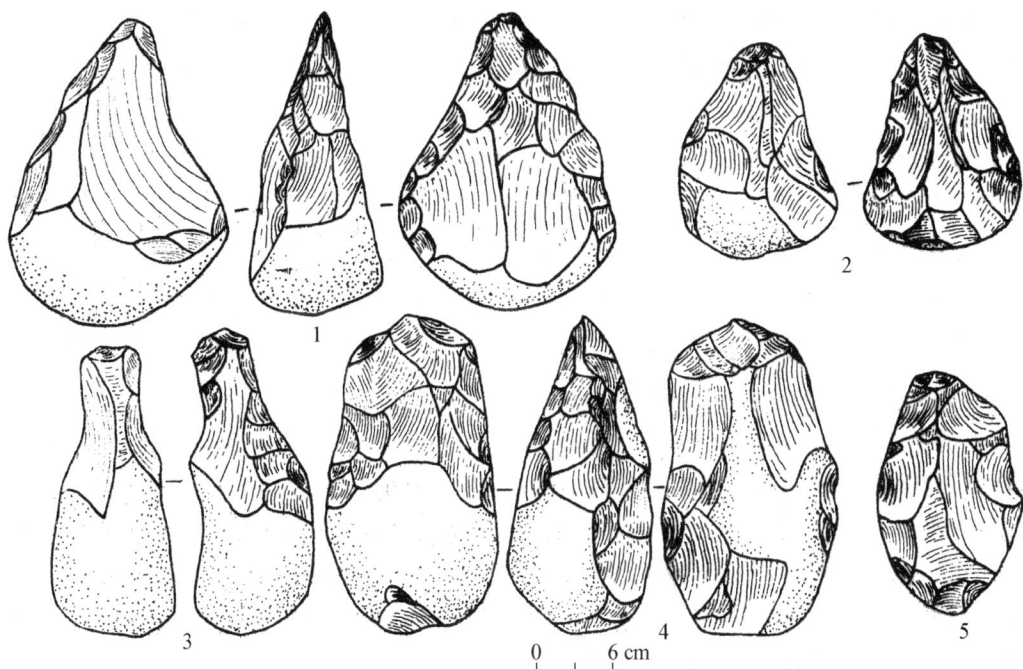

图 3 百谷屯手斧
1. P012 2. P010 3. P014 4. P013 5. P060

端刃扁尖外凸,刃角67度。把手宽厚,近端的局部有修理疤痕,保留部分砾石面。长240、宽187、厚118 mm,重3 695 g(图3,1)。

P014,原料是扁长的砂岩砾石,外观近似舌形。从石器的中腰至远端都进行过两面加工,端刃是弧形凸刃,刃缘平齐,刃角67度。两侧缘有些内凹,一个修理面的端刃及两侧缘都经过修理,另一面未经修整。把手稍宽厚,保留较多的砾石面。长235、宽97、厚79 mm,重2 150 g(图3,3)。

P013,是本类标本中最粗大的一件。原料是硅质岩砾石,外观近似扁的长椭圆形,从中腰至远端都经过两面加工。端刃是钝尖形的宽凸刃,刃缘平齐,刃角60至76度。两侧缘陡厚曲折,把手的局部进行过加工,保留一部分砾石面。长250、宽148、厚144 mm,重4 789 g(图3,4)。

两端刃手斧　1件,编号P060。原料是杂色的砾岩砾石片,周边都进行过加工。石片的基部和尾端都加工成斧刃(图3,5)。

2. 尖状器

56件,约占石器总数的46%。依尖端的形状可以区分为扁尖尖状器、厚尖尖状器、三棱尖状器和双尖尖状器等四种类型。

扁尖尖状器　38件。它们的尖端都制成窄小的扁尖刃。其中体形扁长的23件;长度和宽度接近和宽大于长的15件;两侧缘都加工至把手近端的8件;一侧缘加工至把手近端,另一侧仅加工至中腰的20件;两侧刃都很短的10件。

P017,原料是砂岩砾石片,尾端制成扁尖的斜直刃,尖刃角50度,两面角56度。修理面的右侧纵向隆凸,向左侧倾斜。左侧缘是长凸刃,右侧刃是短的凹刃。长203、宽125、厚103 mm,重2 238 g(图4,1)。

P015,原料是扁长的硅质岩砾石,远端中轴线右侧加工成扁尖,尖刃角65度,两面角54度。两侧刃呈八字形分布,刃缘陡厚内凹。其中左侧刃长,右侧刃较短。全身的大部分都未加工,保留原砾石面。长250、宽208、厚92 mm,重4 880 g(图4,2)。

P030,原料用扁长的砂岩砾石,外观近似等腰三角形。全身的大部分都经过仔细加工,修理面近似龟背形隆凸,两侧缘都加工成延至把手的长凸刃,尖端扁薄平齐,尖刃角92度,两面角54度。长263、宽220、厚128 mm,重6 425 g(图4,3)。

P090,原料是砂岩砾石片,外观近似不等边三角形。长142、宽117、厚71 mm,重753 g(图4,4)。

厚尖尖状器　13件。均为砾石,尖端较厚钝,接近尖端的横断面多数近似圆形,有些近似半圆形,两面角在73至85度之间。在尖端附近的正反两面中,一面是修理面,另一面是砾石面。其中修理面为隆凸面、砾石面也是隆凸面的有6件;修理面是向背面倾斜面、砾石面是隆凸的脊的有5件;砾石面为平坦面、修理面是隆凸面的2件。

P097,原料是扁长的砂岩砾石,尖小一端加工一个倾斜面与背面隆起的砾石脊交汇成厚尖,尖刃角105度,两面角76度。长245、宽169、厚109 mm,重4 870 g(图4,6)。

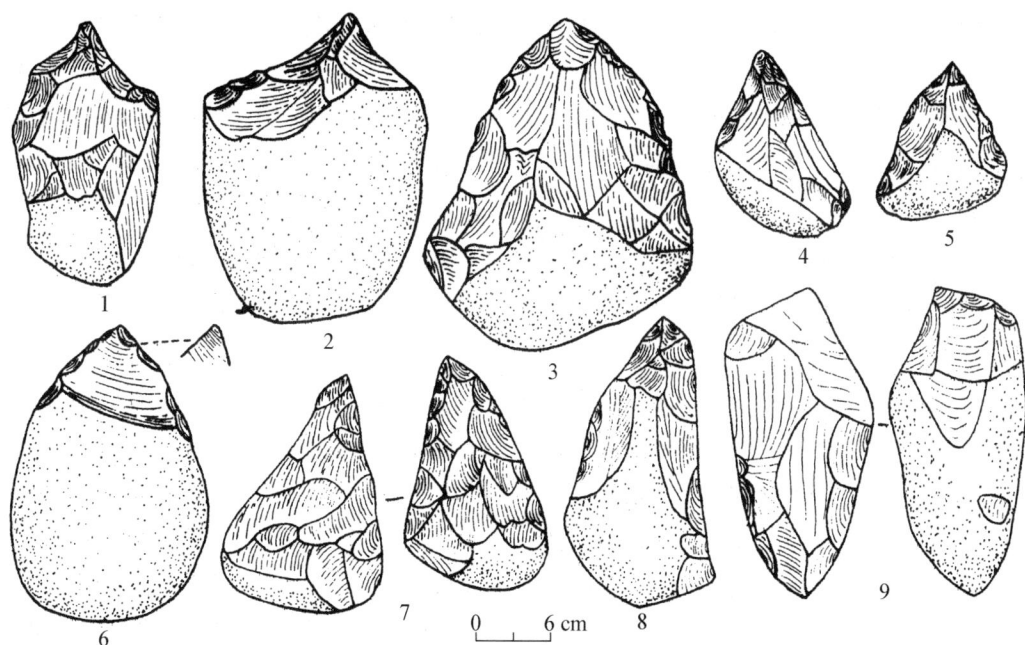

图 4　百谷屯尖状石器

1~4. 扁尖尖状器（P017、P015、P030、P090）　6、7. 厚尖尖状器（P097、P019）
5、8. 三棱尖状器（P011、P020）　9. 双尖尖状器（P024）

P019，原料是长厚的砂岩砾石，修理面圆突，砾石面平坦，外观近似半个圆锥体。长205、宽130、厚125 mm，重2 475 g（图4，7）。

三棱尖状器　4件。在这些标本的尖端有互相交汇的三个面及三条棱脊，横断面是三角形。其中长身、短身各2件。

P020，原料是长厚的砂岩砾石片，尾端加工成三棱尖。其中一侧缘是向砾石面加工，另一侧是复向加工，中脊较短。长240、宽143、厚107 mm，重3 947 g（图4，8）。

P011，原料是扁圆的砂岩砾石，外观近似等边三角形。两侧缘修理至把手近端，中脊较短。该石器尖端的底面是小石片疤。长122、宽122、厚63 mm，重896 g（图4，5）。

双尖尖状器　1件。编号是P024。原料用扁长的砂岩砾石石片，在基部和尾端分别加工成尖端。石片尾端是从两侧缘向破裂面加工成正尖，修理部分约占身长的2/3。石片基部朝砾石面加工，尖端往一侧倾斜。长265、宽123、厚82 mm，重2 430 g（图4，9）。

3. 砍砸器

37件，约占石器总数的30%。用砾石直接制成的29件，石片加工的8件。有似手斧砍砸器、直刃砍砸器、凸刃砍砸器和复刃砍砸器等四种。

似手斧砍砸器　3件。这种工具的体形扁长，有一个从三边向同一面加工成的修理面和向一面加工的端刃。端刃平齐扁薄,两侧缘陡厚,经过三边加工的一面及使用功能都类似手斧。

P037,原料是砂岩砾石的长石片。在石片尾端和一侧缘向破裂面加工,另一侧缘接近尾端向破裂面加工,其余部分向砾石面加工。把手近端有向砾石面修理的痕迹。端刃平齐,刃角 54 度。长 195、宽 135、厚 95 mm,重 2 435 g(图 5,1)。

P071,原料是砂岩砾石的长石片。在石片的尾端及两侧缘都向破裂面加工。端刃是弧形的凸刃,刃角 68 度。保留近端及背面的砾石面。长 227、宽 129、厚 91 mm,重 2 614 g(图 5,2)。

P033,原料是扁长的砂岩砾石。它的一面经过三边加工,石片疤细小,端刃平直,刃角 68 度。另一面从把手至中腰有一个浅平的大石片疤(图 5,3)。

直刃砍砸器　6 件。体形扁长的 4 件,短身的 2 件。

P028,原料用扁圆的砂岩砾石,外观近似半月形。刃缘陡厚平直,刃角 73 至 75 度。把手半圆凸,未经修理。长 147、宽 189、厚 86 mm,重 3 160 g(图 5,4)。

凸刃砍砸器　10 件。体形扁长的 2 件,短身的 8 件;刃缘平齐的 7 件,曲折的 3 件。它们的个体大小相差悬殊。

P023,原料是扁圆厚重的硅质岩砾石。沿砾石的半圆边向一面加工成半圆形的凸刃。大部分刃缘都经过第二步修理,比较平齐,局部曲折,刃角在 69 至 75 度之间。修理面大

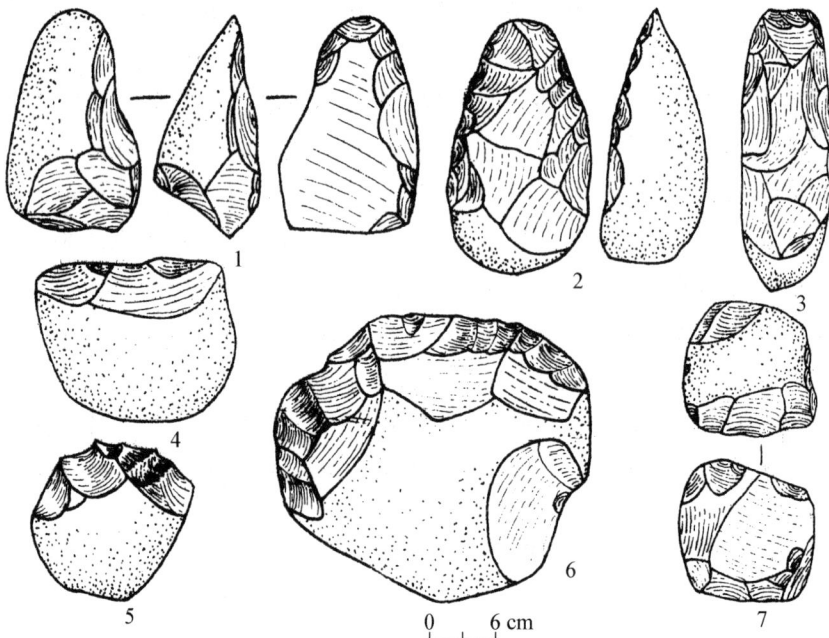

图 5　百谷屯砍砸器

1~3. 似手斧砍砸器(P037、P071、P033)　4. 直刃砍砸器(P028)
5、6. 凸刃砍砸器(P473、P023)　7. 复刃砍砸器(P079)

部分高低不平,部分大石片疤的尾端被折断,石片疤之间的脊明显隆凸。把手右侧有个大石片疤,保留大部分砾石面。长 259、宽 297、厚 132 mm,重 9 687 g(图 5,6)。

P134,原料是扁形的砂砾石。在一半边加工成圆凸刃,外观近似圆形。刃缘平齐,刃角 54 至 63 度。修理面的石片疤浅平,石片疤之间的脊细小。长 130、宽 132、厚 69 mm,重 1 355 g。

P473,原料是扁平的砂岩砾石。宽大一端向一面加工成锯齿状的凸刃。把手未经修理,保留砾石面(图 5,5)。

复刃砍砸器　18 件。有 2 刃和 3 刃两式。

P079,原料是砂岩砾石片,周边都加工成刃。其中大部分刃缘向一面加工,部分采取两面加工,外观近似正方形。长 129、宽 139、厚 67 mm,重 1 296 g(图 5,7)。

4. 刮削器

17 件,约占石器总数的 14%。其中用石片的 11 件,用扁薄小砾石的 6 件。有单刃和复刃两种类型。

单刃刮削器　11 件。其中凸刃的 5 件,直刃的 6 件;刃缘在石器一端的 7 件,侧刃的 4 件;向一面加工的 10 件,两面加工的 1 件。

P053 号,原料是扁圆的石英岩砾石。采取向一面加工方式制成弧形的凸刃,刃角 60 至 71 度。长 90、宽 92、厚 41 mm,重 402 g(图 6,1)。

P072,原料是扁长的砂岩砾石。端刃制成平齐的凸刃,刃角 64 至 73 度。左侧缘保留弧形的砾石脊,右侧缘是纵断面,端刃宽大,近端尖小,外观近似三角形。长 106、宽 68、厚 41 mm,重 330 g(图 6,2)。

P063,原料是近似长方体的砂岩砾石。在其一端向一面加工成直刃,刃角 54 至 61 度。长 103、宽 61、厚 35 mm,重 235 g(图 6,3)。

P054,原料是砂岩砾石的长石片。在一侧长边交互加工成不平齐的直刃,刃角 64 至 73 度。长 55、宽 104、厚 30 mm,重 177 g(图 6,4)。

复刃刮削器　6 件。其中 2 刃的 2 件,3 刃的 3 件,盘状刃的 1 件。

P047,原料是砂岩砾石石片。在石片的一侧缘和尾端向同一面加工成刃。端刃是直刃,侧刃为弧形刃,刃缘都较平齐,刃角在 44 至 56 度之间。长 123、宽 78、厚 28 mm,重 276 g(图 6,5)。

P077,属砂岩砾石片。在石片尾端加工成半圆形凸刃,一侧缘有一个凹刃(图 6,6)。

P078,属砂岩砾石。三边向同一面加工成刃(图 6,7)。

P099,属砂岩砾石片。周边的大部分都加工成刃缘(图 6,8)。

(二) 石核

石核 9 件,约占石制品总数的 6%。原料都用砾石。类型有单台面石核、双台面石核

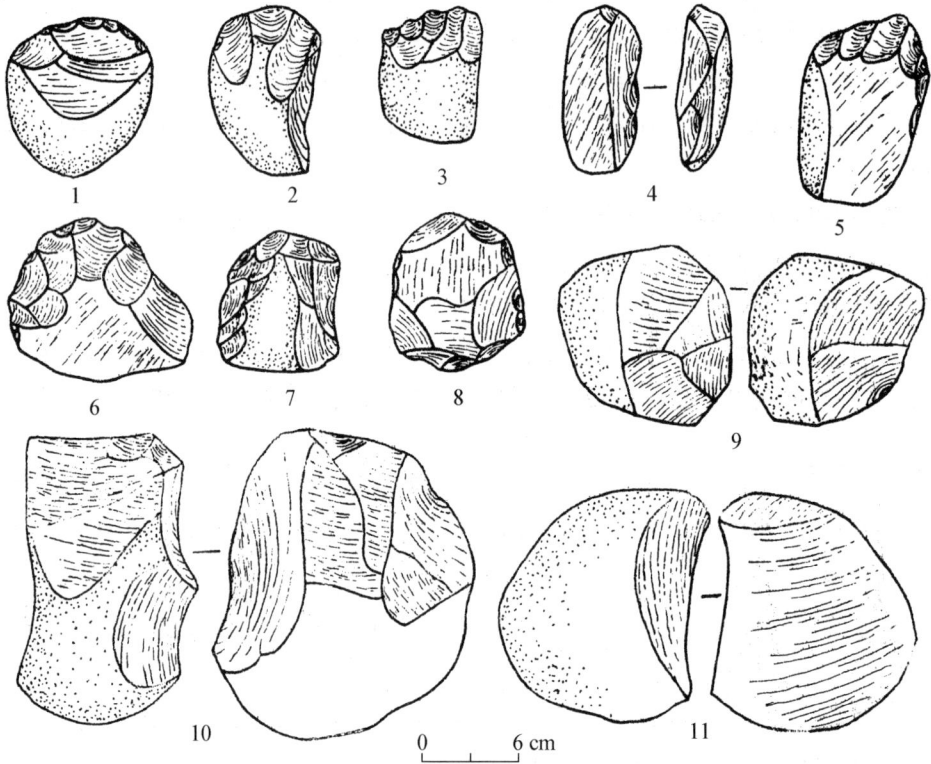

图 6　百谷屯刮削器、石核、石片

1~4. 单刃刮削器（P053、P072、P063、P054）　　5~8. 复刃刮削器（P047、P077、P078、P099）

9、12. 石片（P089、P088）　　10、11. 石核（P076、P082）

和多台面石核三种。在石核上的打击台面中，绝大多数用砾石面，部分利用石片疤和断面。石核上剥片的疤痕都不多，少的仅 1 至 2 个，最多的 7 个，3 至 5 个的占多数。石片疤的形状大部分短而宽，长石片疤较少。打击点多不明显或不见打击点，部分有明显的锤击疤痕和砸击疤痕。石片疤中大多数比较浅平，部分尾端折断，部分呈波浪形起伏。台面角大多数在 40 至 87 度之间。

P076，原料是长形砂岩砾石。两侧边向同一面打片。其一侧边有两个互相重叠的石片疤，另一侧缘产生两个尾部被折断的石片。石片疤都比较浅平，宽大于长，台面角在 53 至 58 度之间。长 108、宽 114、厚 90 mm，重 1 987 g（图 6,10）。

P082，原料是石英岩砾石。在一个较平坦的砾石面边缘连续打片，石片疤大部分短而宽，部分长大于宽。台面角在 81 至 87 度之间。长 196、宽 164、厚 108 mm，重 4 103 g（图 6,11）。

（三）石片

石片 13 件，约占石制品总数的 9%。其中碰砧石片 9 件，砸击石片 3 件，锤击石片 1 件；外观不规则形的 8 件，近似梯形的 4 件，近似三角形的 1 件；长度和宽度近似的 10 件，长大于宽的 3 件。最长的 270 mm,最短的 73 mm,身长超过 100 mm 的有 9 件。石片的台面是砾石面的 10 件,石片疤的 2 件,断面的 1 件。在石片的台面上,未见打击点的 3 件,打击点集中的 4 件,打击点散的 6 件。在石片的破裂面上,半锥体明显的 1 件,放射线清楚的 4 件。有 3 件石片尾端折断。石片角多在 110 至 120 度之间,其最大的 140 度,最小的 84 度。在石片的背面是砾石面的 5 件,有一个石片疤的 4 件,2 个石片疤的 3 件,4 个石片疤的 1 件。

P089,是从砂岩砾石上剥落的,台面是石片疤,未见打击点,破裂面上放射线清楚,石片角 122 度,石片背面有一个小石片痕(图 6,12)。P088,是从圆柱形砂岩砾石上剥落的,破裂面有两个重叠的石片痕,背面有 4 个小石片疤。石片的周边都保留砾石面(图 6,9)。

三、结 语

1. 百谷屯第五级阶地出土的石制品,具有如下几个特点。

石制品的原材料全部是砾石。岩性以砂岩为主,其次是硅质岩,再次是石英岩、变质岩和砾岩等。

在石核上的打击台面中,大部分是利用砾石面为台面,其次是石片疤和断面,未见经过修理的台面。

加工石器和打击石片都广泛采用碰砧法,其次是砸击法和锤击法。加工方式大部分采取向一面加工,其次是复向加工,交互加工、错向加工和相向加工的较少。有相当多的石器是采用几种方法打成的。

大多数石器的个体都很粗大,重量在 1 000 g 以上的大型石器约占石器总数的 65% 以上。其中最大的一件重达 9 687 g。

在石器组合中,有尖状器、砍砸器、刮削器和手斧等四种。其中尖状器最多,砍砸器其次,刮削器和手斧都较少。从各种生产工具数量的比例来看,可以用作砍砸和挖掘的大型工具居主导地位,用于切割和刮削的小型工具处于从属地位。这种工具组合的形成是由于遗址主人为了适应当时的生产和生活需要而制造的,说明他们是以植物性食物为主、肉类食物为辅的原始民族。

2. 百谷屯第五级阶地形成的时代问题。

百谷屯出产石制品的砖红色网纹红土层是原生的河漫滩堆积,文化遗存都是原地埋藏。阶地堆积可能形成于中更新世之初或稍早。

百谷屯旧石器虽然具有个体粗大、外观粗犷古朴并带较多砾石面等较原始的特点,同时又具有工具种类较全,各种工具已成系列,部分石器加工较细,加工石器的方法多样等较进步的方面。这些情况都表明,百谷屯第五级阶地出产的石器不是人类历史上最早的生产工具,可能是旧石器时代初期后一阶段的文化遗存。

在百谷屯附近的一处第四级阶地的旧石器地点,和石制品同出一枚笔架山小猪的臼齿化石。这种动物化石常见于早更新世和中更新世地层,百谷屯第五级阶地形成的地质年代应早于出产小猪牙齿化石的第四级阶地。

近几年来,本文作者得到中国社会科学院考古研究所实验室和中山大学地理系实验室的协助,对古右江各级古河流阶地做过年代测定。其中用热释光方法测得的年代数据是,第二级阶地距今 19 万年,第三级阶地距今 40 至 33 万年,第四级阶地距今 50 至 46 万年,第五级阶地大约距今 61 万年。从第二级阶地至第五级阶地的原生堆积都原地埋藏有旧石器来看,自中更新世之初至晚更新世的几十万年中,右江河谷地区一直有人类广泛活动。类似的情况在国内外都属罕见。

3. 百谷屯第五级阶地砖红色网纹红土层和旧石器同出的还有制造石器的砾石,加工石器的工具,加工过程中出现的废品、半成品及废料等情况看,属就地选择石料当地加工使用的。古人类在这个地区活动时间较长久。

参考文献

[1] 李炎贤,尤玉柱.广西百色发现的旧石器[J].古脊椎动物与古人类,1975,13(4).

[2] 曾祥旺.广西百色地区新发现的旧石器[J].史前研究,1983(2).

[3] 黄慰文.中国的手斧[J].人类学学报,1987,6(1).

（本文发表于《考古与文物》1996 年第 6 期）

百色高岭坡旧石器遗址 1993 年发掘简报[*]

侯亚梅　高立红　黄慰文　谢光茂　林　强　王　頠　田　丰

高岭坡遗址(N 23°33′60″,E 107°11′57″,图 1)位于百色盆地东南部田东县林逢镇檀河村,距县城东南方约 10 km,地处右江南岸的第四级阶地(T4);阶地顶面高出右江河面 62 m,海拔 152 m。遗址属于百色盆地中发掘较早的遗址。遗址方圆 2 km²,砖红壤裸露[1],地层出露良好,多处发现有石制品。

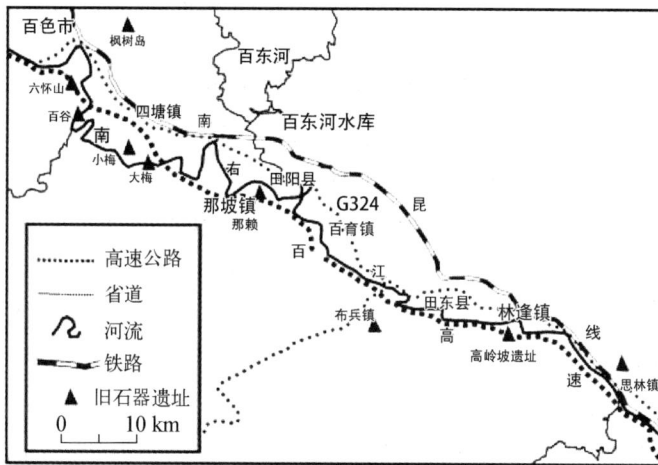

图 1　高岭坡遗址地理位置图

百色盆地位于广西壮族自治区的西部,呈北西—南东走向,长 90 多公里(从百色市的东笋到田东县的思林),宽约 15 km,面积约 800 km²。右江自西向东横穿盆地,两岸阶地是旧石器遗址的主要分布区。自 1973 年以来,百色盆地的旧石器遗址迄今已发现 83 处,范围遍及百色盆地内的百色市、田阳县和田东县等。到 2005 年止,在百色盆地共采集和发掘标本约 20 000 件[1]。自百色盆地旧石器遗址发现伊始,对于其年代以及是否为阿舍利工业等问题一直存在争议,随着新遗址的发现和地层材料的获得,有关问题已得到解决或进一步有所深入。高岭坡的发掘材料有助于对相关问题的讨论。

高岭坡遗址先后经历过 1988、1989、1991、1993 和 1995 年的五次发掘。1988 年首次

＊ 本文工作得到国家自然科学基金项目(批准号：40872023)、国家重点基础研究发展规划项目(2006CB806400)和科技部科技基础性工作专项项目(2007FY110200)以及北京市科学技术研究院萌芽计划的共同资助。

发掘之后,黄慰文[2]等认为百色石器的主体部分产自相同的层位,即砖红壤层;经过1989、1991 年发掘之后,黄慰文对高岭坡的地层进行了首次描述[3]。数次发掘材料的出土位置比较集中,前四次的发掘探方完全相连,1995 年是在中心区外围的四个方位布方发掘的。发掘材料经过一定的整理和研究[1,4],有待发表。

1993 年的发掘区域包括 1989 年发掘区内最东部的 5 个和重新向东扩展的 5 个 2 m×2 m 的探方,共 10 个方,面积 40 m²,同时,还清理了 1989 年发掘的靠近 1993 年发掘区的 5 个探方。此外,为了地层对比,又从探方北部挖了一条 10 m×1 m 的探沟,探沟一直深挖至砾石层。此次发掘共出土石制品 438 件,采集 7 件。同时发现一些共生的玻璃陨石碎屑,并分别在距地表 0.312 m 和 0.28 m 处出土了一件磨光石斧和一件磨光的网坠。采取自然层内控制,以 10 cm 为一水平层逐层发掘,发掘深度为 1.5 m,共 15 个水平层。

一、地层概况

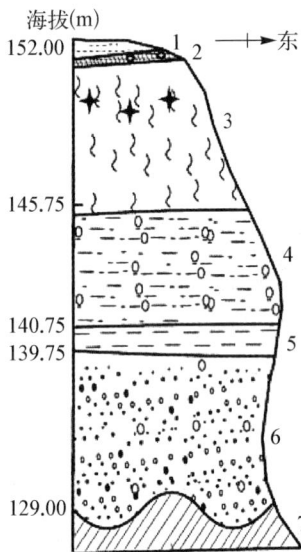

图 2　高岭坡遗址地层剖面

高岭坡地层(图 2)描述如下:

1. 灰褐色砂质黏土,含现代植物根茎和腐殖质,是风化残积、坡积物构成的表土。厚约 10～25 cm。

2. 黄褐色黏土,结构较紧密,含较多炭屑和少量植物根须,含磨光石斧和磨光网坠,为新石器层位。厚约 20～25 cm。

3. 砖红壤,即深褐色黏土,靠上部(60～80 cm)颜色较浅,网纹结构不清楚,含零星砾石。向下颜色加深,红白相杂的网纹结构明显。铁锰结核发育,大者直径可达 5 cm。砾石多零星分布,亦有以小透镜形式出现者。含石制品并发现玻璃陨石。厚约 6 m。

4. 具水平层理的紫、灰白色粉砂和砂质黏土,夹锈黄色粉砂,含小卵石。厚约 5 m。

5. 羽状交错砂层,中夹 5～6 cm 黏土薄层。厚约 1.1 m。

6. 砾石层。砾石层水平排列,分选性及磨圆度很好。砾径以 1～4 cm 者居多,个别达 10 cm 或更大。岩性有硅质岩、石英、石英岩和石英砂岩等。个别厚 5～10 cm。

7. 早第三纪黄色泥岩、细砂岩,为阶地基座,与其上覆地层呈不整合接触。

二、石制品类型划分

1993 年在高岭坡遗址共获得石制品 445 件(表 1)。在出土的 438 件石制品中,有石

片 177 件,工具 3 件,断块 239 件,备料 19 件;采自地表的石制品 7 件包括石片 2 件、工具
2 件、断块 1 件和备料 2 件(图 3)。以下研究中对上述两方面的材料一并阐述。

表 1 高岭坡遗址石制品的类型划分

类 型	数 量	百 分 比
备料	21	5
断块	240	54
石片	179	40
完整石片	139	
不完整石片	40	
工具	5	1
砍砸器	4	
鸟喙状器	1	
合计	445	100

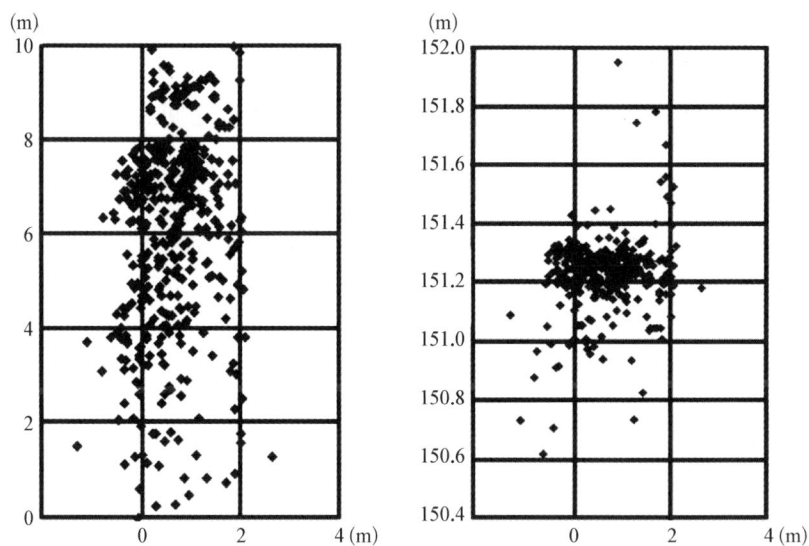

图 3 高岭坡石制品分布平面图(左)与剖面图(右)

在石制品类型中,石片和断块的数量占绝对优势,工具数量很少,未见石核。

石制品主要分布在第 7、8、9 水平层,这三层分布的石制品占总体石制品的 90%。其
中,第 8 水平层是分布集中的层位,这一层分布的石制品占总体的 62%。第 7 水平层和第
9 水平层的石制品数量相当,均占总体石制品的 14%。从地层上说,石制品主要分布于距
地表 70~90 cm 的区间内,即网纹红土层上部(图 3)。

（一）大小

石制品总体来说比较小。石片、碎片和断块大小的分布区间基本相同（图4）。两者最大长度（L）集中的峰值为 $10<L\leq20$ mm，其次为 $20<L\leq30$ mm。工具的最大长都在 50 mm 以上，最小的为 76 mm，最大的为 138 mm。断块要比工具小得多，应该为打片或是修理工具时留下的副产品。

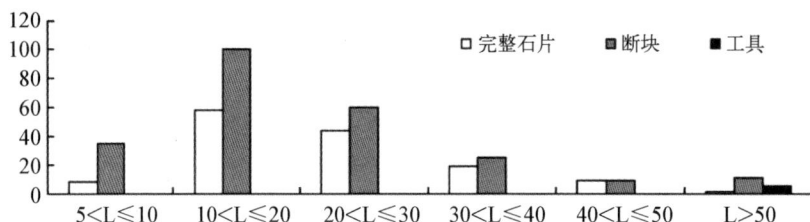

图 4　石片、断块和工具大小分布图

石制品的重量（Wt）偏小。小于 5 g 的标本比例达到 75%，小于等于 1 g 的标本有 36%。超过 100 g 的标本仅占 3%。

在完整石片中，重量≤5 g 的标本占 76%，而重量≤1 g 的标本有 50 件，占 36%；在断块中，重量≤5 g 的标本占 74%；而重量≤1 g 的标本为 88 件，占 37%；工具的重量均在 100 g 以上。有 4 件工具的重量在 100~1 000 g 之间，占 80%，1 件工具的重量在 1 000 g 以上，占 20%。在 100~1 000 g 之间的工具重量以 100~500 g 之间的为多。

（二）原料

石制品的原料包括燧石、石英岩、硅质灰岩、石英砂岩、角砾岩、水晶 6 种。原料中石英砂岩所占的比例最高，达 68%；其次为硅质灰岩，占 25%；石英岩占 4%；水晶、燧石及角砾岩只是零星出现。

（三）类型

1. 石片

179 件，占所有石制品的 40%。其中完整石片 139 件，占 78%；左裂片 21 件，占 11%；右裂片 12 件，占 7%；近端片 4 件，占 2%；远端片 3 件，占 2%。

石片的台面以石皮台面为主，石皮台面有 121 件，占 69%；人工台面中以素台面为主，偶见修理台面的存在。

石片内角大部分都为钝角，均值为 105.2°，多为 100° 以上，集中区间为 100°~130°，此区间内占 63%。石片外角以锐角为主，均值为 78°，集中区间为 60°~90°，此区间内的占 68%。石片外角均值接近 80°，说明剥片程度还是相当高的。

绝大部分石片台面后缘存在 1~3 个打击点。背面片疤数量大多集中在 1~5 个,在此区间内的占 79%。其中背面有 2 个片疤的石片数量最多,占 23%,其次为 3 个片疤的,占 22%。全部石皮背面的石片仅有 4 件,占 2%。绝大多数石片背面片疤与石片为同一个台面,26 件标本(占 15%)背面的石片疤来自不同的台面。石片背面多存在背脊,背脊数量多为 1 和 2,分别有 45 件和 47 件,共占 53%。石片背面复杂的情况说明,制作这些石片并非随意而为的简单行为,而是有目的、有计划的剥片。

多数石片的打击点明显,约 75% 可见打击泡,6 件标本有 2 个打击泡。大部分标本可见放射线。石片末端形态以羽状为主,占 49%,末端呈台阶状占 46%,背向卷占 5%,腹向卷 1 件。石片的边缘形态主要为聚汇型、反聚汇型及准平行,石片大体比较规则。

对完整石片的统计表明,石片总体较小。最大标本长 68、宽 58、厚 58 mm,重 165 g;最小者长 7、宽 8、厚 2 mm,重不足 1 g;平均长 22.8、宽 24.1、厚 7.8 mm,重 6.9 g。其中,1 g 以下(含 1 g)的有 50 件(占 36%)。长度大于 50 mm 的只有 1 件(占 1%),小于 20 mm 的 65 件(占 47%);各类石片长宽厚的数值测量见表 2。

表 2　各型石片大小测量数据统计结果

石片类型	数 量	百分比	长(mm)			宽(mm)			厚(mm)		
			最大	最小	平均	最大	最小	平均	最大	最小	平均
Ⅰ型	9	6	49	12	27	54	16	27	21	4	8
Ⅱ型	17	12	68	11	30	58	12	32	38	2	12
Ⅲ型	78	57	45	7	21	45	7	21	19	2	7
Ⅳ型	3	2	45	16	28	27	24	29	17	5	11
Ⅴ型	4	3	44	18	31	45	10	32	10	3	9
Ⅴ型	28	20	41	9	21	58	9	19	20	2	7
全部	139	100	68	7	23	58	8	24	38	2	8

根据卫奇的《西侯度石制品之浅见》[5],高岭坡遗址中宽薄型石片占绝对多数,其次为窄薄型,宽厚型和窄厚型只有零星几个(图 5)。石片薄且较规整,反映出制作者对剥片有一定的控制力,剥片技术较高。石片的大小及反映出来的剥片技术与百色盆地已发表的其他遗址如六怀山[6]的情况有一定差异,预示着百色盆地工业技术的多种适应性表现。

本文采用 Toth[7] 的分类标准对石片进行观察统计,其结果如图 5 所示:

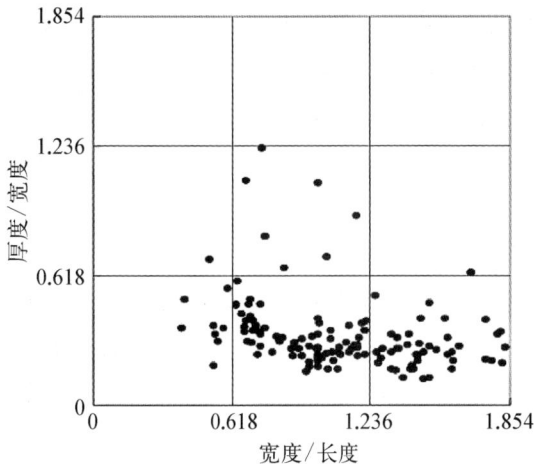

图 5　石片形态分布图

在完整石片中，Ⅲ型石片的数量最多，有 78 件，占 56%（图 6，2、4、5、6、7、8）；Ⅵ型石片次之，有 28 件，占 20%（图 6，1、3）；Ⅱ型石片再次之，有 17 件，占 12%（图 6，9、10）；Ⅰ型 9 件，占 6%，Ⅳ型、Ⅴ型石片数量相当，分别占 2% 和 3%。石片的背面石皮保留的比例并不大。

从各类型石片长宽厚的平均值来看，Ⅲ型石片和Ⅵ型石片大小相当，Ⅰ型石片、Ⅱ型石片、Ⅳ型石片和Ⅴ型石片大小相当，而Ⅲ型石片和Ⅵ型石片明显相对较小；从各类石片长度分布区间以及重量分布区间来看，Ⅲ型石片和Ⅵ型石片最大长的分布区间与重量分布区间相吻合，而Ⅰ型石片、Ⅱ型石片、Ⅳ型石片和Ⅴ型石片的分布区间近似。Ⅲ型石片和Ⅵ型石片比例更占优势。石片本身反映了不同的剥片层次，石片类型与大小的关系未见普遍适用的规律，不同类型石片数量、大小区间分布的差异，应与产生它们的确定母核的具体"修型"需要密切相关，两者之间的关系仍需在遗址内部标本关系的比对中寻求进一步的解释。高立红[4]发现遗址范围内剥片类型的分布具有一定的差异，推测制作者在不同的微型区域范围可能从事不同的打片活动。我们可以推论：不同类型的石片产生自不同的剥片阶段，而Ⅲ型石片和Ⅵ型石片更有可能产生自相同的剥片层次，Ⅰ型石片、Ⅱ型石片、Ⅳ型石片和Ⅴ型石片可能产生自相同的剥片层次，Ⅲ型石片和Ⅵ型石片产生的剥片层次更深。

裂片：共 40 件，包括左裂片、右裂片、远端裂片和近端裂片。左右裂片基本是从打击点处沿着打击轴而一分为二，大小基本相等。

2. 工具

共发现 5 件工具，3 件出自地层，2 件采集。5 件工具中 4 件为砍砸器（Choppers），1 件为鸟喙状器。工具的分类参考如下：

博尔德（Bordes）认为，砍砸器为只在刃缘单面进行剥片的重型工具；在两面打制的为两面砍砸器（Chopping tool）[8]。根据 Movius 的定义，砍砸器以砾石或大石块儿为毛坯，在一端至少有两个剥片，这两个剥片构成一个非对称的刃缘[9]。黄慰文[10]先生总结砍砸器的定义如下：是一类用粗砾或大石块简单打制的重型工具。位于一侧（一端）或两侧（两端）的刃部由两面或一面剥落的片疤构成，不作精细修整。刃口多呈锯齿状。与刃口相对一端（一侧）的边缘保留石皮。用大石块打制的砍砸器，与刃口相对的边缘常作修钝处理以便于把握。

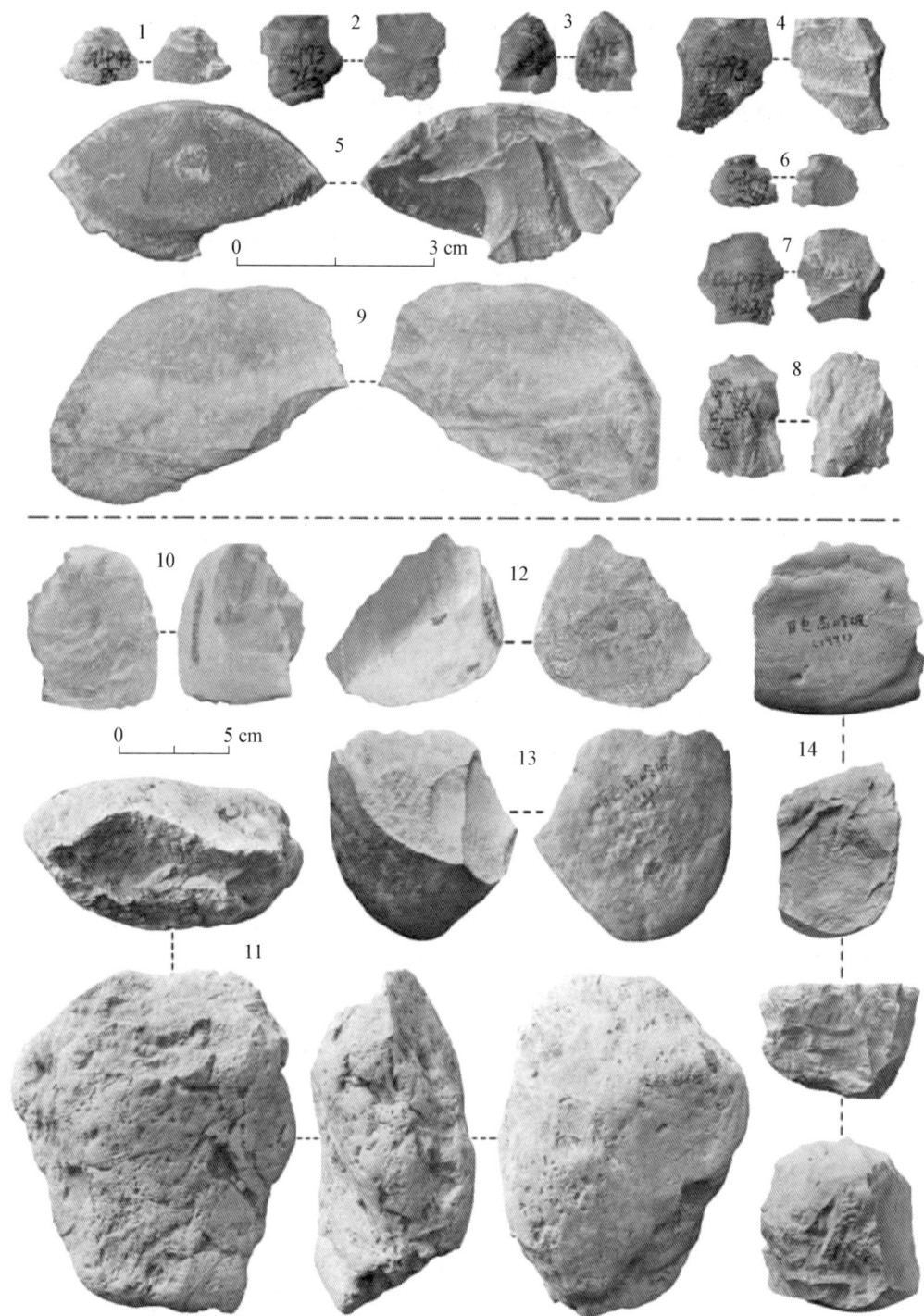

图 6 高岭坡遗址 1993 年出土的石制品

1. GLP93－85，Ⅳ型石片　　2. GLP93－365，Ⅲ型石片　　3. GLP93－24，Ⅵ型石片　　4. GLP93－400，Ⅲ型石片
5. GLP93－15，Ⅱ型石片　　6. GLP93－290，Ⅲ型石片　　7. GLP93－423，Ⅲ型石片　　8. GLP93－382，Ⅲ型石片
9. GLP93－430，Ⅱ型石片　　10. GLP93－332，Ⅱ型石片　　11. GLP93－337，砍砸器　　12. GLP93－421，鸟喙状器
13. GLP93－C002，砍砸器　　14. GLP93－C001，砍砸器

鸟喙状器(Bec)：是一种通常具有锋利而尖锐的末端的石片工具或石叶工具,出现于旧石器初期而流行于中期,是欧洲莫斯特文化的基本工具之一。博尔德(Francois Bordes)定义这种末端应该由两个相邻的交互打击产生的小凹缺(一个在腹面而另一个在背面)构成[11]。这种刃口旋转的末端成为鸟喙状器区别于钻具的技术特征[11]。

GLP93 - C001：砍砸器,原料为石英砂岩,毛坯为小型砾石。长78、宽67、厚41 mm,重329 g。首先在砾石的一面进行粗修得到一个相对平坦的方形粗坯。然后在远端和左侧进行更为明确的精修,获得两个角度很陡、呈现一定锯齿状的环状刃缘。观察表明其两边刃缘中央分别凸起的矮尖是刻意为之,令人注意其具有实际的功能作用。两个刃缘的全长110.72 mm,刃角均为70°。整个标本为单面锤击法加工,4层片疤成叠压状,(单面)修理范围为100%,(整个石制品)石皮比例为50%(图6,14)。

GLP93 - 331：砍砸器,原料为石英砂岩,均质性好。毛坯为方形砾石,长97、宽86、厚48 mm,重436 g。在右侧边分别以两个面为基础修理出两个刃缘,一个正面观平直略有微凹,另一个正面观锯齿状,侧面观呈现直线形。前者刃缘长54.61 mm,后者刃缘长49.30 mm,刃角均为70°。单面锤击法加工,2层片疤成叠压状,修理范围为50%,石皮比例为50%。

GLP93 - 337：砍砸器,原料为石英砂岩,均质性较差。毛坯为卵圆形的中型砾石。长138、宽111、厚56 mm,重1 048 g。修理部位位于远端,在远端使用单面锤击法经由4层剥片得到正面观基本平直略有微凹、侧面观为直线形的刃缘形态。标本保存良好。刃缘长度为41.88 mm,刃角70°,修理范围为50%,石皮比例为70%(图6,11)。

GLP93 - C002：砍砸器,原料为石英砂岩。毛坯为小型砾石。长86、宽83、厚51 mm,重372 g。在远端表现为两个截面的剥片工作,重点是在左方的截面,并在其远端的边缘进行精修,与先前右方的截面结合获得正面观为缓波纹走向,中部呈现矮尖。侧面观则为直形的刃缘形态。标本保存良好,刃缘长度27.94 mm,刃角70°,单面锤击法修理,4层片疤成叠压状,修理范围为50%,石皮比例为70%(图6,13)。

GLP93 - 421：鸟喙状器(Bec),原料为硅质灰岩,毛坯为一V型石片。背部带有石皮的左边和已剥掉石皮的右边汇聚式向下尖灭;石片的横截面基本呈现为等边三角形;其其最厚部位在石片的台面部分,台面的厚即为石片的厚度。长77、宽60、厚34 mm,重118 g。其显著的功能单元部位之一是在石片毛坯台面的右侧边通过错向修理制造出两个缺口而使边缘的中央部位构成一个尖凸,这个尖凸的底宽为12 mm,高为5.4 mm,尖角本身的角度为103°,尖的边缘角度是63°(图6,12)。该处刃缘的形态和加工方式,符合经典类型学关于鸟喙状器的定名,同时鉴于本功能形态在整个工具组合中的独特性,将本工具主要归属于鸟喙状器。事实上与前述鸟喙状部位相连,台面右侧边的上方存在另一个与此相同的鸟喙状部位,该部位的左侧有一处向石片背部剥片的细长疤,形成又一个鸟喙状,其尖凸的形态与大小(底宽11.5、高5.5 mm)与前述的鸟喙状部位趋同。这件工具的另一处功能单元是在石片右侧边以向腹面为主的修理构成的锯齿形刃缘。此外,该石片毛坯的左侧边为弧状向下自然顺延,主要在腹面保留肉眼看得见的因规律性使用产生的连续而同样有规律的 5 处破损疤,背面存留 1 处。疤的缺齿宽 5~6 mm,齿高为 0.4~0.5 mm。这件乍看不甚复杂的工具,实际却隐藏着工具制作者对原料和毛坯的有序安排以及制作过程中对材料从始至终的周密利用,耐人寻味。

3. 断块

共计 240 件,占全部石制品的 54%。断块以小型和中型为主,长度多小于 50 mm,大于 50 mm 的只有 11 件;宽度大都不足 50 mm,超过 50 mm 的只有 6 件;厚度超过 50 mm 的只有 3 件,10 mm(含 10 mm)以下的有 190 件;重量有 209 件不足 10 g,超过 10 g 的仅有 30 件,其中不足 1 g 的有 58 件。

只有 1 片片疤的砾石的形态为长卵圆形,在长卵圆形的一端存在一个片疤,片疤完整,不具其他加工。这 4 件石制品的原料均为石英砂岩,尺寸分别为 33、23、2 mm,107、128、78 mm,158、60、45 mm,109、95、63 mm,重量分别为 9、1 209、569 和 1 000 g。

GLP93 - C007:备料,原料为石英砂岩,长条形。在一端有一个完整的片疤。长 158、宽 60、厚 45 mn,重 60 g。

4. 备料

共 21 件,包括 17 件砾石和 4 件只有 1 片片疤的砾石。砾石多出土于地层中,因此应该是古人用来打制石器的备料。只有 1 个剥片疤的砾石可能是试验过的石核,也可能是废弃的石锤。本文暂且把这部分石制品暂归在备料中,因为与砾石不同,所以分别描述。

另外,其他遗物有地表采集的玻璃陨石 2 颗,较大者为 27、19、15 mm,较小者为 12、10、7 mm,发掘出土的玻璃陨石为 2 颗,均来自第⑧水平层。其一编号为 GLP93 - 322(海拔为 151.235 m),尺寸为 17、10、6 mm;其二编号为 GLP93 - 104(海拔 151.25 m),尺寸为 15、10、6 mm。

三、小 结 与 讨 论

(一) 石制品特征

1) 石制品由石片(179 件)、断块(240 件)和少量工具(5 件)、备料(21 件)构成。

2) 原料主要是石英砂岩,其次为硅质灰岩,还包括石英岩、燧石、角砾岩、水晶等。在不同石制品类型中,各原料比例大致相同。

3) 石片均为锤击石片,台面以石皮为主,存在修理台面,背面全部为石皮的石片很少,Ⅲ型石片(人工台面、全部石片疤背面)所占比例最大。石片以小型为主;形态多宽薄或窄薄;完整石片的尺寸很小,多集中于 10～30 mm 之间,尺寸在 10～20 mm 之间的最多。

4) 工具类型包括以砾石为毛坯制作而成的砍砸器和以石片为毛坯制作的鸟喙状器,器类虽少,砍砸器表现出的特殊刃缘形态和鸟喙状器的出现值得关注。

5) 尺寸总体较小。石片和断块的最大径主要集中在 10～30 mm 之间,超过 50 mm 的很少;重量多在 5 g(含 5 g)以下,其中有相当数量标本重量在 1 g(含 1 g)以下。工具的最大径均在 50 mm 以上,未见超过 150 mm 者;重量集中在 100～500 g 之间。

6) 使用锤击法剥片。砍砸器均为单面加工。从石片背面片疤数量和片疤方向来看,剥片程度较深。

7) 工具很少,而石片和断块比例相当大,推测该发掘区域属于石器制造场。

8) 由于本批材料来自有限的发掘面积,其石制品的特点反映出高岭坡遗址石器工业的某个片段,不能代表其石器工业的整体组合。

(二) 遗址年代

百色旧石器所在的砖红壤层[2]富含强烈的酸性物质,使得可能埋藏于地层中的古生物化石证据荡然无存,为旧石器年代学的判断增加了不小的难度。李炎贤[12]与广西文物工作队[13]认为石制品出自 T3,属于旧石器时代晚期。何乃汉等[14]从石制品的加工技术和石器的类型出发,基本认同李炎贤等[13]的看法。曾祥旺[15]认为百色旧石器分布在第T2、T3、T4 和 T5 阶地,年代范围为距今 61 万～19 万年。

黄慰文等 1986 年考察百色后,推测石器可能出自覆盖于砖红壤化阶地之上的 T3[16]。1988 年通过高岭坡遗址的发掘,黄慰文认为百色石器的主体部分,产自相同的层位,即砖红壤层[2]。通过对砖红壤的地貌、古环境分析,同时参考泰国北部湄南河上游汪河 Mae Moh 盆地 B 组 Mae Tha 地点含石制品的砖红壤化砾石层进行的钾—氩法和古地磁测年以及中国地质科学院地质力学研究所对长江下游庐山地区六个自然剖面和钻孔岩芯所作的古地磁测定,认为百色旧石器的时代应该比北京人时代早,而与蓝田人时代相当[2]。袁宝印等认为右江两侧共发育 7 级阶地,其中第四级阶地的沉积物发育并保存了典型的红壤土风化壳[17],分布在 T4 阶地中的不同岩石地层单元中的旧石器,可能形成于同一时期。此外,第Ⅳ级阶地形成后,受构造运动影响,该阶地被错断、抬升,其实为同一阶地[18]。该阶地地表常常可见的及网纹红土中普遍埋藏的玻璃陨石是鉴定阶地归属的又一个标志。

1993 年在黄慰文主持下,本文第一作者在百谷和高岭坡两个遗址的发掘中发现了与石器同层位并未经搬运和磨蚀的玻璃陨石。天体化学和空间物理学资料表明,玻璃陨石是在巨大地外物体(陨石或彗星)撞击地球时飞溅而起的熔融地球物质在空气中凝固而成的。玻璃陨石形成和落地的年代,就是与它们同层位的石器被制作、使用并遗留在地上的年代,即古人类生存的年代[19]。郭士伦等[19]用裂变径迹法对出土的玻璃陨石进行了测定,认为百色旧石器的年代为 0.732±0.039 MaBP。美国伯克利地质年代学研究中心利用百谷遗址出土的玻璃陨石,用氩/氩法测出的年代为 803 kaBP[20]。

(三) 遗址特色及其意义

百色旧石器是以砾石为主要原料的石器工业,工具类型包括砍砸器、手斧、手镐、薄刃斧和刮削器,高岭坡曾发现过手斧[21,22]。本文研究的材料中,缺乏手斧、手镐、薄刃斧和刮削器,由于有限发掘区域内出土材料的局限,未必足以代表该遗址的旧石器工业全貌。

高岭坡遗址本次发掘出土的数百件石制品分布集中,石片和断块很多而工具很少,推测该处遗迹现象为石器制造现场。出土石制品棱角分明,系原地埋藏。石片背面多留有石片疤,且来自不同的方向台面;少量具修理台面,显示出剥片的目的性与计划性,达到一定的水准。中间程序的石片类型大大多于初级石片类型,表明石制品制作中剥片工序较多。

大量小石片和断块的存在提示石器制作者在局部范围内所从事的剥片活动,反映了古人类制作石器的一个行为片断,揭示出百色旧石器工业制作者从事技术加工活动时一定的行为模式,这些剥片行为与制作手斧、手镐或砍砸器等百色盆地旧石器遗址中常见的大型工具可能存在密切联系,在下一步的研究工作中对这一现象将给予充分的考虑,取得新的认识。本文记述的高岭坡遗址数量众多、分布密集的情况,在百色盆地其他遗址的工作中未见报道,对研究古人类行为模式具有特殊意义。此外,砍砸器类型中注意到的一些新的刃缘形态包括继百色盆地枫树岛[22,23]之后鸟喙状器的又一次发现,提示其工业文化面貌具有新的内容。随着研究工作的深入,今后需进一步挖掘百色盆地旧石器工业的内涵。

本文报道了高岭坡遗址局部区域为古人利用从事技术活动的现象,有助于了解百色古人类石器制作方式与行为活动的安排。材料涉及发掘、地层及石器特点等内容,丰富了百色旧石器的研究材料。独具特色的小型石片工具的发现,对丰富理解百色文化内涵的多样性具有新的意义。

致谢:时任田东博物馆馆长陈其复和该馆工作人员黄振良,百色市文化局的黄照标,广西壮族自治区博物馆的谢居登和当时在中国科学院古脊椎动物与古人类研究所工作的李中法参加了本次发掘工作,广西壮族自治区文化厅文物处、百色市文化局和田东县人民政府对本次工作给予了大力支持,作者对上述个人和单位致以衷心的感谢。

注 释

[1] 袁俊杰.百色盆地高岭坡遗址石器工业及其实验研究[D].中国科学院古脊椎动物与古人类研究所,2007:1~71.
[2] 黄慰文,冷健,员晓枫,等.对百色石器层位和时代的新认识[J].人类学学报,1990,9(2):105~112.

[3] 黄慰文.南方砖红壤层的早期人类活动信息[J].第四纪研究,1991(4)：373~379.

[4] 高立红.百色盆地高岭坡遗址石制品的研究[D].中国科学院古脊椎动物与古人类研究所,2009：1~95.

[5] 卫奇.西侯度石制品之浅见[J].人类学学报,2000,19(2)：99~102.

[6] 裴树文,陈福友,张乐,等.百色六怀山旧石器遗址发掘简报[J].人类学学报,2007,26(1)：1~15.

[7] Toth N. The stone technologies of early hominids at Koobi Fora, *Kenya: an Experimental Approach in Department of Anthropology*[M]. Vol PH.D. University of California, Berkeley, 1982：73－75.

[8] Bordes F. *The old stone age*[M]. World University Library, McGraw-Hill Book Compent, New York & Toronto, 1968：1－256.

[9] Debenath Andre, Harold L Dibble. *Hand book of Paleolithic Typology*[M]. Vol. one：Lower and Middle Paleolithic of Europe. University of Pennsylvania, Philadephia, 1994：1－202.

[10] 黄慰文.东亚和东南亚旧石器初期重型工具的类型学——评 Movius 的分类体系[J].人类学学报,1993,12(4)：297~304.

[11] 黄慰文,傅仁义.小孤山——辽宁海城史前洞穴遗址综合研究[M].北京,科学出版社,2009：1~192.

[12] 李炎贤,尤玉柱.广西百色发现的旧石器[J].古脊椎动物与古人类,1975,13(4)：225~228.

[13] 广西文物工作队.广西新州打制石器地点的调查[J].考古,1983(10)：65~68.

[14] 何乃汉,邱中郎.百色旧石器的研究[J].人类学学报,1987,6(4)：289~297.

[15] 曾祥旺.广西百色市百谷屯发现的旧石器[J].考古与文物,1996(6)：1~8.

[16] 黄慰文,刘源,李超荣,等.百色石器的时代问题[A].见：广东省博物等编.纪念马坝人化石发现三十周年文集[C].北京,文物出版社,1988：95~101.

[17] 袁宝印,夏正楷,李保生,等.中国南方红土年代地层学与地层划分问题[J].第四纪研究,2008,28(1)：1~13.

[18] 袁宝印,侯亚梅,王頠,鲍立克,郭正堂,黄慰文.百色旧石器遗址的若干地貌演化问题[J].人类学学报,1999,18(3)：215~224.

[19] 郭士伦,郝秀红,陈宝流,等.用裂变径迹法测定广西百色旧石器遗址的年代[J].人类学学报,1996,15(4)：347~350.

[20] Hou YM, Potts R, Yuan BY. *et al.* Mid-Pleistocene Acheulean-like stone technology of the Bose basin, South China[J]. *Science*, 2000, 287：1622－1626.

[21] 黄启善.百色旧石器[M].北京,文物出版社,2003：1~180.

[22] 黄慰文,何乃汉,佐川正敏.百色旧石器——中国广西百色遗址群发现手斧的对比研究[M].仙台市：东北学院大学文学部考古学,2001：1~71.

[23] 张璞,王頠.广西百色枫树岛旧石器早期石制品石核石片技术学分析[J].贵州科学,2009,27(2)：1~10.

（本文发表于《人类学学报》2011 年第 30 卷第 1 期）

广西百色田东坡西岭旧石器时代遗址发掘简报

林 强

为了配合南昆铁路的建设,广西壮族自治区文物工作队于1994年5~6月对百色盆地田东县思林镇坡西岭旧石器时代遗址进行了抢救性发掘。现将发掘情况报告如下。

一、地理位置和地层概况

坡西岭遗址位于田东县思林镇革命烈士纪念碑的后面山坡上,西北离田东县城26 km,地理位置东经107°20′19″,北纬23°30′25″(图1)。

图 1 坡西岭遗址地理位置

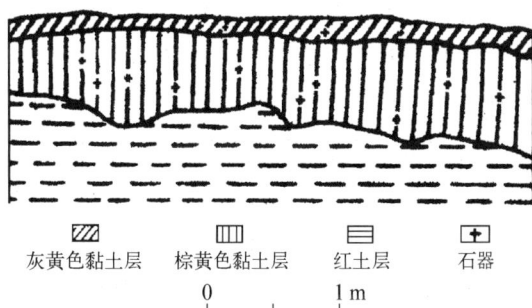

灰黄色黏土层　棕黄色黏土层　红土层　石器

图 2 T2 南壁剖面

坡西岭遗址海拔高130 m,距右江约1 km,高出右江水面40 m,为第四级阶地。遗址周围为起伏的丘陵地带,地表零星散布有石器。此次发掘范围内的地面高低不平,地势大致由东北向西南倾斜,较高的部分地表裸露黄色黏土,低凹的地方为植被覆盖。

此次发掘探方32个(5 m×5 m),总面积800 m²。共出土石制品244件,其中石器46件,玻璃陨石4颗。

坡西岭遗址各探方地层基本相同,自上而下可分为3层,以T2南壁(图2)为例描述如下:

第1层,灰黄色黏土层,为现代耕土层。

第 2 层,棕黄色黏土层,石制品皆出自此层,厚度在 35~72 cm 之间。

第 3 层,网纹红土层,红土含铁锰结核,未出石器。

二、出 土 遗 物

坡西岭遗址共发掘出石制品 244 件,其中砍砸器 32 件、手镐 2 件、刮削器 12 件、石锤 3 件、石核 7 件和石片 25 件,以及具有使用痕迹的石制品 2 件,断块和砾石 161 件。另外,在探方范围内地表采集到 22 件石制品,其中有 3 件石器。石制品的材料多为砾石,岩性为石英岩、石英、燧石、砂岩、角砾岩 5 种。石器种类比较简单,仅砍砸器、手镐、刮削器 3 种。另外,在地层内出土玻璃陨石 4 颗。

(一) 石器

1. 砍砸器

32 件,均为砾石打制而成,是此次发掘出土数量最多的一种石器,器形加工简单,大小相差较大。

单凸刃砍砸器　17 件,均是利用砾石的一端打击成凸弧刃,保留大部分的砾石面,打制方法主要是锤击法。重量 0.5~1.78 kg 之间。

标本 TSP94T7②:3,长 10.7、宽 11.8、厚 5.9 cm,重 0.625 kg,刃角 81°。器物扁平,呈椭圆形,单面制作,加工面上有多个重叠的修疤,表明经过多次打击。修疤短、小,打击点不清楚,刃部有经过仔细修理的痕迹(图 3,1)。

标本 TSP94T1②:1,长 16.3、宽 10.5、厚 5.6 cm,重 1.1 kg,刃角 45°。在扁长形的石英岩砾石上,由较平的一面向较凸一面打制而成,保留大部分砾石面,有 2 个大的石片疤,刃缘有深凹的打击点,采用锤击法打制(图 3,2)。

单直刃砍砸器　10 件,均是砾石打制而成,保留大部分的砾石面,石器形状差异较大,或扁平,或厚重不规整。器体重量变异亦大,在 0.3~5.41 kg 之间。打制方法采用锤击法和碰砧法。

标本 TSP94T30②:10,长 13.0、宽 7.0、厚 2.7 cm,重 0.31 kg,刃角 80°,刃口较陡。器物扁平、横短状,石片疤短小,明显的打击点有 8 处。单面加工,由较凸的一面向平的一面打击,采用锤击法打制。

标本 TSP94T18②:1,长 11.5、宽 8.1、厚 0.4 cm,重 0.443 kg,刃角 53°。器物为长条扁平形,在砾石较宽的一端进行打击,由较平的一面向较凸的一面加工。较大的修疤有 3 个,刃部经过修理,背面有 3 处剥落碎屑的痕迹。

多刃砍砸器　5 件,均是用砾石打制而成,保留大部分的砾石面,具 2 条以上刃口。

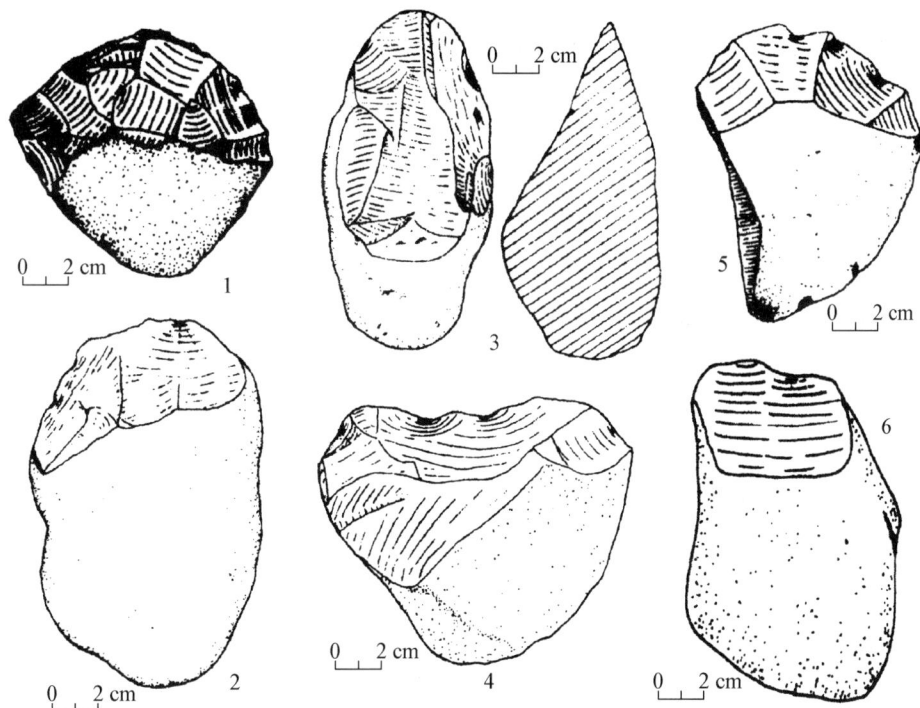

图 3　石制品
1、2. 单凸刃砍砸器　3. 手镐　4. 凹刃刮削器　5. 凸弧刃刮削器　6. 石锤

标本 TSP94T13②：16，长 11.7、宽 10.8、厚 7.1 cm，重 0.8 kg，刃口较陡，刃角 81°~85°。呈不规整三棱状，单面加工，由较平的一面向凸的一面打制而成。在一端打击成 3 条刃，修疤之间有凸起的棱脊。

2. 手镐

2 件，原料均为砾石。

标本 TSP94T8②：1，长 16.7、宽 8.8、厚 8.1 cm，重 1.2 kg，岩性为石英岩，从砾石的两侧向一端单面打击，形成一钝尖，左侧刃角 71°，右侧刃角 82°。石器制作不对称，左侧加工面窄，右侧加工面宽。从修疤观察，石器采用锤击法加工。背部保留砾石面（图 3，3）。

标本 TSP94T39②：1，长 14.8、宽 11.7、厚 8.7 cm，重 1.4 kg，在砾石较窄的一端打击，打击的痕迹较多，从两侧往前端打击相交成钝尖，左侧刃缘的打击点深凹，刃角 54°，右侧刃角 71°。把手部位经过修整，尖刃处向背面有碎屑剥落的痕迹。

3. 刮削器

12 件，均是砾石制成，体形较大。

凹刃刮削器　4 件。标本 TSP94T18②：3，长 7.1、宽 8.6、厚 3.4 cm，重 0.22 kg，刃角

60°。器身扁平形,单面加工,由较平的一面向凸的一面打制。修疤短小,刃缘的打击点深凹,刃不是很规整。由修疤特征观察,采用锤击法打制(图3,4)。

凸弧刃刮削器　6件,刃部没有明显的细致加工痕迹。

标本TSP94T35②:1,长10.0、宽8.0、厚3.0 cm,重0.22 kg,刃角57°~62°。刃缘打击点深凹,经过多次打击成弧刃。石片疤较小,采用锤击法加工(图3,5)

标本TSP94T28②:7,长7.7、宽6.6、厚5.6 cm,重0.24 kg,刃角54°。单面加工,刃缘有轻击的痕迹。石片疤宽大。

直刃刮削器　2件。标本TSP94T33②:7,长6.5、宽6.7、厚4.4 cm,重0.21 kg,刃角73°。刃部打击点明显,刃缘平直。断面呈三角形,由修疤观察,采用锤击法加工。

(二)石锤

3件。刃部较规整的石锤也可能用作砍砸器,因此,有时两者的区别也比较困难。我们在坡西岭遗址中发现3件形状较长,粗细匀称,一端便于把握,一端只有简单打击的石制品。虽然打击部位形成一个刃口,但其往往是由一或两个较大的石片疤组成,故我们把它归为石锤。

标本TSP94T18②:8,长14.0、宽9.4、厚6.6 cm,1.02 kg。一端只有一处打击的痕迹,石片疤宽深,规整(图3,6)。

标本TSP94T35②:9,长15.2、宽6.9、厚6.7 cm,重0.901 kg,长条方柱形,一端有两处打击点。

(三)石核

7件。根据台面数,可分为单台面石核、双台面石核、多台面石核3种。台面以砾石面为多,打片次数不多。

单台面石核　2件。标本TSP94T28②:1,最长9.9、宽9.2、厚6.0 cm,重0.41 kg,台面角61°。三角形砾石断块,以原砾石面作为台面,由较平的一面向凸棱打击,打击点深凹。打落一个石片。

标本TSP94T24②:4,最长8.1、宽7.4、厚5.7 cm,重0.34 kg,台面角59°~71°。以原砾石面作为台面,经过多次打击,较大的石片疤有4个,片疤深短,采用锤击法打片(图4,1)。

双台面石核　1件。标本TSP94T35②:11,最长17.2、宽13.1、厚7.4 cm,重1.908 kg,台面角62°~110°。扁平石英岩,利用砾石面的两个相对面作为台面,一面打击点清晰,另一面不显著。石片疤长而规整,较大的石片疤有5个(图4,2)。

多台面石核　4件。均是利用砾石面和石片疤作为台面。

标本TSP94T1②:11,形状不规整的石英岩砾石,厚重2.91 kg,台面角87°~101°。石片疤7个,片疤平长,采用锤击法打片。

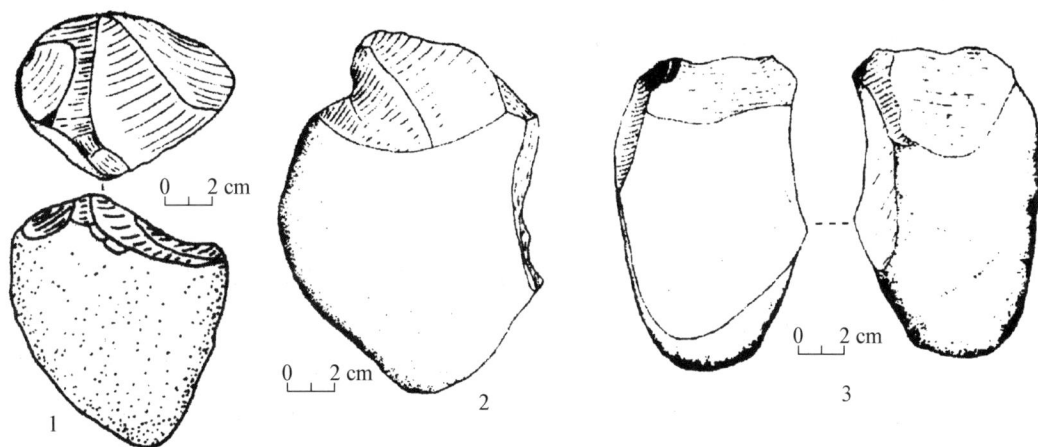

图 4　石核

1. 单台面石核　2. 双台面石核　3. 多台面石核

标本 TSP94T12②：10,最长 12.0、宽 7.5、厚 6.1 cm,重 0.618 kg,台面角 47°~61°。锤击法打片,片疤间互作台面,片疤重叠,显然经过多次剥片。5 个大的石片疤,打片范围较广,使用砾石的 3 个面(图 4,3)。

（四）石片

25 件,大小不一,多种形状。不见砸击石片,打片方法以锤击法为主。打击点比较明显,半锥体微凸。没有明显使用痕迹,部分石片的破裂面宽大、平整。标本 TSP94T28②：3,长 4.5、宽 6.7、厚 1.0 cm,重 0.022 kg,石片角 68°。打击点清晰,半锥体不凸起。背面保留砾石面,打片方法采用锤击法。

有使用痕迹的石制品　2 件。均为砾石,使用痕迹主要是坑疤。标本 TSP94T13②：6,长 12.5、宽 7.8、厚 6.6 cm,重 0.81 kg。长圆柱形砂岩砾石,两端坑疤明显。

玻璃陨石　4 颗。皆出土于灰黄色黏土层。黑色,球形或圆柱形,表面布满小坑疤。TSP94T6②：1,球形,直径约 2.7 cm。TSP94T7②：10,圆柱形,长 2.8 cm,直径 1.3 cm。

三、结　语

（一）石制品的特点

1. 石器多是用砾石直接打制而成,单面加工。

2. 石器类型简单,仅有砍砸器、手镐、刮削器 3 种。在石器中有较多的标本是在毛坯一端加工的,颇具特色。

3. 石器尺寸大,形体厚重。

4. 石器加工简单、粗糙,保留较多砾石面。

5. 石片的打片方法基本上采用锤击法,没有砸击石片。

6. 石核的台面以自然砾石面为主,多台面石核中石片疤互作台面。

(二) 遗址的年代

广西百色盆地旧石器的年代问题,一直是学术研究中的重要课题,因为缺少与石制品伴生的可供断代的动物化石,这个问题困扰着百色旧石器的研究。1993 年,中国科学院古脊椎动物与古人类研究所和广西壮族自治区文物工作队共同发掘了百色市的百谷遗址,在原生地层发现石器与玻璃陨石共存的现象,经测试玻璃陨石的年代约为 73 万年前[1],也就是说,百色盆地在那个时候就有人类活动。这为解决百色旧石器的年代问题提供了一个重要证据。

从坡西岭遗址石制品的特点看,石器制作简单,经细致修理的标本很少,从石器的制作技术及器物形态看,其与百色盆地其他旧石器时代遗址的石器基本类似,年代也可能相当,即为旧石器时代早期[2],但考虑到坡西岭遗址的石器均出自棕黄色黏土层,因此其年代也可能比其他遗址或地点的石器稍晚。

致谢:本次发掘由蒋廷瑜研究员领队,参加工作有广西壮族自治区文物工作队的覃义生、梁旭达、谢日万、陈文、林强、熊昭明、韦江,田东县博物馆陈其复、田丰、黄振良,田阳县博物馆黄明标。在整理工作中,得到谢光茂副研究员的指导,谨表谢意。

注 释

[1] 郭士伦,郝秀红,陈宝流,等.用裂变径迹法测定广西百色旧石器遗址的年代[J].人类学学报,1996,15(4):347~350.

[2] 黄慰文,冷健,员晓枫,等.对百色石器层位和时代的新认识[J].人类学学报,1990,9(2):105~112.

(本文发表于《人类学学报》2002 年第 21 卷第 1 期)

百色上宋遗址发掘简报[*]

谢光茂　林　强

一、前　　言

为配合百色至罗村口高速公路工程建设,2002 年冬广西文物考古研究所会同百色市右江民族博物馆和百色市右江区文物管理所对上宋旧石器时代遗址进行抢救性考古发掘。揭露面积 1 000 m²,出土遗物近 300 件。

上宋遗址位于百色市右江区那毕乡百法村上宋屯西北约 500 m 的六羊山,右江的南岸,东北距百色市区约 10 km(图 1)。遗址于 1973 年发现,是百色盆地最早发现的一个旧石器遗址,面积约 10 000 m²。1975 年发表的调查报告,认为这是一处旧石器时代晚期遗址[1]。遗址北面是东西走向的山地,南面为连绵起伏的群山,西面是右江狭窄的河谷,东面为开阔的百色盆地。

图 1　上宋遗址地理位置图

* 国家重点基础研究发展规划项目(2006CB806400)。

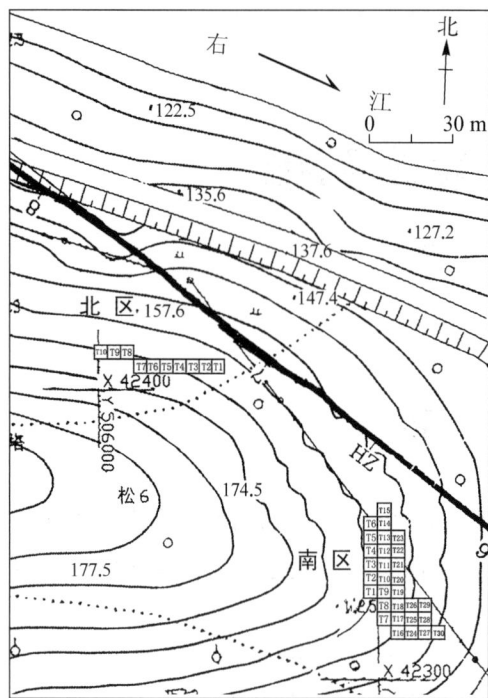

图 2　上宋遗址探方分布图

六羊山呈馒头状，海拔 189 m。山上种植有成片的松树及甘蔗、木薯等农作物，但山的北坡有一片是裸露的红土，冲沟发育。此次发掘分南、北两个区。其中南区 750 m²，布 5 m×5 m 的探方 30 个，编号为 ST1、ST2、ST3……ST30，实际发掘 29 个；北区 250 m²，布了 10 个探方，编号为 NT1、NT2、NT3……NT10，由于时间关系，该区的部分探方未挖到基岩(图 2)。

发掘按 10 cm 厚度为一水平层，逐层下挖。发掘完后，通过对各区、各探方地层关系的对比分析，对地层进行统一划分。对于出土的遗物，以探方西南角为基点，测出遗物在探方的平面位置，并用水平仪测出每件出土物的深度及其绝对高程。每个区的遗物统一编号。本次发掘由于发现较多的玻璃陨石，而且有不少是很小的碎片。为了收集更小的碎片，我们在出土玻璃陨石较多的地方，对泥土进行过筛，同时还取一部分土样回去用水进行淘洗，以寻找玻璃陨石碎屑。

二、地质与地貌概况

上宋遗址附近发育第 1 级阶地(T1)和第 4 级阶地(T4)；缺失第 2 级阶地(T2)、第 3 级阶地(T3)。发掘区位于第 1 级阶地和第 4 级阶地之间的斜坡(图 3)。

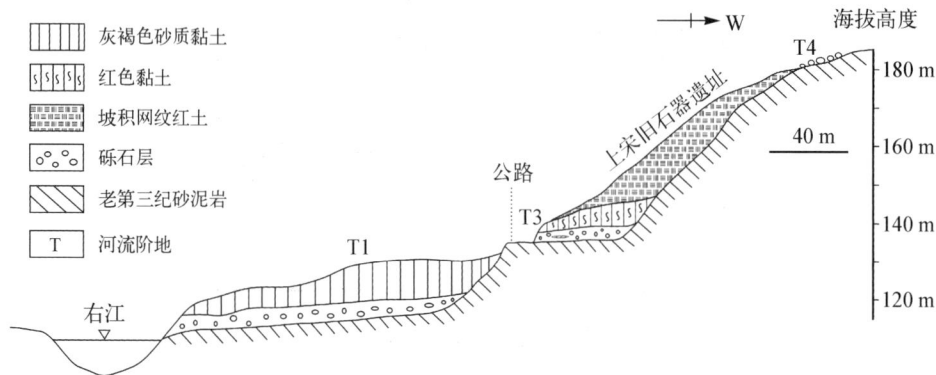

图 3　上宋遗址地质剖面图

T1 高出河面约 15 m,堆积物由灰色、灰褐色砾石层及砂质土构成。

T4 高出河面约 60 m,不整合于老第三纪基岩之上。此阶地被侵蚀严重,仅残留部分砾石。

T1 和 T4 之间斜坡的上部为红色亚黏土,底下为基岩;基岩之上有砾石层,但被坡积的泥土覆盖,仅在高速公路的北边坡出露。砾石层厚约 1 m,砾石分选不好,磨圆度为次圆到中等,砾径 1~30 cm,以 3~5 cm 居多。砾石岩性有砂岩、硅质岩、石英、石英岩、火山岩等,以砂岩为主。砾石层内含有一定数量的大小在 10 cm 左右的浅红色第三纪砂岩团块;这种砂岩团块磨圆度很差。砾石层结构紧密,主体颜色为黄色。砾石层下的老第三纪砂岩层出露厚约 9 m。中国科学院地质与地球物理研究所袁宝印考察后认为 T1 和 T4 之间的堆积为坡积物,是 T4 的原生堆积被破坏后由地表流水搬运至此。

南北两个发掘区的地层堆积基本一致,现以南区探方 SST6 南壁和北区 SNT5 南壁为例介绍如下。

南区探方 SST6 南壁的地层:

1. 近现代灰褐色黏土,结构疏松,土质较软,含植物根系和少量粒径为 1~2 cm 的灰黄色砂岩颗粒。局部分布于探方的东南部,厚薄不均,最厚 0.45 m。此层底部出有 10 cm 左右的砾石。

2. 红色亚黏土层,土质硬实,结构颗粒状,厚 0.55~1.85 m,层面高低不平,整个探方均有分布。此层含零星棱角磨蚀的砂岩碎块,粒径为 1~3 cm。未发现石制品、玻璃陨石或粗砾石。

3. 为红色亚黏土和灰黄色砂岩颗粒相杂而成的堆积,厚 0.30~0.75 m,层面高低不平,总体上由西南往东北倾斜。整个探方均有分布。此层土质和第 2 层差不多,但在砂岩颗粒较集中的地方则结构较疏松。砂岩颗粒多呈粗砂状,具棱角,粒径多在 0.5~3 cm 之间。此层出土石制品和玻璃陨石。

4. 基岩风化壳。出露厚达 0.95 m。未发现任何文化遗存或玻璃陨石。

北区 SNT5 南壁的地层:

1. 红色亚黏土层。土质硬实,结构颗粒状,厚 1.30~2.15 m,整个探方均有分布。此层因暴露地表,上部干裂,结构较疏松,往下逐渐紧密。此层含零星棱角磨蚀的砂岩碎块,粒径为 1~3 cm。未发现石制品、玻璃陨石或粗砾石。

2. 为红色亚黏土和灰黄色砂岩颗粒相杂而成的堆积。厚 0.50~1.00 m,整个探方均有分布。层面高低不平,总体上由西往东倾斜。此层上部含较多的砂岩颗粒,粒径多在 0.5~3 cm 之间,个别为 5 cm 左右。此层出土石制品和玻璃陨石。

3. 基岩风化层。出露厚约 0.50 m。未发现任何文化遗存或玻璃陨石。

与南区相比,北区少了一层,即缺失南区的第 1 层。因此,北区的第 1、第 2、第 3 层分别对应南区的第 2、第 3、第 4 层。

第 1 层分布面不广,只在少数探方有分布,且仅见于冲沟的底部,出土石制品很少,且多见于底部,未发现玻璃陨石。第2层分布于两个区的大部分探方,基本上是成片分布,但厚度差别很大,顺着坡势由上而下,厚度逐渐增厚,最厚达3 m。此层土质单纯,几乎不含遗物。第3层的分布情况大体上和第2层相似,但堆积没有第2层厚。此层除掺杂许多粗砂状灰黄色风化砂岩颗粒外,在地势较高的探方,在接近层面的部位偶尔分布有粒径约为5~10 cm的风化砂岩团块。这在南区西南角的探方尤为明显,在这里砂岩团块密集分布,几乎成层状。而顺着地势往下,砂岩团块逐渐变小、变细,直至砂粒状。几乎所有石制品和玻璃陨石都出自此层。第4层为基岩风化层。此层上部和第3层接近,只是土色较浅,出现紫灰色砂岩团块。这种团块由上而下逐渐增多、增粗,红色黏土越来越少,形成一种以砂岩团块为主的风化残积物。此层未发现任何文化遗存或玻璃陨石。此层和第3层之间往往无明显界限,是一种渐变关系。

三、遗　　物

除第1层出土少量石制品外,几乎所有遗物都出自第3层。考虑到第1层出土的石制品数量少,和第3层的又无明显区别,故放在一起记述。

（一）石制品

此次发掘出土的石制品总共185件,包括石锤、石核、石片、石器等。

1. 砾石

共35件。分为无人工痕迹砾石和有人工痕迹砾石两种。砾石的形状有扁圆、扁长、三角形和四边形,大小在7~15 cm左右,岩性有砂岩、石英岩、石英、硅质岩等。有人工痕迹的砾石,其一端或一侧有一、两个小片疤,或者面上有个别崩疤,既不属于石核,也不是石锤。这类石制品,我们归为打击砾石。

2. 石锤

共5件。均为长条形,以砾石的一端为把手,另一端用以锤击。锤击一端由片疤组成。标本ST17③:94,用砂岩砾石较粗的一端打击,除崩下较大的片疤外,打击一边有许多鳞状细疤,片疤面很陡。

3. 石核

共12件。由4种不同岩性的原料构成。石核大小差别较大,长最大值250 mm,最小值100 mm,平均值162 mm;宽最大值221 mm,最小值70 mm,平均值113 mm;厚最大值142 mm,最小值44 mm,平均值77 mm;重最大值5 860 g,最小值280 g,平均值1 983 g。有单台面石核、双台面石核、多台面石核三种，以双台面石核为主，多台面石核最少。从台面特征看，有自然的和人工的两种，利用自然台面剥片的石核超过石核的60%，人工台面的石核居于从属地位。而且，人工台面是以石片疤为台面，即素台面，没有经过修理。台面角最大值115°，最小值65°，平均值87°。从台面角和石片疤的特征看，剥片方法大多采用直接锤击法，碰砧法也占有一定比例，但不见砸击法剥片的石核。大多数石核只有3~4个石片疤，最多的片疤也不超过7个。

标本 ST14③：261　单台面石核。原料为一近三角形的石英岩砾石，器身一面较平坦，另一面凸起。以凸起面为台面，从一端向两侧打片。打击点粗大，台面角约65°。片疤较大。长238、宽221、厚132 mm，重5 860 g(图4,2)。

标本 ST4③：111　多台面石核。原料为石英砾石，一面较平坦。先以砾石的平坦面为台面，沿砾石的四周打片，再以片疤面为台面，向不同方向打片。打击点清楚，片疤多宽大于长。长135、宽98、厚93 mm，重1 200 g，台面角75°~87°(图4,1)。

4. 石片

15件。岩性有砂岩、硅质岩、石英岩、石英。尺寸不大，长最大值95 mm，最小值30 mm，平均值43 mm；宽最大值88 mm，最小值33 mm，平均值45 mm；厚最大值28 mm，最小值6 mm，平均值10 mm；重最大值151 mm，最小值12 mm，平均值58 g。多数为自然台面，人工台面很少。打击点比较清楚，但很少有疤痕；半锥体不甚突出，不见双锥体。95%标本的石片角在90°以上，其中又以110°~125°的标本占多数。宽大于长的石片较多，占75%。剥片方法均采用硬锤直接打击，特征明确的碰砧法石片很少。石片的背面有的全部为砾石面，有的保留部分砾石面，前者少于后者。形状有三角形、梯形和不规则三种，而以三角形为主。多数石片具有锋利的边缘，有明显冲磨痕迹者少见。个别标本有使用痕迹。

标本 NT4②：6　原料为砂岩。自然台面。打击点清楚，半锥体微显，放射线和同心波均不甚清楚。破裂面左侧上部有一较小的片疤。背面保留砾石面。长73、宽88、厚18 mm，重80 g，石片角108°(图4,3)。

标本 ST8③：18　原料为细砂岩。自然台面。打击点清楚，半锥体微显，放射线和同心波清楚。石片长大于宽。长62、宽45、厚20 mm，重52 g，石片角102°(图4,4)。

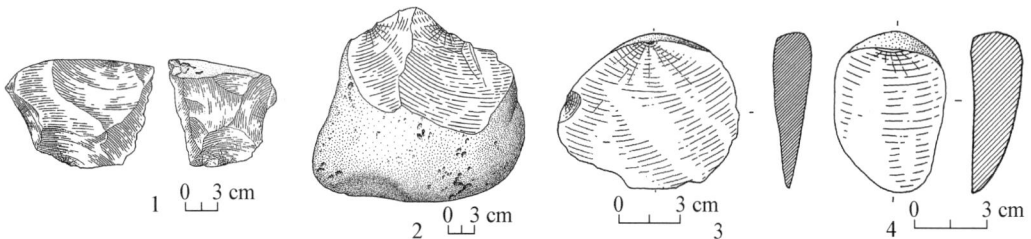

图4　石核与石片
1、2. 石核　3、4. 石片

5. 石器

24 件。分为砍砸器、手镐、刮削器等三种。其中砍砸器最多,次为刮削器,手镐最少。

砍砸器　共 16 件,占工具总数的 66.7%。均系用砾石直接打制而成,未发现以石片或岩块为毛坯者。岩性有石英岩、砂岩、石英、硅质岩等,其中砂岩最多,超过 37%,次为石英岩、石英,硅质岩最少。器体较大,长最大值 176 mm,最小值 102 mm,平均值 137 mm;宽最大值 160 mm,最小值 86 mm,平均值 105 mm;厚最大值 106 mm,最小值 30 mm,平均值 62 mm;重最大值 1 980 mm,最小值 440 mm,平均值 1 068 g。砍砸器都是单面加工而成,未发现两面加工者。通常由扁平的一面向较凸的一面打击,剥片主要使用锤击法。加工简单,器身大部分保留砾石面。多数标本加工面的片疤数在 5 个左右,最少的甚至只有 2 个片疤。部分标本的刃部经过修整,刃缘多比较平齐。器身的平面形状有四边形、椭圆形和三角形三种。大多数标本刃缘锋利,只有极少数有明显的冲磨痕迹。根据刃数,可分为单边砍砸器、双边砍砸器两种(图 5)。

ST20①:3　毛坯为一扁圆形的石英岩砾石,器身一面较平坦,另一面凸起。在砾石一端由平坦面向凸起面打击,加工出一弧凸刃。把端经过修理。器身大部分保留砾石面。长 175、宽 160、厚 72 mm,重 1 980 g,刃角 67°~75°(图 5,1)。

ST5③:106　毛坯为一石英砾石,一面较平坦,另一面凸起。在砾石一侧加工出一刃口,刃缘略弧凹;而相邻的一侧也经过较多的剥片,但由于原料的结构面多,边缘有一个断

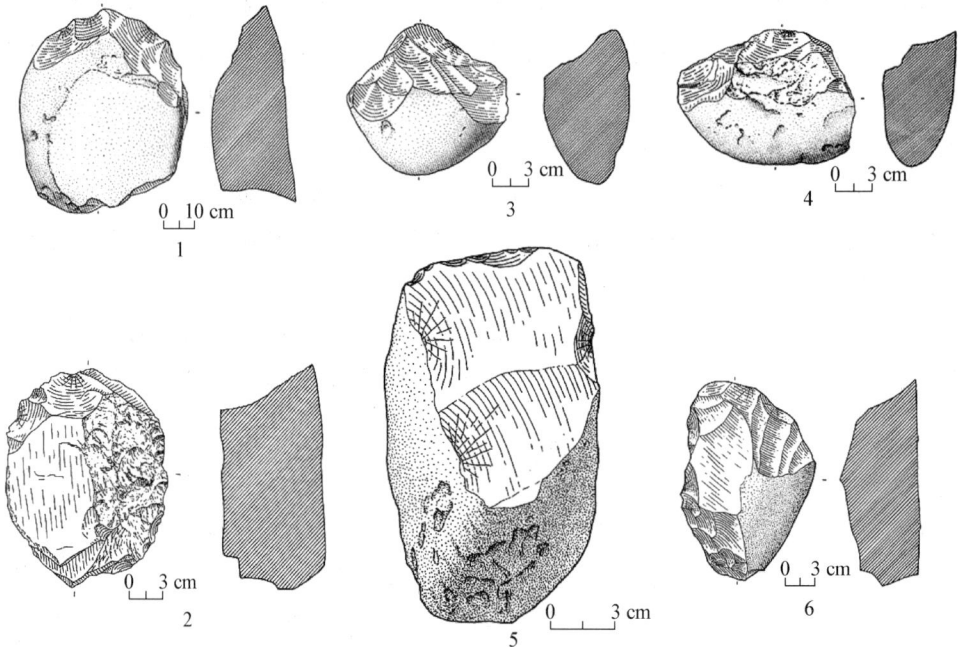

图 5　砍砸器和手镐
1~5. 砍砸器　6. 手镐

裂面。两侧的片疤在端部相交,形成一圆钝的尖,成为尖状砍砸器。加工方向均由平坦面向凸起面打击,片疤多为浅平。长137、宽123、厚73 mm,重880 g,刃角62°(图5,3)。

ST5③:10　原料为石英砾石,原先可能是石核,经进一步加工而成砍砸器。加工面由两个大片疤组成,刃端经过修整;刃缘平齐,并有较明显的碎屑剥落痕迹,应是使用痕迹。器身平面略呈四边形,长168、宽100、厚85 mm,重980 g,刃角67°(图5,5)。

手镐　仅1件,编号为ST1③:17　毛坯为长三角形砂岩砾石,一面稍平,另一面凸起。加工时,沿砾石的两侧剥片,至一端相交形成一较圆钝的斜尖。其中左侧加工较多,修理直至把端,由平坦面向凸起面打击,侧缘较平直,并经较多修整;右侧加工限于上半部分,片疤均较大而深凹,侧缘弧凸。把端经过修理。器身略呈椭圆形。长185、宽125、厚103 mm,重1 920 g,刃角57°~78°(图5,6)。

刮削器　共7件,占工具总数29.2%。石片毛坯、砾石毛坯差不多各占一半。原料有砂岩、硅质岩、火成岩三种,以砂岩为主。长最大值125 mm,最小值40 mm,平均值71 mm;宽最大值94 mm,最小值41 mm,平均值65 mm;厚最大值38 mm,最小值11 mm,平均值20 mm;重最大值381 g,最小值43 g,平均值203 g。用锤击法打制,加工简单。砾石刮削器几乎全部都是用一面或两面扁平的圆形或椭圆形砾石单面打制而成;加工时,通常由扁平的一面向较凸的一面打击。石片刮削器一般是在石片的远端或两侧修出刃口,采用正向加工和反向加工两种方式,而以反向加工较多;由于毛坯均较小,除个别外,第二步加工都限于边缘,基本上没有改变毛坯的形状。刃口有钝有锐,刃角最大值75°,最小值40°,平均值51°。90%以上的刃缘都是平齐的,锯齿状刃缘很少。器形有三角形、四边形和不规则三种。根据刃口的数量,刮削器可分为单边刮削器、双边刮削器。

ST16③:227　毛坯为扁圆形砂岩砾石。在砾石的一端加工,打制出一刃口,单面打制。刃缘平直,略经修整。器身大部分保留砾石面。长53、宽50、厚27 mm,重150 g,刃角61°(图6,2)。

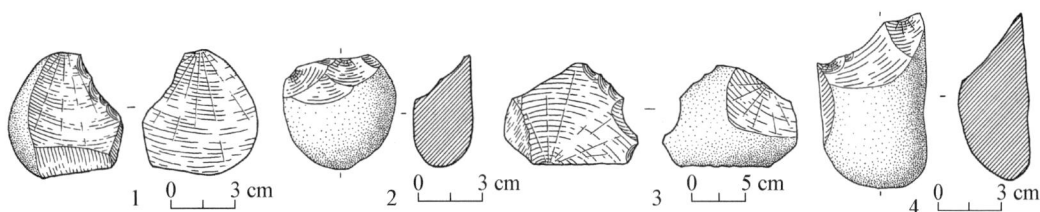

图6　刮削器

ST8③:97　毛坯为扁长形火成岩砾石,砾石面保留有清楚的网纹红土印痕。在砾石的一端和一侧上部单面打制,加工出一刃口。刃缘不甚平直,中间略弧凸。器身大部分保留砾石面。长95、宽64、厚32 mm,重231 g,刃角54°。

NT8②:8　毛坯为一硅质岩石片,其左侧有个断裂面,背面有一较大的片疤。第二步加工限于石片的左侧,由破裂面向背面打击。刃缘内凹。长56、宽54、厚11 mm,重

70 g,刃角59°(图6,1)。

6. 断块和碎片

上宋遗址的断块和碎片共94件,占石制品的比例很高,为50.81%。岩性有砂岩、石英、硅质岩、石英岩等。其中有石皮的占59%,无石皮的占41%;大小在5 cm以上的占44%,5 cm以下的占56%。

(二)玻璃陨石

此次出土的玻璃陨石共106件,全部出在第3层。在平面上,陨石的分布没有规律,呈弥漫性分布,但有的地方密度较大,如在南区的探方ST14出土的陨石就明显较其他探方多。玻璃陨石形状有球形、扁圆形、长条形和块状,其中块状最多,长条形最少。玻璃陨石颜色漆黑,具有玻璃光泽,表面均有凹坑。玻璃陨石未见明显磨蚀痕迹,人工痕迹的玻璃陨石也没有发现。尺寸差别很大,最大者径近50 mm,小者不到5 mm(表1)。

表1　玻璃陨石统计表

类　别	数量	百分比	长(mm)			宽(mm)			厚(mm)		
			最大	最小	平均	最大	最小	平均	最大	最小	平均
球　形	19	17.9	37.0	10.5	23.3	36.5	9.5	21.4	29.0	2.5	17.1
扁圆形	13	12.3	46.0	14.5	26.7	39.5	11.5	23.1	22.5	7.5	16.4
长条形	20	18.90	76.0	16.0	27.8	25.0	6.0	14.9	21.5	1.0	10.6
块　状	54	50.9	42.0	4.5	20.0	28.0	5.0	14.3	16.0	1.0	7.5

四、讨 论 与 小 结

(一)石制品的特点

上宋遗址石制品的原料均为砾石,岩性有砂岩、石英岩、硅质岩、石英和火成岩,其中以砂岩为主,次为石英岩,硅质岩和石英也占较大比例。从大小、岩性和形状看,这些砾石在遗址所在山头顶部砾石层均可找到,表明制作石器的原料可能全部来自附近第四级阶地的砾石层。

石核分为单台面、双台面和多台面三种。其中自然台面占66.7%,有疤台面(素台面)

为33.3%,不见修理台面。剥片采用锤击法和碰砧法,以锤击法为主。石核的利用率低。石核个体较大。台面角较小。

石片尺寸不大,没有大石片。剥片采用锤击法和碰砧法,以锤击法为主。自然台面的石片居多,人工台面的石片较少。背面多保留一定的自然面。多数石片的半锥体不甚凸出,放射线不清楚。

石器类型有砍砸器、手镐、刮削器等三种。砍砸器数量最多,次为刮削器。砍砸器均为砾石单面打制而成,制作简单,器身大部分保留砾石面,器体较大。刮削器的毛坯有石片和砾石两种,用砾石加工者均为单面打制,而石片刮削器则多为反向加工,尺寸较小。

(二)年代问题

发掘期间,我们请广西地质工程勘察研究院张华员研究员和原广西地质队李甫安总工程师到遗址进行实地考察。他们认为上宋遗址发掘区域的地层堆积为坡积物,源于六羊山顶部 T4 的堆积。T4 被破坏后,原先的堆积物(包括石制品和玻璃陨石)通过地表流水搬运到发掘区,形成第二次堆积。由于搬运不远,石制品和玻璃陨石均无明显冲磨痕迹。

从出土遗物本身看,这些遗物应来自 T4 的地层。

1)此次发掘出土的玻璃陨石和百色盆地其他遗址发现的玻璃陨石是相同的。盆地其他遗址如百谷、枫树岛、南半山等遗址的玻璃陨石均出自 T4,而且其原生层位和手斧的相同,年代为距今 80.3 万年[2~4]。2)所出土的文化遗物都是早期的,没有发现晚期的。3)出土的石制品从原料或从技术与类型学特征来说,和百色盆地其他遗址发现的石制品基本一致。此次发掘未发现手斧和薄刃斧。考虑到这次出土的石制品不多,石器也少,而手斧和薄刃斧在盆地其他地点石制品中所占的比例本身就不高[5],而且也有一些遗址如田东坡西岭遗址等也未发现这类器物[6],因此,这次发掘未发现这两类工具不足为奇。

根据以上的分析,我们认为上宋遗址发掘区地层堆积为次生堆积,其形成的年代应晚于 T4 的年代,但所出土的遗物应来自 T4 的地层,其年代可能和 T4 的年代相当。

(三)上宋遗址发掘的意义

上宋遗址位于百色盆地的西端,右江流入盆地的入口,地层堆积较为复杂。通过此次发掘和研究,对了解遗址及周围的古地貌以及右江在该河段的历史变迁具有重要意义。

此次出土的玻璃陨石数量之多、尺寸之小,是百色盆地旧石器考古发掘中前所未有的。这众多而形态各异的玻璃陨石,表明陨石在百色盆地散落的密度是不一致的,这为科学家研究这场"陨石雨"的降落特点提供了难得的资料。

百色盆地旧石器遗址众多,已获得的石制品近万件,但经过正式发掘的遗址却很少,因此出土的石制品也不多。此次发掘出土的石制品,为百色盆地旧石器的研究增添了新的资料。

附记：在发掘期间，来自美国史密桑研究院国家自然博物馆的理查德·波茨博士，中国科学院古脊椎动物与古人类研究所黄慰文研究员、侯亚梅博士，中国科学院地质与地球物理研究所袁宝印研究员以及广西地质工程勘察研究院和广西自然博物馆等科研单位的考古和地质专家先后到发掘工地进行参观考察，并给予热情的指导和有益的讨论，广西自然博物馆王頠博士为本文绘制了地质剖面图，我们对此表示感谢。遗址发掘领队为谢光茂，队员除本文作者外，尚有百色右江民族博物馆的黄明扬、黄霖珍，梧州市博物馆周学斌。参加资料整理的人员有谢光茂、彭长林、黄鑫等。

注　释

[１] 李炎贤,尤玉柱.广西百色发现的旧石器[J].古脊椎动物与古人类,1975,13(4)：225～228.

[２] Hou YM, Potts R, Yuan BY, *et al*. Mid-Pleistocene Acheulien-like stone technology of the bose basin, South China [J]. *Science*, 2000, 287(5458)：1545－1700.

[３] 王頠.广西百色枫树岛旧石器遗址再次出土手斧[N].中国文物报,2005－05－31.

[４] 王頠,莫进尤,黄志涛.广西百色盆地大梅南半山遗址发现与玻璃陨石共生的手斧[J].科学通报,2006,51(18)：2161～2165.

[５] 黄启善.百色旧石器[M].北京：文物出版社,2003：1～180.

[６] 林强.广西百色田东坡西岭旧石器时代遗址发掘简报[J].人类学学报,2002,21(1)：59～64.

（本文发表于《人类学学报》2008 年第 27 卷第 1 期）

百色田东百渡旧石器遗址发掘简报[*]

谢光茂　林　强　黄　鑫

一、前　言

百渡遗址位于右江的南岸,田东县祥周镇百渡村大渡屯西约 1 km 的山包上,东北距田东县城约 10 km,离全国重点文物保护单位高岭坡遗址仅 20 km,地理坐标为 23°36′42″N,107°01′36″E(图 1)。该遗址西面和南面为群山,东面和北面为广阔的河谷平原,地势西北高、东南低。文化遗物分布于东、西两个山包,面积约 10 000 m²。为配合田东至靖西二级公路工程建设,广西文物考古研究所会同田东县博物馆在 2002 年秋对百渡遗址进行了抢救性考古发掘,揭露面积 700 m²,出土遗物 1 000 多件。

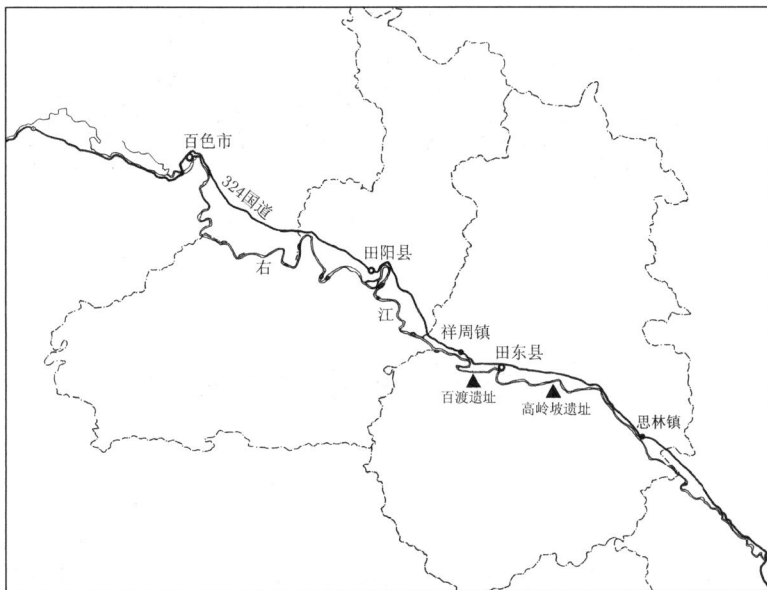

图 1　百渡遗址地理位置示意图

*　科技部科技基础性工作专项(编号：2007FY110200)。

本次发掘分别在东、西两个山包上布方。东面发掘区的小山包低矮,相对高度约
10 m,发掘面积为 275 m²;西区位于相对高大的山包上,比东区高出近 15 m,发掘面积为
425 m²。各区探方单独编号,东区所布的 11 个探方,编号依次为 2002TBET1—T11;西区所
布的 17 个探方,编号依次为 2002TBWT1—T17(图 2)。发掘从上向下,在自然层之内以 10 cm
为一水平层逐层下挖。出土遗物大小在 3 cm 以上的给予编号,各区分别有一个序列号。

图 2　百渡遗址地形和探方分布图

二、地质、地貌与地层

(一) 地质、地貌

百渡遗址地处百色盆地西南边缘,盆地与山地界线清楚,山地海拔 200~300 m。在海
拔 150~170 m 的山坡残留有第 4 级阶地堆积物,可见网纹红土和一条 30 cm 厚的砾石层。
未发现完整的第 4 级阶地的原始阶地面。

西区顶部有 0.8 m 厚的红色黏土,风化较强烈,含石制品。东区顶部有不足 1 m 厚的
红色黏土风化壳,含石制品,但红黏土之下未见典型网纹红土和砾石层。

遗址以北为右江第 1 级和第 2 级阶地形成的盆地平原,第 1 级阶地海拔 100 m 左右,第 2 级阶地海拔 108~112 m,其上都未发育红色风化壳(图 3)。

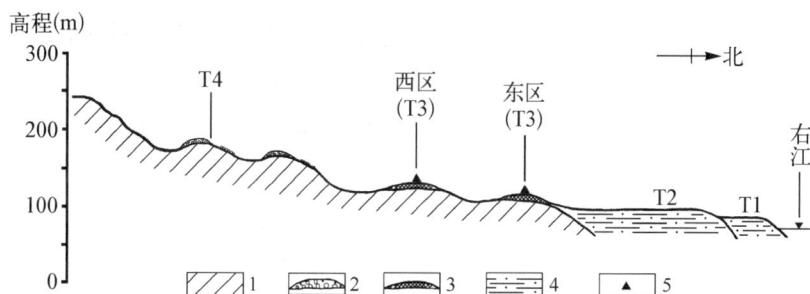

图 3　百渡遗址地质剖面图

1. 基岩　2. 残留阶梯砾石　3. 红土风化壳　4. 亚砂土　5. 旧石器

(二)地层

东区探方 ET3 北壁剖面(从上至下)包括:

1. 黄褐色黏土、亚黏土,结构疏松,呈颗粒状,土质较硬,含少量植根,并含少量石制品,厚 0.05~0.16 m;

2. 红色亚黏土,杂有少量点状黄白色,看起来类似网纹红土,质地硬实,结构颗粒状,探方四周均有分布,含石制品,厚 0.20~0.30 m;

3. 基岩风化层,出露厚约 0.40 m。

西区 WT9 北壁剖面(从上至下)包括:

1. 灰黄色亚黏土,土质硬实,结构颗粒状,上部干燥,结构较疏松,往下逐渐紧密,含石制品,厚 0.05~0.13 m;

2. 为红色亚黏土,含较多石制品,厚 0.33~0.45 m;

3. 基岩风化层,出露厚约 0.15 m。

对比表明:东西两个区的地层堆积基本一致,石制品的分布也很相似。

三、石英碎片分布面

在西区高处探方断块和碎片的分布比较密集,尤以探方 WT6、WT7、WT9、WT10 第 2 层的密度最大,有的地方成片分布。另外,还发现两处石英碎片分布面,均位于西北部。第 1 处位于探方 T3 的东部,面积约 1 m²,形状略呈长三角形(图 4)。碎片多呈弥漫性分布,中间部位比较密集,往外密度渐小。碎片或碎块都很小,长度多在 1 cm 以内。碎块多有节理面,无锋利边缘。碎片的边缘很锋利。

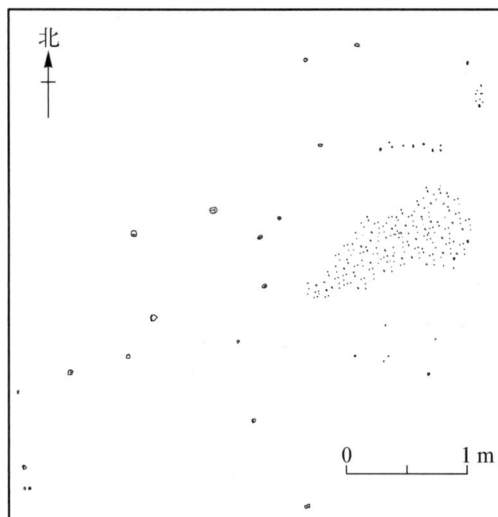

图 4 石英碎片及其他石制品分布图

第 2 处发现于探方 T8 的西南部,大小和第 1 处差不多,但形状略呈长方形。碎片的分布也是呈弥漫性的,以靠近探方西南角部位较为密集。与第 1 处不同的是,碎片分布面周围其他石制品很少,而碎片中间则有一件砍砸器。石英也都是很小的碎片或碎块,大小多在 1 cm 以内,未发现石核和石锤,也无大的片块。

由此推测,这里可能是加工石器的场所。需要指出的是,这两处除发现个别石器外,其他几乎都是很小的断块和碎片,缺乏大的石英制品,但在西区其他地方有大的石英制品,如砍砸器、石核等。

四、石 制 品

石制品约 1 500 件,但由于发掘时间很紧,我们仅对大小在 3 cm 以上的石制品进行了编号和研究。编号的标本共计 743 件,包括西区的 622 件和东区的 121 件。由于两区的地貌与地层一致,且石制品无明显差别,因此,我们将两个区的石制品合并进行介绍。

东区石制品中,个别具有明显的冲磨痕迹,其余的棱角分明,且有锋利的边缘,有的石制品能够拼合。西区石制品的分布密度较大,石制品表面多为黄褐色,无明显风化,也没有网纹红土印痕。

石制品包括砾石、石锤、石核、石片、石器、断块和碎片,其中断块的数量最多,占 70% 以上,石器的比例不大(表 1)。

表 1　石制品种类统计表

种类	砾石	石锤	石砧	石核	石片	石器	断块	合计
数量	50	16	1	23	70	56	527	743
百分比	6.7	2.2	0.1	3.1	9.4	7.6	70.9	100

(一)砾石

共 50 件,部分可见人工痕迹。砾石形状有扁圆、扁长、三角形、四边形和不规则等,直径在 5~10 cm 者最多(占 66%),其次为 10~15 cm 者(占 26%),15 cm 以上者较少(占 8%)。岩性有砂岩(N = 17;34%)、石英岩(N = 19;38%)、石英(N = 12;24%)、硅质岩(N =2;4%)。有人工痕迹的砾石,共有 28 件,占砾石总数的 56%,其一端或一侧有一、两个小片疤,或者面上有零星崩疤。无人工痕迹砾石当为人工备料。

(二)石锤

共 16 件,其中 1 件已残。形状以长条形为主,三角形次之。岩性有石英岩、硅质岩、石英;其中石英岩者最多,占 70%以上。大小差别较大;长度最大者 170 mm,最小者 72 mm,平均 101 mm;重最大者 1 260 g,最小者 114 g,平均 439 g。使用部位有一端者、一侧者、两侧者、一端及一侧者,其中在一端者占了一半。均为锤击石锤,破损片疤小而宽,层层叠叠。

WT7②:416 为长条形石锤,黄褐色石英岩。锤击一端片疤层层叠叠,有些地方已折断形成陡坎;锤击面陡直,与锤底面的交角在 80°以上;锤击边缘钝厚。器身厚重。长 133、宽 82、厚 74 mm,重 1 140 g(图 5,4)。

WT17②:356 为一黄褐色石英岩砾石石锤,圆形,一面稍平,另一面凸起。两侧锤击片疤层层叠叠,片疤均不大,片疤面很陡;边缘钝厚。长 77、宽 67、厚 57 mm,重 360 g(图 5,3;图 10,7)。

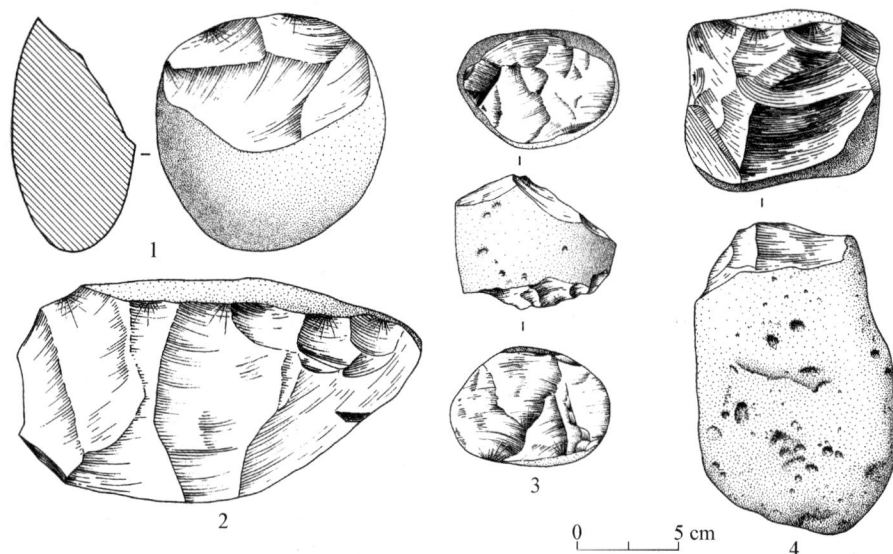

图 5　石锤与石核

(三)石砧

仅 1 件,编号为 WT12②:475,长 212、宽 129、厚 91 mm,重 3 720 g(图 10,6)。原料为石英岩砾石,轮廓近似平行四边形,两面扁平,两端为断裂面。坑疤见于一面,且主要集中在一端,大多如黄豆或绿豆大小,不深。

（四）石核

共 23 件,包括单台面、双台面、多台面三种,其中单台面石核最多,多台面石核最少(表 2)。石核形状有四边形、梯形、菱形和扇形和不规则等。大小差别较大,长最大者 285 mm,最小者 66 mm,平均 132 mm;宽最大者 165 mm,最小者 56 mm,平均 95 mm;厚最大者 119 mm,最小者 26 mm,平均 68 mm;重最大者 4 960 g,最小者 140 g,平均 1 215 g。原料包括砂岩、石英岩、硅质岩、石英等,以砂岩、石英岩为主。台面属性有自然和人工两种,分别有 12 件和 11 件。人工台面都为素台面,台面角最大者 130°,最小者 60°,平均 83°。大多数石核只有 3 或 4 个石片疤,最多的片疤也不超过 10 个。从台面角和石片疤的特征看,打片主要采用直接锤击法,可能使用了碰砧法。

表 2　石核统计表

类别	岩　性				类　　型			台　　面		合计
	砂岩	石英岩	硅质岩	石英	多台面	双台面	多台面	自然台面	人工台面	
数量	10	6	3	4	9	8	6	12	11	23
百分比	43.5	26.1	13.0	17.4	39.1	34.8	26.1	52.2	47.8	100

WT5②：98 为单台面石核。器身略呈四边形,长 153、宽 137、厚 93 mm,重 2 100 g,台面角 70°~93°。原料为较厚的黄褐色石英岩砾石,一面稍内凹,另一面凸起。台面位于凹面,沿砾石的边缘连续打片。石核利用率低,仅有 3 个较大的片疤。打击点均清楚。片疤面略内凹,其中两个片疤宽大于长(图 10,2)。

WT13②：585 为单台面石核。轮廓大致呈圆形,长径 105、短径 100、厚 55 mm,重 700 g,台面角 70°。原料为白褐色的石英砾石,两面均凸起。自然台面,打片时沿砾石的一边由一面向另一面打击。打击点均清楚。可见 4 个片疤,片疤面略内凹,完整片疤的宽大于长(图 5,1)。

WT11②：261 为双台面石核。原料为灰褐色石英岩砾石,一面较平,另一面凸起。自然台面,先以较平面为台面,沿一端和一侧反复打片;再以凸起面为台面,沿另一边多次打片。打击点清楚。片疤数量大,石核利用率高;多数片疤比较规整,且长大于宽的片疤多。器身平面近菱形。长 196、宽 110、厚 88 mm,重 2 180 g,台面角 70°~93°(图 5,2;图 10,1)。

（五）石片

共 70 件(表 3;图 6)。岩性有砂岩、硅质岩、石英岩、石英。石片尺寸不大,长最大者 84 mm,最小者 17 mm,平均 40 mm;宽最大者 78 mm,最小者 18 mm,平均 44 mm;厚最大者 34 mm,最小者 6 mm,平均 13 mm;重最大者 220 g,最小者 5 g,平均 45 g。绝大多数为自然台面,人工台面很少。打击点大多比较清楚;半锥体比较明显,双锥体的石片很少。95%标本的石片角在90°以上,其中又以100°~120°之间的标本占大多数。宽大于长的石片为43件,占60%以上。打片均采用硬锤直接打击,打片为锤击法,特征明确的碰砧法石片很少。大多数石片的背面保留有或多或少的砾石面。石片的形状有三角形、梯形、椭圆形和不规则等,而以梯形为主。多数石片具有锋利的棱角,有明显冲磨痕迹者只见于东区中出土的几件。具有使用痕迹的石片很少。

表3　石片统计表

类别	岩性				形状			台面		背面		合计
	砂岩	硅质岩	石英岩	石英	梯形	三角形	不规则	自然台面	有疤台面	无疤	有疤	
数量	29	21	13	7	40	15	15	64	6	47	23	70
百分比	41.4	30.0	18.6	10.0	57.2	21.4	21.4	91.4	8.6	67.1	32.9	100

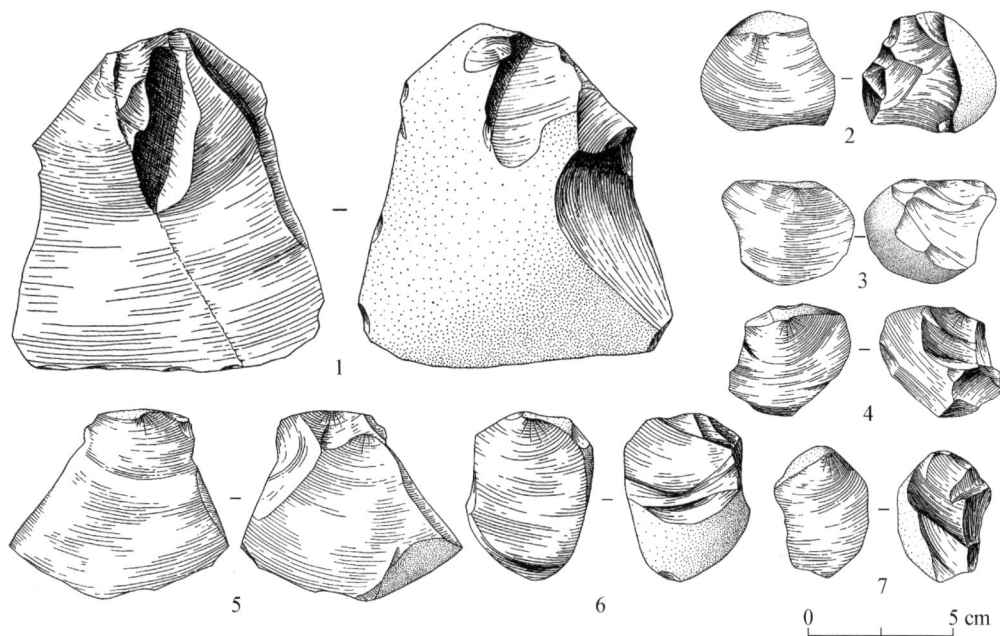

图6　石片

WT4②:37 为一浅灰褐色砂岩石片。轮廓呈近三角形,长108、宽105、厚37 mm,重380 g,石片角120°。自然台面,打击点粗大。破裂面下半部平坦,从破裂面的近端至远端有一条岩石节理线,半锥体突出,放射线清楚。背面近端部位和右侧有几个片疤,其中右侧的片疤不完整,应为先前打片的阴疤;而近端的两个片疤的打击台面及打击点均与石片的台面和打击点相同,因此这两个片疤应是打片时因受力过大而崩裂的。两侧和远端边缘平直、锋利,远端边缘有使用痕迹(图 6,1;图 10,3)。

WT7②:502 为灰褐色石英岩锤击石片。长 40、宽 46、厚 15 mm,重 60 g,石片角 112°(图 6,2)。自然台面,打击点清楚。破裂面较平整,半锥体微显,放射线清楚。背面左半部是层叠的片疤,右半部保留有部分自然砾石面。石片两侧边缘锋利,左侧边缘可见较多细小而浅平的崩疤,应是使用痕迹。类似的标本还有 WT1②:66(图 6,7)和 WT2②:302(图 6,3)。

WT16②:314 为一灰褐色的硅质岩石片。平面近四边形,长 52、宽 37、厚 18 cm,重 60 g,石片角 125°(图 6,6)。自然台面,打击点窄小。破裂面半锥体凸出,放射线清楚,同心波纹不显。背面上半部全是层叠的片疤,其打击方向与石片的打击方向相同,下半部保留自然砾石面。左侧下半部折断了一小块,边缘钝厚;右侧保留自然砾石面,边缘同样钝厚。远端边缘稍锋利。

WT8②:519 为一浅灰褐色的硅质岩石片。平面近四边形,长 39、宽 44、厚 9 mm,重 30 g,石片角 105°(图 6,4)。自然台面,打击点窄小。破裂面的半锥体凸出,放射线清楚,同心波纹不显。背面全是片疤。右侧及远端边缘稍锋利。类似标本还有 WT10②:532(图 6,5)。

WT5②:161 为灰色石英岩石片。平面近三角形,长 41、宽 48、厚 14 mm,重 40 g,石片角 110°。自然台面,较宽。双锥体,打击点窄小,半锥体凸出,有一个小锥疤,放射线清楚,同心波纹不显。背面左侧及下部边缘保留有部分自然砾石面,右侧为层叠的片疤,其打击方向与石片的打击方向相同。左右侧及远端边缘锋利。从台面的宽度、半锥体和长宽比看,该石片可能是用碰砧法剥片的(图 10,4)。

(六) 石器

共计 56 件。类型包括砍砸器、手镐、刮削器三种。其中砍砸器最多(31 件),次为刮削器(18 件),手镐最少(7 件)。

1. 砍砸器

共 31 件,占工具总数的 55.4%。均系砾石直接打制而成。岩性有石英岩、砂岩、石英、硅质岩、砾岩等。其中以砂岩和石英为主,两者加起来达 65%;其次为石英岩;硅质岩很少;砾岩仅个别。器体较大,长最大者 192 mm,最小者 88 mm,平均 121 mm;宽最大者 129 mm,最小者 70 mm,平均 97 mm;厚最大者 91 mm,最小者 37 mm,平均 60 mm;重最大者 2 010 g,最小者 320 g,平均 916 g。除 2 件为两面加工外,其余的均为单面加工。通常由扁平的一面向较凸的一面打击,剥片使用锤击法和碰砧法,以锤击法为主。加工简单,多数标本加工面的片疤数在 5~8 个左右,器身大部分保留砾石面。多数标本的刃缘经过修整,刃缘多比较平齐。器身的平面形状有四边形或梯形、三角形、圆形和不规则等,以四边形和三角形为主。大多数标本棱角锋利,只有极少数有明显的冲磨痕迹。具有使用痕迹的标本很少。根据刃数,可分为单边砍砸器、双边砍砸器 2 种(表 4;图 7)。

表4 砍砸器统计表

类别	岩 性					形 状				加工方式		刃 数		刃 缘		刃部修整情况		合计
	石英岩	砂岩	石英	硅质岩	砾岩	四边形	三角形	圆形	不规则	单面加工	两面加工	单刃	双刃	直刃	凸刃	修整	未修整	
数量	7	10	10	3	1	13	8	5	5	28	3	29	2	12	19	25	6	31
百分比	22.5	32.3	32.3	9.7	3.2	42.0	25.8	16.1	16.1	90.3	9.7	93.6	6.4	38.7	61.3	80.7	19.3	100

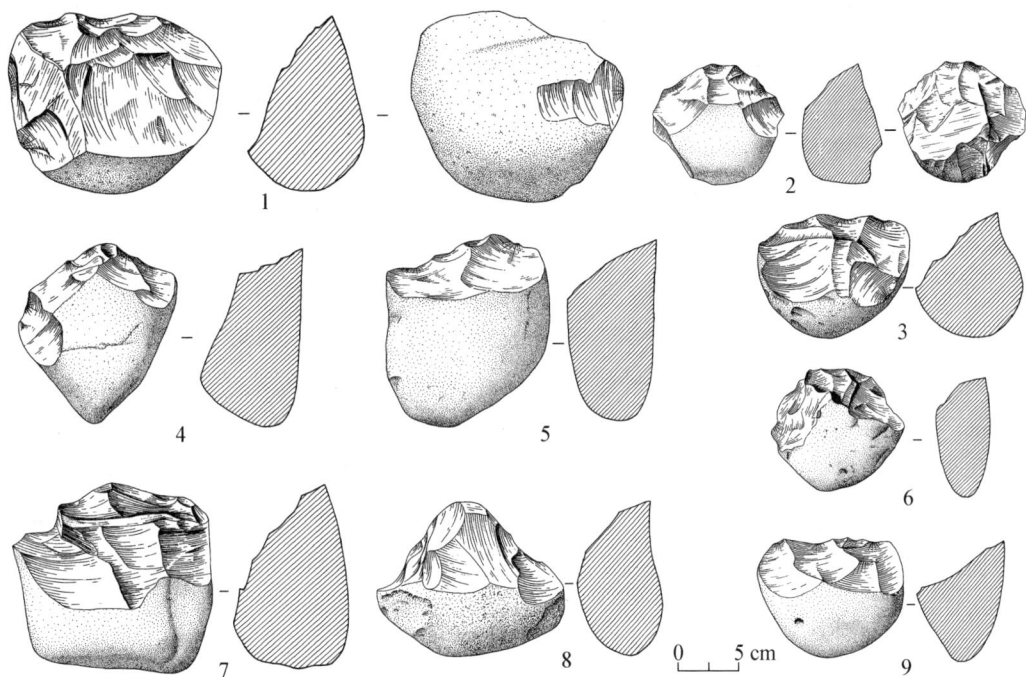

图7 砍砸器

WT19②：564 为石英砾石砍砸器。一面较平，另一面稍凸起；一端较宽，另一端较窄。沿砾石的较宽端由凸起面向较平面多次剥片，打出一道宽凸弧刃。单面加工。片疤多较大而浅平。刃缘锋利整齐，经过修整。长153、宽122、厚61 mm，重1 420 g，刃角57°（图7,5;图10,11）。

WT16③：203 为一黄石英砾石砍砸器。一面稍下凹，另一面凸起。沿砾石一侧多次剥片，打出一道直刃。单面加工，打击方向为由凹面向凸起面打击。片疤多较大而浅平，部分尾部折断形成陡坎。刃缘整齐锋利，经过修整，未见使用痕迹。长110、宽80、厚72 mm，重840 g，刃角73°（图7,3）。类似标本还有WT17②：450（图7,9）。

WT1②：573 为石英岩砾石砍砸器。一面较平，另一面凸起。沿砾石一侧剥片，打出一道弧刃,两面加工。片疤多较大而浅平,部分尾部折断形成陡坎。刃缘平齐锋利,有修整,未见使用痕迹。长 105、宽 86、厚 66 mm,重 680 g,刃角 81°(图 7,2)。

WT4②:10 为石英岩砾石砍砸器。一面较平,另一面凸起。沿砾石的一端和一侧剥片,分别打出一道凹刃和一道直刃。单面加工,打击方向为由较平面向凸起面打击。片疤多较大而深凹,尾部多折断,形成阶梯状或陡坎。加工仅限于刃部,其余保留砾石面。刃面较陡,刃缘锋利,经过较多修整,有使用痕迹。长 132、宽 118、厚 73 mm,重 1 000 g,刃角55°~81°(图 7,4)。

WT8②:419 为石英岩砾石砍砸器。一面较平,另一面凸起。在砾石相邻的两侧各打出一道直刃和一道略弧凸的刃。基本上单面加工,除把手外,加工的一面布满片疤。片疤多较大而浅平,部分片疤尾部折断形成阶梯状或陡坎。两刃缘均锋利平齐,经过修整。长 140、宽 125、厚 90 mm,重 1 780 g,台面角 62°~78°(图 7,1;图 10,12)。

WT6②:47 为细砂岩砾石砍砸器。两面均凸起。沿砾石的两侧各打出一条直刃,两刃相交形成一圆钝的尖角,成为尖刃砍砸器。单面加工,把手保留砾石面。片疤较大,且两侧的片疤深凹。刃部很少修整,刃缘未见使用痕迹。长 126、宽 113、厚 75 mm,重1 060 g,台面角 65°~80°(图 7,8)。

WT17②:445 为石英砾石砍砸器。一面较平,另一面凸起。沿砾石的一端多次单面剥片,打出一道弧刃,打击方向为由较平面向凸起面打击。加工面凹凸不平,部分片疤尾部折断形成陡坎。刃缘锋利平齐呈弧凸状,经过修整,未见使用痕迹。长 99、宽 94、厚40 mm,重 380 g,台面角 65°(图 7,6;图 10,14)。

WT4②:8 为石英砾石砍砸器。一面较平,另一面凸起;一端较宽,另一端较窄。沿砾石的较宽端多次单面剥片,打出一道直刃,打击方向为由凸起面向较平面打击。片疤多较大而浅平。刃缘平齐,经过修整,未见使用痕迹。107、宽 80、厚 55 mm,重 580 g,刃角70°(图 10,15)。

WT11②:441 为石英岩砾石砍砸器。一端较宽,另一端较窄;一面较平,另一面凹凸不平,中部可见几个旧的打击片疤,疤缘已磨圆,可能是早期的人工制品经过搬运冲磨后再被当作原料使用。沿砾石的较宽端多次单面剥片,打出一道宽弧刃,打击方向为由较平面向不平面打击。片疤多较小而浅平,部分片疤尾部折断形成陡坎。刃缘平齐,未见使用痕迹。长 132、宽 82、厚 56 mm,重 560 g,刃角 55°(图 10,13)。

WT3②:60 为石英岩砾石砍砸器。器身较厚,两面均凸起。沿砾石的一端多次单面剥片,打出一道凸弧刃;打击片疤多较大而深凹,部分片疤尾部折断形成陡坎。刃缘锋利但不甚整齐,经过较多修整,有使用痕迹。长 132、宽 124、厚 91 mm,重 1 900 g,刃角 76°(图 7,7)。

2. 刮削器

共 18 件,占工具总数 32.1%。除 5 件是以石片为毛坯外,其他刮削器都是用砾石直接加工而成的。岩性有砂岩、硅质岩、石英岩和石英四种，以砂岩为主，次为硅质岩，石英最少（表5）。长最大者107 mm，最小者50 mm，平均75 mm；宽最大者94 mm，最小者25 mm，平均60 mm；厚最大者56 mm，最小者14 mm，平均33 mm；重最大者420 g，最小者10 g，平均195 g。多用一面或两面扁平的圆形或椭圆形砾石单面打制而成；加工时，通常由扁平的一面向较凸的一面打击，使用锤击法打制，加工简单，器身大部分保留砾石面。修整仅限于刃缘部分。刃口有厚有薄，刃角最大者75°，最小者40°，平均57°。80%以上的刃缘都是平齐的，锯齿状刃缘很少。形状有三角形、四边形、圆形和不规则四种。根据刃缘情况，刮削器可分为单边刮削器、双边刮削器。

表5 刮削器统计表

类别	岩 性				毛 坯		刃 数		刃 缘			合计
	砂岩	硅质岩	石英岩	石英	砾石	石片	单边	双边	直刃	凸刃	凹刃	
数量	7	4	4	3	13	5	17	1	5	10	3	18
百分比	38.9	22.2	22.2	16.7	72.2	27.8	94.4	5.6	27.8	55.5	16.7	100

WT16②:167为砂岩小砾石刮削器。一面较平，另一面凸起；一端较宽，另一端较窄。沿较宽端多次单面剥片，打出一道直刃，打击方向为由较平面向凸起面打击。片疤多较大而浅平，片疤尾部多折断形成陡坎。刃缘平直锋利，有使用痕迹。长71、宽58、厚47 mm，重230 g，刃角45°（图8,3；图10,8）。

WT12②:482为硅质岩刮削器。石片毛坯，第二步加工限于石片右侧，由背面向破裂面加工。片疤小而浅平。刃缘平齐锋利，有使用痕迹。长84、宽64、厚34 mm，重220 g，刃角56°（图8,2；图10,10）。

WT7②:501是毛坯为砂岩断块的刮削器。一面为破裂面，另一面大部分仍然保留有砾石面，小部分为片疤。沿片疤面的一侧多次单面剥片，打出一道凸弧刃。刃缘锋利整齐。长79、宽58、厚35 mm，重120 g，刃角59°（图8,1）。

WT11②:350为硅质岩小砾石刮削器。沿砾石的周边由一面向另一面剥片，加工出一盘状刃，被加工的一面几乎全是片疤，仅在近中间部位保留一小块石皮。部分刃缘经过修整，未见使用痕迹。长63、宽57、厚23 mm，重90 g，刃角68°（图8,4）。

WT3②:11为硅质岩刮削器。厚石片毛坯，石片破裂面较平，背面为砾石面。第二步加工限于石片右侧远端部位，由背面向破裂面加工。第二步加工的片疤大而浅平；远端中部边缘有许多崩疤，应为使用痕迹。长82、宽65、厚31 mm，重205 g，刃角47°（图10,9）。

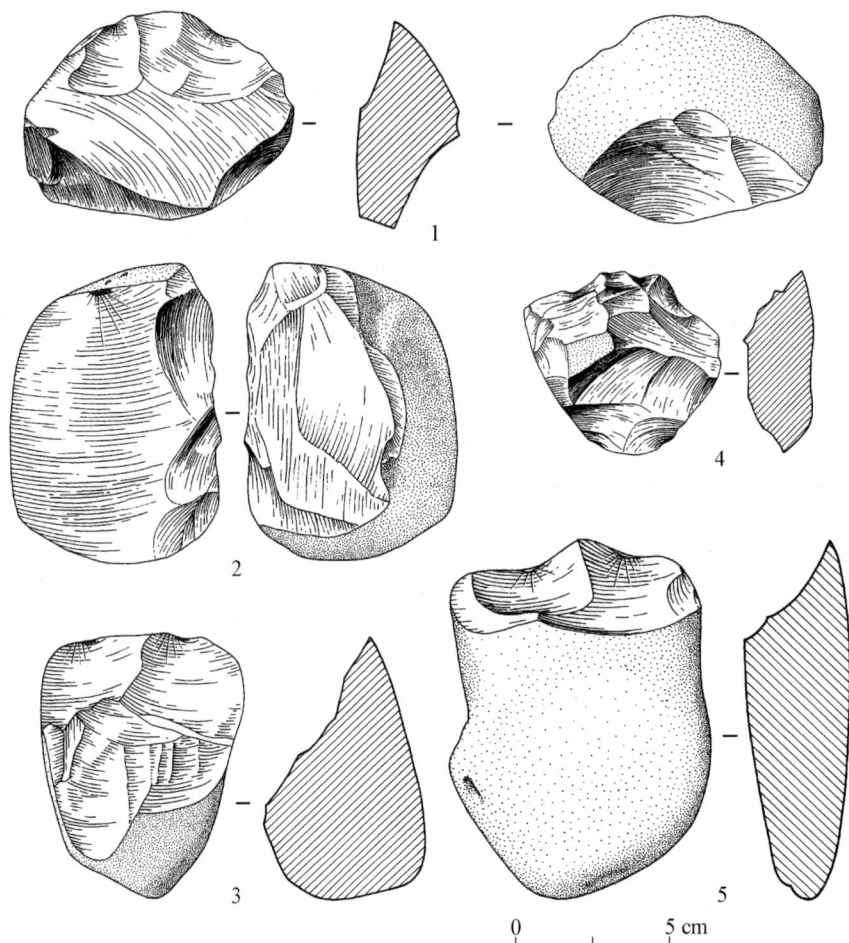

图 8　刮削器

3. 手镐

共 7 件,占石器总数近 12.5%。原料均为砾石,岩性有石英岩(3 件)、砂岩(2 件)、硅质岩(2 件)。长最大者 198 mm,最小者 130 mm,平均 171 mm;宽最大者 126 mm,最小者 84 mm,平均 106 mm;厚最大者 75 mm,最小者 55 mm,平均 65 mm;重最大者 2 020 g,最小者 630 g,平均 1 532 g。手镐的制作多是在扁长形砾石的上部剥片,单面加工出一个尖而成,而且通常是左侧边加工较多,侧刃较长,而右侧仅在靠近尖部稍作加工。但也有一两件标本的两侧加工到把端。用锤击法打制。多数标本的刃缘都有修整痕迹,而且以端刃较为集中。尖部有锐尖状和舌状两种,以侧尖居多,且多侧向左侧。形状有梨形、三角形、肾形和不规则四种。少数标本有使用痕迹。

WT5②:95 为石英岩砾石手镐。一面较平,另一面凸起。沿砾石的两侧单面剥片,向一端加工出一舌状尖。左侧的加工限于上半部,而右侧加工至把端。器身左半部有多层片疤,右半部的片疤多较大而深凹。侧缘整齐但不甚锋利。尖部有较多的修整。长120、宽110、厚80 mm,重1 240 g,台面角60°~73°(图9,1)。

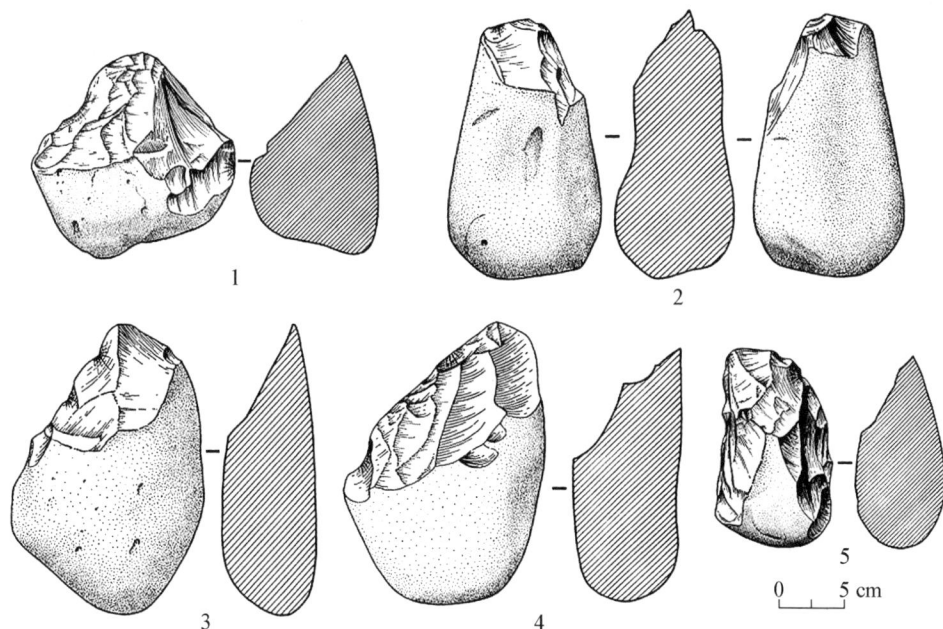

图9 手镐

ET3②:4为砂岩砾石手镐。一端较宽,另一端较窄。剥片主要在器身的左侧上半部,右侧仅在上端部位稍作加工,使之形成一个端刃。左侧缘平直锋利,经过较多修整。器身大部分保留砾石面。长192、宽126、厚70 mm,重2 010 g,刃角70°~78°(图9,4;图10,18)。

WT17②:549为石英岩砾石手镐。两面均凸起。沿砾石两侧反复剥片,向一端加工出一尖。两侧加工面较陡,左侧缘略内凹,右侧缘弧凸,于端部斜至左侧,与左侧缘相交,形成一斜尖。上端中部经过剥片减薄,形成一个向端部倾斜的平面。两侧均加工至把端,除中部以下至把端保留有石皮外,整个面大部分经过加工。片疤较大,两侧缘和尖部都经过修整。背面弧凸,呈船底形。该标本加工比较复杂,两侧多次剥片,使器身变窄,尖部又经过减薄。长130、宽84、厚55 mm,重630 g,刃角66°~82°(图9,5;图10,16)。

WT2②:41为砾岩砾石手镐。一面较平,另一面凸起。在砾石的上半部剥片,加工出一尖刃。左侧剥片较多,而右侧仅有一个大的片疤。单面加工。片疤多较大而浅平,部分片疤尾部折断形成陡坎。整件器物加工经济简单,加工面仅为器身的三分之一,基本上没有改变原料的形状。长198、宽120、厚75 mm,重1 060 g,刃角45°~65°(图9,3;图10,17)。

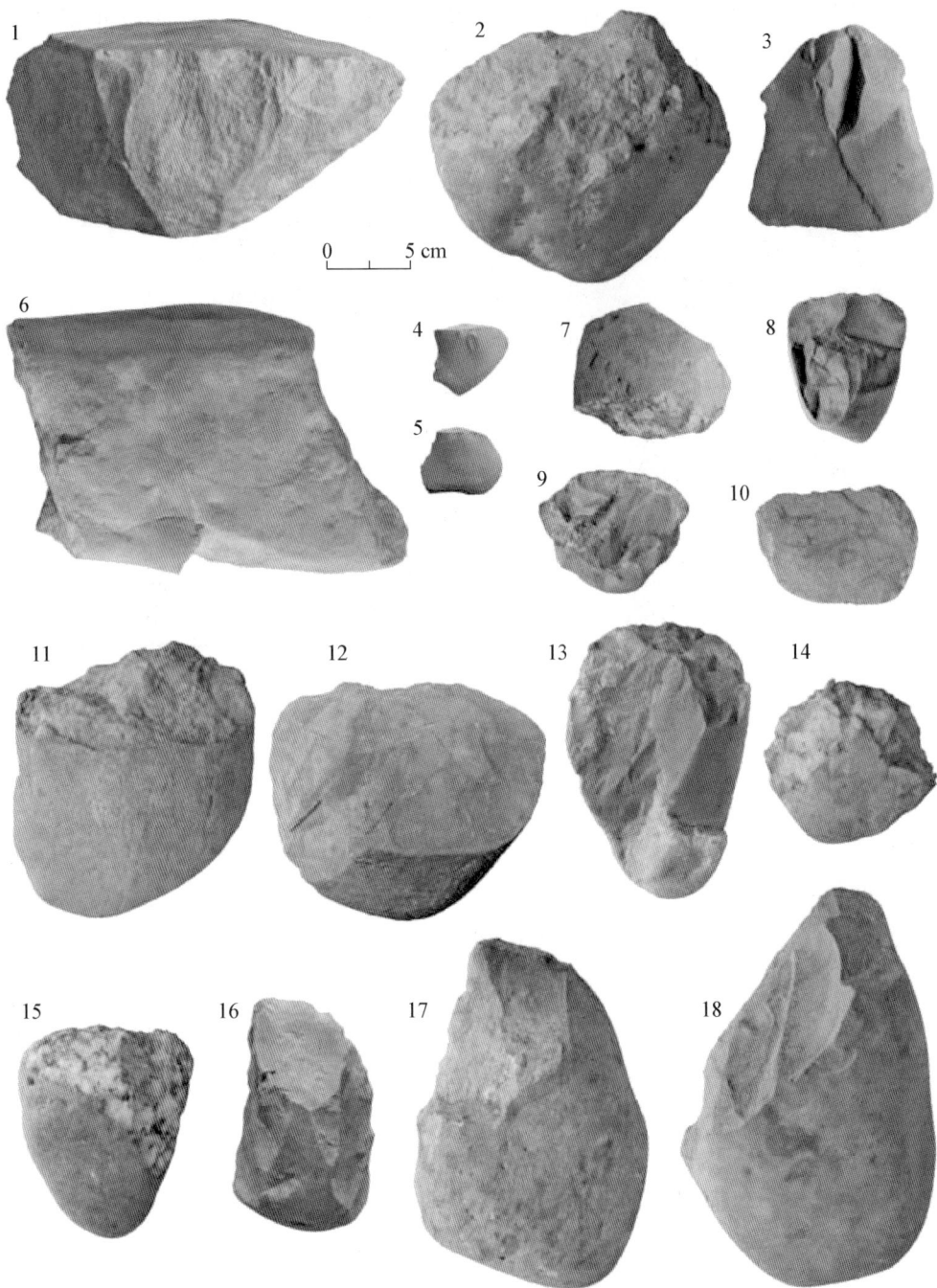

图 10　广西百色百渡遗址出土的石制品

1. 石核（WT11②：261）　2. 石核（WT5②：98）　3. 石片（WT4②：37）　4. 石片（WT5②：161）　5. 石片（序 26）
6. 石砧（WT12②：475）　7. 石锤（WT17②：356）　8. 刮削器（WT16②：167）　9. 刮削器（WT3②：11）　10. 刮
削器（WT12②：482）　11. 砍砸器（WT19②：564）　12. 砍砸器（WT8②：419）　13. 砍砸器（WT11②：441）
14. 砍砸器（WT17②：445）　15. 砍砸器（WT4②：8）　16. 手镐（WT17③：549）　17. 手镐（WT2②：41）
18. 手镐（ET3②：4）

（七）半成品和废品

1. 半成品

在西区出土的石制品中,有一定数量的石器半成品和残品。这里的半成品是指原料经过一定的加工,但尚未制成工作刃,而又不属于石核或其他类型者。这些半成品多是原料不好,工具制作者可能是在制作过程中发现难以加工成器后即放弃进一步加工。半成品中,砍砸器3件、刮削器3件、手镐1件;残品中,砍砸器4件、刮削器1件。

ET8②：13为手镐半成品。毛坯为石英岩砾石,两面均凸起。在砾石的窄端及一侧附近进行了初步的剥片,打下几个较大的片疤,两面加工;侧刃钝厚,尖刃尚未加工好,属于一件半成品。可能是因原料结构面多、匀质性差,工具制作者在制作过程中发现这个问题后即放弃进一步加工。长167、宽106、厚75 mm,重1 320 g(图9,2)。

2. 断块和碎片

断块是指在剥片时沿自然节理断裂的石块,或者破碎的石制品小块,断块的尺寸可以很大,但在统计分析时很难将它们划归某种特定的石制品类型。而碎片则是在剥片或石器的第二次加工修整过程中崩落的长度在1 cm以下的小片。百渡遗址的断块光是编号的就有527件,如果加上小于3 cm的小片块,总数在1 000件以上,约占石制品总数的70%。多数出土于地层的第二层。从编号的部分看,有石皮(砾石面)的断块占60%,而无石皮约占40%;3~5 cm者303件,5~10 cm者207件,10 cm以上者17件。断块形状多不规则,多数可见人工痕迹。

石英碎片分布面内的碎片均不编号。如前所述,石英碎片很小,尺寸多小于1 cm。可分为碎片和碎块两种。碎块数量较多,通常有节理面,无锋利边缘;碎片数量较少,往往具有锋利的边缘。

五、讨 论 与 小 结

（一）石制品的特征及技术分析

百渡遗址石制品的原料均为砾石,岩性有砂岩、石英岩、硅质岩、石英和砾岩,其中以砂岩为主,次为石英岩,硅质岩和石英也占较大比例,砾岩个别。从大小、岩性和形状看,这些砾石在遗址南面山头顶部第四级阶地砾石层均能找到,表明制作石器基本为就地取材。这种情况和百色盆地其他旧石器遗址相同[1]。

石制品的类型和原料对比分析表明,石器制作者对不同岩性的原料已有初步的认识,对石料的选择有一定的倾向性。例如,石锤更多选用不易破裂且韧性较大的石英岩砾石;石核更多地选用砂岩砾石;重型工具砍砸器的用料则不大讲究,砂岩、石英岩、石英都占较大比例;轻型工具的刮削器则倾向于选取砂岩、硅质岩等质地较为细腻的砾石作原料。

石核中双台面石核和多台面石核比例较高,两者加起来超过60%,而且片疤数也较多,尤其是原料较好的石核,打片次数很多,利用较为充分,如标本WT11②:261。从台面特征看,虽然以自然台面为主,但人工台面占有较高的比例(48%)。打片基本上采用锤击法,碰砧法少见。石核个体较大。台面角较大。和百谷遗址、上宋遗址[2]出土的石核相比,百渡石核已有了较高的利用率,显示出较进步的性质。

石片尺寸不大,没有大石片(15 cm以上)。打片采用锤击法和碰砧法,以锤击法为主。自然台面的石片居多,人工台面的石片较少;背面全为砾石面的石片占多数,而背面有片疤的石片数量较少,这反映了石片多数为初次打片。原料为砂岩、硅质岩的石片多数具有明显的半锥体,放射线亦比较清楚,而在石英石片上这些特征不明显。此次发现的石片较多,但真正有使用痕迹的石片极少。

石器类型有砍砸器、手镐、刮削器等三种,缺乏手斧。由于有一件标本在形制上很像薄刃斧,因此曾定为薄刃斧[3],但仔细观察把手(即石片近端)上的片疤并不是第二步加工的,有的是剥离石片之前形成的,有的则是受力过大而向背面崩裂的崩疤,因此,它实际上还是一件大石片而非真正的薄刃斧。从石器组合看,砍砸器数量最多,是组合的主体,其次是刮削器,手镐所占的比例很小。砍砸器均为砾石打制而成,绝大多数都是单面加工,但也有一两件是两面制作的,且两面的剥片都比较多。两面制作的砍砸器在百色盆地旧石器中非常少见,在地层出土的更是少之又少。砍砸器的加工都比较简单,剥片通常限于器身的一端或一侧,器身大部分保留砾石面。和百色盆地其他遗址相比,砍砸器的尺寸较小。刮削器的毛坯大多数是用砾石直接加工而成,只有少数是以石片为毛坯的,均为单面加工,尺寸也较小。手镐虽然有几件,但典型的不多。其中一种是利用扁长形的砾石在一侧的上半部反复剥片,打出一侧刃,而另一侧只是在端部稍作加工,打下一、两个片疤,形成一刃带一尖的石器。这是百渡手镐的一个突出的特点。在此之前,通过发掘出土的手镐地点只有田东坡西岭一个,但出土的手镐不多,只有2件,形制比较对称[4]。

总体而言,从石器的大小、制作技术和组合等方面看,百渡遗址的石器和盆地中第四级阶地网纹红土地层出土的石器有一定的差别。

(二)遗址的性质

百渡遗址的石制品除东区个别有明显冲磨痕迹外,其余的都具有锋利的棱角,没有明显磨蚀的痕迹;有的石制品能够拼合,加之石英碎片分布面的存在,可以肯定,这些石制品几乎是原地埋藏,没有经过远距离搬运。遗址出土的石制品种类有砾石、石锤、石核、石片、断块和石器等,包括了原料、加工工具、半成品、成品以及废品。从石制品的组合看,断块占了石制品总数的70%以上,砾石、石锤、石片不少,而石器占不到8%,这反映出石器加工场的性质,石英碎片分布面的发现更证明了这一点。从石器的刃部多有使用痕迹来看,这里也是古人类使用石器进行生产活动的地方。实际上这种兼有两种以上功能的遗址在其他旧石器时代遗址中也有发现,例如陕西洛南盆地的花石浪龙牙洞遗址[5]。

(三) 遗址的成因及年代

百渡遗址没有发现玻璃陨石或其他可供测年的遗物,因此尚无具体的测年结果,但根据对遗址地质地貌的研究和石器的比较分析,可以对遗址的年代作出大致的推断。

百色盆地是由于新生代构造运动而形成的。上新世末期和第四纪初期,右江开始形成[6]。由于百色盆地持续间歇性抬升,右江河谷发育成七级阶地。在这七级阶地中,除第1级阶地外,第4级阶地也在盆地广泛分布。第4级阶地沉积顶部发育了红壤型红色风化壳,之下为典型的网纹红土。广泛分布于百色盆地的80万年前的玻璃陨石,其原生层位就是这典型的网纹红土层[7,8]。

从遗址所在的地貌分析,遗址处于第4级阶地的前缘。在第4级阶地形成后,由于侵蚀作用,阶地受到破坏,前缘受到强烈侵蚀,砾石层被破坏殆尽,基岩也被侵蚀而降低。受侵蚀的部分,其地面不平坦,因此导致东区和西区的高度不同。此后,在低凹地方又接受新的堆积,即为遗址的堆积层。因此,遗址的年代显然晚于第4级阶地的年代,而应与第3级阶地相当。距今65~40万年,华南经历了一次气候暖湿时期,第4级阶地的堆积此时已发育成网纹红土[9],而百渡遗址的堆积没有形成网纹红土,因此,百渡遗址的年代可能在距今40万年以后。从石器的比较看,百渡遗址的石制品缺乏一些古老的特征,而表现出一些进步的性质,也印证了这一年代判断。

如前所述,百渡遗址石器的特点明显,与百色盆地其他遗址如枫树岛遗址、南半山遗址等第4级阶地网纹红土层出土的石器有所不同[10~11],表现在:

1) 枫树岛等遗址出土的所有石制品都有比较明显的风化痕迹,石制品的表面泛白,一些质地较软的石制品甚至有明显的侵蚀,而百渡遗址的石制品则没有这种现象;

2) 枫树岛等遗址出土的石制品通常有网纹红土印痕,而百渡没有;

3) 枫树岛等遗址出土有手斧,而百渡没有;

4) 与这些遗址相比,百渡遗址出土的石器尺寸较小;

5) 百渡石器的制作如打片技术具有一些进步的性质;

6) 百渡遗址出土的石器中有的以受明显冲磨的早期石制品作为毛坯,这种现象在枫树岛等遗址中未发现过。

另一方面,在百色盆地第3级阶地的石器中从未发现手斧,石制品表面也没有网纹红土印痕,风化也不明显。例如,2005年百色大梅遗址B区红土地层中出土了数百件石器,种类有砍砸器、手镐、刮削器等,却没有一件手斧,也无玻璃陨石;石器表面风化不明显,石皮没有泛白的现象,也无网纹红土印痕;而且,也发现有用以被冲磨过的早期石制品作毛坯的标本①。因此,百渡遗址的石器和 T4 网纹红土层出土的石器有较大的差别,而与 T3 出土的石器接近。

综上所述,百渡遗址的年代应晚于枫树岛遗址、南半山遗址等遗址的年代,应和大梅遗址 B 区下文化层的年代相当,绝对年代可能为距今 40~30 万年。

(四) 百渡遗址发掘的意义

本次发掘的收获和意义主要有:

1) 在地层中揭露出两处石英碎片分布面,表明古人类曾经在这里进行制作石器的活动。碎片分布面的存在,还表明这次出土的石器属于原地埋藏,没有经过搬运。

2) 此次发掘出土了上千件文化遗物,大大地丰富了百色旧石器的出土资料。特别是这些遗物地层清楚,没有经过搬运,和在百色盆地第四级阶地网纹红土地层出土的石器有一定的差别,为百色盆地旧石器的分期提供难得的资料。

3) 百渡遗址含石器的地层直接压在基岩风化面上,而不像盆地众多的遗址或地点那样均位于河流阶地上,含石器的地层之下是砾石层。这为百色盆地旧石器埋藏地点增添了新的类型,扩大了古人类的活动范围。这表明,古人类活动的范围是很广的,包括河边、平地、山前及山顶等各种不同的地带。

致谢: 在发掘期间,田东县博物馆给予我们积极的配合和大力支持。本次发掘领队为谢光茂,队员有彭长林、杨清平、韦革、黄秋艳、田丰、陈忠伟、黄鑫等。参加资料整理的人员还有彭长林、黄霖珍、黄明扬等。石制品插图由杨结实绘制,图片由彭长林拍摄。

注 释

[1] 黄启善.百色旧石器[M].北京:文物出版社,2003.

[2] 谢光茂,林强,彭长林,等.广西百色市上宋旧石器时代遗址发掘简报[A].见:广西壮族自治区文物工作队编.广西考古文集(第 2 辑)[C].北京:科学出版社,2006:125~143.

[3] 谢光茂,彭长林,杨清平,等.百色盆地旧石器考古获重大发现[N].中国文物报,2002 – 09 – 27.

[4] 林强.广西百色田东坡西岭旧石器时代遗址发掘简报[J].人类学学报,2002,21(1):59~64.

[5] 王社江,张小兵,沈晨,等.洛南花石浪龙牙洞 1995 年出土石器制品研究[J].人类学学报,2004,23(2):93~110.

[6] 广西壮族自治区地方志编纂委员会.广西通志·自然地理志[M].南宁:广西人民出版社,1994.

[7] 袁宝印,侯亚梅,王頠,等.百色旧石器遗址的若干地貌演化问题[J].人类学学报,1999,18(3):215~224.

[8] Hou YM, Potts R, Yuan BY, *et al*. Mid-Pleistocene Acheulean-like Stone technology of the Bose Basin,

① 大梅遗址是本文第一作者于 2005 年主持发掘的,报告尚未发表。

South China[J]. *Science*, 2000, 287(5458)：1545－1700.

[9] 黄镇国,张伟强,陈俊鸿,等.中国南方红色风化壳[M].北京：海洋出版社,1996.

[10] 王頠.广西百色枫树岛旧石器遗址再次出土手斧[N].中国文物报,2005－05－31.

[11] 王頠,莫进尤,黄志涛.广西百色盆地大梅南半山遗址发现与玻璃陨石共生的手斧[J].科学通报,2006,51(18)：2161~2165.

（本文发表于《人类学学报》2010 年第 29 卷第 4 期）

百色大梅遗址第一地点发掘简报

陈晓颖　谢光茂　林　强

一、引　言

　　大梅遗址位于百色市右江区四塘镇桂明村大梅屯东侧(23°46′06″N,106°44′17″E),西北距百色市区约20 km(图1)。遗址最高处海拔145 m,高出右江河面近50 m。遗址处于百色盆地西端的中南部,周围多为岗陇状低山,相对高度50 m以下,山体上部为第四纪堆积,下部为第三纪岩层,两者成不整合接触。遗址南面为右江,自西向东流过。右江北岸发育有四级阶地,Ⅰ级阶地高出河面约15 m;Ⅱ级阶地高出Ⅰ级阶地约7 m,未出露有砾石层,其前沿部分与Ⅰ级阶地后沿呈斜坡状相连,高差不大,阶面宽,大梅屯就坐落在此级阶地上;Ⅲ级阶地高出Ⅱ级阶地约10 m,阶面被侵蚀成低矮的岗坡,附近未见砾石层,地表为坡地,种植有林木;Ⅳ级阶地高出Ⅲ级阶地约15 m,阶面被侵蚀成为岗陇状低山,山坡上可见砾石层及其上的网纹红土层。

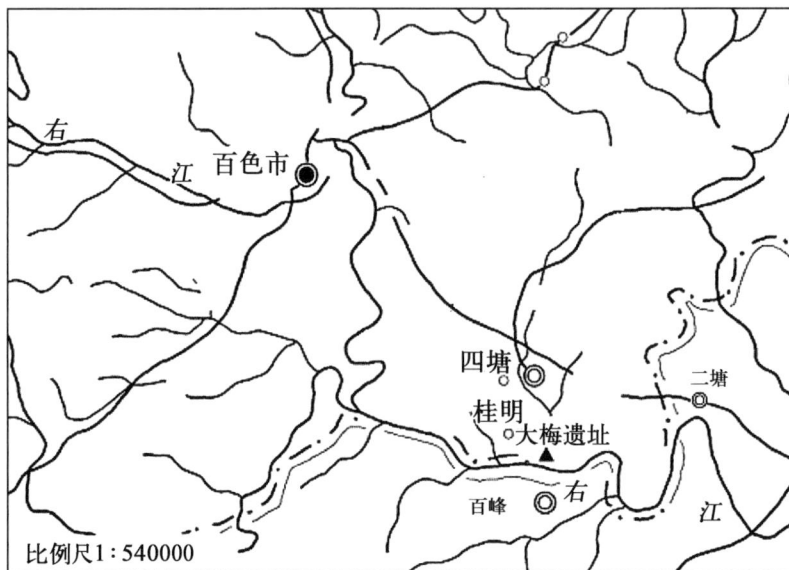

图1　大梅遗址地理位置图

　　该遗址于 1981 年发现,分布面积约 0.5 km²,包括第一、第二、第三地点。这三个地点分别位于Ⅱ、Ⅲ、Ⅳ级阶地上。2005 年 8 月至 2006 年 1 月,为配合南宁至百色高速公路建设,广西文物保护与考古研究所对遗址进行抢救性考古发掘。其中第一地点(A 区)发掘面积 1 100 m²,第二地点(包括 B、C、E 区)发掘面 1 900 m²,第三地点(D 区)发掘面 1 000 m²(图 2),总揭露面积 4 000 m²。第二地点发现一处用火遗迹和一个大型石器制造场,在不同地层中出土上万件石制品;第三地点也在不同地层中出土大量的石制品。限于篇幅,本文只介绍第一地点的发掘,其他地点的发掘将另文发表。

图 2　大梅遗址全景

二、地　层　堆　积

　　第一地点共布 5×5 m² 的探方 44 个,各探方地层堆积基本一致,一般只下挖到第⑤层,但为了了解此层之下到砾石层的堆积是否含有石制品等文化遗存,将探方 AT502 和 AT602 下挖到砾石层。结果发现,第⑤层以下未发现任何文化遗存。现以 05BDAT502 西壁为例,对各地层介绍如下(图 3):

　　第①层　灰褐色粉砂土层,富含植物根系及腐殖质,土质疏松,厚度约 10~15 cm。出土有瓷片、砖块等近现代遗物。

　　第②层　黄褐色土层,含少量植物根系,结构均匀,属粉砂土,稍硬,厚度约 5~10 cm。出土有瓷片和少量石制品。

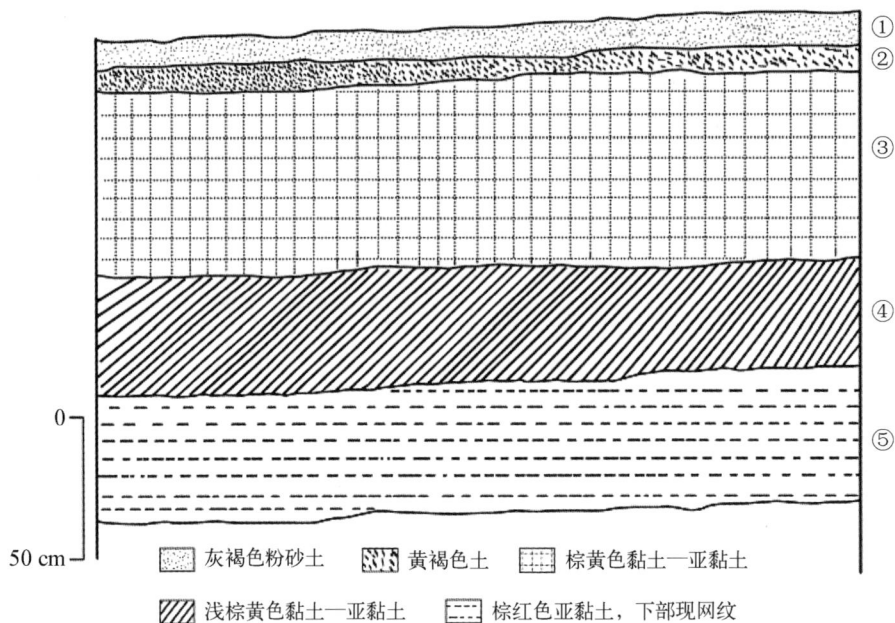

图3　大梅第一地点的地层剖面图(T502 西壁)

　　图例：灰褐色粉砂土　黄褐色土　棕黄色黏土—亚黏土　浅棕黄色黏土—亚黏土　棕红色亚黏土，下部现网纹

0

50 cm

　　第③层　棕黄色黏土—亚黏土,结构均匀,土色单一,下部渐现颗粒状结构,上部有较多蚂蚁窝,土质硬实,厚度约85~90 cm。出土有大量石制品。

　　第④层　浅棕黄色黏土—亚黏土,结构较均匀,颗粒状不甚明显,土质稍软,厚度50~55 cm。出土有一定数量的石制品。

　　第⑤层　可分上、下两个亚层,两者属于渐变关系。上层为棕红色亚黏土,结构呈颗粒状,含较多铁锰结核；下层渐现网纹,但网纹较弱,与典型网纹红土相比,土色较浅,且局部含较多黑色锰质结核,类似炭屑,直径在1 cm 左右,可称为似网纹红土。厚度55 cm。该层未出土石制品。

三、石 制 品

　　第一地点遗址③、④层共出土石制品314 件,其中③层229 件,④层85 件。由于该遗址的②层为扰动层,故对该层的石制品不作具体的分析讨论,仅就上、下两个文化层（即③、④层）的石制品进行研究。

（一）上文化层石制品

　　共出有石制品229 件,种类包括砾石、石核、石片、石锤、刮削器、砍砸器、手镐等。

1. 砾石

62 件。占石制品总数的 27%。无任何人工痕迹。形状有长条形、扁圆形、三角形、四边形等。其中 5~10 cm 者最多,达 32 件,其次为 10~15 cm 者。岩性有石英、石英岩、砂岩、玄武岩等。其中,石英岩数量最多(37%),次为砂岩(16%)。砾石多与其他石制品共存,推测为人工备料。

2. 石核

25 件。全部为锤击石核。岩性有砂岩、硅质岩、石英岩、石英、玄武岩等,其中石英岩最多(32%),其次为砂岩(28%)。用锤击法剥片,片疤较大,多长大于宽;部分石核利用率较高,尤其是多台面石核。器身大部分为砾石面。石核平面形状以四边形为主,次为三角形;分为自然台面及人工台面两种,其中自然台面 17 件,占 68%;人工台面(有疤台面)8 件,占 32%。最小台面角 50°,最大台面角 128°,平均值 98°。该层出土的石核均在一定程度上保留有砾石面。根据台面数量的多少可以分为单台面石核、双台面石核、多台面石核三大类。

单台面石核 7 件。占石核总数的 28%。主要原料为硅质岩(62.8%)。一般在砾石的一端进行剥片,片疤较大;石核利用率很低,通常只有二三个片疤。平均长 106、宽 63、厚 49 mm,重 376 g。石核的台面均为自然台面,最小台面角 50°,最大台面角 98°,平均值 81°。

标本 05BDAT302③:99,平面近长方形。自然台面,台面角 68°,锤击法剥片,沿砾石长轴一侧剥取两片较为成功的石片,石片均长大于宽,最大片疤长 62、宽 54 mm。核体长 109、宽 102、厚 54 mm,重 960 g。(图 4,4)。

双台面石核 9 件。占石核总数的 36%。原料以石英岩为主(66%),次为细砂岩(22%)。剥片使用锤击法,片疤有的较大,有的较小,以大者居多。除 1 件为人工台面(素台面)外,其余的均为自然台面。器身平均长 125、宽 92、厚 57 mm,重 1 013 g。最小台面角 78°,最大台面角 124°,平均值 102°。

标本 05BDAT304③:243,黄白色石英原料,平面近半圆形,截面近椭圆形,内部节理较为发育,表面略有风化磨蚀。先以砾石面作台面剥片,后以该片疤面为台面又进行了一次剥片。长 80、宽 69、厚 50 mm,重 280 g(图 4,2)。

多台面石核 9 件。占石核总数的 36%。以石英、石英岩及砂岩为原料的各 3 件。用锤击法剥片,片疤较小,以长大于宽的片疤居多。部分标本上有自然台面和素台面,不见修理台面。石核利用率较高,器身只保留部分砾石面。器身形状多为近四边形(33%)。平均长 89、宽 68、厚 47 mm,重 417 g。最小台面角 73°,最大台面角 128°,平均 103°。

标本 05BDAT704③:147,灰褐色石英岩原料,平面近四边形,一面较平,另一面略凸。先在凸起面打出一个片疤面,再以片疤面为台面,向较平面剥片,而后又以两端为台面,分别向两侧剥片。既有自然台面,又有人工台面。主台面角 112°。长 90、宽 78、厚 60 mm,重 720 g(图 4,3)。

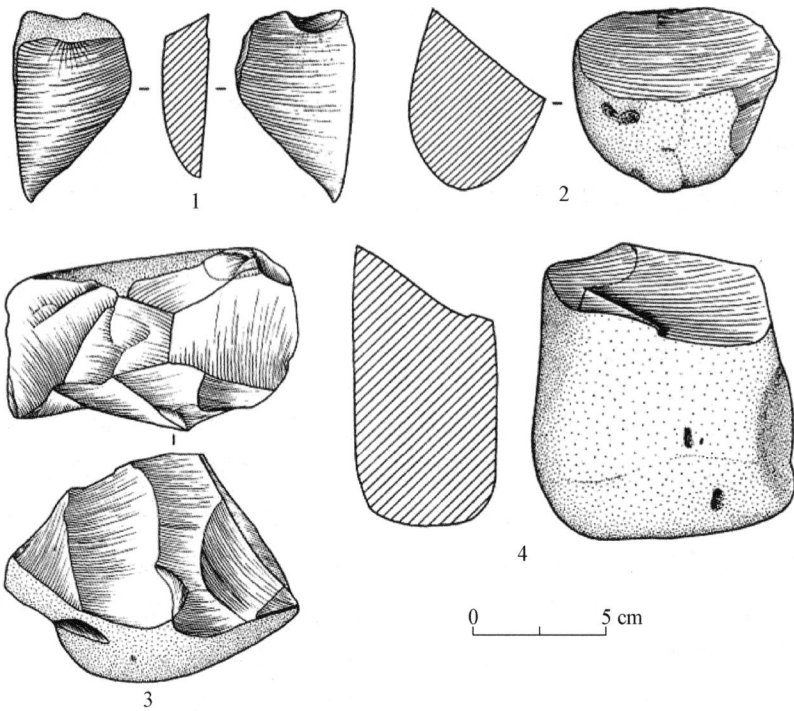

图 4　大梅第一地点的石核与石片
1. 石片(05BDAT503③：113)　2. 双台面石核(05BDAT304③：243)
3. 多台面石核(05BDAT704③：147)　4. 单台面石核(05BDAT302③：99)

3. 石片

11 件。全部为锤击石片。岩性有硅质岩、石英岩、砂岩、石英等，以硅质岩为主（36%），次为石英岩（27%）。大小适中，个体差异小，平均长 49、宽 45、厚 23 mm，重 58 g。台面均为自然台面，根据 Nicholas Toth[1] 和卫奇对石片的分类方法[2]，石片均为 I 型石片（自然台面），未见 II 型石片（人工台面）。其中 I1 型石片（自然台面，自然背面）占 9%；I2 型石片（自然台面，部分人工背面和部分自然背面）达 55%；I3 型石片（自然台面，人工背面）占 36%。多数石片的打击点窄小，半锥体微凸，部分可见清晰的放射线。最小石片角 97°，最大石片角 143°。

标本 05BDAT503③：113，黄褐色细砂岩原料，平面近梯形，截面近三角形。锤击法剥片，自然台面，台面长 19、宽 41 mm，石片角 134°。腹面较平坦，近远端处微卷，打击点微凸，半锥体不显，背面为之前剥片留下的阴疤，近台面处可见微小的崩疤。长 67、宽 44、厚 15 mm，重 70 g（图 4,1）。

4. 工具

本文在工具的分类上采用了陈全家教授在《吉林镇赉丹岱大坎子发现的旧石器》一文中

的分类方法[3],将工具分为三类,即将使用石片也归入工具,并称为第二类工具。第一地点共出土工具39件,其中第一类工具4件,第二类工具(使用石片)4件,第三类工具31件。岩性主要为砂岩、石英岩、硅质岩、石英、玄武岩等,其中砂岩最多(46%),其次是石英岩(22%)。

(1)第一类工具 4件,均为石锤。以石英岩、砂岩、玄武岩为原料,2件形状近四边形,1件长条形,1件半圆形。单端使用与双端使用的各占50%。根据使用方法的不同可以分为锤击石锤(1件)和砸击石锤(3件)两类。

标本05BDAT503③:114,为砸击石锤,浅褐色砂岩原料,长条形,截面近椭圆形。使用痕迹遍及周身,其中两端端面各有一处近四边形的粗麻点状砸疤,长宽分别为35、15 mm和35、20 mm;砸疤四周边缘可见向另一端崩裂的崩疤,其中略宽端有一个崩疤很大,长宽达70、55 mm;器身两面两侧均可见一些粗麻点状砸疤,分布较零散。长138、宽65、厚56 mm,重700 g(图5,1)。

标本05BDAT803③:160,为锤击石锤,黄褐色细砂岩原料,近四边形,一面较平,另一面凸起。两端布满剥片留下的阴痕,片疤形状较规整,推测该器曾作为石核使用。此外,器身两端还可见层叠的小疤,多为崩裂,且疤痕层叠,小而浅平;锤击面与器身底面的交角均在80°以上,部分接近直角。锤击面边缘厚钝。长73、宽63、厚55 mm,重280 g(图5,2)。

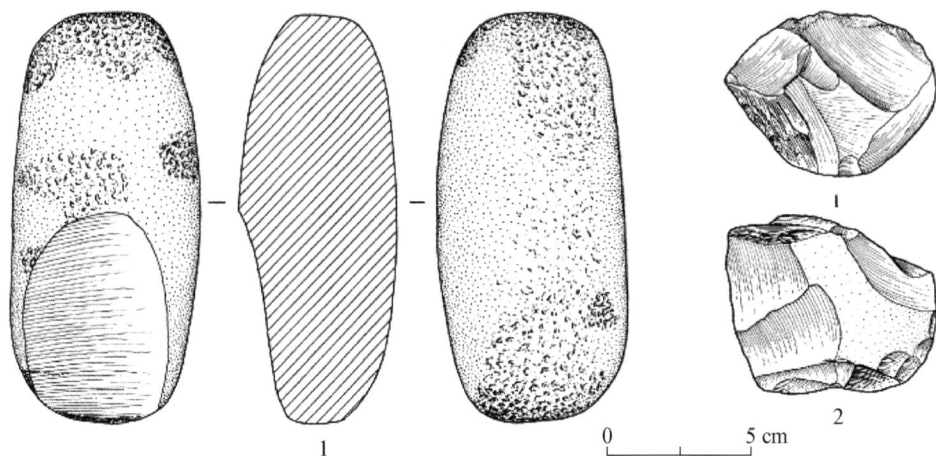

图5 大梅第一地点的石锤
1. 砸击石锤(05BDAT503③:114) 2. 锤击石锤(05BDAT803③:160)

(2)第二类工具 4件,为有使用痕迹的石片。以细砂岩和硅质岩为原料的各占50%。此类工具的形状多不规则,多数打击点集中,半锥体微显。75%是利用锤击石片锋利的边缘直接使用的,利用碰砧石片直接使用的占25%。使用石片左侧边缘的占75%,仅1件使用了石片远端。最小刃角20°,最大刃角40°。

标本05BDAT202③:250,黄褐色硅质岩原料,石片平面近梯形,锤击法剥片。腹面较平坦,近台面处略有弧度,右侧边缘平直,左侧边缘略向内凹。该标本利用石片锋利的左侧边缘未经修整直接使用,其上可见若干细小的向两侧崩裂的崩疤,疤痕有的层叠。长

136、宽 94、厚 32 mm(图 7,2)。

（3）第三类工具　31 件,包括刮削器、尖状器、砍砸器和手镐。其中,刮削器最多,其次为砍砸器,尖状器最少。

1）刮削器　17 件。完整刮削器 15 件,残器 2 件,占第三类工具的 55%。原料主要为砂岩,石英岩也占较大比例。平面形状多为四边形。均使用锤击法加工,以单面加工为主。个体差异不大,平均长 80、宽 62、厚 30 mm,重 207 g,最小刃角 53°,最大刃角 83°。可分为单直刃、单凸刃、单凹刃和复刃 4 种。

单直刃　4 件。标本 05BDAT203③：255,近梯形的浅灰褐色细砂岩砾石原料,使用锤击法沿略宽端多次单面剥片,经陡向加工修出一条直刃,刃缘平直锋利。片疤多较小而深凹,部分片疤尾部折断形成陡坎。一面有一个较大的剥片,可能是为了减薄。长 59、宽 57、厚 28 mm,重 140 g,刃角 76°(图 7,4)。

标本 05BDAT403③：288,以扁平浅黄色细砂岩砾石为原料,形状近半圆形。使用锤击法进行单面加工,沿砾石的一侧剥片,并作简单的修整,加工出一直刃。右侧也经过剥片,但边缘钝厚,不成刃。长 79、宽 60、厚 20 mm,重 120 g,主刃角 53°(图 6,2)。

图 6　大梅第一地点出土的工具
1、2. 刮削器(05BDAT1002④：280、05BDAT403③：288)
3. 手镐(05BDAT204③：96)　4. 砍砸器(05BDAT602④：224)

单凸刃　9 件。标本 05BDAT703③：143,以浅黄色近梯形的细砂岩砸击石片为原料,锤击法加工,在原料较宽的一端修出一条弧刃,刃缘形制规整,修疤密集连续。其余多保留砾石面,与刃缘相对的一侧经修整,修疤层叠,应为修理把手。长 91、宽 80、厚 19 mm,重 200 g,刃角 56°(图 7,1)。

单凹刃　1 件。标本 05BDAT302③：98,石英岩砾石原料,一面较平,另一面凸起。在砾石较大一端进行剥片和修整,单面加工出一凹刃,片疤大而浅平,刃缘齐整且较锋利。长 94、宽 75、厚 52 mm,重 360 g,刃角 56°(图 7,3)。

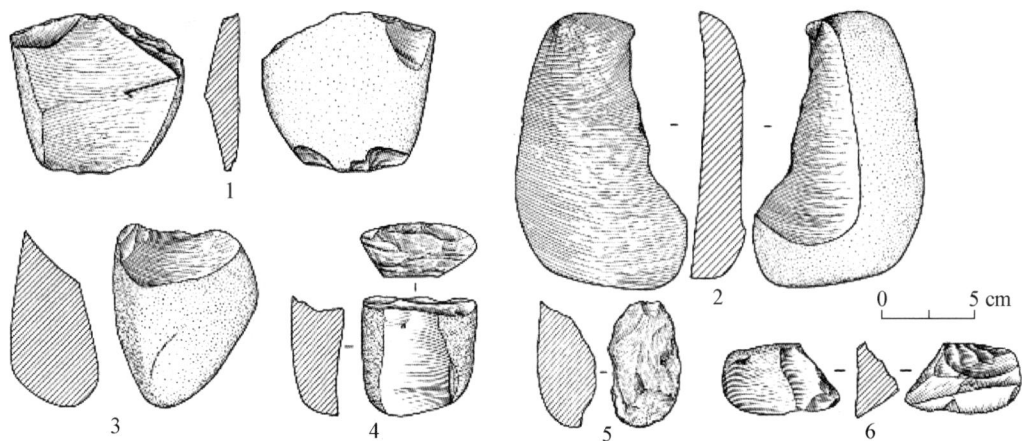

图7 大梅第一地点的使用石片、刮削器与尖状器

1. 单凸刃刮削器(05BDAT703③：143) 2. 使用石片(05BDAT202③：250) 3. 单凹刃刮削器(05BDAT302③：98)
4. 单直刃刮削器(05BDAT203③：255) 5. 复刃刮削器(05BDAT404③：241) 6. 尖状器(05DAT602③：278)

复刃 3件。标本05BDAT404③：241,以近椭圆形的灰褐色石英岩小砾石为原料,沿砾石四周多次向心剥片,修出3条弧刃,单面加工。修疤多较小而浅平,器身中部凸起。长60、宽34、厚29 mm,重80 g,刃角69°(图7,5)。

2) 尖状器 1件。约占第三类工具的3%。标本05DAT602③：278,原料为形状不规则的细砂岩石片。背面可见层叠的片疤面,保留有部分砾石面,腹面中部有以纵向凹槽。沿石片的右缘与远端进行第二步加工,修理出一尖刃。长61、宽27、厚18 mm,重40 g,尖角62°(图7,6)。

3) 砍砸器 11件。约占第三类工具的36%。原料以砂岩为主(31%),硅质岩也占较大比例(23%)。近70%的标本以砾石为原料,约30%的标本为旧器再用。多利用原料的一端或一侧进行剥片,使用锤击法进行单面加工。片疤层叠且大而深凹,刃缘很少修整。最小刃角45°,最大刃角88°。

标本05BDAT604③：137,原料为近半圆形的浅灰褐色石英岩砾石,质地坚硬,节理较发育。沿砾石的侧边进行剥片,使用锤击法单面加工,片疤较大,远端多有折断而形成的陡坎。刃缘处可见层叠的细小崩疤,应为使用痕迹,远端保留有部分砾石面。长110、宽81、厚51 mm,重600 g,刃角70°(图8,2)。

标本05BDAT602③：204,近三角形的灰褐色石英岩砾石原料,沿两侧边单面加工,两刃缘均较陡直,片疤层叠。器身较厚。长88、宽75、厚54 mm,重620 g。刃角86°~95°(图8,3)。

4) 手镐 2件。约占第三类工具的6%。标本05BDAT204③：96,原料为一近半月形的浅黄白色石英砾石,右侧有早期人工片疤,疤痕边缘已被磨蚀。先沿器身左侧近中部处向远端多次单面剥片,修出一条弧刃,刃缘整齐锋利;再在右侧近远端处的旧片疤面上

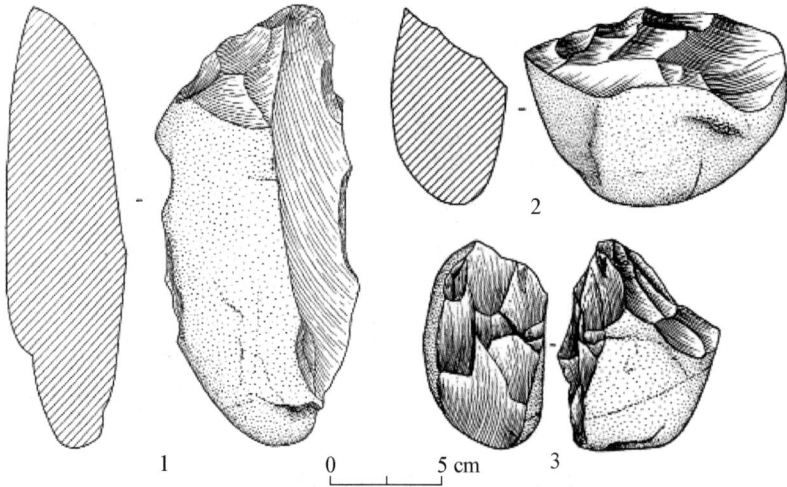

图 8　大梅第一地点的砍砸器与手镐
1. 手镐(05BDAT204③∶96)　2. 砍砸器(05BDAT604③∶137)　3. 砍砸器(05BDAT602③∶204)

多次单面剥片,但不成刃;在远端右侧相交处修出一向右倾斜的舌状尖,两加工面相交处形成一道明显的凸棱,背部由于受力而沿节理面震裂了一大块。长 197、宽 87、厚 57 mm,重 1 120 g,刃角 68°(图 8,1;图 6,3)。

(二) 下文化层石制品

共出石制品 85 件,种类包括砾石、石核、石片、刮削器、砍砸器、手镐等。原料以石英岩为主(46%),其次为石英(21%)。

1. 砾石

18 件。形状有长条形、扁圆形、三角形、四边形等,长度多在 10 cm 以上。岩性包括石英、石英岩、砂岩三种,其中以石英数量最多(44%),其次为石英岩(17%)。砾石多与其他石制品共存,且与石器的原料一致,推测为人工备料。

2. 石核

22 件。占石制品总数的 26%。分单台面石核和双台面石核。原料以石英岩为主(52%),其次为砂岩(22%)。锤击法剥片,片疤多比较大。石核利用率低,器身大部分保留砾石面。平面形状多为四边形。最小台面角 59°,最大台面角 116°。

单台面石核　标本 05BDAT802④∶265,黄白色石英原料,节理较发育,一面较平,另一面凸起。自然台面。片疤多长大于宽,打击点集中,可见 3 处成功的剥片,最大片疤长 95、宽 37 mm;最小片疤长 26、宽 23 mm。器身长 137、宽 116、厚 75 mm,重 1 660 g,最大台面角 81°,最小台面角 76°(图 9,1)。

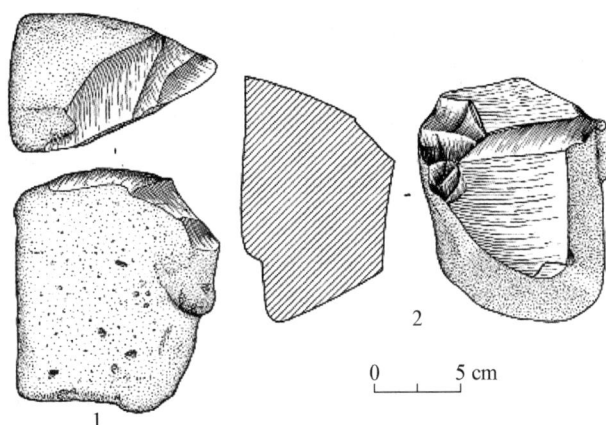

图 9　大梅第一地点的石核
1. 05BDAT802④：265　2. 05BDAT1003④：287

3. 石片

2 件。均为锤击石片。原料为石英岩。石片较大,长度均在 10 cm 以上。标本 05BDAT1001④：282,灰褐色石英岩原料,形状不规则。自然台面。打击点集中,半锥体不显,放射线清楚,同心波不显。背面完全保留自然砾石面,腹面微凸。远端左右两侧各折断了一小块。长 100、宽 116、厚 36 mm,重 440 g,石片角 128°(图 10,1)。

标本 05BDAT602④：223,浅灰色石英岩原料。自然台面,打击点集中,半锥体微凸,放射线及同心波清晰可见,背面较凸,保留有完整的砾石面,腹面微凸,远端及两侧边缘薄锐。长 89、宽 105、厚 41 mm,重 320 g,石片角 124°(图 10,2)。

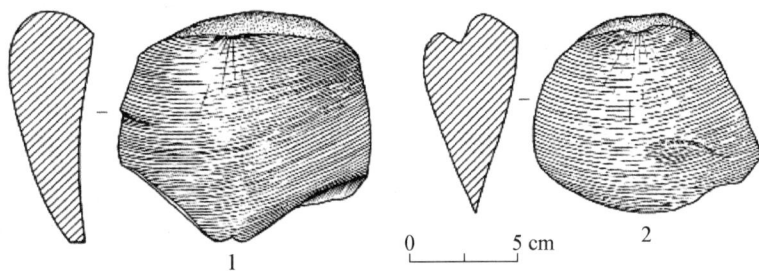

图 10　石片
1. 05BDAT1001④：282　2. 05BDAT602④：223

4. 工具

26 件,均属于第三类工具,包括刮削器、砍砸器、手镐三种器形。原料有石英岩、砂岩、硅质岩和石英四种,以石英岩为主(50%),次为砂岩(15%)。原料以砾石为主,以石片为原料者仅见于刮削器。使用锤击法进行剥片和修整,单面加工,制作比较简单,器身保留较多砾石面。

1）刮削器　13件，占工具总数的50%，其中完整者11件，残器2件。主要以石英岩为原料（33%），砂岩也占较大比例（25%）。原料有砾石和石片两种，其中砾石原料较多（67%）。多在原料的一端或一侧进行剥片和修整，加工出一个刃口。用锤击法打击，单面加工。多为凸刃，不见凹刃。器身平面形状多为四边形。个体大小差距不大，平均长76、宽59、厚36 mm，重195 g。

标本05BDAT504④：313，原料为一浅黄褐色石英石片，略有节理，形状近椭圆形，腹面微凸，背面凸起并保留有完整砾石面。单面加工，刃缘弧凸，经过较多的修整。长104、宽84、厚43 mm，重550 g，刃角84°（图11，1）。

标本05BDAT902④：261，原料为一浅灰褐色近四边形的细砂岩砾石，质地细腻，一端较宽，另一端较窄。在较宽的一端单面剥片和修整，使用锤击法加工，刃缘斜凸。长66、宽64、厚28 mm，重140 g，刃长57 mm，刃角82°（图11，2）。

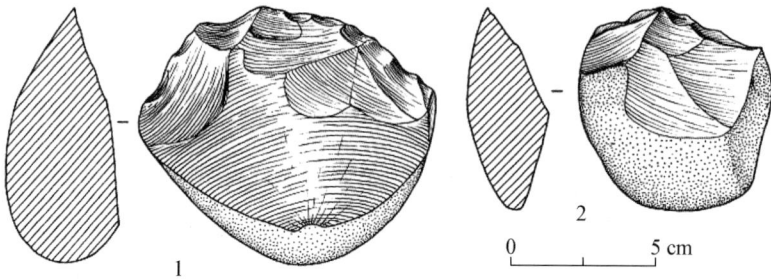

图11　大梅第一地点的刮削器
1. 05BDAT504④：313　2. 05BDAT902④：261

标本05BDAT1002④：280，原料为一浅灰褐色细砂岩砾石，质地细腻，两面均稍凸起。在砾石的一侧用锤击法加工出一直刃，进行剥片和修理，单面加工，剥片的片疤较大，远端多有折断。刃缘部位经过较多修整，刃口锋利。器身长84、宽57、厚26 mm，重160 g，刃长74 mm，刃角86°（图6，1）。

2）砍砸器　12件，占工具总数的46%。原料有石英岩、石英、硅质岩、砂岩等，以石英岩为主（64%）。均用砾石直接加工而成，使用锤击法剥片和修整，加工部位多在砾石的一端或上半部，片疤较大。刃缘比较平齐，很少修整。器身平面形状多为椭圆形和四边形。刃角较大，多在70°以上。

标本05BDAT704④：275，原料为一灰褐色石英岩砾石，一面凹凸不平，另一面凸起。使用锤击法沿较宽端两侧剥片，各修出一条直刃，两刃相交形成一个尖锐的角，刃缘均平直锋利。把手部位有一较大片疤。器身大部分保留砾石面。长190、宽143、厚63 mm，重2 001 g，刃角64°（图12，1）。

标本05BDAT902④：262，原料为一灰褐色角砾岩砾石，形状不规则，一面较平，另一面凸起；一端较宽，另一端较窄。使用锤击法剥片，单面加工，加工部位限于原料的上半部，片疤多较大而浅平。刃缘平齐锋利。长165、宽126、厚62 mm，重1 500 g，刃角74°（图12，2）。

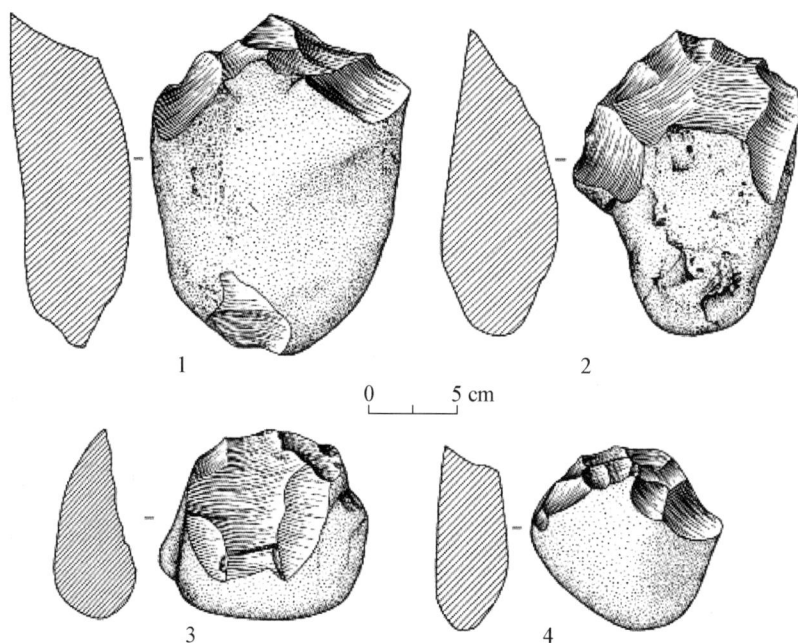

图12 大梅第一地点的砍砸器

1. 05BDAT704④：275　2. 05BDAT902④：262　3. 05BDAT602④：222　4. 05BDAT504④：306

标本05BDAT602④：222，原料为一近四边形的浅灰褐色石英岩砾石，两面均凸起，一端略宽，另一端稍窄。使用锤击法进行单面加工，刃缘弧凸。长116、宽105、厚49 mm，重790 g，刃角79°（图12,3）。

标本05BDAT504④：306，原料为一近四边形的浅黄白色石英砾石，一面较平，另一面凸起；一端稍宽，另一端略窄。使用锤击法打击，单面加工。刃缘弧凸，略经修整。长133、宽115、厚62 mm，重1 340 g，刃角74°（图12,4）。

标本05BDAT602④：224，原料为一黄白色石英砾石，近矩形。沿砾石一端及一侧加工出两条直刃，剥片多大而浅平，刃缘形制较规整，把握部留有大部分砾石面，不见修整及使用痕迹。长122、宽101、厚76 mm，重2 420 g（图6,4）。

3）手镐　仅1件。标本05BDAT802④：270，原料为一近三角形的浅黄褐色石英岩砾石，一端较宽，另一端较窄。使用锤击法沿砾石左侧中部向较窄端多次单面剥片，修出一条弧刃；再在右侧近较窄端处剥两个片疤，不成刃；两加工面在远端右侧相交形成一宽舌状尖。片疤多较大而浅平，部分片疤尾部折断形成陡坎。长152、宽107、厚53 mm，重1 320 g，刃角80°（图13）。

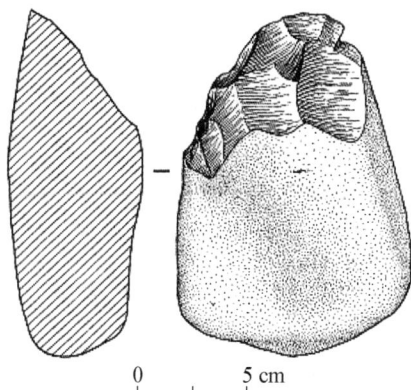

图13 大梅第一地点的手镐
05BDAT802④：270

四、讨 论 与 结 语

（一）石器工业特点

1. 上文化层石制品特征

1）石制品原料主要是石英岩和砂岩。这点不仅体现在工具方面,也体现在断块和砾石的岩性上;一些匀质性较差,易断裂的原料在上文化层中较少使用甚至不被使用,表明石器制作者对于原料的岩性及结构具有一定的认识,并能够基于此种认识合理利用原料。从大小、岩性和形状看,这些砾石均可在遗址附近的砾石层中找到,因此,制作石器的原料应是来自附近阶地的砾石层。这种情况和百色盆地其他旧石器遗址[4~13]相同。

2）石核的利用率较高。这与上宋遗址[14]、百谷屯遗址[15]、高岭坡遗址[16]、田东坡西岭遗址[17]相比,具有明显的进步性。

3）石片多为锤击石片,也有碰砧石片的出现,石片个体较小,未见大于 15 cm 者。多数石片的打击点窄小,半锥体微凸,部分可见清晰的放射线。背面多有之前剥片留下的片疤,这表明剥片技术具有一定的进步性。

4）未经过二次加工的石片刃缘薄而锋利,可直接投入使用,这已为考古实验所证实。该层出土有 4 件属于第二类工具的使用石片,这表明当时的使用者可以根据需要选取适合的石片直接作为工具使用。

5）刮削器是工具的主要类型,占第三类工具总数的 55%,远高于砍砸器的比例（28%）。刮削器的制作也比较精致,加工方式有单面、两面两种。

6）工具的原料以砾石占多数,但也存在一定数量以石片为原料加工而成的工具。同时还存在旧器再用的现象,即选用时代更早的、片疤已明显被磨蚀的石制品作为原料,将之加工成新的工具。

7）工具以中型为主,其次为大型工具,不见微型工具。器身风化磨蚀程度较轻。

综合分析,第一地点上文化层的石制品表现出较为进步的特征。原料的选取具有较强的倾向性,石核的利用率较高,刮削器成为工具组合的主要类型,石器尺寸较小等,这些特征与百色盆地其他早期遗址[4,10~13]相比具有进步性。

2. 下文化层石制品特征

1）石制品的原料以石英岩为主,次为石英,硅质岩和砂岩也占一定比例。一些均质性较差、易断裂的原料如石英等,也有一定的数量。

2）石制品风化磨蚀程度较重。

3）石核多为单台面石核,且剥片数量多为2~3片。石核的体积较大,剥片率较低,核体保留有大部分的砾石面。

4）锤击法剥片。石片均为初级石片,个体上明显大于上文化层出土的石片。

5）绝大多数工具的原料均为砾石,利用石片加工而成的工具十分少见。

6）工具中砍砸器的数量明显增加,所占比例几近刮削器,加工较好,类型多样。而刮削器加工较为粗糙,有的仅是略经修整便使用。

由上可知,第一地点的下文化层的石制品和上文化层的相比,相同或相似的地方是:石英岩是石制品的主要原料;剥片和石器加工主要使用锤击法;石核未见修理台面;石器单面加工,制作简单;工具中以刮削器为主。不同之处在于:下文化层石器个体比上文化层大;石制品磨蚀较上文化层明显;下文化层砍砸器数量明显较多。总体而言,上文化层的石器要比下文化层进步,它们可能代表两个不同时期的文化遗存。

（二）遗址的年代推测

多年来很多学者致力于研究百色盆地的地质地貌发育,袁宝印等通过对百色盆地的调查研究,提出了右江阶地的划分方案[18],后又有学者对百色盆地Ⅱ级阶地和Ⅲ级阶地的河流堆积物年龄进行了测定[19]。基本上认为右江两岸在中更新统发育有Ⅱ~Ⅶ级阶地,到了全新统河流冲积出Ⅰ级阶地和近代河漫滩。百色盆地发现的旧石器多数位于Ⅳ级阶地,Ⅳ级阶地主要由砖红色黏土、网纹红土和砾石层构成,通常认为Ⅳ级阶地由于地质活动造成断层错断,形成不同高度的台地[18]。而第一地点所在的阶地上部的土状堆积物由棕黄色黏土—亚黏土、浅棕黄色黏土—亚黏土组成。这两层土色、土质跟砖红土或网纹红土相去甚远,而与通常学者认为的构成Ⅱ级阶地的黄色黏土层极为相似,且高程也远低于Ⅲ、Ⅳ级阶地。另外,大梅遗址第三地点所处的Ⅳ级阶地出土有玻璃陨石,而第一地点所处的Ⅱ级阶地则未发现玻璃陨石。故此可以推断,第一地点所处的位置是右江北岸的Ⅱ级阶地,并不是高阶地错断形成的台地。根据以上的分析,我们推测第一地点地质时代为晚更新世晚期,即旧石器时代晚期。

致谢:感谢参与大梅遗址第一地点发掘的各位同仁,感谢两位审稿专家提出的中肯意见和有益的建议,感谢右江民族博物馆在发掘时给予的协助。

注 释

[1] Schick KD, Toth N. *Making Silent Stones Speak*[M]. New York: Simon & Schuster, 1993.
[2] 卫奇.泥河湾盆地西沟旧石器及其石片分类[J].文物春秋,2009(2):3~10.
[3] 陈全家,于建华.吉林镇赉丹岱大坎子发现的旧石器[J].北方文物,2001,66(2):1~7.
[4] 裴树文,陈福友,张乐等.百色六怀山旧石器遗址发掘简报[J].人类学学报,2007,26(1):1~15.
[5] 徐欣,李峰,陈福友等.百色六怀山遗址周边新发现的旧石器[J].人类学学报,2012,31(2):144~150.

[6] 高立红,袁俊杰,侯亚梅.百色盆地高岭坡遗址的石制品[J].人类学学报,2014,33(2):138~148.

[7] Hou YM, Potts R, Yuan BY, et al. Mid-Pleistocene Acheulian-like stone technology of the Bose basin, South China[J]. *Science*, 2000, 287: 1622－1626.

[8] Huang SM, Wang W, Christopher J Bae, et al. Recent Paleolithic field investigations in Bose Basin (Guangxi, China)[J]. *Quaternary International*, 2012: 5－9.

[9] Zhang P, Huang WW, Wang W. Acheulean handaxes from Fengshudao, Bose sites of South China [J]. *Quaternary International*, 2010, 223－224: 440－443.

[10] 黄胜敏,刘扬,郭耀峥,等.广西百色百峰遗址发现的石制品[J].人类学学报,2011,30(3): 307~312.

[11] 张璞,王頠.广西百色枫树岛旧石器早期石制品石核石片技术学分析[J].贵州科学,2009,27(2): 1~10.

[12] 王頠,莫进尤,黄志涛.广西百色盆地大梅南半山遗址发现与玻璃陨石共生的手斧[J].科学通报, 2006,51(18):2161~2165.

[13] 刘扬,黄胜敏,等.广西百色公篓遗址石制品的初步研究[J].人类学学报,2013,32(1):31~36.

[14] 谢光茂,林强,彭长林,等.广西百色市上宋旧石器时代遗址发掘简报[A].见广西壮族自治区文物工作队编.广西考古文集(第2辑)[C],北京:科学出版社,2006,125~143.

[15] 曾祥旺.广西百色市百谷屯发现的旧石器[J].考古与文物,1996(6):1~8.

[16] 侯亚梅,高立红,黄慰文,等.百色高岭坡旧石器遗址1993年发掘简报[J].人类学学报,2011,30 (1):1~12.

[17] 林强.广西百色田东坡西岭旧石器时代遗址发掘简报[J].人类学学报,2002,21(1):59~64.

[18] 袁宝印,侯亚梅,王頠等.百色旧石器遗址的若干地貌演化问题[J].人类学学报,1999,18(3): 215~224.

[19] 张鲲,李细光,李志勇.百色盆地右江阶地特征及演化研究[J].中国地质,2012,39(4):972~977.

（本文发表于《人类学学报》2017年第36卷第3期）

百色六怀山旧石器遗址发掘简报[*]

裴树文　陈福友　张　乐　曹明明　黄　鑫　高　星

　　百色盆地位于广西壮族自治区西部百色市、田阳县和田东县境内,盆地主体呈北西—南东向展布,长约 109 km,宽 7~14 km。自 1973 年考古队员在上宋村附近的高阶地首次发现旧石器[1]以来,已有 70 余处旧石器地点先后被发现,采集和出土石制品 7 000 余件[2,3]。随着旧石器材料的日益增多和研究工作的进一步展开,百色盆地已逐渐成为国内外研究早期人类迁徙和文化交流的热点地区[4,5]。

　　中国西南地区重要高速公路——南宁至昆明线于 2005 年开工,其中广西南宁(坛洛)至百色段贯穿百色盆地,沿线旧石器遗址抢救性发掘也随之展开,共有来自全国各地的15 支考古队参加了这次发掘任务。2005 年 9 月间,广西壮族自治区文物工作队、广西自然博物馆和百色市右江民族博物馆等单位在补点调查时,在六怀山发现了一处分布面积在 3 000 m² 以上,地层保存完整的旧石器遗址。中国科学院古脊椎动物与古人类研究所承担了抢救发掘任务。同年 10 月 1 日,以高星为领队的旧石器考古队会同广西文物考古工作者到六怀山查看,确定了发掘区域与方案并开始布方发掘。发掘历时 40 天,揭露面积 1 000 m²,出土一定数量的石制品,为研究古人类于中更新世早期在百色盆地西南缘的适应生存过程和环境演变,以及百色盆地旧石器遗址的性质与埋藏状况提供了珍贵资料。本文对此次发掘情况和初步研究成果进行简略的报道。

一、地貌、地层和发掘概况

　　六怀山遗址位于广西壮族自治区百色市右江区龙景街道办事处江风村一组六怀山,地理坐标为:北纬 23°51′09.2″,东经 106°37′33.8″(图 1)。遗址坐落于右江右岸第 4 级基座阶地,基座为下第三系页岩。堆积物主要由耕土层、砖红壤层、网纹红土层和砾石层组成,厚约 11 m。阶地面海拔 165 m,高出右江水位约 60 m。遗址地层剖面由上到下依次为(图 2):

---

　　* 中国科学院知识创新工程重要方向项目(项目编号: kzcx2-yw-106);国家自然科学基金项目(40672119);国家重点基础研究发展规划项目(2006CB806400)。

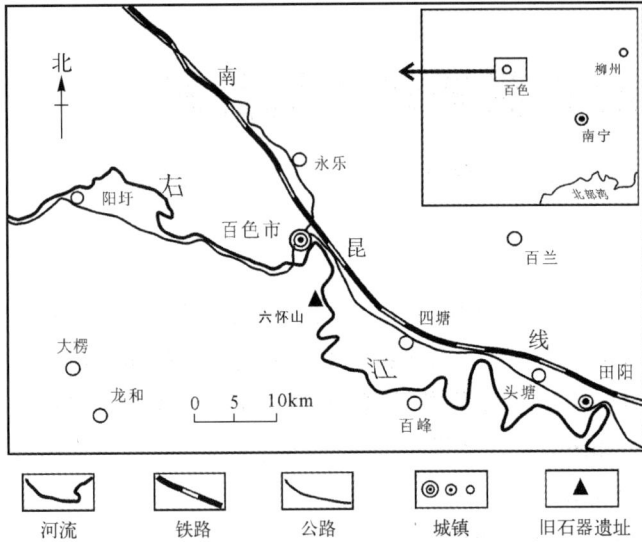

图1　六怀山遗址地理位置图

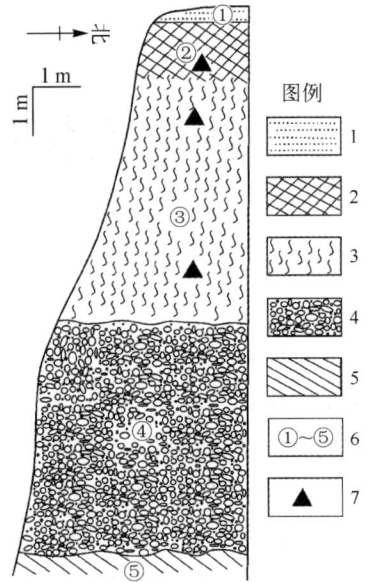

图2　六怀山遗址地层剖面
1. 细粉砂　2. 砖红壤　3. 网纹红土　4. 砂砾石层　5. 基岩　6. 地层序号　7. 石制品

1. 灰黄色表土层,细粉砂,结构疏松 ……………………………………………………… 0.1 m
2. 褐红至棕黄色砖红壤层,结构致密,胶结坚硬,柱状节理发育。层内局部被灰黑色砂球状细粉砂充填,呈片状、条带状和柱状展布。与下伏地层整合接触。含石制品 ……………………………………… 0.8 m
3. 褐红色至黄红色网纹红土,土黄色黏土和棕红色黏土相间分布,黄色网纹呈柱状展布于红色黏土中。上部局部有灰黑色粉砂充填现象。含石制品 ………………………………………………… 5.5 m
4. 砂砾石层,分选较差至中等,多呈次圆状,砾石成分复杂,主要有石英砂岩、石英岩、粉砂岩、泥灰岩和页岩等。下部粒径略大于上部 ………………………………………………………… 4~5 m
~~~~~~~~~~~~~~~角度不整合接触~~~~~~~~~~~~~~~~
5. 下第三系泥岩、页岩,上部灰白至灰绿色,下部灰色至灰黑色,水平层理发育。未见底

　　发掘区位于一个相对完整的平台上,地层保存完整。遗址在公路边界的范围内,中部由于修便道取土已被破坏,两侧保留较完整。发掘队员在认真分析地形和地层状况后,决定分 A、B 两个区域在公路边界的两侧进行布方,两区的直线距离为 30 m,按 5 m ×5 m 进行布方,A 区共布方 24 个,B 区 16 个,共计 40 个探方,面积 1 000 m^2(图3)。发掘采用自然层之内控制水平层的方法,每 10 cm 一个水平层逐层发掘。石制品主要出土于第 2 和第 3 层(表1)。从表1可以看出,每个探方出土标本数量不等,最多 12 件,有三个探方未见标本。A 区的第 3 层(网纹红土层)出土标本 66 件,第 2 层(砖红壤层)的 43 件;B 区的第 2 层出土标本 35 件,第 3 层的 29 件。图4是标本在平剖面的分布状况,上面两图分别指 A 区标本在平面和剖面的分布状况,下面两图系 B 区标本分布状况。总体来看,网纹红土层的标本数量稍多于砖红壤层,标本分布在平剖面分布上没有固定规律,属于随机分布。

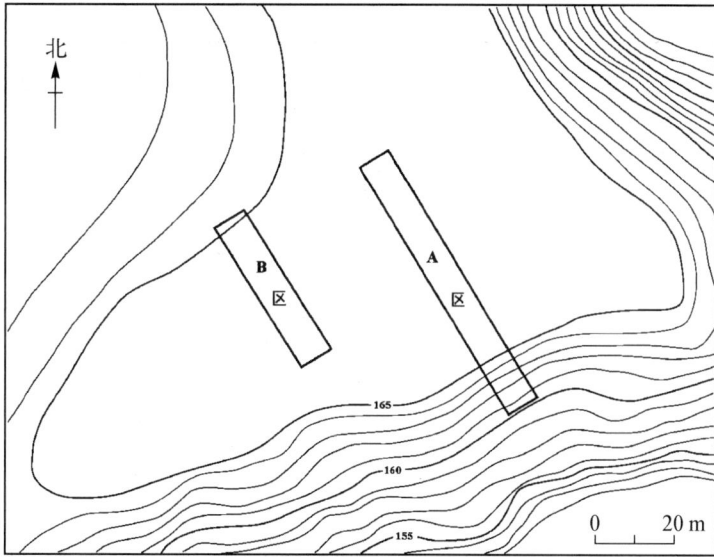

图 3　遗址布方平面图

表 1　六怀山遗址不同探方出土标本统计

层位→ 探方↓	L2	L3	小计	层位→ 探方↓	L2	L3	小计
T1		3	3	T21		1	1
T2	5	4	9	T22			0
T3	4	3	7	T23			0
T4	3	4	7	T24		1	1
T5		2	2	T25		3	3
T6		3	3	T26	3	2	5
T7		5	5	T27	7		7
T8	5	2	7	T28	5	2	7
T9	1	2	3	T29	6	2	8
T10	3	2	5	T30	1	1	2
T11		2	2	T31	1	2	3
T12	2	1	3	T32		2	2
T13	3	7	10	T33		2	2

续　表

层位→ 探方↓	L2	L3	小计	层位→ 探方↓	L2	L3	小计
T14	5	5	10	T34			0
T15	1	2	3	T35		1	1
T16	5	7	12	T36	5	1	6
T17	2	1	3	T37	2	5	7
T18	4	2	6	T38	3	3	6
T19		1	1	T39	1	2	3
T20		6	6	T40		2	2
合计	43	64	107	合计	35	31	66

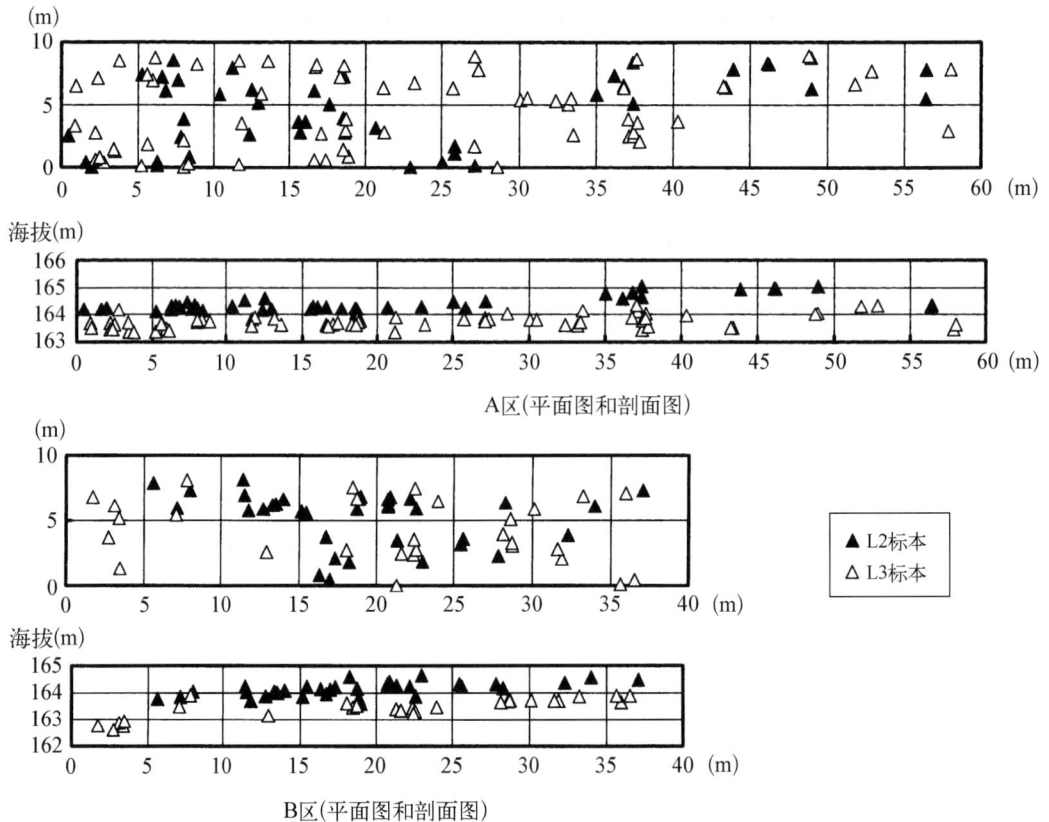

图4　六怀山遗址石制品分布平面图与剖面图

二、石 器 工 业

在出土的 173 件标本中,石器 16 件(手镐 5 件、砍砸器 11 件),石核 45 件,石片 23 件,断块 52 件,此外还有砾石 37 件(图 5)。

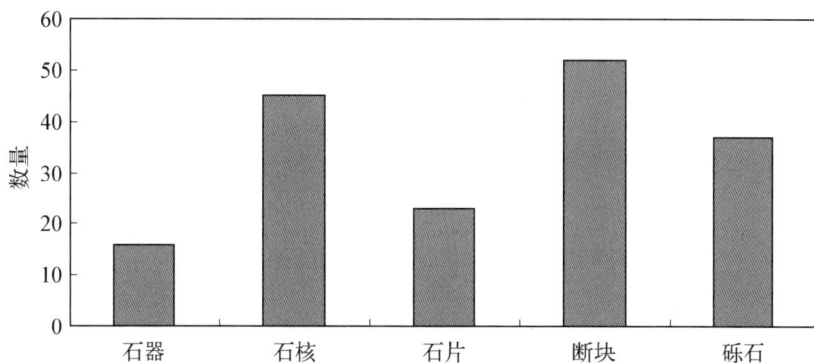

图 5 石制品类型柱状图

(一) 石制品大小

依标本的最大直径将石制品分为微型、小型、中型、大型和巨型等类型的标准[6],表 2 列出各类石制品尺寸大小的表现区间及百分含量。标本总体以大型和中型为主,分别占 53.7% 和 37.0%,小型和巨型标本较少,分别占 5.2% 和 4.1%,未见微型标本。对不同石制品类型的大小统计显示,石片和断块分别各有 6 件和 3 件小型标本,未见巨型石片,石核和石器以及砾石在中型、大型和巨型标本的百分比没有明显差异。

表 2 石制品大小分类统计

石制品大小→ 石制品类型↓	20~50 mm		50~100 mm		100~200 mm		≥200 mm	
	N	%	N	%	N	%	N	%
石 核			15	8.7	27	15.6	3	1.7
石 片	6	3.5	12	6.9	5	2.9		
石 器			5	2.9	10	5.8	1	0.6
断 块	3	1.7	23	13.3	24	13.8	2	1.2
砾 石			9	5.2	27	15.6	1	0.6
总 计	9	5.2	64	37.0	93	53.7	7	4.1

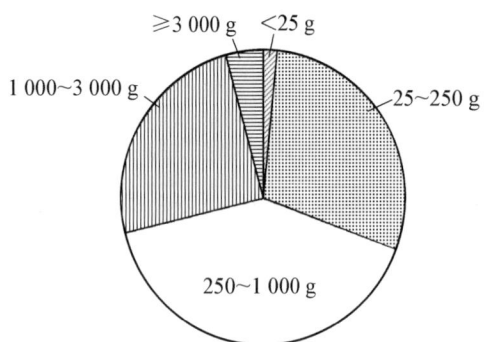

图 6　全部石制品重量百分比示意图

图 6 是各类标本的重量大小的表现区间及百分含量示意图,标本重量总体以 250~1 000 g 居多,占 40%,25~250 g 和 1 000~3 000 g 的标本次之,分别各占 29% 和 25%,重量小于 25 g 和大于 3 000 g 标本很少,仅占 4% 和 2%。不同标本类型的统计显示,石片的重量偏小,以小于 1 000 g 居多,其余不同类型重量大小分布与总体情况大体一致。

(二)剥片技术

1. 石核

共 45 件,占标本总数的 26.0%。根据台面的数量将石核进一步分为单台面(Ⅰ)、双台面(Ⅱ)和多台面(Ⅲ)等类型[6](表 3)(图 7;图 8,1~3)。单台面石核 38 件,占石核的 84.4%,双台面和多台面石核分别各有 3 件和 4 件。单台面石核中以 I3 型(单台面,多片疤)石核最多,共 18 件,I1 型(单台面,单片疤)和 I2 型(单台面,双片疤)分别各有 10 件。未见双台面两片疤的 Ⅱ1 型石核。

表 3　石核的分类统计

石核类型	单　台　面			双　台　面		多台面
	I1	I2	I3	Ⅱ1	Ⅱ2	Ⅲ
数　量	10	10	18		3	4
百分比	22.2	22.2	40.0		67	8.9

B－LHS049,Ⅱ2 型石核(图 7,9),原型断块,原料为褐灰色石英砂岩,四方形,长 144、宽 88、厚 61 mm,重 800 g。2 个台面分别为自然台面和人工台面,面间关系相交,台面角度范围为 85°~98°。3 个剥片面,最大剥片面长 143、宽 88 mm。片疤范围占石核表面积的 90%。

B－LHS140,I3 型石核(图 7,4),原型砾石,原料为深灰色石英砂岩,卵三角形,长 150、宽 123、厚 60 mm,重 1 300 g。1 个自然台面,台面角为 67°。1 个剥片面 4 片疤,剥片面长 60、宽 110 mm。片疤范围占石核表面积的 25%。

石核总体上以大型居多,平均长 120.5、宽 90.2、厚 53.1 mm,平均重量 968.7 g(表 4)。最小石核(B－LHS：104,I3 型)的长 70、宽 68、厚 30 mm,重 200 g,最大石核(B－LHS：076,I1 型)的长 225、宽 115、厚 80 mm,重 3 275 g。

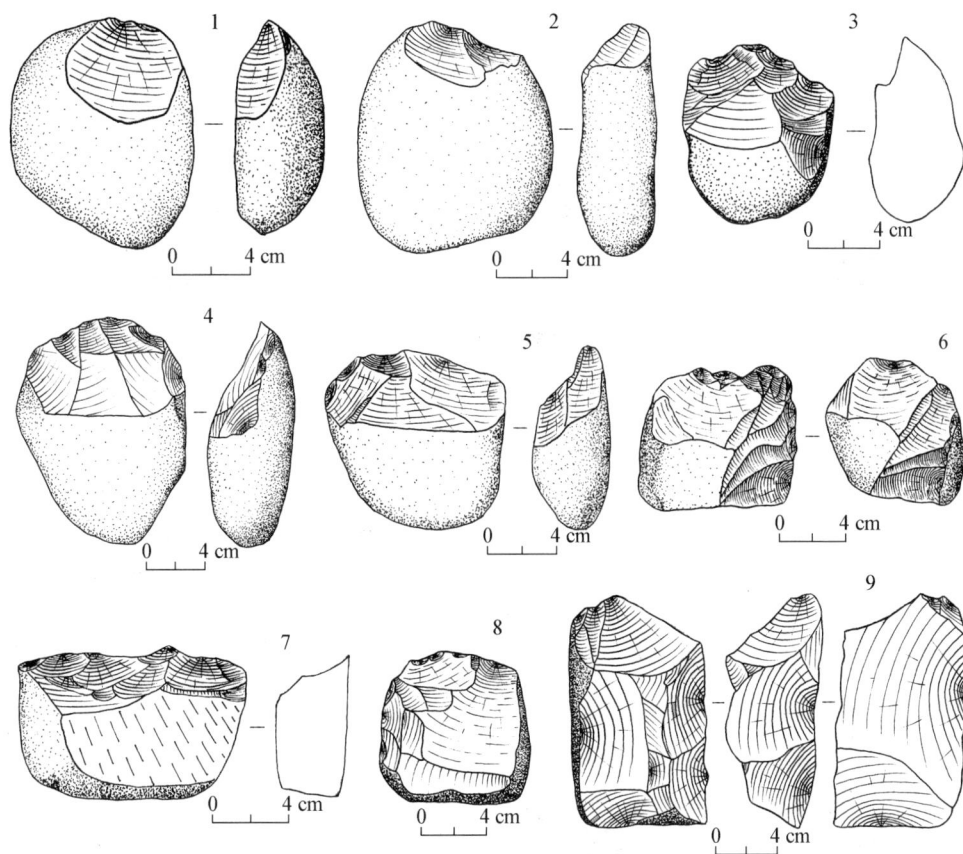

图 7　石核

1. Ⅰ1 型,B－LHS135　2. Ⅰ2 型,B－LHS052　3. Ⅰ3 型,B－LHS144　4. Ⅰ3 型,B－LHS140　5. Ⅰ3 型,
B－LHS112　6. Ⅲ型,B－LHS139　7. Ⅰ3 型,B－LHS002　8. Ⅱ2 型,B－LHS072　9. Ⅱ2 型,B－LHS049

表 4　石核的测量统计

测量统计项目	长度(mm)	宽度(mm)	厚度(mm)	重量(g)
最小值	70	36	20	125
最大值	225	210	100	3 375
平均值	120.5	90.2	53.1	968.7

石核上保留自然石皮较多,石核上石片疤痕面积的平均百分比值仅为 24.8%。石核的台面角多在 80°以下。这表明该遗址石核的剥片利用率较低,多数石核还有进一步剥片的余地。

2. 石片

遗址共出土石片 23 件,其中 22 件属完整石片,另 1 件属右裂片。根据石片台面和背面的剥片状况所反映的制作过程,将完整石片分为六大类[7](图 9;图 8,4~6)。从完整石

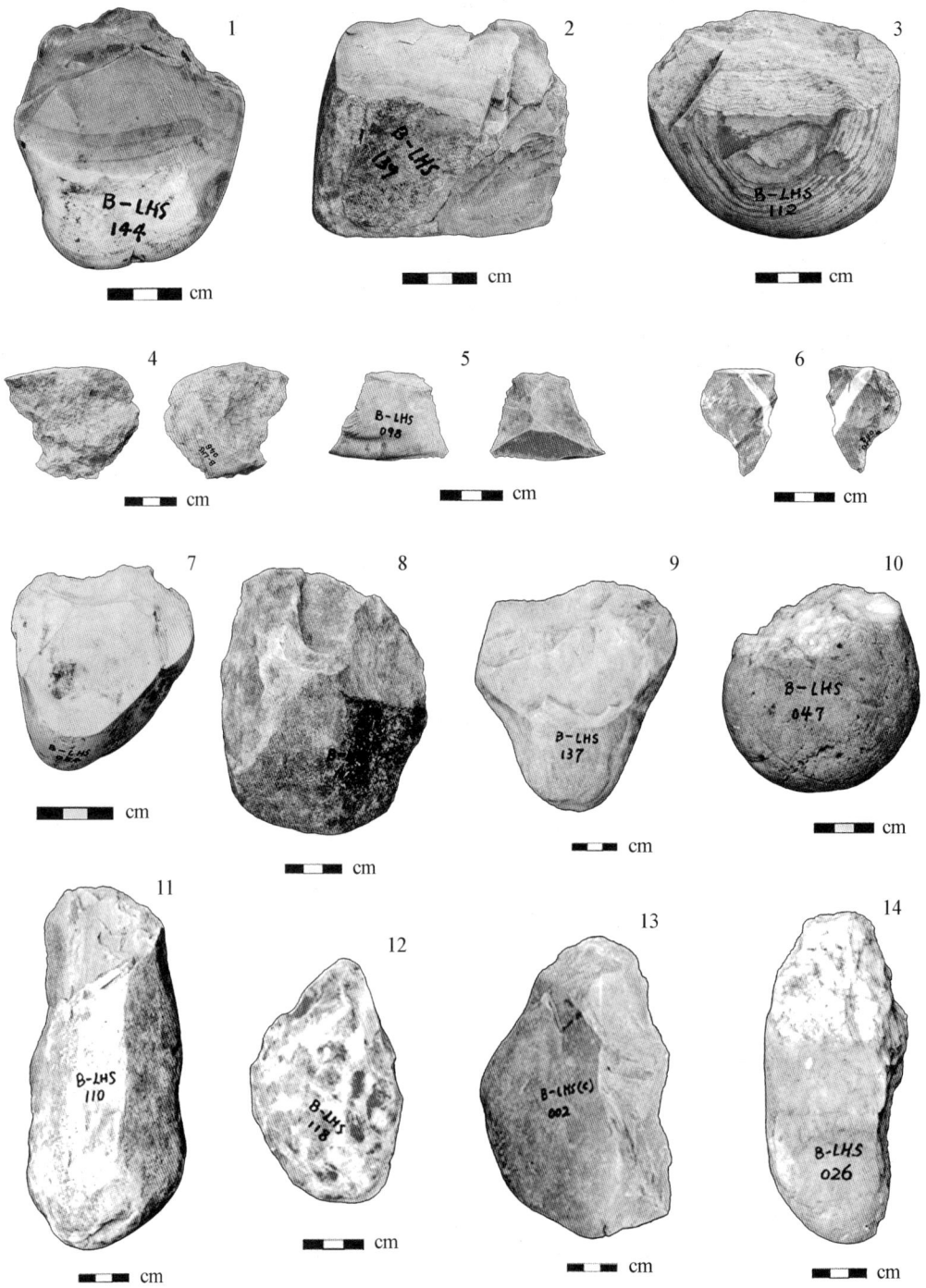

图 8　六怀山遗址出土的部分石制品

1. Ⅰ3 型石核,B－LHS144　2. Ⅲ型石核,B－LHS139　3. Ⅰ3 型石核,B－LHS112　4. Ⅱ型石片,B－LHS046
5. Ⅲ型石片,B－LHS098　6. Ⅱ型石片,B－LHS063　7. 砍砸器,B－LHS054　8. 砍砸器,B－LHS102　9. 砍砸器,
B－LHS137　10.砍砸器,B－LHS047　11. 砍砸器,B－LHS110　12. 手镐,B－LHS118　13. 手镐,B－LHS(c)002
14. 手镐,B－LHS026

片类型及数量分布图(图10)可以看出,完整石片以自然台面居多,共17件,占77.3%,其中Ⅱ型(自然台面,部分自然背面,部分石片疤背面)11件,Ⅰ型(自然台面,自然背面)和Ⅲ型(自然台面,石片疤背面)分别各有2件和4件;人工台面石片5件,占22.7%,其中Ⅴ型(人工台面,部分自然背面,部分石片疤背面)和Ⅵ型(人工台面,石片疤背面)分别各有4件和1件,未见Ⅳ型(人工台面,自然背面)石片。石片类型显示这些石片均属初级剥片石片。

B－LHS063,Ⅱ型石片(图9,3;图8,6),原型砾石,原料灰黑色粉砂岩,远端崩断,长31、宽109、厚14 mm,重75 g。石片角131°,四方形自然台面,宽30、厚10 mm,打击点不明显。石片背面的自然面比为15%,有4个打击方向来自上端的石片疤。无半锥体、锥疤、同心波和放射线等特征。

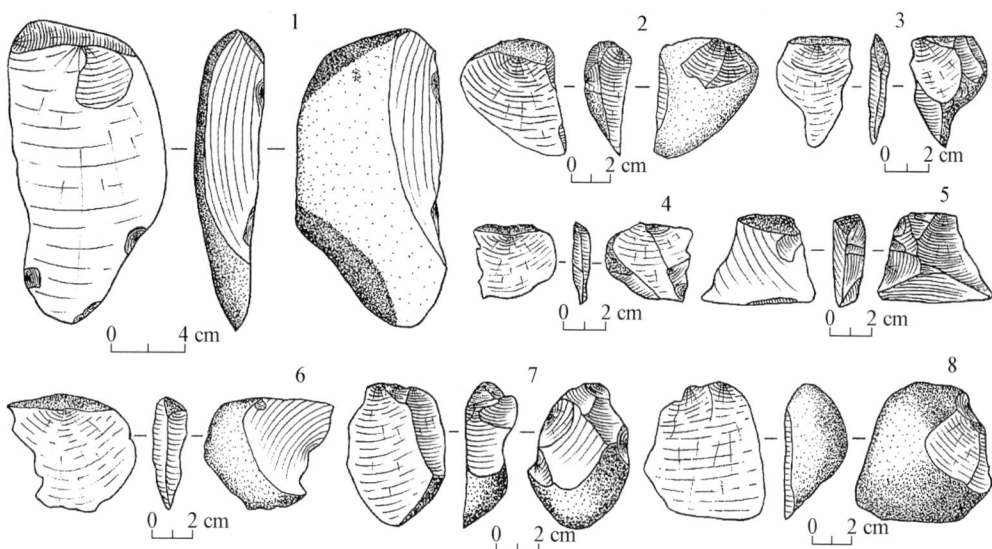

图9　石片

1. Ⅴ型,B－LHS142　2. Ⅱ型,B－LHS115　3. Ⅱ型,B－LHS063　4. Ⅱ型,B－LHS085　5. Ⅲ型,B－LHS098
6. Ⅱ型,B－LHS046　7. Ⅴ型,B－LHS(C)006　8. Ⅱ型,B－LHS(C)005

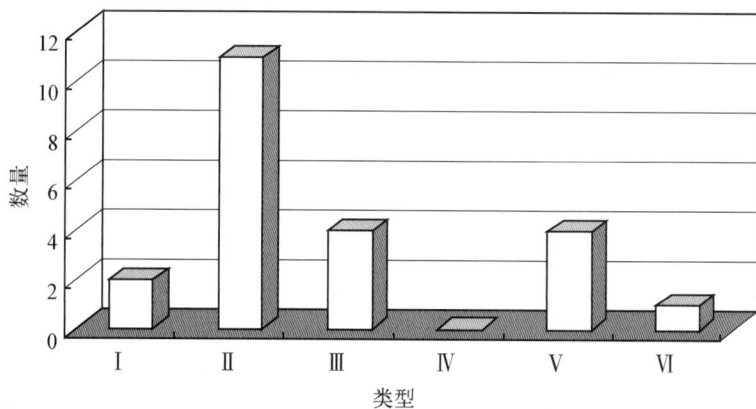

图10　完整石片类型与数量分布

B－LHS(C)006,Ⅴ型石片(图9,7),原型砾石,原料为灰色粉砂岩,长条形,远端呈羽毛状,长58、宽48、厚22 mm,重75 g。石片角125°,三角形素台面,宽12、厚10 mm,打击点明显。石片背面的自然面比45%,有7个打击方向来自上端石片疤。半锥体凸起,有锥疤,无同心波和放射线。

表5列出了完整石片大小与重量的测量统计情况。石片以大型和中型为主,平均长67.0、宽63.9、厚20.6 mm,重量以25~100 g居多,平均重量为111.9 g。最小石片(B－LHS:085,Ⅱ型)长35、宽42、厚9 mm,重10 g,最大石片(B－LHS:142,Ⅴ型)长165、宽80、厚27 mm,重450 g。

表5　完整石片的测量统计

测量统计项目	长度(mm)	宽度(mm)	厚度(mm)	重量(g)
最小值	35	22	9	10
最大值	165	109	40	450
平均值	67.0	63.9	20.6	111.9

石片台面以自然台面为主,占77.3%,人工台面占22.7%,人工台面全为素台面。多数石片可见清晰的打击点,而半锥体、放射线和同心波则极少。石片背面为自然面的2件,部分自然面和部分石片疤的16件,另外5件石片背面则全为石片疤;石片疤的方向多来自上方,与剥片方向一致。石片远端多以羽毛状为主。石片台面角平均值为111.3°。

3. 断块和砾石

遗址共出土断块52件,占标本总数的30.1%。断块形状多不规则,多数可见人工痕迹。个体大小变异较大,总体以大型和中型为主;重量和大小成正比,250~1 000 g的居多,个体变异较大。表6是断块的大小测量统计。

表6　断块的测量统计

测量统计项目	长度(mm)	宽度(mm)	厚度(mm)	重量(g)
最小值	45	27	10	25
最大值	223	115	89	2 500
平均值	106.4	67.4	44 3	660.6

除了石制品外,遗址还出土砾石37件,与石制品伴生,这些砾石的大小与断块基本一致,个体间存在较大变异。由于出土标本地层属于黏土,砾径如此大的砾石与石制品伴生,自然营力很难解释,初步判断这些砾石应是人类活动的产物。表7是砾石的大小测量统计。

表7 砾石的测量统计

测量统计项目	长度(mm)	宽度(mm)	厚度(mm)	重量(g)
最小值	63	35	18	175
最大值	226	201	95	4 500
平均值	125.9	84.6	44 4	1 118.9

从遗址出土的石核和石片的特点初步判断锤击法为剥片的基本方法。石核以单台面居多,表明古人类多采用单向打片的技术。遗址自然台面石片占多数,表明古人类在打片之前一般不对石核台面进行修整。石片背面的片疤方向绝大多数与石片剥片方向一致,表明古人类倾向于从一个方向连续剥片。

(三)石器

石器共16件,占标本总数的9.2%。其中11件为砍砸器,另外5件为手镐(图11;图8,7~14)。石器以大型为主,全部石器平均长123.4、宽95.5、厚44.5 mm,重745.6 g。表8是各类石器的尺寸和重量的测量统计,手镐的大小和重量稍大于砍砸器。最小砍砸器(B–LHS:159)长70、宽70、厚30 mm,重180 g,最大砍砸器(B–LHS:110)长200、宽92、厚70 mm,重1 420 g;最小手镐(B–LHS:118)长115、宽74、厚26 mm,重210 g,最大手镐(B–LHS:053)长190、宽108、厚45 mm,重1 325 g。

表8 石器长度和重量的测量统计

测量数值→	最 小 值		最 大 值		平 均 值	
类型↓	长度(mm)	重量(g)	长度(mm)	重量(g)	长度(mm)	重量(g)
砍砸器	70	175	200	1 420	120.0	747.1
手 镐	115	210	190	1 700	148.5	1 089.0

B–LHS064,砍砸器(图11,2),原料为褐灰色粉砂岩,卵三角形,毛坯砾石,长97、宽130、厚38 mm,重550 g。1个凸形刃缘,长215 mm,刃角47°。锤击法修理,修理部位为单端,修理深度73 mm,2层不规则修疤呈叠压状,最大修疤长47 mm、宽68 mm。器身自然面所占比例为50%。

B–LHS110,砍砸器(图11,6;图8,11),原料为灰白色石英砂岩,长条形,毛坯砾石,长200、宽92、厚70 mm,重1 420 g。1个凸形刃缘,长94 mm,刃角52°。锤击法修理,修理部位为单端,修理深度70 mm,2层不规则修疤呈叠压状,最大修疤长50、宽65 mm。器身自然面所占比例为90%。

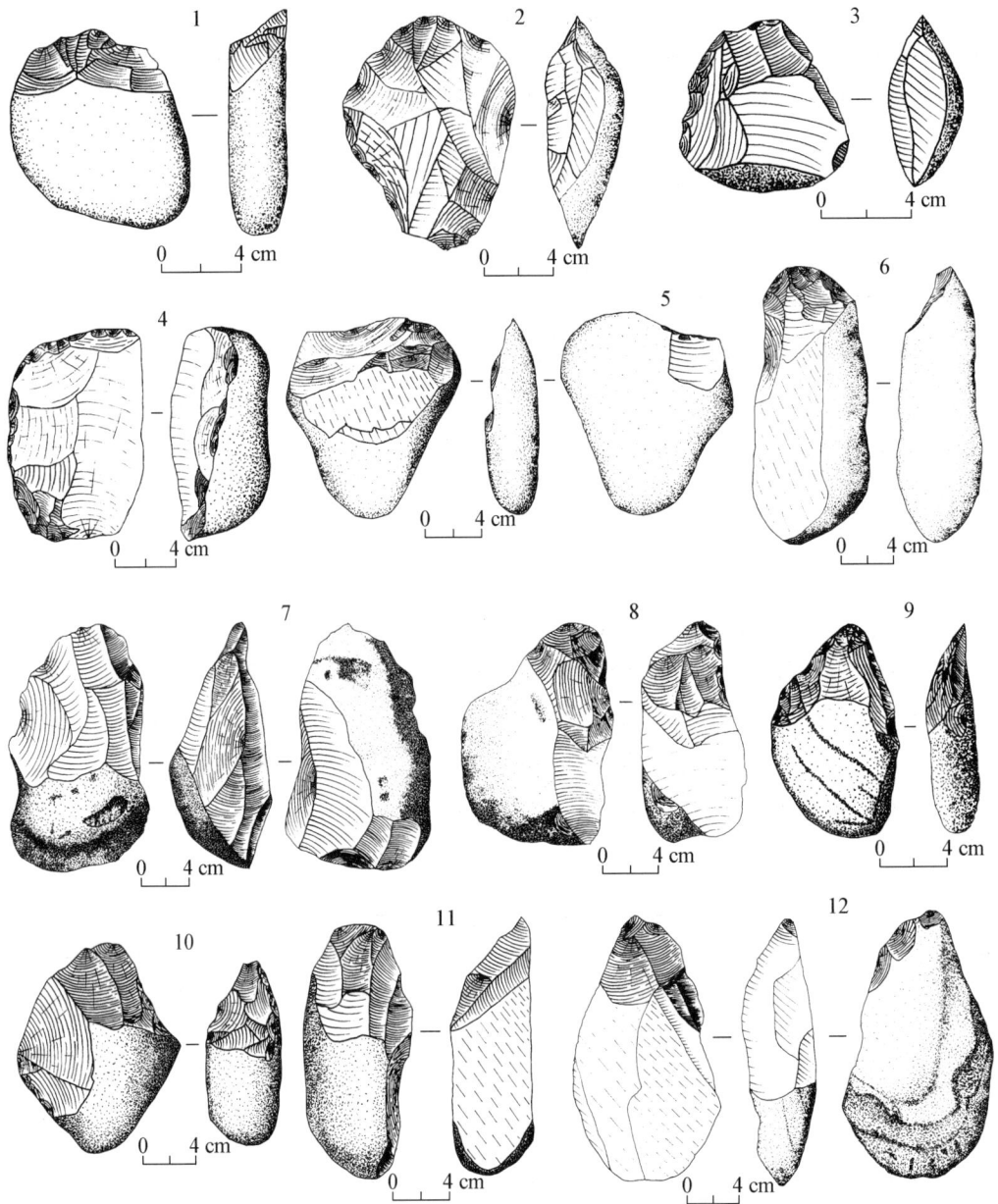

图 11　石器

1. 砍砸器,B－LHS088　2. 砍砸器,B－LHS064　3. 砍砸器,B－LHS159　4. 砍砸器,B－LHS094　5. 砍砸器,B－LHS137　6. 砍砸器,B－LHS110　7. 手镐,B－LHS(C)001　8. 手镐,B－LHS(C)002　9. 手镐,B－LHS118　10. 手镐,B－LHS071　11. 手镐,B－LHS026　12. 手镐,B－LHS053

B－LHS(C)001,手镐(图 11,7),原料为白色石英岩,卵三角形,毛坯砾石,长 195、宽 120、厚 80 mm,重 2 150 g。1 个凸形刃缘,长 250 mm,刃角和尖角分别为 65°和 70°。锤击法两端修理,修理深度 120 mm,2 层不规则修疤呈叠压状,最大修疤长 55、宽 55 mm。器身自然面所占比例为 50%。

B-LHS053,手镐(图11,12),原料为褐灰色粉砂岩,卵三角形,毛坯砾石,长190、宽108、厚45 mm,重1 325 g。1个尖凸形刃缘,长220 mm,刃角和尖角分别为44°和60°。锤击法单端修理,修理深度78 mm,2层不规则修疤呈叠压状,最大修疤长41、宽30 mm。器身自然面所占比例为85%。

石器毛坯全为砾石,古人类在砾石的一端进行单向加工,加工技术为锤击法。石器加工简单,器物通体自然面的平均百分比值为75%。

(四)原料

在发掘过程中,发掘队员对周围基岩出露情况进行了调查。在六怀山一带,河流阶地的基座属下第三系页岩、泥岩,周围未见其余类型基岩出露。第四级阶地的底部砾石层中保存大量砾石,系河流作用产物,其岩性以石英砂岩、石英岩为主,与出土石制品岩性大体一致,推测古人类选取出露的阶地堆积物底部的河卵石为加工石器的原料。图12是石制品(含砾石)类型及原料的利用率。共有大约4种原料被利用,其中石英砂岩比例最高,占52.0%,其次为粉砂岩和石英岩,分别占24.3%和13.3%,角砾岩利用率最低,仅占10.4%。各类石制品与原料的利用率显示,石英砂岩在石核、断块和砾石中的比例高于其余石制品类型,粉砂岩在石片和石器中的比例明显高于其余石制品类型,石英岩在砾石和断块中的利用率高于其余石制品类型;角砾岩在砾石类中未见,在其余石制品种类中的利用率没有明显差异。

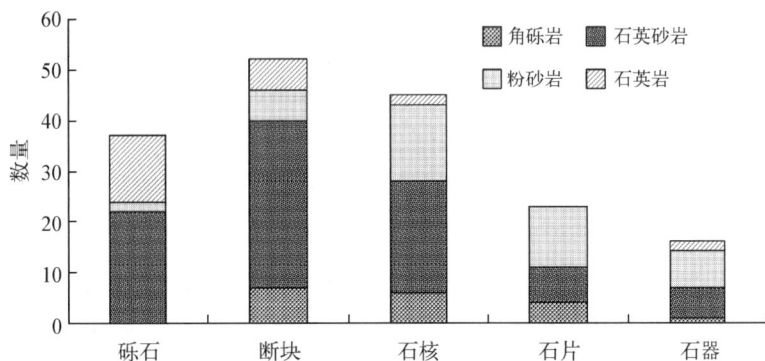

图12　石制品类型及原料利用率

三、小　　结

(一)石器工业特点

1. 磨圆度较高的河卵石为石器工业的原料,岩性以石英砂岩为主,其次为粉砂岩、石英岩和角砾岩。

2. 石制品类型包括石器(16件)、石核(45件)、石片(23件)和断块(52件)等。个体以大、中型为主。遗址中出土的砾石(37件)应是古人类搬运来储备的原料。

3. 锤击法为剥片的主要方法。打片方式以单向为主,不对石核台面进行修整,石片多为初级剥片产品,原料的利用率低。

4. 石器毛坯为砾石,个体以大型为主。

5. 石器组合简单,只有砍砸器和手镐两类,未发现手斧。

6. 石器由锤击法加工而成,加工简单,加工部位为砾石的一端。

上述特点表明六怀山的石器组合系重型工具,具有中国南方旧石器时代主工业[8]的鲜明特点。

(二) 年代和意义

百色盆地旧石器遗存的时代自发现至今一直是学术界关注的焦点[9]。六怀山遗址未出土可供测年的动物化石和其他材料,尚未做年代测定的尝试。近年来中国南方网纹红土和百色盆地的地貌和环境演变领域的研究工作取得较大进展,对遗址年代的确定提供了有益的参照。百色盆地是一个典型的走滑拉分盆地,形成于第三纪初期时印度板块与欧亚板块碰撞后造山运动所形成的右江断裂带上[10]。上新世至第四纪,间歇性的构造抬升在盆地沿右江两岸发育7级阶地[11]。六怀山遗址所在的第四级阶地富含石制品,在许多遗址的发掘过程中均不同程度出现玻璃陨石和石制品共生的现象,发掘队员也曾在六怀山遗址发掘区外围网纹红土层内采集到玻璃陨石,说明本遗址的下文化层(第3层)包含玻璃陨石。袁宝印和郭士伦等曾对含玻璃陨石的网纹红土的年代进行研究,测年结果为早更新世至中更新世初期[12],绝对年代733 kaBP[13]。2000年3月3日,侯亚梅等在 Science 发表论文,运用 $^{40}Ar/^{39}Ar$ 测年方法对百色盆地 T4 的玻璃陨石(与石制品伴生)进行年代测定,结果显示文化层形成于距今 0.803±0.003 MaBP[4]。最近中国南方红土研究取得重要进展[14,15],作为资源和生态环境变化的载体,它记录了形成过程中生物化学成壤作用和强烈的网纹化作用的诸多信息。对分布于皖南的网纹红土研究显示,我国南方的网纹红土不全是第三纪遗留的产物,最新一期的网纹红土形成于 0.78 MaBP(B/M 界限)以后,与北方黄土—古土壤序列中的 S4 和 S5 对应[16]。据此推测,六怀山遗址的年代与百色盆地已有测年结果的遗址暂定为中更新世早期。

六怀山遗址石制品出自右江右岸第四级阶地内,采集于发掘区外地层里的石制品特征与发掘出土石制品类似,风化、磨蚀程度轻微,没有定向的排列规律,说明石制品埋藏前未经过长距离的搬运和长时间的暴露。我们对发掘出土的石制品进行拼合研究,发现2个拼合组,为2件断块组合(编号 B-LHS:131 和 B-LHS:133)和1件石核(Ⅲ型,编号 B-LHS:169)与1件石片(Ⅱ型,编号 B-LHS:170)组合,说明该遗址为原地埋藏。石制品的平面分布范围广,整个发掘区内都有标本出土;垂直分布的距离也达1 m 以上,并且分属砖红壤和网纹红土两个地层,但石制品的数量相对较少,没有集中分布的现象,而是零星分布于各个探方中,说明六怀山遗址并非古人类的集中活动区,且在此区域的活动时间较长。石制品中石核和断块较多,而石片较少,且石器多为重型,可能与古人类活动的性质有关。总之,该遗址应为一处古人类活动场所,在该遗址发生过简单的石器加工和相关生产、生活行为。

百色盆地目前已发现70余处旧石器地点,一些地点因发现中国旧石器文化中少见的手斧及相关制品引起中外学者的广泛关注,并引发了有关这些遗存的原生地层、年代和东西方史前人类技术与智能发展水平的争论。但迄今为止出自该盆地的石制品多系地表采集,少数遗址虽然经过发掘,但发掘报告尚未出版,使上述讨论缺乏一定的基础。本报告在一定程度上弥补了这一缺憾。

致谢: 六怀山遗址的抢救性发掘工作是在广西文物工作队的安排下进行的,受到南宁—百色高速公路考古发掘项目的资助,在发掘过程中得到广西文物工作队、广西自然博物馆、百色右江民族博物馆等单位领导与同仁的大力支持和协助;中国科学院古脊椎动物与古人类研究所的罗志刚参加了野外发掘并绘制石制品插图。作者特致谢意。

注 释

[1] 李炎贤,尤玉柱.广西百色发现的旧石器[J].古脊椎动物与古人类,1975,13(4):225~228.

[2] 黄启善.百色旧石器[M].北京:文物出版社,2003:1~180.

[3] 谢光茂,林强.百色旧石器的发现与研究[A].见:邓涛,王原主编.第八届中国古脊椎动物学学术年会论文集[C].北京:海洋出版社,2001:245~253.

[4] Hou YM, Potts R, Yuan BY. *et al*. Mid-Pleistocene Acheulien-like stone technology of the Bose basin, south China[J]. *Science*, 2000, 287: 1622 – 1626.

[5] Gibbons A. In China, a handier Homo erectus[J]. *Science*, 1998, 279: 1636.

[6] 卫奇.西侯度石制品之浅见[J].人类学学报.2000,19(2):85~96.

[7] Toth N. The stone technologies of early Hominids at Koobi Fora, Kenya: an experimental approach [R]. Ph. D Dissertation. Berkeley: University California, 1982, 73 – 75.

[8] 张森水.近20年来中国旧石器考古学的进展与思考[J].第四纪研究,2002,22(1):11~19.

[9] 黄慰文,冷健,员晓枫,等.对百色石器层位和时代的再认识[J].人类学学报,1990,9(2):105~112.

[10] 廖宗廷,江兴歌,李冉,等.广西百色盆地构造——热演化初步研究[J].石油实验地质,2005,27(1):18~24.

[11] 袁宝印,侯亚梅,王頠,等.百色旧石器遗址的若干地貌演化问题[J].人类学学报,1999,18(3):215~224.

[12] 袁宝印,叶连芳.雷公墨的地层年代学研究[J].科学通报,1979,24(6):271~273.

[13] 郭士伦,郝秀红,陈宝流,等.用裂变径迹法测定广西百色旧石器遗址的年代[J].人类学学报,1996,15(4):347~350.

[14] 赵其国,杨浩.中国南方红土与第四纪环境变迁的初步研究[J].第四纪研究,1995,15(2):107~116.

[15] 朱照宇,王俊达,黄宝林,等.红土—黄土—全球变化[J].第四纪研究,1995,15(3):268~277.

[16] 乔彦松,郭正堂,郝青振,等.皖南风成堆积——古土壤序列的磁性地层学研究及其古环境意义[J].科学通报,2003,48(13):1465~1469.

(本文发表于《人类学学报》2007年第26卷第1期)

广西百色六合遗址发掘简报[*]

黄胜敏　刘　扬　黄　鑫　黄明扬　刘康体　黄　锋　严建国

因建设南宁（坛洛）至百色高速公路，广西文物考古研究所和百色右江民族博物馆在 2003 年 9 月进行野外文物调查时发现了六合遗址，并于 2005 年 6 月至 11 月进行了历时 5 个多月的抢救性考古发掘，揭露面积 1 000 m²，从地层中发掘出磨制石器、打制石器 71 件，并发现玻璃陨石 1 件。

一、地理位置、地层与发掘概况

六合遗址位于广西百色市右江区大湾村六合屯西南面约 600 m 处的六合山，地理坐标为 23°51.771′N，106°36.972′E，海拔 182 m。右江在其北面自西向东流过（图 1）。遗址

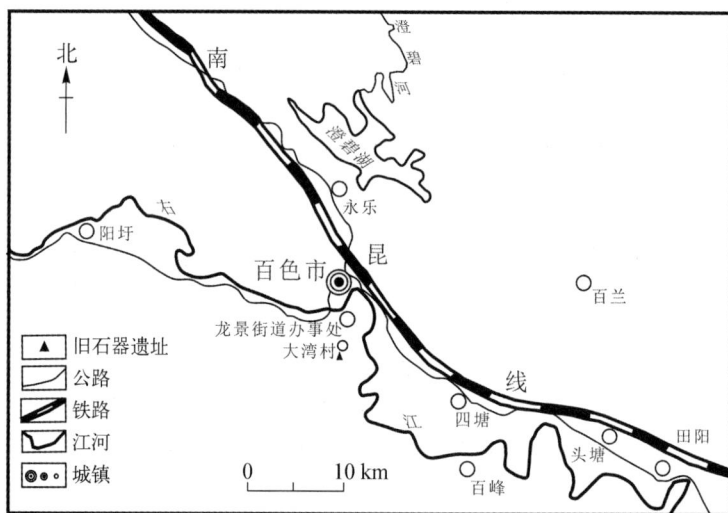

图 1　百色六合遗址及其附近遗址地理位置图

1. 六合遗址　2. 沙洲遗址　3. 六怀山遗址　4. 杨屋遗址　5. 旮幕遗址　6. 大华厂遗址　7. 南坡山遗址

＊ 本项研究得到国家重点基础研究发展规划项目（2006CB806400）、国家自然科学基金项目（40872023）和科技部科技基础性工作专项项目（2007FY110200）共同资助。

位于一片剥蚀的丘陵区,发育有第 1 级和第 4 级阶地,第 2 级和第 3 级阶地缺失。第 1 级
阶地高出右江河面约 17 m,由灰色、灰褐色亚黏土和亚砂土构成。第 4 级阶地位于六合山
顶部,高出右江河面约 124 m,其土状堆积大部分已被侵蚀掉,仅残留小部分网纹红土和
较厚砾石层。该阶地被一条活动断层带所错断,形成两个不同高度的台地(图 2)。

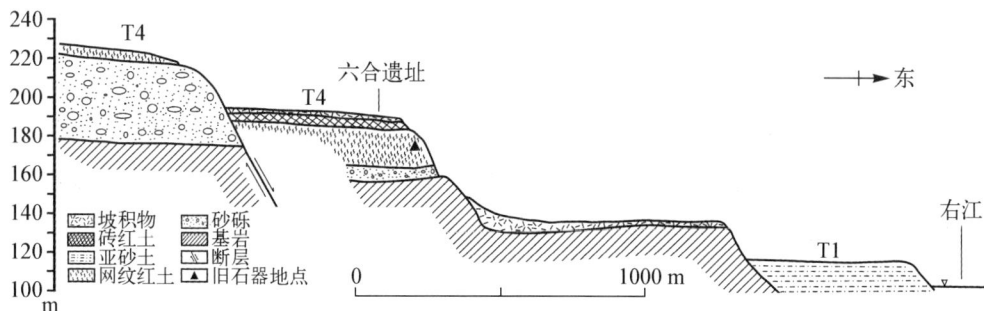

图 2   百色六合遗址地质剖面图

发掘区选择在六合山东坡第 4 级阶地断层上盘(下降盘)的台地上,沿南北向共布
5 m×5 m 的探方 40 个,总面积 1 000 m²。发掘采用水平层和自然层相结合方法,即在自然
层中以 10 cm 为一个水平层逐层发掘,在不同文化层交接处,清理完上一层后,再继续向
下发掘,以便控制每件石器的出土层位。出土遗物按探方分别编号,待发掘结束后,再通
过对比各区、各探方地层关系进行统一。

遗址地层剖面由上而下分为 4 层。第①层只在坡度较缓的探方有分布;第②、③层在
所有探方都有分布,有的探方第③层直接覆盖在砾石层上,部分石制品就出土于砾石层表
面;第④层只在北部的几个探方有分布,其下即为第⑤层砾石层,未见底。描述如下:

① 表土层,红色亚黏土,结构松散呈细粒状,多植物根系,其母质为右江第 4 级阶地
的网纹红土。属近现代的坡积层。含少量砾石。厚 0.1~0.2 m。

② 灰褐色亚黏土层,属于次生堆积,结构较为疏松但仍呈团块状,多植物根系和腐殖
质。为原来的表土层。含少量近现代遗物和砾石,出土 1 件磨制石器。厚 0.1~0.6 m。

③ 匀质红色亚黏土层,属于次生堆积,结构紧密呈团块状。含砾石,出土 1 件磨制石
器和较多打制石器。厚 0.7~1.0 m。

④ 网纹红土层,属于原生堆积,土色包含红色、浅黄色、灰白色三种,纵横交错呈网
状,结构致密呈团块状。含少量砾石,出土打制石器。厚 0.8~0.9 m。

⑤ 砾石层,未见底。

二、出 土 物

出土 71 件石制品和 1 件玻璃陨石;其中石制品包括 69 件打制石器和 2 件磨制石器。

从标本的出土层位来看,磨制石器出在第②和③层,即灰褐色黏土层和属于次生堆积的红色亚黏土层;打制石器出在第③和④层,即次生堆积的红色亚黏土层和原生网纹红土层;玻璃陨石出在第⑤层砾石层的顶部。第③和④层出土的打制石器在类型、制作技术上没有区别,应该属于同一时代,是旧石器时代的遗物。

(一)磨制石器

2 件,分别为砺石和石锛。

砺石　1 件。标本 T27②：12,原料为浅黄色中砂岩扁平长形砾石,长 130、宽 70、厚 50 mm,重 660 g。两面均较平;一端较宽,保留有大部分砾石面;一端较窄,为破裂面。器身两面和两侧均有磨光面,均呈凹弧形。

石锛　1 件。标本 T1③：1,原料为白色硅质岩,一面较平,一面较凸,长 54、宽 38、厚 11 mm,重 30 g。通体磨光,在一端单面磨制,斜向刃口,刃口较钝,刃角 63°。底端两侧各有一个崩疤,左侧崩疤较之右侧稍大。因标本整体风化较为严重,底端崩疤是磨光前还是磨光后留下的已不好判断。

(二)打制石器

69 件,占石制品总数的 97%,类型包括石核、石片、工具和断块等,分别有 4 件(5.8%)、5 件(7.2%)、14 件(20%)和 46 件(67%)。原料以石英岩为主,约占 53.61%;其次为角砾岩、细砂岩、硅质岩、中砂岩和石英等,分别占 18.82%、17.37%、5.80%、2.90% 和 1.45%。石制品长介于 60～210 mm,宽介于 40～140 mm,厚介于 32～80 mm,平均长 122、宽 83、厚 50 mm;重介于 60～2 740 g,平均 840 g。从整体上看,石制品以大型和中型为主。工具包括砍砸器和手镐,分别有 12 件和 2 件。

1. 石核

4 件,占打制石器总数的 5.8%。原料为细砂岩(3 件)、石英岩(1 件)。剥片方法均为锤击法;可分为单台面石核和双台面石核两类,分别有 3 件和 1 件;以石皮台面为主,人工台面仅见素台面;打击点多选在砾石的一侧或一端,也有以两个剥裂面汇集而成的凸棱或多个剥裂面的汇集点作为打击点的;石核或多或少保留有砾石面,其利用率不是太高。

单台面石核　3 件。标本 T2③：30,原料为浅黄褐色石英岩砾石,长 95、宽 90、厚 32 mm,重 420 g。器身一面较平,一面凸起,以凸起面为台面,在一端进行剥片;打击点粗大,台面角 85°。片疤较浅平,宽大于长(图 3,1)。

双台面石核　1 件。标本 T38③：24,原料为褐黄色石英岩,长 100、宽 75、厚 50 mm,重 460 g。主要以两个较平面为台面在同一面上进行剥片,石皮台面,打击方向互相垂直,台面角分别为 85° 和 79°。打击点粗大,片疤较浅平(图 3,2)。

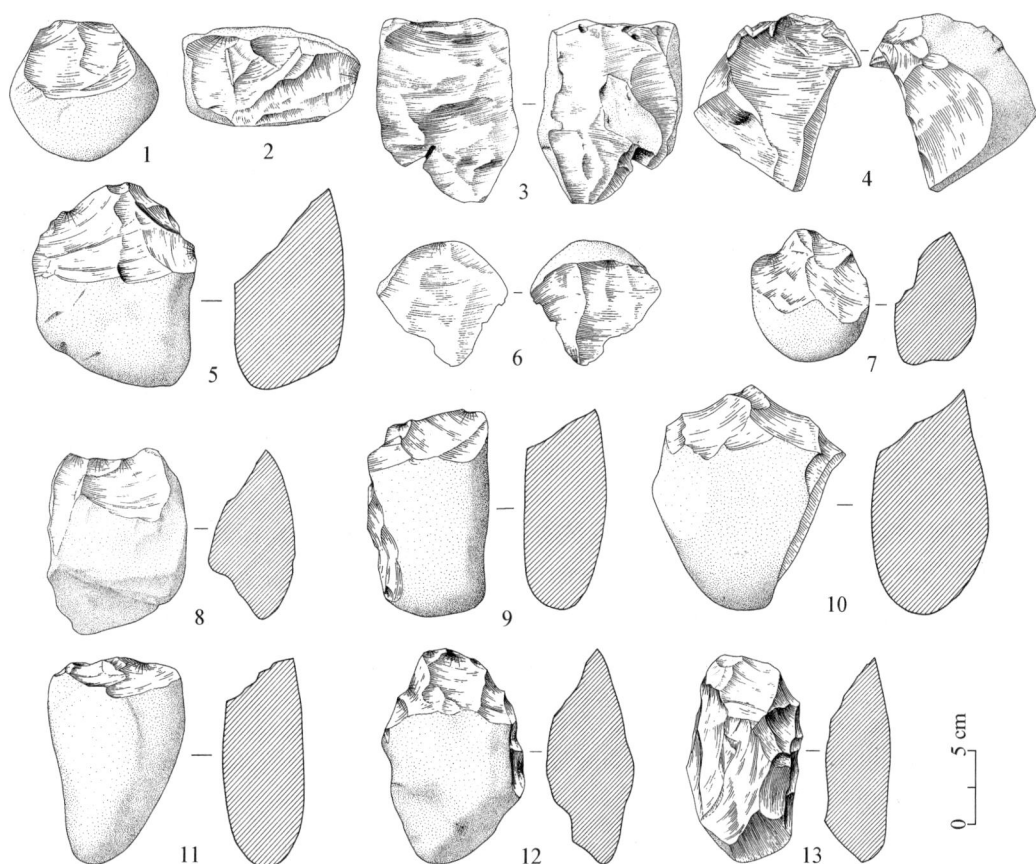

图3　百色六合遗址的打制石器

1、2. 石核（05BLHT2③：30、05BLHT38③：24）　　3、4、6. 石片（05BLHT37③：26、05BLHT31③：16、05BLHT3④：66）
5、7~11. 砍砸器（05BLHT11④：71、05BLHT38③：23、05BLHT15③：45、05BLHT31③：17、05BLHT25③：11、
05BLHT31③：15）　12、13. 手镐（05BLHT7③：6、05BLHT36③：47）

2. 石片

5件,占旧石器总数的7.2%,均为锤击石片。原料有石英和石英岩,分别为4件和1件。有完整石片4件和石片远端1件。完整石片台面均为石皮台面;打击点均较清楚;半锥体不明显的有3件,凸出的1件;放射线均不清楚;石片角分布在110°~120°之间。根据石片台面和背面的特征,完整石片包括Ⅱ型的3件和Ⅲ型的1件。

3. 工具

14件,占打制石器总数的20%,器类有砍砸器和手镐,分别为12件和2件。

砍砸器　12件。原料有石英岩、细砂岩和角砾岩,分别有10件、1件和1件。采用锤击法在砾石的一端或一侧进行加工,均为单面加工。依刃口数量可分为单边和双边砍砸器两种,分别有10件和2件。

T31③：15，单边直刃砍砸器。原料为黄褐色石英岩砾石，一面较平，一面凸起；一端较宽，一端较窄。长 142、宽 93、厚 46 mm，重 880 g。在较宽端由较平面向较凸面进行单面加工，刃缘平直，刃角 80°。手握部分保留砾石面，极易把握（图 3，11）。

T25③：11，单边砍砸器，尖刃。原料为灰褐色石英岩砾石，一面较平，一面较凸；一端较宽，一端较窄。长 182、宽 154、厚 84 mm，重 2 480 g。由较凸面向较平面在砾石较宽端由两侧向中间进行单面加工，形成尖刃，刃角 70°。在砾石右侧有一个与手握部分垂直的片疤，应为修整把手所致。器身其他部分保留砾石面（图 3，10）。

T15③：45，单边砍砸器，尖弧刃。原料为浅灰黄色角砾岩砾石，两面均较平，长 120、宽 96、厚 62 mm，重 780 g。在砾石一端进行单面加工，先在左侧打下一较大片疤，再在右侧连续打片，至少可见到 3 层修疤，使之形成尖弧刃。刃缘较为锋利，刃角 60°。器身其他部分保留砾石面（图 3，5）。

T11④：71，单边砍砸器，凸刃。原料为浅黄色石英岩砾石，一面较平，一面较凸，长 60、宽 57、厚 45 mm，重 200 g。先由较平面向较凸面在砾石较宽端从两侧向中间单面剥片，因打击点相隔较远而使中间形成凸刃，片疤较大而深凹，再在已形成凸刃上继续加工，使之变薄，刃角 65°。器身其他部位保留砾石面（图 3，7）。

T38③：23，单边砍砸器，凹刃。原料为浅黄褐色石英岩砾石，两面均凸起，长 100、宽 65、厚 44 mm，重 420 g。在砾石的一端进行单面加工，形成凹形刃口，刃角 60°。器身其他部位保留砾石面（图 3，8）。

T31③：17，双边砍砸器。原料为浅黄褐色石英岩砾石，一面较平，另一面较凸，长 160、宽 90、厚 60 mm，重 1 280 g。在砾石一端和左侧进行单面加工，加工方向均由较凸起面向较平面进行。端刃为斜刃，加工片疤较大而深凹，刃缘锋利，可见到许多向两侧崩裂的细小疤痕，应是使用所致，刃角 70°。侧刃为直刃，加工片疤较小而浅平，刃缘较钝，未见使用痕迹，刃角 80°。侧边修理也可能只是为了使之与右侧边平齐。器身其余部分保留砾石面（图 3，9）。

手镐　2 件。标本 T7③：6，原料为黄褐色石英砾石，器身近似梨形，长 196、宽 140、厚 60 mm，重 1 780 g。加工位置选择砾石较宽一端；锤击加工，由较平的一面向较凸的一面进行单面打击；修理长度未超过中线，剥片面疤约为石皮的二分之一；截面平凸。尖部较薄，呈舌形刃，刃角 70°（图 3，12）。

T36③：47，原料为灰褐色石英岩砾石，器身略近梨形，长 210、宽 130、厚 75 mm，重 1 980 g。采用锤击法以较平面为基础面，单面加工，加工面布满片疤；两侧均经细致修理，边缘平齐，侧刃角平均 80°；截面平凸。尖部较薄，呈舌形刃，刃角 60°（图 3，13）。

4. 断块

46 件，占打制石器总数的 67%。原料为石英岩、石英、细砂岩、硅质岩和中砂岩等，分别有 18 件、11 件、11 件、4 件和 2 件。长 70～170 mm，宽 50～135 mm，厚 25～80 mm，平均长 116、宽 76、厚 47 mm；重量在 220～2 540 g 之间，平均 510 g。

（三）玻璃陨石

1 件。标本 T35③：46，近似球形，表面凹凸不平，满布气泡破裂形成的小凹坑，棱角锋利，无冲磨痕迹，为原地埋藏。直径 40 mm，重 10 g。

三、讨 论 和 结 论

（一）石制品特征

六合遗址发现的磨制石器数量极少，仅 2 件，难以窥探其文化意义。其主要文化遗物为打制石器，故这里只对打制石器的特征加以概括：

1）原料有石英岩（53.61%）、角砾岩（18.82%）、细砂岩（7.37%）、硅质岩（5.80%）、中砂岩（2.90%）和石英（1.45%），以石英岩为主。从岩性、形状和大小来看，它们应该来自附近第 4 级阶地的砾石层。从不同类型石制品的原料分布来看，其比例大致相同。

2）以大型和中型为主。总体上，石制品长介于 60～210 mm，宽介于 40～140 mm，厚介于 32～80 mm，重介于 60～2 740 g。

3）类型包括石核（5.8%）、石片（7.2%）、工具（20.3%）和断块（66.7%），以断块居多，其次为工具。工具主要有砍砸器和手镐，以砍砸器为主。砍砸器类型多样，不仅可以分出单边和双边砍砸器，而且在单边砍砸器中还可以分出直刃、凸刃和凹刃。少数砍砸器器型较小，其与大型砍砸器的关系有待进一步研究。

4）剥片方法主要为锤击法；不对石核台面进行预制，石片背面多有砾石面，显现出剥片率较低的特征。

5）工具毛坯多为长型砾石，仅有少数砍砸器毛坯为石片；加工方法以锤击法为主，多选择砾石较平面为基础面向较凸面进行单面加工，加工部位多集中在砾石的一端。

6）六合遗址发掘面积较大，但是出土石制品数量有限，类型也较为简单。目前所获得的材料还难以被用来推测遗址的性质。

（二）地层与年代

经观察，六合遗址地层堆积成因有两种，即第①、②、③层为坡积堆积，第④和⑤层为河流相堆积。具体说明如下：

1）北部探方砾石层的上方为发育较典型的网纹红土层。

2）第①、②、③层为坡积堆积，其母质均为 T4 的网纹红土，是 T4 被破坏后于不同时期被地表流水从高处搬运到发掘区形成的二次堆积。

3）北坡近顶部处 T4 的下部有明显的破碎带,是一处小断层。六合遗址发掘区属于六合山顶部 T4 断裂的一部分,其所包含的文化遗物应与 T4 的文化遗物相同。

T4 网纹红土的年代根据以往的研究确定为中更新世初期[1,2]。同时,从打制石器的器特征来看,六合遗址原料分布和来源、剥片和加工方法、较低的剥片率、工具类型等都与百色盆地已报道的旧石器时代遗址如田东坡西岭[3]、六怀山遗址[4]等具有相似性。此外,在遗址砾石层顶面还发现 1 件具有年代指示意义的玻璃陨石。因此,综合地层、石制品特征和玻璃陨石三个方面可推断六合遗址打制石器的年代为中更新世早期[5]。

（三）发掘与研究的意义

六合遗址地质情况较为复杂,其发掘区低于 T4,为河流相堆积,很容易让人误判断其属于 T3,实际上它是属于 T4 的断层。

六合遗址位于百色盆地中西部,周围遗址密布。其东面为沙洲遗址,东南约 500 m 处为六怀山遗址;从沙洲往东的右江对岸则有杨屋、訾幕、大华厂、南坡山等遗址,显现出百色盆地旧石器遗址连片分布的特征(图 1)。不过,虽然百色盆地旧石器遗址众多,采集到的石制品也数以万计[6],但经正式发掘和报道的遗址却不是很多。六合遗址的发掘与报道将为百色旧石器研究增添新的材料。此外,尽管在六合遗址的发掘中并没有手斧出土,但是在之前采集的标本中有 1 件加工精美的手斧,这也进一步增添了遗址的研究价值。

致谢: 中国科学院古脊椎动物与古人类研究所黄慰文和高星研究员、中国科学院地质与地球物理研究所袁宝印研究员、中国科学院地球化学研究所朱照宇研究员、广西自然博物馆黄志涛研究员、广西民族博物馆王頠研究员以及广西文物考古研究所谢光茂研究员对六合遗址的发掘给予的热情指导,作者谨致谢忱。

注 释

[1] 袁宝印,叶连芳.雷公墨的地层年代学研究[J].科学通报,1979,24(6):271~273.
[2] 郭士伦,郝秀红,陈宝流,等.用裂变径迹法测定广西百色旧石器时代遗址的年代[J].人类学学报,1996,15(4):347~350.
[3] 林强.广西百色田东坡西岭旧石器时代遗址发掘简报[J].人类学学报,2002,21(1):59~64.
[4] 裴树文,陈福友,张乐,等.百色六怀山旧石器遗址发掘简报[J].人类学学报,2007,26(1):1~15.
[5] Yamei H, Potts R, Baoyin Y, *et al.* Mid-Pleistocene Acheulean-like Stone Technology of the Bose Basin, South China [J]. *Science*, 2000, 287(5458):1622 – 1626.
[6] 袁俊杰.百色盆地高岭坡遗址石器工业及其实验研究[D].中国科学院古脊椎动物与古人类研究所,2007:1~72.

(本文发表于《人类学学报》2012 年第 31 卷第 2 期)

广西百色百峰遗址发现的石制品[*]

黄胜敏　刘　扬　郭耀峥　黄明扬　刘康体　黄霖珍

2008 年以来,在国家第三次文物普查期间,广西百色市右江民族博物馆开展了对百色盆地旧石器遗址群的专题调查工作。通过此次普查,在原有遗址的基础上又发现了一大批新的旧石器遗址和石器标本。2009 年发现的百峰遗址就是其中之一,共采集石制品27 件。本文对这批石制品情况作简略报道。

一、地貌与地层概况

百峰遗址位于百色市与田阳县的交界处,行政区划隶属于田阳县,西北距百色市约2 000 m,东距田阳县城约 1 500 m(图 1)。其地处右江右岸的第 4 级阶地上,与河床相距约 150 m,地理坐标为 23°45.399′N,106°43.636′E,海拔约 200 m。遗址地层大部分因雨水

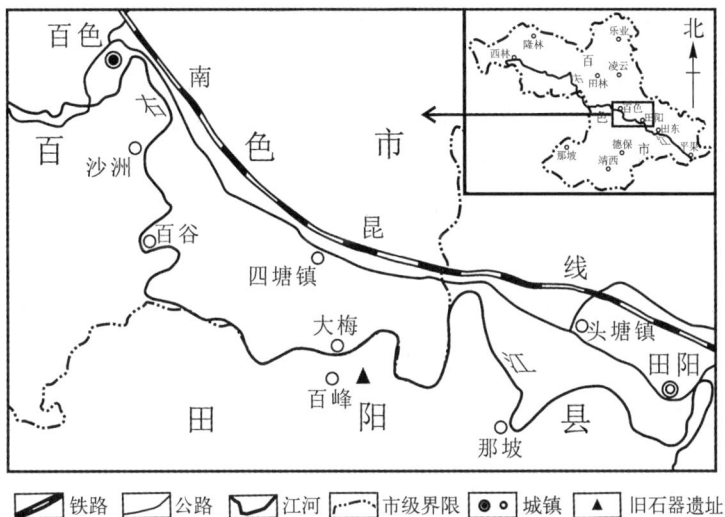

图 1　百峰遗址地理位置图

＊ 本项研究得到国家重点基础研究发展规划项目(2006CB806400)的资助;同时得到国家自然科学基金项目(40872023)和科技部科技基础性工作专项项目(2007FY110200)共同资助。

冲刷而露出厚厚的砾石层,部分区域甚至裸露基岩,只有局部还保留有少量网纹红土。石制品正是从网纹红土中冲刷出来的。从目前残留的堆积来看,网纹红土已所剩不多。

二、石制品分类与描述

采集石制品 27 件,类型包括 3 件石核、2 件石片和 22 件工具。石制品均可见到 1/2 以上的砾石面。石制品原料有石英岩、硅质岩、石英、粉砂岩和角砾岩 5 种,以石英岩为主,占 33%;其次为硅质岩,占 22%;再次为石英和粉砂岩,均占 19%;角砾岩最少。它们的长集中在 100~200 mm,宽集中在 100~150 mm,厚集中在 40~80 mm,整体上以大型和中型为主。原料应采自该级阶地的砾石层。

(一) 石核

3 件,单台面石核、多台面石核和盘状石核各 1 件,原料均为石英岩。

标本 09BSBFC:017,盘状石核,整体呈龟背状,最大长 127、宽 98、厚 38 mm,重 588 g。由背面向腹面向心式打片,台面无修理,但由于其顶面微凸而四周平缓倾斜而利于剥片。剥片技术体现出剥片者对剥片过程的控制意识,即下一次剥片都利用到前一次或几次剥片所形成的技术特征,如突棱和角度等。从其阴疤来看,每一个剥片都很成功,最初的剥片几乎都延至锥顶,只有一个片疤因原料节理的限制而半途折断。台面角范围在 42°~78°之间(图 2,2)。

标本 09BSBFC:015,多台面石核,最大长 156、宽 149、厚 123 mm,重 1 861 g。该石核的台面有两个为自然台面,其他则直接利用剥片面为台面进行剥片。从剥片面来看,该石核共有三个剥片面,但以砾石面为台面的剥片都不是很成功,其剥片面也成为下一步剥片的台面;较为成功的剥片面可以见到 3 个方向的片疤。较为成功剥片面上的剥片体现出一定的控制意识,其先是以剥片面为台面和砾石面为台面进行对向剥片,前者台面角 82°,仍有利于进一步的剥片;后者台面角 91°~110°,局部也能继续剥片。更为重要的是,由于对向剥片而在该剥片面的中部微凸,并形成了一条纵脊,起到了"预制凸面"的作用,而剥片者正是利用这一纵脊(凸面)进行下一步的剥片工作,其最长剥片疤有 62 mm;而其利用之台面所包含的两个剥片也可能是有意识的预制行为(图 2,1)。

(二) 石片

2 件。原料分别为硅质岩和石英岩。

标本 09BSBFC:002,原料为石英岩,长 61、宽 54、厚 22 mm,重 49 g。点状台面,人工背面。此件石片值得注意的是,受打击点、打击力度和原料本身的影响,使得石片剥落后腹面不在同一个面上,即在打片时,在左侧并没有延伸过去,而是剥落成了一个面。其还在石片背面造成了一个小小的崩疤(图 2,9)。

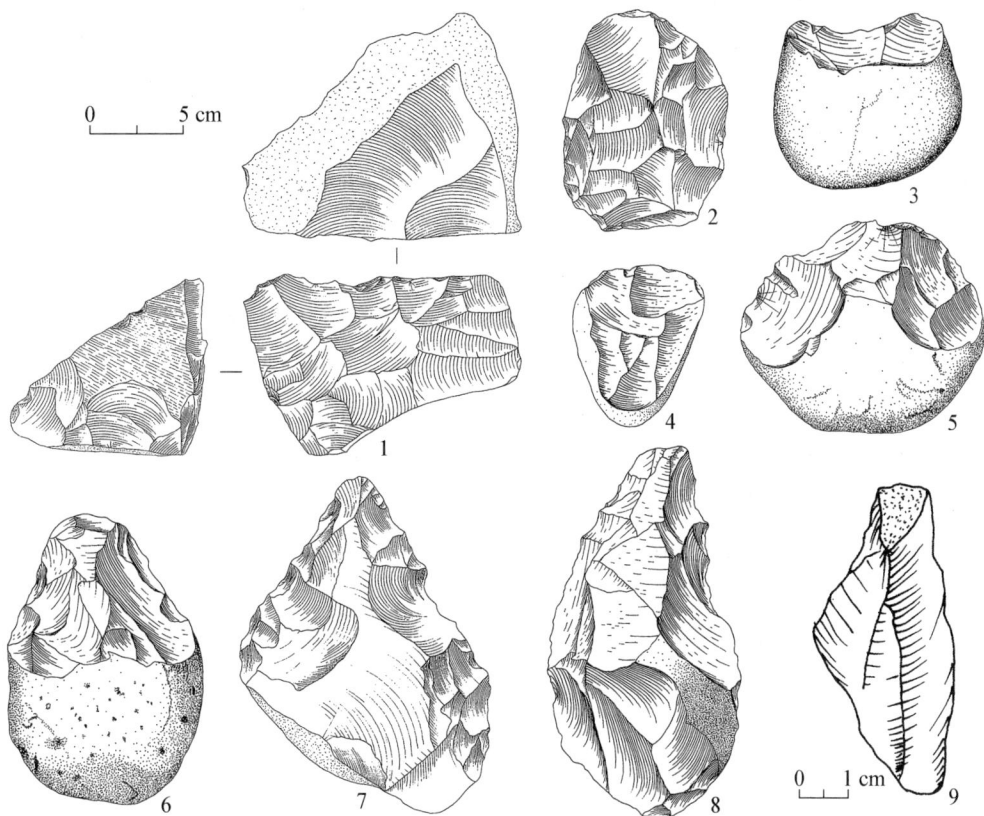

图 2　石制品

1、2. 石核（09BSBFC：015、09BSBFC：017）　3、5. 砍砸器（09BSBFC：004、09BSBFC：016）　4. 刮削器（09BSBFC：001）　6~8. 手镐（09BSBFC：027、09BSBFC：025、09BSBFC：022）　9. 石片（09BSBFC：002）

（三）工具

22 件。原料有石英岩、硅质岩、石英、粉砂岩和角砾岩。器类有手镐、砍砸器和刮削器，以手镐为主。工具全部采用锤击法加工。

手镐　14 件。原料有石英岩、石英、粉砂岩、硅质岩和角砾岩，分别为 4 件、3 件、3 件、2 件和 2 件。多利用砾石直接进行加工，仅有 2 件以大石片为毛坯。刃缘均较锐，最薄者仅 12°。根据刃缘形态其可以分为舌形刃、尖刃和凿形刃三种，分别有 10 件、3 件和 1 件。

标本 09BSBFC：027，舌形刃。原料为石英，长 159、宽 107、厚 61 mm，重 1 174 g。采用锤击法在扁椭圆形砾石的一端进行单面加工，加工长度以及加工部位整体厚度不及砾石长度和厚度的一半。舌形刃缘加工较为精细，细小疤痕仍清晰可见。刃角 63°（图 2，6）。

标本 09BSBFC：025，尖形刃。原料为石英岩，长 161、宽 158、厚 46 mm，重 1 449 g。

以大型石片为毛坯,在石片远端加工形成尖形刃缘。采用锤击法由背面向腹面进行单面加工;除台面外,石片两侧均进行了修理,至少可见到3层修疤;修理片疤没有超过中线;原石片的打击点、放射线都完整保留。背面保留石片原来的形态,大部分为石皮,只在左侧可以见到一个已被破坏的剥片阴疤。在尖角处可见到一个向背面的崩疤,可能是使用所致。刃角42°(图2,7)。

标本09BSBFC:022,凿形刃。原料为硅质岩,长203、宽103、厚101 mm,重1 891 g。砾石毛坯,截面呈三角形。采用锤击法从砾石较平面向凸面进行加工,除刃口处有向背面进行少量加工外,其余部位均为单面加工。两侧面加工较陡,与背面夹角接近90°,并同刃口加工面形成凿形刃缘。刃角63°(图2,8)。

砍砸器　5件。原料有硅质岩、石英和石英岩,分别有3件、1件和1件。均直接用砾石加工而成。刃缘形态可分为凸刃、直刃和凹刃三种,分别有2件、1件和1件。

标本09BSBFC:016,凸刃。原料为硅质岩,长117、宽134、厚63 mm,重1 212 g。以近似圆形砾石为毛坯,采用锤击法由砾石较平面向不平面进行单向加工。刃缘整体呈弧形,加工长度171 mm。刃角47°(图2,5)。

标本09BSBFC:004,凹刃。原料为石英岩,长86、宽102、厚41 mm,重478 g。以扁平砾石为毛坯,采用锤击法由较平面向相对较凸面进行单向加工。刃缘凹陷,加工较陡,刃角88°(图2,3)。

刮削器　3件。原料有粉砂岩和石英,分别有2件和1件。均以砾石为毛坯,器身相对较小。刃缘均较平直。

标本09BSBFC:001,原料为粉砂岩,长82、宽69、厚31 mm,重169 g。以近似梯形砾石为毛坯,修理位置选择在较宽一端,采用锤击法由较平面向较凸面进行单向加工,可见到3层修疤,第一层修疤直至底端。刃缘薄锐,不见细小修疤。刃角18°(图2,4)。

三、结　　语

(一)石制品特征

1. 多以遗址附近第4级阶地河卵石为石器加工的原料,岩性有石英岩(33%)、硅质岩(22%)、石英(19%)、粉砂岩(19%)和角砾岩(7%)5种,以石英岩为主。

2. 石制品类型包括石核(11%)、石片(8%)和工具(81%);工具以手镐(52%)为主,此外还有砍砸器(18%)和刮削器(11%)。

3. 石制工具毛坯以砾石为主,只有2件手镐毛坯为石片。石器个体以大型和中型为主。

4. 石核的剥片方法为锤击法,剥片技术体现出较强的控制意识。

5. 石制工具加工方法为锤击法,多在砾石一端选择较平面为基础面进行加工,以单面加工为主。

(二)年代与意义

20 世纪 30 年代巴尔博、李四光、德日进、杨钟健和李连捷等的一系列奠基性工作,特别是德日进、杨钟健等对广西、广东的考察使网纹红土的研究[1,2]提升一大步,并成为百色盆地地层与年代学研究的基石。三十多年来的研究表明[3~6],百色盆地只存在一个网纹红土阶地,它同时也是盆地内唯一一个含旧石器的阶地,即第四级阶地。网纹红土阶地还是百色盆地内唯一产玻璃陨石的阶地,从网纹红土中采集到的玻璃陨石都是原生的。2005 年以来多支考古队在盆地内配合高速公路建设而大面积揭露地层,其结果也验证了这一地层框架[7~8],并找到了玻璃陨石与手斧共存的证据[9]。百色旧石器经中国原子能科学研究院和美国伯克利地质年代中心先后用裂变径迹法与氩/氩法测试玻璃陨石分别获得距今 73.3 万年[10]和 80.3 万年[11]的结果。百峰遗址地处右江第四级阶地上,石制品都是从网纹红土中冲刷出来的,部分石制品表面的网纹化也证实了这一点。结合我们在遗址地表采集到的玻璃陨石,认为百峰遗址的年代为中更新世早期是合理和可信的。

三十多年来,百色旧石器的研究在质和量上都取得了重要成果。目前百色盆地已发现旧石器遗址近百处,在百色市、田阳县和田东县境内均有分布;历年来发掘和采集石制品数量更是已达数万件之多。这些材料部分如百谷遗址[12]、田东坡西岭遗址[13]、上宋遗址[7]和六怀山遗址[8]已经得以报道,然而较之数以百计的遗址和数以万计的石制品来说,则还仅仅是冰山一角。这种失衡的状况在一定程度上制约了百色旧石器研究的全面展开。百峰遗址发现石制品的报道将为百色旧石器研究提供新的材料。

百峰遗址石制品中两件石核的剥片技术表现出明显的控制意识,如盘状石核向心打片表现出来的后一剥片对先前剥片形成的技术特征的有效控制和利用;多台面石核有意制造"凸面"等。这在百色旧石器以前的研究中还很少被注意到[14]。这提示我们,在百色旧石器的研究中,石核剥片技术及其在百色旧石器中的地位的研究是一项亟待开展的工作,它对于我们更全面地认识百色旧石器的复杂文化内涵是很有意义的。

致谢: 中国科学院古脊椎动物与古人类研究所黄慰文研究员对本文精心批阅。

注 释

[1] Teilhard de Chardin P, Young CC, Pei WC, *et al*. On the Cenozoic Formations of Kwangsi and Kwangtung[J]. *Bulletin of the Geological Society of China*. 1935, 14(2): 179 - 205.

[2] Li Lien-chieh. Physiographical significance of the occurrence of red earths in Nanning basin[J]. *Bulletin of the Geological Society of China*. 1936, 15(4): 529 - 552.

[3] 黄慰文,刘源,李超荣,等.百色石器的时代问题[A].见:广东省博物馆等编.纪念马坝人化石发现三十周年文集[C].北京:文物出版社,1988: 95~101.

[4] 黄慰文,冷健,员晓枫等.对百色石器层位和时代的新认识[J].人类学学报,1990,9(2)：105~112.

[5] 袁宝印,侯亚梅,王頠等.百色旧石器遗址的若干地貌演化问题[J].人类学学报,1999,18(3)：215~224.

[6] 袁宝印,夏正楷,李保生,等.中国南方红土年代地层学与地层划分问题[J].第四纪研究.2008,28(1)：1~13.

[7] 谢光茂,林强.百色上宋遗址发掘简报[J].人类学学报.2008,27(1)：13~22.

[8] 裴树文,陈福友,张乐,等.百色六怀山旧石器遗址发掘简报[J].人类学学报.2007,26(1)：1~15.

[9] 王頠,莫进尤,黄志涛.广西百色盆地大梅南半山遗址发现与玻璃陨石共生的手斧[J].科学通报,2006,51(18)：2161~2165.

[10] 郭士伦,郝秀红,陈宝流,等.用裂变径迹法测定广西百色旧石器遗址的年代[J].人类学学报.1996,15(4)：347~350.

[11] Yamei H, Potts R, Baoyin Y, *et al*. Mid-Pleistocene Acheulean-like Stone Technology of the Bose Basin, South China[J]. *Science*. 2000, 287(5458)：1622-1626.

[12] 曾祥旺.广西百色市百谷屯发现的旧石器[J].考古与文物.1996(6)：1~8.

[13] 林强.广西百色田东坡西岭旧石器时代遗址发掘简报[J].人类学学报.2002,21(1)：59~64.

[14] 张璞,王頠.广西百色枫树岛旧石器早期石制品石核石片技术学分析[J].贵州科学.2009,27(2)：1~10.

（本文发表于《人类学学报》2011 年第 30 卷第 3 期）

百色盆地六林岭旧石器
遗址试掘报告[*]

高立红　侯亚梅　黄秋艳　李金燕　陆正勤　黄德奖

一、引　　言

六林岭旧石器遗址(23°36′53″N,107°01′5″E;图 1)位于右江南岸的第 4 级阶地,海拔 138 m,高出右江水面 40 m。遗址隶属于百色盆地东南部田东县祥周镇百渡村,东北距田东县城约 10 km,距右江约 1 km,西距百渡遗址 1 km[1]。2018 年 11~12 月,中国科学院古脊椎动物与古人类研究所与广西壮族自治区田东县博物馆对遗址进行了 1 个月的试掘,发现并采集到一些石制品。本文即是对此次试掘工作的简要报道。

图 1　六林岭遗址地理位置图

* 中国科学院战略性先导科技专项(B 类;XDB26000000);国家自然科学基金项目(41977379)。

二、地貌、地层与试掘状况

遗址总体由西北向东南倾斜,高度范围大约 150~125 m。遗址地表覆盖严重风化的砖红色黏土,被流水侵蚀后形成类似劣地地形。距离六林岭最近的自然村祥群屯位于遗址东北 500 m 处,海拔 121 m。村落周围为蔬菜用地,沿路可见用于灌溉的水渠。遗址西面和南面为群山,山地上种植松树。遗址上布满芒果树,在芒果树之间的空当进行试掘。

试掘共布 2×2 m 的探方 7 个,标号依次为 T1~T7。其中 4 个发掘至第三纪泥岩,并开挖一条长 28、宽 0.5 m 的探沟,编号为 G1。试掘总面积(不包括探沟)28 m²,探沟面积 14 m²。发掘自上而下,按照 10 cm 一个水平层逐层下挖。

根据土色、土质等特征,可分为 9 层堆积。石制品出土自两个文化层,即第一文化层(Cultural Layer 1,简写为 CL1)和第二文化层(Cultural Layer 2,简写为 CL2)。CL1 石制品从第 2 层开始出现,主要集中于第 4 层,且在此层发现玻璃陨石碎片。CL2 石制品出自第 8 层,即砾石层。9 层堆积如下(以 T6 北壁和 T3 北壁为例):

1)灰褐色砂质黏土:土质松软,含现代植物根茎和腐殖质,为表土层,最厚处 4 cm。

2)红色黏土层:夹杂灰黄色黏土,含少量粉砂状土,为扰土层,含少量石制品,最厚处达 32 cm。

3)灰绿色黏土层:夹杂黄色黏土,含少量细粉砂状土,含少量石制品,最厚 26 cm。

4)黄褐色黏土层:含零星铁锰结核颗粒,为石制品主要出土层位,并发现玻璃陨石。

5)红色黏土层:与第 4 层相比,所含铁锰结核发育,颗粒明显增大。铁锰结核颗粒直径多在 1~2 cm。T6 出露最厚处 32 cm(未见底),在 T2 和 T3 可见 17~62 cm。

6)红色黏土层:黏土较纯,与第 5 层、第 7 层有明显的界线,厚度 11~33 cm。

7)黄棕色黏土层:与第 6 层有明显的界线,厚度大约为 45~90 cm。

8)砾石层:砾石水平排列,分选性及磨圆度较好,砾径集中于 1~5 cm。此层最厚处达 45 cm,有石制品出土。

9)早第三纪泥岩、细砂岩:含黏土和细砂粉的黏土块呈条状分布,局部呈蠕虫状分布。黏土块多为暗紫色,个别灰绿色,局部呈蠕虫状。未见底,最厚处出露 90 cm(图 2)。

三、石 制 品

(一)石制品分布

共获得石制品 182 件,其中地层出土 40 件,采集 142 件。石制品出自第 2、3、4 和 8 层,由于第 8 层堆积与 2、3、4 层完全不同,且不连续,故将石制品出土层位划分为两个文

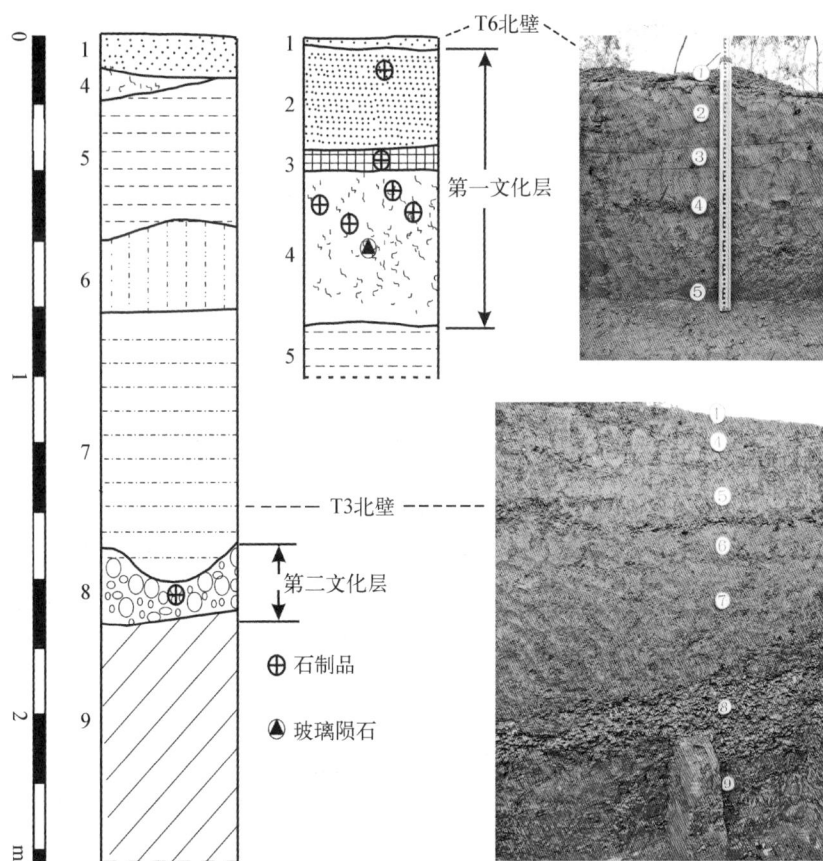

图 2　六林岭遗址地层及剖面

化层,即第一文化层和第二文化层。CL1 堆积为黏土,出土 31 件,见于 T5、T6、T7 和探沟;从水平层第 2 层开始出现,主要集中于第 4 层,即距地表 60~80 cm 处,且在此层发现一枚玻璃陨石碎片(图3)。CL2 堆积为砾石,出土 9 件,见于 T2 和 T3,出土面积 8 m²。CL1 出土的石制品棱角分明,破裂面新鲜;CL2 出土的石制品磨蚀相对严重(图4)。

图 3　六林岭遗址出土的玻璃陨石碎片

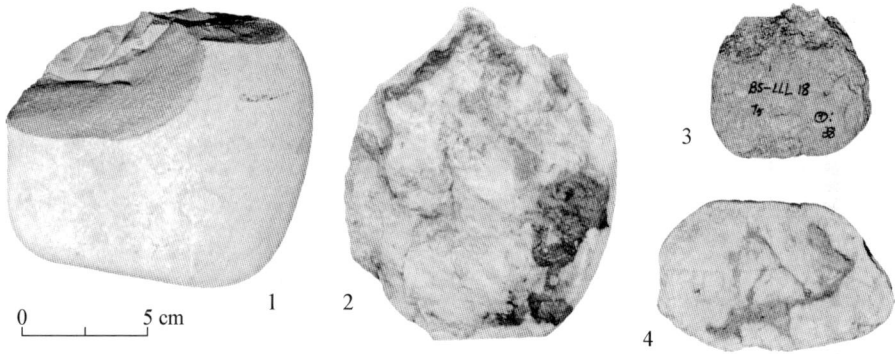

0 _____ 5 cm

图 4　石制品
1. 采集　2、4. 出自第 2 文化层　3. 出自第 1 文化层

石制品分类主要依据 Bordes[2] 和 Debenath[3] 的分类体系,并参考各位前辈对此分类体系在百色的应用[4~5]。本文把石制品分为备料、石锤、石核、石片、断块和石器。

CL1 出土石制品 31 件,以石器和石片比例最高,各 11 件,分别占 35.5%;CL2 出土石制品 9 件,数量较少,以备料最多(n＝4; 44.5%);采集石制品 142 件,其中石器数量最多(n＝93; 65.4%)(表 1)。

表 1　石制品主要类型的数量和占比

类型 层位	备料 n(%)	石锤 n(%)	石核 n(%)	石片 n(%)	石器 n(%)	断块 n(%)	合计 n
采集	1(0.8%)	2(1.5%)	13(9.2%)	30(21%)	93(65.4%)	3(2.1%)	142
CL1	1(3.2%)		5(16.1%)	11(35.5%)	11(35.5%)	3(9.7%)	31
CL2	4(44.5%)		1(11.1%)	2(22.2%)	1(11.1%)	1(11.1%)	9
合计	6(3.3%)	2(1.1%)	19(10.5%)	43(23.6%)	105(57.7%)	7(3.8%)	182

(二)石制品原料

石制品原料包括粉砂岩、石英砂岩、石英、砾岩、砂岩和火山岩,其中以粉砂岩和石英砂岩为主,分别占比 44%、28.6%。采集石制品和不同文化层出土石制品各原料占比表现相似。

CL1 石制品原料以粉砂岩(n＝11; 35.5%)和石英砂岩(n＝13; 41.9%)为主,砾岩和石英次之,不见砂岩和火山岩。CL1 出土不同石制品类型中,石核以石英砂岩最多(n＝3; 60%);石片以粉砂岩为主(n＝7; 64%),其次为石英砂岩(n＝4; 36%);石器以石英砂岩最多(n＝4; 36%),其次为粉砂岩(n＝3; 27%)。CL2 出土石制品包括三种原料,即粉砂岩、石英砂岩和石英,三者比例相同(n=3;33%)。CL2 出土石制品以备料数量最多,其中石英和石英砂岩备料各有 2 件;石器仅 1 件,为粉砂岩。采集石制品的石核、石片和石器原料均以粉砂岩为主,其次为石英砂岩。

　　总体来说,遗址原料以粉砂岩和石英砂岩为主。CL1 和 CL2 出土的石制品中两种原料表现相当,在不同类型的石制品中,比例也相差不大。由于地层中尤其是 CL2 出土石制品数量较少,还不足以认识问题的全貌。

(三)石制品

1. 备料

备料指遗址内无人工痕迹的磨圆砾石。共 6 件,CL1 出土 1 件,原料砾岩,最大长 147 mm,质量 1 491 g;CL2 出土 4 件,石英和石英砂岩各 2 件;采集 1 件。在 6 件备料中,采集的 1 件原料为砂岩,最大长 89.8 mm。CL2 地层堆积为砾石,此层出土的备料与砾石砾径明显不同,长度集中于 89~96 mm。

2. 石锤

2 件,采集,原料均为石英砂岩,一件为三角形,一件为长条形。长条形石锤一端可见片疤,长 126、宽 54、厚 43 mm,质量 422 g(图 5,12)。

3. 石核

19 件,其中 CL1 出土 5 件,CL2 出土 1 件,采集 13 件。均为锤击石核,以砾石为毛坯。

石核大小相对集中。CL1 出土 5 件石核最大长范围为 83~185 mm,其中 4 件长度在 110~185 mm,长平均为 124 mm;质量范围为 328~3 398 g,平均为 1 020 g,其中 4 件质量在 328~635 g;CL2 出土 1 件石核,长最大 120 mm,质量 732 g;采集石核最大长范围为 51~165 mm,长平均为 110 mm;质量范围为 49~2 231 g,平均 890 g。

石核的利用率总体不高。以剥片范围达到 50%为界,在所有 19 件石核中,不足者占 79%(n=15);CL1 出土 5 件石核中,不足者有 4 件(80%);CL2 出土 1 件石核,也没有达到;采集的 13 件石核,不足者占 77%(n=10)。剥片程度同样以 50%为界,CL1 达到者占 40%,采集达到者占 23%。在所有石核中,只有 26%(n=5)剥片程度达到了 50%以上。对石核上所有片疤的数量统计发现,大部分(n=12;63%)不足 4 个剥片。

与石器相比,石核上片疤尺寸所占核体比例明显偏大。CL1 出土的所有 5 件石核最大疤长与剥片面相当;在采集的石核中,有 11 件(84%)的最大疤长达到了剥片面的 80%以上。

根据台面的数量,石核可分为单台面石核、双台面石核和多台面石核[6]。石核以单台面为主(n=12;63%),其次为双台面(n=5;26%),多台面石核最少(n=2;11%)。不同层位出土石核各类型比例与此相似。

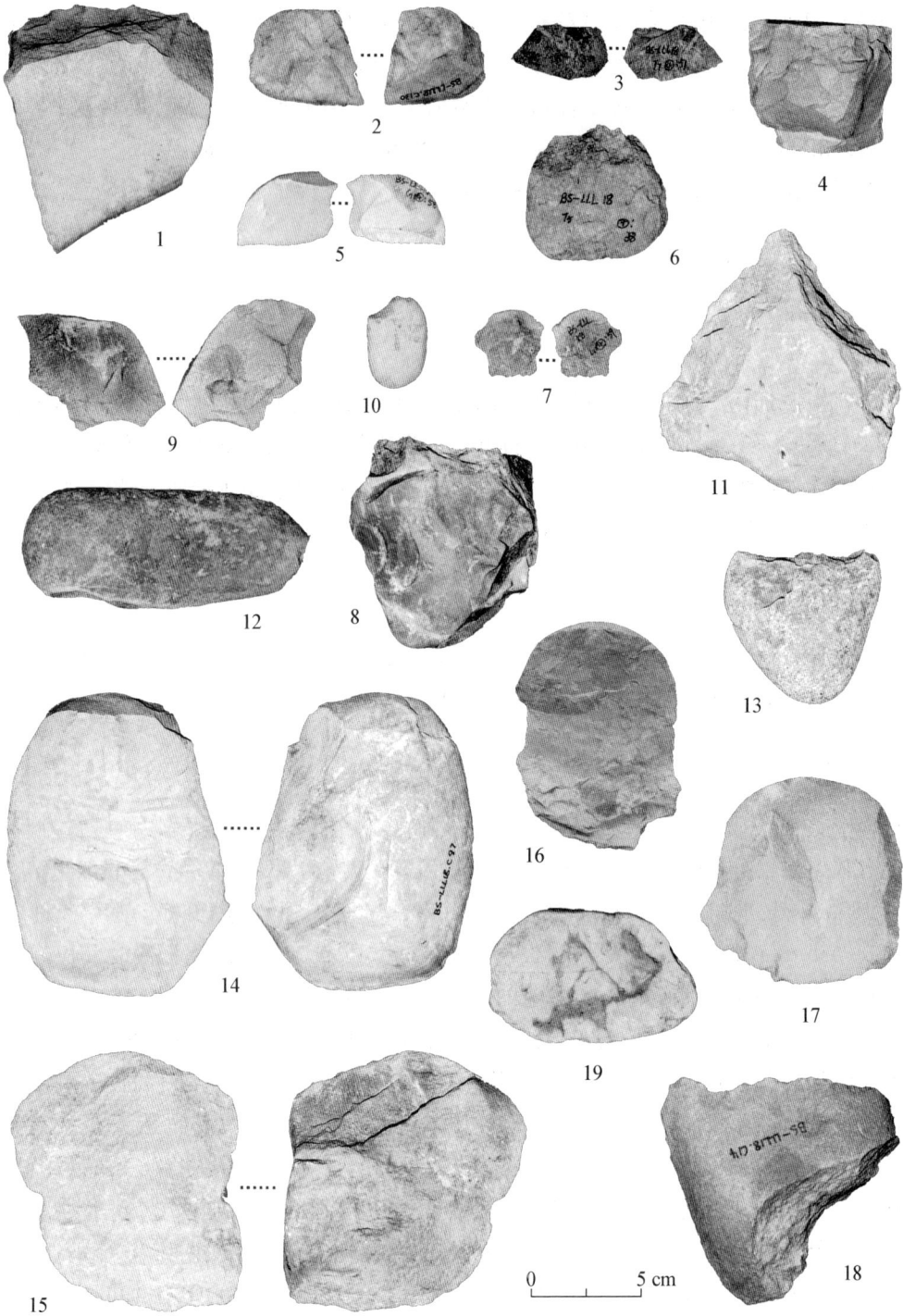

图 5　石核、石锤、石片和刮削器

1、6、10、11、13、18. 刮削器　2、3、5、7、9、14～17、19. 石片　12. 石锤　4、8. 石核

4. 石片

43 件。其中,采集 30 件,CL1 出土 11 件,CL2 出土 2 件;完整石片 32 件,左裂片 6 件,右裂片 5 件。

完整石片以自然台面占绝大多数。CL1 出土 9 件完整石片中有 7 件(78%)为自然台面,CL2 中 2 件全部为自然台面;采集的 21 件完整石片中,18 件(60%)为自然台面。人工台面全部为素台面,即只有一片片疤的台面,不见修理台面。

CL1 中,完整石片的长最大 94 mm,最小 24 mm,平均 51 mm;宽最大 67 mm,最小 43 mm,平均 46 mm;厚最大 19 mm,最小 7 mm,平均 15 mm;质量最大 159 g,最小 6 g,平均 54 g。CL2 中 2 件石片的尺寸分别为长 44、宽 39、厚 16 mm,长 55、宽 87、厚 30 mm,质量分别为 32 g 和 224 g。采集的完整石片长最大 160 mm,最小 23 mm,平均 66 mm;宽最大 130 mm,最小 20 mm,平均 59 mm;厚最大 52 mm,最小 5 mm,平均 24 mm;质量最大 751 g,最小 5 g,平均 154 g。总体来说,遗址石片的大小相对集中。

石片均为锤击法剥片所得。石片较薄,台面厚/台面宽不到 50% 的占大部分,其中 CL1 中有 7 件(78%)小于 50%,CL2 中有 1 件不到,采集中有 15 件(71%)不到 50%。石片的边缘形态较为规则,可分为反聚汇、平行、准平行、汇聚和扇形五种形态,其中以准平行数量最多(CL1 中占 44%,采集中占 38%)。末端形态可分为背向卷、腹向卷、台阶状和羽状四种形态,其中以腹向卷比例最大,CL1 中 22%,采集中 57%。

根据 Toth 的分类标准[7]对完整石片进行观察统计。CL1 出土和采集完整石片均以 Ⅱ 型石片最多,分别有 5 件(56%)和 12 件(40%),其次为 Ⅰ 型和 Ⅲ 型石片,Ⅳ 型和 Ⅴ 型石片零星出现,不见 Ⅵ 型石片。

5. 石器

105 件,包括砍砸器 59 件,采集 54 件,CL1 出土 5 件;手镐 19 件,采集 17 件,CL1、CL2 各出土 1 件;刮削器 27 件,采集 22 件,CL1 出土 5 件。

地层以及采集的所有石器的原料总体以粉砂岩为主(n=48;46%),其次为石英砂岩(n=21;20%)。CL1 中出土石器原料比例与以上相似,粉砂岩占 36%(n=4),石英砂岩占 27%(n=3)。在 CL2 中,只有 1 件石器,原料为粉砂岩。

不同石器类型均以粉砂岩为主要原料。砍砸器中,粉砂岩所占比例为 31%(n=18),其次为砂岩(n=16;27%)和石英砂岩(n=13;22%);CL1 中,粉砂岩和石英砂岩比例相同,各占 40%(n=2),CL2 中没有发现砍砸器。

手镐以粉砂岩的为主,比例达到 63%(n=12),其次为石英砂岩(n=6;33%)。在 CL1 中,1 件手镐原料为石英砂岩,CL2 中发现 1 件手镐,原料为粉砂岩。

刮削器原料以粉砂岩占绝对优势,比例达到 67%(n=18),其次为砂岩(n=4;15%)。在 CL1 中,以粉砂岩为原料的刮削器占 40%(n=2)。CL2 中没有发现刮削器。

无论是地层出土还是采集,粉砂岩、石英砂岩和砂岩三者均是石器比较重要的原料,而其中又以粉砂岩的数量居多,其次为石英砂岩。在不同类型的石器中,砍砸器和手镐的原料以粉砂岩为主,其次为石英砂岩,两种原料比例相差不大;而刮削器的原料中,粉砂岩的数量占绝对优势,其他原料只是零星出现。这似乎说明,古人在选择原料制作砍砸器和手镐时,对粉砂岩和石英砂岩并没有特别强的倾向性;而在选择原料制作小型石器刮削器时,粉砂岩是重要的选择对象。

(1)砍砸器

59件,占全部石器的56%。其中CL1出土5件,占CL1全部出土石器的45%;采集54件,占采集全部石器的58%。砍砸器的长度主要集中在80~150 mm,有54件,占比91%。其中,采集的石器有49件,占全部采集石器的90%;长度集中于90~120 mm的有36件(占全部砍砸器的57%);CL1出土的砍砸器全部位于90~120 mm;CL2无砍砸器出土。

砍砸器毛坯全部为砾石,均为单端。依据刃缘形状可分为直刃砍砸器、圆弧刃砍砸器、凸刃砍砸器、尖刃砍砸器和凹刃砍砸器。其中以直刃砍砸器数量最多(n=36;61%),其次为圆弧刃和凸刃(n=8;14%);CL1中出土砍砸器以圆弧刃和凸刃为多(n=2;40%)。刃角主要集中于区间60°~80°(n=40;68%),CL1中全部集中于此区间。古人多选择扁平砾石来制作砍砸器,扁平度(砍砸器的厚/长)较低,扁平度最低达到0.3,在区间0.3~0.6的占85%(n=50),CL1中出土砍砸器扁平度全部在此区间。

加工全部使用锤击法,大都采用从较平的一面向较凸的一面进行加工。片疤层数较少,主要是3层(n=29;49%)或2层(n=23;39%),其次为1层(n=4;7%)或4层(n=3;5%)。CL1中出土砍砸器与此情况相同,4件砍砸器有3层片疤,1件砍砸器有2层片疤。修整范围较小,最小的只有10%,90%(n=54)的砍砸器修整范围在50%以下;其中,CL1中修整范围在50%以下的占80%。石皮保留比例全部在50%以上,其中有39件(66%)砍砸器的石皮保留比例在80%以上(CL1中这一比例是60%)。

(2)手镐

19件,占全部石器的18%。其中采集17件,CL1出土1件,CL2出土1件。

采集手镐17件,长度最小107 mm,最大212 mm,70%(n=12)集中于区间120~180 mm;质量最小406 g,最大2 641 g,有76%(n=13)在1 000 g以上。

采集手镐有三种形状,即卵三角形(n=9;53%)、卵圆形(n=6;35%)和三角形(n=2;12%)。毛坯以砾石为主,只发现1件石片毛坯。采集手镐依尖端形态可分为舌形刃手镐和尖形刃手镐,尖形刃手镐比例略高(n=10;59%)。截面形态可分为椭圆形、卵圆形和三角形。其中以三角形占的比例较高(n=7;42%),椭圆形和卵圆形次之(n=5;29%)。

全部为锤击法剥片,修整范围较小,最小的只有20%,70%(n=12)的手镐修整范围在60%以下;手镐石皮覆盖比例较高,最少为40%,最多为80%,88%(n=15)的手镐石皮覆盖比例达到60%以上。片疤层数最少为2层,最多为6层,多数在3~4层(n=15;88%)。最大宽基本位于长轴中点,最大宽/长轴中点宽最小为0.84,最大为1.01。手镐的修整程度总体来说较砍砸器为大,但依然不高。

　　CL1 出土 1 件手镐,砾石毛坯,三角形,截面形态为椭圆形,尖端形态呈舌形。锤击法加工,长 192、宽 150、厚 101 mm,重 3 367 g,是发现的手镐中最大的一件。最大宽/长轴中点宽为0.9,最大宽位于长轴中点往下,从底缘到最大宽距离/长轴为 0.3,即最大宽位于长轴从底缘往上大约 1/3 处。剥片比例 50%,石皮比例 70%,4 层片疤。刃缘长 200 mm,刃角 75°(图 6,10)。

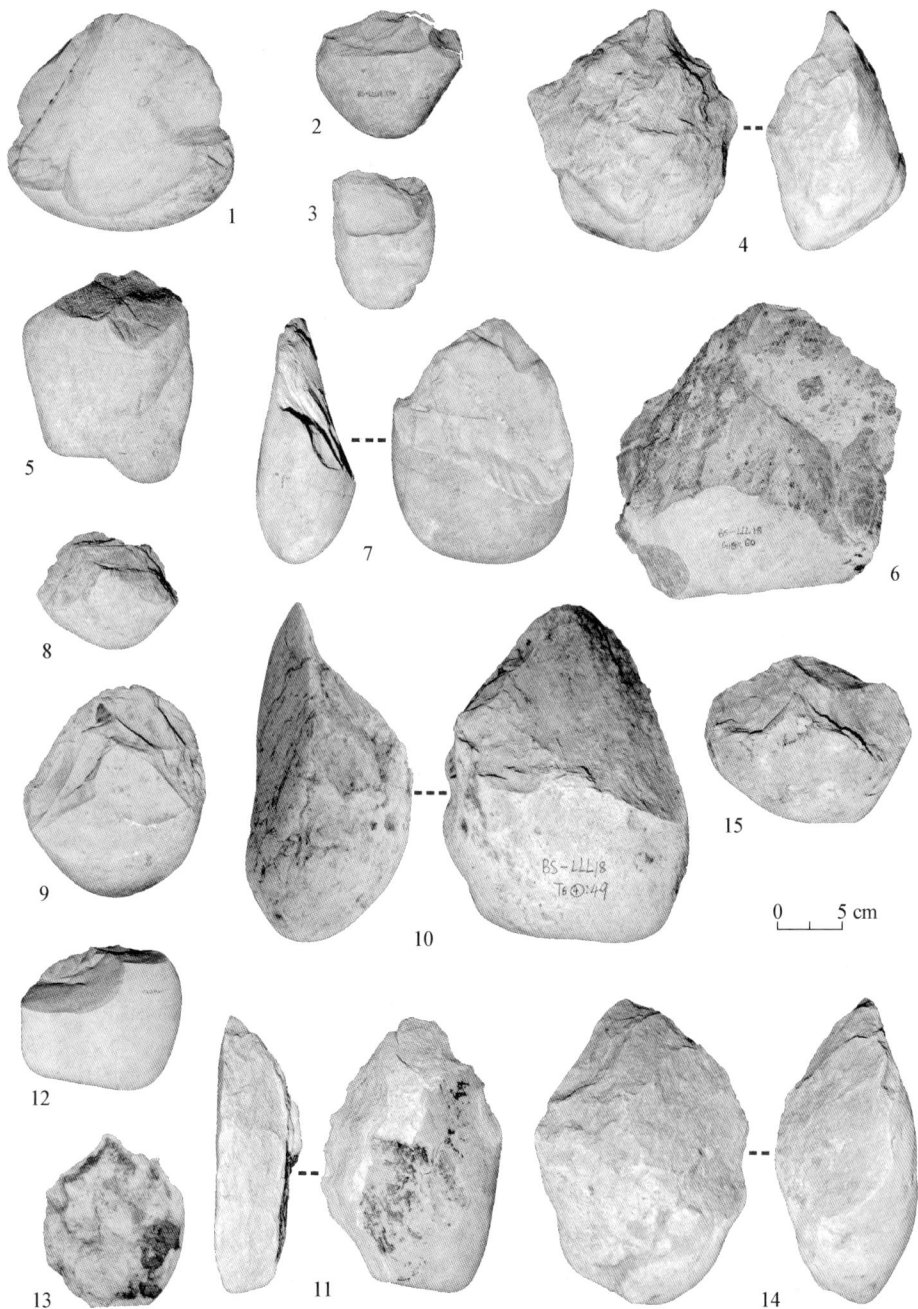

图 6　手镐和砍砸器
1~3、5、6、8、9、12、15. 砍砸器　4、7、10、11、13、14. 手镐

CL2 出土 1 件手镐,石片毛坯,卵圆形,截面形态为卵圆形,尖端形态呈尖形。锤击法加工,长 119、宽 97、厚 46 mm,质量 560 g。最大宽/长轴中点宽为 1,从底缘到最大宽距离/长轴为 0.5,最大宽位于长轴中点处。修整比例 70%,石皮比例 30%,3 层片疤呈叠压状。刃缘长 175 mm,刃角 60°(图 6,13)。

(3)刮削器

27 件,占全部石器的 26%。其中采集 22 件,CL1 出土 5 件,CL2 没有出土。全部为锤击法加工,可分为单边直刃(n = 16;58%)、单边凸刃(n = 5;19%)、单边凹刃(n = 4;15%)、单边汇聚刃(n = 1;4%)和单边锯齿刃(n = 1;4%)。刮削器的毛坯以砾石最多(n = 19,70%),刃角主要集中于区间 60°~80°(n = 22;81%)。刮削器长度最小 28 mm,最大 110 mm,平均 71 mm,77%(n = 21)长度处于 40~90 mm。质量最小 27 g,最大 759 g,平均 244 g。

CL1 中出土刮削器 5 件,砾石毛坯 3 件,石块毛坯 2 件;其中有单边直刃刮削器 3 件、凹刃和锯齿刃各 1 件;刃角集中于 60°~80°(n = 4;80%);长度 3 件(60%)位于 40~90 mm;质量最大 454 g,最小 27 g,平均 216 g。

6. 断块

7 件。采集 3 件,CL1 出土 3 件,CL2 出土 1 件。长最大 87 mm,最小 51 mm,平均 72 mm;宽最大 76 mm,最小 35 mm,平均 56 mm;厚最大 46 mm,最小 24 mm,平均 31 mm;质量最大 199 g,最小 42 g,平均 144 g。

四、讨 论 与 结 语

(一) 石制品特征

1)石制品共 182 件,分别来自采集 142 件、CL1 31 件和 CL2 9 件。CL1 出土石制品破裂面新鲜,风化不明显;CL2 石制品磨蚀严重。综合 CL1 和 CL2 的沉积环境,六林岭遗址的石制品应为两套组合。两套组合石制品保存状态不同。

2)石制品由备料、石锤、石核、石片、断块和石器构成。石器可分为砍砸器、手镐和刮削器。

3)石制品原料主要为粉砂岩和石英砂岩,以粉砂岩为主,其次还包括石英、砾岩和火山岩等,原料来自河流砾石。在不同的石器类型中,古人在选择砍砸器和手镐原料时,对于遗址中两种主要原料粉砂岩和石英砂岩没有表现出特定的偏好,而在为小型刮削器选择原料时,则对粉砂岩表现出了较高的热情。

4)锤击法剥片,石核和石片的数量较少。石核以单台面石核为主,台面多为自然台面,存在少数素台面。石核大小相对集中,利用率较低,大部分石核的剥片范围不足50%,成功剥片大多少于4片。

5)石片台面以自然台面为主,少量素台面。类型以Ⅱ型和Ⅲ型数量较多,尺寸较大。石片的边缘形态规则、末端形态多背向卷和腹向卷,石片的台面多窄长,说明石器制作者对于剥片有精准的把控力,技术具有一定的水准。

6)石器105件,包括砍砸器、手镐和刮削器,其中CL2只出土1件手镐。毛坯包括砾石、石片和石块。砾石毛坯占绝对优势,这一现象不仅体现在重型砍砸器和手镐上,同样体现在轻型刮削器上。石器的制作稍显粗糙,片疤层数多集中在2~3层;对毛坯的改造程度低,多数石器可以看出毛坯的原始形态。

7)由于本次发掘为试掘,揭露面积有限,尤其是地层中出土石制品较少,只能就目前材料做一个粗浅的推测,还不足以全面认识六林岭遗址的整个文化面貌。

(二)遗址年代

百色盆地旧石器遗址最早发现于1973年,目前已发现旧石器遗址113处,经过正式发掘和试掘的达到20多处[8~10]。20世纪80年代,学者开始注意到百色盆地含有阿舍利工业的重要元素手斧[11]。1988年,黄慰文等通过对高岭坡旧石器遗址的发掘,认为百色石器的主体部分产自相同的层位,即砖红壤层[12]。2000年,侯亚梅等通过氩/氩法对地层中玻璃陨石的测定,确定其年代为803 kaBP[13];用裂变径迹法对出自与石器同层位的玻璃陨石进行测定,得出百色旧石器的年代为732 kaBP[14]。2013~2014年,谢光茂等通过对田东高岭坡遗址的系统发掘,在研究地层关系、石制品特征及测年结果后,认为高岭坡旧石器时代文化遗存可分为三期:第一期的年代早于或等于803 kaBP,第二期为15 kaBP,第三期约为10 kaBP[15]。谢光茂等认为各期石制品特点不同,其中第三期石制品风化较轻,多为形状不规则的小石片及碎屑;第二期风化不明显,大多由砾石加工直接加工而成,器身较小而薄,手镐尖部多为锐尖;第三期石制品风化比较严重,石器厚重、把端较厚[15]。

六林岭旧石器遗址处于T4的前缘,根据土色、土质等特征可分为9层堆积,遗址可见两个文化层。CL1的石制品从第2层开始出现,主要集中在第4层;第4层发现有玻璃陨石碎片,年代可能为803 kaBP,但不排除此层堆积为再次堆积的可能,该层位的年代仍需进一步研究确定。谢光茂等认为高岭坡、大梅、坡洪等遗址旧石器存在三期石制品[15,16],廖卫等认为那赖遗址存在两期石制品[17];位于六林岭向东1 km的百渡遗址,与六林岭遗址具有相似的沉积环境,谢光茂等认为其年代可能在400 kaBP以后[1]。六林岭遗址CL1的年代是否存在上述情况,目前尚无明确证据。CL1出土的石制品片疤面新鲜,风化不明显,且没有网纹红土印痕。参考谢光茂等对高岭坡旧石器遗址地层及石制品的研究,推测CL1的年代很有可能属于晚更新世。

CL2位于第8层,为砾石层,主要成分为砾径1~5 cm的小砾石,直接覆盖在第三纪泥岩之上。此层堆积与百色盆地广泛分布的第Ⅳ级阶地的砾石层明显不同,表现为砾径小、分布范围小、地层薄。类似堆积在百色那赖遗址曾出现过,可能为一浅坑。CL2 共出土 9 件石制品,包含 1 件手镐。此层石制品磨蚀严重,可能经过了流水的搬运。从地层序列来看,CL2 处于 CL1 之下,年代要早于 CL1。从 CL1、CL2 的沉积环境和石制品的保存状态来看,两个层位应该不属同一时代。由于揭露面积有限,尚不足以全面揭示六林岭遗址的地层关系。

（三）遗址性质及意义

从两个文化层出土石制品的保存状态和沉积环境的差异来看,可以确定六林岭旧石器遗址出土的石制品分属不同的时期。

CL2 地层堆积为砾石,直接覆盖于第三纪泥岩之上,该层位发现石制品在百色地区尚属首次。出自 CL2 的石制品磨蚀严重,或为异地埋藏,或在地面暴露了较长时间。出自 CL1 的石制品破裂面新鲜,为原地埋藏。从 CL1 出土的石制品来看,石核、石片和断块的比例较小,石片尺寸较大,多可见使用痕迹,不见小的石片或碎片。由此推测,这是一个古人类活动的场所。

百色旧石器是以砾石为主要原料的石器工业,以往的报道曾认为重型石器包括手镐、手斧和砍砸器,多以砾石为毛坯;轻型石器包括刮削器、凹缺器等,多以石片为毛坯[18]。但在六林岭旧石器遗址中,无论是重型石器还是轻型石器,都以砾石毛坯占绝对优势。六林岭旧石器遗址发现存在以小砾石为毛坯的小砾石石器,这提示我们百色盆地的石器工业远比我们所认为的要复杂。报道过的石器类型包括手斧、手镐、砍砸器、薄刃斧、刮削器和鸟喙状器等[4~5、19~20]。因为发掘面积有限,六林岭旧石器遗址发现的石器类型仅有砍砸器、手镐和刮削器,没有超出百色旧石器工业的器型范围。

六林岭旧石器遗址的试掘,提示古人类曾经在不同的环境下活动,且在百色盆地右江江边持续活动了相当长的一段时间。六林岭旧石器遗址所提供的信息说明百色盆地人类活动的情况较为复杂,迫切需要进一步的工作和研究。

致谢: 在发掘期间,田东县博物馆全力协助和参与了本次工作。重庆三峡博物馆的刘光彩参加了本次发掘工作,贡献突出。两位审稿人对本文提出了具有建设性的意见,对文稿质量的提高颇有帮助。广西壮族自治区文化厅和田东县人民政府对本次工作给予了大力支持,作者对上述单位和个人致以衷心的感谢!

注　释
[1] 谢光茂,林强,黄鑫.百色田东百渡旧石器遗址发掘简报[J].人类学学报,2010,29(4):355~371.
[2] Bordes F. *The Old Stone Age*[M]. London: Weidenfeld & Nicolson. 1968, 1-256.
[3] Debenath A, Dibble HL. *Hand Book of Paleolithic Typology: Lower and Middle Paleolithic of Europe*

［M］. Univ Museum Pubns，1994，1－256.

［4］黄启善.百色旧石器［M］.北京：文物出版社，2003，1～180.

［5］黄慰文，何乃汉，佐川正敏.百色旧石器——中国广西百色遗址群发现的手斧对比研究［M］.仙台市：东北学院大学文学部考古学，2001，1～71.

［6］卫奇.西侯度石制品之浅见［J］.人类学学报，2000，19（2）：99～102.

［7］Toth N. The Oldowan reassessed：a close look at early stone artifacts［J］. *Journal of Archaeological Science*，1985，12（2）：101－120.

［8］李炎贤，尤玉柱.广西百色发现的旧石器［J］.古脊椎动物与古人类，1975，13（4）：225～228.

［9］Huang SM，Wang W，Bae CJ，et al. Recent Paleolithic field investigations in Bose Basin（Guangxi，China）［J］. *Quaternary International*，2011：1－5.

［10］Wang W，Bae CJ. How old are the Bose（Baise）Basin（Guangxi，southern China）bifaces？The Australasian tektites question revisited［J］. *Journal of Human Evolution*，2014：1－4.

［11］黄慰文.中国的手斧［J］.人类学学报，1987，6（1）：61～68.

［12］黄慰文，冷健，员晓枫，等.对百色石器层位和时代的新认识［J］.人类学学报，1990，9（2）：105～112.

［13］Hou YM，Potts R，Yuan BY，et al. Mid-Pleistocene Acheulien-like stone technology of the Bose basin，South China［J］. *Science*，2000，287：1622－1626.

［14］郭士伦，郝秀红，陈宝流，等.用裂变径迹法测定广西百色旧石器遗址的年代［J］.人类学学报，1996，15（4）：347～350.

［15］谢光茂，林强，余明辉，等.广西百色盆地高岭坡遗址的地层及年代［J］.人类学学报，2020，39（1）：106～117.

［16］谢光茂，林强，韦江.百色盆地旧石器时代考古发掘取得重大突破［N］.中国文物报，2007－05－04.

［17］廖卫，李金燕，李大伟，等.广西田阳县那赖旧石器遗址发现的石制品和玻璃陨石［J］.第四纪研究，2017，37（4）：765～777.

［18］高立红，袁俊杰，侯亚梅.百色盆地高岭坡遗址的石制品［J］.人类学学报，2014，33（2）：137～148.

［19］侯亚梅，高立红，黄慰文，等.百色高岭坡旧石器遗址 1993 年发掘简报［J］.人类学学报，2011，30（1）：1～12.

［20］Li H，Li CR，Kuman K.Rethinking the "Acheulean" in East Asia：Evidence from recent investigations in the Danjiankou Reservoir Region，central China［J］. *Quaternary International*，2014，341（1）：163－175.

（本文发表于《人类学学报》2022 年第 41 卷第 1 期）

广西百色公篓遗址石制品的
初步研究[*]

刘　扬　黄胜敏

公篓遗址发现于20世纪80年代,当时采集石制品88件,是广西百色盆地较早发现的一处旧石器时代遗址。2010年5月,复查了该遗址,又采集石制品14件。两次调查所得石制品共计102件。本文是对这些发现的简要报道。

一、地貌与地层概况

公篓遗址位于百色市与田阳县的交界处,行政区划隶属田阳县,西北距百色市约13 km,距田阳县城约21 km。遗址地处右江南岸的第四级阶地上,与右江相距约150 m,地理坐标为23°45.568′N,106°42.210′E,海拔约161 m(图1)。

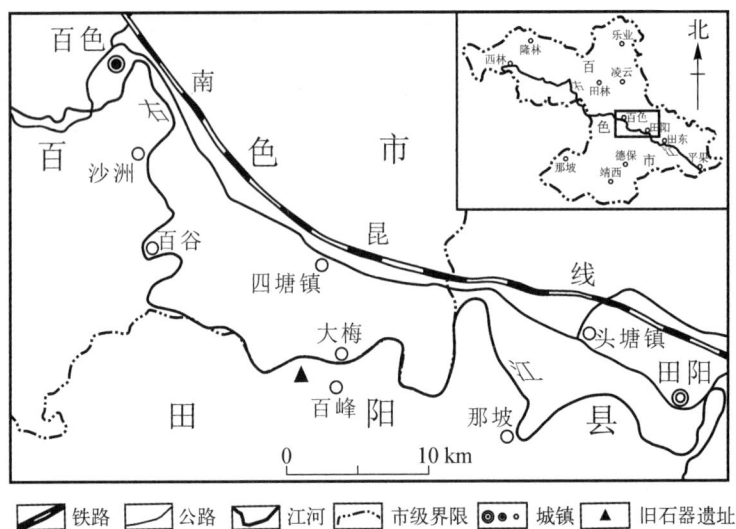

图1　公篓遗址地理位置图

　＊　本项研究得到中国科学院战略性先导科技专项(XDA05130203),国家自然科学基金项目(40872023)和科技部科技基础性工作专项(2007FY110200)的共同资助。

公篓遗址分布于东西两个山坡,中间为公篓子弟学校。东坡地层大部分因雨水冲刷而出露较厚的砾石层,部分区域裸露基岩,局部保留有少量的网纹红土;西坡的大部分区域都保留约 3 m 厚的网纹红土。2010 年采集的石制品均发现于山坡砾石层以上的高度,故推断它们都是被雨水从网纹红土中冲刷出来的,不过石制品出自网纹红土的具体部位则难以追查。

二、石制品分类与描述

石制品 102 件,类型包括石核(4 件)、石片(22 件)、工具(75 件)和断块(1 件)(表 1)。原料有石英岩、石英、硅质岩、粉砂岩、细砂岩和角砾岩 6 种,以石英岩为主(44 件),其次为石英(18 件),再次为硅质岩(15 件)、粉砂岩(14 件)和细砂岩(10 件),角砾岩者仅 1 件。不同原料在不同类型石制品上均有分布。从类别与大小来看,石制品原料在该阶地砾石层中均能见到,因此,原料就来自遗址附近的砾石层。石制品大小悬殊,长40~278 mm,宽 31~191 mm,厚 13~106 mm,重 19~5 600 g。石制品均未见明显的磨蚀风化现象。

表 1 石制品分类统计表

类 型	数量(N=102)	百分比
石核	4	3
单台面石核	3	
多台面石核	1	
石片	22	22
完整石片	16	
Ⅰ型(自然台面,自然背面)	4	
Ⅱ型(自然台面,部分人工背面)	6	
Ⅲ型(自然台面,人工背面)	4	
Ⅳ型(人工台面,自然背面)	1	
Ⅴ型(人工台面,部分人工背面)	1	
非完整石片	6	

类　　型	数量（N＝102）	百分比
FL（左裂片）	3	
FR（右裂片）	1	
远端	2	
工具	75	74
砍砸器	47	
手镐	21	
刮削器	6	
手斧	1	
断块	1	1

（一）石核

4 件。单台面石核 3 件，原料均为石英；多台面石核 1 件，原料为硅质岩。

BSGLC：2474，多台面石核，器身较小，最大长 57、宽 45、厚 32 mm，重 89 g。形状不规则，周身剥片，只有局部一小块为自然砾石面。可见到 3 个比较大的剥片疤，其余均较小。推测该石核基本属于废弃阶段（图 2，16）。

（二）石片

22 件。按石片台面和背面的特征，完整石片包括 Ⅰ 型（4 件）、Ⅱ 型（6 件）、Ⅲ 型（4 件）、Ⅳ 型（1 件）和 Ⅴ 型（1 件）（表 1）[1]。从完整石片来看，石片的台面以石皮台面为主，有 14 件，占 87%；人工台面 2 件，且均为素台面。台面角在 83° ~ 125° 之间，平均 101°，这表明多数石片所对应的石核台面角在 80° 左右，仍然具备继续剥片的技术特征。石片背面疤数量最多有 5 个，但仅 1 件；80% 的石片背面为石皮或者有背面疤 2 个。这些背面疤 87% 来自不同的台面。石片打击点均很明显，67% 有打击泡。石片末端形态均为羽状。从大小来看，长和宽均小于 100 mm 的占多数，达 70%。原料有硅质岩、石英岩、细砂岩、石英和粉砂岩，分别有 7 件、5 件、5 件、3 件和 2 件。

BSGLC：2423，Ⅲ 型石片。原料为硅质岩，长 58、宽 45、厚 13 mm，重 36 g。打击点和放射线均较清楚。背面可见到 5 个较大片疤，打击方向不固定。值得注意的是，左侧、右侧和末端均有由腹面向背面的小型片疤，可能是使用痕迹。此外，台面近背缘还经修理，似端刮器形态刃缘。台面角 102°（图 2，15）。

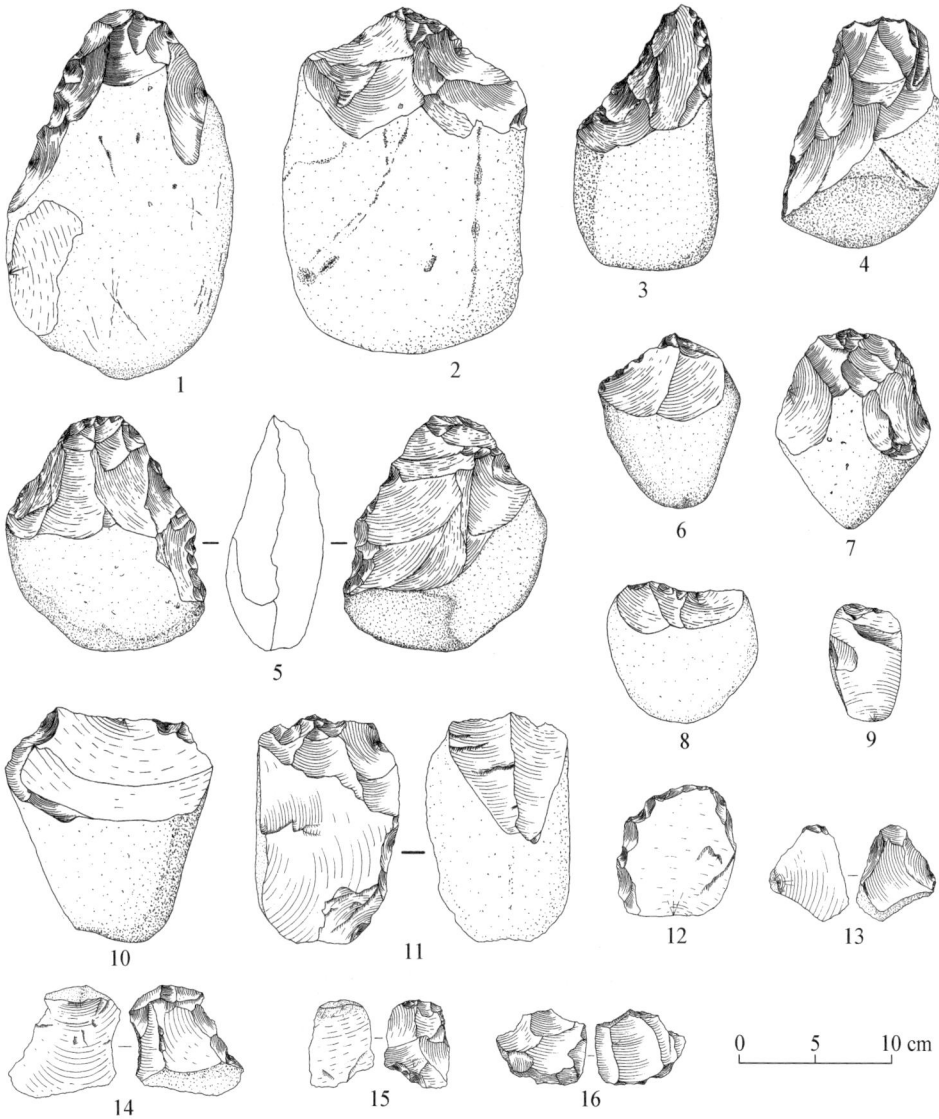

图 2　石制品

1~4. 手镐（BSGLC：2417、BSGLC：1154、BSGLC：2486、BSGLC：2482）　5. 手斧（BSGLC：2444）　6~8、
10、11. 砍砸器（BSGLC：1148、BDGLC：1125、BSGLC：2475、BSGLC：1153、BSGLC：2456）　9、12、13. 刮
削器（BSGLC：2451、BSGLC：2453、BSGLC：2439）　14、15. 石片（BSGLC：2449、BSGLC：2423）
16. 石核（BSGLC：2474）

（三）工具

75 件。有砍砸器、手镐、刮削器和手斧（表 1）。原料有石英岩、粉砂岩、石英、硅质岩、
细砂岩和角砾岩，分别有 38 件、12 件、12 件、7 件、5 件和 1 件。全部采用锤击法加工。

砍砸器　47 件。原料有石英岩、石英、粉砂岩、硅质岩、细砂岩和角砾岩，分别有 27
件、7 件、7 件、3 件、2 件和 1 件。多直接用砾石加工，有 45 件，仅 2 件为石片毛坯。多为单面加工,有44件,仅3件为两面加工,而且其中有1件仅在局部有两面加工。加工方向大多由较平面向较凸面进行。加工片疤多在3个以上,仅有2件为两个片疤,1件为单片疤。根据刃缘形态可分为直刃、凸刃、尖刃和凹刃四种,分别有33件、10件、3件和1件。

BSGLC:1153,直刃。原料为粉砂岩,长147、宽135、厚67 mm,重1 630 g。以近似梯形体砾石为毛坯,采用锤击法在砾石较宽端进行单面加工,加工片疤宽大,并形成平直刃缘,刃缘长114 mm,刃角37°。在左侧还有一个由左至右的打片,其与顶端平直刃缘相交形成尖角,较为圆钝(图2,10)。

BSGLC:2456,直刃。原料为石英,长154、宽66、厚66 mm,重1 036 g。以宽型石片为毛坯,在石片的右侧两面加工成较直刃缘,长61 mm,刃角47°。此外,在石片毛坯的底部和右侧少量加工(图2,11)。

BSGLC:1125,凸刃。原料为石英岩,质地细腻。长125、宽100、厚61 mm,重785 g。以卵形砾石为毛坯,在较宽端由较平面向较凸面进行单面加工,阶梯状层叠疤痕。从片疤来看,加工顺序总体来说是先左侧再右侧。刃缘长67 mm,刃角54°(图2,7)。

BSGLC:1148,尖刃。原料为石英岩,长107、宽89、厚53 mm,重631 g。砾石毛坯,在较宽端由较平面向较凸面进行单面加工。先由左至右打下2个较大片疤,形成一较直刃缘,长54 mm,该刃缘还有连续小块片疤分布,使其呈锯齿状,可能是使用所致。然后再在右侧连打两下,遂与先前直刃形成一个尖,尖角103°。尖角新鲜锐利,难以确定是否使用过(图2,6)。

BSGLC:2475,凹刃。原料为细砂岩,长86、宽98、厚42 mm,重455 g。以扁平近似圆形砾石为毛坯,采用锤击法由较平面向相对较凸面进行单面加工。可见到3个较大片疤,打击顺序为从左至右。刃缘微凹,加工较陡,刃角72°(图2,8)。

手镐　21件。原料有石英岩(9件)、石英(4件)、粉砂岩(4件)、细砂岩(3件)和硅质岩(1件)。个别器身较大,最大者长278、宽184、厚102 mm,重达5 600 g。均利用砾石直接进行加工。多为单面加工,有14件,另外7件局部有两面加工现象。加工方向多由较平面向另一面进行。根据刃缘形态其可以分为舌形刃、尖刃和平直刃三种,分别有9件、7件和5件。

BSGLC:2417,舌形刃。原料为石英,器身较大,长241、宽156、厚78 mm,重3 800 g。采用锤击法在扁长椭圆形砾石的一端和两侧由较平面向相对较凸面进行单面加工。加工较陡,与背面夹角接近90°。加工面积不及器身的十分之一,器身大部分为砾石面。此外在左侧下部还有一个孤立片疤。舌形刃缘可见到细小疤痕。刃角67°(图2,1)。

BSGLC:2482,平直刃。原料为细砂岩,长157、宽132、厚71 mm,重1 538 g。以砾石为毛坯,形态一面平整,一面凸起,右侧还可见到强烈的节理裂痕。打制者充分利用毛坯砾石本身的特征,以较平面为基础面向较凸面进行单面加工,加工部位选择在砾石内部结构相对较好的顶部和左侧。左侧加工较为陡直,直至底端。顶端刃缘平直,但在刃缘中部可以见到一个明显的小尖。刃角64°(图2,4)。

BSGLC：2486，尖形刃。原料为石英岩，长177、宽96、厚71 mm，重1 515 g。以砾石为毛坯，砾石形态近似长方体，左侧面倾斜。打制者选择左侧倾斜面为加工面进行单面加工，加工长度约为器身长的一半。左侧刃缘加工精细，可见到一些细小修理疤痕，刃角54°。在顶端左侧斜打下一个片疤，形成尖刃，尖角88°。右侧边也有少量打片，推测是为了去薄（图2,3）。

BSGLC：1154，尖形刃。原料为石英岩，长237、宽169、厚82 mm，重4 700 g。以扁平砾石为毛坯，采用锤击法在砾石一端进行单面加工，加工长度不及器身的四分之一。以相隔一定距离向器身中轴方向打片，形成尖形刃，尖角110°（图2,2）。

刮削器　6件。石片毛坯。原料有石英岩、硅质岩和粉砂岩，均为2件。单面加工和两面加工各占一半，单向加工者加工方向均由石片背面向腹面进行。刃角均较锐，最小者仅26°。根据刃缘形态可分为直刃和凸刃两种，分别有3件。

BSGLC：2451，直刃。原料为石英岩，长76、宽48、厚18 mm，重94 g。石片毛坯，修理位置选择在石片底端，也是较宽一端，采用锤击法由背面向腹面进行单面加工，可见3层修疤。在石片左侧也可见到少量片疤。刃缘薄锐，可见细小疤痕。刃角34°（图2,9）。

BSGLC：2439，短凸刃。原料为硅质岩，长51、宽65、厚16 mm，重54 g。以Ⅲ型石片为毛坯。在石片右侧和底缘相接处由背面向腹面进行单向修理，刃缘短凸，长33 mm，刃角31°（图2,13）。

BSGLC：2453，凸刃。原料为粉砂岩，长81、宽96、厚28 mm，重200 g。石片毛坯，在其右侧及底端由背面向腹面单面加工。刃缘弧凸，呈锯齿状。刃角35°（图2,12）。

手斧　1件。标本BSGLC：2444，舌形刃缘。原料为石英，长149、宽124、厚62 mm，重1 283 g。直接在砾石上进行加工，两面的修理均由两侧边缘向中轴方向进行。一侧加工直至把端，另一侧加工仅及器身的二分之一。把端保留砾石面。顶端刃缘正视S形，刃角62°（图2,5）。

三、结　　语

公篓遗址石制品特征表现为：

1) 以遗址附近第四级阶地河卵石为石器加工的原料，岩性有石英岩（43%）、石英（18%）、硅质岩（15%）、粉砂岩（13%）、细砂岩（10%）和角砾岩（1%）6种，以石英岩为主。

2) 石制品类型包括石核（3%）、石片（22%）、工具（74%）和断块（1%）；工具以砍砸器（44%）为主，此外还有手镐（21%）、刮削器（7%）和手斧（1%）。以大型和中型为主。

3) 石核的剥片方法为锤击法。

4) 石片尺寸均较小，多在100 mm以下。石片台面以自然台面为主；人工台面较少，且为素台面。台面角多大于100°，表明其所对应石核的台面角仍然具备继续剥片的技术特征。石片背面疤数量较少,打击方向多不同。石片末端形态均为羽状。

5) 工具毛坯以砾石为主。多在砾石一端选择较平面为基础面进行加工,以单面加工为主。加工方向多为从左至右,是打制者利手[2]的原因还是习惯的原因值得进一步探讨。此外,该遗址发现的手镐多较重,最重者达 5.6 kg,搬起来使用极为不便,它们的使用方式等问题值得思考。

从目前的观察来看,遗址石制品所表现出来的尺寸以大中型为主,砍砸器、手镐等大型工具占多数,以及手斧发现较少等特征与百色盆地其他遗址石制品的总体特征相似。不过,遗址发现的大型手镐其使用方式目前还不是很清楚,相信更深入的研究将给我们以新的启发。此外,该遗址发现有一定数量的小型石制品,且加工较为精细,这提示我们小型石器的研究也是百色盆地旧石器研究不可忽视的一个方面。

公篓遗址采集的石制品均来自右江第四级阶地,它们散落在被冲刷暴露的网纹红土层上,部分石制品表面还有明显的网纹化现象。我们推测,公篓遗址的年代与百色盆地旧石器遗址已有的测年结果一致,为中更新世早期[3]。

百色盆地自 20 世纪 70 年代以来已经发现大量的旧石器遗址并采集到丰富的石制品。这些遗址由于长期暴露冲刷以及土地的开发利用导致遗址本身遭到严重破坏,公篓遗址就是其中之一。为解决标本积累与遗址破坏之间的矛盾,将所采集石制品尽快报道出来应是当务之急,本文对公篓遗址的报道正为此作相应的努力。

注　释

[1] Toth N. The Oldowan reassessed: a close look at early stone artifacts [J]. *Journal of Archaeological Science*. 1985, 12(2): 101 - 120.

[2] Toth N. Archaeological evidence for preferential right-handedness in the Lower and Middle Pleistocene, and its possible implications[J]. 1985, 14(6): 607 - 614.

[3] Yamei H, Potts R, Baoyin Y, et al. Mid-Pleistocene Acheulean-like Stone Technology of the Bose Basin, South China[J]. *Science*. 2000, 287(5458): 1622 - 1626.

(本文发表于《人类学学报》2013 年第 32 卷第 1 期)

百色盆地高岭坡遗址的石制品*

高立红 袁俊杰 侯亚梅

一、前 言

百色盆地旧石器遗址发现于1973年,并在1975年作了初次报道[1]。截至2010年,已发现旧石器遗址或地点近113处,采集及发掘出土标本超过万件[2,3]。1993年在百谷遗址的原生地层发现了与石制品共存的玻璃陨石,裂变径迹法和氩—氩法对玻璃陨石测定的结果分别为(0.732±0.039) Ma BP[4]和0.803 Ma BP[5],这为百色盆地旧石器提供了明确的年代。高岭坡旧石器遗址位于百色市田东县境内的林逢镇檀河村,处县城东南方约10 km右江南岸的第4级阶地上,地理坐标为北纬23°33′60″,东经107°11′57″。该遗址方圆2 km²,顶面最高处高出右江水面62 m,海拔约152 m。

高岭坡是百色盆地较早并持续进行过发掘的旧石器遗址之一。黄慰文等于1986年开始对高岭坡遗址进行调查[6],后又于1988、1989、1991、1993和1995年进行过五次试掘或发掘[7]。1993年的发掘出土了大量的石片和断块,每件标本都有三维记录,是认识高岭坡遗址石器文化特点和性质的重要材料,已整理成文并以发掘报告的形式发表[8]。此外,该遗址还有许多材料未经研究,其中不乏数量众多的、出自地层的标本。为了更全面了解此遗址的文化面貌,本文对现存于中国科学院古脊椎动物与古人类研究所的、高岭坡遗址发现的834件石制品进行较为全面的观测与分析。

二、石 制 品

本文观测与分析的石制品共计834件(表1)。其中692件出自地层,142件为采集所得。黄慰文等认为,百色石器的主体部分产自相同的层位,即砖红壤层[6,7]。1993年的发掘记录显示,高岭坡旧石器标本主要分布于距地表70~90 cm的区间内,即网纹红土层上部[8]。

* 国家自然科学基金项目(40872023)。

表 1　研 究 标 本

年度	1986	1988	1989	1991	1993	1995	总计
采集	101	1	14	3	8	15	142
地层		36	81	14	437	124	692
总计	101	37	95	17	445	139	834

石制品类型有备料、石核、石片、断块和工具。石片与断块的数量相近,两者之和占到了 82%;工具 113 件,占 14%;石核和备料较少,各占 1% 和 3%(表 2)。

表 2　高岭坡遗址的石制品类型

类　　型	数　　量	百 分 比
备料	24	3
石核	9	1
石片	340	41
完整石片	261	
不完整石片	79	
工具	113	14
砍砸器	53	
手镐	42	
手斧	4	
刮削器	11	
凹缺器	1	
鸟喙状器	1	
石锥	1	
断块	348	41
合计	834	100

原料包括石英砂岩、硅质灰岩、石英岩、角砾岩、火山岩、水晶和燧石。其中石英砂岩、硅质灰岩和石英岩三种是其中最主要的原料(图 1)。

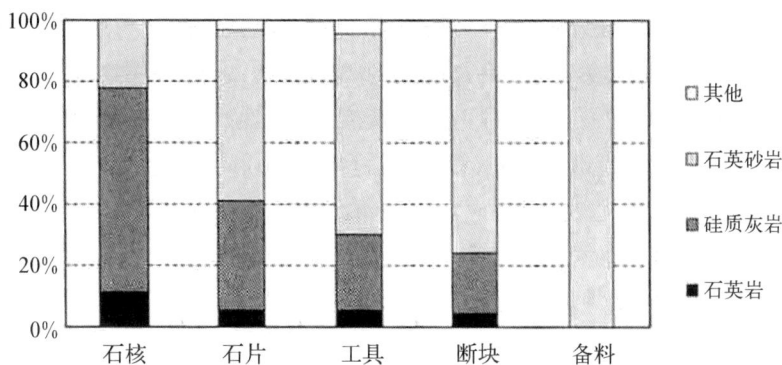

图 1　石制品类型及原料利用率

（一）备料

共 24 件,占 3%,包括完整砾石(17 件)和只有一个片疤的砾石(7 件),原料全部为石英砂岩。只有一个片疤的砾石或为卵圆形或为长条形,其共同特点是在长轴一端存在一个完整的片疤。此类石制品已有文章作过描述[8],此处不再重复。

（二）石核

共 9 件,占 1%。根据台面的数量分为单台面石核、双台面石核和多台面石核[9]。

双台面石核数量最多,共 5 件,占全部石核的 55%;单台面和多台面石核分别有 2 件。单台面石核剥片面数量均在 2 个以上。

石核大小相对集中,其中有 8 件(89%)在 100~137 mm 之间。长的最小值为 78 mm,最大值为 159 mm,平均值为 115 mm。宽的平均值为 103 mm,最小值为 55 mm,最大值为 127 mm;厚的平均值为 58 mm,最小值为 22 mm,最大值为 78 mm。重的平均值为 897 g,最小值为 179 g,最大值为 1 781 g。

原料质地相对好,只有 1 件存在节理。以硅质灰岩者最多(65%),其次为石英砂岩(23%),再次为石英岩(12%)。相对于石英砂岩和石英岩,硅质灰岩的质地更加细腻。

与工具比较,石核上片疤尺寸所占核体比例明显偏大。有 3 件(33%)石核上的最大片疤的长与疤所在剥片面的最大长相当;2 件(22%)是剥片面最大长的 4/5;还有 2 件(22%)是剥片面最大长的 3/5,剩余 2 件的比例分别是 1/2 和 1/3。

剥片均采用锤击法。剥片范围较小,大多在 50% 左右,最多的为 60%,最小的仅为 20%;石皮比例较大,多数在 80% 左右;估计砾石剩余百分比在 80% 左右。台面角最大为 85°,最小为 50°。其中台面角在 80° 以上(含 80°)的有 11 个,占 48%。

从石皮比例、剥片范围和砾石剩余百分比来看,石核还有很大的剥片余地。

GLP89－E174,单台面石核,原料为硅质灰岩,均质性良好,毛坯为砾石。长 100、宽 55、厚 39 mm,重 295 g。打击点明显,1 个台面为石皮台面。锤击法进行剥片,剥片范围

20%左右，有 2 个石片疤，最大疤长 66 mm，宽 40 mm，最大疤的疤长与最大疤所在面（沿着打击轴方向）的最大长的比为 3/5。台面角为 80°，石皮约占 80%（图 3,5）。

GLP95－C003，多台面石核，原料为硅质灰岩，均质性良好，毛坯为砾石。长 137、宽 121、厚 66 mm，重 880 g。打击点明显，台面包括石皮台面和人工台面。锤击法剥片，范围在 50%左右，可见 10 个石片疤，最大疤长 77 mm，宽 71 mm，最大疤的疤长与最大疤所在面（沿着打击轴方向）的最大长的比为 1/2。估计砾石剩余百分比为 60%，台面角最大 70°，最小 50°，石皮比例为 50%左右（图 3,1）。

（三）石片

共 340 件，出土 297 件，占 87%；采集 43 件，占 13%（表 3）。完整石片 261 件，占 77%；不完整石片包括左裂片（34 件，占 10%）、右裂片（21 件，占 6%）、近端断片（7 件，占 2%）、中间断片（2 件，占 0.5%）和远端断片（10 件，占 3%），另有 5 件不能辨认。

表 3　百色高岭坡遗址的石片

年份	1986	1988	1989	1991	1993	1995	总计
发掘		18	32	8	177	62	297
采集	34	1	2		2	4	43
总计	34	19	34	8	179	66	340

石片的原料以石英砂岩的比例最大（57%），其次为硅质灰岩（37%），再次为石英岩（占 5%），水晶和燧石也有零星出现。

能辨认出台面的石片有 319 件。石皮台面占绝对优势，有 248 件，占 78%；人工台面包括素台面（48 件，占 15%）、带脊台面（10 件，占 3%）、线状台面（8 件，占 3%）和点状台面（2 件）以及 3 件修理台面。石片内角主要集中在 100°～120°之间，有 193 件，占 64%，均值为 108°；外角主要集中在 60°~90°之间，有 216 件，占 75%，均值为 75°。

石片均为锤击法剥片所得。大部分标本的打击点比较清楚，其中 7 件标本有 2 个非常清楚的打击点。台面后缘大都可见打击点，其中多有 1~3 个。约 71%可见打击泡，约 76%可见放射线，约 30%可见同心波，约 26%可见锥疤。边缘形态以平行、窄尾和宽尾三种类型为主，其中窄尾型和宽尾型数量相当，分别有 79 件（31%）、83 件（33%），平行型石片有 58 件（23%）。末端以羽状的为主，占 50%；台阶状的次之，占 35%；向背面弯曲的占 13%；向腹面弯曲的占 2%。总体来说，石片的形态比较规则。

石片背面有石片疤的占 91%，背面全部为石皮的仅 9%（26 件）。片疤数量大多为 1~6 个，占 84%；1~3 个占 55%，4~6 个占 29%，10 个以上的占 4%。背面片疤与石片为同一个台面的占 78%，纵向与石片剥片方向相对的有 2 件，呈横向的有 16 件（7%）。大部分石片背面存在背脊,但背脊数大多不超过 3 个;背脊数为 1~3 的石片有 163 件(63%)。从以上观察可知,背面全部为石皮的石片很少,转向打法很普遍,但是转向的次数一般都在 3 次以下,大部分石片都是由同一个台面连续打击而成,但是也存在不同的台面与不同的打片方向。

完整石片的长最大为 116 mm,最小为 7 mm,平均为 32 mm;宽最大为 109 mm,最小为 8 mm,平均为 32 mm;厚最大为 86 mm,最小为 2 mm,平均为 11 mm;重量最大为 448 g,最小值不到 1 g。

高岭坡旧石器遗址的石片较小,从长度(L)来看,20 mm≤L<50 mm 的石片最多,占 56%;L>20 mm 的次之,占 31%。从重量(M)来看,M≤50 g 的有 234 件(90%);其中在 0< M≤5 g 区间内的有 127 件(49%),在 5 g<M≤10 g 区间内有 39 件(15%)。

台面相对宽而薄,台面厚/宽的最大值为 0.9,最小值为 0.02。在 0.618 以上的仅 10%;在 0.618 以下的石片达到了 90%,其中在 0.309 以下的占到了 40%。大部分石片的台面宽而薄表明其剥片技术较高。

本文采用 Toth 的分类标准对完整石片进行观察统计[10]。Ⅲ型石片数量最多,其次为 Ⅱ型者。Ⅲ型者共有 115 件,占 44%;Ⅱ型者 75 件,占 29%;Ⅵ型石片 36 件,占 14%;Ⅰ型石片 19 件,占 7%;Ⅳ型和Ⅴ型者分别有 7 件、9 件,分别占 2%、3%。背面全部为石皮的石片占 9%,背面为部分石皮部分石片疤的石片占 32%,背面全部为石片疤的石片占 58%。石片类型显示剥片程度较深。

不完整石片中,左裂片和右裂片的长度平均值完全相同,宽度、厚度以及重量的平均值都非常接近,由此可以推论,这些左右裂片大多从中间裂开(表 4)。

表 4 不完整石片分类统计表

类 别		左裂片	右裂片	近端断片	远端断片	中间断片
长度 (mm)	最大值	48	41	74	44	61
	最小值	9	14	14	10	39
	平均值	23	23	32	27	50
宽度 (mm)	最大值	45	33	50	74	46
	最小值	10	9	10	11	21
	平均值	20	19	24	28	33.5
厚度 (mm)	最大值	28	18	86	20	15
	最小值	3	3	1	3	10
	平均值	8	6	19	8.5	12.5

续　表

类　　别		左裂片	右裂片	近端断片	远端断片	中间断片
重量 （g）	最大值	29	18	21	88	61
	最小值	<1	<1	2	<1	12
	平均值	5	4	13	19	36.5

（四）工具

共 113 件,占全部石制品的 14%,包括手镐 42 件、手斧 4 件、砍砸器 53 件、刮削器 11件、鸟喙状器 1 件、凹缺器 1 件和石锥 1 件(表 5)。

表 5　高岭坡遗址石器类型

	砍砸器	手镐	手斧	刮削器	鸟喙状器	凹缺器	石锥	总计
出土	13	6		8	1	1		29
采集	40	36	4	3			1	84
总计	53	42	4	11	1	1	1	113

工具大小差异很大,可以分为两个类群,一个类群相对大而重,归为重型工具,包括砍砸器、手镐和手斧;另一个类群相对小而轻,归为轻型工具,包括刮削器、凹缺器、鸟喙状器和石锥(图 2)。

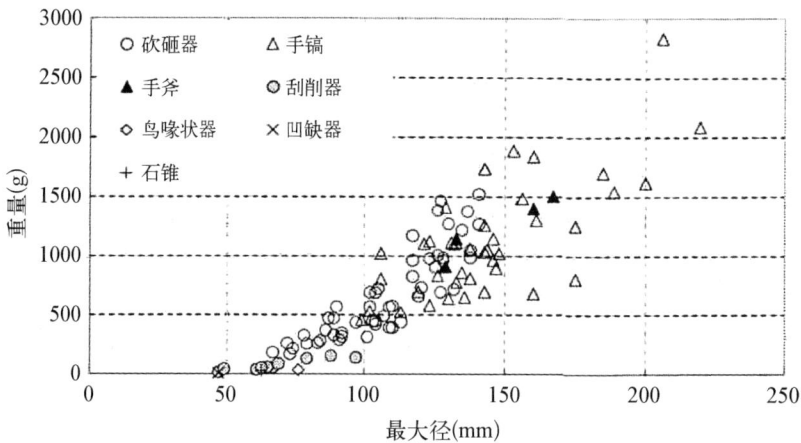

图 2　工具最大径及重量分布图

重型工具和轻型工具在原料和毛坯选择方面有很大的不同。前者的原料以石英砂岩（68%）占的比例最大，其次为硅质灰岩（22%），毛坯以砾石（94%）为主；后者的原料以硅质灰岩（50%）占的比例最大，其次为石英砂岩（43%），毛坯以石片（71%）为主。这说明石器制作者已能根据不同需要而对原料作出一定的选择。

重型工具共99件，占全部工具的88%；轻型工具共有14件，占12%。地层中共出土工具29件，其中重型者19件，占66%；轻型者10件，占34%。地层中出土的类型更能反映遗址工具组合情况，高岭坡遗址以重型工具为主，但也存在相当数量的轻型者。

1. 砍砸器

砍砸器共有53件，占工具总数的47%。其中地层出土13件，占25%；采集40件，占75%。

砍砸器的原料以石英砂岩（66%）为主，其次为硅质灰岩（26%），再次为石英岩（6%），还有1件以角砾岩为原料。

砍砸器的大小主要集中于80~140 mm之间，在这个区间内的砍砸器有44件，占全部砍砸器的83%。砍砸器最大长的最大值为141 mm，最小为64 mm，平均值为99 mm；最大宽的最大值为138 mm，最小值为54 mm，平均值为98 mm；厚最大值为137 mm，最小值为26 mm，平均为53 mm；重量最大值为1 524 g，最小值为168 g，平均值为672 g（表6）。

表6　砍砸器的大小

	长度(mm)	宽度(mm)	厚度(mm)	重量(g)
最大值	141	138	137	1 524
最小值	64	54	26	168
平均值	99	98	53	672

砍砸器均较扁平，厚/宽集中于0.618以下的有40件，占75%；比值在0.5以下的有25件，占47%；厚/宽的最小值为0.3。

砍砸器的修整范围均较小，最少的只有20%，修整范围小于30%（含30%）的占52%；小于50%（含50%）的占86%；只有约14%的标本的修整范围超过了50%。相反，石皮比例较大，86%的砍砸器的石皮比例在60%（含60%）以上，有40%的砍砸器保留比例接近80%。

砍砸器的毛坯均为扁平砾石，加工全部使用锤击法，修整方式分为单向、交互、错向三种方法。大部分都采取了从较平的一面向较凸的一面加工的单向加工方法（48件，占90%）。采用错向修理方式的砍砸器有3件。采用交互修理的2件。刃缘的长度与所在边长度基本相等，刃角在45°~75°之间，刃角平均为60°。

砍砸器上的片疤层数不等,大部分有 3 层片疤(占 44%),其次为 2 层片疤(占 35%),有 4 层片疤的占 11%,还有部分砍砸器只有 1 层片疤,最多的有 6 层片疤(2 件)。

砍砸器的大小及扁平度都相对集中,选择较平的面作为基础面,修整范围较小,刃缘长度与所在边长基本相等,说明在选择毛坯之初,制作者就已经预设了工具的形状,并对毛坯的选择以及将要加工的部位有所规定,以期达到用最少的工作实现自己的目标。这种对将要制作工具的预设以及对所选择毛坯的认识在手镐以及其他器型上均有体现。

砍砸器的类型多样,根据刃缘位置、刃缘形状等特点,可分为单边直刃砍砸器(21 件,占 38%)、单边凸刃砍砸器(25 件,占 47%)、单边尖刃砍砸器(1 件)、单边锯齿刃砍砸器(3 件,占 6%)、双边砍砸器(2 件)和多边砍砸器(1 件)。

GLP89 - E172,单边直刃砍砸器,长 89、宽 74、厚 33 mm,重 330 g。厚/宽指数为 0.44,为宽扁形。近方形,毛坯为砾石,保存状态良好,原料为石英砂岩,均质性良好,无节理。用锤击法进行加工,加工部位选择在砾石的宽端,为从较平的一面向较凸的一面进行的单向加工;刃缘形状平直,修整长度为 70 mm,刃角 75°。修整范围为 30%,砾石保留面为80%。只有一层片疤(图 3,2)。

GLP89 - C156,单边凸刃砍砸器,长 83、宽 109、厚 33 mm,重 394 g。厚/宽指数为 0.3,为宽扁型。半圆形,石英砂岩质方形砾石毛坯,均质性良好,不见节理。用锤击法加工,加

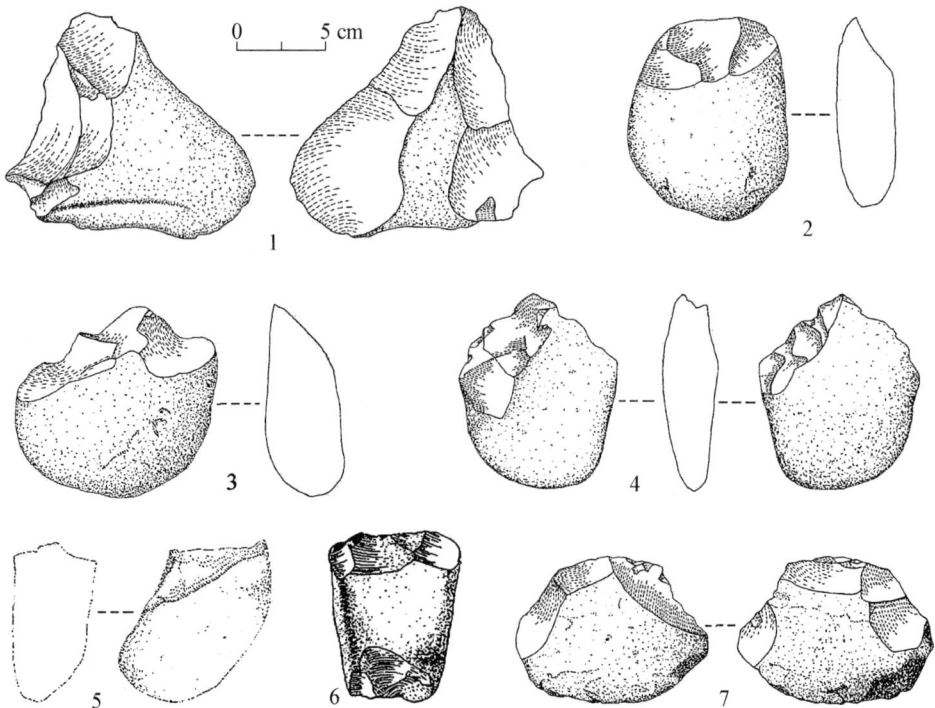

图 3　高岭坡旧石器遗址的部分石核和砍砸器
1. GLP95 - C003　2. GLP89 - E172　3. GLP86 - C025　4. GLP86 - C153
5. GLP89 - E174　6. GLP86 - C047　7. GLP89 - C156

工部位选在长端,加工方式为交互。刃缘呈锯子状,修整总长为 168 mm,刃角 70°。修整范围为 30%,石皮比例为 80%。两层片疤成叠压状(图 3,7)。

GLP86 - C153,单边尖刃砍砸器,长宽厚与最大长宽厚相同,长 110、宽 86、厚 31 mm,重 394 g。厚/宽指数为 0.36,为宽扁型。毛坯为卵圆形砾石,保存状态良好,原料为石英砂岩,均质性良好。在砾石上部的左右两边用锤击法错向加工,刃缘呈尖状。修整总长 53 mm,刃角 55°。修整范围为 30%,石皮比例为 80%。三层片疤成叠压状(图 3,4)。

GLP86 - C025,单边锯齿刃砍砸器,长 108、宽 110、厚 40 mm,重 582 g。厚/宽指数为 0.36,为宽扁型。毛坯为方形砾石,保存状态良好,原料为石英砂岩,均质性良好。用锤击法选择在砾石较长的边单向加工。修整长度为 114 mm,刃角 55°。修整范围为 30%,石皮比例为 80%,两层片疤成叠压状(图 3,3)。

GLP86 - C047,双边砍砸器,长 91、宽 73、厚 29 mm,重 290 g。厚/宽指数为 0.4,为宽扁型。毛坯为方形砾石,保存状态良好。原料为硅质灰岩,均质性良好。用锤击法在砾石的两端从较平面向较凸面加工。修整长度一侧为 67 mm,一侧为 35 mm,两侧刃角都为 60°。修整范围为 20%,石皮占 80%。两层片疤呈叠压状(图 3,6)。

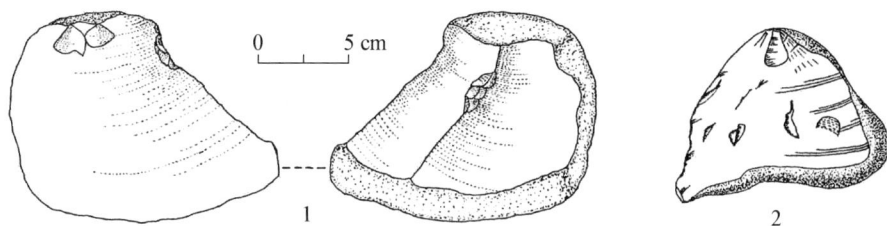

图 4　高岭坡旧石器遗址的部分石片
1. GLP86 - C084　2. GLP86 - C062

2. 手镐

共 42 件,占全部石器的 37%。根据手镐两侧刃缘交汇处的形态,手镐分为舌形刃手镐(30 件,占 71%)、尖形刃手镐(9 件,占 21%)和凿形刃手镐(3 件,占 7%)。

原料以石英砂岩(69%)为主,其次为硅质灰岩(19%),除上述两种原料,还包括石英岩(2 件)、燧石(1 件)和火山岩(2 件)。

长度为 78～220 mm,平均长度为 139.5 mm;宽度为 65～139 mm,平均为 105 mm;厚度为 44～92 mm,平均为 66 mm;重为 459～2 086 g,平均为 1 088 g。长度主要在 100～170 mm 之间,有 32 件(76%)。

毛坯以砾石为主,仅 1 件为石片。全部为锤击法剥片,修整范围大部分在 50%～80%(31 件,73%)之间。石皮比例较大,有 35 件(83%)的石皮比例大于 60%。与砍砸器比较,手镐的修整范围要大一些,但是程度依然不深。片疤多为 3～4 层(33 件,79%)。

手镐的截面形态有三种类型,即方形、三角形、卵圆形。三角形和卵圆形截面形态的手镐共占71%。

加工方法均采用锤击法。大都选用较平的自然面为基础面,向较凸的面进行加工。这种类型的有38件,占90%;有2件采取了正/反两向的加工方式,还有2件在四个面上进行了修理。

GLP89－C158,舌形刃手镐,原料为石英砂岩,长137、宽143、厚89 mm,重1 262 g。卵三角形,毛坯为砾石。截面形态为卵三角形,尖端形态为舌形。锤击法进行加工,加工部位选择在砾石较窄一端,修整方式为从较平面向较凸面进行加工。保存状态良好,刃角70°,修整总长度为148 mm。有3片片疤越过了中线,石皮比例50%,剥片比例50%,5层片疤成叠压状(图5,1)。

GLP86－C009,舌形刃手镐,原料为石英砂岩,长200、宽115、厚64 mm,重1 620 g。卵圆形,毛坯为砾石,截面形态为卵圆形,尖端形态为舌形。锤击法进行加工,加工部位选择在砾石两端及右侧,修整方式为从较平的一面向较凸的一面进行加工。保存状态良好,刃角70°,修整总长度为205 mm。有3片片疤越过了中线,石皮比例60%,修整范围达到70%,4层片疤成叠压状(图5,2)。

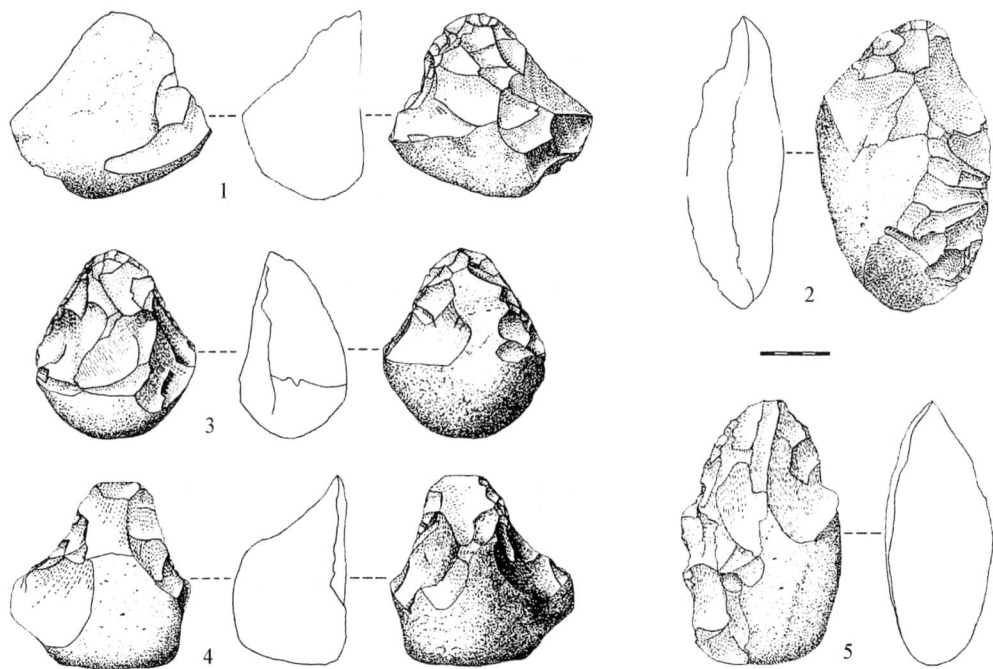

图5 高岭坡旧石器遗址的部分手镐和手斧
1. GLP89－C158 2. GLP86－C009 3. GLP89－C147 4. GLP86－C008 5. GLP86－C010

3. 手斧

手斧共有4件,占全部石器的3%。原料全部为石英砂岩。根据博尔德[11]的分类,手斧均属于厚型手斧。

GLP86 - C008,手斧。卵三角形,原料为石英砂岩,毛坯为砾石。长 133、宽 119、厚 75 mm,重 1 147 g。尖形参数 0.47,最大宽位置 2.66,位于中部偏下,最大宽位置与底缘之间的距离为 50 mm。边缘圆度 0.71,长短参数 1.11,小于 1.5,为短型手斧;扁平度 1.59,小于 2.35,为厚型手斧。长轴中点宽为 85 mm,长轴 3/4 处宽为 56 mm。制作者选用较窄的一端进行加工,而将较宽的一端作为把端,保留着砾石面。两面的修理都是从刃缘向中轴方向进行,修整比例达到 60%,石皮比例为 40%。修整长度达到 160 mm,刃角 70°。4 层片疤呈叠压状(图 5,4)。

4. 刮削器

计 11 件,占全部工具的 10%,可分为单边直刃(2 件)、单边凸刃(2 件)、单边凹刃(2 件)、单边锯齿刃(1 件)、双边(3 件)和汇聚型(1 件)刮削器。

GLP95 - 128,毛坯为 I 型石片近端。为单边凸刃刮削器,刃缘凸起。石片毛坯远端有个节理,石器的修理就是以节理面为基础面,向石片的腹面进行修理,修理角度很陡,类似于端刮器的打法。修理方法为锤击法。原料为硅质灰岩,均质性良好。保存状态良好,修整长度 59 mm,刃角 80°。石器长 32、宽 64、厚 16 mm,重 52 g(图 6,6)。

GLP95 - 19,双边汇聚型刮削器。毛坯为 I 型石片,原料为石英砂岩,均质性良好。刃口在石片的左右两侧边及远端,刃缘长 129 mm,刃角 70°。锤击法加工,均为从石片背面向腹面加工,背面右侧有轻微的修理。长 97、宽 74、厚 17 mm,重 138 g(图 6,7)。

GLP95 - 48,双边刮削器,毛坯为石块,原料为石英砂岩,均质性良好。修整位置选择在两端。一端的刃缘形状为凸刃,长 56 mm,刃角 60°;一端的刃缘形状为直刃,长 21 mm,刃角 70°。用锤击法修理,修整方式为向破裂面加工。长 69、宽 49、厚 28 mm,重 86 g(图 6,1)。

5. 石锥

GLP86 - C069,石锥,毛坯为石块,原料为硅质灰岩,均质性良好,保存状态较好。器身左右两侧边缘向中心修理使器身对称。有两个刃缘。一个锥,位于远端,长 20 mm,尖端的垂线长 11 mm,尖角接近 90°,尖面角 55°。右侧没有形成刃缘,左侧自然面有一块凹陷的地方,在凹陷部位上、下有两个向中心打的片疤,同时利用自然条件形成一个锯齿刃的刃口,刃缘长 78 mm,刃角 70°。长 63、宽 50、厚 25 mm,重 77 g(图 6,8)。

6. 鸟喙状器

1 件,见百色高岭坡旧石器遗址 1993 年发掘简报[8]。

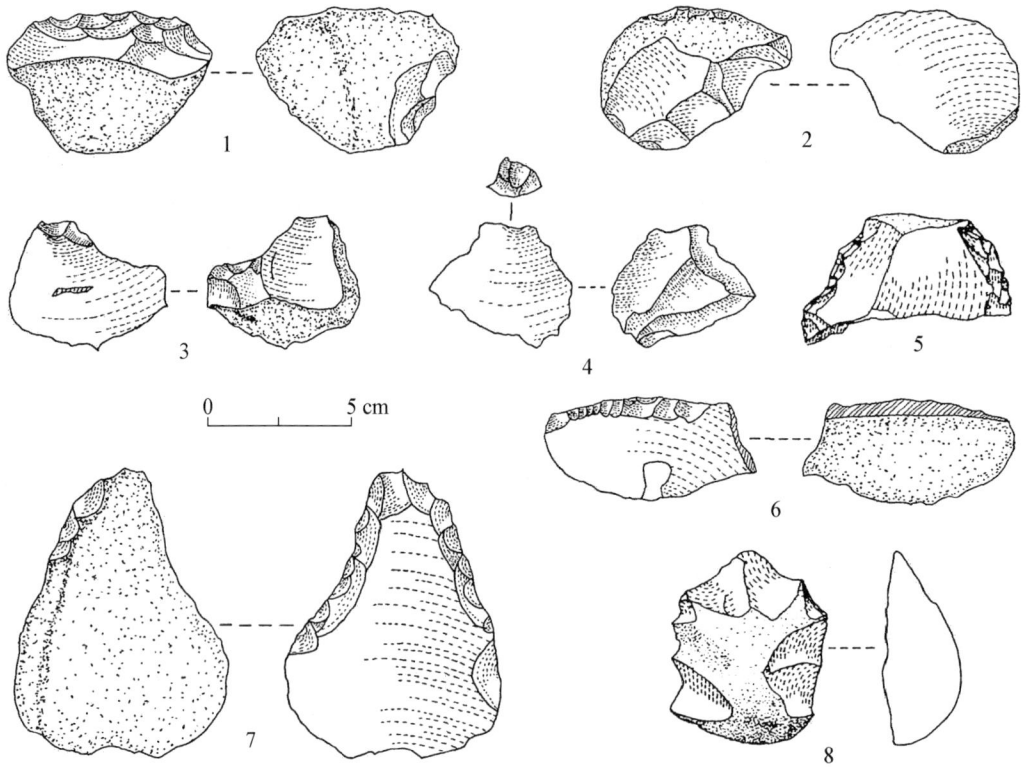

图 6　高岭坡旧石器遗址的部分石片和轻型石器

1. GLP95－48　2. GLP86－C088　3. GLP93－218　4. GLP93－1　5. GLP86－C089

6. GLP95－128　7. GLP95－19　8. GLP86－C069

（五）断块

共计 348 件，占 41%。原料包括燧石、石英岩、硅质灰岩、石英砂岩和水晶。比例最大的是石英砂岩，占 72%；其次为硅质灰岩，占 20%。燧石和水晶只是零星出现。

以微小的居多，长度小于 50 mm 的有 313 件，占 90%；长度小于 20 mm 的有 174 件，占 50%。重量大于 50 g 的标本仅有 22 件，占 6%；小于 10 g 的标本有 277 件，占 80%，小于 1 g 的标本有 113 件，占到 32% 的比例。

三、小　　结

（一）石器工业特点

1）原料：岩性包括石英砂岩、硅质灰岩、石英岩、角砾岩、火山岩、水晶和燧石。其中石英砂岩、硅质灰岩和石英岩三种是最主要的原料。不同类型石制品中原料比例具有一定差异的现象可能说明,石器制作者对原料的认知和选择有一定的能动性。

2)类型:包括备料、石核、石片、工具和断块。石片和断块的比例最大,共占全部石制品的82%;工具占14%;石核和备料的数量较少,分别占1%和3%。遗址中有3套拼合石片组合[12],加之石片和断块占的比例较大,推测此遗址为一石器制造场。石核数量较少的原因可能是,工具大多以砾石为毛坯直接加工而成。

3)工具组合:可分为重型和轻型工具两个类群,前者包括砍砸器、手镐和手斧,后者包括刮削器、鸟喙状器、凹缺器和石锥。

4)毛坯:主要有砾石、石片和石块,以砾石为主。重型工具以砾石毛坯占绝对优势,而轻型者以石片为主,重型者和轻型者的毛坯选择具有倾向性。石片毛坯的背面或者全部为石皮或者为部分石皮部分石片疤,可见石器制作者对毛坯是有选择性的。

5)剥片技术:加工方法均为锤击法,加工方式主要以从较平的一面向较凸的一面进行的单向加工为主,同时存在交互与错向的加工方式。石核以双台面石核为主(占55%),单台面石核和多台面石核比例相同(各占22%)。从出土和采集工具组合来看,高岭坡遗址多为石核工具。完整石片以Ⅲ型石片占的比例最大,占44%。石片台面较薄,形态较规整。石片背面片疤情况复杂,揭示了较深的剥片程度和较高的剥片技术。

(二)石制品构成及技术特征分析

高岭坡旧石器遗址位于中国南方旧石器时代主工业[13~14]分布区内。工具以大型为主,且砍砸器占主导;手镐和手斧数量较多,不见石球;打片方法以锤击法为主;以砾石为主要毛坯,总体特点上具有南方主工业的特点。同时,也有自己的一些特点,例如,虽然石制品总体上以大型为主,但石片和断块却以微、小型为主;刮削器虽然不是主要类型,但数量较多且形式多样。

从地层出土来看,石片和断块很多而工具很少,且有三套拼合石片,推测高岭坡遗址应为一石器制造场。石片背面多留有石片疤,且片疤方向复杂,显示剥片具有一定的目的性和计划性。中间程序的剥片大大多于初级石片类型,表明石制品制作中剥片程序较多。

中间程序的剥片数量虽然多于初级石片,工具制作者却多以初级类型的石片作为毛坯制作工具。这表明,数量众多的中间程序的剥片并不是为生产石片毛坯而从石核上剥下,而只是修理工具的副产品。

高岭坡旧石器遗址不同的石制品类型中各种原料所占比例不同,且不同工具在毛坯及原料选择上表现出明显差异。表明工具制作者对原料的性质有充分的认识,对工具制作具有预设性。

高岭坡旧石器遗址与百色盆地其他地点的工业面貌存在异同。如在石制品类型方面,高岭坡的石器与百色六怀山[15]、田东坡西岭[16]、百色上宋[17]等遗址具有相似的特点,但是较前三个遗址的明显小一些,而且工具类型更复杂,毛坯以砾石为主,也存在不小比例的石片毛坯;石片中剥片程度更深的Ⅲ型石片占的比例最大。但是与枫树岛[18~19]相比,石片毛坯较少,剥片方法存在差异。推测可能是由于各遗址处于右江的不同地段,面对右江水流带来的不同原料,导致采用不同的策略而致。

(三) 遗址意义

高岭坡旧石器遗址是百色盆地内较早进行工作的遗址之一,在地层确定方面发挥了重要作用[6~8]。通过在高岭坡旧石器遗址的持续工作,获得了大量以地层出土为主的标本。这些标本数量众多,涵盖备料、石核、石片、工具、断块等石器制作过程或操作链的各个中间产品,对于理解百色旧石器的文化面貌具有重要意义。

高岭坡遗址位于百色盆地右江下游的东南方,石器整体风貌更趋向精致化,拼合石片以及大量断块、细小石片的出现,提示该遗址曾作为一处石器加工制造场。

高岭坡旧石器遗址的工具类型多样,包含砍砸器、手镐、手斧、刮削器、鸟喙状器、石锥和凹缺器等,且砍砸器、手镐和刮削器又可以细分为若干类型,这些都对理解百色盆地旧石器工具类型的丰富性具有重要意义。

致谢:田东县博物馆原馆长陈其复、黄振良,百色市文化局黄照标,广西壮族自治区博物馆谢居登,中国科学院古脊椎动物与古人类研究所李中法参加了部分研究材料的发掘以及采集工作,广西壮族自治区文化厅文物处、百色市文化局、田东县人民政府与博物馆对本次工作给予了大力支持。包爱丽博士和刘光彩女士为本文绘制了部分线图。作者致以衷心的感谢!

注 释

[1] 李炎贤,尤玉柱.广西百色发现的旧石器[J].古脊椎动物与古人类,1975,13(4):225~228.

[2] Huang SM, Wang W, Christopher J Bae, et al. Recent Paleolithic field investigations in Bose Basin (Guangxi, China)[J]. *Quaternary International*, 2012:5-9.

[3] 刘扬,黄胜敏,郭耀峥.近四十年广西百色盆地旧石器考古研究综述与展望[C].见:董为主编.第十三届中国古脊椎动物学学术年会论文集.北京:海洋出版社,2012:281~288.

[4] 郭士伦,郝秀红,陈宝流,等.用裂变径迹法测定广西百色旧石器遗址的年代[J].人类学学报,1996,15(4):347~350.

[5] Hou YM, Potts R, Yuan BY, et al. Mid-Pleistocene Acheulian-like stone technology of the Bose basin, South China[J]. *Science*, 2000, 287:1622-1626.

[6] 黄慰文,刘源,李超荣,等.百色石器的时代问题[A].见:广东省博物馆等编.纪念马坝人化石发现30周年文集[C].北京:文物出版社,1988:95~101.

[7] 黄慰文,冷健,员晓枫,等.对百色石器层位和时代的新认识[J].人类学学报,1990,9(2):105~112.

[8] 侯亚梅,高立红,黄慰文,等.百色高岭坡旧石器遗址1993年发掘简报[J].人类学学报,2011,30(1):1~12.

[9] 卫奇.西侯度石制品之浅见[J].人类学学报,2000,19(2):99~102.

[10] Toth N. *The Stone Technologies of Early Hominids at Koobi Fora, Kenya: An Experimental Approach* [M]. University of California, Berkeley, 1982:73-75.

[11] Debenath Andre, *Harold L Dibble. Handbook of Paleolithic Typology (Vol. 1): Lower and Middle Paleolithic of Europe* [M]. University of Pennsylvania, Philadephia. 1994：1－202.

[12] 袁俊杰.百色盆地高岭坡遗址石器工业及其实验研究[D].中国科学院古脊椎动物与古人类研究所,2007：1~71.

[13] 张森水.管窥新中国旧石器考古学的重大发展[J].人类学学报,1998,18(3)：193~214.

[14] 张森水.近20年来中国旧石器考古学的进展与思考[J].第四纪研究,2002,22(1)：11~19.

[15] 裴树文,陈富友,张乐,等.百色六怀山旧石器遗址发掘简报[J].人类学学报,2007,26(1)：1~15.

[16] 林强.广西百色田东坡西岭旧石器时代遗址发掘简报[J].人类学学报,2002,21(1)：59~64.

[17] 谢光茂,林强.百色上宋遗址遗址发掘简报[J].人类学学报,2008,27(1)：13~22.

[18] 张璞,王頠.广西百色枫树岛旧石器早期石制品石核石片技术学分析[J].贵州科学,2009,27(2)：1~10.

[19] Zhang P，Huang WW，Wang W. Acheulean handaxes from Fengshudao，Bose sites of South China [J]. *Quaternary International*，2010：223－224，440－443.

（本文发表于《人类学学报》2014年第33卷第2期）

田阳百峰遗址发现的含手斧
石制品研究[*]

李大伟　黄中政　罗志柏　廖　卫　王　頠

一、引　　言

百色盆地因发现手斧——这一阿舍利技术风格的器物以及所属的年代而受到国内外学术界的关注[1]。至 2013 年,已发现包含手斧的遗址 45 处[2~5]。研究者利用百色盆地第四阶地发现的玻璃陨石进行测年,认为百色盆地第四阶地手斧的年代为(803±3)ka BP。但是部分学者对百色手斧的年代提出质疑,认为测年所用玻璃陨石不是原地埋藏,且在百色盆地第四阶地地层中未发现手斧,玻璃陨石的年代不能代表百色盆地手斧的年代[6~7]。2005 年,百色盆地大梅南半山遗址的发掘,发现了与原位埋藏的玻璃陨石处于同一水平层位的手斧,从而解决了上述科学问题[8]。然而,到目前为止,仅有少数几个遗址报道过玻璃陨石和手斧发现于同一水平层[9~11],百色盆地其他遗址均未见报道。百色盆地其他包含手斧的遗址是否可以用玻璃陨石来代表其年代,还需要更多来自旧石器遗址中手斧和玻璃陨石的证据。

2008 年田阳博物馆在第三次文物普查期间,在百峰遗址采集石制品 37 件,包括 2 件手斧和 16 件手镐,并采集 2 枚玻璃陨石,新暴露出来的石制品和玻璃陨石处于同一层位。2012 年,黄胜敏等发表了在该遗址地面采集的 27 件石制品,其中未见手斧[12]。本文着重报道本次文物普查时在百峰遗址地层中发现的包含手斧在内的石制品和玻璃陨石,并讨论玻璃陨石的原位埋藏问题及其与手斧之间的关系。

二、遗址地质背景及地层

百峰遗址位于广西田阳县西部,处于百色盆地西段,属于右江右岸第四阶地(23°45.399′N,106°43.636′E)(图 1),海拔约 200 m,遗址面积大约 2 km²。百峰遗址位于一山梁上,山梁较弯曲,种植有成片芒果树。遗址在山梁腰部有一断层,出露较多河流砾石,厚约 5 m。

---

* 国家自然科学基金(40163001,40772011)。

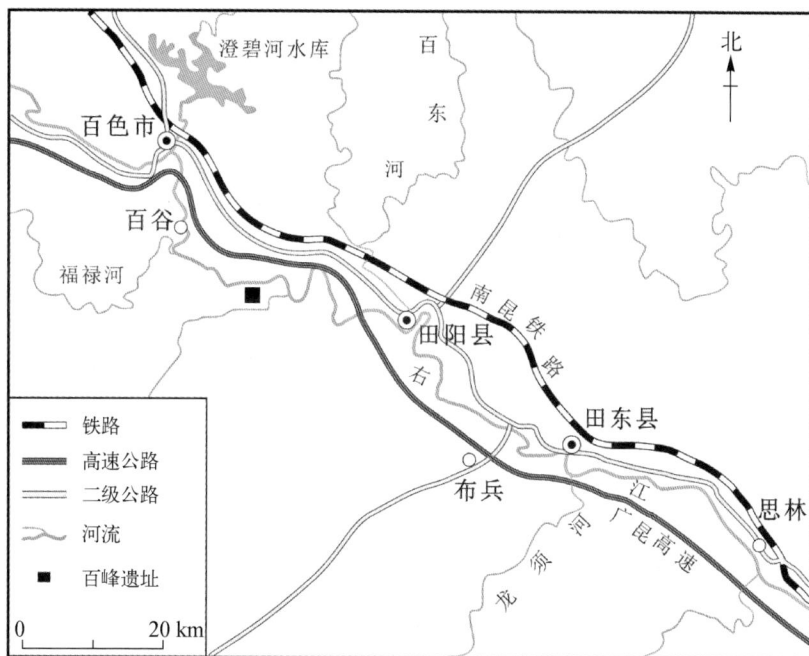

图 1 百峰遗址地理位置图

根据百峰遗址地貌、地层及地层中的包含物,百峰遗址可分为 3 层(图 2):

1. 浅褐色粉砂质黏土,厚 0.4~0.5 m,有一定程度的胶结,较硬。

2. 网纹红土层,厚约 6 m。为百色盆地第四阶地的典型堆积物,该层劣地地形发育,堆积中保留有大量石制品,包括手斧,手镐等。距遗址顶部约 3 m 的水平层内发现两颗玻璃陨石,石制品与玻璃陨石在同一层位;

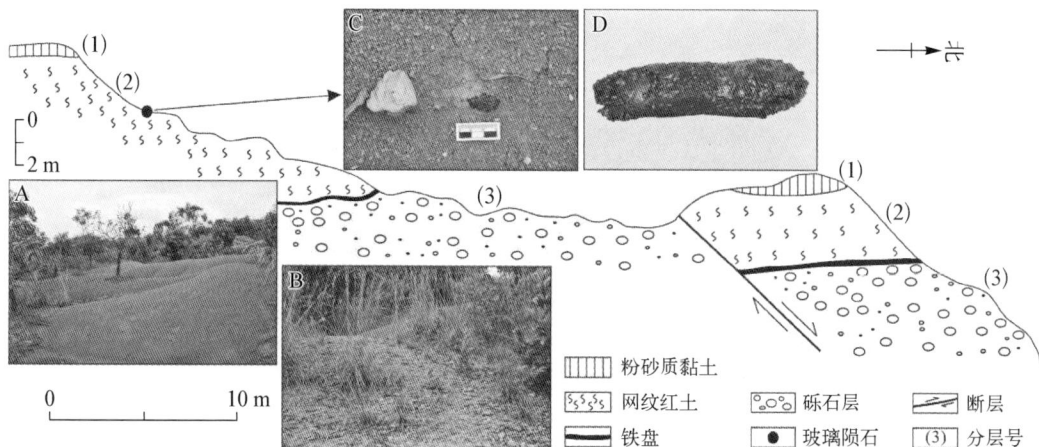

图 2 百峰遗址地层剖面图

A. 网纹红土层(照片宽度代表 14 m) B. 底部砾石层(照片宽度代表 14 m) C. 网纹红土中发现的玻璃陨石 (比例尺的长度为 3 cm) D. C 中玻璃陨石的放大(玻璃陨石的长度为 7.99 cm)

3. 砾石层,厚度大于 5 m,未见底。砾石上部砾石较小,以 2~3 cm 的为主,分选和磨圆较好;下部见不少大于 5 cm 的较大砾石,分选差。砾石层与网纹红土层之间为一层薄的铁盘层,铁盘层胶结较多砾石。

三、石制品及玻璃陨石描述

调查共发现石制品 37 件,玻璃陨石 2 件。石制品类型包括石核(3 件)、石片(9 件)、刮削器(5 件)、砍砸器(2 件)、手镐(16 件)、手斧(2 件)(表 1)。石制品原料包括砂岩、石英岩、石英、硅质岩、火成岩、角砾岩,其中石英岩比例最高(43.2%);其次为砂岩(32.4%)。石制品均非常新鲜,无明显风化和磨蚀,部分石制品上留有网纹红土印痕(图 3)。

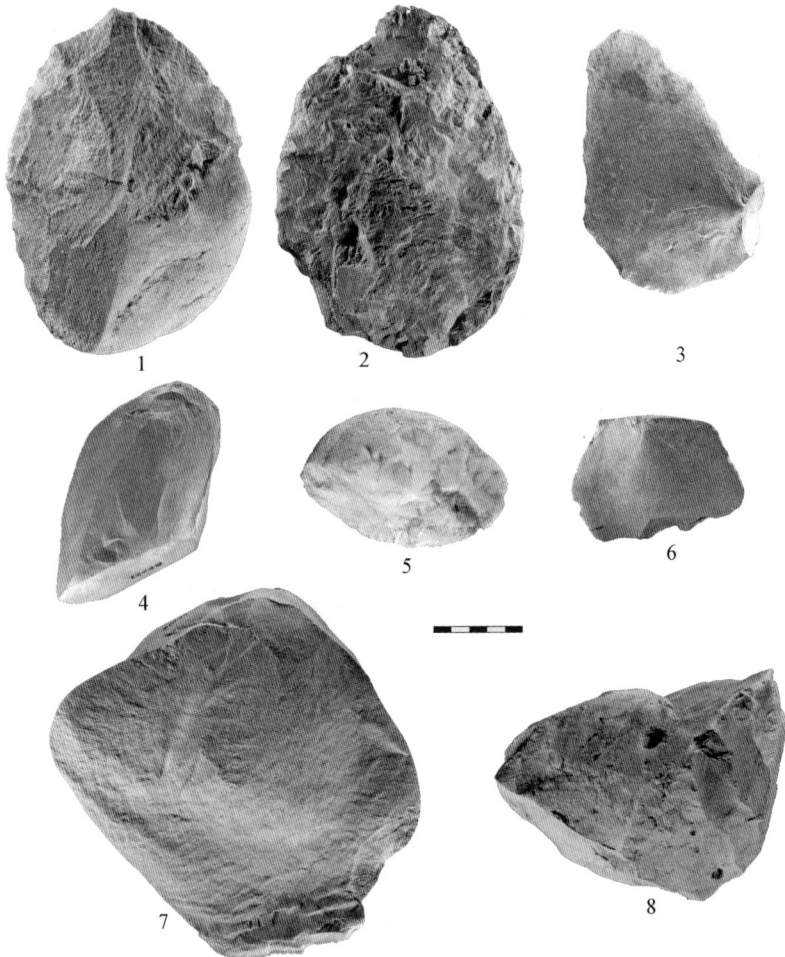

图 3　百峰遗址采集的石制品

1. 砍砸器(BF011)　2~4. 刮削器(2. BF010、3. BF029、4. BF022)
6~7. 石片(6. BF020、7. BF019)　5、8. 石核(5. BF053、6. F052)

表1　石制品种类统计表

种类	石片	石核	砍砸器	刮削器	手斧	手镐	合计
数量	9	3	2	5	2	16	37
百分比	24.3	8.1	5.4	13.5	5.4	43.2	100

（一）石片

本次调查共采集石片12件（表2）。岩性分别为砂岩（6件）、石英岩（4件）、火成岩（2件）。

表2　百峰遗址地面采集的石片统计表

序号	编号	类型	岩性	长（cm）	宽（cm）	厚（cm）	重（g）	保存状况
1	BF019	石片	石英岩	19.29	15.52	5.87	2 110	新鲜
2	BF020	石片	砂岩	6.78	9.55	1.64	110	新鲜
3	BF021	石片	砂岩	5.55	8.43	1.08	50	新鲜
4	BF024	石片	砂岩	6.67	6.37	1.69	65	新鲜
5	BF026	石片	石英岩	6.62	5.89	2.15	85	新鲜
6	BF027	石片	火成岩	7.77	6.11	2.39	140	新鲜
7	BF028	石片	石英岩	9.12	14.12	2.07	210	新鲜
8	BF030	石片	火成岩	2.46	3.62	0.87	10	新鲜
9	BF032	石片	砂岩	7.60	9.76	2.52	155	新鲜
10	BF019	石片	石英岩	19.29	15.52	5.87	2 110	新鲜
11	BF020	石片	砂岩	6.78	9.55	1.64	110	新鲜
12	BF021	石片	砂岩	5.55	8.43	1.08	50	新鲜

BF019，原料为石英岩，自然台面，打击点清楚，半锥体突出，放射线、同心波均较清楚。石片背面有一粗大片疤，片疤打击点为自然台面，片疤深凹。石片左侧厚，右侧略薄，使用痕迹不明显。宽大，厚重（图3，7）。

BF020，原料为砂岩，自然台面，打击点清楚，半锥体突出，放射线不明显。石片背面均为石皮。刃缘较薄。无使用痕迹(图3,6)。

BF023,原料为砂岩,近四边形,自然台面,打击点清楚,半锥体微凸,放射线、同心波均不明显。石片背面右侧有两个大的片疤,片疤较浅平。石片右侧厚,左侧略薄,远端有明显的使用痕迹。

BF024,原料为砂岩,自然台面,打击点清楚,半锥体凸出,放射线与同心波清楚。石片背面均为石皮。远端刃缘较薄,有使用时留下的细小碎疤。

(二) 石核

本次调查共采集石核3件(表3)。岩性分别为石英岩(2件)和砂岩(1件)。单台面石核2件,多台面石核1件,都很新鲜。

表3 百峰遗址地面采集的石核统计表

序号	编号	类型	岩性	长 (cm)	宽 (cm)	厚 (cm)	重 (g)	台面	保存状况	毛坯
1	BF51	石核	石英	9.04	8.75	7.20	760	单台面	新 鲜	砾石
2	BF52	石核	砂岩	14.58	10.87	8.95	3 430	单台面	轻度磨蚀	砾石
3	BF53	石核	石英	7.23	10.67	5.53	770	多台面	新 鲜	砾石

BF051,单台面石核。原料为灰黄色石英砾石,一面较平,另一面凸起。自然台面,以较凸平面为台面,沿一侧进行剥片,因使用岩性较硬,故剥片打击点不太清楚。加工面仅有4个片疤,片疤较大,浅平。器身平面不规则。

BF053,单台面石核。原料为一灰黄色石英砾石,一面较平,另一面凸起。自然台面,以较平面为台面,沿一侧进行剥片,因使用岩性较硬,故剥片打击点不太清楚。加工面片疤较大,浅平。器身平面不规则(图3,5)。

BF052,多台面石核。原料为黄色细砂岩砾石。以砾石的上下两个面和一侧面为台面进行打片,均为自然台面。打击点略清楚。打片次数多,片疤有大有小,石核利用率高。器身形状不规则(图3,8)。

(三) 砍砸器

BF011,原料为一近椭圆形的石英岩砾石,背面略平,腹面凸起。由背面向腹面单向打片,在两端和一侧加工出两直刃和一凸刃。上端刃缘平直,略有修整;左侧凸刃修整较好,有较多修整时的碎疤。加工面较平整,有较多大的片疤,浅平。下端刃缘平直,加工面较平整。由于原料质地具有多层状,部分片疤在尾部折断形成阶梯状。把手保留天然砾石面(图3,1;表4)。

表4 百峰遗址地面采集的砍砸器统计表

序号	编号	类型	岩性	长（cm）	宽（cm）	厚（cm）	重（g）	修整部位	保存状况	毛坯
1	BF002	砍砸器	砂岩	19.31	16.28	9.11	360	左侧	新鲜	砾石
2	BF011	砍砸器	石英岩	15.87	12.25	6.71	1 150	两端左侧	新鲜	砾石

（四）刮削器

本次调查共采集刮削器5件（表5）。岩性分别为石英岩（2件）、砂岩（1件）、硅质岩（1件）和角砾岩（1件）。

表5 百峰遗址地面采集的刮削器统计表

序号	编号	类 型	岩性	长（cm）	宽（cm）	厚（cm）	重（g）	修整位置	保存状况	毛坯
1	BF010	重型刮削器	角粒岩	18.34	13.25	5.27	1 395	远端两侧	新鲜	石片
2	BF022	刮削器	石英岩	11.95	7.93	4.54	430	一端两侧	新鲜	砾石
3	BF023	刮削器	石英岩	8.87	11.75	4.02	265	远端	新鲜	石片
4	BF025	刮削器	硅质岩	9.74	9.24	2.19	275	远端	新鲜	石片
5	BF029	刮削器	砂岩	9.82	13.53	3.85	415	远端两侧	新鲜	石片

BF010，重型刮削器。原料为近椭圆形角砾岩石片。腹面为破裂面，较平整；背面凸起，均为砾石面。由背面向腹面进行单向加工，在石片两端和一侧加工出2个凸刃和一个直刃。上端刃缘略有修整；左侧凸刃修整较好，有较多修整时的碎疤；下端刃缘平直，加工面较平整。由于原料质地具有多层状，部分片疤在尾部折断形成阶梯状。刃缘有较多使用时留下的细小碎疤痕，应为使用痕迹（图3，2）。

BF022，原料为近菱形石英岩砾石。原为一石核，沿石核一端剥片，在器身一侧形成较多石片疤，片疤在一端形成一刃缘，刃缘经过修整，成弧形，刃缘处有较多碎疤，应为使用痕迹（图3，4）。

BF025，原料为舌形硅质岩石片。腹面较平整，背面略凸。对石片远端边缘进行修整，由背面向腹面单向加工出一直刃。背面两侧有2个小的片疤，刃缘有较多细小碎疤，应为使用痕迹。

BF029，原料为砂岩石片。腹面较凸，背面为石片破裂面，较平整。在石片远端和左侧边缘加工修整出两刃缘，由背面向腹面单向加工，远端刃缘平直，右侧刃缘略内凹。刃缘均有较多细小碎疤，应为使用痕迹。器身略呈舌状（图3，3）。

（五）手镐

本次调查共采集手镐 16 件（表 6），岩性分别为石英岩（8 件）、砂岩（5 件）、硅质岩（1 件）、火成岩（1 件）和角砾岩（1 件）。

表 6　百峰遗址地面采集的手镐统计表

序号	编号	类型	岩性	长（cm）	宽（cm）	厚（cm）	重（g）	保存状况	修整部位	形状	毛坯
1	BF001	手镐	石英岩	18.30	11.72	7.08	1 680	新鲜	两侧尖部	近椭圆形	砾石
2	BF031	手稿	砂岩	17.08	15.14	7.96	1 470	新鲜	两侧尖部	舌形	砾石
3	BF003	手镐	砂岩	13.31	13.33	6.04	950	轻度	两侧尖部	斜三角形	砾石
4	BF004	手镐	石英岩	17.53	15.09	5.79	1 875	新鲜	两侧尖部	泪滴形	砾石
5	BF005	手镐	火成岩	14.33	11.92	4.10	735	新鲜	两侧尖部	矛头形	砾石
6	BF006	手镐	石英岩	18.45	10.84	6.29	1 360	新鲜	两侧尖部	近椭圆形	砾石
7	BF007	手镐	石英岩	13.00	11.38	5.65	860	轻度	两侧尖部	心形	砾石
8	BF008	手镐	砂岩	15.34	10.20	5.59	1 025	新鲜	两侧尖部	矛头状	砾石
9	BF009	手镐	砂岩	15.00	11.97	6.29	1 105	轻度	两侧尖部	舌形	砾石
10	BF033	手镐	石英岩	20.53	12.97	10.41	2 755	轻度	两侧尖部	矛头状	砾石
11	BF034	手镐	石英岩	16.61	13.58	7.27	1 635	轻度	两侧尖部	斜心形	砾石
12	BF012	手镐	石英岩	17.83	10.86	6.40	1 430	新鲜	两侧尖部	矛头状	砾石
13	BF013	手镐	砂岩	26.03	12.84	8.47	2 405	轻度	一侧尖部	斜三角形	砾石
14	BF014	手镐	硅质岩	17.17	14.13	7.86	1995	新鲜	两侧尖部	心形	砾石
15	BF015	手镐	角粒岩	14.52	12.88	9.39	1 490	新鲜	两侧尖部	三角形	砾石
16	BF016	手镐	石英岩	16.71	12.66	7.03	1 740	新鲜	两侧尖部	三角形	砾石

手镐的长度在 13~26.02 cm 之间，平均值 16.98 cm，标准偏差 3.25；宽度在 10.2~15.14 cm 之间，平均值 12.59 cm，标准偏差 1.50；厚度在 4.1~10.41 cm 之间，平均值 6.97 cm；标准偏差 1.63；重量在 735~2 755 g 之间，平均值 1 531 g，标准偏差 568.82。

BF001，原料为石英岩砾石。由两侧向前端加工成一尖，两侧加工均在器身上半部。左侧刃缘平直，加工面较平，有一个较大的片疤；右侧刃缘较平，略呈锯齿状，加工面不平整，片疤多有折断，形成大小不同的阶梯状。尖部经过修整，较薄，略呈舌形。把手保留天然砾石面。

BF005，原料为火成岩砾石。腹面较平，背面微凸，由背面向腹面单向打片，沿两侧向前端加工成一尖，两侧加工均在器身上半部。左侧刃缘内凹，加工面较平整，片疤较小；右侧刃缘平直，片疤平浅。尖部经过修整，略呈舌形。把手保留天然砾石面。

BF013，原料为砂岩砾石。在器身右侧加工出一刃，加工面约占器身腹面三分之二，加工面较平整，片疤较大，刃缘从把手延续到端部，形成一直刃，略呈锯齿状；器身左侧未经加工，但左侧天然面刚好与右侧刃缘在端部形成一舌形刃，并在靠近尖部处修整出一小片疤。器身把手处经过修整，较厚重。

BF014，原料为硅质岩砾石。背面较平，腹面凸起。由背面向腹面单向打击，沿两侧向前端加工出一尖。左侧仅加工至器身上部，刃缘内凹，略有修整，加工面不平整，部分小的片疤在尾部折断形成陡坎；右侧加工至器身下部，刃缘平直，略呈锯齿状，加工面片疤大小不一，片疤尾部多有折断。尖部舌形，略有修整。把手保留天然砾石面，较厚重。

BF016，原料为石英岩砾石。腹面较平，背面略凸。腹面左侧刃缘平直，呈锯齿状，加工面部分片疤在尾部折断形成陡坎；右侧交互打击形成一直刃，加工面较平整。背面加工仅在器身左侧，加工面较平整，片疤较大，刃缘与腹面左侧交互打击形成一直刃。尖部舌形，修整较好，留有修整时留下的细小碎疤。把手保留天然砾石面，较厚重。对称性好（图4，3）。

BF031，原料为舌形砂岩砾石。背面较平，腹面凸起。由背面向腹面单向打击，沿两侧向前端加工出一尖。两侧加工近器身底部，左侧刃缘平直，略有修整，加工面较陡，片疤大小不一，部分片疤尾部略有折断；右侧刃缘内凹，略呈锯齿状，加工面较平缓，片疤较大。腹面中部略隆起，有几个较大的片疤。尖部舌形，修整较好，有较多细小碎疤。把手保留天然砾石面，较厚重。背面左侧上部有一小段片疤。器物制作精美，较对称（图4，4）。

BF033，原料为石英岩砾石。轻度磨蚀。背面较平，腹面凸起。由背面向腹面单向打击，沿两侧向前端加工出一尖。左侧刃缘平直，仅在器身上部有一个大的片疤；右侧加工至器身末端，刃缘略弧，呈锯齿状，有较多修整时留下的碎疤，加工面陡直，片疤大小不一，部分片疤在尾部折断形成陡坎。尖部略呈舌形，经过修整，留有一平浅的修整片疤。把手保留天然砾石面，较厚重（图4，5）。

（六）手斧

本次调查共采集手斧2件（表7）。均为砾石制作，岩性均为石英岩，表面新鲜。

表7　百峰遗址地面采集的手斧统计表

序号	编号	类型	岩性	长（cm）	宽（cm）	厚（cm）	重（g）	保存状况	片疤数	形状	毛坯
1	BF017	手斧	石英岩	16.72	14.89	6.51	1 650	新鲜	24	舌形	砾石
2	BF018	手斧	石英岩	18.13	12.85	5.62	1 220	新鲜	26	舌形	砾石

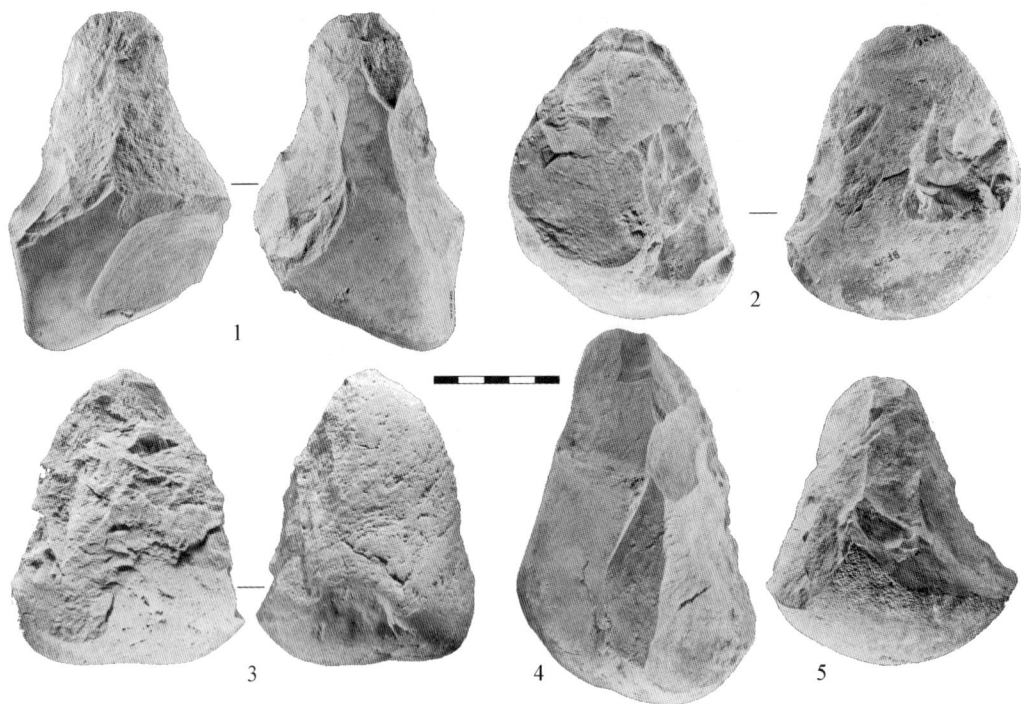

图 4　百峰遗址地表采集的手斧和手镐

1~2. 手斧(BF018、BF017)　3~5. 手镐(BF016、BF031、BF033)

　　BF017,原料为石英岩砾石。背面较平,腹面略凸。腹面左侧刃缘加工至器身中部,交互打击,刃缘平直,修整较好,加工面较陡,部分片疤尾部折断形成阶梯状;右侧加工至器身把部,刃缘平直,略有修整,加工面较平坦,片疤大小不一。背面左侧加工仅在器身中下部,与腹面交互打击形成刃缘,刃缘平直;右侧加工仅在器身中部,刃缘较短,平直,片疤略深凹。尖部舌形,修整较好。把手保留天然砾石面。器身整体较对称(图 4,2)。

　　BF018,原料为石英岩砾石。背面较平,腹面略凸。腹面两侧均加工至近把手部,左侧刃缘内凹,略有修整,加工面平整,片疤较浅;右侧刃缘内凹,加工面为 3 个较大片疤,由把手部向端部方向进行打片。腹面中部保留一条砾石皮,从把手部一直延伸到器身中上部。背面两侧加工均至器身底部,左侧刃缘内凹,靠近端部处刃缘略有修整,加工面片疤较大;右侧刃缘凸起,片疤较大,平浅。尖部舌形,较薄,经过较多修整。把手保留天然砾石面。器身较对称,制作精美(图 4,1)。

(七) 玻璃陨石

　　百峰遗址发现玻璃陨石 2 枚,均埋藏于网纹红土中。颜色漆黑,不透明,呈浅褐色,形状为条形和不规则形。外表非常清晰,表面的坑洼、凹槽、条纹清晰。玻璃陨石的这些特征和百色盆地其他地点出土的玻璃陨石非常相似(如南半山遗址),都属于早更新世与中更新世之交的亚—澳散布区玻璃陨石(图 2)。

四、讨论与小结

（一）石制品的特征及技术分析

百峰遗址的石制品原料均为河流砾石,岩性以石英岩、砂岩为主。通过对百峰遗址的地貌及地层的观察,百峰遗址位于第四阶地上,在阶地的断层中,出露较多河流砾石,厚度大约为 5 m,且比较适合作石器原料。因此,我们推测生活在百峰遗址的早期人类,可能采集当时河滩暴露的砾石用于加工石器。

石制品类型包括石核、石片、刮削器、砍砸器、手镐、手斧。

石器类多以砾石为原料,以石片为毛坯的较少。使用锤击法剥片。

除手斧等少数类型外,石器类以单面加工为主。手斧为两面加工,均较对称。手镐多为平面向较凸面进行加工,横截面呈三角形,尖部均为舌形。

手斧和手镐均用扁平砾石为毛坯加工而成,加工石器时利用了原料的形状,且石器原料在百峰遗址附近容易获取。

百峰遗址采集的石制品和百色盆地第四阶地发现的石制品特征基本一致,石器表面新鲜,均未见水流磨圆搬运痕迹。原料多为石英岩、砂岩;打片和加工石器采用直接锤击法,石核利用率低、石片背面保留有砾石面;石器类型以砍砸器、刮削器、手镐、手斧为主。

（二）百峰遗址的年代与意义

百峰遗址采集石制品和玻璃陨石均来自遗址第二层,为网纹红土层。石制品和玻璃陨石在地层中处于同一层位内,距地表约 3 m,玻璃陨石颜色漆黑,不透明,呈浅褐色,外表非常清晰,表面的坑洼、凹槽、条纹清晰可见,棱角分明,无搬运磨圆痕迹,同时我们也采集陨石周围的土样,发现有微玻璃陨石碎片,埋藏玻璃陨石的地层为河床砾石层之上的细粒河漫滩沉积物,后经风化发育红壤型网纹红土,由于玻璃陨石被埋藏于细粒河漫滩沉积之中,它们的表面没有被搬运磨圆的现象,可见河漫滩的水动力条件不可能把如此较大颗粒的陨石同细粒沉积一起呈悬浮状态输送到河漫滩上来,只能是直接坠落于河漫滩或两岸平原上,并被后来的河漫滩沉积所覆盖才得以保存,基于此,我们认为采集的玻璃陨石应是原地埋藏,未经搬运,玻璃陨石与采集石制品处于同一位置,玻璃陨石测定的年代应该可以用来代表百峰遗址同层石制品的年代。

对于百色盆地玻璃陨石和第四阶地年代的测定,最早在 1996 年,百色盆地百谷遗址网纹红土地层中出土玻璃陨石经过裂变径迹法年代测定,得出百谷遗址玻璃陨石的年代为距今 73.2±3.9 万年[13];2000 年,经过 $^{40}Ar/^{39}Ar$ 法对百色盆地第四阶地中与石制品共生的玻璃陨石进行测年,其结果显示百色盆地第四阶地石器文化层形成于距今 80.3±0.3 万年[1]。因此,结合百峰遗址地层中发现的玻璃陨石年代以及石制品的特征分析,我们认为百峰遗址第二层的年代大约在中更新世早期。

百峰遗址中手斧和玻璃陨石发现于同一地层层位,进一步丰富了百色手斧的研究资料,对于用玻璃陨石的形成时间来代表百色盆地手斧的年代又提供了一个新的证据。

致谢: 在调查期间,田东博物馆的田丰先生、李金燕女士给予了大力支持,在此一并感谢。

注　释

[1] Hou YM, Potts R, Yuan BY, et al. Mid-Pleistocence Acheulean-like stone technology of the Bose basin, South China[J]. *Science*, 2000, 287: 1622 - 1626.

[2] 黄启善.百色旧石器[M].北京:文物出版社,2003,122~126.

[3] Huang SM, Wang W, Bae CJ, et al. Recent Paleolithic field investigations in Bose Basin (Guangxi, China)[J]. *Quaternary International*, 2012, 281: 5 - 9.

[4] Xu GL, Wang W, Bae CJ, et al. Spatial distribution of Paleolithic sites in Bose Basin, Guangxi, China [J]. *Quaternary International*, 2012, 281: 10 - 13.

[5] 王頠.广西百色盆地枫树岛旧石器遗址[M].北京:科学出版社,2013:14~18.

[6] 林圣龙.评《科学》发表的《中国南方百色盆地中更新世似阿舍利石器技术》[J].人类学学报,2002,21(1):74~82.

[7] Koeberl C, Glass BP, Keates SG. Tektites and the age Paradox in Mid-Pleistocence China[J]. *Science*, 2000, 289: 507.

[8] 王頠,莫进尤,黄志涛.广西百色盆地大梅南半山遗址发现与玻璃陨石共生的手斧[J].科学通报,2006,51(18):2161~2165.

[9] 王頠,莫进尤,黄志涛,等.百色南半山旧石器时代遗址发掘报告[A].见:广西文物考古研究所编.广西考古文集(第4辑)[C].北京:科学出版社,2010:63~82.

[10] 王頠.广西百色盆地枫树岛旧石器遗址发掘出土的手斧[N].中国文物报,2005 - 05 - 01.

[11] 广西文物考古研究所,田东县博物馆.田东坡洪遗址A区发掘简报[A].见:广西文物考古研究所编.广西考古文集(第4辑)[C].北京:科学出版社,2010:36~62.

[12] 黄胜敏,刘扬,郭耀峥,等.广西百色百峰遗址发现的石制品[J].人类学学报,2011,30(3):307~312.

[13] 郭士伦,郝秀红,陈宝流,等.用裂变径迹法测定广西百色旧石器遗址的年代[J].人类学学报,1996,15(4):347~350.

(本文发表于《人类学学报》2015年第34卷第3期)

百色红火山遗址发掘简报[*]

黄胜敏　刘康体　郭耀峥　黄霖珍　严建国　刘　扬

一、前　　言

　　百色盆地地处广西壮族自治区的西部,西起百色市,东至田东县思林镇,是一个呈北西—南东方向延伸的狭长盆地;地理坐标为 106°34′~107°15′E,23°34′~23°55′N;长约90 km,最宽处 15 km,总面积约 800 km²。其间有右江由西向东穿越。百色盆地内的旧石器遗址就发现于右江两岸的Ⅳ级阶地[1]。

　　2008 年 11 月至 12 月,为配合百色至隆林高速公路建设,由右江民族博物馆和广西文物考古研究所共同对百色盆地红火山旧石器时代遗址进行了抢救性发掘,揭露面积1 000 m²。此次发掘探明了遗址的地层堆积,并出土和采集了一定数量的石制品,为探讨遗址的文化内涵以及丰富百色盆地旧石器时代文化面貌提供了重要资料。本文是对此次发掘情况的一个简略报道。

二、地理位置、地层与发掘概况

　　红火山遗址位于百色市右江区四塘镇社马村那豆屯西约 300 m,西北距百色市约6 km,西南距右江约 3 km(图 1)。其位于右江右岸的四级阶地上,周围为小丘陵地貌。遗址包括红火、六同两个山包,两山之间由一冲沟分隔,相距约 60 m,百隆高速公路分别从红火山西侧、六同山东侧自南向北穿过。由于本次可供发掘的范围为百隆公路必经之地,因此我们只能选择堆积相对较厚并且在地表采集到部分打制石器的六同山坡东侧坡地为发掘区(图 2)。

　　发掘区地势自西向南倾斜,坡度约 20°。地表的芒果树和灌木丛等植被,在发掘队进入工地前已被清理干净,部分区域已暴露出文化层。

　　* 国家重点基础研究发展规划项目(2006CB806400)、国家自然科学基金项目(40872023)和科技部科技基础性工作专项项目(2007FY110200)资助。

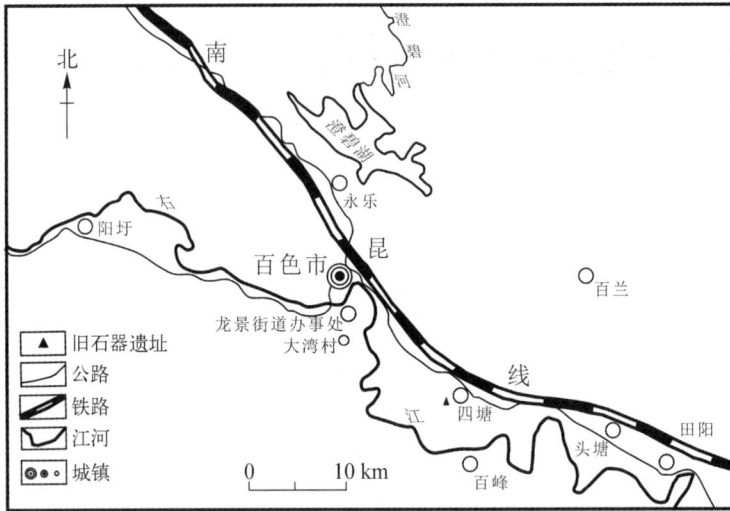

图 1　红火山遗址地理位置示意

图 2　红火山遗址发掘区

根据发掘区地形走势,此次发掘共布正南北方向 5×5 m 探方 40 个,其主要由南向北分为 5 列,编号为 T14 ~ T40;其次在南侧另有探方 T1 ~ T8,东侧有 T15、T22。总面积 1 000 m²。发掘以每 10 cm 为一个水平层逐层向下发掘,直至基岩。

遗址地层堆积较为简单,根据土质土色自上至下可分为四层(图 2)。其中第二层仅为局部分布,主要分布于东部和西部地势较低的个别探方;第三层在所有探方均有分布,但厚薄不均,其中北侧中部较薄,约 20 ~ 40 cm;南侧较厚,约 30 ~ 90 cm。经对比分析表明,第二层堆积为坡积物。

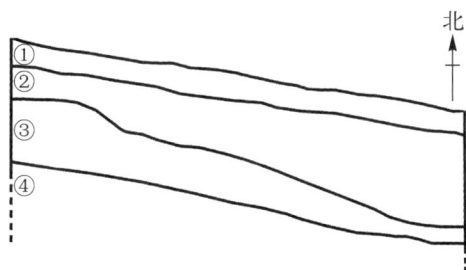

图 3 红火山遗址 T14 北壁剖面

发掘区 T14 北壁的地层描述如下(图 3)。

(1)表土层。灰褐色砂质黏土,质地疏松,含植物根系。厚 15 ~ 25 cm。

(2)坡积层。呈黄色,土质杂而松软,含有少量的植物根系。厚 20 ~ 80 cm。

(3)文化层。呈棕红色,网纹状,土质致密,含有紫色小石子颗粒。厚 45 ~ 90 cm。

(4)黄色风化岩层。

三、石 制 品

发掘和采集石制品共 16 件,类型包括石核、石片、砍砸器、手镐和断块。原料以砂岩为主,其次为石英岩,还有少量砾岩(表 1)。

表 1 石制品类型与原料统计

编 号	类 型	原 料
08BSHT12③：1	砍砸器	砂 岩
08BSH 采：1	手 镐	砂 岩
08BSH 采：2	砍砸器	砾 岩
08BSH 采：3	砍砸器	砂 岩
08BSH 采：4	砍砸器	砂 岩
08BSH 采：5	砍砸器	砂 岩
08BSH 采：6	砍砸器	砂 岩
08BSH 采：7	砍砸器	砂 岩

编　　号	类　　型	原　　料
08BSH 采：8	砍砸器	砂 岩
08BSH 采：9	砍砸器	砾 岩
08BSH 采：10	砍砸器	石英岩
08BSH 采：11	断 块	石英岩
08BSH 采：12	石 片	砂 岩
08BSH 采：13	石 片	砂 岩
08BSH 采：14	石 核	砂 岩
08BSH 采：15	手 镐	砂 岩

（一）地层出土的石制品

1 件。08BSHT12③：1，砍砸器。原料为长条形砂岩砾石，长 120、宽 65、厚 50 mm，重 500 g。在较窄的一端单面打击成刃，刃缘可见单向修理疤痕，刃缘长 34 mm，刃角 65°。器身其余部分保留砾石面（图 4，9）。

（二）采集品

15 件，类型包括石核、石片、刮削器、砍砸器、手镐和断块等。

1. 石核

1 件。08BSH 采：14，原料为砂岩，个体较小，长 46、宽 37、厚 22 mm，重 40 g。以较平的一面为台面两边打片，自然台面，台面角 70°～85°。打击点清楚。全身遍布剥片阴疤，此石核剥片已至极限（图 4，6）。

2. 石片

2 件。原料均为砂岩。一大一小，平均长 112.5、宽 73.5、厚 50 mm，平均重 275 g。均为自然台面；1 件为自然背面，1 件有背面疤。

08BSH 采：12，原料为砂岩，长 72、宽 47、厚 30 mm，重 100 g。自然台面，台面长 30、宽 52 mm。背面为砾石面；腹面略弧，打击点、半锥体、放射线均较明显，末端呈羽状。石片左厚右薄，右侧边缘较为锋利，可见到崩疤，可能是使用所致。石片内角 100°（图 4，5）。

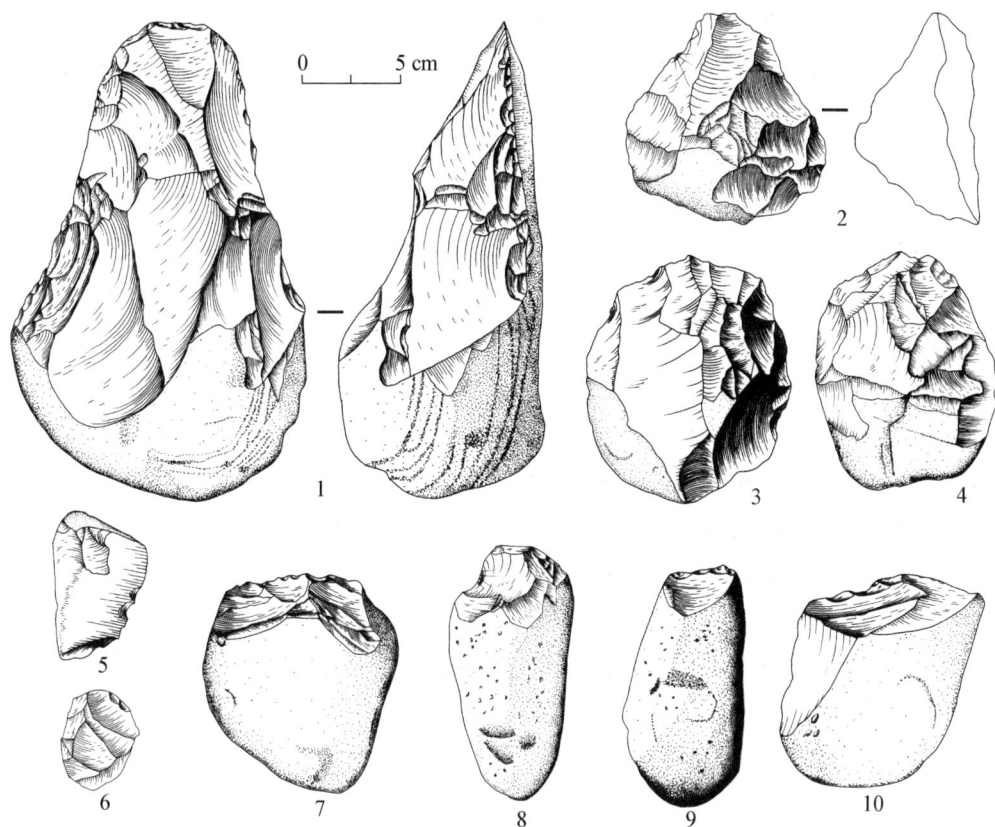

图 4　红火山遗址发现的石制品

3. 工具

（1）砍砸器：9 件。

原料有砂岩、砾岩和石英岩，以砂岩为主，有 7 件。器形均较大，平均长 121.4、宽 89.6、厚 64.7 mm，平均重 680 g。有四边形、三角形和椭圆形三种，以四边形为多。修理方法为锤击法，均为单面加工。器身大部分保留石皮。

08BSH 采：2，以长条形砾岩砾石为原料，长 153、宽 77、厚 52 mm，重 620 g。石质较差，砾石面粗糙不平，器表轻微风化。在一端单面打击而成，可见到多层修疤。刃缘略呈圆凸状，长 60 mm，刃角 55°。器身大部分为石皮（图 4,8）。

08BSH 采：3，以砂岩砾石为原料，长 117、宽 100、厚 62 mm，重 780 g。由较凸的一面向较平的一面单面打击成刃，具有多层修疤。刃缘呈弧状，长 80 mm，刃角 70°～80°。把端和背面均保留砾石面（图 4,3）。

08BSH 采：5，以近似四方体砂岩砾石为原料，器身较大，长 105、宽 108、厚 68 mm，重 700 g。标本因经风化，棱角圆钝。在一端单面打击刃，可见到 3 层修疤，刃缘较为平直，长 60 mm，刃角 73°。器身大部分保留砾石面（图 4,10）。

08BSH 采：7，以扁平砂岩砾石为原料，长 104、宽 97、厚 39 mm，重 500 g。单面加工成刃，可见到 3 层修疤。刃部有细小崩疤，正视刃缘凹凸不平。刃缘长 65 mm，刃角 60°。器身大部分为石皮（图 4，7）。

08BSH 采：9，以砂岩砾石为原料，器身较大，长 120、宽 96、厚 76 mm，重 880 g。在一端单面打击成刃。因原料差，片疤不很平整，边界不很清楚。刃缘呈圆凸状，长 56 mm，刃角 60°。把端和背面均保留砾石面，砾石面粗糙不平（图 4，4）。

（2）手镐：2 件。

08BSH 采：1，岩性为砂岩，毛坯为石片，长 115、宽 112、厚 68 mm，重 660 g。石片毛坯呈三角形，以较宽的一端为把端，较窄的一端加工成尖刃。修理方向由刃缘向中轴方向进行，主要由较平的石片腹面向背面进行单向修理。较凸一面两侧片疤均较浅平，剥片直到把端。仅在把端见到少量砾石面。刃角 70°（图 4，2）。

08BSH 采：15，以长形砂岩砾石为原料，器身较大，长 237、宽 150、厚 105 mm，重 3 300 g。在较窄的一端进行修理，顶端呈舌状；以较宽的一端作为把端，保留砾石面。器身一面较平，一面较凸，截面呈半圆形。修理方向由刃缘向中轴方向进行。较平一面右侧经细致剥片至中轴位置，修疤较大而浅平，刃缘可见到细小修疤；左侧只在舌尖剥下浅平疤痕，大部分均保留砾石面。较凸的一面也有少量修理。把端保留砾石面。刃角平均 55°（图 4，1）。

4. 断块

1 件。原料为石英岩扁平砾石，在较窄一端为陡直不规则断面，应为工具加工失败所致。长 138、宽 101、厚 64 mm，重 460 g。

四、小　　结

（一）石制品特征

（1）多以河卵石为石器加工的原料，岩性以砂岩为主，其次为砾岩。

（2）石制品类型包括石核、石片和工具。工具以砍砸器为主，其次为手镐。

（3）石制工具毛坯以砾石为主，只有 1 件手镐毛坯为石片。石器个体以大型和中型为主。

（4）石核剥片方法为锤击法，选择较平面为台面进行剥片。

（5）石制工具加工方法主要为锤击法，多在砾石一端进行加工，以单面为主。手镐加工较为精致。

（二）年代与意义

红火山遗址位于百色盆地右江右岸的Ⅳ级阶地上，石制品发现于网纹红土层，即使是地表采集的石制品其表面网纹化也很严重。根据遗址地貌以及石制品特征,可以推断其年代与百色盆地业已发现的遗址年代一致,为中更新世早期[2]。

从调查情况来看,红火山遗址文化层主要分布于红火山坡顶部,其堆积较厚,是百色地区目前发现保存较好的旧石器时代遗址之一。其分布面积很大,目前发掘面积还不到遗址总面积的十分之一。由于此次发掘限于公路建设必经之地,处于遗址边缘地带,且文化层剥蚀严重,已接近网纹红土的底部,因此发掘所获石制品数量较少,加上采集石制品数量也有限,以致对遗址文化内涵还难以全面了解。但通过研究,我们还是能够发现红火山遗址与百色盆地以往发现的旧石器时代文化遗存的文化面貌具有相似之处。

近年来,广西百色右江民族博物馆对百色盆地进行了多次文物普查,已发现旧石器遗址近百处,范围遍及百色盆地内的百色市、田阳市和田东县。历年来发掘和采集石制品数量已达数万件之多。但目前除田东坡西岭遗址[3]、上宋遗址[4]、六怀山遗址[5]等外,已经报道发表的较少,还难以使研究者窥其全貌。红火山遗址的发现、发掘与报道相信能为百色地区旧石器研究注入新的血液。

致谢:广西文物考古研究所对此次工作给予了极大支持和帮助,其中广西文物考古研究所的李珍研究员、南宁市博物馆的黄云忠研究员对发掘工作进行了指导,特此致谢。

注 释

[1] 袁宝印,侯亚梅,王頠,等.百色旧石器遗址的若干地貌演化问题[J].人类学学报,1999,18(3):215~224.

[2] Hou Y, Potts R, Yuan B, et al. Mid-Pleistocene Acheulean-like Stone Technology of the Bose Basin, South China[J]. *Science*, 2000, 287(5458):1622 – 1626.

[3] 林强.广西百色田东坡西岭旧石器时代遗址发掘简报[J].人类学学报,2002,21(1):59~64.

[4] 谢光茂,林强.百色上宋遗址发掘简报[J].人类学学报,2008,27(1):13~22.

[5] 裴树文,陈福友,张乐,等.百色六怀山旧石器遗址发掘简报[J].人类学学报,2007,26(1):1~15.

(本文发表于《第十二届中国古脊椎动物学学术年会论文集》,海洋出版社,2010 年)

田东高岭坡遗址新发现的石器品

李金燕　黄秋艳　田　丰　李大伟　廖　卫　王　頠

一、引　　言

百色盆地位于旧大陆的特殊位置,连接华南和东南亚,右江贯穿其间,两岸的河流阶地和盆地周边的洞穴是古人类良好的栖息繁衍之地。近些年来,百色盆地旧石器因其年代久远和具有与西方相似的阿舍利技术而被国际学界所关注[1~11]。作为旧大陆人类迁徙与演化研究不可或缺的重要文化遗物,百色盆地丰富的旧石器为研究当时古人类的行为和技术特征提供了最直接的证据。位于盆地东南端的高岭坡遗址,是该地区较早被发现并持续进行过发掘的旧石器遗址之一。早在 1986 年,以黄慰文先生为首的考察队就对该遗址进行了调查[12]。其后于 1988、1989、1991、1993 和 1995 年对该遗址进行了多次的发掘[13]。前期对该遗址进行的地层学和石器类型学研究,取得了非常好的研究成果[14、15]。一直以来,田东县博物馆都积极组织人员参加该遗址的调查、发掘和保护工作,并采集了大量的旧石器。此次研究石制品为田东县博物馆采集于高岭坡的石制品,这批石制品之前未曾报道过。

二、高岭坡遗址概况

高岭坡遗址位于广西壮族自治区百色市田东县境内的林逢镇檀河村,距县城东南方约 10 km 处的右江南岸第Ⅳ阶地上,地理坐标为北纬 23°33′60″,东经 107°11′57″(图 1)。该遗址方圆约 2 km² (图 2),顶面最高处高出右江水面约 62 m。遗址表面网纹红土裸露,地表至今仍然散布有少量石制品。由于该遗址曾发掘出土大量史前的文化遗物(旧石器),并且在 1993 年的发掘中出土了与石器同层的玻璃陨石[16],为百色旧石器的年代测定工作带来了突破。2001 年 6 月,高岭坡遗址被国务院公布为第五批全国重点文物保护单位。

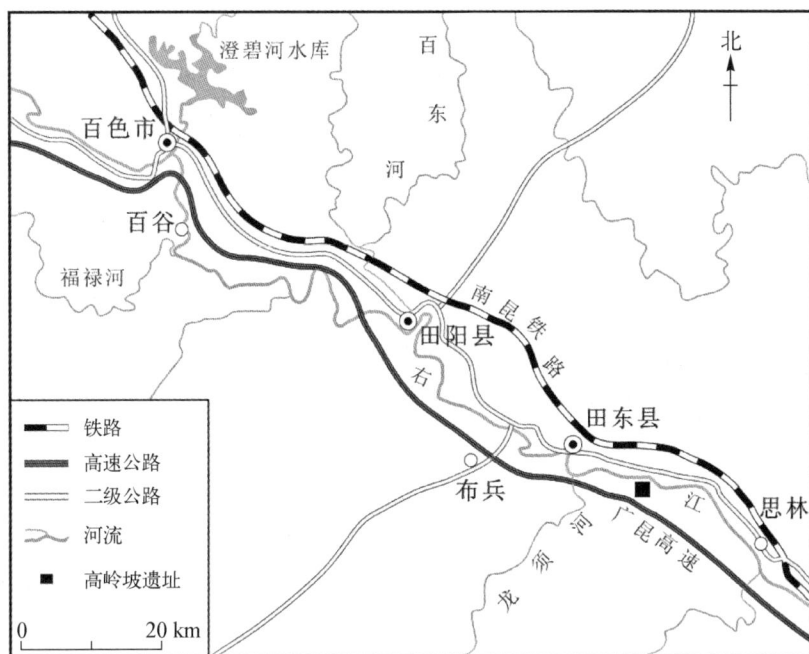

图1 高岭坡遗址位置

图2 高岭坡遗址全景(A)和局部(B)照片

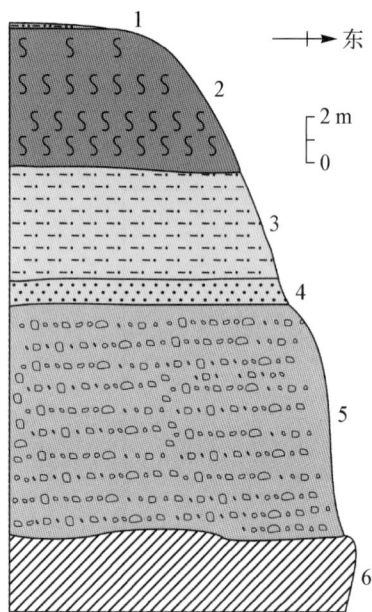

图 3　高岭坡遗址地层剖面图

高岭坡遗址的堆积物自上而下可分为 6 层(结合本文作者对高岭坡遗址地层观察以及前人的研究成果,图3):

1. 灰褐色黏土质粉砂。似为风尘堆积,现代植物根系及虫洞发育。厚度约为 10~25 cm。

2. 红色砂质黏土。此层为该遗址含石器层位。靠上部(60~80 cm)颜色较浅,网纹结构发育不明显。向下颜色加深,网纹结构特别发育。同时地层中含有较多的铁锰结核,大者直径可达 5 cm。厚度约为 6 m。

3. 紫色、灰白色砂质黏土。具有水平层理。厚度约为 5 m。

4. 灰白色砂/粉砂层。透镜体,具有羽状交错层理。平均厚度约为 1.1 m。

5. 灰褐色砾石层。砾石呈水平排列,分选和磨圆都很好。砾石直径以 1~4 cm 的居多,个别直径可达 10 cm 或更大。岩性主要为硅质岩、石英、石英岩和砂岩等。厚度约为 10 m。

6. 第三纪灰黄色泥岩、细砂岩,为该阶地的基座,与其上覆地层呈不整合接触。

三、石制品分类及描述

田东县博物馆馆藏的采集于高岭坡遗址的石制品一共有 36 件,包括手斧、手镐、砍砸器、刮削器、石片、石锤、石核(图4~6)。

(一) 手斧

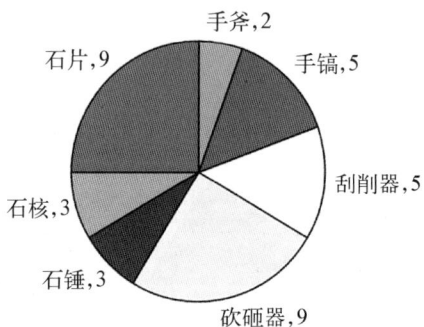

图 4　高岭坡遗址新发现的石制品类型和数量

000330(图5,1):原料为青灰色石英岩砾石,形状近三角形,从短侧根部及长侧中下部向一端背面交错打击多次剥片,短侧修出一道弧刃,长侧修出一道凹刃,两刃在端部形成一个舌尖,打击片疤多较大且浅平,部分片疤尾部折断形成陡坎。器身把手保留自然砾石面。

000331(图5,2):原料为棕黄色石英岩砾石,梨形,从两侧中下部向一端交互打击,多次剥片形成两道微弧刃,在端部形成一个锐尖,片疤较小,部分片疤尾部折断形成陡坎,把手保留自然砾石面。

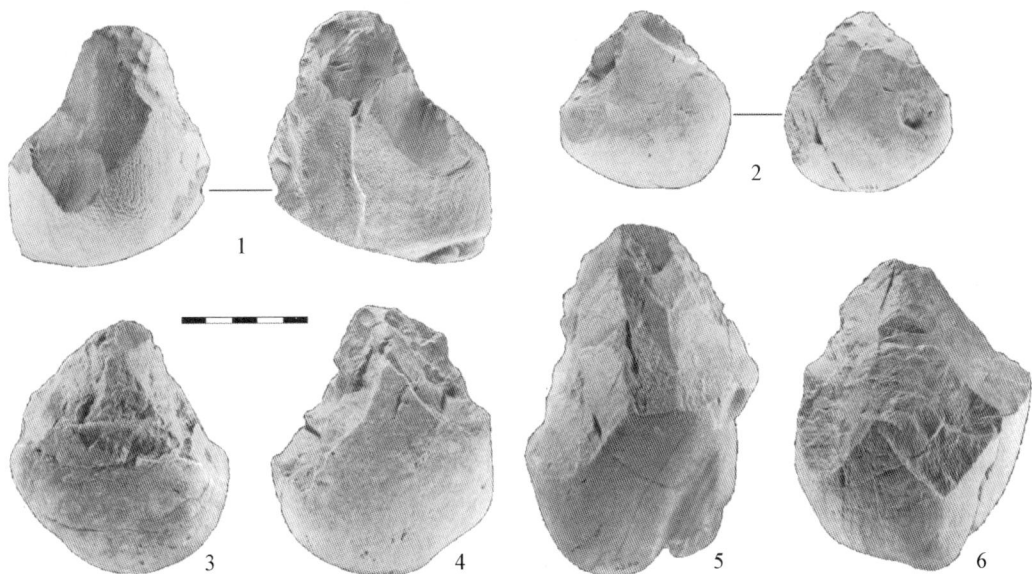

图 5　高岭坡遗址新发现的手斧和手镐

1、2. 手斧（000330、000331）　3~6. 手镐（000196、000198、000200、000210）

（二）手镐

000196（图 5,3）：原料为舌形石英岩砾石。背面略凹,腹面凸起,在两侧由背面向腹面单向加工,在前端形成一尖。左侧加工在器身中部,加工面不平整,片疤多有折断,大小不一,刃缘略弧。右侧加工在器身中下部,较平,刃缘平直,尖部经过修整,留有平浅的修整片疤,略呈舌状。把手保留天然砾石,器身对称。

000198（图 5,4）：原料为矛头状石英岩砾石。由两侧向前端加工成一尖,两侧加工均在器身中部。左侧加工面不平整,有较多片疤在尾部折断形成阶梯状,刃缘内凹,略呈锯齿状;右侧加工面略平,刃缘弧凸。尖部经过修整,较薄,呈舌状。把手保留天然砾石面。器身较对称。

000200（图 5,5）：原料为近椭圆形砂岩砾石。一面较平,一面凸起。在两侧由较平面向凸面单面打击,在端部形成一尖。左侧加工至器身中下部,加工面较平整,片疤较大,平浅,部分片疤在尾部折断形成陡坎,刃缘略内凹;左侧加工至中部,加工面平整,片疤较大,刃缘平直。器身加工面中部有一略凸起的棱,从器身上部延伸至中部。尖部略弧,两面均经过修整。把手保留天然砾石面。器身略对称。

000210（图 5,6）：原料为舌状石英岩砾石。由两侧向前端加工成一尖,两侧加工均在器身中下部,左侧加工面不平整,有较多疤片在尾部折断形成陡坎,刃缘略凹,略呈锯齿状。右侧有一片疤较大较略内凹,刃缘直平,器身加工面中部有一略凸起的平面。背面有一道天然内凹裂痕,尖部经过修整,较薄,略呈矩形。把手保留天然砾石,较厚重。

000212：原料为舌状黄色砂岩砾石。由砾石两侧中下部向一端单面多次剥片，在端部形成一舌尖，左侧加工面较平整，弧刃略呈锯齿状。右侧加工面片疤较小，刃缘直平。器身加工面靠右侧有一凸起的棱，从器身上部延伸至中部。把手保留天然砾石面。

（三）砍砸器

9件。均为砾石打制而成。岩性有砂岩、石英岩。器身保留大部分砾石面，部分刃缘修整较好，刃缘有直刃和锯齿状刃。

000244：原料为深灰色石英岩砾石，形状不规则，两面均较平整。从把端两侧向刃端由一面向另一面多次单向剥片，修出一道弧刃，打击片疤多较浅平。器身其余部分保留自然砾石面。

000246（图6，1）：原料为灰褐色石英岩砾石，形状近四边形。把端较窄，刃端较宽大。在刃端两面交错打击修出一道直刃；从把端一侧两面交错打击修出一道弧刃，与刃部形成一舌尖。片疤多较小且深凹，部分片疤尾部折断形成陡坎。器身其余部分保留自然砾石面。

000247：原料为灰白色石英岩，形状近四边形。在刃端由微凸面向平整面多次单向剥片，修出一道直刃，与把端一侧形成一舌尖。片疤多较大且浅平。器身其余部分保留自然砾石面。

000254：原料为灰黄色石英岩砾石，形状不规则。两面均较平整。把端较窄长刃端较宽。在刃端由一面向另一面多次单向剥片，修出一道弧刃，打击片疤多较大且浅平。器身其余部分保留自然砾石面。

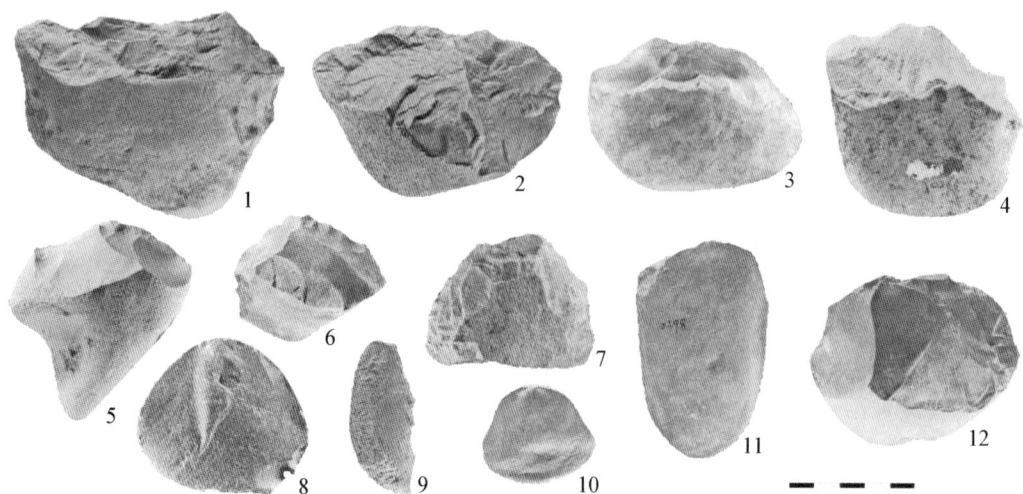

图6　高岭坡遗址新发现的砍砸器、刮削器、石片、石锤和石核
1~4. 砍砸器（000246、000259、000262、000265）　5~7. 刮削器（000220、000225、000236）
8~10. 石片（000290、000294、000295）　11. 石锤（000398）　12. 石核（000366）

000259(图6,2)：原料为灰白色石英岩砾石,形状近三角形。把端较窄,小刃端较宽大。在刃端由微凸面向平整面多次单向剥片,修出一道锯齿状直刃;从把端一侧由微凸面向平整面多次单向剥片,修出一道弧刃,与刃部形成一舌尖。片疤多较小而浅平,部分片疤尾部折断形成陡坎。器身其余部分保留自然砾石面。

000262(图6,3)：原料为褐色石英岩砾石,形状近椭圆形。两面均较平整。把端较宽大,刃端较窄小。在刃端由一面向另一面多次单向剥片修出一道弧刃,片疤多较小且浅平。器身其余部分保留自然砾石面。

000265(图6,4)：原料为灰色石英岩砾石,形状近四边形。两面均较平整。把端较窄,刃端较宽。在刃端由一面向另一面多次单向剥片修出一道弧刃。片疤多较大而浅平。器身其余部分保留自然砾石面。

000267：原料为灰褐色石英岩砾石,形状不规则。把端较窄,长刃端较宽。两面均较平整。在刃端由一面向另一面多次单向剥片修出一道弧刃。片疤多较小而深凹。器身其余部分保留自然砾石面。

000270：原料为灰色石英岩,形状近四边形。一面较平整,另一面微凸。从刃端平整面向微凸多次单向剥片,修出一道直刃,然后在一侧由平整面向微凸多次单向剥片,修出一道弧刃,呈锯齿状。两个加工面相交形成一道凸棱。打击片疤多较小且浅平,部分片疤尾部折断形成陡坎。器身其余部分保留自然砾石面。

000332：原料为深灰色砂岩,形状近四边形。两面均较平整。把端较宽大,刃端较窄小。在刃端由一面向另一面多次单向剥片修出一道弧刃,片疤多较大且浅平。器身其余部分保留自然砾石面。

(四) 刮削器

5件。毛坯均为砾石。岩性有砂岩、石英岩等。多为单面加工,加工部位多位于器身的一边,刃缘锯齿状较多,部分刮削器刃口有使用痕迹,可分为单边刮削器和双边刮削器。

000220(图6,5)：原料为灰色石英岩,形状不规则。一面平整,另一面微凸。在一侧由平整面向微凸多次剥片,修出一道弧刃,片疤较大且浅平。器身其余部分保留自然砾石面。

000225(图6,6)：原料为灰褐色石英岩砾石,形状近扇形。一面平整,另一面微凸。在一侧由平整面向微凸多次剥片,修出一道弧刃,片疤多较小且浅平,部分片疤尾部折断形成陡坎。器身其余部分保留自然砾石面。

000236(图6,7)：原料为灰褐色角砾岩断块,形状近半圆形。两面均较平整。沿着半圆由一面向另一面单向多次剥片,修出一道弧刃。片疤多较小且深凹。两面均保留有自然砾石面,正面自然砾石面面积较小。

000237：原料为深灰色石英岩砾石,形状近四边形。一面平整,另一面微凸。在一侧由平整面向微凸单向多次剥片,修出一道直刃。片疤多较小且深凹。器身其余部分保留自然砾石面。

000388：原料为灰褐色石英岩砾石，形状近椭圆形。两面均较平整。在一侧由一面向另一面单向多次剥片，修出一道凹刃，片疤较小且浅平。另一侧中下部有两处打击留下的小片疤，器身其余部分保留自然砾石面。

（五）石片

9件。岩性有砂岩、石英岩两种。石片个体差别不大，形状有四边形、扇形、椭圆形等。均为自然台面，打击点清楚，半锥体突出，为直接锤击法打制。石片背面均保留有砾石面。大多数石片具有锋利的边缘，部分石片有使用痕迹。

000275：原料为灰色石英岩，近四边形。打击台面为自然台面。打击点窄小，半锥体微显，放射线模糊。左侧呈一舌尖，远端边缘锋利。背部保留自然砾石面。

000288：原料为浅灰色石英岩，扇形。打击台面为自然台面。打击点窄小，半锥体微凸，放射线模糊。远端边缘锋利。背面保留自然砾石面。

000290（图6，8）：原料为灰色石英岩，扇形。打击台面为自然台面。打击点窄小，半锥体不明显，放射线模糊，背面保留自然砾石面。远端被折断，边缘钝厚。

000292：原料为灰黄色砂岩，打击台面为自然台面。打击点窄小，半锥体微凸，放射线模糊，背面保留自然砾石面。远端成一舌尖，左侧边缘锋利。

000293：原料为灰褐色石英岩，打击台面为人工台面。打击点窄小，半锥体微显，放射线模糊。左右两侧边缘锋利。背面右侧保留自然砾石面。

000294（图6，9）：原料为灰黄色石英岩，近长方形。打击台面为自然台面。打击点窄小，半锥体不明显，放射线模糊。远端呈一锐尖，右侧边缘锋利。背面右侧保留自然砾石面。

000295（图6，10）：原料为灰色石英岩，扇形。打击台面为自然台面。打击点窄小，半锥体微显，放射线不清晰。远端边缘锋利。背面保留自然砾石面。

000298：原料为深灰色石英岩砾石。打击台面为自然台面。打击点窄小，半锥体微显，放射线模糊。左右两侧边缘锋利，远端被折断。背面保留自然砾石面。

000320：原料为灰褐色石英岩，近三角形。打击台面为自然台面，打击点窄小，没有半锥体，放射线不清晰。左侧成一锐尖，远端中部较锋利。背面上部保留自然砾石面。

（六）石锤

3件。用作石锤的原料均为砾石。岩性有砂岩、石英岩。石锤没有经过加工，均为直接使用。使用痕迹为片状崩疤和点状坑疤，多位于器身的端部和侧缘。石锤形状多为长条形，均为锤击石锤。

000393：原料为棕黄色石英岩，略为长条形。沿砾石的一端进行锤击，锤击端有一很陡的片疤面，与器身底面（即锤击面）的交角接近直角，锤击边缘较锋利，呈直刃。器身其余部分保留自然砾石面。

000395：原料为青灰色石英岩，略呈椭圆形。一面较平整，另一面凸起。沿砾石的一端进行锤击，打击方向为由较平面向凸起面打击。锤击端有一很陡的片疤面，与器身底面（即较平面）的交角接近直角，锤击边缘锋利，略呈直刃。器身其余部分保留自然砾石面。

000398（图6,11）：原料为灰褐色砂岩，略呈长条形。一面平整，另一面略隆起。沿砾石的一端进行锤击，打击方向由平整面向隆起面打击。锤击端有一个很陡的片疤面，与器身底面（即较平面）的交角在80°以上。锤击边缘钝厚，不锋利，略呈弧凸状。器身其余部分保留自然砾石面。

（七）石核

3件。石核岩性有砂岩、石英岩。打片方法均为锤击法。

000365：原料为灰褐色石英岩砾石，以两侧一端的自然砾石面及一面一端的片疤面为台面多次剥片，片疤多较大且浅平。

000366（图6,12）：原料为深灰色石英岩砾石，以砾石两侧的自然砾石面及一端的片疤面为台面多次剥片，片疤多较大且浅平。

000370：原料为灰褐色石英岩砾石，以一侧及一端的自然砾石面为台面多次剥片，片疤多较大且浅平。

三、讨论和小结

本次记录的田东县博物馆采集自高岭坡遗址的36件石制品原料均为河流砾石。岩性以石英岩和砂岩为主。石制品类型包括手斧、手镐、砍砸器、刮削器、石片、石锤、石核。石制工具多以砾石为原料，剥片方法为锤击法。石制工具以单面加工为主，只有手斧为两面加工。手斧器形均较对称，多为平面向较凸面进行加工，横截面呈三角形，尖部均为舌尖。手斧和手镐均用扁平砾石为毛坯加工而成，加工石器时恰如其分地利用了原料的形状，暗示了古人类对石器原料的选择。

高岭坡遗址是百色盆地第Ⅳ阶地距今约80万年前旧石器遗址的典型代表。高岭坡遗址经过多次发掘，已经发现了较多的石器[14~15]。本次记录的石制品，对于我们了解早中更新世之交东亚古人类石器制作方式与行为活动有重要的意义。同时，高岭坡遗址新报道的手斧，对于丰富百色盆地的手斧文化提供了新的材料。

注 释

[1] Hou YM, Ricardp, Yuan BY, et al. Mid-Pleistocene Acheulean-like stone technology of the Bose Basin, South China[J]. *Science*, 2000.

[2] 王頠.广西百色盆地枫树岛旧石器遗址[M].北京：科学出版社,2014.

[3] Huang SM, Wang W, Bae CJ, et al. Recent Paleolithic field investigations in Bose Basin, Guangxi, China[J]. *Quaternary International*, 2012.

[4] Xu GL, Wang W, Bae CJ, et al. Spatial distribution of Paleolithic sites in Bose Basin, Guangxi, China [J]. *Quaternary International*, 2012.

[5] 黄启善.百色旧石器[M].北京：文物出版社,2003.

[6] 李炎贤,尤玉柱.广西百色发现的旧石器[J].古脊椎动物与古人类,1975,13(4).

[7] 柳州白莲洞博物馆,柳州市文物考古队,广西文物考古研究所等.田阳那赖遗址 B 区发掘报告[A].见：广西文物考古研究所编.广西考古文集(第4辑)[C].北京：科学出版社,2010.

[8] 王頠,莫进尤,黄志涛.广西百色盆地大梅南半山遗址发现与玻璃陨石共生的手斧[J].科学通报,2006,51(18).

[9] 广西自然博物馆,广西文物考古研究所.百色南半山旧石器时代遗址发掘报告[A].见：广西文物考古研究所编.广西考古文集(第4辑)[C].北京：科学出版社,2010.

[10] 广西文物考古研究所,田东县博物馆.田东坡洪遗址 A 区发掘简报[A].见：广西文物考古研究所编.广西考古文集(第4辑)[C].北京：科学出版社,2010.

[11] 谢光茂,林强.百色上宋遗址发掘简报[J].人类学学报,2008,27(1).

[12] 黄慰文,刘源,李超荣,等.百色石器的时代问题[A].见：中国科学院古脊椎动物与古人类研究所编.纪念马坝人化石发现三十周年文集[C].北京：文物出版社,1988.

[13] 黄慰文,冷健,员晓枫,等.对百色石器层位和时代的新认识[J].人类学学报,1990,9(2).

[14] 侯亚梅,高立红,黄慰文,等.百色高岭坡旧石器遗址 1993 年发掘简报[J].人类学学报,2011,30(1).

[15] 高立红,袁俊杰,侯亚梅.百色盆地高岭坡遗址的石制品[J].人类学学报,2014,33(2).

[16] 郭士伦,郝秀红,陈宝流,等.用裂变径迹法测定广西百色旧石器遗址的年代[J].人类学学报,1996,15(4).

（本文发表于《民博论丛》2007 年刊）

田东坡洪遗址 A 区发掘简报

广西文物考古研究所　田东县博物馆

2005 年 7 月,为配合南宁(坛洛)至百色高速公路工程建设,柳州博物馆参加了广西壮族自治区文物工作队组织的南百高速公路在建范围内地下文物的考古发掘项目,并会同田东县博物馆对田东县檀河村六洪屯坡洪遗址 A 区进行抢救性考古发掘。本次发掘面积为 1 000 m²,历时 3 个多月,出土遗物 340 余件,发现遗迹现象 2 处。现将本次考古发掘情况报道如下。

一、遗 址 概 况

坡洪遗址位于百色市田东县檀河村六洪屯南约 1 500 m 的一个名为坡洪的山坡顶部,处于右江的南部,北距右江约 2 500 m。其西北距田东县城约 11 km。坡洪遗址西部约 800 m 为檀河遗址,西北约 500 m 为国家重点文物保护单位——高岭坡旧石器时代遗址(图 1)。遗址东面为北西—南东走向的山岭,南面为东西向狭长的谷地,西面为地势逐渐

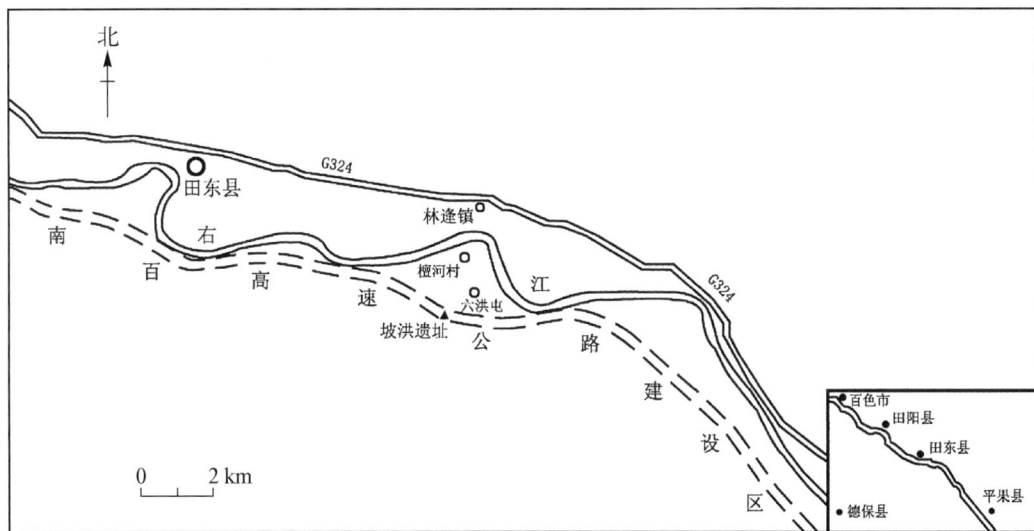

图 1　坡洪遗址地理位置图

趋缓的甘蔗地,北面为坡地农田。坡洪山体略呈馒头状,山上原种植有芒果树。遗址的北坡有裸露发育的冲沟(图2)。根据工作的需要,坡洪遗址分为两个发掘区:A区和B区;A区由柳州市博物馆负责发掘,B区由中国社会科学院考古研究所华南一队主持发掘。遗址A区东部约4m处为B发掘区。

图2　坡洪遗址全景

二、探方布置及遗址发掘方法

　　坡洪遗址A区的发掘面积为1 000 m²,本次发掘分两个阶段进行:第一阶段先发掘500 m²,布方20个,探方面积为25 m²(5×5 m);第二阶段布方面积同于第一阶段。

　　第一阶段先在遗址A区的南部布方20个,方向正南北向,在探方的东部和北部各留出1 m的隔梁,探方东北角为1 m²的关键柱,探方实际发掘面积16 m²。同时,利用GPS全球定位系统对坡洪遗址A区进行测量,其地理位置为:东经107°12′4″,北纬23°33′12″,海拔高程142 m。

　　在发掘过程中,根据遗址地表实际情况设定一个基点,并确定基点的绝对高程。从基点出发,用水平仪测出每件出土物的深度及其绝对高程。在发掘中我们采用以10 cm为一个水平层单位和遗址自然堆积层相结合的发掘方法,即在自然堆积层中我们以10 cm为一个单位进行水平发掘,在地层的交接处,在清理完上一层后,再向下发掘。这样能控制每件石器的地层,不至于混淆石器的水平层位。对遗址发现的较薄文化遗迹采取原地保护的办法,不主张对其进行解剖清理,以防止对文化遗迹造成破坏。同时,在发掘过程中各探方的地层分别单独编号,发掘完后,通过对各区、各探方地层关系的对比分析,对地层进行统一划分。

三、地质概况与地层堆积

坡洪遗址附近是一片剥蚀的丘陵区。右江在遗址北部约 2 500 m 处自西向东流过。国家重点文物保护单位——高岭坡旧石器时代遗址在其西偏北约 500 m。坡洪山与高岭坡在相对高度上和土质结构上基本一致,结合高岭坡遗址的阶地,我们认为坡洪遗址的阶地应和高岭坡遗址属同一阶地,即第四级阶地(T4),高出右江河面约 70 m,不整合于老第三纪基岩之上,剥蚀比较严重(图 3)。

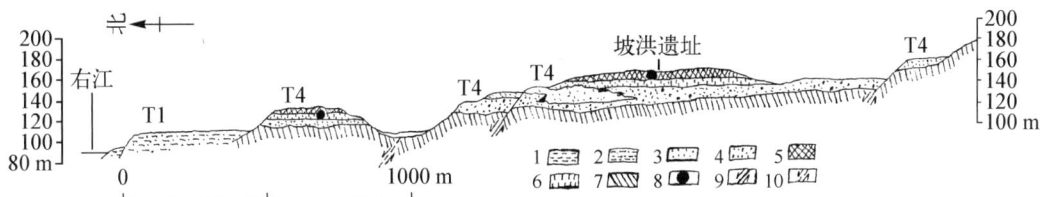

图 3　坡洪遗址阶地剖面图

砾石层上的土状堆积可参照遗址 B 区,在 B 区的东部,部分探方直接叠压在遗址砾石层上面,在砾石层上部为发育典型的网纹红土,在发育典型的网纹红土上层为网纹红土的过渡层(轻度网纹化红土),网纹红土的过渡层上层为厚度约 0~5 cm 的铁锰结核层。该层层面起伏不平,并在多个探方形成低洼地带。

坡洪遗址位于坡洪山的顶部,由于地貌特征的原因,遗址 A、B 区的地层堆积情况有所不同。遗址 A 区处于坡洪山顶较为平坦的区域,而 B 区则处在地表倾斜度较大的区域。所以,遗址 A 区的地层堆积较 B 区而言相对简单。地壳变化使遗址 A 区第⑤层——铁锰结核层存在较多的低洼区,低洼区域以洼沟的形式相连接。常年的地壳风化和雨水搬运在这些低洼区形成淤积带,由于淤积带的面积较大,在层位划分山时我们将其定名为第④层。因此,第④层在遗址 A 区不完全分布,在一些探方中缺失。现以遗址 A 区的 AT0106 北壁和 AT0310 的北壁为例,对地层的堆积情况分别介绍如下。

遗址 A 区的 AT0106 北壁的地层(图 4、5):

第①层:表土层,灰褐色黏土,结构疏松;主要包含植物根须、碎石块,这些碎石块为自然破碎。厚度约 5~10 cm。

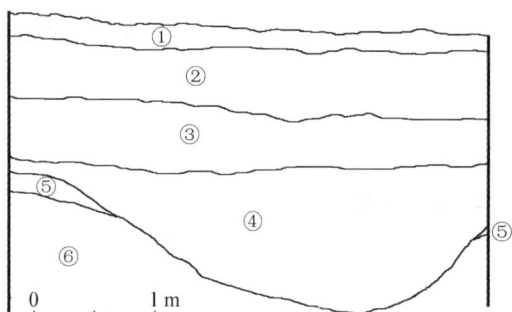

图 4　2005GTPAT0106 北壁剖面图

图 5　2005GTPAT0106 北壁地层剖面

第②层：灰黄色黏土层，结构较疏松；出土有少量石制品，类型有石片、断块、砾石等。同时，在该层底部出土大量石器，类型有石锤、石砧、砍砸器、刮削器、石片等。该层厚度约 10~15 cm。

第③层：灰黄色黏土层，土色较第②层稍浅，结构较紧密。在该层层面和第二层底部交界处发现有大量石器存在，类型有石锤、石砧、砍砸器、刮削器、石片、玻璃陨石等。同时，在该层层面还发现用火遗迹 2 处。另外，该层的土色有自西向东渐变为棕红色的现象。该层厚度约 30~40 cm。

第④层：灰白色并夹杂有浅黄色斑点亚黏土层，结构致密。该层并不是在每个探方都存在，其形成原因主要是泥土在第五层地势低洼处淤积。在该层中基本无石器出土，但在其底部出土较多的石器。石器类型有手斧、手镐、砍砸器、刮削器、断块、石核、玻璃陨石等。该层厚度约 0~50 cm。

第⑤层：棕红色铁锰结核层，结构较紧密，基本无石器出土。厚度约 0~5 cm。

第⑥层：网纹红土层，土质为亚黏土，土色包含红色、浅黄色、灰白色三种，结构致密。出土砍砸器 1 件、玻璃陨石 1 件。由于该层比较深，在发掘至 2.9 m 处时依然未将其清理完毕，考虑到发掘的安全等因素不再对其进行发掘，故其厚度不明。

遗址 A 区的 AT0310 北壁的地层（图 6）：

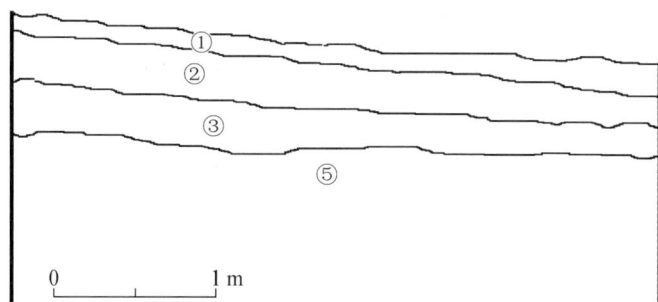

图 6　2005GTPAT0310 北壁剖面图

第①层：表土层,灰褐色黏土,结构疏松。主要包含植物根须、碎石块,这些碎石块为自然破碎。厚度约 5~10 cm。

第②层：灰黄色黏土层,结构较疏松。出土有少量石制品。同时,在该层底部出土大量石器。该层厚度约 10~15 cm。

第③层：棕红色黏土,结构较疏松。该层的土色有自西向东渐变为棕红色的现象。该层厚度约 30~40 cm。

第⑤层：棕红色铁锰结核层,结构较紧密,基本无石器出土。厚度约 0~5 cm。

在遗址 A 区的地层堆积中,由于第④层的不完全分布,第③层在部分探方直接叠压在第⑤层上,且在该层层面发现较多的石器。另外,在第②层的底部和第③层的表面亦发现较多石器。通过对其进行比较,二者在器物组合、风化程度等方面存在较大差别,应分属不同时期的器物。另外,遗址 A 区的第③层在土色上自西向东有一个渐变关系,即由灰黄色向棕红色渐变。

四、遗 迹 现 象

本次考古发掘中,在坡洪 A 区遗址共发现文化遗迹 2 处,均为人工用火遗迹(同时,在坡洪遗址 B 区也发现 1 处人工用火遗迹)。A 区的两处人工用火遗迹分别分布在 AT0203、AT0204 探方中,其编号为 2005GTPA 用火遗迹：1、2005GTPA 用火遗迹：2。现分别介绍如下：

(一) 2005GTPA 用火遗迹：1

该用火遗迹位于 2005GTPAT0203 的西北部,部分叠压于 2005GTPAT0202 东隔梁、关键柱和 2005GTPAT0203 北隔梁下。其开口于 2005GTPAT0203 第②层底部第③层表面(②底③表),平面形状为不规则形,在 AT0203 西北角向东延伸约 80 cm,向南延伸105 cm,厚约 20~23 cm(图 7)。

通过简单清理发现,其结构较疏松,包含大量炭粒、红烧土。炭粒颗粒较大,长度约1~2.5 cm,直径约 0.4~1.5 cm;红烧土多呈块状,长度约 3.5~5 cm,宽约 0.5~3.5 cm。清理该用火遗迹时在边缘发现砍砸器 1 件,将这件石器和其他探方②底③表出土的石器进行对比,发现其在石器类型、制作方法及风化程度上基本相同。因此,可以初步断定该用火遗迹与②底③表出土的石器应属于同一时期。

(二) 2005GTPA 用火遗迹：2

该用火遗迹位于 2005GTPAT0204 的南部偏中,平面形状基本呈圆形,开口于第②层底部第③层表面(②底③表)。该用火遗迹分布范围直径约 40 cm,中心直径约 12 cm(图 8)。

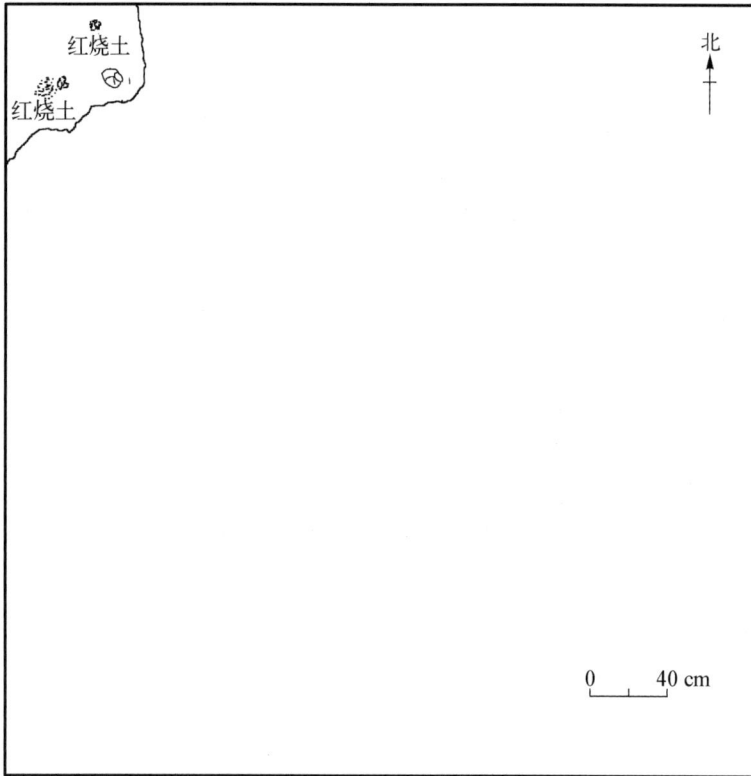

图 7 　2005GTPA 用火遗迹：1 平面图

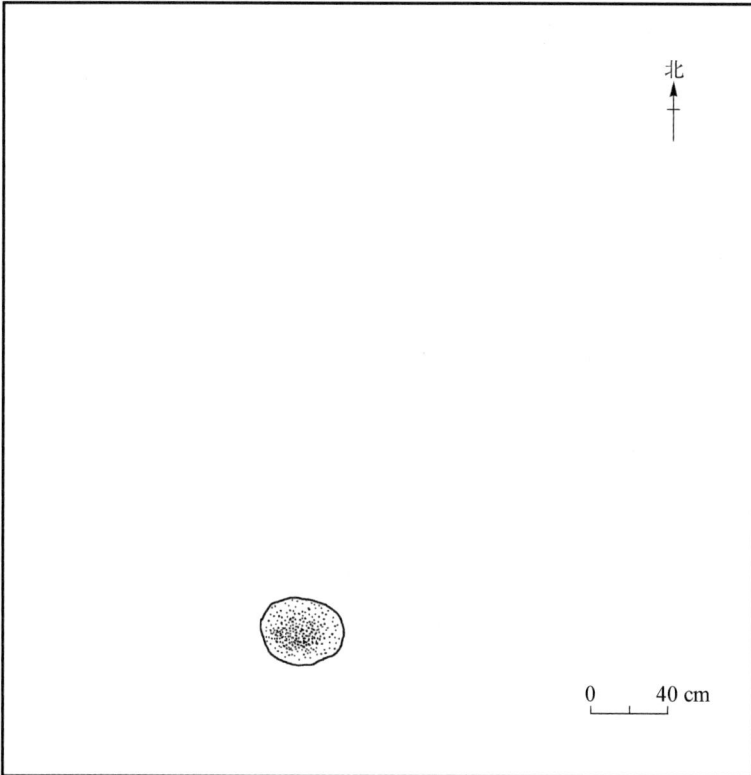

图 8 　2005GTPA 用火遗迹：2 平面图

在用火遗迹的中心位置土色为深褐色,应为长期烧烤所形成。该用火遗迹包含有炭粒和红烧土,炭粒大小多在 0.5~1 cm,主要集中在中心部位,周边有零星分布;红烧土呈块状分布在中心部位,尺寸多在 1~2 cm。在清理时未发现遗物,但根据层位和发掘深度推断,其应该和 2005GTPA 用火遗迹:1 属同一个时期。

五、遗　　物

此次发掘出土遗物共 343 件,包括石制品和玻璃陨石。第①、④、⑤层没有出土石制品,大部分遗物出自第②、②底③表、③、④底⑤表、⑥层。在上述出土石制品的地层中,以②底③表、④底⑤表较多,第②、③、⑥层出土的石制品较少。其中②底③表和④底⑤表出土石器在石器类型、风化程度等方面存在较大区别,下面我们分别对其进行介绍。

(一) 第②层出土的石制品

该层出土的石制品不多,共 15 件,种类包括砍砸器、石片、石核、毛坯、研磨器和断块(表1)。

表1　第②层出土石制品统计表

类　型	砍砸器	石片	石核	毛坯	研磨器	断块	合计	百分比
砂　岩		3	1		1	2	7	46.67
硅质岩	1	1				1	3	20
石英岩				1		4	5	33.33
合　计	1	4	1	1	1	7	15	
百分比	6.67	26.65	6.67	6.67	6.67	46.67		100

1. 砍砸器

砍砸器只 1 件。标本 AT0207②:1,砂岩,加工面由两个大片疤组成,刃端经过修整。刃缘平齐,并有较明显的碎屑剥落痕迹,应是使用痕迹。器身平面略呈四边形。长 8.0 cm,宽 7.8 cm,厚 4.9 cm,重 379 g(图 9,1;图 10,1)。

2. 研磨器

研磨器 1 件。标本 AT0207②:1,砂岩,形如馒头状,周身经过磨制,底部有研磨痕迹。器身中部稍有凹陷,亦经磨制。长 7.6 cm,宽 7.45 cm,厚 6.85 cm,重量约 569.5 g(图 9,5)。

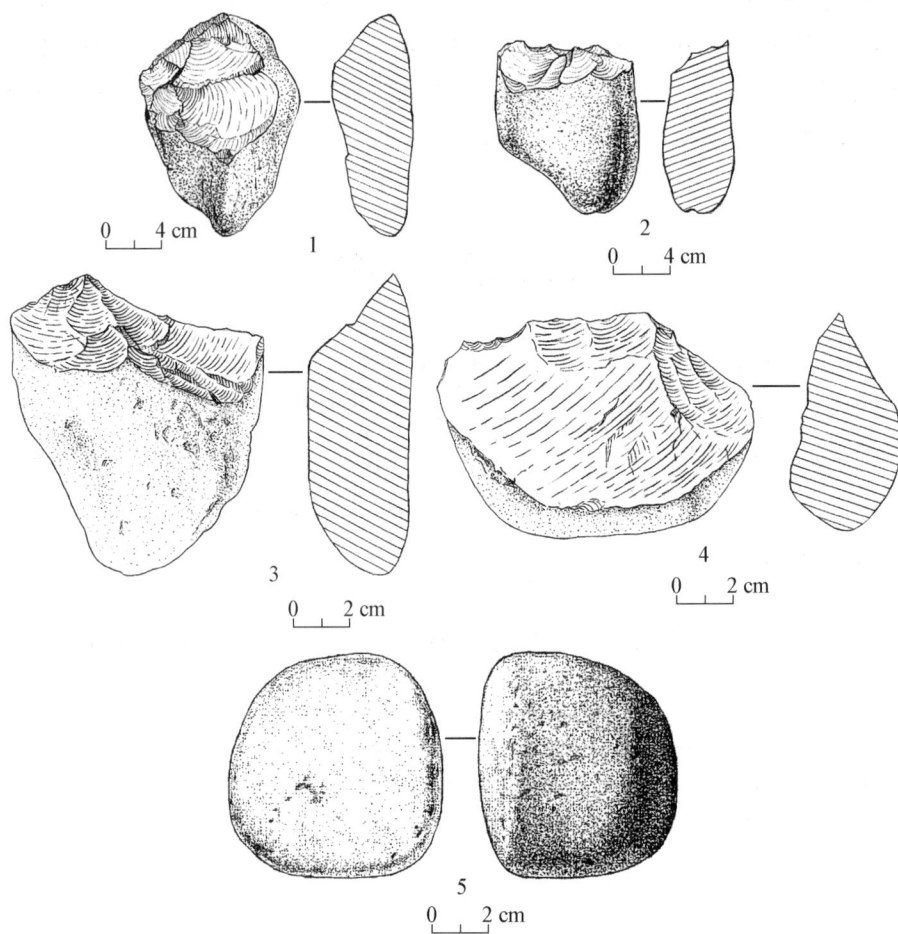

图 9　坡洪遗址 A 区第②、③层出土器物

1、2. 砍砸器（AT0207②：1、AT0201③：1）　3. 砍砸器（AT0306③：1）
4. 刮削器（AT0210③：2）　5. 研磨器（AT0207②：1）

1.砍砸器（AT0207②：1）

2.石锤（AT0404②底③表：1）

3. 手斧（AT0203④底⑤表：3）

4. 手镐（AT0408④底⑤表：3）

5. 砍砸器（AT0206⑥：1）

6. 玻璃陨石（1. AT180③：2；2. AT180③：3；
3. AT0206⑥：4；4. AT208②底③表：1）

图 10　坡洪遗址 A 区出土器物图

（二）②底③表出土的石制品

第②层底部第③层表面出土大量石制品，由于这批石制品所处位置较为特殊，我们将其单独列出，定为②底③表。该层出土石制品 135 件，类型包括砍砸器、刮削器、石锤、石砧、砾石、石片、断块、毛坯等，岩性有砂岩、硅质岩、石英岩、石英、泥岩等（表2）。

表 2　②底③表出土石制品统计表

类　型	砍砸器	刮削器	石锤	石砧	砾石	石片	断块	毛坯	合计	百分比
砂　岩	15	2			11	10	24		62	45.93
硅质岩	3	1			2	5	6		17	12.59
石英岩	7		2	1	10	7	24	3	54	40

类　型	砍砸器	刮削器	石锤	石砧	砾石	石片	断块	毛坯	合计	百分比
石　英					1				1	0.74
泥　岩	1								1	0.74
合　计	26	3	2	1	24	22	54	3	135	
百分比	19.27	2.22	1.48	0.74	17.77	16.30	40	2.22		100

1. 砍砸器

由 4 种不同岩性的原料打制而成,共 26 件,占该层出土遗物的 19.27%,均系用砾石直接打制而成,基本未发现以石片或岩块为毛坯者。岩性有砂岩、石英岩、硅质岩、泥岩等。其中砂岩最多,次为石英岩、硅质岩,泥岩最少。器体以中、小型为主,长度最大值17.7 cm,最小值 9.6 cm,平均值 13.5 cm;宽度最大值 11.3 cm,最小值 4.7 cm,平均值8 cm;厚度最大值 6.4 cm,厚度最小值 3.5 cm,平均值 4.6 cm。石器全部为单面加工而成,未发现有两面加工的。多数为由扁平的一面向另一面打击,先加工出雏形,后经过剥片修整。加工方法以锤击法为主,少数为碰砧法。器物标本的刃缘经过修整,刃缘多比较平齐。器身的平面形状有四边形、椭圆形、三角形和不规则形四种。大多数标本棱角锋利,只有极少数具有明显的冲磨痕迹。另外,根据刃数,可分为单边砍砸器、双边砍砸器 2 种。

（1）单边砍砸器

共 25 件,刃部均在石器的一端或一边。

标本 AT0106②底③表：1,泥岩,单面加工。先从砾石的一端锤击出一个工作面,再沿砾石的一边加工出一个工作面,最后对这两个工作面进行修整,加工出一个刃缘。器物的另一端和另一面保留石皮。刃缘平齐,并有较明显的碎屑剥落痕迹,应是使用痕迹。器身平面略呈四边形。长 11.7 cm,宽 8.4 cm,厚 6.1 cm,刃角最大 77°,最小 55°,重 932 g。

标本 AT0201②底③表：3,砂岩,单面加工。先在一端加工出一个工作面,再对这个工作面进行锤击,并修整出刃部,刃部较为平缓,刃部有细小的剥裂痕迹,为使用痕迹。器物的另一端及另一面保留石皮。器身平面略呈椭圆形。长 11 cm,宽 8.9 cm,厚 5.9 cm,刃角最大 70°,最小 40°,重 640 g。

标本 AT0205②底③表：2,石英岩,单面加工。先在器物一端加工出一个工作面,再对其进行修整,使之成为刃部,刃部略呈弧形,在刃部存在细小的剥裂痕迹,应为使用痕迹。器物的另一端保留石皮。器身平面略呈三角形。长 14.7 cm,宽 9 cm, 6.2 cm,刃角最大 92°,最小 72°,重 956 g(图 11,1)。

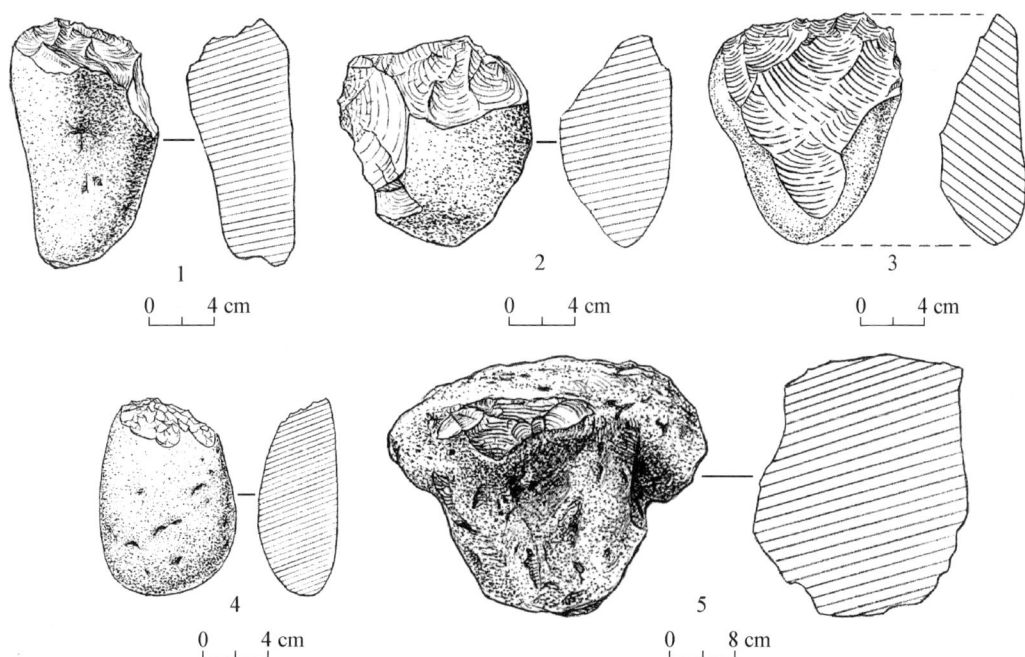

图 11　坡洪遗址 A 区②底③表出土器物
1~3. 砍砸器（AT0205②底③表：2、AT0206②底③表：8、AT0310②底③表：11）
4. 石锤（AT0404②底③表：1）　5. 石砧（AT0208②底③表：7）

标本 AT0305②底③表：1,砂岩,单面加工。先对器物一侧进行加工使之成为刃面,再对刃部进行加工,加工出刃缘,刃部较为平缓。器物的另一端及另一面保留石皮。器身平面略呈菱形。长 13.1 cm,宽 9.2 cm,厚 4.3 cm,刃角最大 97°,最小 71°,重 595 g。

标本 AT0310②底③表：11,石英岩,单面加工。一面为沿砾石结构面破裂而成的平坦面,另一面凸起。加工集中于砾石一端,单面打制,加工方向由凸起面向平坦面打击。刃缘弧凸,经较多修整。器物另一面保留石皮。平面略呈三角形。长 13.2 cm,宽 11.5 cm,厚 7.3 cm,刃角最大 70°,最小 50°,重 1 070 g（图 11,3）。

（2）双边砍砸器

1 件,刃缘在器物的两侧。

标本 AT0206②底③表：8,泥岩,单面加工。器物一面凸起,另一面较平坦。加工时沿砾石凸起面向平坦面进行劈裂,使之在砾石两侧成为两个面,再对其进行修整,加工出刃部。器物另一端和另一面保留石皮。器身平面略呈不规则形。长 12.4 cm,宽 11.7 cm,厚 6.7 cm,刃角最大 90°,最小 75°,重 938 g（图 11,2）。

2. 刮削器

共 3 件,原料有砂岩（2 件）、硅质岩（1 件）,均由石片加工而成。

标本 AT0401②底③表：2,砂岩,为石片加工而成。从石片一侧向劈裂面加工,并修整出刃缘。器身平面略呈三角形。长 7.9 cm,宽 5.1 cm,厚 2.2 cm,刃角最大 77°,最小 50°,重 100.5 g。

3. 石锤

共 1 件,以砾石的一端为把手,另一端用以锤击。锤击一端有一很陡的由片疤组成的面,片疤小而宽,层层叠叠。

标本 AT0404②底③表：1,在石英岩砾石较粗的一端进行打击,除崩下较大的片疤外,打击一边有许多鳞状细疤,片疤面很陡,器身平面为椭圆形。长 14.45 cm,宽 10 cm,厚 5.8 cm,刃角最大 95°,最小 80°,重 1 220 g(图 10,2;图 11,4)。

4. 石砧

共 1 件,体型较大,以自然面为台面,台面上显示的痕迹表明,该石砧以碰砧法加工石制品。

标本 AT0208②底③表：7,石英岩,形似蘑菇,以砾石上部较平坦的面作为加工石器的台面,在其台面边缘有加工石器的痕迹。长 24.5 cm,宽 30.8 cm,厚 21.3 cm,重 37.673 kg(图 11,5)。

5. 砾石

共 24 件,岩性有砂岩、石英岩、石英、硅质岩等,砾石的形状有扁圆、扁长、三角形和不规则形,大小在 7~21 cm。根据砾石上面的疤痕可分为无人工痕迹砾石和有人工痕迹砾石两种。有人工痕迹的砾石,其一端或一侧有一两个小片疤,或者面上有个别崩疤,既不属于石核,也不是石锤。这类石制品,我们称为打击砾石。

6. 石片

共 22 件,岩性有砂岩、硅质岩、石英岩。石片尺寸不大,长最大值 11.4 cm,最小值 2.7 cm,平均值 5.3 cm;宽最大值 6.8 cm,最小值 2.5 cm,平均值 3.8 cm;厚最大值 6.0 cm,最小值 0.6 cm,平均值 1.6 cm;重最大值 84 g,最小值 28 g,平均值 57 g。多数为自然台面,人工台面很少。打击点比较清楚,但很少有打击疤痕。半锥体突出,不见双锥体的石片。95% 标本的石片角在 90° 以下,其中又以 15°~30° 的标本占多数。宽大于长的石片较多,占 63%。剥片均采用硬锤直接打击,打片方法多为锤击法,特征明确的碰砧法石片很少。所有石片的背面保留有或多或少的砾石面,背面为砾石面的石片少于背面有片疤的石片。石片的形状有三角形、梯形和不规则三种,而以三角形为主。多数石片有锋利的棱角,有明显冲磨痕迹者少见,个别标本有使用痕迹。

标本 AT0301②底③表：1,砂岩,台面为自然台面,打击点清楚,半锥体微显,放射线和同心波均清楚。背面有剥裂痕迹,并保留较少的石皮。平面略呈三角形。长 5.3 cm,宽 3.4 cm,厚 1.6 cm,重 28 g,石片角 23°。

标本 AT0402②底③表：2，砂岩，为打制石器过程中剥落的，台面为自然台面，打击点清楚，放射线和同心波明显，背面有加工石器时留下的疤痕，打击点、放射线和同心波亦明显。平面为不规则形。长 5.9 cm，宽 3.7 cm，厚 1.6 cm，重 29 g，石片角 26°。

标本 AT0402②底③表：3，石英岩，台面为自然台面，打击点清楚，半锥体明显，放射线和同心波清楚，在石片的侧面保留有石皮。平面略呈四边形。长 7.3 cm，宽 3.6 cm，厚 1.8 cm，重 57.5 g，石片角 21°。

标本 AT0403②底③表：3，硅质岩，台面为自然台面，打击点清楚，半锥体不显，放射线和同心波均不清楚。平面呈不规则形。长 5.5 cm，宽 3.5 cm，厚 0.8 cm，重 17 g，石片角 15°。

标本 AT0404②底③表：2，砂岩，台面为自然台面，打击点清楚，放射线明显，半锥体和同心波亦清楚，背面有加工时留下的数个较小的疤痕。平面略呈三角形。长 4.5 cm，宽 2.6 cm，厚 1.9 cm，重 13 g，石片角 15°。

7. 断块

断块是指在剥片时沿自然节理断裂的石块，或者破碎的石制品小块，断块的尺寸可以很大，但在统计分析时很难将它们划归某种特定的石制品类型。在坡洪遗址 A 区②底③表发现断块共 54 件，在②底③表的石制品中占的比例很高，为 40%。岩性有砂岩、硅质岩、石英岩等。其中有石皮的占 63%，无石皮的占 37%；大小在 5 cm 以上的占 77%，5 cm 以下的占 23%。

（三）第③层出土的石制品

第③层出土的石制品较②底③表出土的石制品较少，但较第②层多。类型有砍砸器、刮削器、石片、断块等，岩性有砂岩、硅质岩、石英岩等（表 3）

表 3　第③层出土石制品统计表

类　　型	砍砸器	刮削器	石片	手镐	石核	砾石	毛坯	断块	合计	百分比
砂　　岩	4	1	3	1	1			5	15	41.67
硅质岩	2		1					3	6	16.66
石英岩	2	1	3		2	1	1	5	15	41.67
合　　计	8	2	7	1	3	1	1	13	36	
百分比	22.22	5.56	19.44	2.78	8.33	2.78	2.78	36.11		100

1. 砍砸器

共 8 件，均系用砾石直接打制而成，基本未发现以石片或岩块为毛坯者。岩性主要有砂岩、石英岩、硅质岩等，其中以砂岩最多，石英岩、硅质岩次之。砍砸器占整个出土石制品的22.22%，器型多以中、小型为主，长最大13.1 cm，最小10.1 cm，平均值11.38 cm；宽最大11.3 cm，最小7.9 cm，平均值9.79 cm；厚最大6.5 cm，最小3.8 cm，平均值5.05 cm。石器全部为单面加工而成，未发现有两面加工的。多数由扁平的一面向另一面打击，后经剥片修整而成，加工方法以锤击法为主，少数为碰砧法。器物标本的刃部经过修整，多比较平齐。标本加工面的片疤数在3~5个。

标本 AT0104③：3，硅质岩，单面加工。由砾石较凸的一面向较平坦的一面打击，加工面有5个片疤，打击点清晰，放射线明显。刃部有细小的疤痕应为使用痕迹。器身平面略呈菱形。长12.1 cm，宽10.6 cm，厚5.2 cm，刃角最大90°，最小50°，重920.5 g。

标本 AT0201③：1，砂岩，单面加工。在砾石的较大的一端由较凸的一面向另一面打击，加工出一个破裂面，再对破裂面的边缘进行修整，使之成为刃部，刃缘较为平缓。器身平面呈不规则形。长11.0 cm，宽10.0 cm，厚5.1 cm，刃角最大90°，最小70°，重822.5 g（图9,2）。

标本 AT0403③：1，砂岩，单面加工。在砾石的一端由较凸的一面向另一面锤击出一个破裂面，并对该破裂面进行修整，修整的打击点明显，放射线清楚，刃部较平缓。器身平面略呈四边形。长13.1 cm，宽9.9 cm，厚6.1 cm。刃角最大89.5°，最小85°，重898 g。

标本 AT0306③：1，硅质岩，单面加工。在砾石的一端先由一侧进行打击，由较凸的一面向另一面锤击出一个破裂面，并对破裂面进行修整，使之成为刃缘，刃缘为凹形。一端及另一面保留石皮。器身平面略呈三角形，长11.9 cm，宽9.0 cm，厚6.3 cm，刃角最大86°，最小75°，重359.5 g（图9,3）。

2. 刮削器

共2件，均由砾石直接加工而成，占该层出土石制品的5.56%，原料为砂岩、石英岩两种。长最大11.4 cm，最短8.9 cm，平均值10.15 cm；宽最大6.9 cm，最小6.6 cm，平均值6.75 cm；厚最大5.2 cm，最小4.1 cm，平均值4.65 cm。用锤击法打制，加工简单。砾石刮削器几乎全部都是用一面或两面扁平的圆形或椭圆形砾石单面打制而成。加工时，通常由扁平的一面向较凸的一面打击。形状有三角形和不规则形两种。根据刃缘情况，刮削器可分为单边刮削器、双边刮削器。

（1）单边刮削器

刃部在器物的一边。

标本 AT0203③：2，石英岩，由砾石的一侧从较凸的一面向另一面锤击，再对该破裂面进行加工修整使之成为刃部，刃缘较为平缓，略呈弧形。器身平面近三角形。长8.9 cm，宽6.6 cm，厚5.2 cm，刃角最大95°，最小75°，重393.0 g。

（2）双边刮削器

刃部在器物的两侧。

标本 AT0210③：2,砂岩,由石片加工而成,由石片的破裂面两侧向背面打击,并在打击点附近修整出刃部,有两个刃部作为刮削器使用。器身平面略呈半圆形。长 11.4 cm,宽 6.9 cm,厚 4.1 cm,刃角最大 75°,最小 72°,重 421.5 g(图 9,4)。

3. 石片

共 7 件,原料有砂岩、石英岩、硅质岩等。长最大 8.3 cm,最小 3.7 cm,平均值 5.29 cm;宽最大 4.6 cm,最小 2.6 cm,平均值 3.57 cm,厚最大 1.9 cm,最小 0.5,平均值 1.19 cm。这些石片多数应为加工或修整石器时剥落下来的,打击点清晰,放射线和同心圆波纹明显。同时,这些石片的重量多较轻,重量最大 41.5 g,最小 7.5 g,平均值 18.3 g。石片角锋利。

标本 AT0203③：1,石英岩,打击点在石片背面,为自然台面,有打击时留下的崩疤。石片打击点清晰,放射线明显,半锥体和同心波纹清楚,背面保留石皮。石片平面略呈椭圆形。长 3.7 cm,宽 2.8 cm,厚 0.5 cm,石片角 15°,重 7.5 g。

标本 AT0203③：4,砂岩,台面为自然台面,打击点清楚,放射线和同心波纹不明显,背面保留部分石皮。石片长大于宽,略呈半圆形。长 4.4 cm,宽 2.6 cm,厚 1.1 cm,石片角 68°,重 17.5 g。

标本 AT0203③：6,石英岩,台面为自然台面,打击点清楚,半锥体明显,放射线清晰。背面有剥片留下的疤痕,石片长大于宽,略呈四边形。长 4.5 cm,宽 4.2 cm,厚 1.2 cm,石片角 47°,重 25 g。

石片标本 AT0404③：4,硅质岩,台面为自然台面,打击点清楚,放射线和半锥体明显,背面有加工时留下的较小的疤痕。平面呈不规则形。长 8.3 cm,宽 4.6 cm,厚 1.4 cm,石片角 26°,重 41.5 g。

4. 手镐

手镐,系用长条砾石或厚石片通过单面加工在其一端加工出尖刃的重型工具,在坡洪遗址 A 区第③层共发现 1 件手镐。

标本 AT307③：1,砂岩,一面稍平,另一面凸起。加工时,沿砾石的两侧剥片,至一端相交形成一较圆钝的斜尖。其中左侧加工较多,剥片方向为由平坦面向凸起面打击,侧缘较平直,并经较多修整;而右侧加工限于上半部分,片疤均较大而深凹,剥片方向与左侧相同,侧缘弧凸,经修整。把端经过修理。器身略呈四边形。长 15.0 cm,宽 12 cm,厚 7.1 cm,刃角最大 108°,最小 65°,重 1 229 g。

5. 石核

共 3 件,有石英岩、砂岩两种原料。长最大 16.9 cm,最小 5.5 cm,平均值 9.93 cm;宽最大 11.7 cm,最小 5.4 cm,平均值 8.07 cm;厚最大 9.1 cm,最小 2.9 cm,平均值 5.7 cm。该层发现的石核均为单台面石核。从台面特征看,为自然台面;从台面角和石片疤的特征看,剥片方法大多采用直接锤击法,碰砧法也占有一定比例,但不见砸击法。石核多数有 5~7 个石片疤,台面角最大值 124°、最小值 83°、平均值 93°。

6. 砾石

共 1 件,石英岩。

标本 AT0306③:3,为长条形。长 17.3 cm,宽 8.8 cm,厚 7.4 cm,重 1 471 g。

7. 毛坯

共 1 件,石英岩。

标本 AT0205③:2,为不规则形。长 8.1 cm,宽 5.0 cm,厚 3.3 cm,重 119.5 g。

8. 断块

共 13 件,原料有砂岩、硅质岩、石英岩三种,其中砂岩与石英岩各占 38.46%,硅质岩占 23.08%。断块多数大小不一,长最大 12.1 cm,最小 3.7 cm,平均值 7.55 cm;宽最大 8.6 cm,最小 2.7 cm,平均值 5.45 cm;厚最大 5.9 cm,最小 1.2 cm,平均值 3.57 cm。

(四) ④底⑤表出土的石制品

在坡洪遗址 A 区的第④层的底部、第⑤层表面也发现大量的石器,对于这批石器的层位,我们按照对②底③表出土石器的做法,将其单独列出,划归④底⑤表。该层出土的石器在器型组合、石器大小、风化程度等方面与②底③表出土的石器有较大的区别。该层出土石器共 151 件,原料有砂岩、硅质岩、石英岩、石英、泥岩等。其中器物以砍砸器最多,占出土石制品的 32.45%,手镐次之,手斧最少,只有 1 件(表 4)。

表 4　④底⑤表出土石制品统计表

类　型	砍砸器	刮削器	手镐	手斧	石锤	石片	石核	砾石	毛坯	断块	合计	百分比
砂　岩	19	4	1		1	5	4	8	1	7	50	33.12
硅质岩	6						2			2	10	6.62
石英岩	20	2	11	1	1	2	3	19	1	17	77	50.99
石　英	3		1			1	2	3			10	6.62
泥　岩	1	1				2					4	2.65
合　计	49	7	13	1	2	10	11	30	2	26	151	
百分比	32.45	4.64	8.61	0.66	1.32	6.62	7.28	19.87	1.32	17.22		100

1. 砍砸器

共 49 件,原料有石英岩、砂岩、硅质岩、石英、泥岩,其中以石英岩最多,占出土石制品的 50.99%,砂岩次之,泥岩最少,仅占出土石制品的 2.65%。④底⑤出土的砍砸器体型较大,多属于重型工具。长度最大 18.7 cm,最小 8.7 cm,平均值 12.3 cm;宽度最大 12.5 cm,最小 5.2 cm,平均值 9.5 cm;厚度最大 7.4 cm,最小 4.7 cm,平均值 5.6 cm。石器全部是单面加工而成,未发现两面加工者。通常由扁平的一面向较凸的一面打击,剥片以锤击法为主,碰砧法次之。加工简单,器身大部分保留石片。多数标本加工面的片疤数在 5 个以上,最少的甚至只有 2 个片疤。部分标本的刃部边缘经过修整,刃缘多较平齐。器身的平面形状有四边形、椭圆形和三角形三种。大多数标本有明显的冲磨痕迹,只有极少数标本棱角较锋利。

标本 AT0105④底⑤表:3,砂岩,单面加工。在砾石的一端由较凸的一面向另一面打击。同时,在刃部修整出刃缘,刃缘部有细小的破裂痕迹,应为使用痕迹。器身平面略呈长方形。长 14.4 cm,宽 9.6 cm,厚 5.5 cm,刃角最大 70°,最小 62°,重 1 131.5 g。

标本 AT0105④底⑤表:11,石英岩,单面加工。在砾石的一端由平坦面向凸起面打击。器物制作简单,器身大部分仍保留石皮,有使用痕迹。器物平面略呈四边形。长 15.1 cm,宽 10.3 cm,厚 6.6 cm,刃角最大 85°,最小 74°,重 1 289.5 g。

标本 AT0205④底⑤表:5,石英岩,单面加工。先从砾石的一侧劈裂出一个面,再对破裂面的边缘进行修整。刃部有明显的使用痕迹,器物制作简单,背面保留有石皮。器身平面略呈三角形。长 16.7 cm,宽 10.0 cm,厚 8.4 cm,刃角最大 80°,最小 70°,重 1 521 g(图 12,1)。

标本 AT0210④底⑤表:10,石英岩,单面加工。在砾石较窄的一端由砾石较平坦的一面向另一面打击,再对打击后的工作面进行修整,加工出刃缘,器身保留石皮。器物平面略呈三角形。长 15.9 cm,宽 11.6 cm,厚 5.3 cm,刃角最大 89°,最小 75°,重 1 276 g(图 12,2)。

标本 AT0304④底⑤表:5,石英岩,单面加工。在砾石的上半部由较平坦的一面向另一面打击,并修整出半圆形刃口,刃缘较平齐,器身大部分保留石皮。器身平面略呈圆形。长 8.4 cm,宽 8.2 cm,厚 3.2 cm,刃角最大 74°,最小 52°,重 779.5 g(图 12,3)。

标本 AT0304④底⑤表:9,砂岩,单面加工。在砾石的一端由较平坦的一面向另一面打击,并修整出器物的刃缘,刃缘呈圆弧状,较平齐,器身大部分保留石皮。略呈四边形。长 18.7 cm,宽 10 cm,厚 5.2 cm,刃角最大 90°,最小 52°,重 1 179.5 g(图 12,7)。

标本 AT0305④底⑤表:3,石英岩,单面加工。在砾石较大的一端从较平坦的一面向较凸的一面打击,使刃部呈弧形,再对刃部进行修整,器物大部分保留石片。器身平面呈不规则形。长 16.8 cm,宽 11.1 cm,厚 7.0 cm,刃角最大 100°,最小 70°,重 1 407.5 g(图 12,4)。

标本 AT0406④底⑤表:9,石英岩,单面加工。加工方向在砾石的一侧,由较凸的一面向另一面打击,并修整破裂面使之成为刃缘,加工简单,背面及把手部位保留石皮。器身平面略呈椭圆形。长 15.2 cm,宽 9.7 cm,厚 4.9 cm,刃角最大 100°,最小 70°,重 948.5 g(图 12,5)。

标本 AT0409④底⑤表:11,石英岩,单面加工。在砾石的一端由凸起一面向较平坦一面加工出 2 个较大片疤,用锤击法修整刃口,刃缘平齐。器身略呈五边形,大部分保留石皮。长 13.8 cm,宽 6.3 cm,厚 5.7 cm,刃角最大 84°,最小 78°,重 1 296 g(图 12,6)

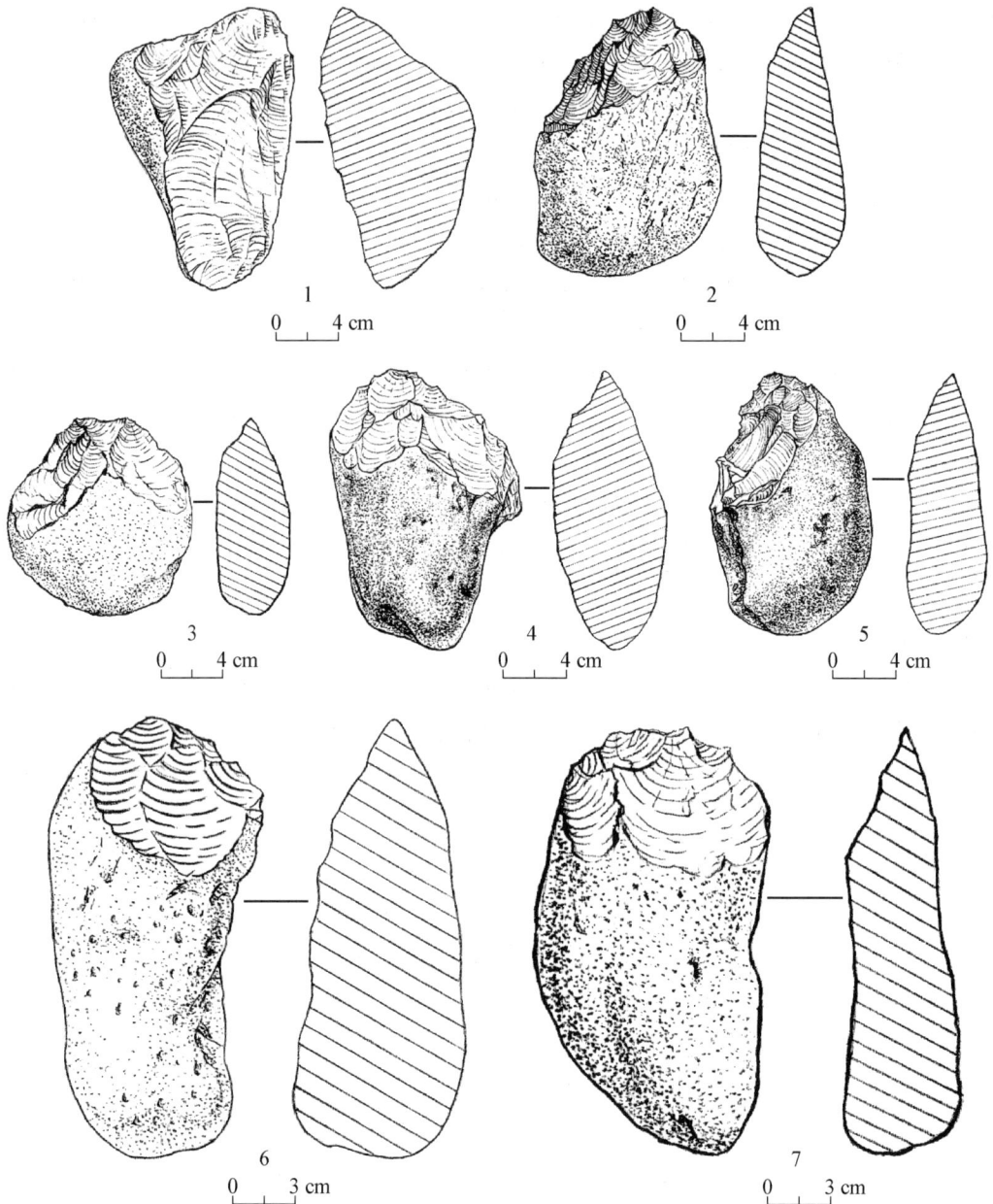

图 12　坡洪遗址 A 区④底⑤表出土砍砸器

1~5. 砍砸器(AT0205④底⑤表:5、AT0210④底⑤表:10、AT0304④底⑤表:5、AT0305④底⑤表:3、AT0406④底⑤表:9)　6、7. 砍砸器(AT0409④底⑤表:11、AT0304④底⑤表:9)

2. 手镐

共 13 件,占该层出土石制品的 8.61%,原料为石英岩、砂岩、泥岩三种,其中石英岩最多,约占 84.62%,砂岩、泥岩最少,各占 7.69%。器型均较大,属重型工具类,绝大多数用砾石直接加工而成,加工方向通常由砾石较平坦的一面向另一面打击,全部为单面加工。以石片为毛坯者为少数,砾石多为长条形、三角形和长圆形,或一面扁平或两面扁平。长最大 21.1 cm,最小 12.3 cm,平均值 15.9 cm;宽最大 14.1 cm,最小 10.2 cm,平均值 11.58 cm;厚最大 9.2 cm,最小 5.4 cm,平均值 7.13 cm。

标本 AT0408④底⑤表:6,石英岩,单面加工。一面稍平,另一面凸起。加工时,沿砾石的两侧剥片,至一端相交形成一较圆钝的斜尖。其中两侧加工至器身中部,剥片方向为由平坦面向凸起面打击,侧缘较平直,并经较多修整;片疤均较大而深凹,刃缘较平齐,背面保留石皮。器身平面略呈菱形。长 18 cm,宽 13 cm,厚 7.7 cm,刃角最大 76°,最小 55°,重 1 835 g(图 13,1)。

标本 AT0408④底⑤表:2,石英岩,单面加工。加工时从砾石的两侧向一端加工出舌状刃部,左侧加工较多,加工至把端,剥片方向由平坦面向凸面加工,侧刃平直并经修整,右侧加工仅限于上部刃缘,片疤较小,把端断裂,背面及正面部分保留石片。器身呈不规则形。长 16.4 cm,宽 12.5 cm,厚 8.2 cm,刃角最大 89°,最小 61°,重 2 073.5 g(图 13,2)。

标本 AT0303④底⑤表:2,砂岩,单面加工。在砾石较窄的一端从两侧向一端加工出舌状刃部,右侧加工多于左侧,加工仅限于石器上部,把端和背面均保留石皮。器身平面为长条形。长 21.7 cm,宽 9.62 cm,厚 6.34 cm,刃角最大 70°,最小 42°,重 1 451 g(图 13,3)。

标本 AT0408④底⑤表:3,石英岩,单面加工。加工时从砾石的两侧向一端加工出一个舌状刃部,左侧加工较多,加工至把端,剥片方向由平坦面向凸面加工,侧刃平直并经修整,右侧加工仅限于上部刃缘,片疤较大,背面和把端保留石皮。器身平面略呈三角形。长 12.1 cm,宽 9.8 cm,厚 6.6 cm,刃角最大 68°,最小 55°,重 820 g(图 10,4;图 13,4)。

标本 AT0106④底⑤表:7,石英岩,单面加工。先将砾石加工成椭圆形的毛坯,再从两侧向一端加工出舌状刃部。两侧均加工至把端,刃缘经过修整,背面保留石皮。器身平面略呈椭圆形。长 16.2 cm,宽 12.5 cm,厚 7.0 cm,刃角最大 78°,最小 73°,重 1 390 g(图 13,5)。

标本 AT0110④底⑤表:9,石英岩,单面加工。加工时从砾石的两侧向一端加工使之成为舌状刃部。加工时器物的左侧加工至把端,右侧只在上部加工,把端保留石皮,刃缘经过修整。器身平面略呈三角形。长 13.9 cm,宽 11.4 cm,厚 6.5 cm,刃角最大 73°,最小 70°,重 906.5 g(图 13,6)。

标本 AT0106④底⑤表:1,石英岩,单面加工。加工时从砾石的两侧向一端加工出舌状刃部,右侧加工较左侧多,并加工至把端,右侧仅在上部进行加工修整,剥片方向由较平坦的一面向较凸的面进行修整,片疤较大。器物为不规则形。长 15.3 cm,宽 10.4 cm,厚 7.3 cm,刃角最大 95°,最小 84°,重 1 359.5 g。

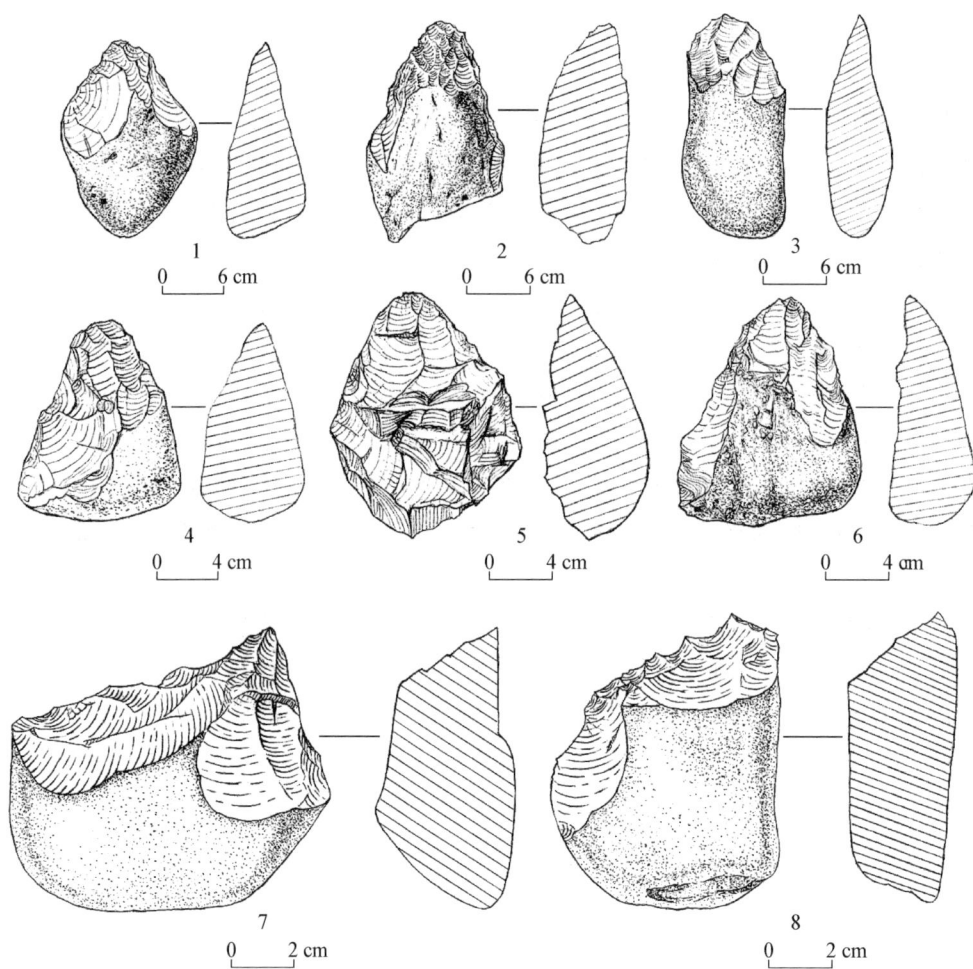

图 13　坡洪遗址 A 区④底⑤表出土手镐、刮削器器物

1~3. 手镐(AT0408④底⑤表：6、AT0408④底⑤表：2、AT0303④底⑤表：2)　　4~6. 手镐(AT0408④底⑤表：3、
AT0106④底⑤表：7、AT0110④底⑤表：9)　　7、8. 刮削器(AT0108④底⑤表：3、AT0308④底⑤表：4)

3. 刮削器

共 7 件,占该层出土石制品的 4.64%。原料有砂岩、石英岩、泥岩,其中以砂岩最多,石英岩次之,泥岩最少。刮削器的形体属于中型,长最大 10.1 cm,最小 8.6 cm,平均值 9.4 cm;宽最大 8.6 cm,最小 5.3 cm,平均值 6.8 cm;厚最大 5.7 cm,最小 3.8 cm,平均值 4.2 cm。器物制作简单,多数为石片加工而成,少数为石核加工而成。

标本 AT0108④底⑤表：3,砂岩,单面加工。先将砾石劈裂,从破裂面的两侧向中心加工出一个刃尖,刃部有细小的崩疤,应为使用的痕迹,器物背面及把端保留有石皮。器身平面呈不规则形。长 10.1 cm,宽 8.6 cm,厚 4.6 cm,刃角最大 77°,最小 60°,重 496.5 g(图 13,7)。

标本 AT0308④底⑤表：4,石英岩,单面加工。先将砾石的一端打去,以破裂面为台面向另一侧打击,并修整出刃部,刃部较平缓,并有明显的使用痕迹。器身平面略呈三角形。长 9.1 cm,宽 7.6 cm,厚 3.4 cm,刃角最大 72°,最小 65°,重 304 g(图 13,8)。

4. 手斧

共 1 件,石英岩,两面加工。

标本 AT0203④底⑤表：3,原料为略似菱形的砾石,加工时沿两侧向一端两面加工而成,两侧的剥片均至根部,下部片疤较大,两侧片疤在中间形成纵向的棱脊,其中一面的片疤多呈阶梯状,左侧刃缘经过修整,另一面片疤大而浅平,刃缘局部经过修整,舌状刃部两面经过修整,扁而平。把端保留石皮,器身较厚重。长 16.1 cm,宽 10.3 cm,厚 9.4 cm,刃角最大 68°,最小 60°,重 1 305 g(图 10,3;图 14)。

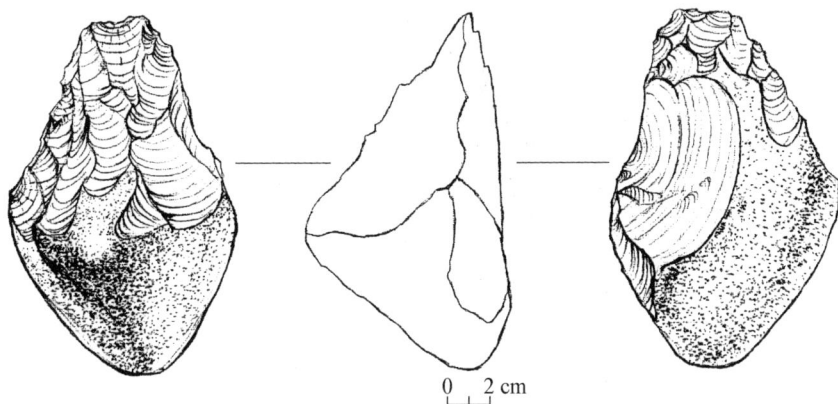

0   2 cm

图 14   坡洪遗址 A 区出土手斧形器物
手斧(AT0203④底⑤表：3)

5. 石片

共 10 件,占该层出土石制品的 6.62%。在出土的石片中,原料主要有砂岩、石英岩、石英、泥岩等,其中以砂岩最多,约占其中的 50%;石英岩、泥岩次之,各占 20%;石英最少,约占 10%。该层发现的石片以重、大为特点,同时存在一定程度的磨蚀,磨蚀率约占 70%。

标本 AT0209④底⑤表：1,砂岩,从砾石上直接剥落,打击点清晰,放射线明显,半锥体较明显,背面保留石皮。长 8.2 cm,宽 6.7 cm,厚 2.6 cm,石片角 32°,重 116.0 g。

标本 AT0307④底⑤表：2,泥岩,为加工过程中剥落,台面为自然台面,打击点明显,放射线清晰。长 8.6 cm,宽 4.3 cm,厚 2.5 cm,石片角 36°,重 84 g。

标本 AT0406④底⑤表：4,石英岩,为加工过程中剥落,台面为自然台面,打击点清晰,放射线明显,半锥体不明显。长 10.1 cm,宽 9.2 cm,厚 3.0 cm,石片角 60°,重 261.5 g。

(五) 第⑥层出土的石制品

该层出土的石制品共 2 件,其中 1 件为砍砸器,另 1 件为玻璃陨石。

1. 砍砸器

共1件,泥岩,单面加工。

标本 AT0206⑥：1,从砾石的一端进行打击,并形成工作面,再对该面进行修整使之成为刃部,刃部比较锋利,基本没有搬运的痕迹。器身平面略呈梯形。长 11.9 cm,宽 9.0 cm,厚 6.3 cm,刃角最大 76°,最小 73°,重 690.0 g(图 10,5;图 15)。

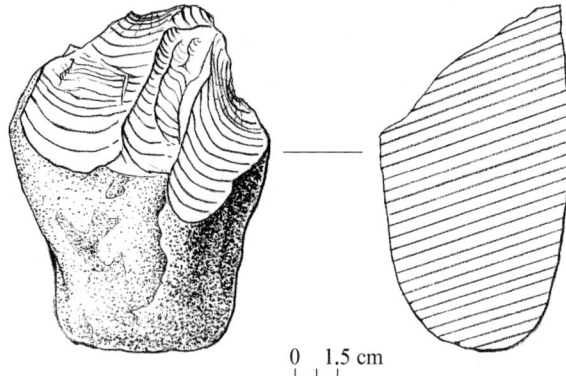

0　1.5 cm

图 15　坡洪遗址 A 区第⑥层砍砸器形器物
砍砸器(AT0206⑥：1)

(六) 玻璃陨石

坡洪遗址 A 区出土的玻璃陨石数量不多,仅 4 件,3 件存在不同程度的磨蚀,1 件没有磨蚀(表 5)。

表 5　坡洪遗址 A 区玻璃陨石出土统计表

形状　　磨蚀程度	存在磨蚀	不存在磨蚀	总　计	百分比
球　形	3		3	75
锥　形		1	1	25
总　计	3	1	4	
百分比	75	25		100

在 AT0208②底③表发现 1 件,AT0180 第③层发现 2 件,AT0206 第⑥层发现 1 件,其中在②底③表和第③层,发现的玻璃陨石有明显的搬运痕迹,而在第⑥层发现的玻璃陨石棱角锋利,未见明显冲磨痕迹,应属于原地埋藏。在平面上,陨石的分布没有规律。玻璃陨石形状各异,大体上可分为球形和锥形两种,其中球形最多,共 3 件;锥形最少,共 1 件。

玻璃陨石的颜色呈黑色,具有玻璃光泽,表面均有凹坑。尺寸差别不大,最大者径近 4 cm,小者不到 3.5 cm(图 10,6;图 16)。

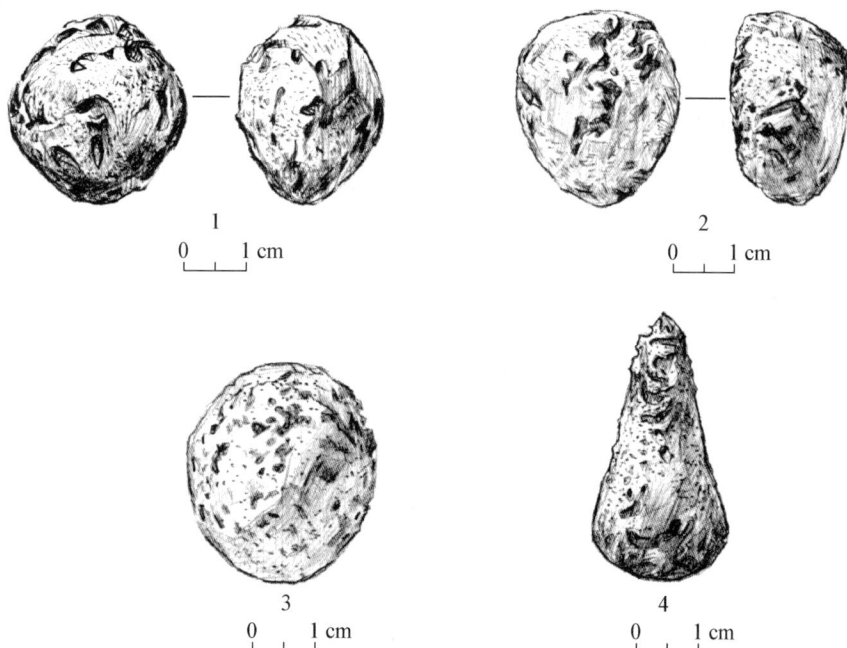

图 16　坡洪遗址 A 区出土玻璃陨石
1~4. 玻璃陨石(AT0180③:2、AT0180③:3、AT0208②底③表:1、AT0206⑥:4)

六、小　　结

(一)地层的成因

坡洪遗址 A 区发掘期间,广西壮族自治区文物工作队的谢光茂研究员、中国科学院古脊椎动物与古人类研究所的黄慰文研究员和中国科学院地质与地球物理研究所的袁宝印研究员曾到工地进行实地考察,并对遗址的文化堆积及地层成因进行了分析。经过考察,他们认为:坡洪遗址 A 区的地层堆积有两种:1. 第⑤、⑥层为河流相堆积;2. 第①、②、③、④层为坡积堆积。

1. 从坡洪遗址 B 区的地质堆积来看,该区最东部探方的砾石层上方为发育典型的网纹红土层,砾石层为古河床的底部,网纹红土层应为河流相堆积。因此我们认为遗址 A 区的网纹红土也为河流相堆积,而第⑤层原为网纹红土层,"由于铁质凝聚,会形成多种形态的铁盘,如果网纹红土遭到完全剥蚀,铁盘会出露于地表"[1]。

2. 第①、②、③、④层的坡积堆积,在第①、②、③层中"含有大量的灰黄色风化砂岩颗粒,这些砂岩颗粒的母岩应为 T4 基座的岩石,在经受风化剥蚀后被搬运至此。显然,第三层的堆积属于坡积的产物"[2]。第④层的土质原为 T4,在 T4 被破坏后通过地表流水搬运到这里,形成第二次堆积。

(二)石器的特征及制作技术

在坡洪遗址 A 区出土的石制品中,我们根据石器组合、石器磨蚀程度同时结合地层堆积,认为主要存在两种类型:1. ②底③表出土的石器;2. ④底⑤表出土的石器。

1. ②底③表出土石器的特征及制作技术

②底③表出土的石器多体积小,刃角锋利且基本不存在磨蚀现象。同时,石制品的原料均为砾石,岩性有砂岩、石英岩、硅质岩和石英,其中以砂岩为主,次为石英岩,硅质岩最少。从大小、岩性和形状看,这些砾石在遗址附近均可找到。

从石制品种类和原料的对比分析看,石器制作者对不同岩性的原料已有基本认知。例如,打制石片的石核更多选用砂岩、硅质岩、石英等质地相对较硬而脆的砾石,而石英岩砾石因韧性较大,很少用作石核。

剥片采用锤击法和碰砧法,以锤击法为主。自然台面的石片居多,人工台面的石片较少,背面多保留一定的石皮。由于原料质地较好,多数石片的半锥体突出,放射线清晰,打击点明显。

工具类型有砍砸器、刮削器、石锤、石砧等。工具数量少,石片较多,从组合看,砍砸器和石片占多数。砍砸器均为砾石单面打制而成,制作简单,器身大部分保留石皮,器体较大。刮削器多用砾石加工,也有用石片制作的,尺寸较小。

2. ④底⑤表出土的石器

该层出土的石器以笨重、粗大为特征,同时多存在不同程度的风化痕迹。石制品的岩性以石英岩为主,砂岩次之,泥岩和石英也占一定的比例。由于石英岩韧性较大,在制作石器方面不易成型,这些说明当时人们还未完全掌握制作石器的岩性。

石器的制作方法以碰砧法为主,锤击法次之。这种方法适用于制作重型工具。多数属于自然台面,背面基本保留石皮,由于选材较差,放射线和半锥体基本都不清楚。

工具的类型有手斧、手镐、砍砸器、刮削器等。工具类型较多,成型器亦较多。其中以砍砸器、手镐等重型工具为主,刮削器虽然数量较少但较②底③表、③层出土的同类器物大,多用砾石加工而成。这种情况与田东坡西岭遗址出土的石制品相似[3],和百色盆地高阶地其他旧石器地点发现的石制品特征也基本一致。

(三)年代问题

根据出土石器的组合、特征和地层堆积等,可初步断定坡洪遗址 A 区出土石器的年代为两个时代：

1. 在 A 区 0206 探方第⑥层发现的石制品 AT0206⑥：1，与该器物共出一件玻璃陨石 AT0206⑥：4，呈圆锥体状，器身棱角锋利，未见明显冲磨痕迹，应属于原地埋藏。根据中国原子能科学研究院和美国伯克利地质年代学研究中对百色旧石器地点出土属原地埋藏的玻璃陨石进行的测定，其年代为距今 80.3 万年[4]。这说明百色旧石器地点出土的原地埋藏的玻璃陨石为约 80 万年前彗星撞击地球的产物，这"也是新生代发生的五次大撞击事件中最近的一次，玻璃陨石是记录这次撞击的证据"[5]。因此我们根据坡洪遗址 A 区出土的与砍砸器共出的玻璃陨石，并结合相关研究资料，认为坡洪遗址 A 区第⑥层出土的器物年代应属于这一时期，即旧石器时代早期。

另外，在遗址 A 区的④底⑤表出土的石器原埋藏位置应属第⑥层网纹红土层，在网纹红土被剥蚀后暴露于地面并搬运至此，其年代应当同于第⑥层。

2. 在遗址 A 区②底③表出土的石器，原料为砂岩、石英岩、硅质岩砾石，打片和加工石器采用直接锤击法和碰砧法，石核利用率低、石片背面保留有砾石面；工具类型有砍砸器、刮削器等。根据石器特征、制作技术和地层堆积并结合该层发现的用火遗迹分析，其年代应属于旧石器时代晚期，至于其具体年代还有待于对所采炭屑标本进行碳十四测年后才可确定。

（四）其他方面

1. 关于石器加工场的认识

在坡洪遗址 A 区的②底③表我们发现大量石制品，其种类有砍砸器、刮削器、石锤、石砧和石片，其中石片占该层出土石制品的 16.30%，断块占 40%。由于该层出土的石制品中有石锤、石砧、断块、石片和毛坯等种类，基本符合石器加工场的基本因素，再结合该层出土的用火遗迹，我们初步认为②底③表存在石器加工场。

2. 关于遗址存在新石器时代遗物的可能性

在坡洪遗址 A 区的第②层中我们发现 1 件研磨器，标本 AT0207②：1，周身经过磨制，底部有研磨痕迹，器身中部稍有凹陷亦经磨制。该研磨器的存在说明在遗址的第②层可能存在新石器时代的文化遗物，由于只出土了 1 件磨制石器，故只能先做出推测。

（五）坡洪遗址 A 区发掘的意义

坡洪遗址 A 区的发掘具有以下意义：

1. 坡洪遗址 A 区地层堆积复杂，存在两种堆积状况，通过此次发掘和研究，对了解遗址及周围的古地貌有推动作用。

2. 玻璃陨石的发现证明坡洪遗址可能形成于 80 多万年前，新生代最近一次彗星撞击地球的范围中，玻璃陨石是记录这次撞击的证据。

3. ②底③表和④底⑤表出土石器的比较说明坡洪遗址存在两套石器工业,他们之间存在一定的早晚关系,进一步说明百色旧石器不仅有距今 80 万的旧石器早期工业,而且存在较晚时期的旧石器工业,他们之间有一定的连接关系,进而说明百色旧石器有一个连续发展的过程。

4. 用火遗迹在以往的百色旧石器考古发掘中从来没有发现过,这次的用火遗迹的发现对百色旧石器考古有重要意义。它的发现为百色旧石器年代的测定提供了另外一种测年方法,同时也说明在该时期人类已经学会了用火。人类学会用火对其体质的发展具有重要意义和作用。

5. 在②底③表发现大量的石片、石锤、石砧,已经具备了一个石器加工场的基本要素,我们初步断定坡洪遗址 A 区②底③表有一个石器加工场存在。

6. 手斧的发现进一步证明在百色盆地的旧石器时代的遗址中不仅存在手斧,而且存在具有明显层位关系的手斧,这对百色旧石器的研究具有重要意义。

7. 网纹红土中玻璃陨石和砍砸器的发现说明玻璃陨石和百色旧石器具有共生关系,这进一步证明了玻璃陨石对百色旧石器年代断定的正确性。

附记: 在本次发掘中,特别感谢中国社会科学院考古研究所傅宪国研究员、广西壮族自治区文物工作队谢光茂研究员和李珍副研究员提供的帮助。同时,也非常感谢柳州博物馆程州馆长、徐志达书记对本次发掘工作的大力支持。本次考古发掘领队为中国社会科学院考古研究所傅宪国研究员,参加发掘的有刘文副研究员、汪遂先、闫少朋、陈坚、陈建强、陈俊、于广生、李铁、李子军等。参加整理工作的有覃惠兰、闫少朋、陈坚、陈建强、陈俊、于广生、郭绒先、刘冬、何爱芝、韩玉燕等。

执笔:闫少朋

绘图:陈建强 于广生

刘 冬 丁昌峰

摄影:陈 俊 陈建强

注 释

[1] 黄启善.百色旧石器[M].北京:文物出版社,2003.

[2] 广西壮族自治区文物工作队,百色市右江民族博物馆,百色市右江区文物管理所.广西百色市上宋旧石器时代遗址发掘简报[A].见:广西壮族自治区文物工作队编.广西文集(第 2 辑)[C].北京:科学出版社,2006.

[3] 林强.广西百色田东坡西岭旧石器时代遗址发掘简报[J].人类学学报,2002,21(1).

[4] 黄启善.百色旧石器[M].北京:文物出版社,2003.

[5] Hou YM, Potts R, Yuan BY, et al: Mid-Pleistocene Acheulien-like Stone Technology of the Bose Basin [J]. *Science*, 2000, 287(5458).

[本文发表于《广西考古文集》(第 4 辑),科学出版社,2010 年]

百色南半山旧石器时代遗址发掘报告

广西自然博物馆　广西文物考古研究所

2005 年 7~11 月,为配合南宁(坛洛)至百色高速公路建设工程,广西自然博物馆组成考古发掘队,对百色盆地大梅南半山旧石器时代遗址和六拉山遗址进行发掘。在南半山遗址发掘出土石制品 176 件以及共生玻璃陨石 155 件。现以该遗址的发掘情况作如下报告。

一、遗 址 概 况

南半山遗址(23°46.664′N,106°43.720′E):位于百色市右江区东南约 20 km 的右江河流第Ⅳ级阶地上(图 1),阶地地面海拔高度 163 m 左右。遗址东部约 5 000 m² 的部分,因受地面流水冲刷切割形成长条的梁状地形;遗址西部为植被覆盖,堆积物保存完好,为一大面积的阶地平台。

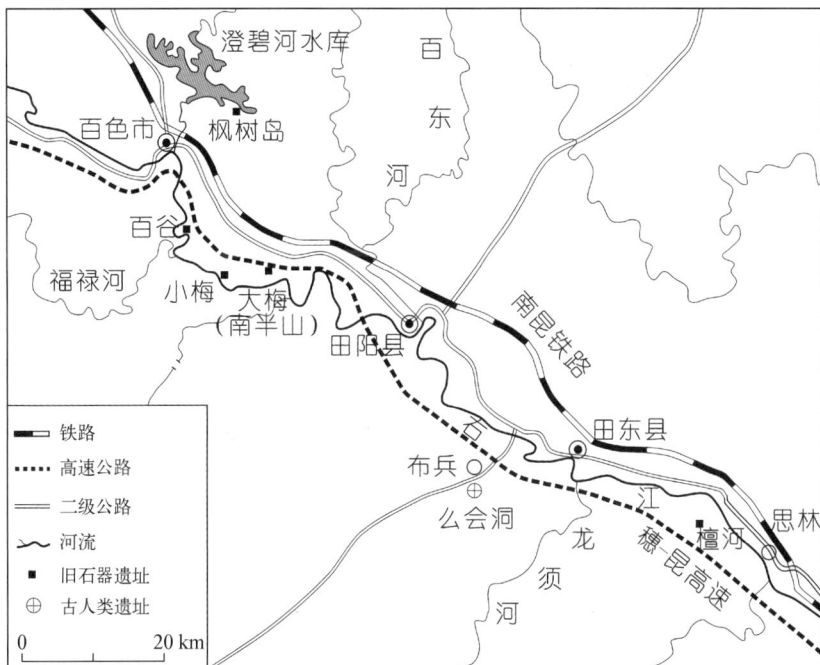

图 1　南半山遗址地理位置图

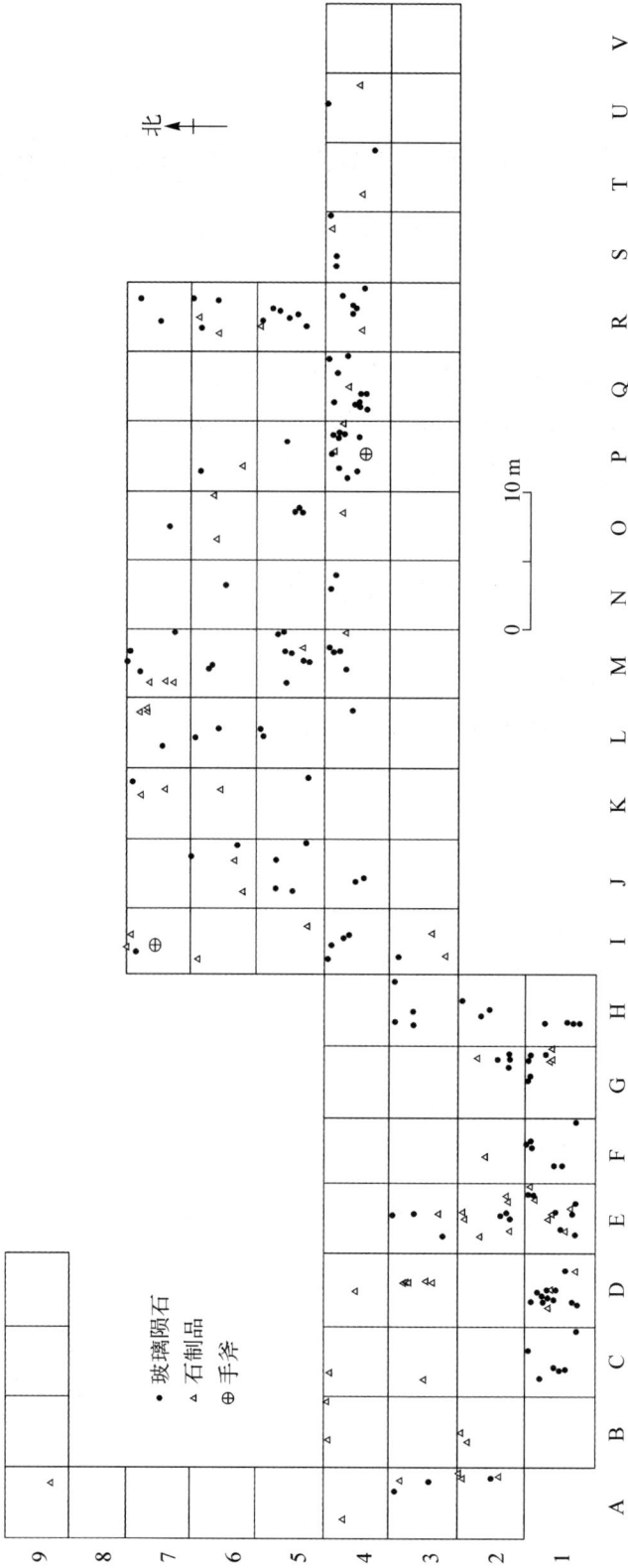

图 2　南半山遗址出土石制品和玻璃陨石平面分布图

由于新建的南宁（坛洛）至百色高速公路经过南半山遗址东南角，我们于 2005 年 7～11 月进行了抢救性的发掘，发掘面积 2 500 m²。通过发掘揭露地层，在平面上观察到玻璃陨石与石制品广泛散布在整个遗址（图 2）。

通过对发掘剖面的观察，阶地堆积具有二元结构。地层自上而下为（图 3）：

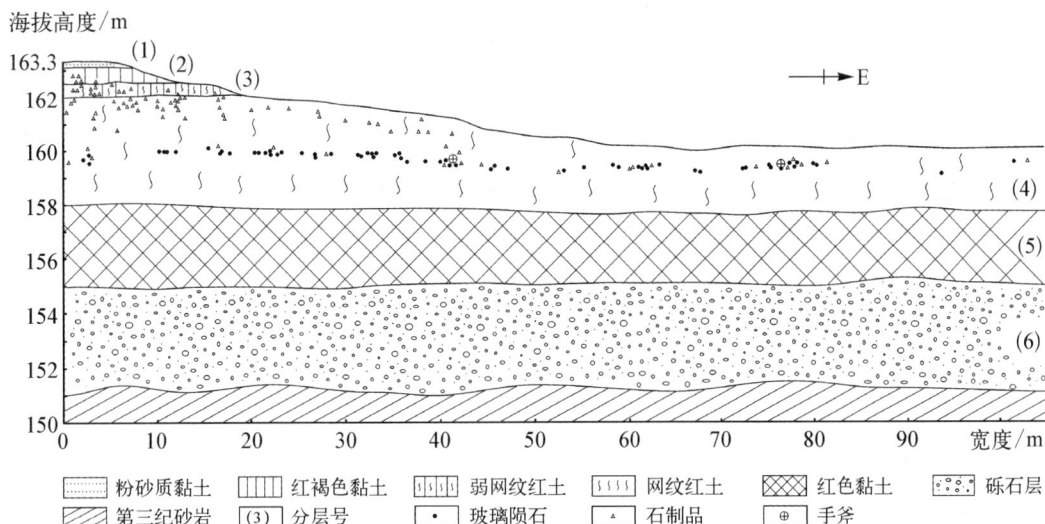

图 3　南半山遗址出土石制品和玻璃陨石剖面分布图

（1）表层灰色砂黏土，厚 10~20 cm；

（2）红褐色黏土，含石制品，厚 70 cm；

（3）浅红色弱网纹红土，夹少量石制品，厚 30 cm；

（4）红色网纹红土，夹铁锰结核层，含手斧等石制品及玻璃陨石，厚 460 cm；

（5）红色粉砂质黏土，厚 310 cm；

（6）浅褐色砾石层，厚 400 cm；

下伏第三纪砂岩。

二、发 掘 方 法

发掘之前，首先清理表土及杂草，然后按正东西、南北方向建立坐标系，东西和南北方向分别用英文字母和阿拉伯数字表示，每 5 m 为一个单位，交汇处为探方号，共布置 5×5 m 探方 97 个，另布置南北方向 2×10 m 探沟一条，共计 2 500 m²。发掘按每 20 cm 一个水平层自上而下揭露，选择 3 个探方发掘至底部砾石层以了解石制品的分布情况。对发掘出土的石制品、砾石和玻璃陨石等进行测量、记录、照相和绘图。测量采用日产 PENTAX R－325NXM 全站仪［测距精度：±（2+2 ppm×D）mm，测角精度：5 秒］。

三、遗址出土石制品

南半山遗址出土的石制品来自 3 个层位。自上而下为第(2)层红褐色黏土、第(3)层浅红色弱网纹红土和第(3)层红色网纹红土。仅在第(3)层中发掘出土玻璃陨石,其余层位没有发现。在南半山遗址中,出土有大量的没有加工痕迹的河流砾石,考虑到该遗址属于典型的河流阶地,二元结构清楚,砾石和石制品同时发现于上部红土之中,这些砾石很难用自然堆积来解释,极有可能是人类的行为所致。因此,本文也将其一并测量和统计。另外,有一定数量的砾石上有 1~2 个石片疤,难以将其归入石核或任何工具类型,本文将其作"零星片疤砾石"处理。现将石制品分层记述如下:

(一)第一层石制品

1. 砾石

2 件。均为较为扁平、形状不太规则的砾石。

2. 零星片疤砾石

3 件。为较扁平砾石,形状不规则,均有一到两个石片疤。

3. 石锤

1 件。05BDNA3①:78,原料为长扁圆形砾石,石英岩。在两侧边分别有细小而不规则的疤痕。

4. 石核

3 件。05BDNN5①:315,单台面石核,原料为扁平不规则状砾石,石英岩。以平的一面为台面,用锤击法向相对一侧打片。打击点浅平,片疤宽大于长,台面角为 60°。片疤较少,器身大部为砾石面。

05BLT7①:8,多台面石核,原料为椭圆形略扁平砾石,石英。在器身的一侧以较平的一面为台面,用锤击法向相对一面打片,打击点浅平,片疤较宽。台面角为 72°;在相对一侧,有一组浅平的较小片疤,以不同的台面用锤击法打片。片疤不多,器身大部为砾石面,原料的利用率低。

05BDNB3①:77,单台面石核,原料为石英岩砾石。以较为扁平的一面为台面,用锤击法向相对一侧打片,台面角 65°。片疤宽平,分布在一侧,其余均为砾石面。

5. 石片

2件。05BLT7①：5，用扁平的长条形砾石用锤击法打制而成，砂岩。一侧为砾石面，另一侧为很大的破裂面，破裂面较平，远端有2个相向打击的较小的片疤。左侧刃锋利，有很多不太连续的鳞片状小疤，有使用痕迹。

05BDNH3①：68，近端较厚，远端薄。左右各有一个较大的石片疤，中部保留部分砾石面。远端节理发育，因此破裂面并不规整。石片内角84°。

6. 砍砸器

1件。05BDNH4①：143，采用较细长不太规则的条形砾石加工，尺寸较小。远端中央有3个向腹面加工的小片疤，右侧有1个向左侧方向加工的小片疤，在远端右侧形成一个尖。刃角62°。

7. 手镐

1件。05BLT7①：7，用扁圆的砾石加工而成，器身较厚。所有石片疤均分布在一面，背部为砾石面。右侧为一大而宽的石片疤，用锤击法向背面打击而成一毛坯。然后在远端平行长轴的方向，向近端打下大的石片，形成角度为59°的刃部，从而基本上固定了器物的初步形态。远端左侧有4个向中轴方向加工的石片疤，左侧刃角81°；远端右侧中部至远端有5个相向修理的石片疤，右侧刃角85°。近端左侧保留石皮；远端尖部呈舌形，尖部横截面呈梯形；近端把手有少量修疤。

8. 刮削器

1件。05BDNI3①：433，毛坯为一较小而薄的石片，形状不规则。刃缘为圆弧形，除2个片疤向石片背面加工之外，其余数个片疤均向腹面加工，片疤小但较宽，之间形成一个小尖，使得刃缘呈锯齿状。刃角23~32°。

另外有断块6件。

（二）第二层石制品

1. 砾石

21件。多为较为扁平、形状不太规则的砾石，以及少数椭圆形砾石。

2. 零星片疤砾石

12件。为较扁平砾石，形状不太规则。在砾石的较尖端打下1~2个石片疤。

3. 石核

6 件。05BDNA8②：228，双台面石核，原料为扁平不规则状砾石，有多个较平的面。以扁平的一面为台面，用锤击法向相对面打片，打击点深凹，片疤较宽大，台面角 96°。然后调整台面到砾石侧面，向相对一侧打片，片疤相对较小且浅平，台面角 67°。器身大部为砾石面。

05BDND9②：210，单台面石核，原料为扁平的石英岩砾石。从扁平的一面向相向一面打片。有 2 个中等大小的打击点，共有 3 层石片疤。由于该石英岩结晶粗大致使石片疤呈"阶梯状"。台面角 78°。

05BDNA5②：180，双台面石核，原料为较方但不规则的石英岩砾石，有多个较平的面。以扁平的一面为台面，用锤击法向相对面打片，打击点不大，石片疤浅平，台面角 73°。侧面有 1 个较深凹的石片疤，因节理发育而未打下较好的石片，台面角近 90°。器身绝大部为砾石面。

05BDNA8②：229，多台面石核，原料为扁圆形石英砾石。在器身的一侧，以较平的一面为台面，用锤击法向相对一面打片，打击点深，片疤较宽大，台面角 55°；在相对一侧，有一组浅平的片疤，用锤击法打片。所有片疤均较大，大约可观察到 5 层。器身大部为砾石面。

05BDNA3②：154，单台面石核，原料为扁平的石英岩砾石。从扁平的一面向另一面用锤击法打片，片疤浅平。至少可以观察到 4 层片疤。在垂直长轴方向有少量修疤，使其侧面有一扁平的尖。该器物也可看作一件复合型工具。台面角 66°。

05BDNB3②：94，双台面石核，原料为中等大小扁平的细砂岩砾石。裂面上保留 7~8 层石片疤。由于材料均质性良好，片疤贯穿整个砾石破裂面。在砾石平坦一面保留的打击点较深凹，台面角 86°，在另一面侧部打击点浅平，台面角 75°。

4. 石片

10 件。05BDNA4②：113，台面为一自然砾石面。近端有 2 个打击点，半锥体不规整。破裂面中间内凹，两侧缘近平行。近端较厚，为砾石较尖的一头，远端变薄，大致在一条直线上。背面均为砾石面。石片外角 117°。

05BDNA3②：160，台面为一自然砾石面。近端有 1 个打击点，半锥体不明显。破裂面中间内凹，两侧缘向两侧张开。近端较厚，为砾石较尖的一头，远端变薄，略呈弧形。背面绝大部分为砾石面，仅在右侧远端有小的疤。

05BDNA7②：321，台面为有数层石片疤的修理台面。有 1 个打击点，半锥体较大。破裂面上，近端半锥体凸出，与远端之间微凹。左侧缘不规则，远端处有一凸出尖；右侧缘锋利，近端部分略直，平行于中轴方向，接近远端部分向中轴方向倾斜。远端突出，在背面有一小修疤。石片背面均为石片疤，至少有 10 层以上，未保留砾石面。石片内角 71°，外角 109°。

05BDNB3②：92，台面为自然砾石台面。有 1 个打击点，半锥体微显。破裂面上较平。左侧缘锋利，呈弧形凸出；右侧缘锋利，呈弧形略微凸出。远端较为平直，有锋利的远端。石片背面绝大部分为石片疤，可以观察到的有 9 层，远端部分保留砾石面，较为平直且与石片中轴大角度相交。石片内角 112°，外角 69°。

05BDNC3②：120，台面为自然砾石台面。有 2 个打击点，半锥体微显。腹面凹。左侧缘锋利，略直；右侧缘陡。远端锋利，向右侧弧形弯曲。石片背面全部为石片疤，可以观察到的有 6 层。石片内角 111°，外角 72°。

05BDNB3②：91，台面为小的自然砾石台面。有 1 个打击点，半锥体微显。破裂面上较平，中间微凹。左侧缘锋利，呈折线；右侧缘陡，略呈曲线。远端陡直，钝厚。石片背面均为石片疤，可以观察到的有 4 层。石片内角 121°，外角 78°。

05BDNL3②：97，台面为自然砾石面。打击点不清晰，半锥体不显。破裂面较平直，远端右侧向背面略卷曲。左侧缘近端部分内凹，陡直，靠近远端部分锋利，向外凸出；右侧缘钝厚，近端部分内凹，远端部分与中轴方向斜交。远端呈尖状。石片背面均为石片疤，可观察到的有 5 层。石片内角 126°，外角 51°。

05BDNB4②：116，台面为较小的自然砾石台面。有 1 个打击点，半锥体微显。破裂面中间凹。左侧缘锋利，内凹；右侧缘陡直，略呈直线，沿节理断裂。远端锋利，呈不规则折线。石片背面大部分为砾石面，右侧有一较大石片疤。石片内角 95°，外角 85°。

05BDND1②：1，台面为自然砾石台面。有 1 个凹陷的打击点，半锥体不显。破裂面中间微凹，发育横向节理。左侧缘陡直钝厚，呈折线；右侧缘薄且锋利，大致呈弧形。远端很薄而锋利，呈向右侧弯曲的弧线。石片背面大部分为砾石面，右侧有一个石片疤以及一个沿节理的断裂面，远端有一系列很小的碎疤，为使用痕迹。石片内角 81°，外角 78°。

05BDNA5②：181，台面为有石片疤的线状台面。破裂面中间有一弧形凸出，为一大的同心纹。左侧缘薄且锋利，呈弧形，有许多细碎的小疤，应为使用痕迹；右侧缘略直，也有使用留下的痕迹。远端较薄而锋利，略呈直线，有一系列破碎的小疤，有使用痕迹。石片背面绝大部分为砾石面，仅在台面有 2 层小片疤。

5. 刮削器

5 件。05BDNA4②：112，端刮器，毛坯为砂岩石片。在石片背面远端平直的刃缘上，有一系列大小不一的细小碎疤，应为使用痕迹。在石片右侧缘与远端交汇处，有 3 个连续的向石片腹面加工的小片疤，加工而成的刃缘向石片右上方凸出。单面加工，器身较薄，大致呈方形。刃角 45°。

05BDNB4②：162，双凸刃边刮器，毛坯为石英岩石片。在石片左右两侧分别加工，形成 2 个刃缘。石片腹面左侧有向腹面方形加工的 7 个片疤，形成一个凸出的刃缘；在石片右侧缘有 4 个向腹面方向加工的片疤，片疤大小不一，形成凸出的刃缘，但不太规则。器身较厚，大致呈方形。刃角分别为 50° 和 56°。

05BDNC2②：11,双边刃刮削器,毛坯为硅质岩石片。在石片远端左侧有 2 个向石片背面加工的小石片疤和 2 个向石片腹面加工的石片疤,构成远端一锯齿状刃缘。在石片砾石台面的背部,有 2 个向腹面方向加工的小片疤以及 1 个向背面加工的片疤,构成一个略凸出的刃缘。器身较薄,大致呈三角形。刃角分别为 45° 和 67°。

05BDNL3②：98,复刃刮削器,毛坯为砂岩石片。在石片背面两侧,均有向背面方向加工的石片疤,形成略直的 2 个侧刃。在石片前端有多个向背面方向加工的小片疤,形成一凸出的刃缘。在石片后端也有数个向腹面方向加工的细小片疤,刃缘呈宽尖状凸起。器身较薄,大致呈长方形。双面加工,刃角分别为 71°、69°、46° 和 45°。

05BDNC4②：165,端刮器,毛坯为残破的硅质岩石片。在石片背面远端刃缘上,有 3 石片疤,自背面向腹面加工形成,刃缘略内凹。单面加工,器身较薄,大致呈梯形。刃角 51°。

6. 砍砸器

7 件。05BDNE2②：7,采用扁长形砾石为毛坯,大小中等。远端有 5 个向腹面加工的较大片疤,右侧有 1 个向背面方向加工的片疤以及向腹面加工的 2 个小片疤。在远端及右侧形成一个凸出的刃部。单面锤击法加工,无使用痕迹。刃角 50°。

05BDNA8②：233,采用不规则扁平状砾石为毛坯,器体较大。远端有 3 个向腹面加工的较大片疤,以及 2 个较小的片疤。在远端及左侧形成一个凸出的刃部。单面锤击法加工,无使用痕迹。刃角 61°。

05BDNA5②：225,采用扁长椭圆形砾石为毛坯,大小中等。远端有 2 层大的石片疤,在左侧前端有 3 个向腹面方向连续加工的修疤。在远端形成一个向右侧斜的略凸的刃缘。单面锤击法加工,无使用痕迹。刃角 56°。

05BDNA4②：161,采用扁圆形砾石为毛坯,尺寸较大。远端右侧有一个很大的石片疤,有 2 个锋利凸起的刃缘。左侧有一个较大的片疤,左侧角有一个较小的片疤,形成一个平直的刃缘。3 个刃缘围成器体非常宽大的刃部。在刃部有许多很小的细碎小疤,应为使用痕迹。单面锤击法加工。刃角 35°。

05BDNA9②：323,采用长椭圆形砾石为毛坯,尺寸中等。在远端有 5 个连续的石片疤,形成一个凸出的刃缘。单面锤击法加工,无使用痕迹。刃角 73°。

05BDND9②：213(图 4,2),采用扁平砾石为毛坯,尺寸小。自远端向柄部有 3 个较大的石片疤,在远端的中间形成一个尖。尖部左右两侧有锋利的刃缘,上有一系列细小的碎疤,应为使用痕迹。单面锤击法加工。刃角 35°。

7. 手镐

5 件。05BDNA6②：191(图 4,1),用扁圆的砾石加工而成,器身较厚。以扁平的砾石面为背面,分别自两侧向中间打片,在中间形成一个脊,在远端形成一个尖,所有石片疤均分布在腹面。右侧加工面超过器身的一半,有 4 层较大的石片疤重叠,在刃缘上有 6 个较小的修疤,形成一个锯齿状刃缘,刃角67°;左侧加工达整个器身,有至少5层较大的石片疤,在刃缘上有7个较小的修疤,形成一凸出的锯齿状刃缘,刃角81°。近端中部及右侧保留较大面积的石皮。远端尖,尖部横截面呈三角形。近端把手未修理,但左侧凸出部分有细密的凹坑,暗示该件标本也曾作为石锤使用,是一件复合型工具。

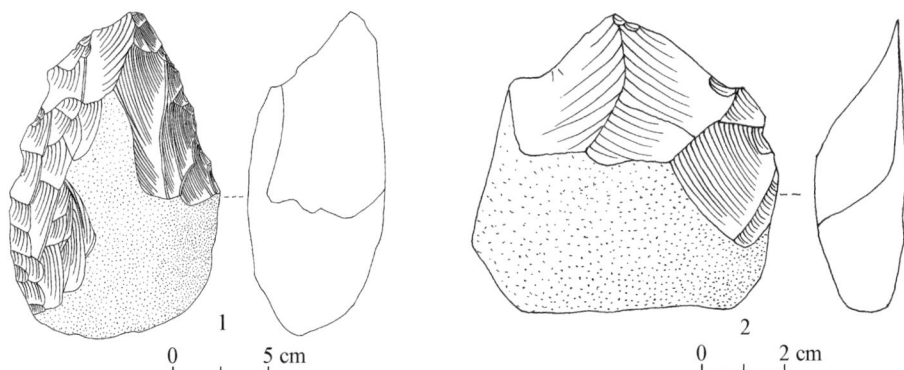

图4 南半山遗址第二层出土石器
1. 手镐(05BDNA6②:191) 2. 砍砸器(05BDND9②:213)

05BDNA7②:198,采用一长条形砾石为毛坯,器身较厚重。以砾石的3个平的砾石面为台面,用锤击法向相对一侧加工。先由远端左侧向器身的右侧下部打片,再由左侧面向右上方打下3个石片疤,用于减少器物的厚度;然后由远端右侧向中轴方向加工,形成一微凸的锯齿状刃缘,刃角68°;最后在远端左侧向中轴方向加工,形成一个较直的刃缘,刃角70°。左右刃缘交汇处为一尖。加工面占器物的一半,另一半为砾石面。由于加工台面选择的是方形砾石的自然台面,因此标本的底部为砾石的一个脊而非平底,标本的正面中间也有一个脊。远端尖部横截面呈倒三角形。近端把手未修理。

05BDNB4②:118,采用一长条形砾石为毛坯,器身较厚重。毛坯形状不太规则,大致呈三棱状,有3个较扁平的砾石面。加工方法与05BDNA7②:198非常相似。左右两侧刃角分别为79°和84°。左右刃缘交汇处为一尖。加工面约占器物的一半,另一半为砾石面。因加工台面选择的是三棱状砾石的2个自然台面,因此标本的底部为砾石的一个脊,但正面近似一平面。远端尖部横截面呈倒三角形。近端把手未修理。

05BDNA7②:196,用扁圆的砾石加工。以扁平的砾石面为背面,分别自两侧向中间打片,在远端形成一个尖,所有石片疤均分布在腹面。右侧加工面约占器身的三分之一,有3层较大的石片疤重叠,未进一步修理,形成一个曲线状刃缘,刃角71°;左侧加工面占器身的四分之三,有至少4层较大的石片疤,在刃缘上有10个几乎连续的较小修疤,形成一略微凸出的锯齿状刃缘,刃缘上有一些细小的碎疤,似为使用痕迹,刃角69°。近端中部及右侧保留较大面积的石皮。远端尖,尖部横截面约呈三角形。近端把手未修理。

05BDNA6②:190,采用一长条形砾石为毛坯。以砾石的2个平的砾石面为台面,用锤击法向相对一侧加工而成。先由远端右侧向器身的左侧下方打下 2 个片疤,再由远端向近端方打下片,用于去薄;然后自左右两侧向中轴方向加工,分别形成 2 个凸起的刃缘,左右较为对称,刃角都接近 65°。左右刃缘交汇处一舌形的尖。加工面约占器物的四分之一,其余均为砾石面。标本的底部为砾石的一个脊,近端把手未修理。

另外有断块 62 件。

（三）第三层石制品

1. 砾石

63 件。多为较为扁平、形状不太规则的砾石,以及少数椭圆形砾石。

2. 零星片疤砾石

15 件。为较扁平砾石,形状不太规则。在砾石的较尖端打下 1~2 个石片。

3. 石锤

4 件。05BDNO6③：372,采用条形砾石为毛坯,器体大小中等。前端有 4 个较大的石片疤,角度 89°。在前部边缘有很多破碎的痕迹。

05BDNK7③：419,采用椭圆形砾石为毛坯,器体大小中等。前端有一系列破碎的陡直的碎疤,角度 95°。

05BDNJ6③：418,采用长条形砾石为毛坯,器体偏小。前端有一些破碎的陡直的碎疤,角度 78°。

05BDNK7③：285,采用扁长形砾石为毛坯,器体偏小。前端有一些破碎的陡直的碎疤,边缘钝,角度 80°。

4. 石核

8 件。05BDNK6③：313,石核,以河流砾石为原料。首先在砾石的侧面打下较大的石片,标本上可以观察到其腹面有一个较大的打击点和被其他石片疤多次切割的片疤。然后,主要以较为扁平的一面为台面,用锤击法向相对面打片,片疤较宽大,台面角 60°~70°。器身背面全部为砾石面。

05BDNE1③：452,单台面石核,原料为扁平的石英岩砾石。从扁平的一面向相向一面打片。有 3 个较明显的打击点,共有 4 层石片疤。由于岩石节理发育,片疤不太规整。台面角 70°。

05BDNM7③：276,单台面石核,原料为扁平的石英岩砾石。从扁平的一面向相向一面打片。有 3 层较大的石片疤。单面加工,片疤数较少。台面角 53°。

05BDNE1③：455,单台面石核,原料为扁平的石英砾石。从扁平的一面向相向一面打片。有 2 层较大的石片疤和 1 层较小石片疤。单面加工,片疤数较少。台面角 67°。

05BDNE1③：461,单台面石核,原料为扁平的石英岩砾石。从扁平的一面向相向一面打片。有 5 层石片疤。单面加工,台面角 67°。

5. 石片

10 件。05BDND3③：221,台面为一自然砾石面,近端有一个浅凹的打击点,半锥体不显。破裂面微凸,两侧缘近平行。近端较厚,远端变薄。背面大部分是砾石面,右侧有 3 个石片疤,未见使用痕迹。石片内角 110°。

05BDNO6③：312,台面为一自然砾石面,近端有一个凹的打击点,半锥体不显。破裂面微凸。近端和远端薄且锋利。右侧背面有斜交中轴方向打击留下的石片疤,因此在石片的右侧形成一个锋利的刃。背面大部分是砾石面,未见使用痕迹。石片内角 83°。

05BDNF2③：57(图 5,1),台面为自然砾石面,近端有一微凹的打击点,半锥体略显。破裂面中间凸。中间稍厚,远端及左右侧缘锋利。背面大部分为石片疤,由 5 层片疤组成。背面远端保留砾石面,未见使用痕迹。石片内角 127°,外角 82°。

05BDNA2③：518,台面为自然砾石台面。有 1 个打击点,半锥体不显。破裂面上近平。左侧缘锋利,呈弧形凸出;右侧缘锋利,呈折线状。远端较锋利,刃部形态不规则。石片背面为砾石面。石片内角 75°。

05BDNF2③：56,台面为自然砾石台面。有一个打击点,半锥体不显。破裂面上近平。左侧缘锋利,略直;右侧缘凸出。远端尖。石片背面为砾石面。石片内角 96°。

05BDNE2③：468,台面为自然砾石台面。有 1 个很小的打击点,半锥体微显。破裂面上近平。左右侧缘均为砾石边缘,呈弧形略微凸出。远端较锋利,刃部形态不规则,呈折线状。石片背面为石片疤。石片内角 109°,外角 88°。

05BDNI3③：69(图 5,2),台面为自然砾石台面。半锥体微显。破裂面平,略扭曲。左侧缘陡直,略呈直线,沿节理断裂;右侧缘较陡,折线边缘;远端锋利,呈弧线。石片背面大部分为石片疤,由 4 层组成,远端保留部分砾石面。石片内角 113°,外角 62°。

05BDNA3③：513,为一残破的石片,缺失近端部分,近中部至远端部分保留。石片很大且厚。左右侧缘及远端未见加工或使用痕迹。背面左侧由一个石片疤,其余大部分为砾石面。

05BDNE1③：464,台面为一自然砾石面,近端有一个很小的点状打击点,半锥体微显。破裂面中间凹。近端较远端略厚。右侧缘凸出,具锋利的刃缘。左侧缘凸出显著,有一些小的碎疤,应为使用痕迹。背面是砾石面。石片内角 83°。

05BDNH2③：45,台面部分损坏,无法进行观察。其余部分的特点,与05BDNE1③：464 非常相似。

6. 薄刃斧

6 件。05BDNH4③：520,毛坯为砂岩石片(图 5,3),在石片腹面左侧有向腹面修理的 2 个大的片疤,靠近端的片疤又经过两次小的修理;在石片的右侧有 2 个向腹面修理的片疤。远端刃部宽薄而锋利,呈弧形略凸出,没有修理,但有一系列小的碎疤,应为使用痕迹。单面加工,器身较薄,大致呈方形。刃角51°。

05BDNR4③:238,毛坯为石英岩石片,在石片腹面右侧有向腹面修理的 2 个较大的片疤;在石片的左侧有 2 个向背面修理的较大石片疤以及一些较小的修理疤痕,同时还有 3 个向腹面修理的小片疤。远端较短且凸出,没有经过修理,但有一些小的碎疤,应为使用痕迹。双面加工,器身较薄,大致呈长方形。刃角42°。

05BDNI6③:291,毛坯为砂岩石片,在石片腹面左侧有向腹面修理的 2 个大的片疤,靠近端的片疤又经过两次小的修理;在石片的右侧有 2 个向腹面修理的片疤。远端刃部宽薄而锋利,呈弧形略凸出,没有修理,但有一系列小的碎疤,应为使用痕迹。单面加工,器身较薄,大致呈方形。刃角51°。

05BDNE3③:482,毛坯为石英岩砾石,在器身左侧有向腹面修理的 2 层较大片疤,以及一系列稍小的片疤;在右侧,分别在腹面和背面各有 2 个较大的石片疤,构成一个边缘,并有一系列两面交互修理的小片疤。远端刃部较窄,近平直,没有修理,有一些小的碎疤,应为使用痕迹。两面加工,器身较厚,大致呈长方形。刃角55°。

05BDNR3③:305,毛坯为砂岩石片(图 5,5),在石片左侧,有一系列向石片腹面和背面交互修理的小片疤;在石片右侧,分别在腹面修理的 3 个较大的石片疤和 2 个向背面修理的较大的石片疤。远端刃部凸出,没有经过修理。两面加工,器身较大而薄。刃角58°。

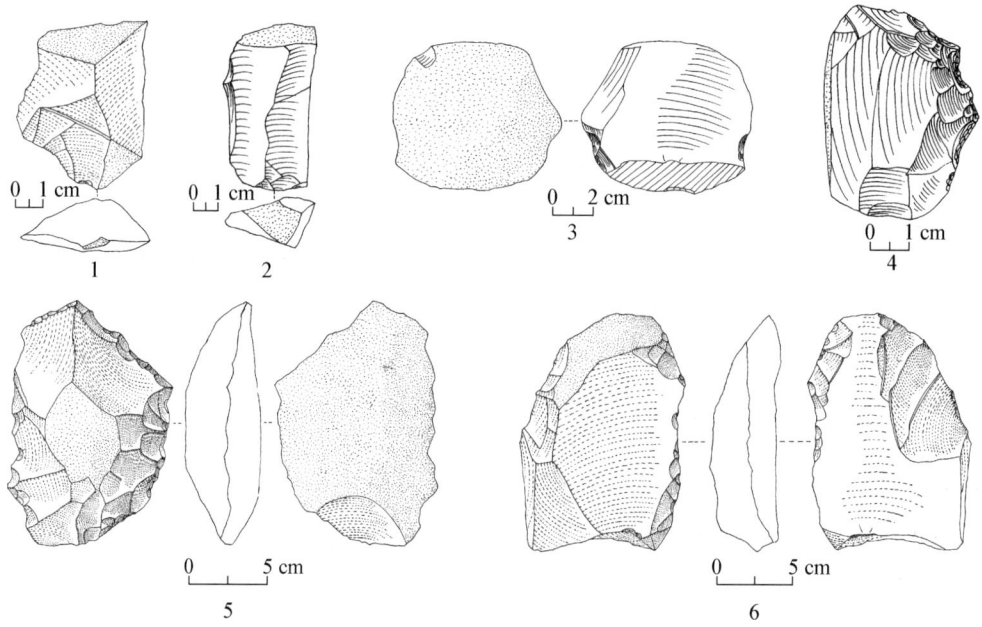

图 5 南半山遗址第三层出土的石片和刮削器

1～3、5、6. 石片(05BDNF2③:57、05BDNI3③:69、05BDNH4③:520、05BDNR3③:305、05BDNM5③:340)
4. 双边刃刮削器(05BDNA4③:519)

05BDNM5③：340，毛坯为砂岩大石片（图5，6），在石片近端及左右两侧均有一系列向腹面加工的石片疤，形成较大的锯齿状边缘。前端没有加工，有一平直的刃。没有修理，无使用痕迹。单面加工，器身厚度中等，大致四边形。刃角67°。

7. 刮削器

2件。05BDNA4③：519，双边刃刮削器（图5，4），毛坯为砂岩石片。在石片有2~3个向石片腹面加工的小石片疤，构成远端一锯齿状刃缘；在石片左侧刃缘，有一系列向腹面方向加工的小片疤，构成一个略凸出的刃缘。器身较薄，大致呈长方形。刃角分别为59°和55°。

05BDNE3③：105，双边刃刮削器，毛坯为燧石石片。在石片远端有3个向石片腹面加工的小石片疤，以及2个向背面加工的小片疤，构成远端一锯齿状刃缘；在石片右侧靠近近端的刃缘，有一系列向背面方向加工的小片疤，构成一个略凸出的刃缘。器身厚度中等，大致呈菱形。刃角分别为69°和68°。

8. 砍砸器

17件。05BDNC3③：216，凸刃砍砸器（图6，1），采用扁圆形砾石为毛坯，器体较大。前端有多层较大的片疤，刃缘经过修理。刃缘凸出。单面锤击法加工，无使用痕迹。刃角53°。

05BDNE2③：477，凸刃砍砸器，采用椭圆形砾石为毛坯，器体较大。前端有6层较大的片疤，右侧有一系列较小的修理片疤。刃缘凸出。单面锤击法加工。刃角64°。

05BDNC3③：141，凸刃砍砸器，采用扁长形砾石为毛坯，器体大小中等。前端有3层较大的片疤，刃缘经过修理，凸出。单面锤击法加工，无使用痕迹。刃角55°。

05BDNG2③：390，凸刃砍砸器（图6，2），采用扁平砾石为毛坯，器体小。前端有2层较大的片疤，刃缘经过一系列连续的修理，形成略微凸出的刃部。柄部背面有一中等大小的片疤。单面锤击法加工，无使用痕迹。刃角40°。

05BDNC4③：223，凸刃砍砸器（图6，3），采用扁平砾石为毛坯，器体小。前端有5层较大的片疤，刃缘经过修理，凸出。单面锤击法加工，无使用痕迹。刃角39°。

05BDNH3③：110，凸刃砍砸器，采用扁平砾石为毛坯，器体小。前端有2层较大的片疤，刃缘经过修理，凸出。单面锤击法加工，无使用痕迹。刃角45°。

05BDNE1③：456，凸刃砍砸器，采用扁平砾石为毛坯，器体小。前端有4层较大的片疤，刃缘经过部分修理，凸出。单面锤击法加工，无使用痕迹。刃角67°。

05BDNV4③：149，凸刃砍砸器，采用扁平不规则形状砾石为毛坯，器体较大。前端有4层较大的片疤，前部刃缘经过部分修理，凸出。单面锤击法加工，无使用痕迹。刃角56°。

05BDNA2③：318，凸刃砍砸器，采用扁平不规则形状砾石为毛坯，器体大小中等。前端有3层较大的片疤，刃缘经过少量修理，凸出。单面锤击法加工，无使用痕迹。刃角55°。

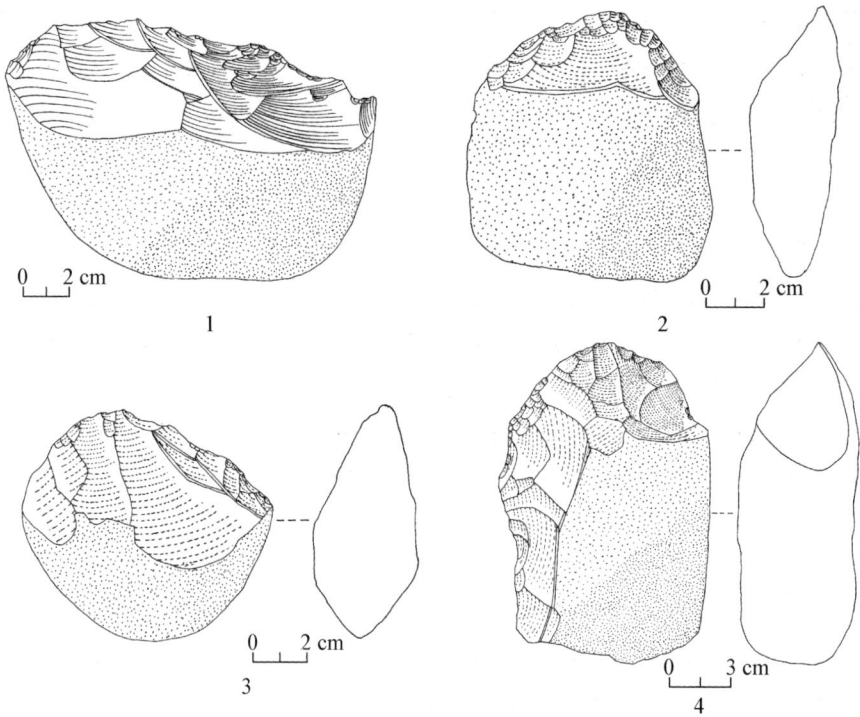

图 6　南半山遗址第三层出土的砍砸器和手镐
1~3. 凸刃砍砸器(05BDNC3③：216、05BDNG2③：390、05BDNC4③：223)
4. 手镐(05BDNM7③：275)

05BDNM7③：274，凸刃砍砸器，采用长方形砾石为毛坯，器体大小中等。前端有 3 层较大的片疤，由于节理发育而片疤不规整。刃缘经过少量修理，有 2 个浅凹，但前端刃部总体上凸出。单面锤击法加工，无使用痕迹。刃角 53°。

05BDNI6③：290，凸刃砍砸器，采用长方形砾石为毛坯，器体很小。前端有 2 层片疤，形成 2 个较为平直的刃缘，交汇呈一尖。二刃缘经过少量修理，前端刃部总体上凸出。单面锤击法加工，无使用痕迹。刃角 64°。

05BDNP4③：331，双边砍砸器，采用长条形砾石为毛坯，器体较大。在砾石的前端有一系列平行砾石长轴方向的较长片疤以及小的修理疤，形成一个凸出的刃缘；在砾石的右侧有几个很大的石片疤，打击方向垂直于长轴方向，一系列连续的小的修理，使得侧刃缘较为平直。单面锤击法加工，无使用痕迹。刃角分别为 52° 和 68°。

05BDNP4③：170，双边砍砸器，采用扁平砾石为毛坯，器体小。在砾石的前端有 2~3 层较大石片疤以及一些小的修理疤，形成一个凹凸不平的刃缘；在砾石的右侧有一个较大的宽石片疤，打击方向垂直于长轴方向，一些小的修理，使得侧刃缘较为平直。单面锤击法加工。刃角分别为 58° 和 72°。

05BDNJ6③：376，双边砍砸器，采用扁平砾石为毛坯，器体小。在砾石的前端有一系列较小的修理疤，形成一个凸出的刃缘；在砾石的左侧有 2 个较大的宽石片疤形成一曲折的刃缘。单面锤击法加工。刃角分别为42°和73°。

05BDNB2③：63，凹刃砍砸器，采用较扁平砾石为毛坯，器体较小。前端有2层大的石片疤，刃缘上有一系列较小的片疤，前端中央部位向内有一个缓凹。单面锤击法加工。刃角51°。

05BDNR6③：304，凹刃砍砸器，采用较扁平砾石为毛坯，器体大小中等。前端有3层大的石片疤，刃缘两侧有2个较小的修理片疤，前端中央部位向内有一个缓凹。单面锤击法加工。刃角50°。

05BDNO4③：296，凹刃砍砸器，采用扁平砾石为毛坯，器体中等大小。前端有2层大的石片疤，刃缘两侧有一系列细小的碎疤，前端中央部位向内缓凹。单面锤击法加工。刃角53°。

9. 手镐

5件。05BDNP6③：371，用长圆形的砾石加工而成，器物较小，器身较厚。以扁平的砾石面为背面，分别自两侧向中间打片，在中间形成一个脊，在远端形成一个略宽的尖，所有石片疤均分布在腹面。左右侧加工面略超过器身的一半，左右较为对称，刃缘较平滑，微凸。前端尖部刃角44°，尖部横截面呈三角形。近端把手未修理，均为砾石面。

05BDNG4③：135，用长条形的砾石加工而成，器物较小，器身较厚。以较平的砾石面为背面，分别自两侧向中间打片，在远端形成一个略宽的尖，所有石片疤均分布在腹面。左侧加工较多，接近器身一半；右侧加工较少，仅一个石片疤。前端尖部较平宽，刃角52°。近端把手未修理，均为砾石面。

05BDNR5③：426，采用长条形的砾石加工而成，器物较小。以扁平的砾石面为背面，分别自两侧向中间打片，在远端形成一个略窄的尖，所有石片疤均分布在腹面。左侧加工较多，达整个器身；右侧加工较少，仅2个石片疤。前端尖部凸出，刃角42°。近端把手未修理，均为砾石面。

05BDNM7③：275（图6，4），采用长扁形砾石加工而成，器物较大。以扁平的砾石面为背面，分别自两侧向中间打片，在远端形成一个宽尖，所有石片疤均分布在腹面。左侧加工较多，达整个器身；右侧加工较少，仅2层石片疤，靠近尖部有少量修理。尖部凸出，刃角81°。近端把手未修理，均为砾石面。

05BDNP5③：347，采用长条形砾石加工而成，器物大小中等。以扁平的砾石面为背面，分别自两侧向中间打片，在远端形成一个略宽的尖，所有石片疤均分布在腹面。左侧加工较多，达器身的三分之一；右侧加工较少，仅2个石片疤。尖部凸出，刃角73°。近端把手未修理，均为砾石面。

10. 手斧

3件。05BDNI7③：287，标本采用较大的略变质石英砾石为毛坯，经过简单加工而成。在标本的正面左侧，采用两面交互加工，形成一个斜边；在右侧，仅有向正面方向加工，而背面为一很好的砾石面，没有加工。经过上述加工处理，标本有一个小的舌形的尖部,刃角 55°。左右两侧和正背面都近乎对称。该标本与典型的手斧存在一定的差别,但其基本形状以及加工策略却与手斧的类似。

05BDN - P4③:158(图 7,上),该标本已经加工成型,除前侧部略微破碎之外,其余保存完好。毛坯为细砂岩砾石,除柄部末端保留小部分石皮外,其余大部分器身均由石片疤组成,不保留石皮,为一舌形手斧。采用交互打击法形成。打制的程序已包括粗打、成型和精修等工序。因缺少去薄工序而显得钝厚,但尖端和两侧刃部有非常细致的精修,使得标本刃缘协调且对称。整个器身的横断面呈菱形。标本因出自网纹红土地层,而在表面保留清晰的网纹印记。长 172、宽 120、厚 103 mm,重 1 830 g。

05BDN - I7③:388(图 7,下),毛坯为石英岩石片,经过两面加工已具手斧的雏形,但因一侧发育节理而未进一步加工,致使其形态并不太规整。长 139、宽 119、厚 47 mm,重 740 g。

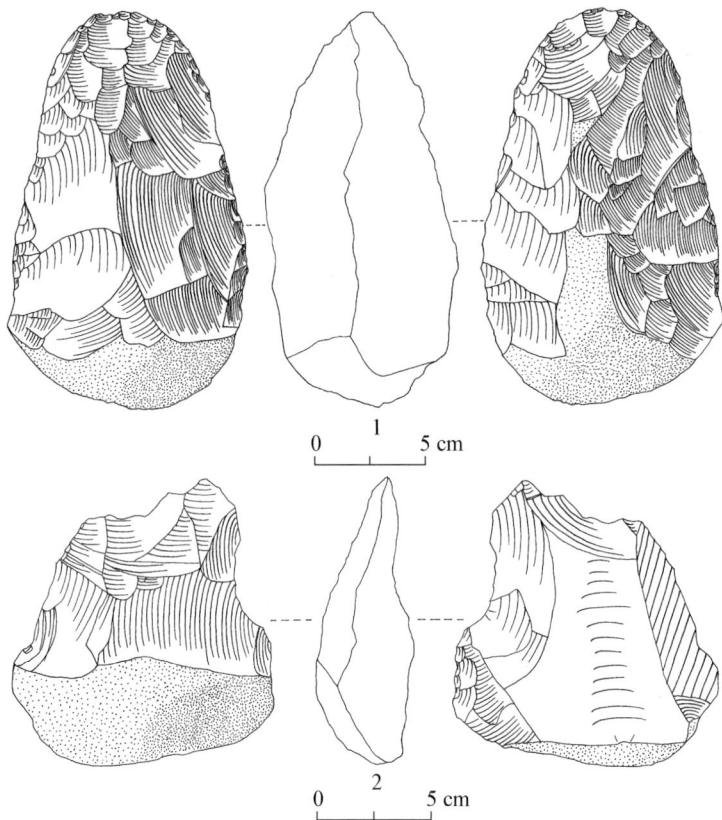

图 7　南半山遗址第三层出土的手斧
1. 手斧(05BDN - P4③:158)　2. 部分手斧(05BDN - I7③:388)

另外有断块 43 件。

南半山遗址发掘出土的石制品包括手斧、手镐、砍砸器、刮削器、石片、石核和石锤等共 176 件(表 4)。石制品的原料组成为:石英岩 57 件(32%)、石英 24 件(14%)、砂岩 76 件(43%)、硅质岩 11 件(6%)和火山岩 8 件(5%)。

表4　百色盆地大梅南半山旧石器遗址发掘出土石制品统计表

类　型	手　斧	手　镐	砍砸器	刮削器	石　片	石　核	石　锤
数量（件）	2	9	13	30	35	17	12
平均尺寸（mm） （长×宽×厚）	155× 119×75	160× 93×74	136× 127×64	74× 74×30	62× 57×20	138× 98×65	109× 87×58
平均重量（g）	1 285	1 221	1 313	202	128	1 233	771

　　该遗址的手斧、手镐和砍砸器较为粗大，属于大型砾石工具；刮削器采用较小的砾石和石片为毛坯，刃缘形态多变；石片大小不等，不太规则，多数尺寸较小，少数石片的尺寸很大，最大的长167 mm。石核较大，采用自然台面加工；石锤多选择长条形砾石，打击一端片疤。

　　南半山遗址的石制品保存在第Ⅳ级阶地河漫滩相堆积的上部，在地层中的分布厚度约3 m（159.5 m～162.5 m），在玻璃陨石层之下未发现石制品分布。南半山石制品和玻璃陨石出土时的原始产状均为长轴方向近于水平或略微倾斜。手斧和手镐等石制品分布在玻璃陨石层，其上主要是其他石制品分布。

四、遗址出土的玻璃陨石

　　大梅遗址发掘出土的玻璃陨石共计155枚，均埋藏于网纹红土之中。颜色漆黑，不透明，但薄片呈浅褐色，其形状可分为圆球状（23枚）、椭球状（23枚）、扁圆状（18枚）、棒状（10枚）、哑铃状（2枚）、液滴状（4枚）、瓦片状（7枚）、碎核桃壳状（13枚）和不规则状（55枚）。长度12～80 mm，重量0.7～95.9 g。外表非常新鲜，表面的圆坑、凹槽、条纹清晰。这些特征与海南岛、湛江地区、广西南部沿海地区以及百色盆地其他地点的玻璃陨石非常相似，无疑属于早中更新世之交的亚—澳散布区玻璃陨石。

　　对大梅遗址发掘出土的所有玻璃陨石的长度和重量的数据分析结果为：长度的标准偏差11.81，偏差系数40.49%；重量的标准偏差17.6，偏差系数119.15%，显示大梅遗址玻璃陨石有很大的变异范围，应属于自然降落和散布，难以用早期人类采集行为解释。图5可以看出，大梅遗址玻璃陨石地层分布在水平方向上非常稳定，局限在约60 cm的垂直高度范围之内，反映原始降落面的轻微起伏。

　　另外，我们在大梅遗址东部约20 km的田阳水泥厂附近，邻近现代右江的第Ⅲ级河流阶地砾石层中也采集到一些玻璃陨石，这些玻璃陨石光泽较为黯淡，均无棱角且具一定程度的磨圆，表面虽存在气孔但经过磨蚀而显得平滑。这些玻璃陨石显然与盆地内第Ⅳ级阶地网纹红土中的不同。另一件玻璃陨石采自广西东南部陆川县良田镇九洲江现代河流之中,光泽黯淡,表面光滑,通常所具有的气孔、凹槽或条纹等均被磨蚀掉。田阳的两件标本有较轻的磨圆程度,代表较近距离的搬运;陆川标本磨圆程度深,代表较长距离的搬运。因此,大梅遗址出土的玻璃陨石与上述经过搬运的存在明显区别。

五、讨　论

南半山遗址发掘出土手斧等 176 件石制品,保存于第Ⅳ级阶地网纹红土之中,石制品的性质与百色盆地其他遗址发现的类似。手斧和手镐等石制品与同时发现的 155 件玻璃陨石处于同一层位,这些玻璃陨石的相关特征显示原生埋藏的性质,证明百色手斧的埋藏年代与亚—澳散布区玻璃陨石的降落年代一致,距今约 0.8 Ma。在网纹红土层之上的堆积物中还发现丰富的石制品,进而暗示生活在百色盆地的早期人类,曾亲历并成功地躲过早中更新世之交的这次重大的天体事件。

2000 年 3 月在《科学》(Science)杂志发表的论文,报道了埋藏于盆地第Ⅳ级阶地网纹红土中包含手斧等有阿舍利技术风格的旧石器,并测定了与石器同层位玻璃陨石的 $^{40}Ar/^{39}Ar$ 年龄,为 803±3 kaBP,为东亚早期人类在石器加工技术上与西方并无优劣之分提供了有力证据[1]。这一成果被认为对莫维斯理论构成严重的冲击[2],为东亚早期人类旧石器文化研究奠定了重要基础,同时也提出一些新的科学问题。这些问题的解决对研究人类起源与演化、环境变迁对人类影响及古人类对环境变迁的适应等,都具有重要的意义。例如,迄今为止,百色旧石器的年代主要是根据与石器同层位玻璃陨石的同位素年龄来推测,但据国际上对玻璃陨石的研究经验,世界其他地区缺乏地层中产出的玻璃陨石,部分学者对百色盆地玻璃陨石的原生性提出质疑[3];百色旧石器组合中有阿舍利技术风格的代表性器物——手斧,均为地表或地层中采集,不是科学发掘所获[4]。因此,百色旧石器的层位及其时代依然是学术界高度关注的科学问题。此次在百色盆地大梅南半山旧石器遗址最新发现的手斧与百色盆地以前地表采集的类似,玻璃陨石的特征与海南岛、湛江地区、广西南部沿海地区以及百色盆地其他地点的玻璃陨石非常相似[5~8],无疑属于早中更新世之交的亚—澳散布区玻璃陨石。因此,该发现将对上述问题的解决提供了科学根据。

百色旧石器因包含手斧、手镐等具有西方阿舍利技术风格石器类型,其石器层位和时代多年来一直受到学术界的广泛关注。始于 1973 年的最初发现,因缺乏地层年代学证据而估计时代大约在晚更新世晚期[9];1988 年首次在高岭坡遗址发掘出土石器,从而为解决百色石器的层位问题提供了依据[10];1993 年在百谷遗址从地层中发掘出土与石制品共生的玻璃陨石,为百色旧石器提供了绝对年代学证据[1]。然而,此后在百色盆地进行的多次发掘中,均未从地层中找到手斧,这一代表性器物是否和其他石器一样,与玻璃陨石处于同一层位?因此,通过科学发掘找到手斧的原生层位,成为百色旧石器研究的重要目标。百色盆地南半山遗址此次从地层中发掘出 3 件手斧,从而解决了手斧的层位问题,这些手斧恰好与 155 枚原生玻璃陨石处于同一水平层位。因此,百色手斧的年代应与玻璃陨石的绝对年龄一致。本次发现对上述问题的解决提供了科学依据。

百色盆地第Ⅳ级河流阶地埋藏丰富的玻璃陨石。但根据国际上对含玻璃陨石地层的研究经验,把它们作为地层时代标志物时应该非常谨慎,比如在印尼爪哇等地点,重复地证明玻璃陨石被重新堆积,其同位素年龄并不标志地层的堆积时代[3]。因此,百色玻璃陨石的原生性问题,是解决百色石器年代另一至关重要的环节。南半山遗址阶地堆积物中发现丰富的玻璃陨石,能较好证明属于原生埋藏。该遗址出土的 155 件玻璃陨石均非常新鲜且棱角分明,未见因搬运而产生的磨蚀现象,所有玻璃陨石与盆地内第Ⅲ级阶地堆积物中经过近距离搬运再堆积的玻璃陨石之间存在显著区别,也与从下游采集到的长距离搬运的标本存在显著区别。该遗址的玻璃陨石较稳定地处于同一水平层位,并未发现其他层位保存或在地层中散布;与玻璃陨石同层位堆积物均为黏土,其粒径与玻璃陨石之间的差异明显,且在同层位间未见与玻璃陨石粒径相仿的砾石透镜体;南半山玻璃陨石形态多样,与华南其他地点玻璃陨石相似,其大小和重量的数据统计分析显示极高的差异程度,代表一种自然散布的原始状态,难以用人类行为解释;近年在南宁盆地邕宁顶狮山新石器时代遗址发现少量磨圆的玻璃陨石,以及较多以之为原料加工的小石片,基于上部地层中炭屑[14]C 测定的年代结果来判断,含玻璃陨石制品地层的年代估计在 10 ka 左右[11],但大梅南半山的玻璃陨石均未见早期人类加工痕迹,尺寸较小的碎片保持原始降落时形成的构造,而非人为加工所致,较大的玻璃陨石也未见打片留下的痕迹。因此,南半山遗址出土的玻璃陨石具有明显原地埋藏的性质,不存在次生搬运或二次埋藏特点,也难以用人类行为解释。大梅南半山也是迄今从原生地层中发掘出土玻璃陨石数量最多的遗址。这些原生玻璃陨石能够精确地用于确定百色旧石器——特别是手斧的年代。

南半山遗址的石制品在地层中分布于玻璃陨石层及其上部,从而暗示百色盆地的早期人类活动始于早中更新世之交的玻璃陨石降落事件。早期人类曾亲眼看见这次壮观的天体事件,在成功躲过这次灾难之后又在百色盆地继续生活了一段时间[12]。

致谢:感谢广西壮族自治区文物考古研究所和右江民族博物馆对于本发掘项目的大力支持,感谢广西自然博物馆黄超林、谢绍文、覃善逢先生以及田东县博物馆田丰先生参与本项目长期而艰苦的发掘和资料整理工作;广西壮族自治区文物考古研究所谢光茂研究员在现场进行了有益的讨论;本项研究受国家自然科学基金(40772011)、广西自然科学基金(桂科自0991236)的资助和"南—百高速公路抢救性发掘"专项资金的支持。

执笔:王　颖　莫进尤　黄志涛　黄超林　谢绍文　田　丰　黄　鑫

注　释

[1] Hou YM, Potts R, Yuan BY et al. Mid-Pleistocence Acheulean-like stone technology of the Bose basin,

South China[J]. *Science*, 2000, 287: 1622 - 1626.

[2] Gibbons A. Chinese stone tools reveal high-tech *Homo erectus*[J]. *Science*, 2000, 287: 1566.

[3] Koeberl C, Glass BP, Keates SG. Tektites and the age Paradox in Mid-Pleistocence China[J]. *Science*, 2000, 289: 507a.

[4] 林圣龙.评《科学》发表的《中国南方百色盆地中更新世似阿舍利石器技术》[J].人类学学报,2002,21(1): 74~82.

[5] 袁宝印,叶连芳.雷公墨的地层年代学研究[J].科学通报,1979,24(6): 271~273.

[6] 张峰,黄志涛,莫进尤.广西博白县及百色盆地玻璃陨石裂变径迹年龄研究[J].科学通报,1994,39(15): 1396~1398.

[7] 朱照宇,周厚云,乔玉楼等.华南玻璃陨石的原生层位及其事件地层学意义[J].地质力学报,2001,7(4): 296~302.

[8] 黄志涛.广西玻璃陨石初步研究[J].地质地球化学,1995,218(4): 50~54.

[9] 李炎贤,尤玉柱.广西百色发现的旧石器[J].古脊椎动物与古人类,1975,13(4): 225~228.

[10] 黄慰文,冷健,员晓枫等.对百色石器层位和时代的新认识[J].人类学学报,1990,9(2): 105~112.

[11] 中国社会科学院考古研究所广西工作队,广西壮族自治区文物工作队,南宁市博物馆.广西邕宁县顶蛳山遗址的发掘[J].考古,1998(11): 11~33.

[12] 王頠,莫进尤,黄志涛.广西百色盆地大梅南半山遗址发现与玻璃陨石共生的手斧[J].科学通报,2006,51(18): 2161~2165.

[本文发表于《广西考古文集(第4辑)》,科学出版社,2010年]

田阳那满旧石器时代遗址发掘报告

广东省文物考古研究所　广西文物考古研究所

　　为配合南宁(坛洛)至百色高速公路建设工程,应广西壮族自治区文化厅的邀请,由广东省文物考古研究所组建的那满考古发掘队于 2005 年 8 月至 9 月间,对位于百色地区的田阳县那满旧石器时代遗址进行考古发掘。现将发掘情况报告如下。

一、遗 址 概 况

　　1982 年,广西壮族自治区博物馆蒋廷瑜先生等人在文物普查中发现了那满遗址,其后被称为"坡峎那遗址"[《百色旧石器》一书中的"百色旧石器遗址(地点)统计表中序号为 36 号][1]。遗址位于那满镇政府西侧的山岗上(图 1),西北距田阳县城约 10 km,东北

图 1　那满遗址发掘区全景

距右江 1 km(图 2)。遗址与右江之间是一片开阔的稻田,西面是连绵起伏的大山。遗址
所在的山岗呈东南—西北走向,最高点海拔为 144.8 m,当地居民俗称"岵那",南北各有一
个凸起的丘岗。南边的一处岗顶比较平缓,南北两侧较陡,东西两面呈斜坡状,发掘区即
位于南边丘岗西面的山坡上。发掘面积共 1 000 m²。使用全站仪测绘布 5×5 m 探方共 40
个。探方分布在南北长 120、东西宽 80 m 的范围内,因工程建设施工单位已将发掘区的中
部挖去,故将发掘探方分为四片:东面的三级坡地有三片,最高的一级坡地布探方 16 个,
中间的一级坡地布探方 12 个,最低的一级坡地布探方 4 个;西面的坡地布探方 8 个
(图 3)。设测量点在西面的 T0410 东北角地表,测点高度为 0,统一测量所有探方的标高
和出土旧石器标本的标高,保证了所有数据的准确度。

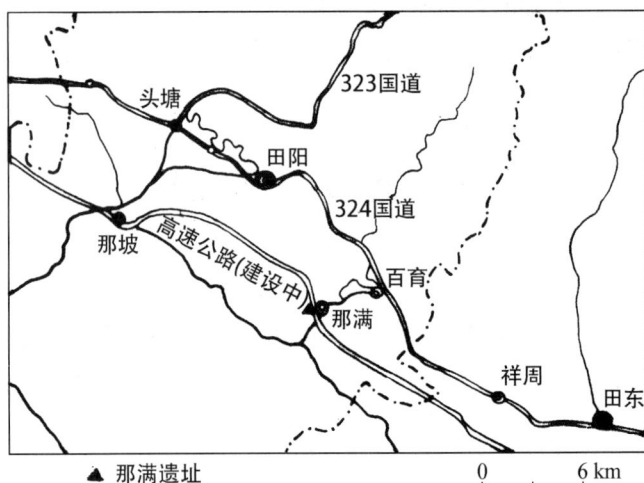

图 2　广西田阳那满遗址位置图

发掘工作以层位学为发掘方法,分辨地层堆积的早晚关系,并按先后顺序从晚的堆积
或遗迹开始清理,包括现代树坑和明清时期墓葬。

二、地层堆积与遗迹

(一)地层堆积

综合考察,遗址地层可分为 4 个文化层:

第①层为表土和耕土,①层下还有一些现代的果树坑、蓄水坑、肥料坑以及冲沟,并
见明清时期墓葬 2 座。这类遗迹多数打破了第②文化层,个别的还打破了第③文化层。
这些地层单位中出土的器物有青釉瓷器、铜钱、石秤砣等。此外,还出土旧石器标本
13 件。

北

探方平面

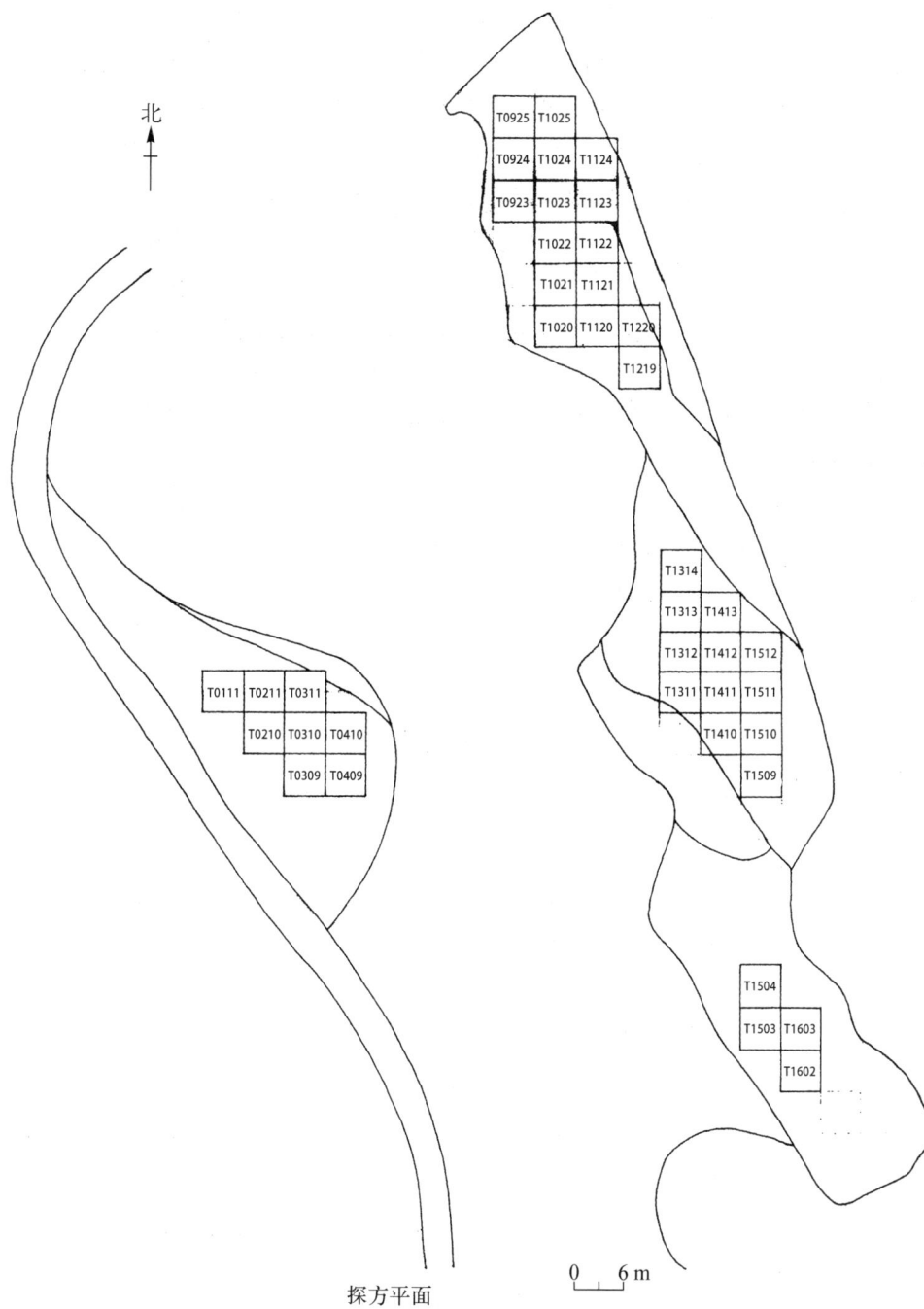

0　6 m

图 3　那满遗址发掘探方平面分布图

第②、③、④层为旧石器时期的文化层。其中第②层为棕红色亚黏土,硬实,颗粒略粗,基本不见网纹。厚 20~80 cm。在西部的 T0310 第②层上部有一组 9 件石器组成的遗迹面,分布在长 4、宽 3 m 的范围内,编为遗迹 1(S1),包括有石核、石片、砍砸器、刮削器等,是古人类在此作短时间活动所遗留。第②层出土旧石器标本共 43 件。

第③层为红褐色亚黏土,颗粒略细,稍软。已出现网纹,但较稀疏。厚 50~120 cm。在东面坡顶的 T0924 第③层底部发现一组以小石片为主体的遗迹,编为遗迹 2(S2),分布在长 3.5、宽 3 m 的范围内,共有 17 件石制品,其中有小石片 13 件,其他为刮削器、石片、石核等。有 2 件小石片可与刮削器拼合,说明这里是当时打制石器的场地。第③层共出土旧石器标本 55 件。

第④层为红色黏土,土质较纯,颗粒细,网纹明显。已发掘厚度 50~120 cm,仅出土旧石器标本 2 件,多数探方此层已不见遗物,说明此时此地古人类活动稀少,故不再下挖。

对地层的发掘及观察表明,发掘区西面的探方,距地表 2.7~3 m 为砾石层,而发掘区东面的探方距地表 4~10 m 才到砾石层。

现以 T0311 西壁、T1503 北壁、T0924 东壁、T1314 南壁为例,说明如下:

1. T0311 位于整个发掘区西面较低的台地上,南邻 T0310,西邻 T0211。堆积物分 4 层(图 4):

第①层,表土,分 A、B 层。A 层厚 5~20 cm,土质硬,浅褐色;B 层堆积在东南部,厚 40 cm,灰褐色,质硬;①A 层下有树坑和 H2(现代的肥料坑)打破了①B 层、②层和③层。

第②层,距地表 5~50 cm,厚 40~90 cm,棕红色黏土,含砂少,土质韧实,不见石制品。

第③层,距地表 70~80 cm,厚 30~115 cm,红色黏土,含砂很少,网纹,含黄色条状斑块,出 1 件石制品。

第④层,网纹红土,多见黄色条状斑块,距地表 190~200 cm,在探方西半部向下发掘,在此层厚 100~110 cm 时到砾石层,不见文化遗物。

本探方的层位关系是:①A→①B→H2→②→③→④。

2. T1503 位于整个发掘区的东侧南面较低的台地上。东邻 T1603,北邻 T1504。堆积物分 2 层(图 5):

第①层,表土,厚 10~85 cm,土质硬,浅褐色。

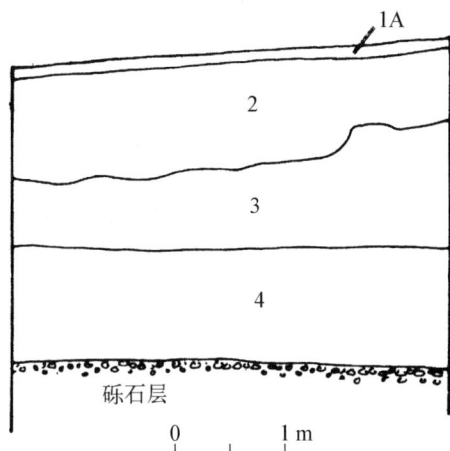

图 4 T0311 西壁剖面图

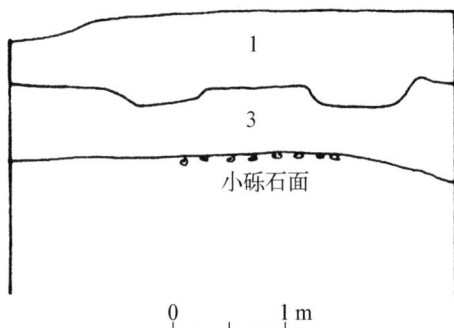

图 5 T1503 北壁剖面

第③层,距地表 10~85 cm,厚 40~100 cm,红色黏土,含砂很少,网纹,含黄色条状斑块,出土 2 件石制品,底部是一片小砾石形成的河漫滩相堆积,自北向南倾斜,但靠东部已没有小砾石。

本探方的层位关系是:①→③→砾石面。

3. T0924 位于整个发掘区的东侧北面最高处的坡地上,北接 T0925,东邻 T1025,南靠 T0923。堆积物分 4 层(图 6):

第①层,表土,分 A、B 2 层。①A 层,深灰色黏土,松软。厚 5~18 cm,由东向西倾斜。出现代砖瓦、青花瓷片等。打破 1A 层的有 2 个现代树坑,分布在探方东南角和探方北部。①A层下有 1 个近代坑和 G1,打破 1B 层。G1 是清代开始形成的冲沟,向东南延伸至多个探方,本探方内是 G1 的西北部分。G1 的堆积物可分 2

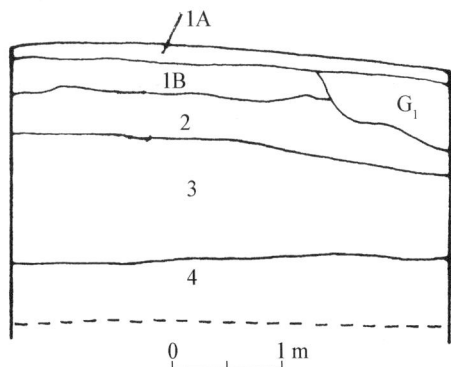

图 6　T0924 东壁剖面

层,第 1 层为灰黑色黏土,松软;第 2 层为褐色黏土,紧硬。出近代灰砖、青瓷片等,有 2 件石制品。①B 层,灰褐色黏土,较松软。深 5~18 cm,厚 5~117 cm。出近代灰砖、青瓷片。

第②层,棕红色黏土,结构致密,紧硬。深 40~60 cm,厚 7~55 cm。出土一件石制品。

第③层,深红色黏土,结构致密,紧硬。土壤中夹杂黄色的条状和点状斑点,为网状红土。深 72~130 cm,厚 35~117 cm。本层上部出土一件石制品,下部有 17 件石片组成一组遗迹,编为 S2。

第④层,红色黏土,结构致密。土壤中夹杂较密集的黄色条状和点状斑点,为网状红土。深 130~180 cm,已发掘 45~60 cm。出土 2 件石制品。发掘到深度为 230 cm 时,因未见文化遗物出土而停止下挖。

本探方的层位关系是:①A→G1→①B→②→③→④。

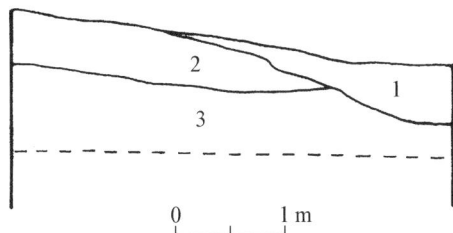

图 7　T1314 南壁剖面

4. T1314 位于整个发掘区的东侧中部较高的坡地上,南邻 T1313。堆积物分为 3 层(图 7):

第①层,表土层,灰色黏土,松软。厚 0~50 cm,呈东北高西南低的坡状堆积,全方分布。出现代砖瓦、碎陶片等。

第②层,棕红色黏土,结构紧密,紧硬。深 0~50 cm,厚约 0~55 cm。未见文化遗物出土。

第③层,深红色黏土,结构致密,紧硬。土壤中夹杂黄色的条状和点状斑点,为网状红土。深 50~55 cm,已发掘厚度 30~105 cm。出 2 件石制品。本层发掘至深度 120~160 cm 时,因未见文化遗物出土而停止下挖。

本探方的层位关系是:①→②→③。

（二）遗迹

有 S1 和 S2 两组。

（1）S1：位于 T0310 的①层下，其下为第②层堆积。遗迹现象是在一个平面上分布有 9 件石制品，其范围是：东西长 3.7、南北宽 2.8 m（图 8）。石制品中包括有石核 2 件、石片 1 件、砍砸器 1 件、刮削器 4 件、尖状器 1 件。据现场观察，这些石制品均较成型，出土地点不是石器制作的场所，其中有的石器刃口薄而锋利，应是原地埋藏，未经水流搬动。由此判断，这是一处古人类的活动面。

S1 的层位关系是：①→S1→②→③。

（2）S2：位于 T0924 的③层下，其下为第④层堆积。遗迹现象是在一个大致平面上有一组 17 件石制品，其范围是南北长 2.6、东西宽 2.4 m（图 9）。石制品中包括有 13 件小石片、2 件石片、1 件石锤和 1 件石制品，其中一件大石片与 2 件小石片可拼合，其他的小石片似亦是从大石片剥落的。由此判断，这里可能是临时打制石器的地点。

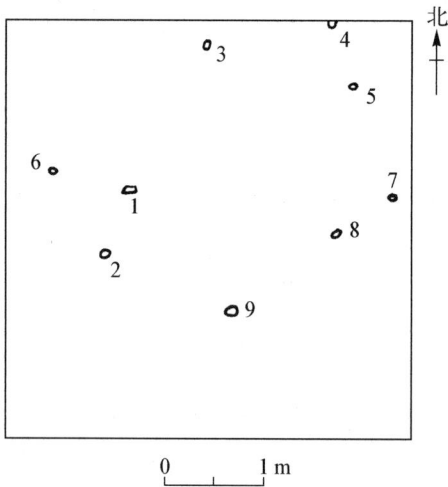

图 8　S1 遗迹平面分布

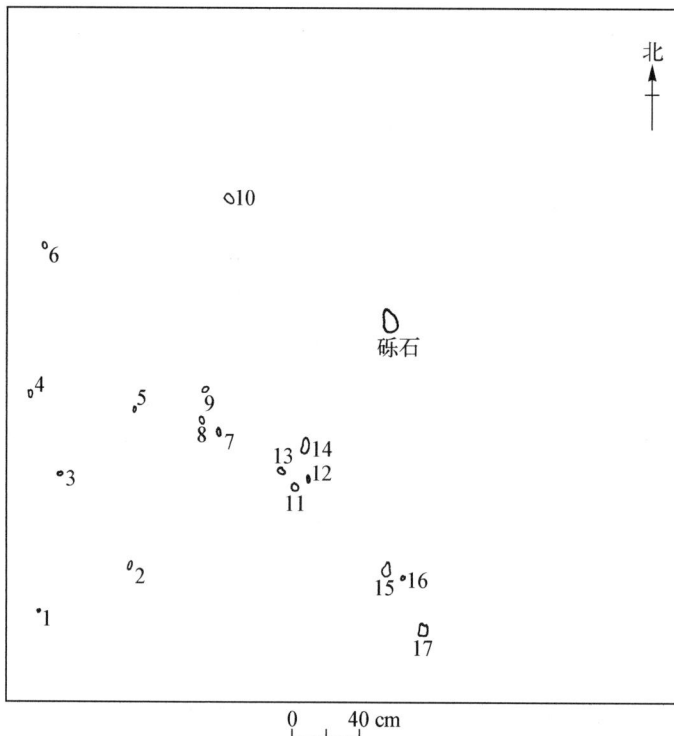

图 9　S2 遗迹平面分布

S2 层位关系：①→②→③→S2→④。

S2 的石制品中，其中有 13 件同属一种石质（砂岩），是打制石器过程中产生的石片与小石片，石英砂岩质的石锤是打制石器的工具。因石器与石材都不多，说明这里是遗址居民偶尔进行打制石器的场所。

三、石 制 品

经统计，此次发掘共出土旧石器标本 112 件。此外，在遗址范围还采集旧石器标本 12 件。总共为 124 件。

另外，还出土和采集到时代较晚的砺石 1 件、穿孔石器（残）1 件。

（一）材料

石制品材料均采自河道的砾石，经肉眼鉴别，材质以砂岩为多，共 57 件，占 46.4%；次为石英砂岩，20 件，占 16%；粉砂岩，10 件，占 8%；其他者数量均较少，石英岩 6 件占 4.8%；粗砂岩、片砂岩、硅质砂岩、红砂岩及其他沉积岩各 4 件，分别占 3.2%；板岩 3 件，占 2.4%；砂页岩、板砂岩、片岩各 2 件，分别占 1.6%；硅质岩和花岗斑岩各 1 件，分别占 0.8%。由此分析，那满遗址居民在制作石器时对石材有一定的选择性，即以普通砂岩为主，石英砂岩也占有相当比例。但其他石质较为分散，是补充石材时随意性的一种表现。

（二）种类

除制作石器时产生的石核和石片外，大致可以分类的器种有砍砸器、刮削器、尖状器、手镐和薄刃斧 5 种。这 5 种器物共 62 件，占总数的 50%，虽然本次发掘区并非是遗址的中心区，但说明石器制作有较高的成品率。多数成器的标本刃部有少许使用痕迹，部分器物的刃缘有明显的使用崩疤；也有个别标本的刃部不见使用疤痕。制作石器的工具如石锤数量较少，也说明这里不是打制加工石器的主要场所。此外，还有打制石器时产生的石核和石片以及经打制加工但尚未成器的石制品，证明这里曾是临时打制加工石器的地点。现将各种石制品分述于下。

1. 石器

有砍砸器、刮削器、尖状器、手镐、薄刃斧和石锤，共 67 件，其中多数是石核石器，有 55 件，占 82.5%，石片石器 12 件，占 17.5%。

（1）砍砸器　25 件。均为石核石器。可分为端刃、边刃、弧刃、凸刃和斜刃 5 种。以端刃器为主，次为边刃器。

端刃器　9 件。主要特征是在器体的一端进行打击加工,有一个基本平直的刃缘。

标本 G2∶1,砂岩。出自 T1123 近代冲沟的填土中。器体较宽,略近三角形。背面略隆,正面较平。顶端略经修理,较宽处单面单向打击刃面,修理片疤多,石片疤窄长而浅平,刃缘弧凸,有少量崩疤。高 10.5 cm,宽 10.3 cm,厚 4.1 cm,刃角 50°,重 625 g(图 10)。

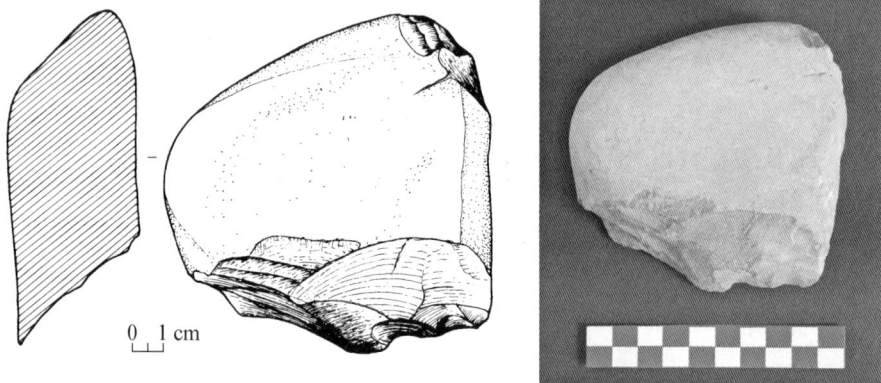

图 10　端刃砍砸器(G2∶1)

标本 S1∶3,硅质砂岩,有层理。器身长梯形,略规整,顶部圆弧,两侧近直,单向打击刃面,刃面较陡,呈台阶状,片疤较深。刃缘微凹,有崩疤,为使用痕迹。高 9.9 cm,宽 6.3 cm,厚 3.8 cm,刃角 57°,重 350 g(图 11)。

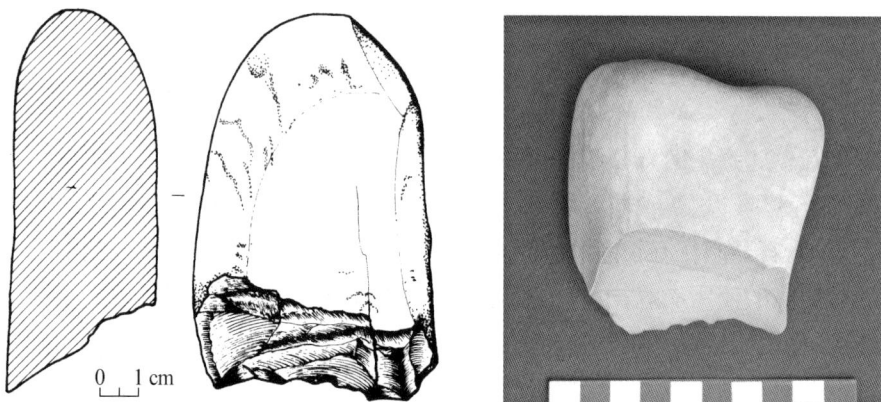

图 11　端刃砍砸器(S1∶3)

标本 T1024②∶2,板岩。器厚重,近方形,一端单面单向打击刃面,有修理疤,片疤浅平,刃缘微凹,有使用崩疤。高 8.2 cm,宽 8.1 cm,厚 5.2 cm,刃角 60°,重 500 g(图 12)。

标本 T1512③∶1,砂岩。器硕大厚重,略规整,顶圆弧,两侧近直,单向打击较宽的刃面,片疤大而浅,刃面较陡,不见修理。刃缘略见使用崩疤。高 14 cm,宽 13 cm,厚 8.8 cm,刃角 72°,重 2 250 g(图 13,1)。

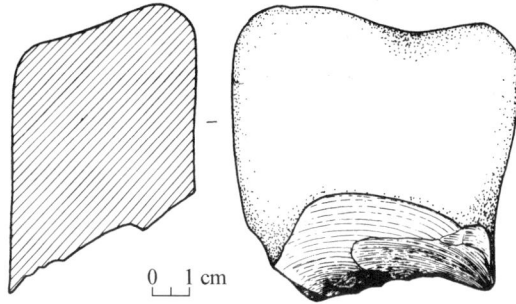

图 12　端刃砍砸器(T1024②：2)

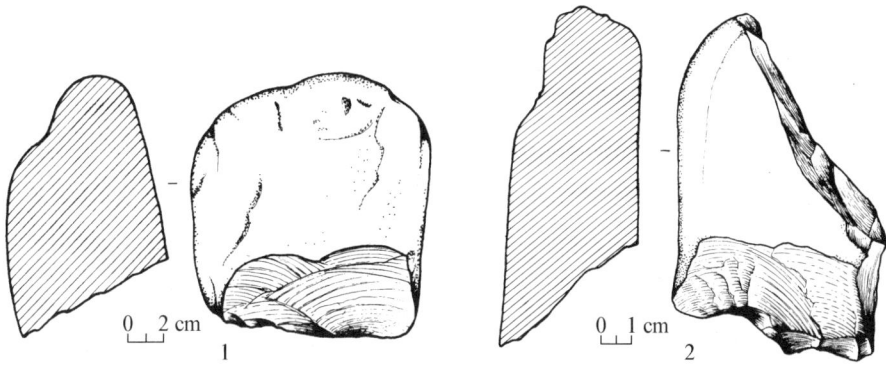

图 13　端刃砍砸器
1. T1512③：1　2. T0923③：9

　　标本 T0923③：5,石英砂岩。器体略作长身,右侧厚而左侧略薄,顶部略尖,刃部较宽,左侧经打击修理。单向打片,片疤浅平,刃面较陡,有修理疤,刃缘有凹缺,为使用所致。高 10 cm,宽 7.7 cm,厚 4.5 cm,刃角 56°,重 400 g(图 14)。

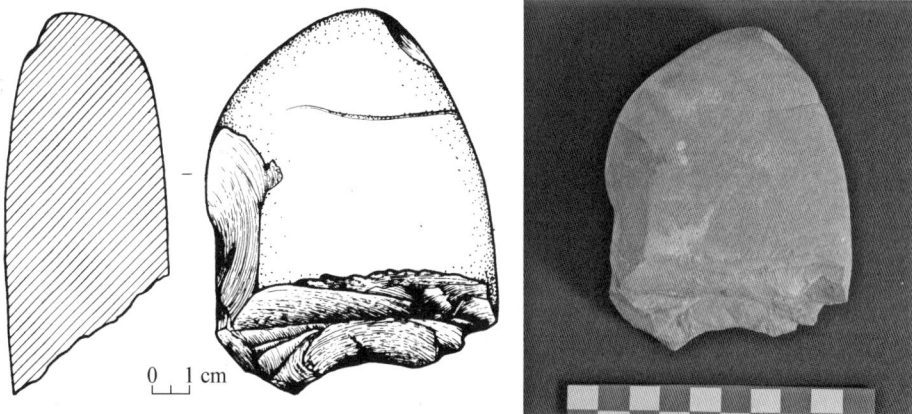

图 14　端刃砍砸器(T0923③：5)

　　标本 T0923③：9，砂岩。长身，用锤击法单向打片和修理，两面较平，右侧经修理，使刃部略规整。单面打击一个斜刃，片疤浅平，刃缘有崩疤，左缘有崩缺，应为使用所致。器体右上角已崩缺，也可能是使用过程中所造成，故而废弃。高 11 cm，残宽 7.2 cm，厚 4.5 cm，刃角 50°，重 400 g（图 13，2）。

　　标本 T0924③：2，粉砂岩。器身略作长方形，较规整，用锤击法单向打片，单面打制刃部，片疤浅平，刃缘凸出，有两个崩疤，疑为使用所致。高 9.5 cm，宽 8 cm，厚 3.9 cm，刃角 50°，重 375 g（图 15，1）。

　　标本 T1020③：7，砂岩。器呈不规矩的三角形，背面隆起，正面大部单面打击刃面，有三个大片疤，片疤较浅，近缘处有一个小片疤，刃缘有一个凹下的崩疤，为使用痕迹。高 8.9 cm，宽 10.3 cm，厚 6.8 cm，刃角 65°，重 210 g（图 15，2）。

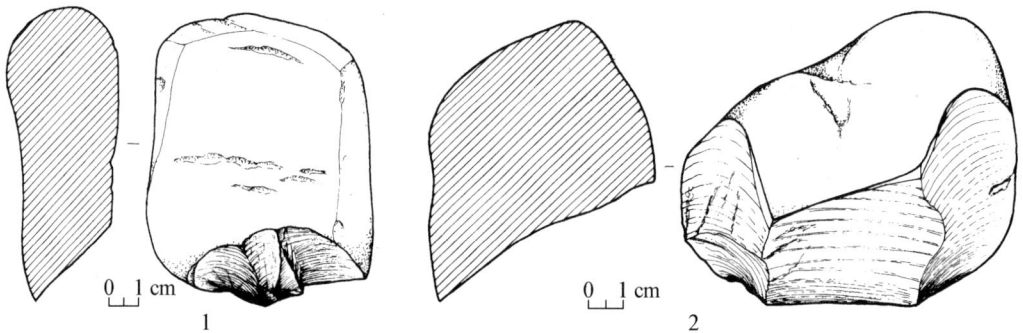

图 15　端刃砍砸器
1. T0924③：2　2. T1020③：7

　　标本 T1123③：1，石英岩。器厚重，形不规整。顶部较宽，呈驼峰状，向下收窄，下部单面打击刃面，单向打片和修理，石片疤较深，刃部较窄且陡，刃缘略凹有崩疤。重 1 400 g。

　　边刃器　7 件。在器体略长的一个边进行加工。

　　标本 TN3，硅质砂岩，有一层较厚的风化石皮。器厚重，背面较弧，正面隆起不平，刃面单向打击，左右两个大片疤，刃缘呈弧凸形，下端有较多的小片疤，右侧近缘处一个凹下的片疤，应是使用痕迹。高 11.5 cm，宽 11.5 cm，厚 6.9 cm，刃角 75°，重 1 150 g（图 16，2）。

　　标本 G1：2，粗砂岩。出自 T0924 近代冲沟的填土中。器厚重，左侧打击截断，单面单向打制较宽的刃面，石片疤浅平，右侧有一个修理片疤，刃缘微凹，有少量崩疤。高 9 cm，残宽 11 cm，厚 7.8 cm，刃角 60°，重 750 g（图 16，1）。

　　标本 G1：3，石英砂岩。出自 T1121 近代冲沟的填土中。器体略近椭圆形，扁平，一个长边经打击截断，其余周边保留砾石面。两面经多向打击，一面为破裂面的阳面，半锥体清晰，另一面有多个打击片疤，凹凸不平。在破裂面的一个长边有较多的使用崩疤。重 490 g。

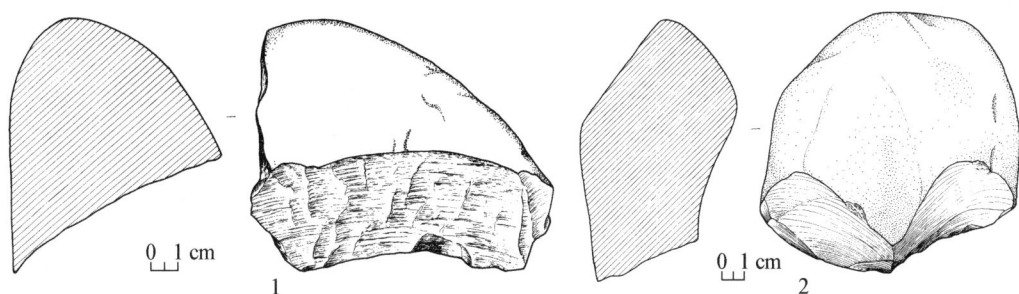

图16　边刃砍砸器
1. G1∶2　2. TN3

标本 T1020①∶3,石英砂岩。在砾石的一个长边进行单面打击,片疤浅平,刃面较陡,刃缘略见崩疤,右侧经打击有一个较长的片疤,不见修理痕迹,边缘有使用崩疤。高7.5 cm,宽13.2 cm,厚5.4 cm,刃角70°,重600 g(图17,2)。

标本 T1024②∶1,硅质砂岩。器厚重,上厚下薄。顶部及右上侧经单向打击加工和修理,正面打击较长的刃面,片疤浅平,刃端较薄,刃缘多见使用崩疤。高10.2 cm,宽12.2 cm,厚9.1 cm,刃角45°,重1 300 g(图17,1)。

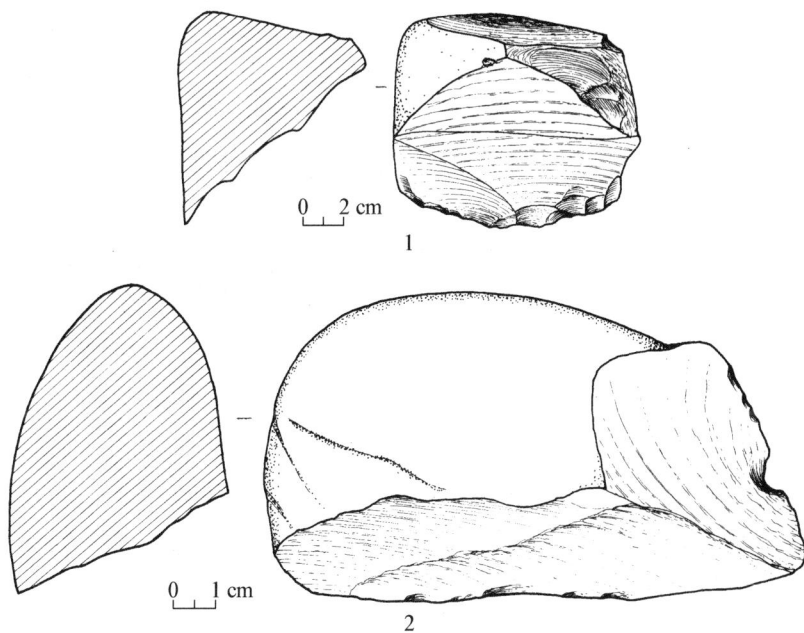

图17　边刃砍砸器
1. T1024②∶1　2. T1020①∶3

标本 T1020③∶8,砂岩。器略作三角形,背面隆起,正面较平,在一个宽边单向打击刃面,有多个浅平的片疤,近缘处的片疤较小,应为修理片疤,刃缘凸出,有几个崩疤,为使用痕迹。高9.7 cm,宽10.7 cm,厚5.3 cm,刃角65°,重595 g(图18)。

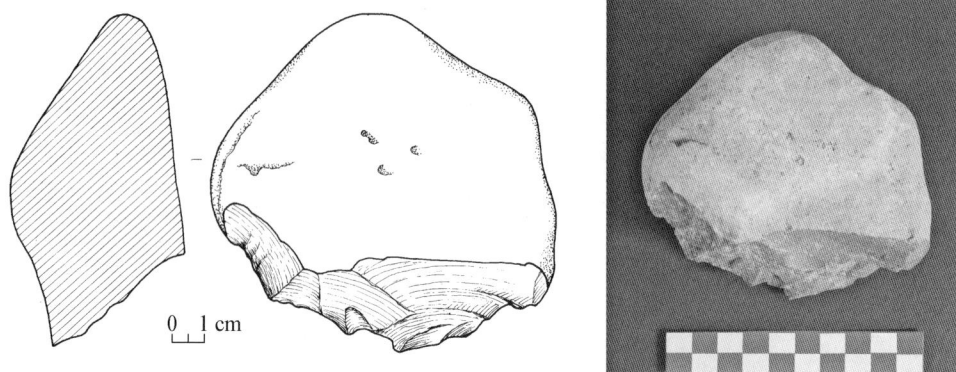

图 18　边刃砍砸器(T1020③：8)

标本 T0924④：3，石英砂岩。器作三角形，扁体，单向打片和修理，在一个长边单面打击加工刃面，刃面较短，片疤小而深，刃缘略凸，有少量小崩疤。高 9.8 cm，宽 10.5 cm，厚 3.6 cm，刃角 50°，重 500 g(图 19)。

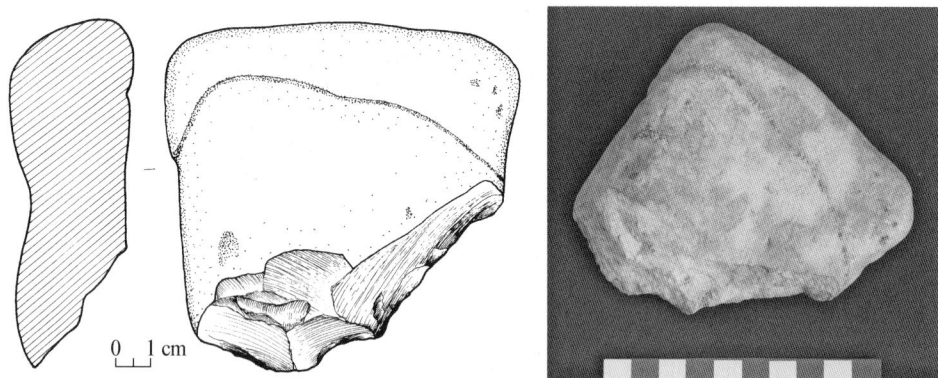

图 19　边刃砍砸器(T0924④：3)

弧刃器　5 件。刃缘呈弧形。

标本 TN8，砂岩。器宽大扁平，背面略隆起。刃部略宽，单面单向打击刃面，有多个打击片疤，片疤较深，两侧略经修理，有修理小片疤，刃部较薄，刃缘略弧凸，有崩疤，为使用所致。高 13.7 cm，宽 11.1 cm，厚 4.1 cm，刃角 45°，重 800 g(图 20，2)。

标本 TN12，石英砂岩。器宽大厚重，近椭圆形，在一个长边单面单向打击一个长弧形的刃缘，刃面较宽，多见修理片疤，石片疤浅平，刃缘多有崩疤。是一类大型的砍伐工具。高 10.7 cm，宽 17 cm，厚 6.8 cm，刃角 55°，重 1 600 g(图 21)。

标本 T1504①：1，石英砂岩。背面较平，正面隆起。在砾石的一个长边单面单向打击较宽的刃面，石片疤浅平，刃面较陡，刃缘弧凸，有使用崩疤。高 6.8 cm，宽 9.3 cm，厚 5.6 cm，刃角 70°，重 310 g(图 20，1)。

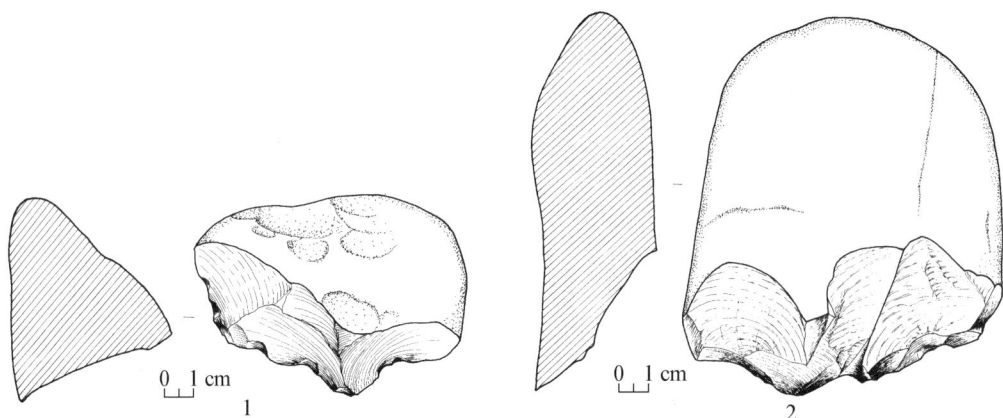

图 20 弧刃砍砸器
1. T1504①：1 2. TN8

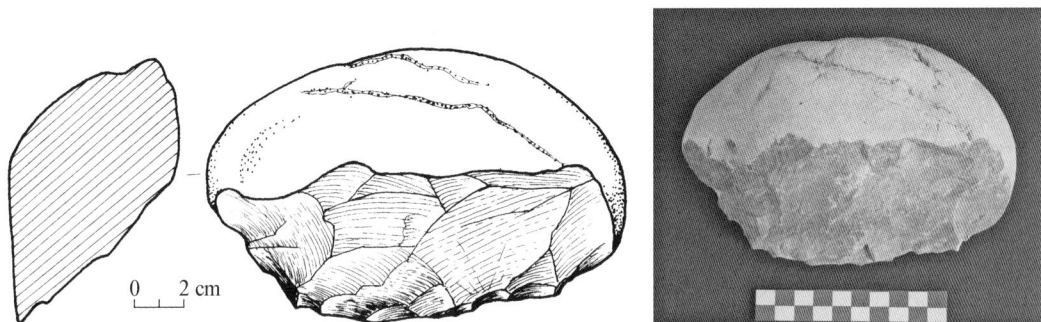

图 21 弧刃砍砸器(TN12)

标本 T1603①：1，砂岩。器扁平，略近三角形，在一个宽边单向打击加工刃面，右边片疤较大而浅，左边片疤较小而深，刃缘弧凸，多见使用崩疤。高 11.7 cm，宽 11.6 cm，厚 3.1 cm，刃角 42°，重 425 g(图 22,2)。

标本 T0923③：7，石英砂岩。器体宽大，两面隆起，单向打片和修理，在一个宽端单面打击刃部，有一个大而深的石片疤使刃面与器身呈台阶状，刃面有修理片疤，刃缘两边各有一个修理片疤，刃缘弧凸，有崩疤，为使用痕迹。高 13.8 cm，宽 12.6 cm，厚 8.8 cm，刃角 60°，重 1 600 g(图 22,1)。

凸刃器 2件。

标本 TN1，砂岩。器宽体，背较平，单向打击刃部，刃面片疤大而浅，刃缘处片疤略小，为修理疤，刃缘弧凸有一尖，可见较多使用疤痕。此器是较特别的一件。高 9 cm，宽 11.3 cm，厚 6.5 cm，刃角 48°，重 800 g(图 23,2)。

标本 T1219③：1，板岩，有层理。器身厚，在砾石的一端单面进行打击，刃缘凸出一个钝尖，刃面有多个较深的片疤，刃缘有崩疤，为使用痕迹。上部折断，可能是使用时造成的，故废弃。残高 4.8 cm，宽 6.2 cm，厚 5 cm，重 150 g(图 23,1)。

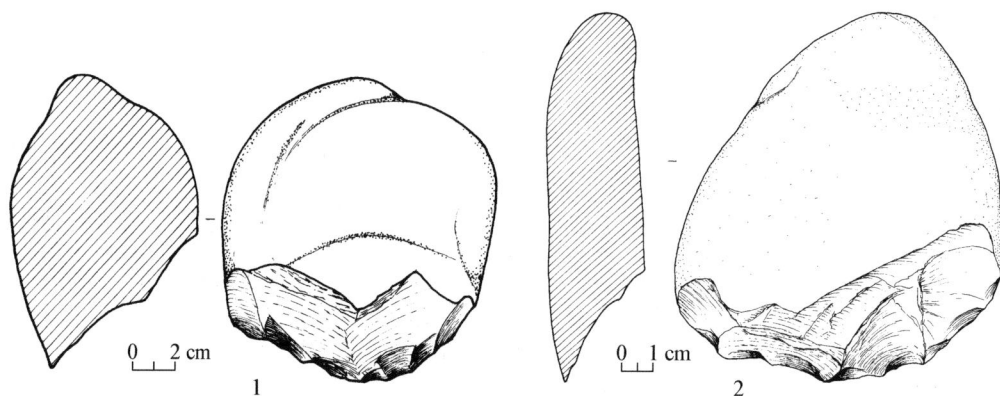

图 22　弧刃砍砸器
1. T0923③：7　2. T1603①：1

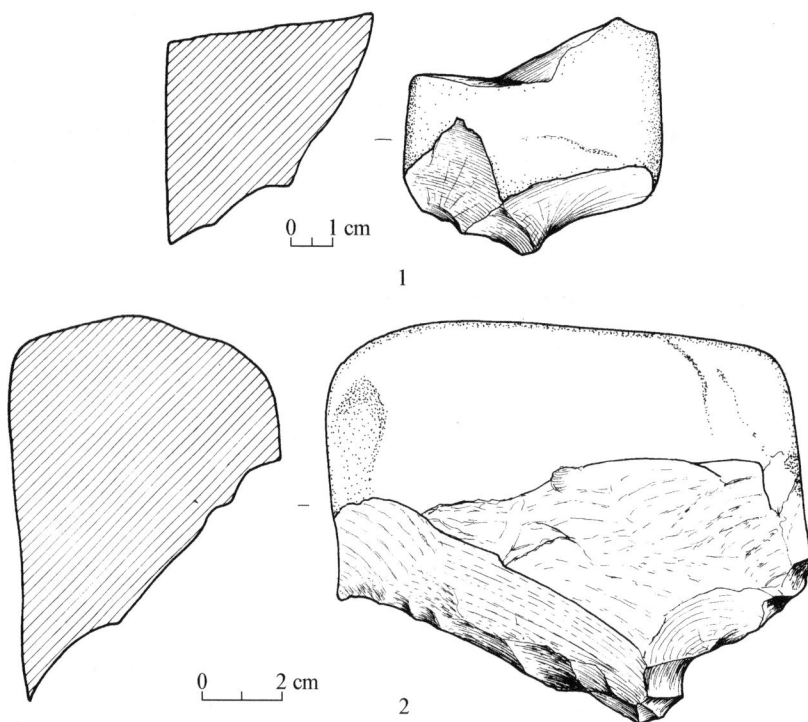

图 23　凸刃砍砸器
1. T1219③：1　2. TN1

斜刃器　2件。

标本 T1122②：1，石英砂岩。器宽大，扁平。顶圆弧，两侧近直，下端较宽，单面单向打击较陡的刃面，刃面有三个大片疤，中间一个较宽大，石片疤浅平，片疤不多但规整，上缘有两个略小的片疤。刃缘较斜，有使用崩疤。高 15 cm，宽 11.2 cm，厚 4.8 cm，刃角 55°，重 1 150 g（图 24，1）。

标本 T0309③：6，砂岩。器略近三角形，体宽厚。在一个宽端打击刃面，单向打片和修理，石片疤较多且深。刃面较长，多见修理疤，刃缘较斜，正背面均有使用崩疤，其中背面有一个较大的使用崩疤。高 10.2 cm，宽 9.9 cm，厚 5.4 cm，刃角 54°，重 650 g（图 24，2）。

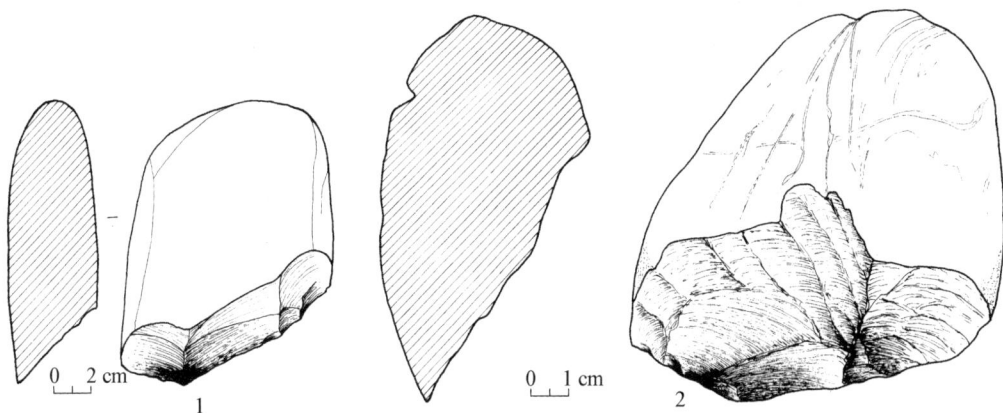

图 24　斜刃砍砸器
1. T1122②：1　2. T0309③：6

（2）刮削器　25件。有端刃、边刃、弧刃、圆刃和凹刃 5 种。

端刃器　14件。多为石核石器，用石片打制者很少。在器体的一端加工，部分刃缘较窄。

标本 TN9，石核石器，粉砂岩。器略近方形，上部略作斜弧形，下端单面单向打击刃面，石片疤浅平，刃缘平直。高 7.6 cm，宽 6.2 cm，厚 4.2 cm，刃角 50°，重 200 g（图 25，1）。

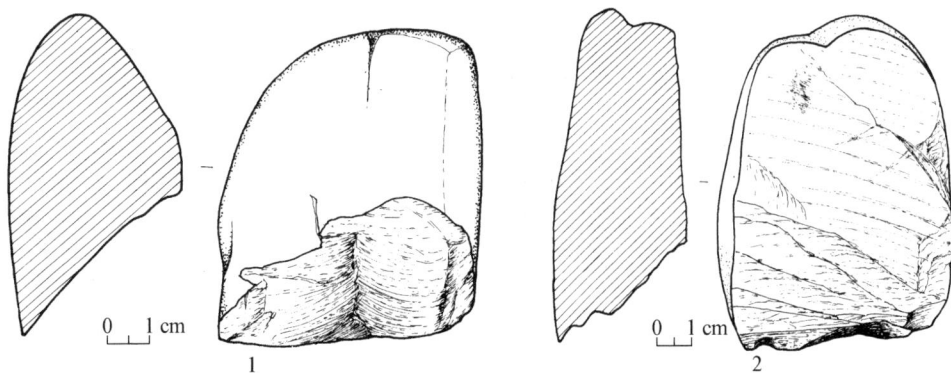

图 25　端刃刮削器
1. T0923③：8　2. TN10

标本 TN10,石核石器,砂岩。器体背面保留砾石面,另一面从右侧单向打击,上面为破裂面,下面有多个打击片疤,形成较陡的刃缘,刃面凹凸不平,有崩疤。高 9 cm,宽 6.7 cm,厚 3.7 cm,刃角 52°,重 275 g(图 25,2)。

标本 S1∶8,石片石器,硅质岩。体薄,多向打片和修理,石片疤浅平,器身一面为打击破裂面,另一面上部保留砾石面,下部打击成薄刃,两侧略经修理,刃缘略斜,有崩疤,似作刀类。高 5.9 cm,宽 7.5 cm,厚 2.3 cm,重 100 g(图 26,1)。

标本 S1∶9,石片石器,砂岩。器体薄,上小下大略近三角形,多向打片和修理,石片疤浅平,顶端保留很小的砾石面(打击台面),一面为打击破裂面,另一面上部两侧打击修理,使之变薄,下部保留砾石面,已成薄刃。刃缘略弧,锋利,有少量崩疤。高 6.9 cm,宽 7.2 cm,厚 1 cm,重 60 g(图 26,2)。

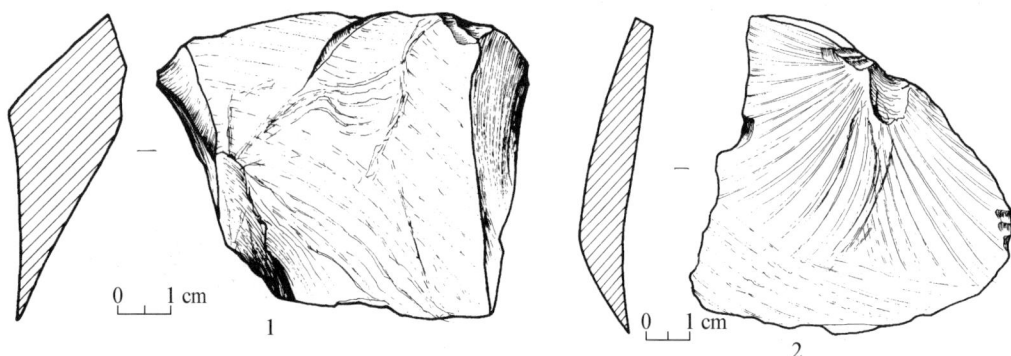

图 26 端刃刮削器
1. S1∶8 2. S1∶9

标本 T1021②∶1,石核石器,石英岩。器小,略作三角形。上端略厚,下端稍薄,单面单向打击一个略凹的刃面,刃面较短,片疤浅平,刃缘锋利。高 5.8 cm,宽 5.5 cm,厚 3 cm,刃角 53°,重 100 g(图 27,1)。

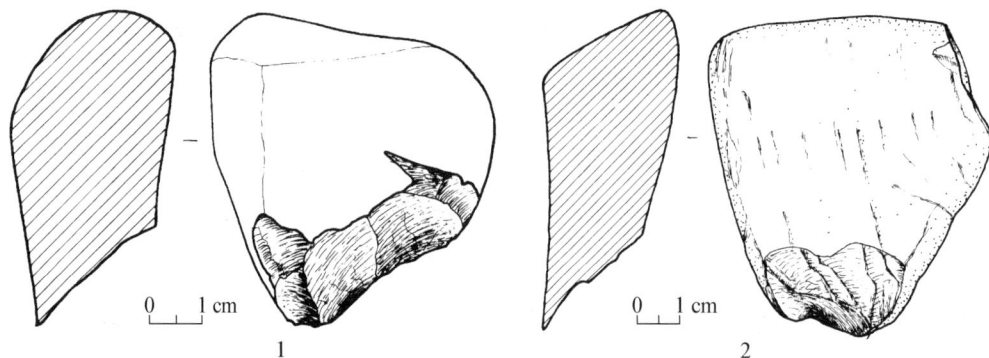

图 27 端刃刮削器
1. T1021②∶1 2. T0925③∶4

标本 T0211②：2，石片石器，砂岩。宽薄型。多向打片和修理，器两面经打击加工，一面是破裂面，另一面经打击使器体变薄，片疤浅平，保留很小部分的砾石面，上部不规整，下部有较平直的刃缘，薄而锋利，有使用崩疤。重 75 g。

标本 T1511②：1，石核石器，砂岩。器扁薄，近长方形，规整，顶近平，两侧近直，单面单向打制刃面，片疤很浅，刃缘略作弧形，有几个使用崩疤。高 7 cm，宽 5.9 cm，厚 1.7 cm，刃角 53°，重 100 g（图 28）。

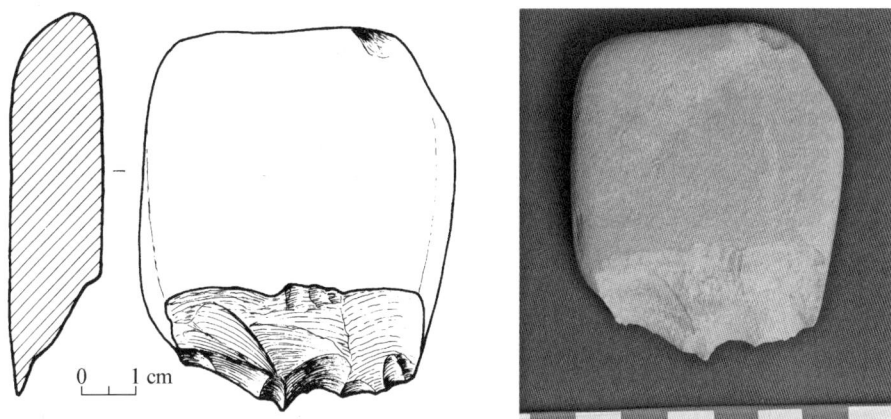

图 28　端刃砍砸器（T1511②：1）

标本 T0923③：8，石核石器，砂岩。器较规整，略作长身，上窄下宽，顶部圆弧状，背面平弧，正面大部打击，单向打片，有三个横向的片疤使刃面呈现三级台阶状，上部片疤较浅，下部片疤较深，下部打出一个微凹的刃缘，略见使用崩疤。高 8.1 cm，宽 6.7 cm，厚 3 cm，刃角 48°，重 225 g（图 29）。

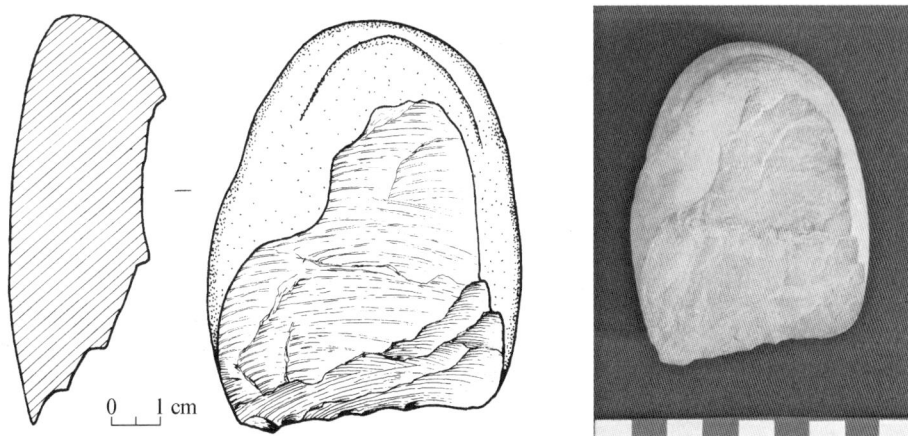

图 29　端刃刮削器（T0923③：8）

标本 T0925③：1，石核石器，粉砂岩。器扁平，上小下宽，单向打片，下部单面打击一个较薄的刃，片疤长窄浅平，刃缘弧凸，有小崩疤。高 7.9 cm，宽 6.3 cm，厚 2.5 cm，刃角 24°，重 125 g（图 30）。

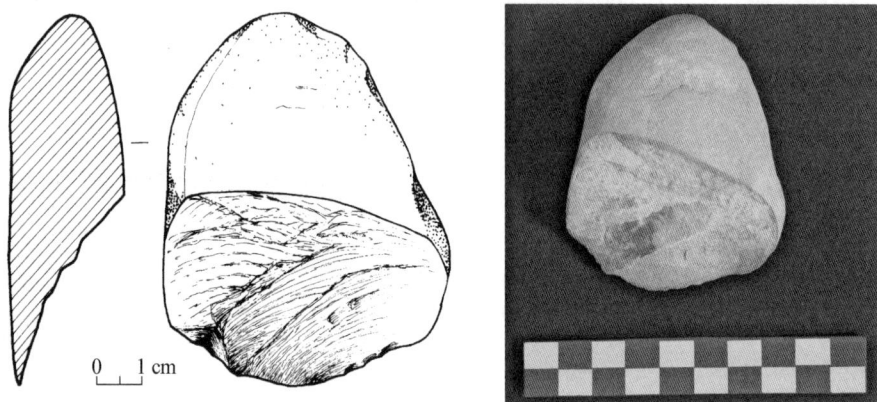

图 30　端刃刮削器（T0925③：1）

标本 T0925③：4，石核石器，粉砂岩。器扁平，上宽下窄，略作梯形，正面下端单面打击修理一个较薄的窄刃，刃缘凹下，有一个崩疤，为使用所致。高 7.5 cm，宽 6.6 cm，厚 3.2 cm，重 210 g（图 27，2）。

标本 T1022③：1，石片石器，砂岩。器身长，上端厚，下端薄。一面为打击阴面，薄端修理为薄刃，刃缘右侧有崩疤，为使用所致。高 9 cm，宽 5 cm，厚 3.4 cm，重 150 g（图 31，1）。

标本 T1314③：1，石核石器，砂岩。器略长身，上窄下宽，正面单面单向打击一个较长的刃面，石片疤浅平，刃面较陡，刃缘较薄，右侧经修理，刃缘略见崩疤。高 9 cm，宽 6.5 cm，厚 5.5 cm，重 350 g（图 31，2）。

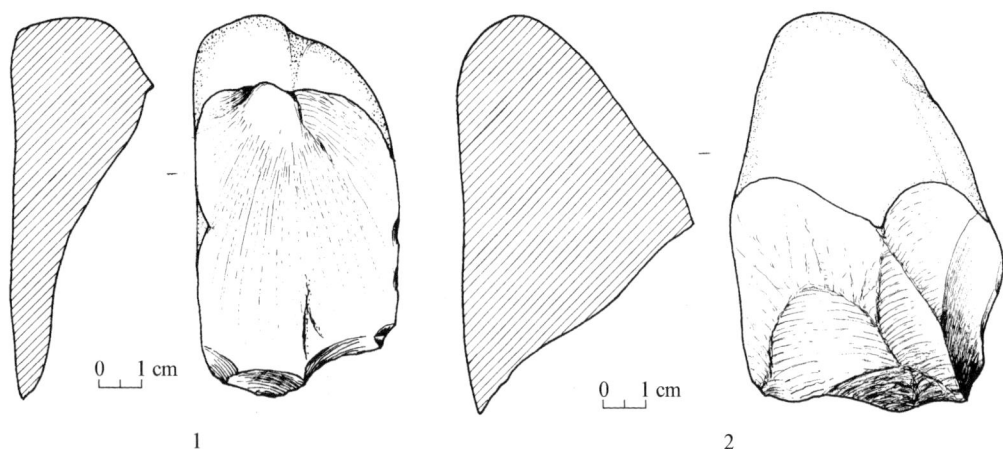

图 31　端刃刮削器

1. T1022③：1　2. T1314③：1

标本 T1503③：1，石核石器，红砂岩，风化，体较轻。器较厚，长身，上窄下宽，左侧残断受损，背面经打击加工，石片疤浅平，正面有打击破裂面，下部为较锋利的刃缘。高9 cm，残宽8.3 cm，厚7 cm，刃角70°，重325 g（图32，2）。

标本 T1603③：2，石核石器，片砂岩。器身厚，右侧残断，上部很厚，正面单向打击加工，石片疤浅平，下部为略薄的刃缘，有使用崩疤，可能是在使用过程中造成右侧折断，故废弃。高8.4 cm，残宽6.4 cm，厚5.2 cm，刃角53°，重300 g（图32，1）。

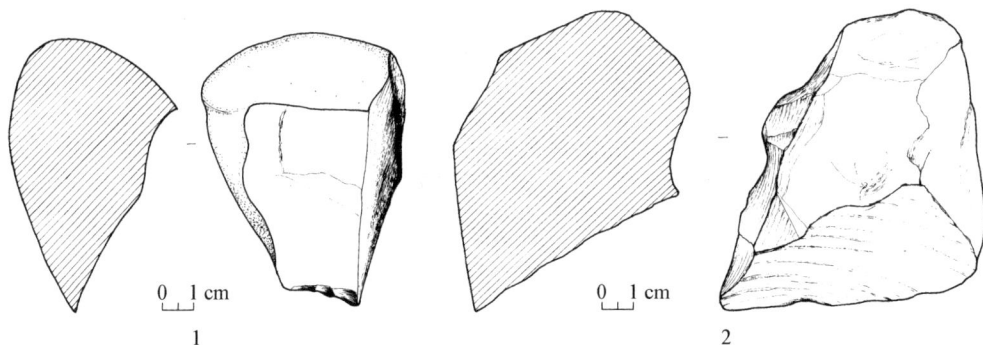

图 32 端刃刮削器

1. T1603③：2　2. T1503③：1

边刃器　7件。以用石片打制者为多，在一个长边加工刃缘。

标本 TN5，石核石器，石英砂岩。器扁平，略近三角形。背为砾石面，正面为打击破裂面，下部单向打制弧凸形刃缘，有修理片疤，刃缘有使用崩疤。刃面与器身相交处呈台阶状。高9.4 cm，宽10.1 cm，重350 g（图33，1）。

标本 T1020①：2，石片石器，沉积岩。器扁平，呈靴形，两面打击，一面保留少量砾石面，另一面为破裂面，下部修理刃部，刃缘有凹入的使用崩疤。高6 cm，宽8.2 cm，厚2.9 cm，刃角50°，重175 g（图33，2）。

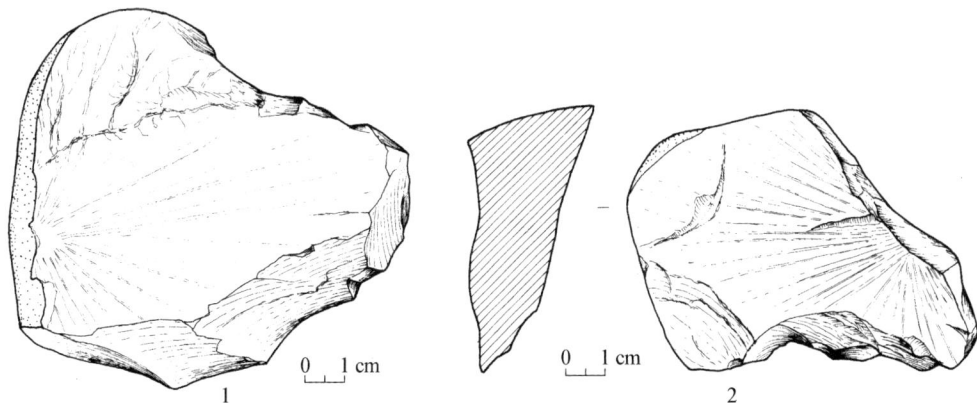

图 33 边刃刮削器

1. TN5　2. T1020①：2

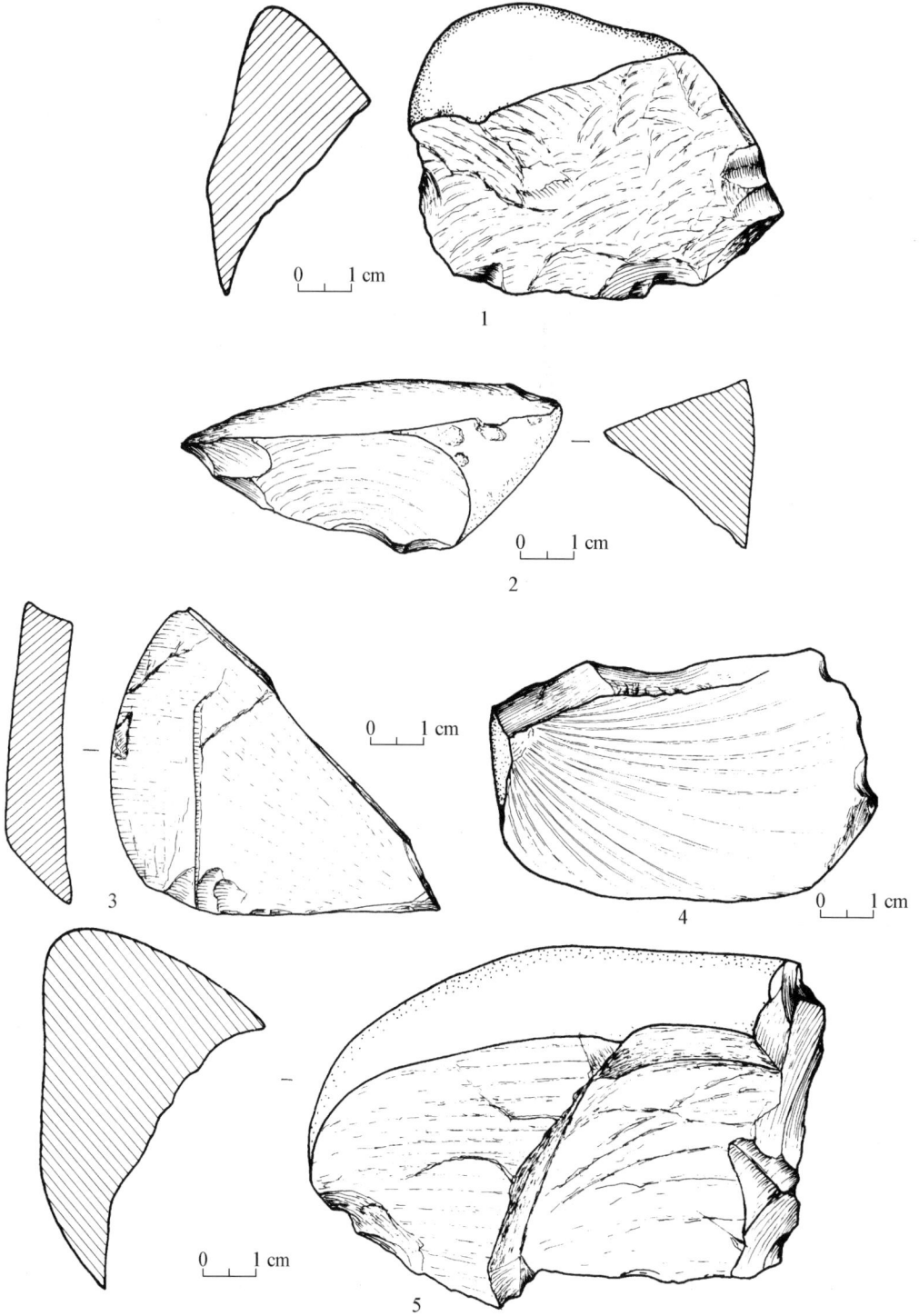

图 34　边刃刮削器

1. T0210② : 4　2. T0410② : 1　3. T1025① : 1　4. S1 : 5　5. T0924② : 1

标本 S1：5，石片石器，砂岩。器身长，体薄，顶端及一侧保留砾石面，两面均为打击破裂面，右侧打击折断，上端略厚，背面略经修理，下部较薄成刃，刃缘不规整，有使用崩疤。高 4.5 cm，宽 7.5 cm，重 60 g（图 34，4）。

标本 T0210②：4，石片石器，石英砂岩。器体宽薄型，单向打片，器身正面大部单向打击修理，刃面片疤大而浅平，下有较薄的刃缘，近平直，有使用崩疤。高 5.5 cm，宽 7.1 cm，厚 2.2 cm，刃角 38°，重 100 g（图 34，1）。

标本 T0410②：1，石片石器，石英砂岩。器体为砾石的小部分，是一件经使用的残石器。左侧在使用时被折断，刃面受到损坏。单向打片和修理，使边缘变薄而锋利，石片疤浅平，刃缘有多个崩疤，为使用痕迹。高 3.3 cm，宽 7.6 cm，厚 2.9 cm，重 50 g（图 34，2）。

标本 T0924②：1，石核石器，砂岩。椭圆形砾石，右侧打击折断，正面打击破裂面后，单向打片，在右半部打击一个较大而深的片疤，将器体修薄，刃缘锋利，有使用小崩疤。高 6.9 cm，残宽 9.7 cm，厚 4.4 cm，重 250 g（图 34，5）。

标本 T1025②：1，石片石器，砂岩。器体近三角形，为两面打击后的石片，均为打击破裂面，一个长边打击折断，其余周边保留砾石面。未经进一步加工修理。利用一个边作刃缘，有少许崩疤，为使用所致。高 5 cm，残宽 6 cm，厚 1.2 cm，重 50 g（图 34，3）。

弧刃器　2 件。

标本 TN11，石片石器，砂岩。器体小，扁薄，近椭圆形。背面为砾石面，正面为打击破裂面，略经修理，右侧有一个崩疤。下面有平弧的薄刃，刃缘有细小的使用崩疤。高 4.5 cm，宽 5.8 cm，厚 1.5 cm，刃角 24°，重 30 g（图 35，1）。

标本 S1：6，石片石器，砂岩。器体薄，单向打片和修理，左侧打击折断，使之成三角形，背部保留砾石面，正面为打击破裂面，下部略成弧刃，刃缘略见使用崩疤。高 5.8 cm，

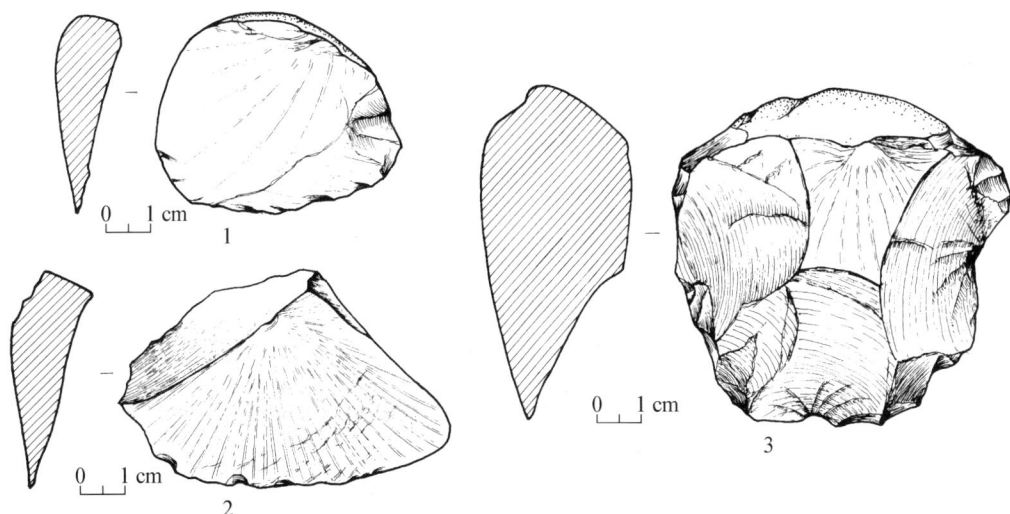

图 35　弧刃与圆刃刮削器

1、2. 弧刃刮削器（TN11、S1：6）　3. 圆刃刮削器（TN7）

宽 7.8 cm,厚 1.5 cm,重 50 g(图 35,2)。

圆刃器　1 件(TN7),石核石器,砂岩。器身较扁,近圆形,上略宽厚,下略窄薄,正面大部周边单向打制,多见片疤,片疤较浅,加工出圆弧状的薄刃,刃缘多有凹凸,为使用痕迹。高 7.6 cm,宽 8 cm,厚 3.5 cm,刃角 45°,重 175 g(图 35,3)。

凹刃器　1 件(TN2),石核石器,砂岩。形状不规整,背面为打击破裂面,较平,上部及两侧打击修理,石片疤一个浅平,一个较深。刃面有一个大片疤和一个弧凹形的刃缘,有崩疤,为使用痕迹。重 350 g。

(3)尖状器　5 件。

标本 TN4,石核石器,砂岩。似手镐。长身,正面隆起,顶端左侧石皮部分脱落。一端略尖,单面单向打击一个尖刃,刃面有多个打击片疤,较浅,近尖处片疤小,刃缘有许多使用小崩疤,刃背有两个片疤,为使用所致。高 12.4 cm,宽 8.5 cm,厚 8.9 cm,重 850 g(图 36,1)。

标本 T1020①:1,石核石器,砂岩。长身,圆柱形,单向打片和修理,在一端打击加工一个较长的刃面,修理疤很多,片疤较深且短,有一个略弧的尖刃,刃缘有崩疤。高 10.4 cm,宽 5 cm,厚 4.1 cm,刃角 50°,重 250 g(图 36,2)。

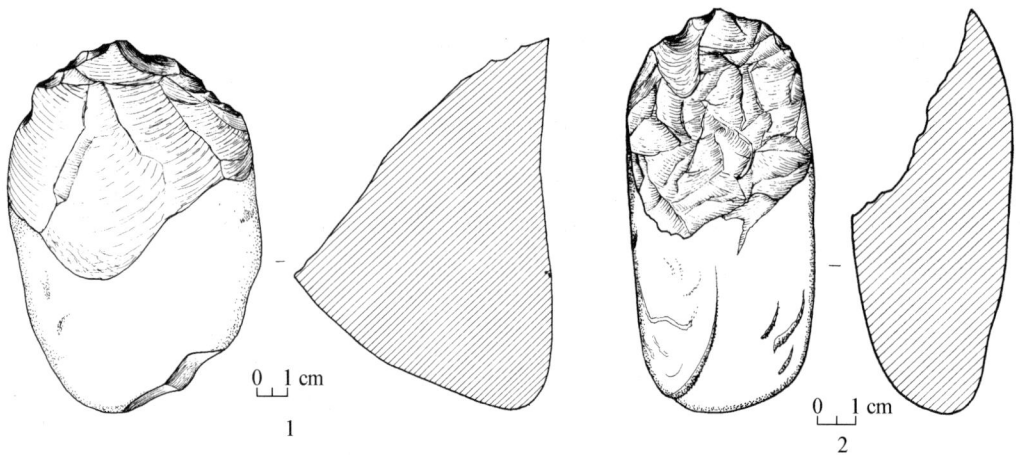

图 36　尖状器
1. TN4　2. T1020①:1

标本 S1:7,石核石器,砂页岩。器体小,窄厚,多向打片和修理,石片疤较深,一端保留砾石面,其余部分均经打击加工,两面及两侧经修理,形成一个扁尖,尖端处两面较平,两侧收锋。高 5.4 cm,宽 5.5 cm,厚 2.9 cm,刃角 47°,重 90 g(图 37)。

标本 T1025②:2,石片石器,石英砂岩。器体两面打击,一面为破裂面,另一面的右侧和一端保留部分砾石面。一端打击加工一个尖端,两侧近尖端处经修理,有修理片疤。高 7.5 cm,宽 5.3 cm,厚 2.2 cm,重 50 g(图 38)。

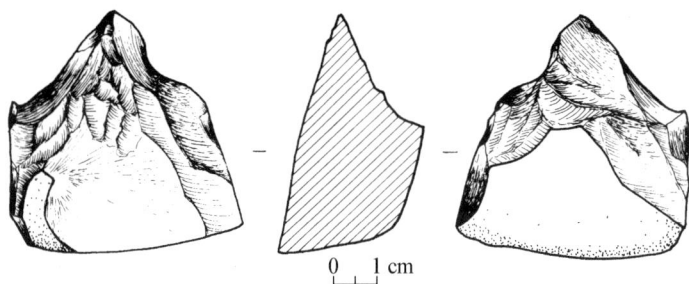

图 37 尖状器(S1∶7)

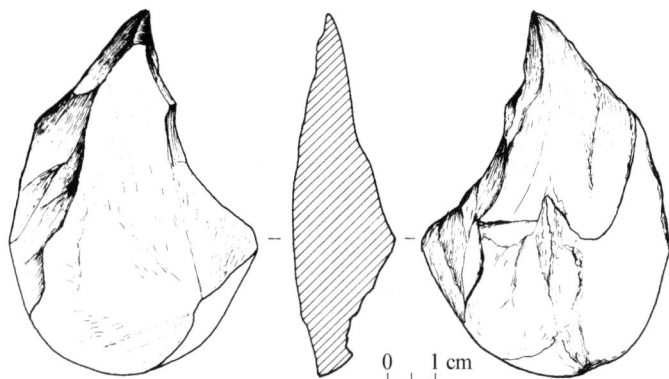

图 38 尖状器(T1025②∶2)

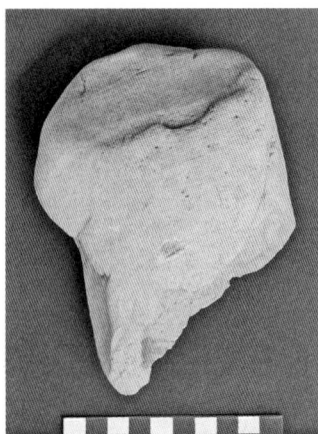

图 39 尖状器(T1509②∶2)

标本 T1509②∶2,石核石器,沉积岩。器厚重,顶部弧形,背隆起,两侧近直,一端单面单向打击和修理,在右侧收成尖刃,片疤长且深,凹凸不平,尖端处有崩疤。重 1 200 g(图 39)。

(4)手镐 4 件。均为石核石器。主要特征是:长身,在一端两侧打击加工一个刃面,并加工一个较尖的刃部。

标本 T0211①∶1,石英砂岩。宽厚型。单向打片和修理,顶部经打击折断,两个侧缘进行加工,左侧边较短,石片疤小而多,右侧边较长,石片疤大且深,下端修理一个略钝的尖刃,可见使用崩疤。高 14.4 cm,宽 12 cm,厚6.2 cm,刃角 48°,重 1 225 g(图 40,1)。

标本 T0923②∶1,石英岩。器长身,截面呈三角形,两面较平,正面略弧,在弧面的窄端单面打击出一个尖刃,一个长而深的片疤使刃面与器体上部相交处呈台阶状,两侧边缘及尖刃处有崩疤,尖部已钝,为使用所致。高 12.4 cm,宽 8 cm,厚 7 cm,刃角 50°,重 675 g(图 41)。

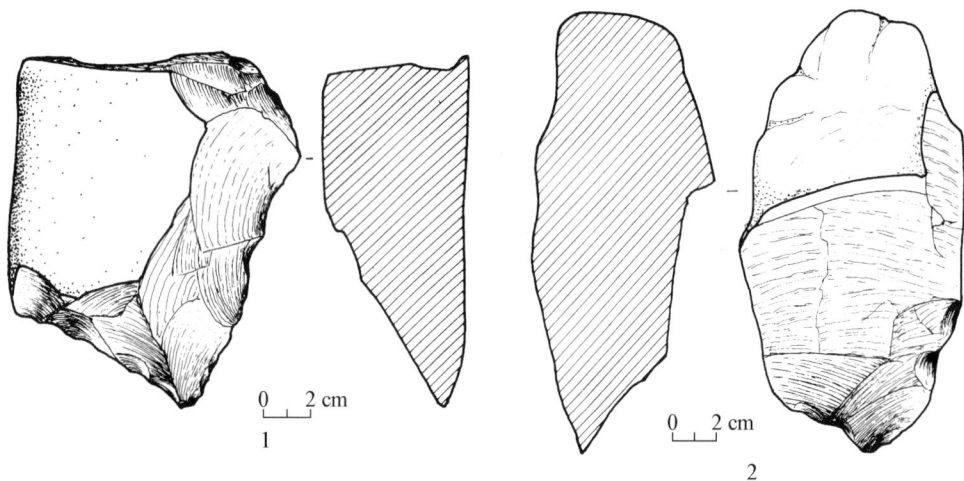

图 40　手镐
1. T0211①：1　2. T1025③：3

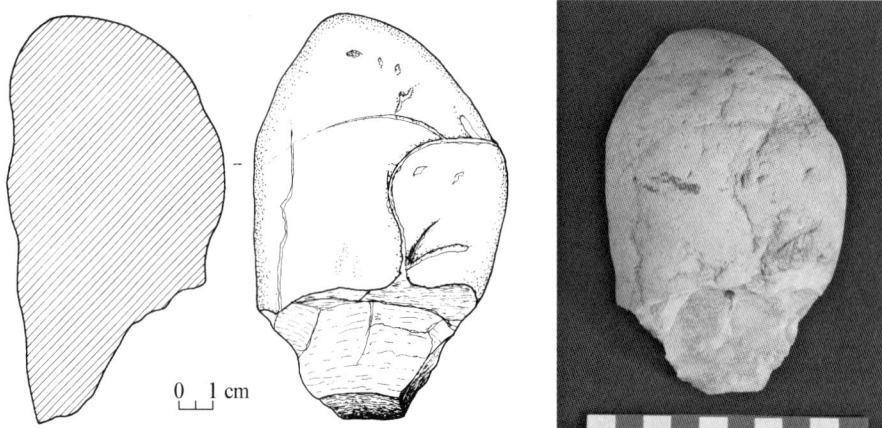

图 41　手镐(T0923②：1)

　　标本 T1509②：1,其他沉积岩。器硕大厚重,规整。右上侧受损,背面经打击加工成一个平面,正面亦较平整,顶部呈弧形,两侧斜收,下部两侧单向打制,使中间收成尖刃,略向左倾斜,石片疤长且深,刃缘有少量崩疤。高 18.6 cm,宽 14.4 cm,厚 6.3 cm,刃角 50°,重 2 150 g(图 42)。

　　标本 T1025③：3,石英砂岩。器形巨大,长身,两端窄,中间宽。背面为砾石面,凹凸不平。正面自中段起单向打击刃面,在器身近半处有较深的打击破裂面,与器体上部呈台阶式,近尖端折下,右侧有修理疤,尖端处有使用崩疤。高 20 cm,宽 10.4 cm,厚 8.4 cm,刃角 56°,重 1 950 g(图 40, 2)。

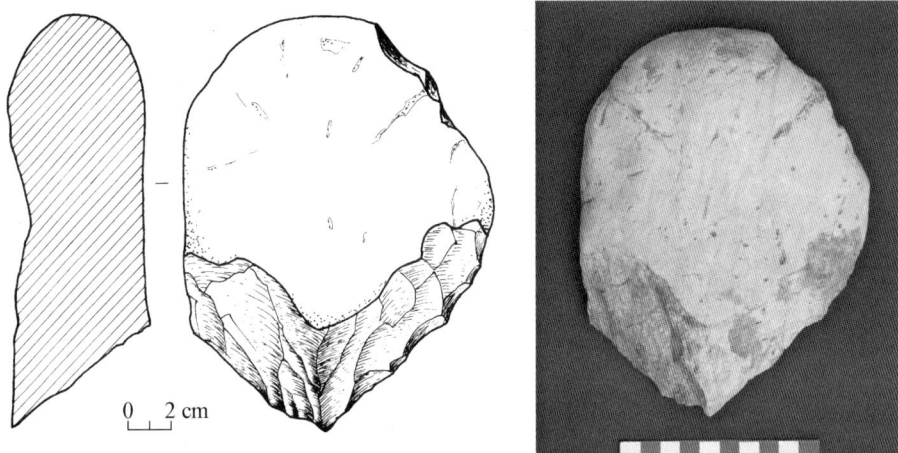

图 42　手镐(T1509②：1)

（5）薄刃斧　3件。均为石核石器。器略厚重，刃面较宽且薄。

标本 H1：1，出自 T1512①层下的现代肥料坑填土中。片砂岩，层理清楚。器宽大，体形宽厚，背面保留砾石面，正面均经打击，多向打片，使器身修薄，上部石片疤大而浅平，下部修理成较宽的弧刃，近缘处石片疤小而深，刃缘较薄，多有崩疤，右缘有一个较大的崩疤凹入，当为使用所致。高 10.8 cm，宽 13.7 cm，厚 5.3 cm，刃角 48°，重 950 g（图 43）。

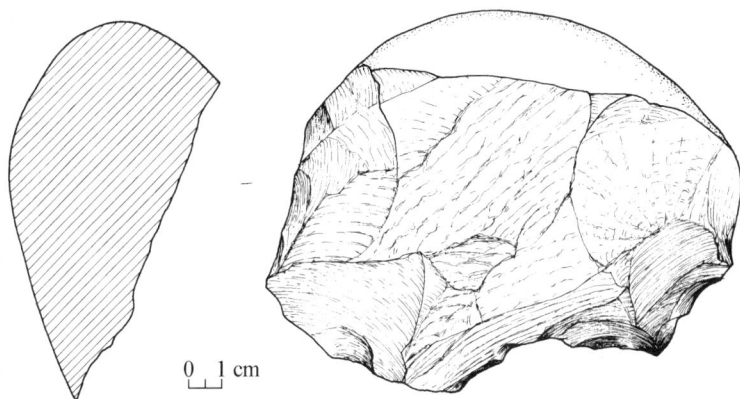

图 43　薄刃斧(H1：1)

标本 T0309③：5，沉积岩，有层理。器扁，体宽薄。正面均经打击，顶部左侧保留少量砾石面，沿周边打击加工，片疤大，较多且深，形状不规整，在下部较宽处打制成薄刃，刃缘斜弧，中部凸出，有使用崩疤。高 13 cm，宽 10.4 cm，厚 4.4 cm，刃角 40°，重 600 g（图 44，1）。

　　标本 T1021③：3,砂岩。器身一面的上半部经单向打击修薄,另一面保留砾石面,上窄下宽,下部打击一个较薄的刃面,片疤较深,刃缘有崩疤,中部一个凹缺崩疤较深,疑为砍斫时所致。高 8.6 cm,宽 7.7 cm,厚 3.4 cm,刃角 45°,重 300 g(图 44,2)。

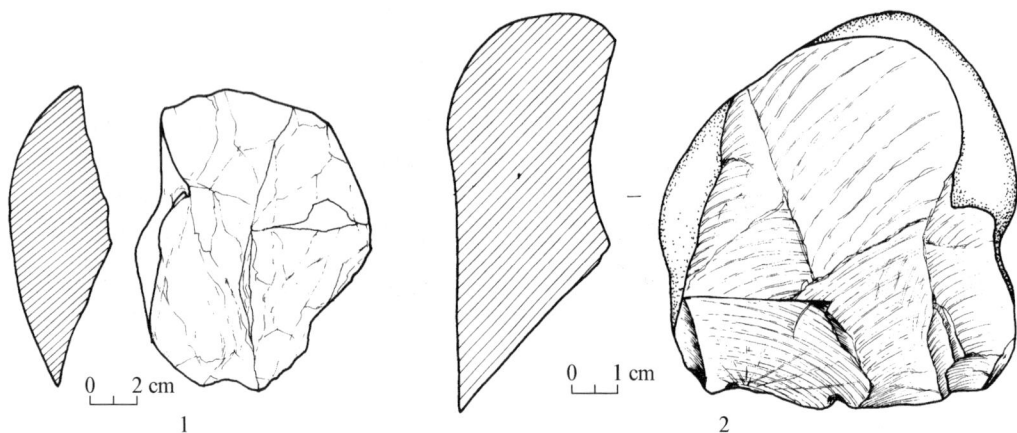

图 44　薄刃斧

1. T0309③：5　2. T1021③：3

　　(6) 石锤　5 件。均为石核石器。是打制石器的工具。

　　标本 TN6,沉积岩。器身略近方形,下端略窄,经锤击产生凹凸不平的小片疤。高 7.4 cm,宽 7 cm,厚 4.4 cm,刃角 65°,重 250 g(图 45,1)。

　　标本 T1021②：2,板砂岩。器身长较宽,厚重,近长方形,背面平直,正面略弧。在一个窄端进行砸击,上下两个较大的片疤呈台阶状,下面片疤中有砸击时产生的小片疤。高 18.8 cm,宽 10.6 cm,厚 6.4 cm,重 1 900 g(图 45,3)。

　　标本 S2：17,石英砂岩。器身一侧厚,另一侧较薄,在一端锤击时留有几个打击片疤,石片疤小,浅平。高 6.6 cm,宽 6.6 cm,厚 4.2 cm,刃角 53°,重 250 g(图 45,2)。

　　标本 T0211③：3,石英岩。窄厚型。器身上略窄,下略宽,下端经锤击产生深浅不等的砸击疤。高 9 cm,宽 7 cm,厚 3.8 cm,重 300 g(图 46,2)。

　　标本 T0311③：1,石英岩。器身呈条形,背面略平,正面隆起甚高,下部较窄处经砸击产生两个石片疤和断面,两个片疤呈台阶状,片疤较深且短。高 9.8 cm,宽 6 cm,厚 5.1 cm,重 325 g(图 46,1)。

　　2. 石核

　　3 件。

　　标本 S1：1,砂岩砾石。器体稍薄,用锤击法多向打片,石片疤浅平,一面为打击破裂面,另一面保留少量砾石面,其余部分经多次打击,有多个片疤。长 9 cm,宽 6.6 cm,厚 2.8 cm,重 210 g(图 47)。

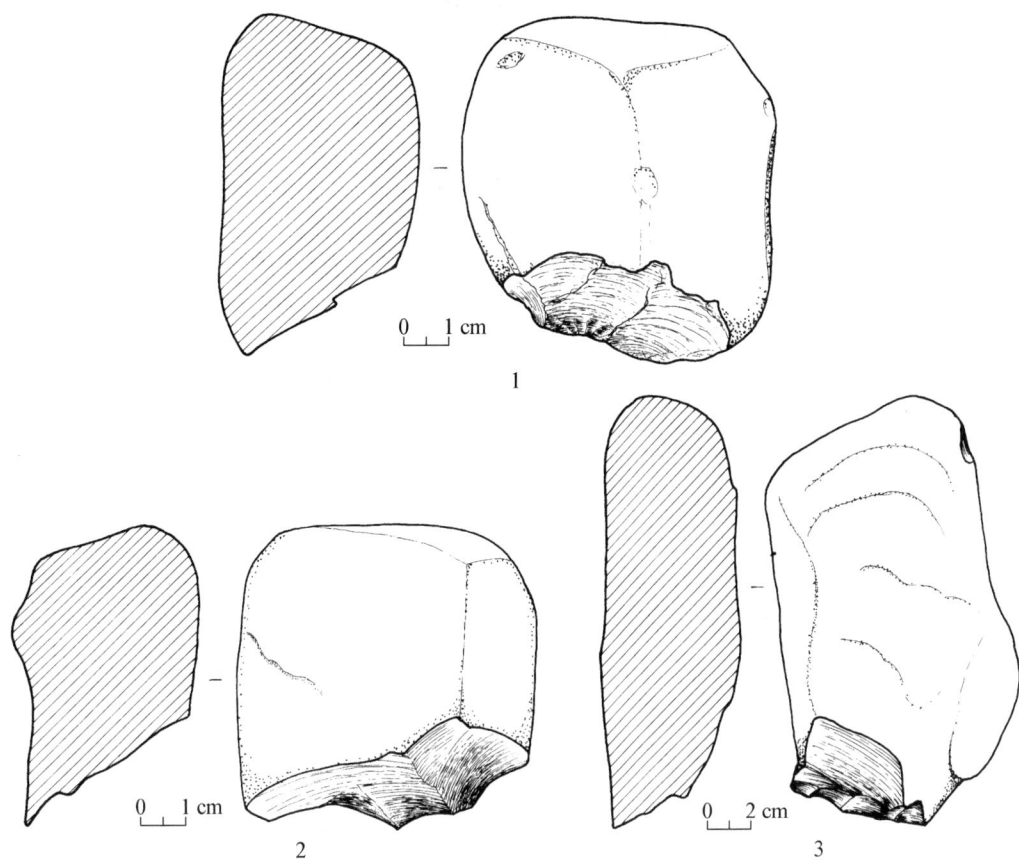

图 45　石锤

1. TN6　2. S2：17　3. T1021②：2

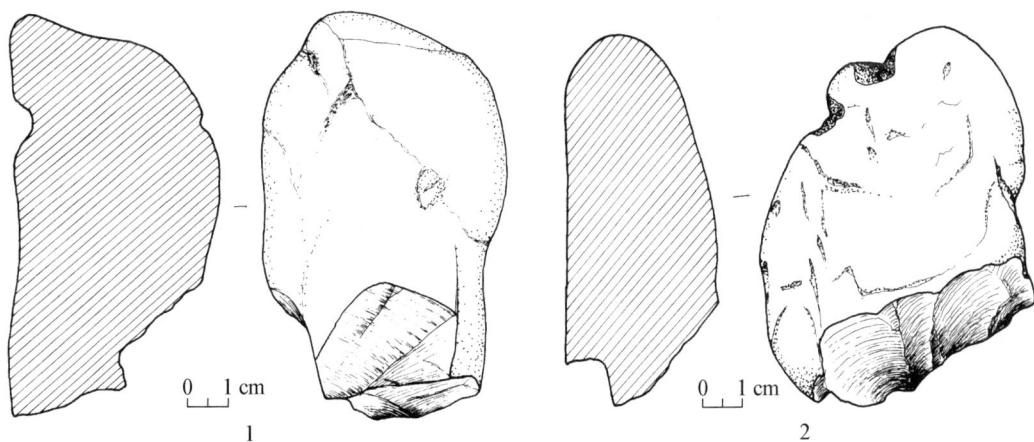

图 46　石锤

1. T0311③：1　2. T0211③：3

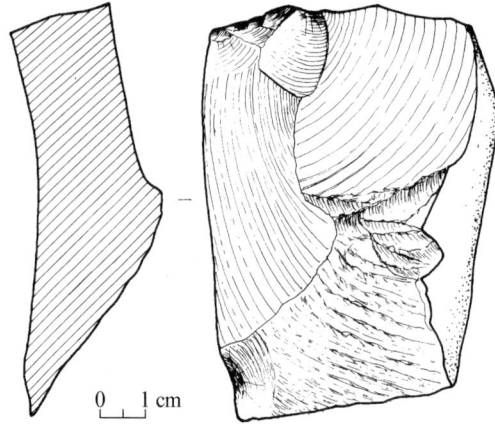

图 47　石核(S1∶1)

标本 S1∶4,石英砂岩。器体厚重,用砸击法多向打片,形状不规整,两侧及上下经打击,片疤较大且浅平。长 14.7 cm,宽 9 cm,厚 9 cm,重 950 g。

标本 T0309②∶2,砂岩。器体窄厚。多向打片,器身保留少部分砾石面,其余部分均经多次打击,形成多棱体,片疤较多,中等大小,或深或浅。长 7 cm,宽 6 cm,重 290 g。

3. 石片

10 件。

标本 S1∶2,石英砂岩。体小宽薄,用锤击法打击,石片疤浅平,器体一面保留砾石面,一面为打击破裂面,左侧略经打击,未成器。长 6.2 cm,宽 3.7 cm,厚 1.1 cm,重 31 g。

标本 T0210②∶6,片岩。窄薄型。单向打片,一面为打击破裂面的阴面,另一面保留少量砾石面,其余部分有几个打击石片疤,片疤浅平,一侧打击加工时折断受损,未成器,故废弃。长 7.5 cm,宽 6.2 cm,厚 1.4 cm,重 50 g。

标本 T0923②∶3,砂岩。长身,不规整,绝大部分均经打击,有修理小台面。仅留下很小部分的石皮。石片疤浅平,器体一端厚,一端薄,一面为打击破裂面,另一面隆起呈半锥体。未加工成器。长 6.5 cm,宽 3.6 cm,厚 1.1 cm,重 31 g(图 48,6)。

标本 T0923②∶4,砂岩。器体略作三角形,用锐棱打击法打片,顶部保留有少量砾石面作台面,打击点保留有半锥体。石片疤浅平,两面打击加工,其中一面为破裂面的阳面,另一面左边经打击,有一个长边刃缘,未见使用痕迹。长 7.8 cm,宽 4.5 cm,厚 1 cm,重 50 g(图 48,4)。

标本 S2∶14,砂岩。体薄,一面为砾石面,另一面为打击破裂面的阴面。单向打片,石片疤浅平,器上宽下窄,窄的一端呈薄刃,但制作时一侧边缘被打断,上部的右侧面也被打断,使器身受到损坏,故废弃。长 8.4 cm,宽 4.8 cm,厚 1.4 cm,重 60 g(图 48,1)。此件可与两件小石片(S2∶7、12)拼合,一在左侧,一在上部右面。与之同属一个遗迹平面的多件小石片碎屑,多数是打制此器时产生。

标本 S2：15,石英岩。两面打片,石片疤较深,在砾石的一端折断后,再在正背两个面打击,故除折断的一端外,周边保留有砾石面。因石料不好,两面均凹凸不平,未能打制出刃部,未成器。长 6 cm,宽 5.5 cm,厚 3 cm,重 115 g。

标本 T0923③：6,砂岩。器体小,略作三角形,两面打击,有多个打击疤,保留小部分的石皮。多向打片,片疤浅平,未成器。长 5 cm,宽 3 cm,厚 1.4 cm,重 23 g(图 48,3)。

标本 T1020③：4,花岗斑岩。器体小,扁体,两面打击加工,双向对向打片,仅一侧保留砾石面。两端小,中间略宽,一端折断,另一端呈尖状。未成器。长 6.2 cm,宽 3 cm,厚 1 cm,重 23 g。

标本 T1023③：2,砂岩。器体扁平,一面为砾石面,另一面为打击破裂面,在一端经打击,一个角已折断,故废弃。长 9.5 cm,宽 6 cm,厚 1 cm,重 100 g。

标本 T1122③：2,砂岩。器体小,在砾石的两面及一侧多向打击,仅保留部分砾石面,片疤较浅。未成器。长 6 cm,宽 4.2 cm,重 50 g。

4. 小石片

16 件。

这类石片是制作石器过程中产生的石片碎屑,其中遗迹二所见的 12 件砂岩质小石片,是从大石片(S2：14)上打击时剥落的碎屑。

标本 T1024③：5,砂岩。薄体砾石,在一侧有轻微的打击,未成器。长 4.6 cm,宽 2.2 cm,厚 0.3 cm,重 9 g。

标本 T1024③：6,砂岩。器体薄,形状不规整。仅顶部保留很少的砾石面。长 3 cm,宽 3.5 cm,厚 0.4 cm,刃角 10°,重 4 g(图 48,5)。

标本 T1024③：7,粗砂岩。器窄长不规整,体薄,一面为破裂面,另一面保留砾石面。长 5 cm,宽 2.1 cm,厚 0.4 cm,重 8 g。

标本 S2：1,砂岩。器体近长方形,有六面。通体打击。长 2.3 cm,宽 1.2 cm,厚 1 cm,重 6 g。

标本 S2：2,砂岩。器体薄,长身,均经打击。长 3 cm,宽 2 cm,厚 0.7 cm,重 5 g。

标本 S2：3,砂岩。器体小,长身,有四棱体。长 2 cm,宽 1 cm,重 3 g。

标本 S2：4,砂岩。器体扁薄,出土时旁边有三件小碎屑。长 3.5 cm,宽 2.5 cm,厚 0.7 cm,重 9 g。

标本 S2：5,小石片。砂岩。器体小,体薄,一端大,一端小。长 1.2 cm,宽 1 cm,重 3 g。

标本 S2：6,片岩。器体小,一端大,一端小。长 2 cm,宽 1.1 cm,重 3 g。

标本 S2：7,砂岩。器身长,较宽,保留小部分砾石面,可与 14 号石片拼合。长 3.5 cm,宽 2.5 cm,重 11 g。

标本 S2：8,砂岩。器体薄,近方形。长 2.1 cm,宽 1.8 cm,刃角 29°,重 4 g。

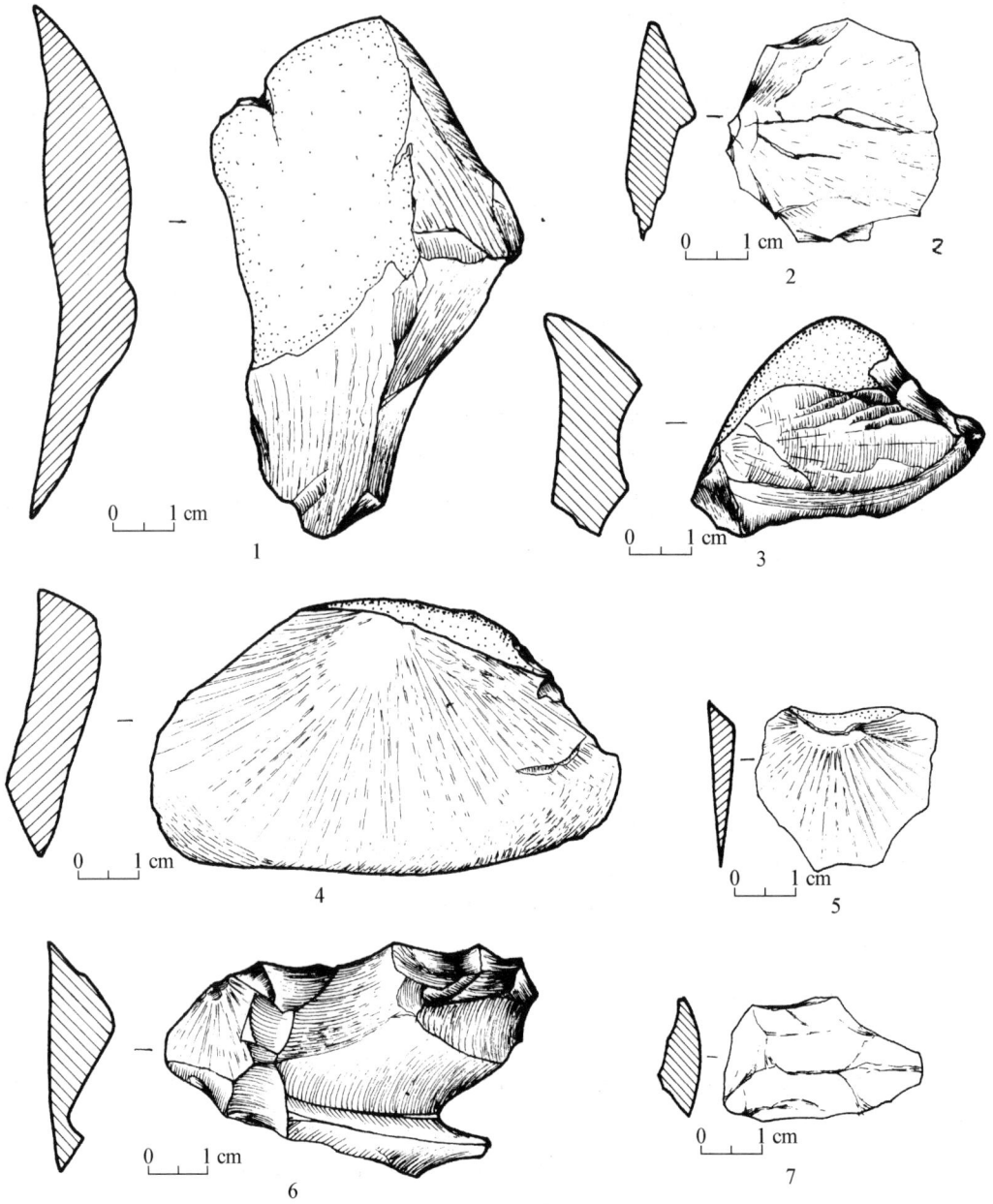

图 48　石片

1. S2：14　2. S2：11　3. T0923③：6　4. T0923②：4　5. T1024③：6　6. T0923②：3　7. S2：13

　　标本 S2：9,砂岩。器体小,体薄,近三角形。长 1.8 cm,宽 1.3 cm,重 3 g。

　　标本 S2：11,小石片。砂岩。器体略宽大,保留小部分砾石面。长 3.8 cm,宽 3.5 cm,厚 1 cm,重 17 g(图 48,2)。

　　标本 S2：12,砂岩。器体小,长身,一面为砾石面,可与 14 号石片拼合。长 2.5 cm,宽 0.8 cm,重 3 g。

标本 S2∶13,砂岩。器体略长,保留小部分砾石面。长 3.3 cm,宽 1.8 cm,厚 0.6 cm,重 8 g(图 48,7)。

标本 S2∶16,砂岩。器体小,近梯形,长 1.5 cm,宽 1 cm,厚 0.5 cm,重 3 g。

5. 其他石制品

28 件。绝大部分为石核,仅个别为石片,均是经打击加工后之未成器者。

标本 G1∶4,石核,石英砂岩。出自 T1121 近代冲沟的填土中。器体厚重,近长方形,一个长边及一个短边经打击折断。长 10 cm,宽 6.5 cm,厚 6.5 cm,重 650 g。

标本 T0925①∶5,石核,砂岩。器体扁平,一端经打击截断,一侧有两个打击折断疤。长 8 cm,宽 7 cm,厚 2.5 cm,重 255 g。

标本 T0210②∶1,石核,硅质砂岩。器体窄厚型,多向打片,砾石的两端打击折断后,再在一面进行打击加工,有多个较深的石片疤,疤痕占器体的 1/2 以上。长 8 cm,宽 10 cm,重 600 g。

标本 T0210②∶2,石核,砂岩。器体窄厚型,多向打片,砾石的一面有打击破裂面,两侧进行打击加工,石片疤浅平。长 6 cm,宽 3 cm,重 40 g。

标本 T0210②∶3,石核,风化红砂岩。器体窄厚型,器身一面打击折断,另一面有垫打的凹窝。器体保留有两处砾石面,其余可见打击片疤,片疤浅平,未制作成器。长 5.5 cm,宽 4.8 cm,重 100 g。

标本 T0210②∶5,石核,砂岩。器体宽薄型,体扁平,在较宽处打击折断后废弃,打击点清楚可见。长 11 cm,宽 8 cm,厚 3 cm,重 390 g。

标本 T0210②∶7,石核,片砂岩。长条窄厚型。在一端打击折断后废弃。长 6.5 cm,宽 3.5 cm,厚 1.9 cm,重 55 g。

标本 T0309②∶1,石核,粗砂岩。窄厚型。在砾石的一端及一面打击,各有一个浅平的大片疤。长 12 cm,宽 8 cm,重 500 g。

标本 T0309②∶3,石核,片砂岩。窄厚型。在小砾石的一端打击折断后,再在正面下部打击加工,片疤较深,但未修理出刃部即废弃。长 5.5 cm,宽 4.7 cm,重 85 g。

标本 T0309②∶4,石核,粉砂岩。器体窄厚近圆。用锤击法在小砾石的中部打击,折断后废弃。长 5.1 cm,宽 3.5 cm,重 55 g。

标本 T0923②∶2,石核,砂岩。在砾石的一侧及一端进行打击,上端窄,下端宽,片疤较大,长而深,因未加工出刃部而废弃。长 10 cm,宽 8 cm,厚 6.5 cm,重 555 g。

标本 T1121②∶1,石片,砂岩。器体作三棱体,两个侧面经打击。顶部及一个面保留砾石面。长 5 cm,宽 4.5 cm,重 45 g。

标本 T1311②∶1,石核,石英砂岩。器体硕大厚重,形状不规整,周边多经打击,片疤或大或深。长 20 cm,宽 11 cm,厚 9.5 cm,重 1 750 g。

标本 T1510②∶1,石核,粉砂岩。条形砾石,在一个长边及一个短边经打击折断。长

7.5 cm,宽 2.5 cm,厚 2.1 cm,重 70 g。

标本 T1024②:3,石核,石英岩。在砾石的一面及两侧多向进行打击。长 7.5 cm,宽 6 cm,厚 4 cm,重 200 g。

标本 T1024②:4,石核,红砂岩。器体略大,一面为破裂面,在三个侧边均经打击,折断后废弃。长 12 cm,宽 9.5 cm,厚 3 cm,重 515 g。

标本 S2:10,石核,砂页岩。条形砾石。上窄下略宽,用锤击法在宽端打击折断,未成器。长 6 cm,宽 4 cm,厚 2.5 cm,重 50 g。

标本 T0925③:2,石核,石英砂岩。器体扁,形状不规整,一端经打击折断后废弃。长 10.5 cm,宽 6.7 cm,厚 3 cm,重 325 g。

标本 T0925③:3,石核,粉砂岩。长身,上宽下窄,在窄端略作打击,有小崩疤。长 9 cm,宽 5 cm,厚 2 cm,重 170 g。

标本 T1020③:5,石核,粉砂岩。器体小,形状不规整,在砾石的中间打击折断后废弃。长 3.5 cm,宽 3.1 cm,厚 2.7 cm,重 30 g。

标本 T1020③:6,石核,板岩。为小砾石,器体小,一面及一侧打击折断后废弃。长 4 cm,宽 2.2 cm,厚 1.7 cm,重 20 g。

标本 T1022③:2,石核,砂岩。扁平砾石。在一个宽端经打击折断,为废弃品。长 6 cm,宽 4 cm,厚 1.5 cm,重 60 g。

标本 T1023③:1,石核,粉砂岩。器体扁宽,在一端打击折断后废弃。长 6.7 cm,宽 7 cm,厚 2.5 cm,重 185 g。

标本 T1025③:4,石核,粉砂岩。器体巨大。近长方体。在一端的一个侧角经打击折断。长 19 cm,宽 13 cm,厚 5 cm,重 2 695 g。

标本 T1312③:1,石核,板砂岩。器两面扁平,近方体,一端经打击折断,有两个片疤。长 9 cm,宽 8 cm,厚 4.3 cm,重 455 g。

标本 T1314③:2,石核,砂岩。器体小,扁平,略近三角形,尖端处打击一个较深的片疤。长 7 cm,宽 6.5 cm,厚 2.5 cm,重 185 g。

标本 T1503③:2,石核,粉砂岩。器体呈长条形,一端折断,器身一面经打击。长 8.5 cm,宽 4.5 cm,厚 3 cm,重 190 g。

标本 T0924④:4,石核,红砂岩。器体小,圆形砾石,中间经打击折断,废弃。长 7 cm,宽 4.5 cm,厚 3.6 cm,重 100 g。

(三) 其他

穿孔石器　1 件(TN13),粗砂岩。器体呈圆形缺半,器表有很浅的一个大片疤,中间两面钻孔,孔内加磨,两面孔径大致相等,对钻穿孔,外径大,内径小。有一面的穿孔旁边有崩疤。直径 14 cm,厚 6.5 cm,孔外径 5 cm,重 870 g。此器年代当晚于前述之打制石器,暗示这里附近应有属于中石器或新石器时代的遗存。记录于此,供参考。

砺石 1件(G1：1)，石核石器，红砂岩。出自 T0924 近代冲沟填土中。器体两面平直，周边经打击，形状不规整。一面中部有垫打造成的凹坑，两个平面均有磨砺使用痕迹。长 13.5 cm，宽 8 cm，厚 6 cm，重 875 g。标本的年代尚存疑问，有可能晚至明清时期。

四、讨 论

结合遗址遗迹和地层的叠压关系，可将那满遗址发掘的这批旧石器材料分为两个阶段，即第三文化层与遗迹 S2 为第一段，第四文化层因遗物太少，亦归属第一段；第二文化层与遗迹 S1 为第二段。这两段分别代表了相对早晚的两个时间段。第四文化层的标本太少，其文化面貌未能明了，可能是其时此地居民尚少，故遗物也不多。第一段的石器标本中，器物组合有砍砸器、刮削器、手镐和薄刃斧，不见尖状器；砍砸器的型式较多，以端刃器为多数，还有边刃器、弧刃器、斜刃器和凸刃器；刮削器则仅见端刃器。到第二段，石器组合中不见薄刃斧，但多了尖状器；刮削器中的端刃器与边刃器的数量相同。说明两个时段的石器形态有一定的差别，代表了两组时空关系上略有早晚的石器群。两个时段的石制品数量较为相近，显示这两个时段在此居住、活动的居民数量大致相当。再从 S1 与 S2 两处遗迹考察，它们分别代表了两个时空的活动面，前者有多件刮削器和一件砍砸器，有可能是在从事某种生产活动后遗留，而后者则是临时加工石器的遗迹，留下十多件小石片碎屑。诚然，各时段的整体差异及其时空变化和范围因发掘面积所限，仍有待今后做更为广泛的发掘去探讨，但不应忽视，本次发掘资料为探讨百色旧石器的发展及分期提供了有意义的地层依据和实物标本。

在石器的制作技术上，端刃器的加工是以器体的一端为主要的打击加工部位，且以平刃者为多。这种器体的刃缘宽度较之边刃器要窄，相对而言，打制成型的难度也要高于前者。由此可见，这里的居民在石器的制作上还处于较低的水平。总体观察，石器的打制方法主要是对器体的一面进行单面单向打击，只有个别进行单面多向或对向打击。多数没有较好的修理面，只有少数对刃部进行第二步修理。这种标本可以在刃部看到较小的修理石片疤。有一些器物是对器身进行了修理，使型体略为规整，然后再加工刃部，如薄刃斧以及个别端刃砍砸器(T0923③：5)。此外，还有相当数量的标本因在打制过程中未能达到预期目的而废弃，也有一些标本是在使用过程中受损而废弃的。从数量上看，石制品的总数是 125 件，成型使用的标本有 68 件，占总数的 54%。相对而言，这个比例可以说是比较高的，即是说，遗址居民对石器材料的使用率比较重视，并不轻易放弃对石材的利用。

综合分析，那满遗址的石器有如下几个比较明显的特点：

1. 石器均为砾石制品，以石核石器为多，以单面单向打击为主。

2. 成型的石器主要是砍砸器和刮削器；薄刃斧、尖状器和手镐数量都很少，不是遗址居民的主要产品。

3. 石器的型体以中等大小为多,尺寸多在 5~15 cm 之间,大型者不多,小型者也不多。

4. 石器的打击方法以锤击法为主,砸击法不多。

5. 石器在打制时产生的石片疤多数较为浅平,较深者不多。

6. 石器的打击台面多数是砾石的自然面,有少量以打击后的石片疤作为台面。

7. 有少量石器器身的一个砾石面大部经打击加工,另一面保留自然面,这与年代较晚的"苏门答腊式"石器在形态上和制作技术上有相近之处,后者与前者的关系令人关注。

应该予以注意的是,百色旧石器的年代,目前较多的看法是在距今 80 万年~70 万年间的旧石器时代早期。那满遗址的打制石器与常见的百色旧石器种类及组合基本相同,因此,其年代也应大体相当。但百色旧石器中最具特色的手斧[2]在这里没有发现;百色盆地中许多旧石器地点地层堆积中所见的玻璃陨石在这里也未见踪迹。它们之间的地层堆积差异以及石制品特征和形态上的差别是否反映了年代上的早晚关系,还需做更为深入的研究。

五、结　语

那满遗址地处百色盆地的中部,是百色地区近百处旧石器遗存的一处,以往因未进行考古发掘,对其文化内涵了解甚少。此次发掘,虽然面积达 1 000 m²,但出土石器标本仍嫌太少,成型的器类和器种都不多。尽管如此,这批石器标本有明确的地层关系,有两组可供对比研究的石器群,对研究百色旧石器文化仍然是具有重要意义的资料。

不过,由于与建设单位、施工单位在工程进行时间的协调上存在某些问题,发掘队进场时,施工范围中的遗址中心部分已被摧毁,致使考古发掘工作只能在两个侧翼进行,高速公路施工的遗址中心部分是否有更为重要的古人类遗存,已不得而知。从遗址分布的整体范围观察,遗址中还有很大部分在此次发掘区东侧山岗顶部的平台上,面积约为 10 000 m²。又据 1982 年的调查,遗物出露最多的位置是在遗址北边丘岗的坡拉岭,相信那满遗址还保存有较好的文化堆积,并具有良好的发掘前景。

附记: 参加发掘的人员有广东省文物考古研究所邱立诚(领队)、毛远广、魏保京,中山大学人类学系王宏、张兴国。本文由陈红冰、张小波绘图,黎飞艳摄影。发掘时得到田阳县博物馆、那满镇政府的大力支持和协助,在此一并表示衷心的感谢。

执笔:邱立诚

注　释

[1] 黄启善.百色旧石器[M].北京:文物出版社,2003.

[2] 谢光茂.关于百色手斧问题——兼论手斧的划分标准[J].人类学学报,2002,21(1).

田阳那哈遗址 A 区发掘报告

梧州市博物馆　广西文物考古研究所　田阳县博物馆

　　为配合南宁至百色高速公路建设,2005 年 8 月至 10 月,应广西文物考古研究所的邀请,梧州市博物馆会同田阳县博物馆对田阳县那哈遗址进行了抢救性考古发掘。遗址发掘分为 A、B 两个区。其中桂林市文物工作队发掘 B 区,梧州市博物馆发掘 A 区。A 区的发掘揭露面积为 1 000 m²,历时两个多月,出土遗物 600 多件。现将 A 区的发掘成果报告如下。

一、遗址位置与环境

　　那哈遗址位于百色市田阳县那满镇治塘村塘例屯东约 500 m 的那哈山上,西距那满镇约 4 km,位于右江南岸,北距右江约 300 m(图 1)。该遗址于 1988 年第一次全国文物普查时发现。当时田阳县文物管理所在那哈镇治塘村一带的山丘上发现了数个旧石器时代遗址,统称为田阳治塘遗址。2003 年秋广西壮族自治区文物工作队在对南百高速公路用地的文物普查中对田阳县那哈山进行了实地调查,并在这里发现了较为丰富的石器遗存。

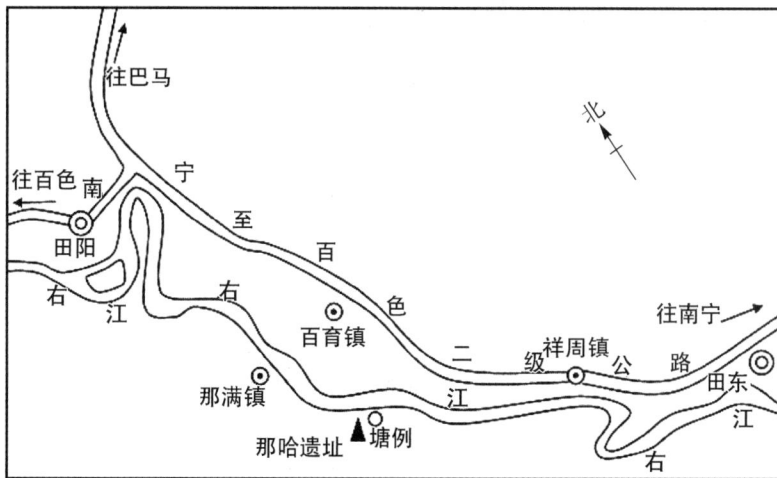

图 1　那哈遗址地理位置示意图

该遗址东、南、西三面大部系连绵起伏的低缓山丘,北面是广阔的百色盆地。那哈山大体呈马蹄形,最高海拔高度约 150 m。其东、南、西三面土丘多种植芒果树,兼有少量的桉树林,北侧与平坦的水田相邻。那哈山与羊头山、下卡山、牛栏山等组成过渡的低丘,那哈山附近地形起伏较大。遗址及其周围地形起伏也较大,地表原来种植有茂密的芒果树,地表为较疏松的土层,夹杂少量的小砾石,地表没有砾石层。距遗址发掘区西南约 400 m 的山顶西坡为陡坡,陡坡表面可见明显的砾石层,砾石直径 1~20 cm,以 2~5 cm 的居多。砾石岩性有砂岩、硅质岩、石英岩等,以砂岩为主。中国科学院地质与地球物理研究所袁宝印教授进行实地考察后,认为那哈山周围在远古时期的地壳构造运动中很可能发生了断层,后来形成了附近高低起伏的地貌特征,而发掘区的堆积很可能是远古时期高一级的台地被破坏后通过地表流水作用搬运逐渐形成的。

二、发掘方法与地层划分

那哈遗址 A 区位于那哈山东部区域,地势较低,地面略有起伏。此次发掘共布探方 40 个,方向正北,从西北角开始为 T1,依次向东、向南布方,共六排八列,第一排从西向东依次为 T1 至 T6 六个方,第二排从西向东依次为 T7 至 T13 七个方,第三排从西向东依次为 T14 至 T21 八个方,第四排从西向东依次为 T22 至 T29 八个方,第五排从西向东依次为 T30 至 T36 六个方,第六排由 T33 南部算起,从西向东依次为 T37 至 T40 四个方(图 2)。

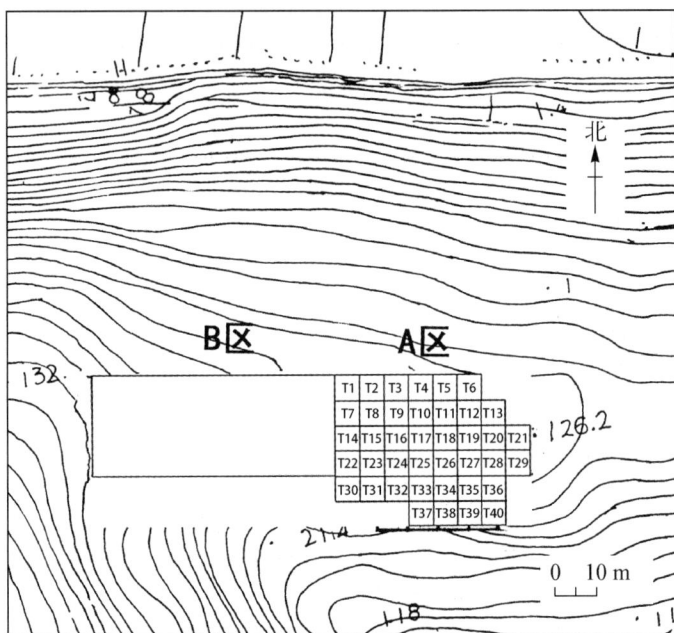

图 2　那哈遗址 A 区探方位置分布图

每个探方面积 5×5 m,实际发掘面积为 4×4 m。发掘时,根据地面情况,设定了一个基点,并确定基点的绝对高程。从基点出发,用水平仪测定每件出土物的深度及绝对高程。在发掘过程中,各探方的地层分别单独编号,出土物则全 A 区统一编号。发掘完后,通过各探方地层关系的对比分析,对地层进行统一划分。由于时间关系,A 区共有两个探方发掘到基岩,其余探方到达砖红土下 0.5~2.65 m,最大发掘深度为 4 m。

A 区的地层堆积基本是一致的,由上而下最多可分为五层,各探方的地层大体与这五层相对应,除第①层和第⑤层在整个遗址均有分布外,其他各层在部分探方局部有缺失。现在以 AT40 北壁(图 3)为例,对地层的堆积情况介绍如下。

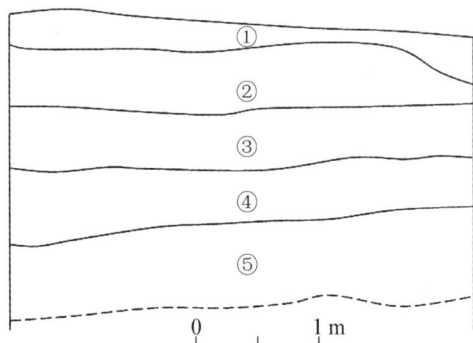

图 3   05TNHAT40 探方北壁剖面图

第①层:现代堆积层。多为耕作土或冲积土,土色灰黄或浅褐色,受地表植物根系的影响,土质疏松,富含植物根系与腐殖质,局部夹细小的红色砂岩颗粒,深 10~45 cm。该层厚薄不均,表面略有起伏,地层由北向南倾斜。此层出土部分近现代陶、瓷、瓦片。

第②层:灰褐色黏土层,土质较松软,结构较疏松,含少量植物根系与腐殖质。除东部因地形而低洼外,整层堆积较平坦。深 10~80 cm,厚 15~55 cm。此层出土丰富的砾石、断块、砺石、石砧、磨光器等石制品。

第③层:棕黄色黏土层,土质较纯,结构较紧密,微呈颗粒状,夹有含植物根系的灰色小块。整层堆积较平坦,深 60~130 cm,厚 40~55 cm。此层出土丰富的砾石、断块、石片、砍砸器等石制品。

第④层:棕黄色砂黏土层,土质坚硬较纯,结构紧密,黏性较强,含丰富的黄色锰结核颗粒和含植物根系的灰色小块。整层堆积略微向西倾斜,深 105~195 cm,厚 45~65 cm。此层出土非常丰富的砾石、断块、石片、砍砸器、刮削器、石锤等石制品。

第⑤层:红土堆积,土质坚硬,结构致密,含丰富红、黄相间的蠕虫状条纹,即网纹红土。整层堆积略微向西倾斜。未挖完,出露部分深 175~250 cm,厚 55~80 cm。此层土色随深度的变化而略有不同,上部呈砖红色,红黄色斑点较小,土呈颗粒状,越往下土色红越变淡,红黄斑点越大越长,硬度变小。此层包含极少量石制品。

各地层在整个 B 区的分布不均,具体分布情况如下:

第①层:为现代耕作土,表面略有起伏,地层由北向南倾斜。该层顺地势由西向东倾斜,厚薄不均,西侧地势高,分布薄,东侧较厚,表面略有起伏,局部有明显的冲沟。

第②层:为含有丰富石制品的文化层。此层 A 区大部分均有分布,仅局部探方缺失,整层堆积较平坦。

第③层:为含有大量石制品的文化层,在 A 区绝大部分探方有分布,该层堆积较平坦,厚薄较均匀。

第④层:为含有大量石制品的文化层,在 A 区绝大部分探方有分布,该层随地势大体由西向东倾斜,分布较均匀。

第⑤层:为含有少量石制品的文化层,红土堆积,该层分布较均匀,在全发掘区均有分布。

三、遗　物

此次发掘未发现遗迹现象,但出土了丰富的石制品。

那哈遗址 A 区此次发掘共出土遗物 647 件,包括所有石器、石片和断块、砾石等石制品。

1. 在地表发现有石制品和近现代陶、瓷、瓦片等,后者未采集;采集的石制品共有 10 件(表 1),包括砍砸器、手镐、石锤、石核、石片等类型,一般加工比较规整。采集的石制品原料均为砾石,以砂岩最多,石英岩次之,辉绿岩最少;器物多由砾石直接单面加工而成。

表 1　地表采集石制品统计表

名　称	尺寸/类型	数　量	岩　　性				小　计
			砂　岩	石英岩	硅质岩	辉绿岩	
砍砸器	端凸弧刃	1				1	4
	尖　状	1	1				
手　镐		2	1	1			2
石　锤		3	2	1			3
石　核	双　面	1	1				1
石　片	5~10 cm	1			1		1
小　计		10	6	2	1	1	10

标本 05TNHA 采集:7,端弧刃砍砸器　用扁圆形砂岩砾石单面加工而成。左侧缘与右侧缘先打下宽大浅薄的大片,再将砾石上部减薄,然后在左侧横向修整而成一平直的刃部;右侧缘向左下打片修整形成一略弧的锋利直刃。部分片疤尾部折断形成陡坎,修整片疤均小而浅。左右侧缘相交于端部形成一向左偏的凸弧刃。加工仅限于上部,大部分保留砾石面。长 16 cm,宽 12 cm,厚 5.5 cm,刃角 50°,重 1 580 g(图 4,1)。

2. 第①层在整个 A 区均有分布,出土遗物 145 件(表 2、3),包括 72 件断块,15 件砾石,27 件石片。

表 2　①层断块、石片、石器统计表

名　称		尺寸/类型	岩　性						小计
			数量	砂岩	石英岩	石英	硅质岩	辉绿岩	
断　块		3 cm 以下	1	1					72
		3~5 cm	27	13	1	3	10		
		5~10 cm	44	21	5	1	16	1	
石　片		3 cm 以下	2	1			1		27
		3~5 cm	13	5			7	1	
		5~10 cm	12	7	1	1	2	1	
石器 30 件	砍砸器 1 件残 （硅质岩）	侧弧刃	3	2			1		11
		端弧刃	4	1	2		1		
		多刃兼石砧	1		1				
		侧直刃	1		1				
		双　刃	1			1			
		端直刃	1			1			
	刮削器	端弧刃	2	2					3
		端直刃	1			1			
	磨　槽		1	1					1
	钻孔石器	兼双面石锤兼石砧	1	1					1
	石　锤		2		1	1			2
	石　锛	通体磨光穿孔	1	1					2
		通体磨光尾部残	1	1					
	石　核		5	1		2	2		5
	毛　坯	残	1	1					1
	研磨器		1	1					1
	磨　石		1	1					1
	磨光器	残	1				1		1
	石　祖	断为 2 块	1	1					1
小　计			130	62	12	11	42	3	129

表3 ①层砾石统计表

尺 寸	形 状	数 量	岩 性			小 计
			砂 岩	石 英	硅质岩	
3 cm 以下	长圆形	4	3		1	4
3~5 cm	长圆形	5	2	1	2	10
	长条形	4	2	2		
	扁圆形	1	1			
5~10 cm	长圆形	1	1			1
小 计		15	9	3	3	15

石器30件,大多数制作规整,部分器体残缺。类型有砍砸器、刮削器、石锤、石锛、磨石、研磨器、残磨光器、磨槽、钻孔石器兼石锤兼石砧、石核、毛坯、石祖等。

砍砸器 是指用砾石或石核,在一边或几边,向一面或两面加工出刃缘,长或宽在10 cm 以上,具有砍、砸功能的重型工具。此层砍砸器共12件,包括1件硅质岩残器。大部分由石核加工而成,少数由砾石直接加工而成。原料主要是砂岩和石英岩,还有部分石英和硅质岩。根据其刃部特征,可将其分为5式:

Ⅰ式端弧刃 4件。在砾石或石核的一端加工出一弧刃。1件原料为砂岩,1件为硅质岩,另有2件为石英。标本05TNHAT5①:25,用砂岩石核单面打制而成。石核在剥片时因沿原料结构面断裂而形成较大一个的陡坎。仅在器物上部加工,片疤大而浅薄,部分尾部折断形成陡坎。刃部修整较少,刃缘锋利。除顶部和中部外其余均保留砾石面。长15.6 cm,宽9.3 cm,厚6 cm,刃角49°,重590 g(图4,2)。标本05TNHAT30①:32,用石英岩石核单面打制而成。石核在剥片时因沿原料结构面断裂而形成较大的陡坎。仅剥两片且限于上部,制作非常简单。除顶部和中部外其余均保留砾石面。长12.3 cm,宽8 cm,厚4 cm,刃角70°,重605 g(图4,3)。

Ⅱ式侧弧刃 3件。在砾石或石核的一侧加工出一弧刃。2件原料为砂岩,1件为硅质岩。

Ⅲ式直刃 2件。在砾石的一端或一侧自较凸一面向较平一面单向加工出一直刃,制作较简单。

Ⅳ式双刃 1件。多用扁圆形石英砾石自扁平一面向另一面打击剥片单面加工而成。

Ⅴ式多刃兼石砧 1件。标本05TNHAT12①:28,用圆形石英岩砾石单面加工成多刃砍砸器。自凸起一面向较平一面加工,两侧加工均至底部。左侧剥片较陡,加工成一较

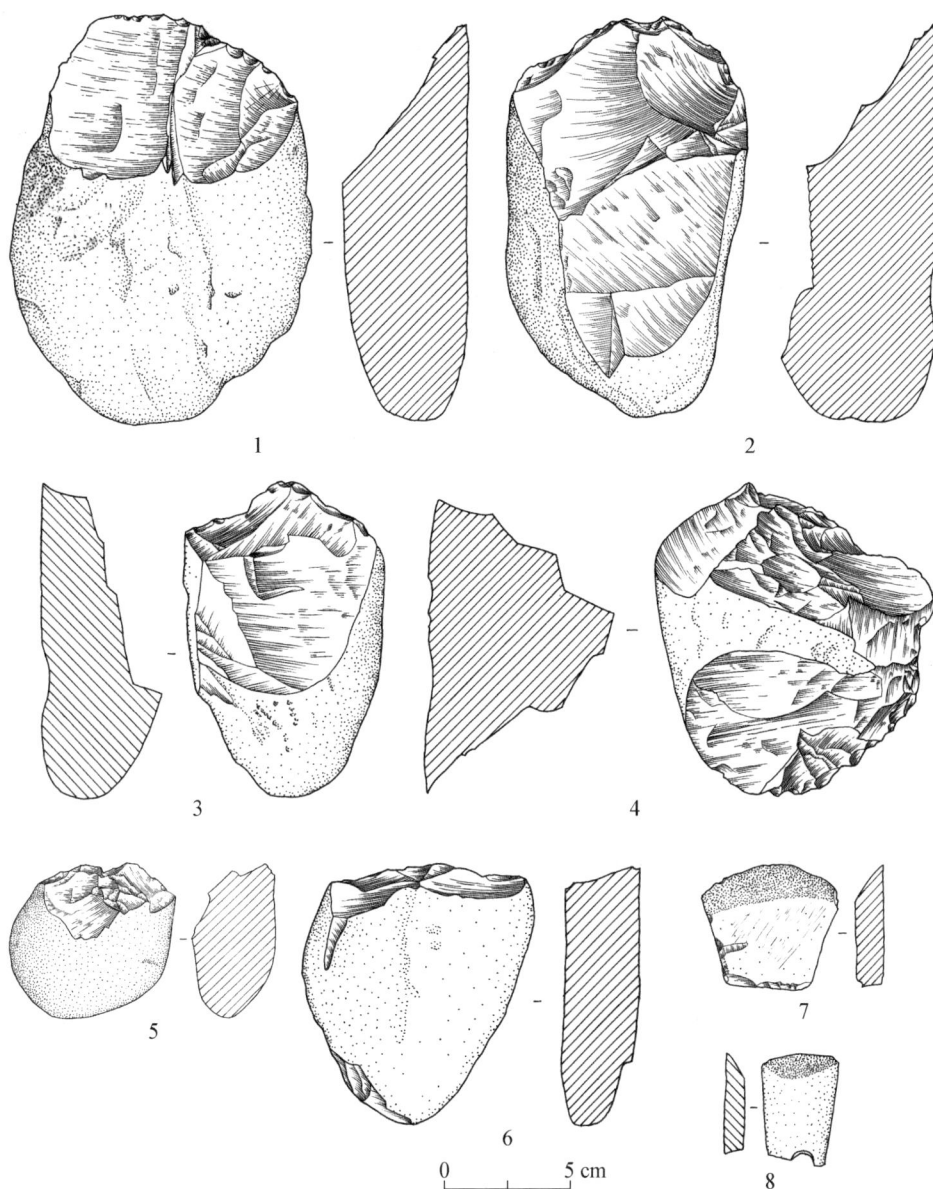

图 4　那哈遗址 A 区出土石器

1~3. 端弧刃砍砸器（05TNHA 采集：7、05TNHAT5①：25、05TNHAT30①：32）　4. 多刃砍砸器兼石砧
（05TNHAT12①：28）　5. 端弧刃刮削器（T13①：34）　6. 端直刃刮削器（05TNHAT32①：30）　7、8. 石锛
（05TNHAT28①：6、05TNHA7①：11）

陡的圆弧刃,左侧加工面片疤尾部多折断形成陡坎;右侧加工面较平缓,片疤宽大而浅薄,
形成一凸出的弧刃。上端剥去一片与背面相交形成一较陡的刃。仅底部和中间一小部分
保留有砾石面。底端背部为一片用作石砧的疤痕,上部背面为砾石面。长 12.5 cm,宽
12.2 cm,厚 6.4 cm,刃角 59°,重 875 g(图 4,4)。

　　刮削器　是指以石片或砾石为毛坯,沿一边(端)或多边单面打制而成,刃口呈平斜状,长度一般不超过 10 cm,用作刮削的人工制品。此层刮削器共 3 件,均以砾石为毛坯,原料为砂岩和石英。均在砾石的一端或一侧单面加工打制出一平缓的刃缘,局部保留砾石面。

Ⅰ式端弧刃　2 件。在砾石的一端打制出一弧状的刃缘。标本 05TNHAT19①:19,毛坯为长条形浅黄褐色砂岩砾石。在砾石一端自较平一面向较凸一面单面加工出一较陡的圆弧刃。片疤尾部多折断,层层叠叠成阶梯状,加工面较陡。仅上部加工,余皆保留砾石面。长 8.3 cm,宽 5.1 cm,厚 3.8 cm,刃角 54°,重 250 g。标本 05TNHAT13①:34,毛坯为扁长形灰褐色砂岩砾石。在砾石一端自较平一面向较凸一面剥片,单向加工出一较平缓的圆弧刃。片疤均较小,尾部多折断呈阶梯状。加工限于上部和中部,两侧与底端保留砾石面。长 7 cm,宽 6 cm,厚 3.3 cm,刃角 65°,重 160 g(图 4,5)。

Ⅱ式端直刃　1 件。标本 05TNHAT32①:30,毛坯为扁平的浅黄褐色砂岩砾石。在砾石一端单面加工出一个平直的陡刃,片疤小而浅薄,修整较多。仅加工上部,底部因碰撞部分石皮脱落,余皆保留砾石面。长 10.2 cm,宽 8 cm,厚 2.2 cm,刃角 62°,重 310 g(图 4,6)。

石锤　2 件。石英、石英岩各 1 件。均使用砾石直接锤击,一端为把手,另一端用以锤击。

石铲　2 件。均为通体磨光,砂岩。标本 05TNHAT28①:6,棕红色砂岩。风字形,扁平,宽弧刃,上部窄,往刃部逐渐外撇。通体磨光,刃部有使用时留下的崩疤。长 5 cm,宽 5.5 cm,厚 0.9 cm,重 40 g(图 4,7)。标本 05TNHA7①:11,梯形,弧刃,中部凸起,背部平坦。右上部有一径约 2 cm 的穿孔。通体磨光,尾部残。长 4.3 cm,宽 3.1 cm,厚 0.6 cm,重 10 g(图 4,8)。

磨石　1 件。标本 05TNHAT1①:13,黄褐色砂岩。在扁平砾石的一凹面有磨砺痕迹,一端残断。长 16.8 cm,宽 13 cm,厚 6.5 cm,重 1 880 g。

研磨器　1 件。标本 05TNHAT21①:5,褐色砂岩。圆锥形,器形规整。锥底作为研磨面,近光滑。靠磨面的锥体上有部分敲琢痕迹。长 11 cm,重 300 g(图 5,1)。

磨光器　1 件。残损严重,器形不可辨。

磨槽　1 件。标本 05TNHAT13①:35,浅褐色砂岩。在扁平砾石的一面磨制石器,中部有一长条形内凹的磨槽,侧边似乎经过修整,一端残断。长 8.2 cm,宽 8.5 cm,厚 5 cm,重 575 g(图 5,2)。

钻孔石器兼双面石锤兼石砧　1 件。标本 05TNHAT13①:33,褐色砂岩。长条形,中间对穿一孔,两端有用作石锤时留下的打击疤痕,穿孔旁有用作石砧时留下的疤痕。长 14 cm,宽 5.5 cm,厚 4.5 cm,重 810 g(图 5,3)。

石核　5 件。均为单台面石核,原料包括 1 件砂岩、2 件石英和 2 件硅质岩。

毛坯　1 件。残,砂岩。

石祖　1 件。标本 05TNHAT35①:7,褐色砂岩,近圆柱形。上方略显尖头,紧靠尖头下部经打琢略内凹,器身下部轻微打琢略显内凹。底部因磨蚀略呈圆形。长 14.2 cm,宽 3 cm,重 130 g(图 5,4)。

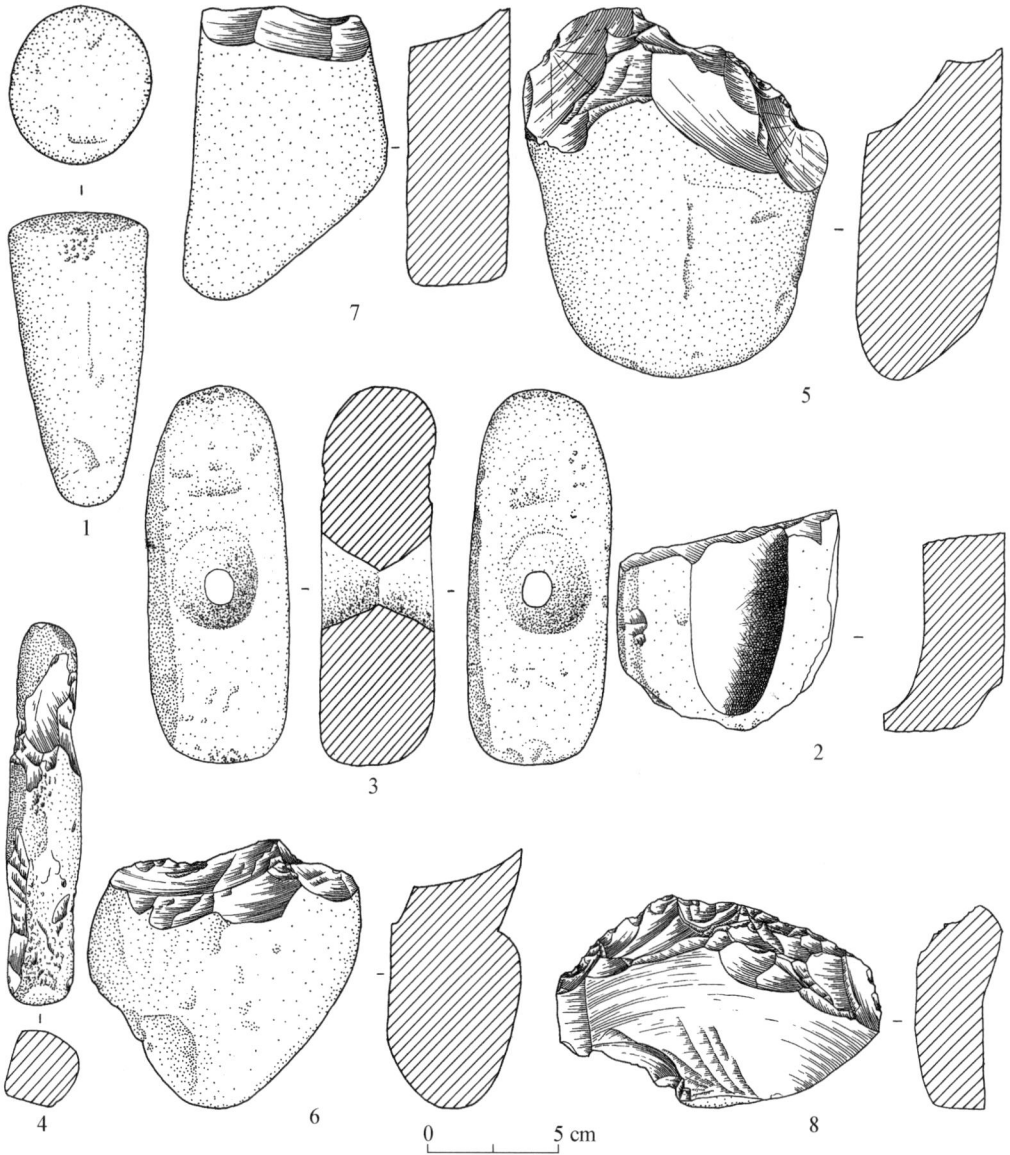

图 5 那哈遗址 A 区出土石器

1. 研磨器(05TNHAT21①:5) 2. 磨槽(05TNHAT13①:35) 3. 钻孔石器兼双面石锤兼石砧(05TNHAT13①: 33) 4. 石祖(05TNHAT35①:7) 5. 端弧刃砍砸器(05TNHAT2②:1) 6、7. 端直刃砍砸器(05TNHAT1②:17、05TNHAT19②:143) 8. 侧弧刃刮削器(05TNHAT4②:5)

石片 27 件。原料以砂岩和硅质岩居多,个别石英、石英岩和辉绿岩。大多数以砾石面为台面,打击点、半锥体、放射线较清楚。部分远端边缘有使用痕迹。尺寸大多数在 5~10 cm 之间,其次是 3~5 cm,少数 3 cm 以下。

砾石 15 件。原料多为砂岩,部分石英和硅质岩。形状以长圆形和长条形占绝大多数,仅 1 件扁圆形。所出土石器尤其是砍砸器和刮削器多由长圆形砾石制成。尺寸多在

3~5 cm 之间,其次是 3 cm 以下,个别 5~10 cm 之间。可见其原料是经过筛选的。

3. 第②层主要分布于遗址 A 区的北部和南部及东部,西部部分探方不见。出土遗物 39 件(见表 4、5),包括断块 22 件,砾石 4 件,石片 4 件。

表4　05TNHA②层断块、石片、石器统计表

名　　称		尺寸/类型	岩　　性					小计
			数量	砂岩	石英岩	石英	硅质岩	
断　块		3~5 cm	11	6	2	3		22
		5~10 cm	7	3	3	1		
		10~15 cm	4		3	1		
石　片		3~5 cm	2	1			1	4
		5~10 cm	2		1	1		
石器	砍砸器3件	端弧刃	1		1			9
		端直刃	2	1				
	刮削器2件	端弧刃	1		1			
		侧弧刃	1				1	
	砺　石		1	1				
	尖状器	端　尖	1	1				
	磨光器	残	1	1				
	石　砧		1		1			
小　计			35	14	13	6	2	35

表5　05TNHA②层砾石统计表

尺　寸	形　状	数　量	岩　性			小　计
			砂　岩	硅质岩	辉绿岩	
3~5 cm	扁三角形	1	1			1
5~10 cm	扁三角形	1		1		2
	扁椭圆形	1			1	

续 表

尺 寸	形 状	数 量	岩 性			小 计
			砂 岩	硅质岩	辉绿岩	
10~15 cm	三角形	1		1		1
小 计		4	1	2	1	4

石器 9 件,包括砍砸器、刮削器、尖状器、砺石、磨光残器、石砧等。

砍砸器 3 件。均为砾石直接打制而成,原料岩性有石英岩和砂岩。根据其刃部特征可分为 2 式:

Ⅰ式端弧刃 1 件。标本 05TNHAT2②:1,用扁圆形石英岩砾石单面加工而成。左侧缘加工较少,因原料原因加工面有一陡坎,刃部弧凸;右侧加工较多,剥片大而浅薄,加工面上也因原料差的原因而形成两个陡坎,刃部修整较多,平直且宽大,穿过中轴线达左侧,与左侧缘刃部相交而形成一向左侧倾斜的凸弧刃。加工仅限于上部,大部分保留砾石面。长 13.7 cm,宽 11.3 cm,厚 4.1 cm,刃角 65°,重 1 170 g(图 5,5)。

Ⅱ式端直刃 2 件。标本 05TNHAT1②:17,用扁平石英岩砾石单面加工而成。在一端单向剥片,片疤宽大较陡,因石料原因,片疤面凹凸不平。略加修整后形成一较陡的直刃。加工仅限于上部,大部分保留砾石面。长 10 cm,宽 10.4 cm,厚 4.6 cm,刃角 57°~75°,重 625 g(图 5,6)。标本 05TNHAT19②:143,用扁三角形细砂岩砾石单面打制而成。在三角形的一锐角由一面向另一面打击剥成一较陡的直刃。剥片较陡,片疤宽大而浅薄,片面平滑。加工仅限于上部,其余保留砾石面。长 11 cm,宽 7.8 cm,厚 3.8 cm,刃角 65°,重 455 g(图 5,7)。

刮削器 2 件。均为侧弧刃,岩性都是砂岩。标本 05TNHAT4②:5,毛坯为扁圆形的砂岩片状双面石核,在石核一长边从较凸一面向较平一面单向加工,片疤层层叠叠,尾部多折断成阶梯状,与背部残留的砾石面相交成一圆弧刃。长 7.9 cm,宽 12.5 cm,厚 3.3 cm,刃角 112°,重 325 g(图 5,8)。另 1 件毛坯为石片。

尖状器 1 件。标本 05TNHAT3②:2,端尖尖状器。用三棱形砂岩砾石交错加工而成。先在上端左侧向右下方剥片,片疤宽大浅平,与砾石一棱相交成一锋利的圆弧刃,背面为砾石面。再在右侧向左下剥片,片疤较小且深。其背面反向打击出较凹的一面,片疤宽大而浅薄,背面与右上部相交于砾石的一棱处形成一略凹的刃部。正面部分片疤尾部折断形成陡坎。加工仅限于上部,大部分保留砾石面。长 11.7 cm,宽 9.1 cm,厚 8 cm,刃角 20°~70°,重 896 g(图 6,1)。

砺石 1 件。砂岩,在砾石的一面有明显的被磨痕迹,残。

磨光器 1 件。砂岩,通体磨光,残损严重,器形不可辨。

石砧 1 件,石英岩,一面有用作石砧的崩疤痕迹。

石片 4 件。岩性不一,砂岩、石英、石英岩、硅质岩各 1 件。均以砾石面为台面,打击点、放射线、半锥体大多较清楚。尺寸在 3~10 cm 之间。

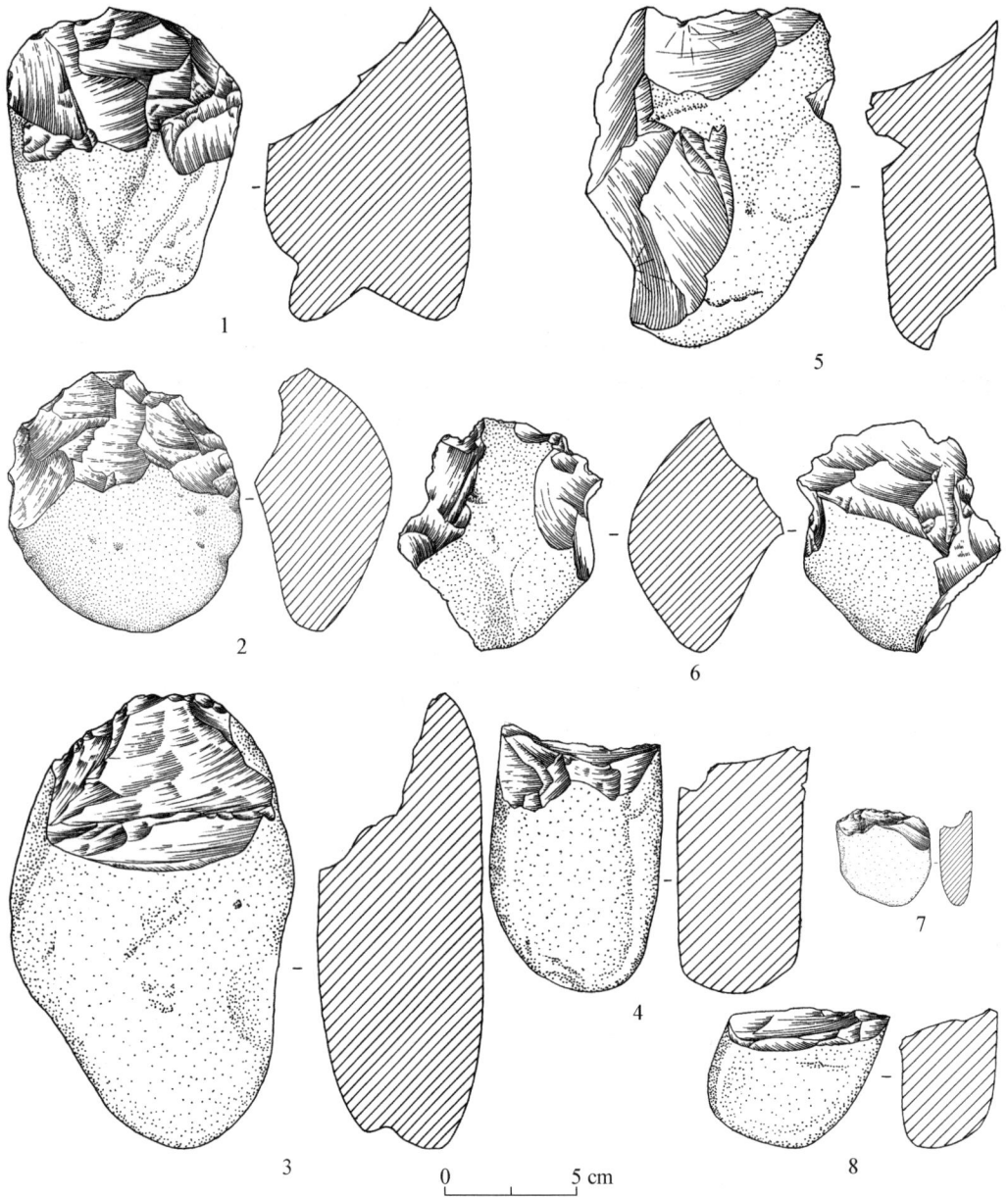

图 6 　那哈遗址 A 区出土石器

1. 尖状器(05TNHAT3②：2)　　2、3. 端弧刃砍砸器(T11③：236)　4. 端直刃砍砸器(05TNHAT40③：81)　5. 双刃
砍砸器(05TNHAT20③：65)　6、7. 侧弧刃刮削器(05TNHAT1③：6)　8. 侧直刃刮削器(05TNHAT39③：181)

砾石　4 件。以三角形居多,个别椭圆形。所出石器多由椭圆形砾石制成,部分由三角形砾石制成。尺寸不一,3~5 cm 之间 1 件,5~10 cm 之间 2 件,10~15 cm 之间 1 件。

4. 第③层分布于遗址 A 区的东部、北部和南部,出土遗物 182 件(表 6~8),包括断块 66 件,砾石 58 件,打击砾石 9 件,石片 20 件。

表 6　05TNHA③层断块、石片、石器统计表

名　　称		尺寸/类型	数量	岩　　性					小计
				砂岩	石英岩	石英	硅质岩	辉绿岩	
断　块		3 cm 以下	7	4		3			66
		3~5 cm	26	17	3	4	1	1	
		5~10 cm	31	18	4	3	6		
		10~15 cm	2	2					
石　片		3~5 cm	5	3			2		20
		5~10 cm	15	13		1	1		
石器	砍砸器 13 件+1 件 =14 件	侧弧刃	2	1			1		29
		端弧刃	4	2	1		1		
		端直刃	1	1					
		侧直刃	3			3			
		双刃(双面加工)	1		1				
		多　刃	2		2				
	刮削器 4 件	侧弧刃	3	2			1		
		侧直刃	2	1		1			
		双弧刃(双面加工)	1	1					
	尖状器	端　尖	1			1			
	石　锤	含 1 件双端	5	1	1	2	1		
	石　核		2	1		1			
	石　器	残	1	1					
小　计			114	68	12	19	14	1	115

表7　05TNHA③层打击砾石统计表

尺寸	形状	数量	岩性				小计
			砂岩	石英岩	辉绿岩	硅质岩	
3～5 cm	扁长形	1	1				1
5～10 cm	扁长圆形	1		1			7
	扁椭圆形	4	3		1		
	椭圆形	2	1			1	
10～15 cm	扁椭圆形	1	1				1
小　计		9	6	1	1	1	9

表8　05TNHA③层砾石统计表

尺寸	形状	数量	岩性					小计
			砂岩	石英岩	石英	硅质岩	辉绿岩	
3 cm 以下	长条形	10	9		1			23
	扁三角形	2	2					
	扁圆形	4	4					
	扁菱形	2	1		1			
	不规则形	5	4		1			
3～5 cm	长圆形	2	2					21
	扁三角形	3	2			1		
	扁圆形	4	2	1	1			
	扁椭圆形	1				1		
	不规则形	2	1		1			
	三角形	3	3					
	不规则形	4	3		1			
	椭圆形	2	2					

续表

尺　寸	形　状	数量	岩　性					小计
			砂岩	石英岩	石英	硅质岩	辉绿岩	
5~10 cm	扁三角形	1	1					9
	扁椭圆形	3	1			1	1	
	长圆形	3			1	2		
	扁圆形	1				1		
	长条形	1	1					
10~15 cm	长圆形	2	2					4
	不规则形	1	1					
	扁圆形	1				1		
15 cm 以上	扁三角形	1		1				1
小　计		58	41	2	7	7	1	58

石器 29 件,均为打制石器,未见磨制石制品或毛坯等。包括砍砸器、刮削器、石锤、石核、尖状器、不可辨石制品等类型。

砍砸器　14 件。大多数由砾石直接单面加工而成,少数由石核单面打制而成,个别双面加工。原料以砂岩和石英岩为主,部分为石英和硅质岩。根据其刃部特征可将其分为 6 式。

Ⅰ式侧弧刃　2 件,砂岩和硅质岩各 1 件。在砾石的一侧单面加工出一弧刃。

Ⅱ式端弧刃　4 件。2 件砂岩,石英岩、硅质岩各 1 件。在砾石或石核的一端单面加工出一弧刃。标本 05TNHAT11③:236,侧圆弧刃。用扁圆形砾石单面加工而成。左侧剥片较陡,片疤较大;右侧片疤小而薄,加工面较为平缓。加工部位在上部和腹部,下部保留砾石面。长 9.8 cm,宽 9.2 cm,厚 4.5 cm,刃角 66°,重 480 g(图 6,2)。标本 05TNHAT34③:232,用扁平形砂岩砾石单面加工而成。加工面较集中于左侧和上部,片疤尾部多折断形成陡坎,修整较多。圆弧刃略偏于左侧。加工仅限于上部,大部分保留砾石面。长 17 cm,宽 11 cm,厚 5.5 cm,刃角 58°,重 1 410 g(图 6,3)。

Ⅲ式端直刃　1 件。标本 05TNHAT40③:81,用扁平形砂岩砾石单面加工而成。先剥浅而宽的大片,使扁平砾石的一端变薄,再从砾石面向劈裂面两次打片作为修整,打出一较直的陡刃。片疤小而深,因原料较差,片疤尾部折断形成陡坎。加工仅限于上部,其余均保留砾石面。长 10 cm,宽 6.7 cm,厚 4.3 cm,刃角 71°,重 455 g(图 6,4)。

Ⅳ式侧直刃　3 件。全为石英制成。在砾石或石核的一侧修整出一较直的刃缘。标本 05TNHAT6③:16,在石英石核的右侧自背面向劈裂面单向加工出一较直的陡刃,剥片至根部,片疤较陡,边缘不清楚。左侧为原来石核的片疤,仅限于上部。中部与下部保留砾石面。长 7.3 cm,宽 10.2 cm,厚 5.3 cm,刃角 79°,重 530 g。标本 05TNHAT28③:72,在石英石核的一侧单面加工而成。主要加工在左侧,剥片较多,几近底部,形成一较陡的直刃;右侧仅在上部略加修整。片疤边界模糊,部分片疤尾部沿石料节理面断裂而形成陡坎。长 10.7 cm,宽 6.2 cm,厚 5.5 cm,刃角 69°~82°,重 410 g。

Ⅴ式双刃　1 件。在石核的两端双面加工出一直刃和一凹刃。标本 05TNHAT20③:65,用石英石核双面打制而成。先在石核左侧交错横向加工出一弧刃,再在上部由劈裂面向砾石面剥片,与劈裂面相交成一直刃。石核正面几乎已无砾石面,右侧背面的剥片超过中轴线。部分片疤尾部折断形成陡坎。除左侧背面与下部保留砾石面外,余皆剥片。长 12.7 cm,宽 9.7 cm,厚 3.7 cm,刃角 58°~78°,重 605 g(图 6,5)。

Ⅵ式多刃　2 件。在砾石的两个以上的边修整出刃部,均为石英岩砾石单面打制而成。标本 05TNHAT19③:73,用石英岩砾石单面加工而成。上部和两侧剥片,片疤小而陡,因原料原因片疤尾部多沿结构面断裂形成陡坎,修整较多,左、上、右形成三个较直的陡刃;右刃缘下部残。加工面均较陡,仅中部和底部保留有砾石面。长 7.7 cm,宽 10.3 cm,厚 4.8 cm,刃角 75°,重 530 g。

刮削器　6 件。3 件砂岩,1 件石英。多由砾石直接打制而成。根据其刃部特征可将其分为 3 式。

Ⅰ式侧弧刃　3 件。在砾石的一侧单向或双向交错加工出一弧刃。标本 05TNHAT1③:6,在椭圆形砾石的一侧自凸起一面向较平一面剥片,顶端与背部相交成一弧刃,左右两侧交错加工至底部,使刃部更加锋利。片疤宽大扁薄,修整较多,形成一个呈锯齿状的圆弧刃。加工较多,仅底部中央保留有砾石面。长 8.7 cm,宽 7.7 cm,厚 5.2 cm,刃角 75°,重 375 g(图 6,6)。标本 05TNHAT13③:123,毛坯为扁平灰褐色砂岩砾石。单向加工,在一端略微剥片形成一端弧刃,片疤较小,加工简单粗糙。大部分保留砾石面。长 3.7 cm,宽 3.6 cm,厚 0.7 cm,刃角 30°,重 15 g(图 6,7)。标本 05TNHAT30③:307,用扁平形砂岩砾石单面加工而成。在砾石一侧由较凸一面向平坦一面横向剥片,片疤层层叠叠,尾部多折断,一条较大的陡坎从中上部纵贯至底部,加工面较陡。加工仅限于左侧,余皆保留砾石面。长 8 cm,宽 6.9 cm,厚 2.6 cm,刃角 59°,重 210 g。

Ⅱ式侧直刃　2 件。1 件砂岩,1 件石英。在砾石或石核的一侧单面加工出一直刃。标本 05TNHAT39③:181,用扁长形灰白色砂岩砾石单面加工而成。在上部与左侧自一面向另一面剥片,片疤小而长,浅薄平滑,刃部略加修整,形成一个偏左的陡直刃。仅上部加工,其余保留砾石面。长 6.8 cm,宽 6.4 cm,厚 3.1 cm,刃角 64°,重 210 g(图 6,8)。

Ⅲ式双弧刃　1件。在砾石的两侧分别加工出刃缘。标本05TNHAT21③：91,以扁圆形砂岩砾石为毛坯。右侧单面打击剥片,剥片较多,几乎剥去了砾石的一半,修整出一个侧弧刃;片疤大而浅薄,加工面平缓。在上端反向剥片剥去一大片,修整较多,片疤短而深凹,与正面砾石面相交成一较陡的弧刃。剥片规整,刃缘锋利。长6.4 cm,宽5.5 cm,厚3.1 cm,刃角52°~63°,重75 g(图7,1)。

石锤　5件。均用砾石直接锤击,岩性有砂岩、石英岩、石英和硅质岩。依据其形状可将其分为2式。

Ⅰ式圆形　4件。标本05TNHAT4③：15,扁圆形石锤。原料为扁圆形砂岩砾石。把手一端为砾石面无片疤。锤击一端片疤陡直,层层叠叠。由扁圆形砾石的两个凸起面向中部相对打击,在片疤中部形成一凸棱。片疤与两面相交形成两个较陡的刃缘,应可作刮削器使用。长6.9 cm,宽8.7 cm,厚6.6 cm(图7,2)。标本05TNHAT36③：116,圆形石锤。用近圆形红色石英砾石的两平面相对打击,因原料原因片疤边缘不明显,片疤均陡直与打击台面垂直,余皆保留砾石面。长6.5 cm,宽5.8 cm,厚4.2 cm,重225 g。

Ⅱ式长条形　1件。标本05TNHAT20③：108,长圆形双端石锤,原料为长圆形石英砾石。用两端垂直打击,片疤较小且凌乱,无完整片疤。一面打击较多,另一面打击较少,余皆为砾石面。长6 cm,宽4.5 cm,厚3 cm,重140 g。

另有1件尖状器、2件石核,1件残损严重的石制品,不可辨其器形。

石片　20件。基本上以砾石面为台面,少有人工台面。多数为锤击法剥片,部分碰砧法和锐棱砸击法剥片。岩性以砂岩为主,个别为硅质岩和石英。尺寸以5~10 cm居多,少量3~5 cm。标本05TNHAT26③：227,砂岩。自然台面,打击点清楚,半锥体凸出,放射线明显。石片远端因原料原因凹凸不平,右侧上方有两个较小的打击片疤。石片背部除左侧留有一长条形砾石面外,余皆为片疤,小而深。片疤因石料原因多有折断,形成较多的陡坎,个别片疤台面与石片台面相同。石片远端除左侧外,形成一弧形锋利的边缘。长7 cm,宽3.2 cm,厚1.7 cm,石片角117°,重35 g。标本05TNHAT11③：32,浅灰褐色细砂岩,自然台面,打击点清楚,半锥体略凸,同心波纹、放射线明显,左侧有一小崩疤。背部为砾石面。石片远端呈扇形,边缘锋利。长5.8 cm,宽8.5 cm,厚1 cm,石片角105°,重60 g(图7,3)。

砾石　58件。其形状以长圆形占绝大多数,少量为三角形和不规则形。显然长圆形砾石是打制石器的最好材料。岩性以砂岩居多,部分为石英岩、石英和硅质岩,个别为辉绿岩。尺寸主要在10 cm以下,尤其是5 cm以下,少数10 cm以上。

打击砾石　9件。打击砾石是指有一两个人工痕迹但不成器形的砾石,它不同于自然砾石,是砾石被加工成工具的过程中最初的形态。其形状主要是长圆形或近似长圆形,岩性以砂岩为主,尺寸主要介于5~10 cm之间。

5. 第④层除少部分外,大部分区域均有分布。此层出土遗物最为丰富,共计出土遗物270件(表9~11),包括断块137件,砾石70件,打击砾石3件,石片25件。

图 7　那哈遗址 A 区出土石器

1. 双弧刃刮削器（05TNHAT21③：91）　2. 石锤（05TNHAT4③：15）　3. 石片（05TNHAT11③：32）
4. 侧弧刃砍砸器（05TNHAT35④：328）　5~8. 端弧刃砍砸器（05TNHAT40④：130、05TNHAT12④：168、
05TNHAT21④：192、05TNHAT35④：321）

表 9　05TNHA④层断块、石片、石器统计表

名　称		尺寸/类型	岩　性					小计
			数量	砂岩	石英岩	石英	硅质岩	
断　块		3~5 cm	86	38	33	7	8	137
		5~10 cm	40	21	12	4	3	
		10~15 cm	6	3	2		1	
		15 cm 以上	5	3			2	
石　片		3~5 cm	14	7	4		3	25
		5~10 cm	11	7	4			
石器	砍砸器 18 件	侧弧刃	3		3			35
		端弧刃	6	1	4	1		
		多　刃	1				1	
		侧直刃	1		1			
		双　刃	1		1			
		端直刃	5	3	2			
		弧刃(残)	1	1				
	刮削器 11 件	侧弧刃	5	4	1			
		端弧刃	2				2	
		端直刃	2	2				
		残	1	1				
		双直刃	1	1				
	石　锤		4		3	1		
	手　镐		2			1	1	
小　计			197	92	70	14	21	197

表 10　05TNHA④层砾石统计表

尺寸	形状	数量	砂岩	石英岩	石英	硅质岩	辉绿岩	小计
3 cm 以下	长圆形	1			1			2
	扁椭圆形	1	1					
3~5 cm	长圆形	8	6		1	1		23
	长条形	2	1	1				
	扁圆形	1					1	
	不规则形	6	4		2			
	扁椭圆形	4	4					
	三角形	2	1		1			
5~10 cm	长圆形	6	3		2	1		30
	扁三角形	1	1					
	圆球形	1	1					
	不规则形	7	4	1	1	1		
	扁椭圆形	8	5	1	2			
	长条形	4	4					
	扁圆形	3	1	1			1	
10~15 cm	不规则形	2	1			1		12
	长圆形	3		2		1		
	扁椭圆形	3		2			1	
	三角形	2		1		1		
	长圆形	2			1	1		
15 cm 以上	菱 形	1	1					3
	扁椭圆形	2	2					
小 计		70	40	9	11	7	3	70

表 11　05TNHA④层打击砾石统计表

尺　寸	形　状	数　量	岩　　　性		小　计
			砂　岩	石英岩	
3~5 cm	扁椭圆形	1	1		1
5~10 cm	扁椭圆形	1	1		2
	近球形	1		1	
小　计		3	2	1	3

石器 35 件,均为打制石器,未见磨制石制品或毛坯等。包括砍砸器、刮削器、石锤、手镐等类型。

砍砸器　18 件,包括 1 件残缺的砂岩弧刃砍砸器。绝大多数由砾石直接打制而成,少数由石核打制成,均为单面加工。原料以砂岩和石英岩为主,部分为石英和硅质岩,部分岩料风化。根据其刃部特征可将其分为 6 式。

Ⅰ式侧弧刃　3 件。均为石英岩,1 件石料风化。在砾石的一侧加工出一弧刃。标本 05TNHAT35④:328,毛坯为扁圆的黄褐色石英岩砾石,在一边由较平一面向较凸一面单面加工而成,左侧部分加工面平缓,但刃部修整较陡,片疤尾部断裂成阶梯状;右侧加工面较陡,上部修整较多,加工面平缓,刃部圆弧。刃缘上端和右侧缘背部有剥落的碎疤,应为使用痕迹。刃缘呈凸弧状,石器略呈椭圆形。长 12.5 cm,宽 14.5 cm,厚 8 cm,重 1 390 g(图 7,4)。标本 05TNHAT40④:372,用扁圆形石英岩砾石单面加工而成。左侧缘剥片较陡,片疤大而厚,刃部剥小片修整;右侧打片一次,片疤大而陡,与砾石面交错而成刃部;端部略加修整成刃部。左、中、右三刃相连接而成一宽大的弧刃。长 10.5 cm,宽 8.5 cm,厚 6 cm,刃角 73°,重 655 g。标本 05TNHAT40④:381,沿扁圆石英岩砾石一侧单面打制而成。片疤大而平坦,左侧剥片较多,刃部修整后使刃部加工面变陡。弧刃宽大。器身保留大部分砾石面。长 15 cm,宽 16.8 cm,厚 8 cm,刃角 65°,重 2 425 g。

Ⅱ式端弧刃　6 件。4 件石英岩,1 件砂岩,1 件石英,1 件石料风化。在砾石或石核的一端加工出一弧刃。标本 05TNHAT40④:130,用砂岩石核单面加工而成。左侧加工较少,片疤较陡,弧刃略加修整;右侧片疤宽大,因原料原因片疤尾部形成一陡坎,刃部修整较多,片疤小且尾部多有折断。左右两侧刃缘于端部相交成一略偏向左的凸弧刃。加工仅限于石核上部,下部多保留砾石面。长 14.5 cm,宽 11.8 cm,厚 5.3 cm,刃角 52°,重 1 945 g(图 7,5)。标本 05TNHAT12④:168,用石英岩三角形砾石单面加工而成。在三角形一锐角由较凸一面向较平一面单向剥片,片疤小而陡,因原料原因部分片疤尾部折断形成陡坎。加工仅限于砾石上部,制作简单粗糙,大部分保留砾石面。长

16 cm,宽 11 cm,厚 3.9 cm,刃角 73°,重 1 050 g(图 7,6)。标本 05TNHAT21④：192,用扁圆形砂岩砾石单面加工而成。在砾石一端自较平一面向另一面打击剥片,片疤宽大较陡,与背面(砾石面)相交成一圆弧陡刃。加工仅限于上部,大部分保留砾石面。长 11.4 cm,宽 11.8 cm,厚 6.2 cm,刃角 62°~74°,重 850 g(图 7,7)。标本 05TNHAT35④：321,用扁长形黄褐色石英岩砾石单面打制而成。在砾石的一端自较平一面向较凸一面打击剥片,左侧剥片较多,片疤宽大浅薄;右侧剥片较少,片疤大的达中部。右侧剥片至上部形成一较凸的刃部。加工主要在上部,下部保留砾石面。长 12.5 cm,宽 11.5 cm,厚 7.5 cm,重 1 340 g(图 7,8)。标本 05TNHAT5④：63,用扁圆形石英岩砾石单面打制而成。在扁圆砾石的一端由一面向另一面打击剥片,略加修整形成一略弧的直刃。片疤宽大而浅薄,因原料差使部分片疤尾部折断形成陡坎。加工仅限于上部,大部分保留砾石面。长 14 cm,宽 13 cm,厚 6 cm,刃角 50°,重 1 065 g(图 8,1)。

Ⅲ式端直刃　5 件,3 件砂岩,2 件石英岩。在砾石的一端单面加工出一直刃。标本 05TNHAT28④：213,用扁圆形砂岩砾石单面加工而成,石料风化。在砾石的一端由较平的一面向较凸的一面单向打片两次,刚好打出一个较直且锋利的端刃。片疤大而深凹,因原料原因尾部折断形成一陡坎。加工仅限于上部,其余保留砾石面。长 10.3 cm,宽 7.3 cm,厚 3.8 cm,刃角 52°,重 425 g(图 8,2)。标本 05TNHAT35④：322,用扁圆形石英岩砾石单面加工而成。在一端由较平一面向另一面加工出一直刃,片疤宽大而浅薄。修整多次,修整片疤小而深,修出一较陡的直刃。加工仅限于上部,大部分保留砾石面。长 10.9 cm,宽 10.4 cm,厚 4 cm,刃角 63°,重 565 g(图 8,3)。

Ⅳ式侧直刃　1 件石英岩。在砾石的一侧单面加工出一直刃。

Ⅴ式双刃　1 件石英岩。在砾石的两边各打制出一个刃缘。

Ⅵ式多刃　1 件硅质岩。在砾石的多个边上各加工出刃部。标本 05TNHAT19④：142,用扁平硅质岩砾石单面加工而成,石料风化。在左侧、上部和右侧三面剥片,片疤均小而浅且密,左侧片疤略大,加工面略为平缓,形成一较直的刃部;顶端剥片略少,为一圆弧状陡刃,两刃相交成尖。右侧片疤较小,成一较陡的直刃,右侧刃与上部刃相交也成一尖。左右两侧剥片均未达中轴线。石器中部和底部中央保留砾石面。长 11.6 cm,宽 12.3 cm,厚 3 cm,刃角 51°,重 670 g(图 8,4)。

刮削器　11 件,8 件砂岩,1 件石英岩,2 件硅质岩。均为砾石直接单面打制而成。根据其刃部特征可将其分为 3 式：

Ⅰ式弧刃　7 件,均为硅质岩,其中 1 件石料风化。在砾石的一端单向加工出一弧刃。标本 05TNHAT40④：282,毛坯为扁三角形褐色硅质岩砾石。自砾石一端单面加工出一弧凸的陡刃。片疤较宽大浅薄,近刃部片疤较深。加工限于上部,余皆保留砾石面。长 9.2 cm,宽 9.2 cm,厚 5 cm,刃角 68°,重 396 g。标本 05TNHAT35④：324,侧弧刃。用扁圆形砾石单面加工而成。在砾石上部从左至右加工出一圆弧刃,因使用而变钝,除右上部一片疤尾部折断形成陡坎外,片疤均较小且浅。中部沿砾石节理面破裂,仅左侧一小部分和底部留有石皮。长 7.1 cm,宽 7.3 cm,厚 4.1 cm,刃角 56°,重 205 g(图 8,5)。

　　Ⅱ式直刃　2 件。均为砂岩。均在砾石的一端单向加工出一直刃。标本 05TNHAT35④:
314,毛坯为扁方形黄褐色硅质岩砾石,石料风化。自砾石一端单面加工成一直刃。加工
面平缓,近刃部因修整变陡。部分片疤尾部折断成陡坎,刃缘锋利。加工仅限于上部,余
皆保留砾石面。长 8.5 cm,宽 6 cm,厚 3.1 cm,刃角 54°,重 230 g(图 8,6)。

　　Ⅲ式双刃　1 件砂岩。在砾石的两个边各加工出一较平直的刃部。

　　石锤　4 件。3 件石英岩,1 件石英。均用砾石直接捶击。根据其形状可将其分为
2 式:

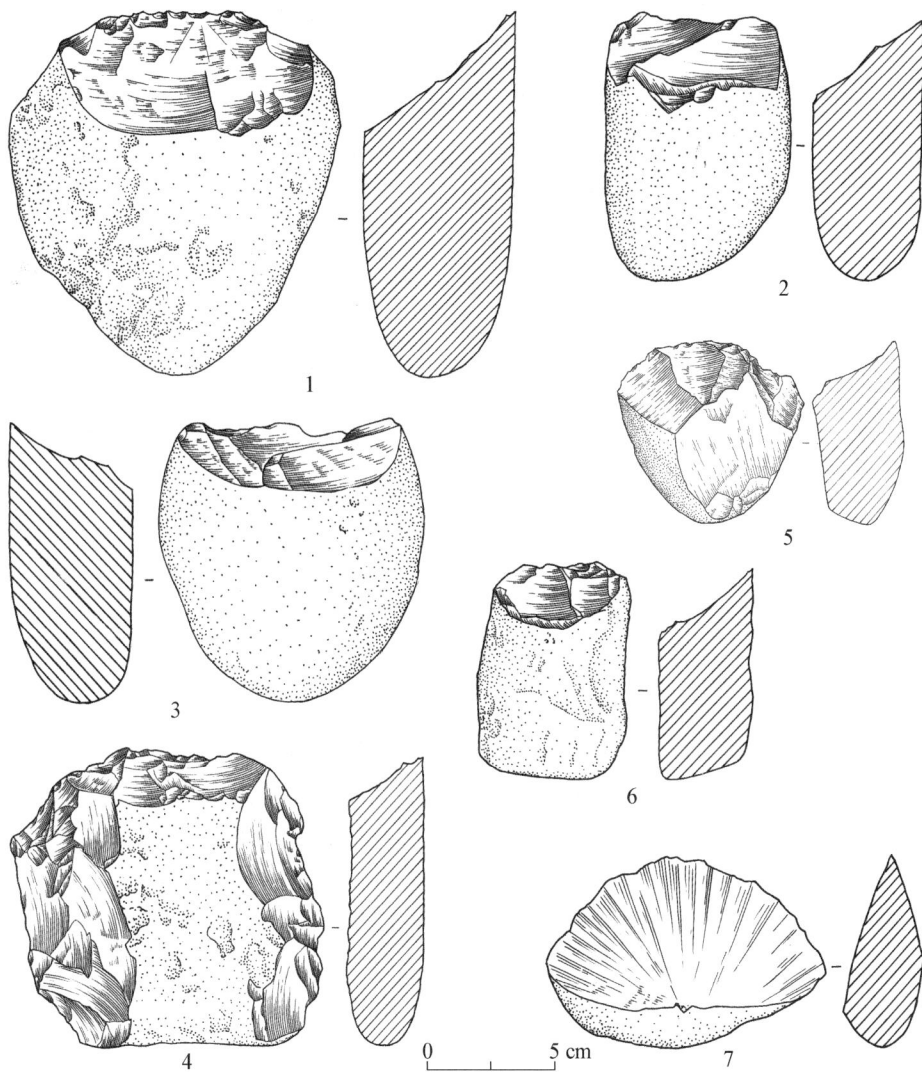

图 8　那哈遗址 A 区出土石器

1. 端弧刃砍砸器(05TNHAT5④:63)　　2、3. 端直刃砍砸器(05TNHAT28④:213、05TNHAT35④:322)
4. 多刃砍砸器(05TNHAT19④:142)　5. 弧刃刮削器(05TNHAT35④:324)　6. 直刃刮削器(05TNHAT35④:
314)　7. 石片(05TNHAT40④:296)

Ⅰ式长条形　2件,均为石英岩。标本05TNHAT40④:361,用扁长形褐色石英岩砾石两侧相向打击,片疤面中部沿石料节理面断裂显得较为平整光滑,两侧则成鳞片状。另一侧无片疤,留作把手。长10 cm,宽5.5 cm,厚5 cm,重385 g。

Ⅱ式圆形　2件。标本05TNHAT40④:366,用扁圆形褐色石英岩砾石的一端从较凸一面向较平一面打击,片疤边缘不明显,均较陡直。打击较少,打击面与砾石面相交处较钝。打击较少,大部分保留砾石面。长14 cm,宽12.5 cm,厚6.5 cm,重940 g。

手镐　2件。1件风化硅质岩,1件石英。是指用长条形砾石或厚石片在一端主要是单面加工出尖刃的重型工具,在尖部多有修整,具有砍砸和挖掘等方面的功能。标本05TNHAT6④:61,用长圆形褐色硅质岩砾石直接加工而成,石料风化。一面扁平,另一面凸起,由扁平一面向另一面打击,从两侧往一端加工出一尖。沿砾石两侧剥片,在一端相交成一尖,两侧剥片直达根部。上部剥片较多,下部两侧的面均未达中轴线,中间保留有石皮(砾石面)。两侧加工面较陡,尖刃部加工面较平缓。刃部背面由远端向根部剥下一小片使刃部更锋利。两侧刃与尖刃均已磨蚀。长17 cm,宽12.3 cm,厚7 cm,刃角57°,重1 770 g。

石片　25件。基本上全以砾石面为台面,个别为人工台面。基本上为锤击法剥片;岩性以砂岩和石英岩为主,部分硅质岩;尺寸介于3~10 cm之间。标本05TNHAT40④:296,自然台面,打击点清楚,半锥体明显,放射线清晰,破裂面凸起。背部为砾石面。石片远端边缘呈扇形,有许多使用后留下的片疤,使边缘较钝。长7.3 cm,宽11 cm,厚2.8 cm,石片角109°,重225 g(图8,7)。

砾石　70件。其形状以长圆形或长条形或扁椭圆形为主,少数不规则形,出土的石器毛坯也多为前者;岩性以砂岩最多,也有相当部分石英岩、硅质岩、石英,少数辉绿岩;尺寸绝大多数介于3~15 cm之间,少量15 cm以上,极少数为3 cm以下。

打击砾石　3件。扁椭圆形2件,近球形1件;2件砂岩,1件石英岩;尺寸均在3~10 cm之间。

6. 第⑤层在整个那哈遗址均有分布,由西部向东部倾斜。在A区表现为西部和中部较高,东部略低,从中部向南、北两侧倾斜度较大。此层均未挖完。下挖部分仅出土1件石质手镐。标本号为05TNHAT10⑤:1,用长三角形石英岩砾石单面加工而成,石料风化。一面扁平另一面凸起,由扁平面向另一面打击,沿两侧剥片,在一端相交成尖。两侧剥片至根部,越过中轴线,仅根部保留有石皮(砾石面),整个加工面宽阔平缓。长18 cm,宽11.4 cm,厚8.3 cm,刃角58°,重1 700 g。

四、小　　结

本遗址地层叠压明显,出土物丰富,石制品特征鲜明,较好反映了人类的经济生活和文化发展序列。

1. 各文化层的地层成因及石制品特征

本遗址除第①层被近现代耕土层扰乱,明显为扰乱层外,其他各层均为早期形成的文化层。

第②层:此层基本上未见扰乱,应为原地埋藏。出土物中未见晚期遗物,只有石器。

石器原料均为砾石,岩性以砂岩和石英岩为主,还有部分石英、硅质岩,极个别辉绿岩。石制品中基本不见石核,石片尺寸均在 3~10 cm 之间,数量也比较少。打制石器基本上使用锤击法单面加工,不见石片石器。石器以端刃居多,即长大于宽。除打制石器外,还有部分砾石和磨光器等类型(表 12)。

表 12　②层石制品数量统计表

砍砸器	刮削器	尖状器	砺石	磨光器	石砧	石片	断块	砾石
3 件	2 件	1 件	1 件	1 件	1 件	4 件	22 件	4 件

第③层:此层出土丰富的打制石器,未见有磨制石器或毛坯等遗物。所出石器均未见明显冲磨,其应为早期原地埋藏(表 13)。

表 13　③层石制品数量统计表

砍砸器	刮削器	尖状器	石锤	石核	石片	断块	砾石	打击砾石
14 件	4 件	1 件	5 件	2 件	20 件	66 件	58 件	9 件

石制品的原料均为砾石,其岩性主要是砂岩、石英岩、石英和硅质岩。加工石器主要使用锤击法单面打制。原料、石器形体均较小且未受风化与冲磨,尺寸基本在 15 cm 以下,绝大多数在 10 cm 以下。石核少,利用率低。石片占有相当的比例,尺寸多在 5~10 cm 之间,少数 3~5 cm,其应该是人为选择造成的;打片方法主要是锤击法,少部分用碰砧法,个别为锐棱砸击法。石器多数单面加工,少数为双面加工。砍砸器与刮削器,多数用砾石直接加工而成,部分明显以石核为原料制成,个别还以双面石核制成,可见其打制石器已不再那么原始。部分石器原料为硅质岩、较致密的石英岩,器体匀称,加工精致。砍砸器的尺寸一般不超过 12 cm,无 12 cm 以上的,其中弧刃较多,但也有相当一部分直刃。出土的打击砾石数量有 9 件,在人工打制品中的比例大约为 18%,这么多打击砾石的出土,说明当时人们在采集石料的过程中出现了明显的对比选择。

第④层:地层属于破坏后的网纹红土从高处整体搬运至此后形成。

石制品原料以砂岩、石英岩为主,还有硅质岩和石英。出土的石制品形体较大且多受到明显的风化。加工石器主要是用锤击法单面打制。石制品尺寸虽然大多数在 3~10 cm 之间,但 10~15 cm 和 15 cm 以上也占有相当大一部分比例。石片占有相当的比例,尺寸多在 3~10 cm 之间;打片方法主要是锤击法。石器基本上是用砾石直接单面打制而成,石料较多风化,也使石器看起来比较粗糙,但个别石器例外。例如标本 05TNHAT6④:61,虽然石料已风化,但仍可看出其当时加工是很细的,片疤较多且痕迹明显,器形对称精致。砍砸器和刮削器的弧刃数量多,直刃很少。砍砸器多数长大于宽,尺寸在 12 cm 以上。打击砾石仅出土 3 件,说明当时人们在采集石料的过程中选择性不是很明显(表 14)。

表 14　④层石制品数量统计表

砍砸器	刮削器	石锤	手镐	石片	断块	砾石	打击砾石
18 件	11 件	4 件	2 件	25 件	137 件	70 件	3 件

第⑤层:网纹红土。在百色,网纹红土正是 80 万年前的典型堆积,故其年代应为 80 万年前的旧石器早期。此层仅出土 1 件用石英岩砾石单面加工的手镐,石料已风化。

2. 各文化层的分期、性质及年代

因本遗址文化层均未发现可供测绝对年代的标本,故其年代的判定只能依据其他材料来相对推断。从石制品的特征和地层堆积以及与邻近地区的遗址对比来看,此遗址可分三期:

第一期:含遗址的第④、⑤层。第⑤层为未扰动的网纹红土,出土 1 件风化石英岩手镐;第④层地层属于破坏后的网纹红土从高处整体搬运至此后形成棕黄色砂黏土,虽然看起来两地层之间有差异,但其内涵是一致的。第⑤层出土的手镐与第④层出土的手镐原料均受风化影响,打制方法相似。第④层出土石制品整体上看加工较简单粗糙,石料较多地受到风化,其年代也应比较早。所以这两层的文化内涵也应一致,可把他们归在一起。第④层石制品的原料为砂岩、石英岩、石英、硅质岩砾石,打片主要用直接锤击法,石核很少或者说没有,石片背面保留有砾石面,这些都和百色市上宋遗址出土石制品相一致;石器工具类型有砍砸器、刮削器、手镐,这和上宋遗址[1]出土工具组合相类似。此遗址第④层出土有石锤这种工具,而上宋遗址却没有,前者的石锤完全可以当作砍砸器使用,这就并不影响与后者的一致性。而上宋遗址的年代与百色盆地其他地点如田东坡西岭遗址等相当,即距今约 80 万年,所以,本遗址第一期应为旧石器时代早期的文化堆积,其年代应该距今 80 万年。

第二期:第③层。此层出土丰富的打制石器,未见磨制石器或毛坯等遗物,故其应为旧石器时代堆积。所出石器未见明显冲磨,其应为早期原地埋藏。与第④层石制品相比较:均出土丰富石制品。前者石制品基本未受冲磨与风化,后者受冲磨、风化明显;前者石器、原料尺寸均较小,后者则较大;前者无手镐,后者有手镐出土。从石制品的冲磨状况来看,可见前者地层为原地埋藏,而后者的堆积经过了位移;在同样的地理环境中,④层石制品受到明显风化,③层石制品未受风化,两者之间应该有早与晚之分,显然第③层堆积晚于第④层堆积;前者石制品的大小大多介于 5~12 cm 之间,这样更利于人类的手握使用,后者有相当一部分石制品的尺寸为 5 cm 以下和 12 cm 以上,这和前者相比原始了许多;手镐这种重型工具是百色早期旧石器常见的器物类型之一[2],第③层虽出土丰富的旧石器,但 1 件手镐都没有,第④层有出土,这不是一种偶然,应是两者的石器工业不同,又因为两者有明显的叠压关系,两者只能是不同时期的不同遗存。由此可见,本遗址第二期应为旧石器时代中晚期遗存。遗憾的是未发现可测年的(如古生物等)的遗存,故其具体年代不可知。

第三期:第②层。此层石制品未见明显冲磨,其堆积应是原地埋藏。出土物中未见晚期遗物,只有石器,且有一部分为磨制石器和砺石等物,这些都是新石器时代的标志性器物,故其年代应为新石器时代。在整个发掘过程中未发现陶片,所以其应为前陶新石器时代遗存。因未发现可测年的遗存(如炭粒等),其具体年代不可知。在广西百色地区,所发现的新石器遗址已正式公开发表资料的主要有那坡县感驮岩遗址[3]、右江区革新桥遗址[4]等,这两个遗址中都有或多或少的陶片,其年代分别为距今约 5 000~4 000 年和6 000~5 000 年,那么此遗址第三期的年代应在距今约 6 000~5 000 年,或者更早,属于新石器时代早中期。

3. 古人类当时的经济生活

第一期:遗址第④、⑤层出土的石器类型有砍砸器、刮削器、手镐,出土了数量较多的石片。(表 15)

表 15　第④、⑤层石制品简表

名　　称	砍砸器	刮削器	手　镐	石　片
类型及数量(件)	侧刃 3	11	3	25
	端刃 11			
	其他 4			

砍砸器适于砍伐植物与敲砸兽骨[5],在出土 32 件石器中占了 18 件[6]。从当地人砍伐树木、甘蔗之类用的长凹刃砍刀和挖掘用的窄刃锄头可知宽大于长的较宽大的侧刃很适于砍伐竹木,而长大于宽的端刃更适于挖掘植物根茎,这两者在敲砸兽骨中并无多大差别。此层砍砸器中侧刃只有 3 件,端刃多达 11 件,可见其更多地用于挖掘植物根茎和敲砸兽骨。手镐主要是用作挖掘食物和制作竹木器[7],器体有两个宽大的侧刃用来砍伐竹

木,尖部用来挖掘食物。数量较多的石片应该是用来剥皮、肢解动物和切肉。"用未加工的石片在进行剥皮、肢解动物和切肉方面具有很高的功效"[8]。这样看来,当时人类的经济生活主要以狩猎和采集为主。百色地区气候条件优越,植物资源丰富,可供人类食用的天然植物众多,而狩猎在安全和稳定性方面与采集相比都比较差。有一种观点认为,制作和使用粗大石器的人类更适宜于采集[9]。此层出土的石制品制作粗犷,形体硕大,其更适宜于采集生活。那么,第一期人类的经济活动应该是以采集为主,狩猎为辅。

第二期:第③层出土的石器主要有砍砸器、刮削器和手镐,也出土了数量较多的石片(表16)。

表16　第③层石制品简表

名　　称	砍砸器	刮削器	尖状器	石　片
类型及数量(件)	侧刃 5	4	1	20
	端刃 5			
	其他 4			

砍砸器和尖状器是与采集和早期狩猎经济相适应的[10]。砍砸器侧刃与弧刃均有5件,其比例为1∶1,其砍伐竹木的活动应该与挖掘植物根茎和敲砸兽骨的活动具有大体相当的重要性。尖状器用于挖掘植物根茎和剔挖兽肉,但其数量太少,只有1件。石片在石制品中占相当大的比例,切割肉类的活动也许不少。将第③层出土的石制品与第④、⑤层相对比可知,不管是石器还是石片或者原料,前者器体均较小。石器的细小化标志着狩猎工具的轻巧化和普遍化[11]。制作和使用细小石器的人类更善于狩猎[11]。从以上推测,第二期人类的经济活动仍以采集和狩猎为主,但狩猎的重要性已较旧石器时代早期有所上升。

第三期:第②层出土的石制品较少,石器只有寥寥可数的几件,很难作器形分析来推断当时人类具体的经济活动(表17)。

表17　第②层石制品简表

名　　称	端刃砍砸器	刮削器	尖状器	石　片	砾石及其他
类型及数量(件)	3	2	1	4	3

新石器时代全球气候开始变暖,森林面积增加,草原面积减少,食草动物开始减少,狩猎活动难度增加。为了寻找新的食物来源,人们的经济生活开始出现新的活动方式。第①层的穿孔石器也许本身就属于②层,一般认为穿孔石器的出现与渔猎有关。本遗址处

于右江边,捕鱼活动有天然条件。除了采集和狩猎以外,这时的人类可能已经从水里寻找食物来源。

4. 遗址 A 区的发掘意义

那哈遗址位于百色东部,处于百色盆地的边缘地带,其地层堆积文化内涵丰富,时代包括旧石器时代早期、旧石器中晚期至新石器时代早中期三期,各层叠压关系明显。通过此次对那哈遗址 A 区的发掘,为我们研究百色地区史前人类历史的发展以及附近的地质地貌变迁提供了新的资料。

那哈遗址 A 区地层序列清晰,第一期、第二期出土遗物丰富,器形多样,特征鲜明,为百色旧石器文化的分布和分期研究提供了新的参考资料;同时,第三期文化遗存的出土,也为我们研究百色地区新石器时代的人类活动提供了非常重要的实物资料。

附记: 本次发掘领队为广西壮族自治区博物馆兰日勇,执行领队为梧州市博物馆李乃贤,副领队为梧州市博物馆周学斌,参加发掘的有兰日勇、李乃贤、周学斌,梧州市博物馆李其汉、林刚,技工于贺昌、郑云峰。参加资料整理的有蓝日勇、李其汉、李乃贤、周学斌、林刚、郑伟标和梧州市博物馆的周树雄、梁萍、苏飒、张日安和技工张小波等同志。图纸由周学斌、张小波绘制,照片由李乃贤、林刚拍摄。

执笔:周学斌 李乃贤 林 刚

注 释

[1] 广西壮族自治区文物工作队,百色市右江民族博物馆,百色市右江区文物管理所.广西百色市上宋旧石器时代遗址发掘简报[A].见:广西壮族自治区文物工作队编.广西文集(第 2 辑)[C].北京:科学出版社,2006.

[2] 黄启善.百色旧石器[M].北京:文物出版社,2003:18~19.

[3] 广西壮族自治区文物工作队.广西那坡县感驮岩遗址发掘简报[J].考古,2003(10).

[4] 谢光茂,等.广西革新桥发现一处大规模石器加工厂[N],中国文物报 2003-3-5.

[5] 黄崇岳.简论我国母系社会的形成、发展和繁荣[J].史前研究,1982(2).

[6] 科林・伦福儒,保罗・巴恩.考古学理论、方法与实践[M].北京:文物出版社,2004.

[7] 黄启善.百色旧石器[M].北京:文物出版社,2003:106.

[8] 黄启善.百色旧石器[M].北京:文物出版社,2003:106.

[9] 吴新智等.大荔人及其文化[J].考古与文物,1980(创刊号).

[10] 龙家有.两广西江流域史前文化遗存经济生活方式的演变及其原因探讨[A].见:封开县博物馆,等.纪念黄岩洞遗址发现三十周年论文集,广州:广东旅游出版社,1991.

[11] 龙家有.两广西江流域史前文化遗存经济生活方式的演变及其原因探讨[A].见:封开县博物馆,等.纪念黄岩洞遗址发现三十周年论文集,广州:广东旅游出版社,1991.

[本文发表于《广西考古文集(第 4 辑)》,科学出版社,2010 年]

田阳那哈遗址 B 区发掘简报

桂林市文物工作队　广西文物考古研究所　田阳县博物馆

为配合南宁至百色高速公路建设,2005 年 8 月至 10 月,应广西文物考古研究所的邀请,桂林市文物工作队会同田阳县博物馆对田阳县那哈遗址进行了抢救性考古发掘。遗址发掘分为 A、B 两个区。其中梧州市博物馆发掘 A 区,桂林市文物工作队发掘 B 区。B 区的发掘揭露面积为 1 000 m²,历时两个多月,出土遗物 1 500 多件。现将 B 区的发掘情况报告如下。

一、遗址位置与环境

那哈遗址位于百色市田阳县那满镇治塘村塘例屯东约 500 m 的那哈山上,西距那满镇约 4 km,位于右江南岸,北距右江约 300 m(图 1)。

图 1　那哈遗址地理位置图

　　该遗址于 1988 年第一次全国文物普查时发现。当时田阳县文物管理所在那哈镇治塘村一带的山丘上发现了数个旧石器时代遗址,统称为田阳治塘遗址。2003 年秋广西壮族自治区文物工作队在对南北高速公路用地的文物普查中对田阳县那哈山进行了实地调查,并在这里发现了较为丰富的石器遗存。

　　该遗址东、南、西三面大部系连绵起伏的低缓山丘,北面是广阔的百色盆地。那哈山大体呈马蹄形,最高海拔高度约 150 m。其东、南、西三面土丘多种植芒果树,兼有少量的桉树林,北侧与平坦的水田相邻。那哈山与羊头山、下卡山、牛栏山等组成过渡的低丘,那哈山附近地形起伏较大。遗址及其周围地形起伏也较大,地表原来种植有茂密的芒果树,地表为较疏松的土层,夹杂少量的小砾石,地表没有砾石层。距遗址发掘区西南约 400 m 的山顶西坡为陡坡,陡坡表面可见明显的砾石层,砾石直径 1~20 cm,以 2~5 cm 的居多。砾石岩性有砂岩、硅质岩、石英岩等,以砂岩为主。中国科学院地质与地球物理研究所袁宝印教授进行实地考察后,认为那哈山周围在远古时期的地壳构造运动中很可能发生了断层,后来形成了附近高低起伏的地貌特征,而发掘区的堆积很可能是远古时期高一级的台地被破坏后通过地表流水作用搬运逐渐形成的。

二、发掘方法与地层划分

　　B 区位于那哈山西部区域,地势较高,地面略有起伏。此次发掘共布方 40 个,东西向 4 排,每排 10 个探方,面积 5×5 m,实际发掘面积为 4×4 m。位于西南角的第一个探方编号为 BT1,第一排由西向东依次为 BT2、BT3……BT10;以北的第二排由西向东依次为 BT11 至 BT20;第三排由西向东依次为 BT21 至 BT30;第四排由西向东依次为 BT31 至 BT40(图 2)。

　　发掘时,根据地面情况,设定了一个基点,并确定基点的绝对高程。从基点出发,用水平仪测定每件出土物的深度及绝对高程。在发掘过程中,各探方的地层分别单独编号,出土物则全 B 区统一编号。发掘完后,通过各探方地层关系的对比分析,对地层进行统一划分。由于时间关系,B 区共有两个探方发掘到基岩,其余探方到达砖红土下 0.3~3.7 m,最大发掘深度为 4 m。

　　B 区的地层堆积基本是一致的,由上而下最多可分为六层,各探方的地层大体与这六层相对应,只是部分探方缺失部分层位。现在以 BT5 东壁为例,对地层的堆积情况介绍如下。

　　第①层:现代堆积层。多为耕作土或冲积土,土色灰黄或浅褐色,受地表植物根系的影响,土质疏松,局部夹细小的红色砂岩颗粒,厚 25~40 cm。该层厚薄不均,表面略有起伏,地层由北向南倾斜。该层未发现石制品。

　　第②层:古代耕作土。土色深灰色,土质疏松,厚薄较均匀,层面较平坦,厚 15~35 cm。不含石片和石制品。

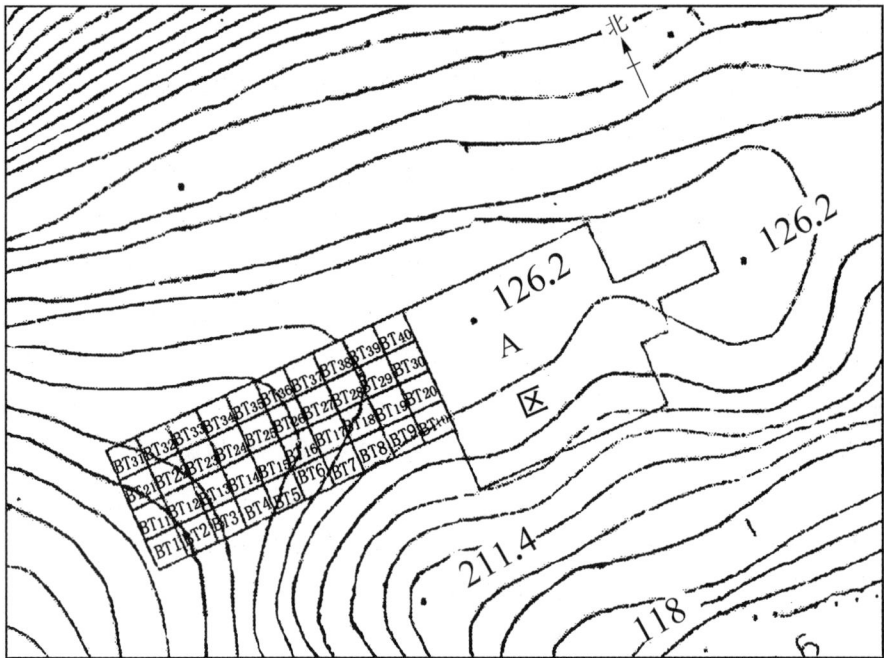

图 2　那哈遗址地形与探方分布图

第③层：棕黄土层。土色棕黄色，由于受上层土色的影响而略有不同，并夹有含植物根系的灰色小块。该层层面较平坦，厚薄较均匀，厚 25～50 cm。该层硬度适中，黏性较强，含杂质少，包含较多的石片、碎片、石器、砾石。

第④层：含小砾石的棕黄土层。土色棕黄色，夹有含植物根系的灰色小块。该层随地势由西向东、由北向南倾斜，厚薄较均匀，厚 40～65 cm。该层硬度适中，黏性较强，含杂质少，包含较多的石片、碎片、石器、砾石，但较第③层少。该层大部明显含有较多的小砾石，直径 0.5～3 cm。

第⑤层：黄黏土层。土色大体呈黄色，但由于处于向砖红土过渡的地段，局部土色稍夹杂红褐色。该层起伏较大，厚 30～80 cm；硬度适中，黏性较强，含杂质少，包含少量的石片、石器。

第⑥层：网纹红土层。该层随地势由北向南倾斜。该层硬度大，黏性较小，不含杂质，处于地表 1.95～2.2 m 以下。土色随深度的变化而略有不同，上部呈砖红色，红黄色斑点较小，土呈颗粒状，越往下土色红变淡，红黄斑点越大越长，硬度变小。该层未发现石制品。

各地层在整个 B 区的分布不均匀，具体分布情况如下：

第①层：为现代耕作土或冲积土，在全发掘区的大部分布，局部因雨水冲刷缺失。该层顺地势由西向东倾斜，厚薄不均，西侧地势高，分布薄，东侧较厚，表面略有起伏，局部有明显的冲沟。

第②层：古代耕作土层，仅分布于 B 区中部相对平坦的区域，即 T5、T6、T7、T15、T16、T17、T18 和 T35。该层厚薄均匀，地层层面平坦。

第③层：为含有大量石制品的文化层，在 B 区绝大部分探方有分布。该层随地势由西向东倾斜，厚薄较均匀。

第④层：为含有大量石制品的文化层，在 B 区绝大部分探方有分布。该层随地势大体由西向东倾斜，分布较均匀，但局部起伏较大。该层大部明显含有较多的小砾石，直径 0.5~3 cm，但局部区域(如 T37、T38、T39、T40)砾石层不明显。

第⑤层：为含有少量石制品的文化层，在 B 区中部和东北部分探方有分布。该层随地势大体由西向东倾斜，分布较均匀。该层与第 6 层之间往往无明显的分界，是一种渐变的关系。

第⑥层：在 B 区均有分布，发现极少的石制品。该层随地势由西向东，并由中部向南北两侧倾斜，在 B 区西部可见其直接叠压于风化基岩之上。

三、文 化 遗 存

B 区此次发掘共出土遗物 1 572 件，包括所有石制品和 5 cm 以上砾石(这些遗物不包括第 1 层出土物)。第 3、4、5、6 层为石器时代文化层，均有遗物出土，其中又以第 3 层和第 4 层遗物最多，第 6 层仅出土数件石制品。此外，B 区还发现 2 处遗迹。根据地层堆积和遗物特征，B 区发现的文化遗物明显可划分为两个不同的时期，下面就两个不同时期分别记述。

（一）第一期文化遗存

B 区第一期文化遗物包括发掘区第 4 层、第 5 层和第 6 层出土的石制品，共计 435 件。种类包括砾石、石核、石锤、手镐、薄刃斧、石片、断块等(表 1)。

表 1　那哈遗址 B 区第一期石制品统计表

类型	砾石	石锤	砍砸器	砍砸器毛坯	刮削器	切割器	薄刃斧	手镐	石核	石片	碎片	断块	合计
数量	42	9	24	12	25	2	2	5	9	140	68	97	435
百分比	9.66	2	5.5	2.75	5.75	0.46	0.46	1.15	2.1	32	15.6	22.3	100

1. 砾石

42 件。统计包括 5 cm 以上没有人工痕迹的出土砾石。形状有扁圆、扁长、长条形等，大小多 5~16 cm,最大长 26.7 cm,宽 14 cm,厚 11.6 cm,重 6 198 g。岩性有砂岩、石英岩、硅质岩等。这类砾石应该是当时人类有意或无意从别处带来的加工原料。

2. 石核

9 件。石核大小差别较大,最大的石核长 20 cm,宽 13.5 cm,厚 8.5 cm,重 2 666 g;最小的长 5.9 cm,宽 4.7 cm,厚 2.7 cm,重 99 g。分单台面、双台面两种。石核以自然台面为主,台面角 34°~83°。现举例如下:

标本 BT6④:1332　原料为厚重的石英岩,形状近椭圆形。一面较平,一面隆起。由隆起的一面向较平的一面单向剥离石片,打击点不明显。长 20 cm,宽 13.5 cm,厚 8.2 cm,台面角 80°,重 2 666 g。

标本 BT39③:1416　原料为厚重的硅质岩砾石,近半圆形,器型厚重。先以砾石平坦的正面为台面进行打击,将砾石截断。再在同一台面打制出一宽大的石片,然后以砾石的侧缘为台面向正面打制出大石片。两个片疤均大而深凹,打击点较明显。长 17 cm,宽 16.3 cm,厚 10.3 cm,两台面角分别为 65°、83°,重 3 050 g。

3. 石片

140 件。岩性有砂岩、硅质岩、石英岩、石英,以细砂岩为主。石片尺寸不大,最大的长 19.5 cm,宽 10.6 cm,厚 4.8 cm,重 1 287 g,最小的长 3.7 cm,宽 2.5 cm,厚 1.5 cm,重 6 g。多数为自然台面,人工台面少。打击点比较清晰,半锥体不甚突出。打片多采用锤击法,石片多保留或多或少的砾石面。

标本 BT17④:1455　原料为细砂岩砾石,背面保留完整的砾石面,下端为截断面,正面为劈裂面。正面上端打击点直径 0.8 cm,半锥体清晰。长 4.7 cm,宽 4.5 cm,厚 1.4 cm,重 43 g。

标本 BT6⑤:1521　原料为砂岩砾石,形状近圆。器身背面为完整的砾石面,正面为劈裂面。左上端有一清晰的打击点,打击点直径约 0.7 cm,片疤面较平整。长 11.7 cm,宽 9.5 cm,厚 7 cm,重 602 g。

4. 碎片

68 件。第 4~6 层发现了较少的碎片,岩性有砂岩、硅质岩、石英岩、石英,以细砂岩为主。其共同特征是没有明显的打击点,长度多为 0.5~4 cm,大多数片疤面位于砾石面,属于打片时形成的碎片。

5. 断块

97 件。岩性有砂岩、硅质岩、石英岩、石英,以细砂岩为主。其共同特征是没有明显的打击点,大多沿石块的自然纹理断裂,长度差别很大,大多数砾石面多于片疤面,属于打片时形成或自然形成的断块。

6. 石器

总计 79 件。类型有砍砸器、砍砸器毛坯、刮削器、石锤、薄刃斧、手镐、切割器等共 7 种。

（1）砍砸器

24 件，占工具总数的 30.38%，均采用砾石直接打制而成。岩性有砂岩、石英岩、石英、硅质岩等，以砂岩为最多，其次为石英岩，再次硅质岩和石英。器体较大，长最大值为 19.8 cm，最小值为 7.3 cm；宽最大值为 13.9 cm，最小值为 6.9 cm；厚最大值为 8.8 cm，最小值为 3.7 cm；重最大值为 1 966 g，最小值为 266 g，重量均值为 807 g。石器均为单面加工而成，通常由较扁平的一面向较凸出的一面打击。刃角均较平缓，处于 20°～75°之间，多为 40°～55°。以锤击法为主，碰砧法次之。加工简单，器身都保留大部分的砾石面。大部分刃缘没有经过二次修整，多没有使用痕迹。根据刃缘多少和刃缘形状可分为单边凸刃砍砸器、单边直刃砍砸器和双边刃砍砸器和多边刃砍砸器四种（表 2）。

表 2　那哈遗址 B 区第一期砍砸器统计表

类　型	岩　　性				刃　　缘				修整和使用痕迹		合计
	砂岩	石英岩	硅质岩	石英	单边凸刃	单边直刃	双边刃	多边刃	有修整使用痕迹	无修整使用痕迹	
数　量	13	5	4	2	10	10	3	1	2	22	24
百分比	51.2	20.8	16.7	8.33	41.7	41.6	12.5	4.17	8.33	91.7	100

单边凸刃砍砸器

标本 BT32⑤：131　原料为细砂岩砾石，平面近四边形，单面加工，器型较小，右下较突出、适于手握。在砾石的左侧和上端单向打片形成刃缘，两刃缘相交成一个小尖。刃面只有三个大而浅平的片疤，刃面较平缓，使用痕迹不明显。长 9.4 cm，宽 9.4 cm，厚 5.8 cm，刃角 49°，重 625 g（图 3,1）。

标本 BT5④：166　原料为较扁平的细砂岩砾石，形状近四边形。在器身上端单向打制出刃面，刃面可见一大而浅平的片疤和一小而稍深的片疤，两片疤在刃缘相交成一刃尖。无二次修整和使用痕迹。长 9 cm，宽 8.7 cm，厚 4.5 cm，刃角 30°，重 400 g（图 3,2）。

标本 BT27③：1046　原料为较扁平的砂岩砾石，平面近三角形。在砾石的上端和右上侧单向打击出刃面和凸弧形的刃缘，刃面较平缓，有二次修整痕迹，使用痕迹不明显。长 13.6 cm，宽 13.1 cm，厚 6 cm，刃角 49°，重 1 349 g。

标本 BT40③：1333　原料为厚重的硅质岩砾石，形状长条形，一面较平坦，另一面隆起。器身厚重，在砾石上端由隆起的一面向平坦的一面单向打制出刃面，片疤较浅平，无二次修整和使用痕迹。长 19.8 cm，宽 11.7 cm，厚 6.6 cm，刃角 40°，重 1 822 g（图 3,3）。

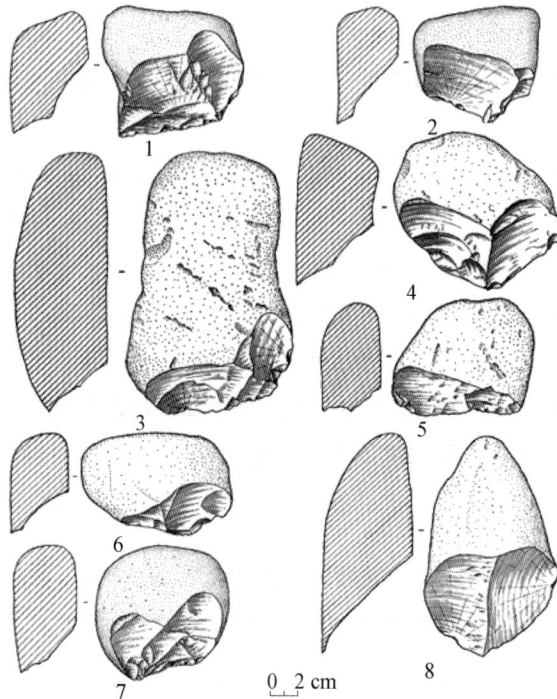

图 3　那哈遗址 B 区第一期砍砸器

1~3. 单边凸刃砍砸器（BT32⑤：131、BT5④：166、BT40③：1333）
4、5. 单边直刃砍砸器（BT40③：1343、BT16④：401）　6、8. 双边刃砍砸器
（BT17④：1066、BT39③：1554）　7. 砍砸器毛坯（BT39③：1555）

单边直刃砍砸器

标本 BT17④：1062　原料为不规则的砂岩砾石，平面近方形。在砾石的上端由隆起的一面向较平坦的一面单向打击，刃面凹凸不平，刃缘较直，无使用痕迹。长 10.2 cm，宽 11 cm，厚 5.2 cm，刃角 32°，重 626 g。

标本 BT8④：1090　原料为较厚重的细砂岩砾石，形状近梯形。在器身上端由平坦的一面向隆起的一面单向打制出刃面，刃面较平缓，经过二次修整，无使用痕迹。长 13.2 cm，宽 13.9 cm，厚 8.1 cm，刃角 65°，重 1 473 g。

标本 BT28④：1529　原料为较厚重的细砂岩砾石，形状不规则，一面较平坦，另一面隆起。在器身上端由平坦的一面向隆起的一面单向打制出刃面，打击点不明显，片疤较深。刃面较陡，刃缘较直。无使用痕迹。长 11 cm，宽 11.7 cm，厚 8 cm，刃角 40°，重 1 350 g。

标本 BT40③：1343　原料为较扁平的细砂岩砾石，形状近圆形。在器身上端和右端单向打制出刃面和刃缘，无使用痕迹。刃面第一次打击片疤较浅平，右侧二次修整片疤深凹。长 12.2 cm，宽 9.3 cm，厚 5.6 cm，刃角 35°，重 800 g（图 3,4）。

标本 BT16④：401　原料为较扁平的石英岩砾石，平面近圆形。在砾石的上端和左侧单向打击，形成较陡直的刃面，刃缘较钝，当为使用所致。长 10.5 cm，宽 9.3 cm，厚

4.2 cm,刃角 55°,重 458 g(图 3,5)。

双边刃砍砸器

标本 BT17④：1066　原料为较短小的硅质岩砾石,在砾石的右上侧单向打制,留有两个较深的打击片疤,没有二次修整痕迹。长 7.5 cm,宽 10.5 cm,厚 4.1 cm,刃角 45°,重422 g(图 3,6)

BT39③：1554　原料为不规则的长条形石英岩砾石。在砾石的上端单面两次打片,在左上和右上各有一个清晰的打击点,形成两个浅平的宽大片疤,片疤均宽大于长,两片疤在刃面中央相交成一略凸起的脊,背面上端有一小凹疤,没有二次加工和使用痕迹。长17 cm,宽 9.3 cm,厚 6.4 cm,刃角 20°,重 925 g(图 3,8)。

(2)砍砸器毛坯

12 件,占工具总数的 15.19%,均采用砾石直接打制而成,多为单面加工而成。石器形状如同砍砸器,刃缘经初步打片,但刃面和刃缘未完全成型,故归入砍砸器毛坯。现举例如下:

标本 BT32⑤：123　原料为火成岩砾石,器型硕大,近圆形。在器身上端和右上由较平坦的一面向较隆起的一面单向打制出刃面和刃缘。刃面片疤稍深,刃缘较钝,未完全成型,无二次修整痕迹和使用痕迹。长 15.3 cm,宽 13.7 cm,厚 6.5 cm,刃角 50°,重 800 g。

标本 BT39③：1555　原料为扁圆形的砂岩砾石。器身上端有两个单向打击的片疤,打击点较清晰,刃缘尚未成型,没有二次修整和使用痕迹。长 9.9 cm,宽 9.5 cm,厚 4.5 cm,刃角 30°,重 548 g(图 3,7)。

(3)刮削器

25 件,占工具总数的 31.65%,采用砾石毛坯或石片毛坯打制而成。岩性有砂岩、石英岩、硅质岩三种,以砂岩为最多,次为石英岩和硅质岩(表 3)。器体较大,长最大值为10.3 cm,最小值为 4.8 cm;宽最大值为 11.2 cm,最小值为 4.2 cm;厚最大值为 6.2 cm,最小值为 1.4 cm;重最大值为 300 g,最小值为 48 g,均值 147 g。砾石刮削器多为单面加工而成,通常由较扁平的一面向较凸出的一面打击;石片刮削器则多反向加工。刃角均较平缓,处于 10°~60° 之间。以锤击法简单加工,器身都保留大部分的砾石面。大部分刃缘没有经过二次修整,多没有使用痕迹。根据刃缘多少可分为单边刃刮削器(可分为凸刃、直刃和凹刃)、双边刃刮削器及多边刃刮削器三种(表 3)。

表 3　那哈遗址 B 区第一期刮削器统计表

类　型	岩　　性			刃　　缘					使 用 痕 迹		合计
	砂岩	石英岩	硅质岩	单边凸刃	单边直刃	单边凹刃	双边刃	多边刃	有使用痕迹	无使用痕迹	
数　量	16	4	5	4	8	1	5	7	5	20	25
百分比	64	16	20	16	32	4	20	28	20	80	100

单边刃刮削器

标本 BT34③：110　原料为细砂岩砾石石片，平面近半圆形。正右背两面均为劈裂面，只有下端和右端保留了砾石面，上端有较锋利的刃缘，刃缘处有细碎的使用痕迹。长 4.9 cm，宽 6 cm，厚 1.4 cm，刃角 20°，重 50 g（图 4，1）。

标本 BT15⑤：111　原料为短小的细砂岩砾石，近椭圆形。在上端单向打片，整个器身只有一个平整的片疤，刃面平缓，刃缘锋利，凸弧形，刃缘处有许多细碎的凹疤，为使用痕迹。长 8.5 cm，宽 5.9 cm，厚 3.6 cm，刃角 48°，重 200 g（图 4，2）。

标本 BT3③：115　原料为细砂岩砾石石片，平面近梯形，器型宽而薄。器身背面为较完整的砾石面，四周均为砾石断面，正面为较浅平的劈裂面，上端有一明显的打击点，半锥体隆起。左侧边缘较锋利，左下有锯齿状的使用凹疤。长 8.8 cm，宽 7.1 cm，厚 2 cm，刃角 45°，重 139 g（图 4，3）。

标本 BT16⑤：1572　原料为细砂岩砾石石片，形状不甚规则，器型稍大。器身背面为隆起且较完整的砾石面，正面为浅平的劈裂面，右侧为截断面。上端为打片时形成的较锋利的刃缘，刃缘处有细碎的使用凹疤。长 6.3 cm，宽 8 cm，厚 3.3 cm，刃角 43°，重 187 g（图 4，4）。

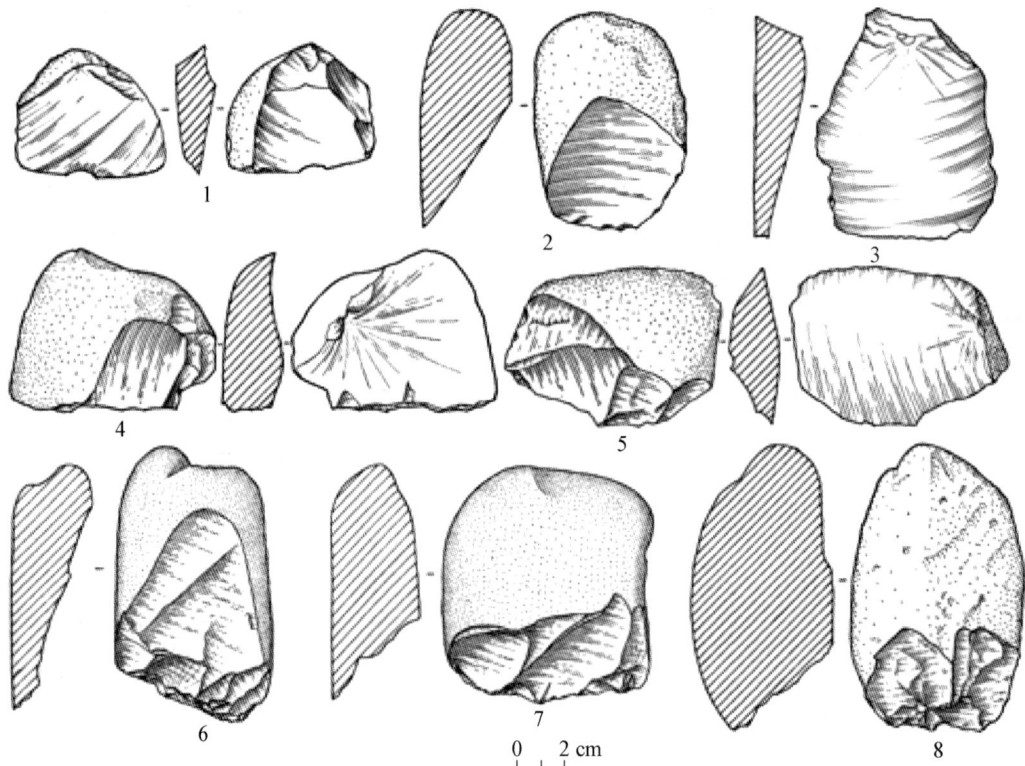

图 4　那哈遗址 B 区第一期刮削器和石锤

1~4、6、7. 单边刃刮削器（BT34③：110、BT15⑤：111、BT3③：115、BT16⑤：1572、BT26③：194、BT7④：529）

5. 多边刃刮削器（BT16④：403）　8. 石锤（BT15⑤：227）

标本 BT26③：194　原料为扁长形的细砂岩砾石，器型平面近长方形。在器身上端单面打制刃面和刃缘，并加以二次修整。第一次打制片疤浅平，二次修整片疤细碎，刃缘斜直，无使用痕迹。长 10 cm，宽 6.3 cm，厚 3.1 cm，刃角 32°，重 248 g（图 4,6）。

标本 BT7④：529　原料为扁长形的细砂岩砾石，器型平面近方形，单面加工，器型较小。在砾石的上端单向打片形成较平直的刃缘，片疤较浅，但刃面不平整。刃缘的另一侧有较多的细碎崩疤，当为使用痕迹。长 9.2 cm，宽 8.1 cm，厚 3.7 cm，刃角 46°，重 386 g（图 4,7）。

双边刃刮削器

标本 BT32④：101　直接利用细砂岩砾石石片，平面近方形。器身正面为砾石劈裂面，下端有明显的半锥体，打击点不明显。上端和右侧打片时形成锋利的刃缘，两边刃缘上有明显的使用凹痕。长 7.3 cm，宽 6.7 cm，厚 2.7 cm，刃角 48°，重 148 g。

多边刃刮削器

标本 BT6④：1328　原料为砂岩砾石石片，形状近圆形。器身一面为砾石面，另一面为劈裂面。正面上端为截断面，其余三边为一次打片时形成的锋利边缘，并以其为刃缘直接使用，刃缘处有细碎的使用凹疤。长 7.5 cm，宽 8.7 cm，厚 1.8 cm，刃角 38°~54°，重 121 g。

标本 BT16④：403　原料为细砂岩砾石石片，平面近长方形。石片背面为石片的劈裂面，下端有劈裂时形成的刃缘，下端刃缘处有细碎的使用凹疤。在正面砾石面上端再加以二次加工形成平缓的刃面和锋利的刃缘，无使用痕迹。长 6.4 cm，宽 8.4 cm，厚 2 cm，刃角 28°，重 103 g（图 4,5）。

标本 BT29③：1119　原料为细砂岩砾石石片，形状近梯形，器型较小。背面为石片的劈裂面，右侧一次形成了较锋利的平直刃缘。在石片较厚的左侧和上端再打片，分别形成内凹和平直的刃缘。各刃缘上均有呈锯齿状的细碎凹痕，为明显的使用痕迹。长 6.4 cm，宽 5.1 cm，厚 1.9 cm，刃角 35°，重 60 g。

（4）石锤

9 件，占工具总数的 11.39%，均直接采用砾石。岩性有砂岩、石英岩、硅质岩和火成岩 4 种，以砂岩为最多，次为石英岩。器体较大，长最大值为 12.4 cm，最小值为 6.6 cm；宽最大值为 10.8 cm，最小值为 5.8 cm；厚最大值为 9.4 cm，最小值为 4.8 cm；重最大值为 1 120 g，最小值为 355 g，均值为 712 g。

长条形石锤

标本 BT15⑤：227　原料石英岩砾石，近椭圆形。在器身的一端有多个砸击形成的崩疤，崩疤长大于宽，打击点不明显。长 11.1 cm，宽 6.9 cm，厚 5.6 cm，重 501 g（图 4,8）。

圆形石锤

标本 BT28④：1530　原料石英砂岩砾石，近圆形。器身正背两面和侧沿散布数个砸击凹坑,直径 1.5~3 cm 不等。长 12.2 cm,宽 8.8 cm,厚 6.6 cm,重 1 048 g。

标本 BT37③:1366　原料为板岩砾石,形状近圆形。器身周边的两个面为锤击面,锤击片疤层层叠叠,而其他面保留大部分的砾石面。长 9.3 cm,宽 9.1 cm,厚 9.4 cm,重 1 120 g。

标本 BT29③:1121　原料为硅质岩砾石,形状近圆形,形体较小。器身上下两端为锤击面,下端有小块的锤击凹疤,上端锤击面片疤层层叠叠。片疤面与砾石面交角在 80° 以上。长 6.6 cm,宽 5.8 cm,厚 5.3 cm,重 226 g。

标本 BT16⑤:1520　原料为细砂岩砾石,形状近圆形。器身大部保留完整的砾石面,上端为层层叠叠的片疤面,应属于锤击凹疤,片疤面与砾石面交角在 80° 以上。长 8.2 cm,宽 9 cm,厚 7 cm,重 655 g。

(5) 薄刃斧

2 件,占工具总数的 2.53%。一件为砾石石器,一件为石片石器。

标本 BT13②:9　原料为细砂岩砾石石片,平面近方形,双面加工,器型较大而扁薄。石片正背两面均一次打制而成,均为大而长的浅平片疤。正面上端明显可见一直径约 1 cm 的打击点,放射线也清晰可见,四周保留砾石面;背面右上侧为明显突出的半锥体,下端则有一个二次加工的小片疤,打击点清晰。两侧缘较锋利并有许多呈锯齿状的凹疤,应为使用痕迹。长 14 cm,宽 10.8 cm,厚 3.1 cm,刃角 26°,重 657 g。

标本 BT6④:1564　原料为石英岩砾石,平面近不规则四边形,器型较大而扁薄。器身背面保留完整的砾石面,在器身两侧和下端单面打片,打击点较明显,但没有明显的半锥体和放射线,片疤宽大而浅平,在上端形成长弧形的刃缘。刃缘没有修整,也不够锋利。长 17.8 cm,宽 11.1 cm,厚 4.6 cm,刃角 38°,重 1 049 g(图 5,1)。

(6) 手镐

5 件,占工具总数的 6.3%。均为大型砾石石器,器型厚重,均为舌形尖,原料以砂岩和石英岩为主。器身均保留大部分的砾石面,多在砾石的两侧缘由较扁平的一面向较凸出的一面单向打制,刃角多在 25°~50° 之间。长最大值为 18.2 cm,最小值为 13.7 cm;宽最大值为 14 cm,最小值为 10.8 cm;厚最大值为 7.3 cm,最小值为 5.1 cm;重最大值为 1 852 g,最小值为 1 050 g,重量均值为 1 458 g。

标本 BT5④:352　石器原料为石英岩砾石,平面形状近三角形,双面加工,器型厚重。在砾石的两侧缘由扁平的一面向较凸的一面打击,两侧缘在前端相交成一舌尖,在石器的背面沿刃尖和一刃缘反向有三个较大的剥片,但背面保留了大部分砾石面;两面片疤均较浅平。两侧刃面较陡直,棱角较圆滑,经过了较明显的冲磨。刃尖和刃缘留有细碎的凹疤,当为使用痕迹。长 13.7 cm,宽 14 cm,厚 7.4 cm,侧刃角 49°,重 1 600 g(图 5,2)。

标本 BT5③:114　原料为近椭圆形的细砂岩。砾石一面隆起,另在上端有一面较平整。在上端由较平的一面向隆起的一面单向打击出刃面和刃尖,左上和右上分别有一较大的片疤,两片疤在上端中央相交,刃尖部位与刃尖相对的背面局部有二次修整痕迹。无使用痕迹。长 17.2 cm,宽 10.8 cm,厚 5.1 cm,刃角 45°,重 1 050 g(图 5,3)。

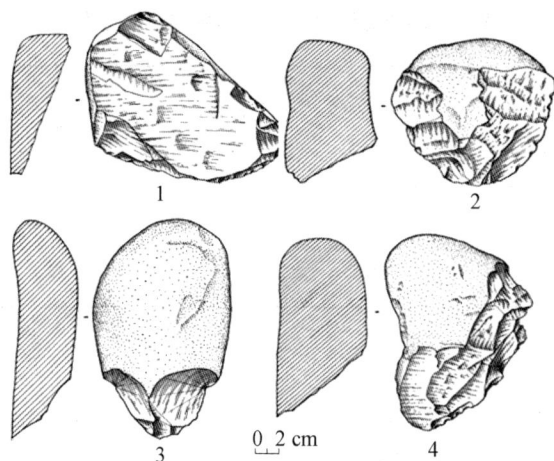

图 5 那哈遗址 B 区第一期薄刃斧和手镐
1. 薄刃斧(BT6④∶1564) 2、3、4. 手镐(BT5④∶352、BT5③∶114、BT27④∶1435)

标本 BT17⑤∶1567 原料为石英岩砾石,平面近四边形,器型厚重。砾石一面隆起,另在上端有一面较平整。在上端由较平的一面向隆起的一面单向打击出两刃面,两刃面相交呈刃尖。刃面打击点不明显,无二次修整和使用痕迹。长 17.3 cm,宽 14 cm,厚 7.4 cm,刃角 27°,重 1 662 g。

标本 BT27④∶1435 原料为细砂岩砾石,右侧内凹,把端较凸,平面形状近半月形,单面加工,器型厚重。原料两面都较扁平,打制加工限于左侧和右侧上端,在左侧形成长弧形的曲折刃缘,上端为舌形尖。大部分片疤均较小而浅平,使用痕迹不明显。长 18.2 cm,宽 11.5 cm,厚 7.3 cm,侧刃角 50°,重 1 852 g(图 5,4)。

(7) 切割器

2 件,占工具总数的 2.53%。

标本 BT27③∶233 原料为硅质岩,平面形状近四边形。器身背面为较平坦的劈裂面,其边缘大部都有经冲磨后的凹疤;正面隆起,正面下部保留砾石面,上部为较平缓的刃面。刃面明显分为老刃面和新刃面,老刃面片疤圆滑,没有一丝锋芒;新刃面片疤在近刃缘处,打击点较明显,片疤棱角分明。刃缘呈锯齿状,上有细碎的使用凹疤。该器原为切割器,后来由于经历了长期的雨水冲磨,器身及刃部锋芒全无,后人在原刃面和刃缘处再打制出新的刃面和刃缘,属于老器新用。长 9.3 cm,宽 8.9 cm,厚 3.9 cm,刃角 38°,重 267 g。

(二) 第二期文化遗存

1. 文化遗物

B 区第二期文化遗物包括第③层出土的石制品共 1 137 件,种类包括砾石、石核、石锤、石锛、石片、断块等(表 4)

表 4　那哈遗址 B 区第二期石制品统计表

类型	砾石	砺石	磨制石锛	磨制器坯	石锤	砍砸器	砍砸器毛坯	刮削器	切割器	手镐	石核	石片	碎片	断块	合计
数量	46	3	2	2	10	21	5	23	2	2	12	384	383	242	1 137
百分比	3.5	0.26	0.17	0.17	0.88	1.8	0.44	2.02	0.17	0.17	1.05	33.6	33.6	21.3	100

（1）砾石

46 件。统计包括 5 cm 以上出土砾石，没有人工痕迹。形状有扁圆形、扁长形、长条形等，大小多 5~15 cm，岩性有砂岩、石英岩、硅质岩等。这类砾石应该是当时人类有意或无意从别处带来的加工原料。

（2）石核

12 件。石核大小差别较大，最大的长达 17 cm，宽 16.3 cm，厚 10 cm，重 3 050 g；最小的长宽只有 3~6 cm，重 95 g。分单台面、双台面和多台面三种，多台面少见。石核以自然台面为主，台面角最大 110°，最小 60°。现举例如下：

标本 BT23②：14　原料为石英，长圆形，器型厚重。在砾石一端将其打击截断，断面较平齐，刃面陡直，打击点清晰。长 14.5 cm，宽 10 cm，厚 7.8 cm，台面角 75°，重克 1 650 g。

标本 BT3②：42　原料为细砂岩砾石，形状近三角形。器身上端为砾石截断面，其余均为砾石面。上端中央有一明显的打击点将砾石截断，直径约 3 cm；左侧也有一打击点，可打制石片。石核断面平整。长 8.8 cm，宽 10.5 cm，厚 7.4 cm，重 1 049 g，台面角 75°、85°。

（3）石片

384 件。岩性有砂岩、硅质岩、石英岩、石英，以细砂岩为主。石片尺寸不大，最大的长 16.5 cm，宽 10 cm，厚 5.9 cm，重 1 165 g，最小的长 3.3 cm，宽 2.8 cm，厚 0.7 cm，重 8 g。多数为自然台面，人工台面少。打击点比较清晰，半锥体不甚突出。打片多采用锤击法，石片多保留或多或少的砾石面。

标本 BT25③：19　原料为石英岩石片，扁长形。石片背面为完整的砾石面，左右为截断面，正面为劈裂面，石片上端可见打击石片的凹痕，打击点不甚清晰。长 11.3 cm，宽 6.4 cm，厚 2.9 cm，重 292 g。

标本 BT14③：38　原料为细砂岩砾石石片，形状近三角形。石片背面为新的劈裂面；正面左侧为砾石面，上端有新劈裂面的打击点，右侧为老的劈裂面，片疤痕迹经长期冲磨已经变得模糊不清。该石片以一件古老的石器再加工打片形成。长 8.6 cm，宽 8.3 cm，厚 3 cm，重 187 g（图 6，1）。

标本 BT17③：511　原料为细砂岩砾石，器身正背两面均为砾石的劈裂面，上端为打

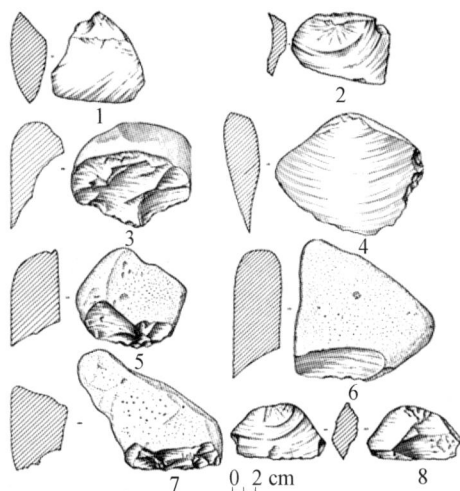

图 6　那哈遗址 B 区第二期砍砸器和石片

1、2、8. 石片（BT14③∶38、BT17③∶511、BT28②∶739）　3. 单边凸刃砍
砸器（BT27②∶508）　4. 双边刃砍砸器（BT22②∶1）　5、7. 单边直刃砍
砸器（BT37②∶1019、BT22②∶447）　6. 砍砸器毛坯（BT15③∶72）

击断面，左右和下端保留狭长的砾石面。器身的一面为打击形成的阴面，片疤较大而深；另一面只有一个片疤，为打击形成的阳面，半锥体突出。长 8.7 cm，宽 6.4 cm，厚 1.5 cm，重 102 g（图 6，2）。

标本 BT28②∶739　原料为细砂岩砾石，形状近三角形。石片两面均为劈裂面，背面有多个浅平的修整片疤，片疤较小；正面为凸出的大片疤，打击点以下呈双半锥体状，应为碰砧法石片。长 5.2 cm，宽 8.4 cm，厚 2.2 cm，重 88 g（图 6，8）。

可拼合石片：标本 BT28②∶1203 和标本 BT28②∶1216　室内整理阶段，经过仔细对照，发现两件石片可拼合。

标本 BT28②∶1203 为一件平面形状近三角形的石片，器身保留了部分砾石面，正反两面为劈裂面，一端为截断面。正反两面均可见明显的打击点。长 5 cm，宽 3.7 cm，厚 4.1 cm，重 75 g。标本 BT28②∶1216 为长条形的石片，器身只有部分砾石面，器身留有较多的片疤面。长 6.8 cm，宽 5.3 cm，厚 4 cm，重 89 g。两者拼合可成一小的石核。

（4）碎片

383 件。第 3 层发现了数量众多的碎片，岩性有砂岩、硅质岩、石英岩、石英，以细砂岩为主。其共同特征是没有明显的打击点，长度多为 0.5～4 cm，大多数片疤面多于砾石面，属于打片时形成的碎片。

（5）断块

242 件。岩性有砂岩、硅质岩、石英岩、石英，以细砂岩为主。其共同特征是没有明显的打击点，大多沿石块的自然纹理断裂，长度差别很大，大多数砾石面多于片疤面，属于打片时形成或自然形成的断块。

（6）石器

总计72件。类型有砍砸器、砍砸器毛坯、刮削器、石锤、砺石、磨制石锛、切割器、器坯、手镐等。

砍砸器

21件，占工具总数的29.2%，均采用砾石直接打制而成。岩性有砂岩、石英岩、石英、硅质岩、板岩等，以砂岩为最多，其次为硅质岩，再次为石英岩。器体较大，长最大值为17.7 cm，最小值为4.7 cm；宽最大值为13.1 cm，最小值为6 cm；厚最大值为6.7 cm，最小值为4.3 cm；重最大值为1 440 g，最小值为418 g，重量均值为685 g。石器均为单面加工而成，通常由较扁平的一面向较凸出的一面打击。刃角均较小，处于20°~65°之间。以锤击法为主，碰砧法次之。加工简单，器身保留大部分的砾石面。大部分刃缘没有经过二次修整，多没有使用痕迹。根据刃缘多少和刃缘形状可分为单边凸刃砍砸器、单边直刃砍砸器和双边刃砍砸器三种（表5）。

表5　那哈遗址B区第二期砍砸器统计表

类　型	岩　　　　性					刃　　缘			修整和使用痕迹		合计
	砂岩	石英岩	石英	硅质岩	板岩	单边凸刃	单边直刃	双边刃	有修整或使用痕迹	无修整和使用痕迹	
数　量	12	2	2	4	1	11	6	4	2	19	21
百分比	57.1	9.5	9.5	19	4.7	52.4	28.6	19	9.5	90.5	100

单边凸刃砍砸器

标本BT17③：321　原料为硅质岩砾石，形状近圆形。器身正面保留绝大部分砾石面，正面剥离了砾石面。在器身左侧和上端单向打制出刃面和凸弧形的刃缘，无二次加工和使用痕迹。器身下端有明显砸击形成的凹痕，应是作为石锤使用留下的。长8 cm，宽6 cm，厚4.7 cm，刃角55°，重248 g。

标本BT17③：518　原料为不规则的细砂岩砾石，器身平面近圆形。在器身上端单向打制出刃面，刃面平缓，片疤浅平，刃缘凸出。器身正背两面散布有数个砸击凹疤，原来应是作为石锤使用。长4.7 cm，宽11.2 cm，厚5.8 cm，刃角46°，重658 g。

标本BT27②：508　原料为扁平的板岩砾石，形状近圆形。在器身上端单向打制出较平缓的刃面，中间形成一凸出的刃尖。刃缘和刃尖处有锯齿状的使用凹疤。长9.6 cm，宽10.7 cm，厚4.5 cm，刃角20°，重502 g（图6，3）。

单边直刃砍砸器

标本BT37②：1019　原料为细砂岩砾石，形状近长条形。器身一端较宽，一端较窄。

在较宽的一端单向打制出较陡直的刃面,刃缘尚未成形,无二次修整和使用痕迹。长 16 cm,宽 7.6 cm,厚 5 cm,刃角 33°,重 698 g(图 6,5)。

标本 BT22②:447 原料为较扁平的细砂岩砾石,形状近圆形。在砾石上端由隆起的一面向平坦的一面单向打制出刃面,片疤较浅平,刃缘处经过二次修整,刃缘凸弧。长 9 cm,宽 9.3 cm,厚 4.2 cm,刃角 46°,重 418 g(图 6,7)。

双边刃砍砸器

标本 BT22②:1 原料为扁圆形的硅质岩砾石。正面为片疤面,背面为圆弧形的砾石面。在器身周边单向打制刃面,形成左下和右下两个刃面和刃缘。片疤均较深凹,无明显的使用痕迹。长 10.2 cm,宽 10.5 cm,厚 5.3 cm,刃角 35°,重 585 g(图 6,4)。

标本 BT40②:1337 原料为细砂岩砾石,形状近圆形。器身背面保留完整的砾石面,在上端单向分别打制出较陡直的刃面,刃面凹凸不平,无二次修整痕迹和使用痕迹。长 9.1 cm,宽 10.9 cm,厚 6.1 cm,刃角 43°,重 542 g。

砍砸器毛坯

5 件,占工具总数的 7%,均采用砾石直接打制而成,多为单面加工而成。石器形状如同砍砸器,刃缘经初步打片,但刃面和刃缘未完全成型,故归入砍砸器毛坯。现举例如下:

标本 BT33②:5 原料为石英岩,形状近三角形。器身正面和背面保留大部分砾石面,在左侧和上端分别打制出较陡直的刃面和刃缘,刃面片疤较浅平,打击点不明显,无明显使用痕迹。长 10.3 cm,宽 8.3 cm,厚 4.5 cm,刃角 30°,重 400 g。

标本 BT15③:72 原料为扁平的细砂岩砾石,平面近三角形,单面加工。在三角形砾石的一端经一次打片形成刃面和刃缘,刃端可见一明显的打击点,片疤较深凹,没有二次修整痕迹,无使用痕迹。长 12.1 cm,宽 14 cm,厚 3.8 cm,刃角 50°,重 865 g(图 6,6)。

标本 BT17③:314 原料为厚重的细砂岩砾石,形状近三角形。器身上端经双面打片,片疤面参差不齐,刃面和刃缘尚未完全成型。长 13.7 cm,宽 13.7 cm,厚 8.1 cm,刃角 45°,重 1 768 g。

刮削器

23 件,占工具总数的 31.2%,采用砾石毛坯或石片毛坯打制而成。岩性有砂岩、石英岩、硅质岩三种,以砂岩为最多,次为石英岩和硅质岩。器体较大,长最大值为 10.3 cm,最小值为 4.7 cm;宽最大值为 12.9 cm,最小值为 3.9 cm;厚最大值为 3.7 cm,最小值为 1.1 cm;重最大值为 402 g,最小值为 28 g,重量均值为 163 g。石器多为单面加工而成,通常由较扁平的一面向较凸出的一面打击。刃角均较平缓,处于 15°~60° 之间。以锤击法简单加工,器身保留大部分的砾石面。大部分刃缘没有经过二次修整,多无使用痕迹。根据刃缘多少和刃缘形状分为单边凸刃刮削器、单边直刃刮削器、双边刃刮削器及多边刃刮削器四种(表 6)。

表 6　那哈遗址 B 区第二期刮削器统计表

类　型	岩　　性			刃　　缘					使　用　痕　迹		合计
	砂岩	石英岩	硅质岩	单边凸刃	单边直刃	单边凹刃	双边刃	多边刃	有使用痕迹	无使用痕迹	
数　量	16	5	4	9	9	1	5	6	6	17	23
百分比	82.6	13	4.6	39.1	30.4	52.4	17.4	4.6	26.1	73.9	100

单边凸刃刮削器

标本 BT22②：3　原料为细砂岩砾石石片,形状近椭圆形。器身正面为砾石劈裂面,背面为完整的砾石面。在器身上端正面有二次修整的片疤。下端刃缘较直,有细碎的使用痕迹。长 6.5 cm,宽 9.7 cm,厚 2.8 cm,刃角 30°,重 198 g(图 7,1)。

标本 BT4②：31　原料为扁短的细砂岩砾石,平面近方形,单面加工。在砾石的正面左右两侧和上端单向打制,在上端形成刃缘,片疤浅而平缓,刃缘处有明显的使用凹疤。长 7.1 cm,宽 6.3 cm,厚 3 cm,刃角 35°,重 148 g(图 7,2)。

标本 BT6③：170　原料为细砂岩砾石,平面近圆形,器身短小。在器身的正面左右和上端单向打制,刃缘处经过二次修整,在上端形成锋利的刃缘。刃面片疤深凹,刃缘上

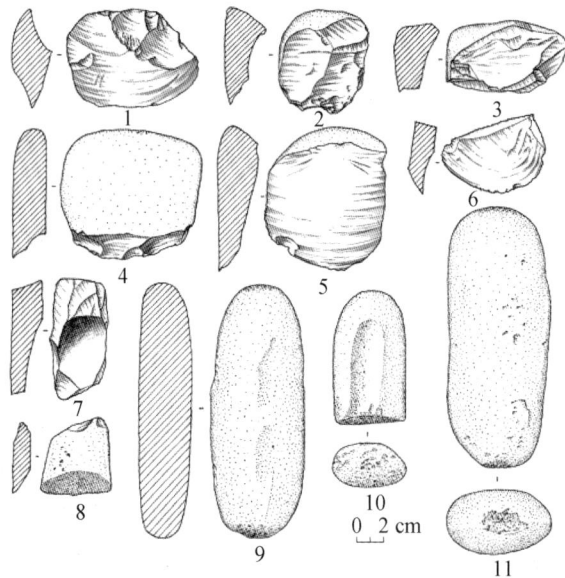

图 7　那哈遗址 B 区第二期刮削器、砺石、石锛、石锤

1~3. 单边凸刃刮削器(BT22②：3、BT4②：31、BT27②：499)
4. 单边直刃刮削器(BT16③：206)　5、6. 多边刃刮削器(BT29②：1310、BT28②：641)　7. 砺石(BT28②：281)　8. 石锛(BT6③：174)　9~11. 石锤(BT17③：525、BT30②：433、BT6③：169)

有明显的使用凹疤。长 6.6 cm,宽 7.1 cm,厚 5 cm,刃角 60°,重 246 g。

标本 BT27②：499 原料为细砂岩砾石石片,平面近椭圆形。器身背面为完整的砾石面,正面大部为劈裂面。在正面单向打制出较平缓的刃面和长弧形的刃缘,再在刃缘处进行二次修整,无使用痕迹。长 9 cm,宽 4.8 cm,厚 2.1 cm,刃角 52°,重 157 g(图 7,3)。

单边直刃刮削器

标本 BT16③：206 原料为扁短的细砂岩砾石,平面近方形。在砾石上端单向打制,刃缘较平直,上有锯齿状的使用凹疤。长 9.5 cm,宽 10.2 cm,厚 2.4 cm,刃角 50°,重 398 g(图 7,4)。

标本 BT38②：409 原料为细砂岩砾石石片,形状近圆形。利用剥离的石片加工而成,将一端打片去薄形成适于手握的把端,另一端锋利的边缘作为刃缘使用,刃缘内凹,有细碎的使用崩疤。长 7 cm,宽 6.8 cm,厚 2 cm,刃角 42°,重 99 g。

双边刃刮削器

标本 BT14③：35 原料为细砂岩砾石石片,形状近三角形,器型较大。石片经剥离后形成了锋利的两侧边刃和刃尖,刃面片疤浅平,打击点较清晰。器身顶端经二次修整和打片适于手握。刃缘处没有使用痕迹。长 8.6 cm,宽 12.9 cm,厚 3.7 cm,刃角分别为 43°、45°,重 402 g。

多边刃刮削器

标本 BT29②：1310 原料为细砂岩石片,形状近圆形,器型宽大。器身背面保留大部分砾石面,正面为石片劈裂面。正面上端有一明显的打击点,半锥体清晰,片疤浅平。器身右侧缘由劈裂面向砾石面剥片。除器身顶端保留砾石面外,左右和下端均为锋利的刃缘,刃缘处有许多细碎的使用凹疤。长 10.3 cm,宽 8.8 cm,厚 2.9 cm,刃角 42°~52°,重 275 g(图 7,5)。

标本 BT28②：641 原料为细砂岩砾石石片,平面近半圆形。器身正背两面均为劈裂面,下端为石片的截断面,利用剥离石片呈长弧形的锋利边沿作刃缘直接使用。刃缘处有明显的锯齿状使用痕迹。长 4.8 cm,宽 7.5 cm,厚 1.4 cm,刃角 25°,重 55 g(图 7,6)。

磨制石器

3 件,占工具总数的 4.17%,原料均为细砂岩砾石。其中 2 件为磨制石锛,1 件为未完全磨制成型的器坯。

标本 BT6③：174 原料为细砂岩,平面近梯形,通体磨光,上端残断。刃缘锋利,上有许多起伏的凹疤,明显经过多次使用。长 5.4 cm,宽 5.1 cm,厚 1.2 cm,重 50 g(图 7,8)。

标本 BT34②：78 原料为细砂岩,平面近梯形,原器身通体磨光,上端残断,风化稍重。器身正面中部有明显的砸击凹疤,直径约 3.5 cm。背面有崩疤,刃缘有使用的凹疤。长 7.7 cm,宽 5.1 cm,厚 1.5 cm,重 76 g。

砺石

3 件,占工具总数的 4.17%,原料均为细砂岩岩块。

标本 BT28②：281 残件,原料为细砂岩岩块,扁薄的长条形。器身四周及背面为岩块断面或截断面,正面中央到上端有一块光滑内凹的磨面。长 8.9 cm,宽 3.9 cm,厚 2.4 cm,重 98 g(图 7,7)。

标本 BT6③:160　残件,原料为细砂岩岩块,平面近长梯形。器身正背两面均磨制较光,正面磨面内凹,四周布满砸击凹疤或崩疤。该器原为砺石,后作为石锤使用。长 11.7 cm,宽 7.4 cm,厚 3.5 cm,重 350 g。

标本 BT38②:413(砺石兼石砧)　原料为细砂岩岩块,形状不规则。器身背面及四周为石块的劈裂面或断裂面,正面为较光滑并略内凹的磨制面,磨面上不规则分布有细碎的被砸击形成的凹疤。该器原为砺石,后兼作石砧使用。长 15.5 cm,宽 13.2 cm,厚 9.5 cm,重 2 008 g。

石锤

10 件,占工具总数的 13.9%,均直接采用砾石制成。岩性有砂岩、石英岩、硅质岩和石英四种,以砂岩为最多,次为石英岩。器体较大,长最大值为 18.8 cm,最小值为 7.6 cm;宽最大值为 13 cm,最小值为 5.2 cm;厚最大值为 6.9 cm,最小值为 3.1 cm;重最大值为 1 752 g,最小值 245 g,均值为 745.8 g。石锤大小相差较大,凹疤形状和分布也各不相同。根据石锤形状可分为长条形石锤和圆形石锤。根据不同用途可分为砸击石锤和修整石锤,砸击石锤多为圆形,砸击凹疤较大;修整石锤多为长条形,形成的凹疤多较细碎而密集。

长条形石锤

标本 BT17③:525　原料为长条形的砂岩砾石。器身正背两面及四周均分布有砸击凹痕,尤以上下两端及左下侧为多。长 17.7 cm,宽 6.8 cm,厚 3.4 cm,重 618 g(图 7,9)。

标本 BT30②:433　原料为扁长形的粗砂岩砾石。器身顶端为截断面,截断面经明显的磨制,大部光滑而平齐;周边及正面均散布有砸击形成的细碎凹疤或凹坑。长 9.3 cm,宽 5.2 cm,厚 3.1 cm,重 245 g(图 7,10)。

标本 BT6③:169　原料为长条形的石英砂岩砾石。器身大部保留了完整的砾石面,正面有数个小凹疤,一端有连续砸击使用形成的小疤痕,疤痕长 4 cm,宽 1.5 cm。长 18.8 cm,宽 7 cm,厚 4.5 cm,重 1 058 g(图 7,11)。

圆形石锤

标本 BT37②:298　原料为细砂岩砾石,形状近圆形。器身正面散布四个砸击形成的圆形凹疤,上端为打制石片的片疤面,无明显的刃缘。原作为石锤使用,后来作为石核进行了剥片。该器长 10.6 cm,宽 9.7 cm,厚 6.4 cm,重 920 g。

标本 BT15③:65　原料为石英砂岩砾石,近圆形。器身正面一端有砸击形成的凹疤,凹疤长 4 cm,宽 3 cm。长 8.7 cm,宽 8.2 cm,厚 6.1 cm,重 562 g。

手镐

2 件,原料均为砂岩砾石,器型厚重,均为舌形尖。

标本 BT29②:611　平面形状近三角形,单面加工,器型厚重。由于砾石过于硕大,在砾石下端斜向打制出一个适于手握的平整把端,刃面的打制限于左侧和上端。左侧刃缘较平直,但由于岩性较差,刃面显得凹凸不平。舌形尖,上有凹疤,当为使用痕迹。长 17.9 cm,宽 12.7 cm,厚 9.2 cm,侧刃角 25°,重 2 150 g。

标本 BT37②:953　形状不规则,背面相对较平整,正面高高隆起,有适于手握的把端。在左上和右上单向打制刃出面,刃面经二次修整,有使用痕迹。器身正面可见经过长期冲磨形成的模糊不清的片疤痕迹,故该器应是利用旧器重新加工而成的。长 18.4 cm,宽 9 cm,厚 8.8 cm,刃角 24°,重 1 338 g。

2. 遗迹

B 区发现的新石器时代文化遗迹为两个灶坑,即 Z1 和 Z2(图 8)。

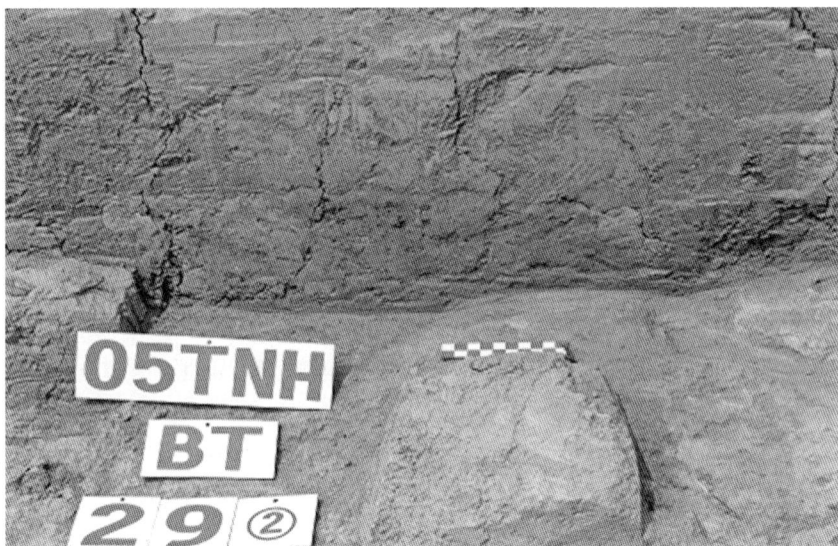

图 8　那哈遗址 B 区灶 1

Z1 位于 T29①下,形状近圆形,直径约 70 cm,残厚 20~30 cm,红烧土烧结坚固成一整体,烧土红黑不均,红烧土内可见烧黑的石片。

Z2 位于 T39①下,形状不甚规则,烧土分布直径约 82 cm,厚 20~25 cm,红烧土烧结较松散,局部烧结成团块状。

Z1 和 Z2 相距约 1.35 m,处于一个层位,其暴露面接近一个水平面。

四、讨论与小结

1. 关于地层堆积的成因

那哈遗址 B 区发掘区地层内没有发现完整的砾石层,而是在 T1、T11 网纹红土之下直接发现了基岩,但那哈山的顶部却有明显的砾石层。同时顶部砾石层的岩性结构较为复杂,磨圆度较好。笔者认为其属于原生砾石层的可能性较大。结合周围起伏的地形,可以认定这里在远古时期发生断层的可能性较大。由于断层的原因,那哈遗址发掘区所在的地面沉降下去,更高阶地的土层或砂砾从上面堆积在遗址上,经过长时期的风化剥蚀和化学变化从而形成原生的网纹红土堆积层。

发掘区的第④层含有较多的小砾石,并夹杂不少石制品,砾石的含量存在较大的差异,砾石和泥土混杂,地层也随地势向东倾斜,应该属于坡积堆积。

2. 年代及石制品的特征分析

第一期出土的石器工具包括薄刃斧、手镐、砍砸器、刮削器,为百色盆地旧石器地点的常见类型,大型工具手镐和薄刃斧的比例只占工具的8.86%;砍砸器和刮削器占最大的比例;岩性以砂岩和石英岩为主,硅质岩和石英也占一定比例。制作方法上均以锤击法为主,器身保留了较多的砾石面。石核大多数为自然台面,砍砸器均为单向打制,手镐则多数为单向打制,砍砸器和刮削器等工具类石器的刃角都较小。这些情况与百色盆地其他旧石器地点如百色上宋遗址[1]和田东坡西岭遗址[2]等的情况相同或相近。第一期应该属于旧石器时代,其年代跨度可能较大。其中第⑥层属于原生网纹红土层,年代可能为中更新世早期,大致为旧石器时代早期,约距今70万年。第④层属于坡积黄土层,其内混杂较多磨圆度好的小砾石,该层的形成年代应为旧石器时代晚期,但地层所包含的石器的年代应该稍早。

第二期出土的打制工具类石器的制作方法与第一期的相同,但二期出现了通体磨制的石器;二期以石英为原料的器物明显减少,砍砸器类工具尺寸明显缩小、重量明显减轻,二期的石片也较相对明显变小。由于发现的磨制石器的种类少,又没有发现陶器,难以准确判断其年代,只能推测大体属于新石器时代中晚期。那哈遗址B区二期与桂东北洞穴遗址的打制石器区别较明显,这里基本没有桂林一带洞穴史前遗址的陡刃砍砸器,砍砸器的刃角多在60°以下,而桂林新石器时代洞穴遗址如甑皮岩遗址的砍砸器的刃角多处于60°~90°之间[3],旧石器时代的宝积岩遗址也有刃角达82°的砍砸器[4]。而那哈遗址二期出现的个别手镐等大型工具应该属于新石器时代人类捡来的、用于进一步制作石器的原料。

3. 遗址性质分析

那哈遗址B区第二期出土了数量众多的石片和碎片,数量占到出土石制品的近70%;碎片和石片的数量均很大。在这些出土的石片中,还发现了两件可拼合的石片。同时出土了石砧、石锤、砺石等制作石器的工具,还有一定数量的砍砸器和刮削器等,在同一层还发现了两个灶坑遗迹。在同一探方出土的石制品中有可拼合石片,说明石片是就近打制而成的。石器成品、半成品、大量的石片和碎片、成套的加工工具、用火的灶坑组合在一起,表明这里曾作为新石器时代的一个小型加工地点。这个加工地点以 T28 为中心,涵盖了 T26、T27、T28、T36、T37、T38、T39 一带,面积约 200 m²。这个区域地势平坦,位置相对较高,视野较广,适合作为石器的加工场所。

4. 那哈遗址 B 区发掘意义

那哈遗址位于百色遗址的东段,北临右江,处于盆地的边缘地带,其地层堆积和形成较为复杂。这里的地层形成应该是断层和坡积相互作用的结果,所以第二期文化遗物表现出了复杂的混杂现象。通过此次发掘和研究,对了解遗址及周围的古地貌和历史变迁具有重要意义。

那哈遗址 B 区没有发现玻璃陨石,可能与这里地层的特殊形成原因有关。这为研究百色盆地旧石器与玻璃陨石的相互关系提供了新的资料。

那哈遗址第二期发现了新石器时代的石器加工地点,其反映的石器制作技术与百色旧石器有一定的传承性,为研究百色盆地旧石器文化的发展和演变提供了新资料。

附记:在那哈遗址 B 区发掘期间,中国社科院考古所傅宪国先生、广西文物考古研究所和广西自然博物馆的领导和专家谢日万、林强、韦江、谢光茂等多次到工地给予热情的指导和帮助,我们对此深表感谢。同时田阳县博物馆为发掘的正常进行做了大量工作,田东县文物管理所和田东县革命纪念馆为后期整理提供了无私的帮助,桂林市文物管理委员会办公室和桂林甑皮岩遗址博物馆为发掘提供了大力支持,我们一并致谢。遗址发掘领队为贺战武,队员除本文作者外,尚有桂林市文物工作队的伍迎春、永福县文物管理所的全建兰。

绘图:李新明　张小波
测量:伍迎春
摄影:苏　勇
执笔:贺战武　周有光　苏　勇　漆招进

注　释

[1] 广西壮族自治区文物工作队,百色市右江民族博物馆,百色市右江区文物管理所.广西百色市上宋旧石器时代遗址发掘简报[A].见:广西壮族自治区文物工作队编.广西文集(第 2 辑)[C].北京:科学出版社,2006.
[2] 林强.广西百色田东坡西岭旧石器时代遗址发掘简报[J].人类学学报,2002,21(1):59~64.
[3] 中国社会科学院考古研究所,等.桂林甑皮岩[C].北京:文物出版社,2003.
[4] 王令红,彭书琳,陈远璋.桂林宝积岩发现的古人类化石和石器[J].人类学学报,1982,1(1).

[本文发表于《广西考古文集(第 4 辑)》,科学出版社,2010 年]

田阳那赖遗址 B 区发掘报告

柳州白莲洞博物馆　柳州市文物考古队

广西文物考古研究所　田阳县博物馆

那赖遗址位于田阳县城西面,东起田州镇兴城村那赖屯,西至那坡镇六合村渌碧屯后山,南起田州镇凤马村芒果山,北至那坡镇六合村百慢屯后山(图1)。该遗址 2005 年被由广西文物队、百色市文化局、田阳县博物馆组成的南昆高速公路联合考古调查组发现。据初步测定,遗址面积约 6 km²。遗址核心区位于山坡凸出部位,高于山脚地平面约 60 至 80 m。从断层剖面看,可明显划分为两层,底层为砾石层,高出地平面约 30 至 50 m,顶部为网纹状红土层。这一层面的南、北、东及顶部布满冲沟,到处散布着打制石器、加工碎片以及尚未加工的石料。打制石器种类比较齐全,已采集到的有手斧、手镐、砍砸器、尖状器、石片、石核等,同时还采集到玻璃陨石。调查者初步认为那赖遗址与百谷、高岭坡、濑奎为同一时代,均为 80 万年前的旧石器时代遗址(图2)。

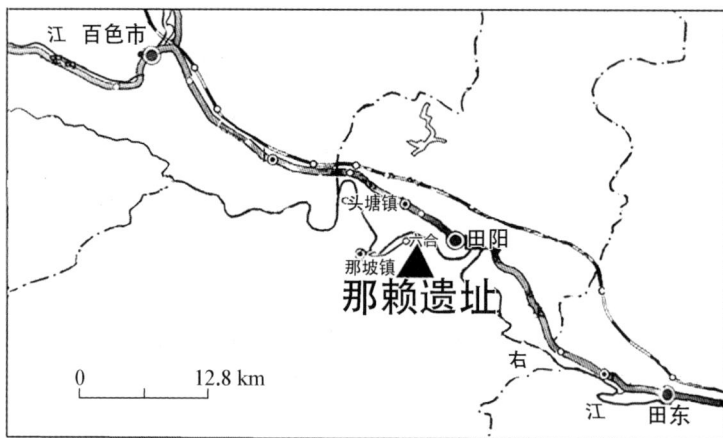

图 1　那赖遗址地理位置示意图

为配合南宁至百色高速公路建设,2005 年 8 月至 10 月,柳州市文物考古队、柳州白莲洞博物馆应广西壮族自治区文物工作队邀请,对百色市田阳县那赖遗址进行了抢救性考古发掘。

图 2　百色田阳那赖遗址全景

那赖遗址本次抢救性发掘总面积 4 000 m²，由自治区文物工作队和柳州市文物考古队、柳州白莲洞博物馆联队分区进行抢救性发掘。发掘区分为 A、B 两大区，A 区 3 000 m² 由自治区文物队发掘，B 区 1 000 m² 由柳州市文物考古队、柳州白莲洞博物馆联合发掘。

B 区又分南、东两个分区进行。首期布方区位于该遗址南部，位于南百高速公路 K155+320 至 K155+360（左、右桩）范围内，地势平缓，海拔高度 170 m 左右，高出附近地面约 50 m。遗址上有较多的石片、断块分布。南区布方区又依次划分为 A、B 两个亚区。A 亚区 1 000 m² 由区文物工作队发掘，B 亚区 500 m² 由柳州市联队对其进行发掘。B 亚区探方均为正南北向，面积为 5×5 m，共布方 20 个。依次编号为 SBT1、SBT2、SBT3…… SBT20。东区与南区相距约 75 m，海拔 163 m 左右。东区布方面积为 800 m²，布方区亦划分为 A、B 两个亚区，A 亚区 500 m² 由柳州联队发掘，B 亚区 300 m² 由自治区文物队发掘。东区 A 亚区共布 5×5 m 探方 20 个，亦为正南北向。其编号依次为 EAT1、EAT2、EAT3……EAT20（图 3）。

发掘时，根据地势情况，统一设定了基点，并确定基点的绝对高程。从基点出发，用水平仪测定每件出土物的深度及绝对高程。各探方的发掘先以 10 cm 为一水平层位往下发掘，后因考虑到地层堆积的差异，改用常规的按自然堆积层揭露。在发掘过程中，各探方的地层分别单独编号，出土物则按出土顺序依次分区统一编号。发掘结束后，通过各探方地层关系的对比分析，对 A、B 两亚区地层各自分区统一划分。

B 区发掘历时两个多月，发掘面积 1 000 m²。发掘获得了大量地层关系明确的文化遗物和自然遗物。现将这次发掘的主要收获报告如下。

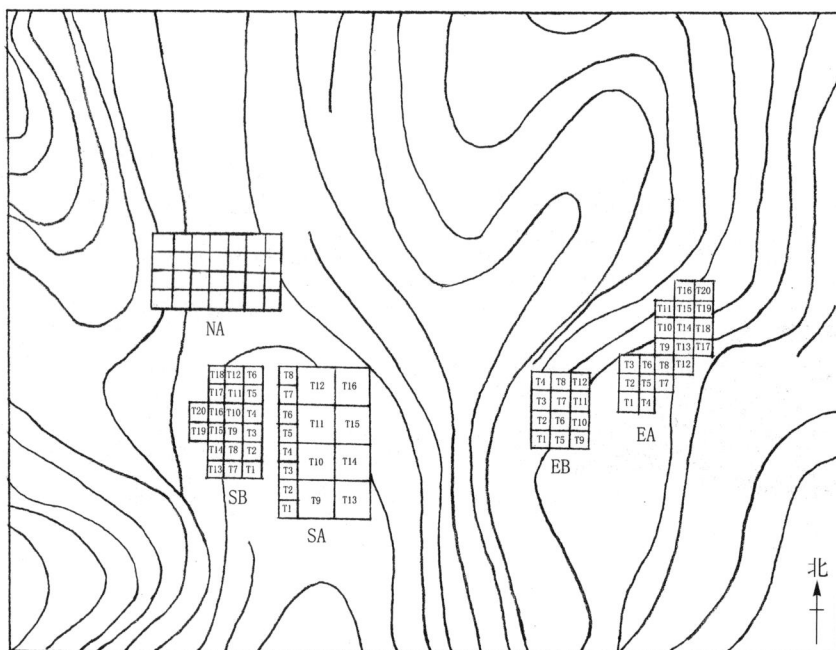

图3　那赖遗址地形及探方分布图

一、地层堆积

此次发掘,由于不连续布方,南、东两区的地层堆积并不十分统一,甚至南区B亚区各探方的地层堆积亦不尽一致,局部探方缺失部分层位。现以SBT2东壁、SBT9北壁和EAT16西壁为例,对地层的堆积情况予以如下介绍。

南区探方SBT2东壁自上而下分为7层(图4):

第①层,表土层,灰褐色砂黏土,土质疏松,富含植物根须,出土物有近代陶瓷片等遗物。厚10~60 cm。可分为2个亚层:

①A层为现代耕土层,灰褐色砂黏土,土质疏松,内含大量植物根须,出土物有近代瓦片、砖块等遗物。厚10~35 cm。

①B层为灰黑色土层,富含腐殖质,土质疏松,无任何包含物出土,本层由南向北倾斜。厚0~30 cm。

第②层,灰黄色亚黏土层,结构较疏松,含少量砂质土和植物根系,此层出土少量的石器制品。厚55~70 cm。

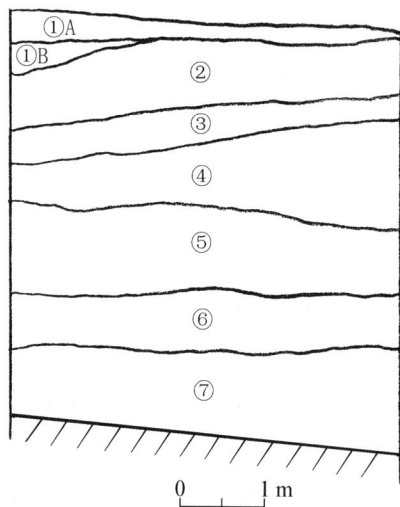

图4　那赖遗址SBT2东壁剖面图

第③层,棕黄色亚黏土层,结构较硬,含少量黄色风化礓石和红色角砾颗粒,层中出土较多的石器制品。厚约 20~40 cm。

第④层,棕红色网纹红土层,结构紧密,土质坚硬成块状,内含较多的黄色风化礓石和红色角砾颗粒,包含物见少量石器。厚约 40~105 cm。

第⑤层,洪积砾石层,由上下两部分构成。上部由细小的红褐色角砾和紫色砾石构成,下部为较粗大的紫色砾石组成。本层发现少量石制品,其刃部均遭受不同程度的磨蚀。厚约 60~90 cm。

第⑥层,网纹红土层,土质较硬,纯净。此层出土少量石制品。厚度约 55~65 cm。

第⑦层,砾石层,出露厚度约 65~105 cm。

南区探方 SBT9 北壁自上而下分为 6 层(图 5):

第①层:表土层,灰褐色砂黏土。本层厚 60~100 cm。可划分为三个亚层:

①A 层为现代耕土层,灰褐色砂黏土,土质疏松,内含大量植物根须,出土物有近代瓦片、砖块等遗物。厚 10~20 cm。

①B 层为黄褐色土层,土质较疏松,内含少量植物根须,出土少量石制品和其他遗物。厚 30~40 cm。

①C 层为灰黑色土层,富含腐殖质,土质疏松,无任何包含物出土,本层由西向东倾斜。厚 20~60 cm。

第②层:灰黄色亚黏土层,结构疏松,有少量石制品出土。厚度为 20~40 cm。

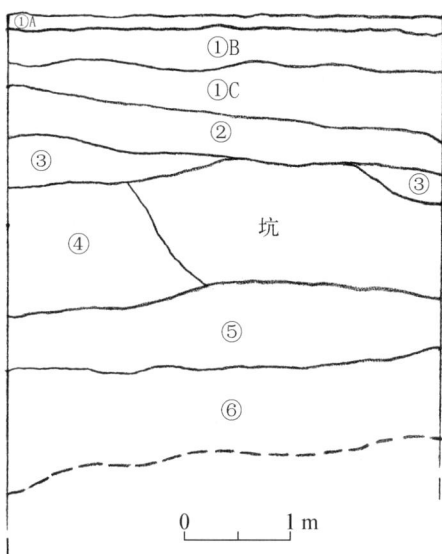

图 5 那赖遗址 SBT9 北壁剖面图

第③层:棕黄色亚黏土,结构紧密,土质较硬,含少量风化礓石和红色颗粒,出土较多石器。地层厚度为 0~45 cm。

自然坑:开口于第③层之下,结构紧密,土质较硬,主要分布于探方的东部和北部,由西南向东北倾斜。坑内土质纯净,没有文化遗物出土。厚度为 0~110 cm。

第④层:棕红色网纹红土层,结构紧密,土质坚硬,呈块状,含较多风化礓石和红色颗粒,出土少量文化遗物。厚度为 0~115 cm。

第⑤层:洪积砾石层,由上下两部分组成,上部由细小的红褐色角砾和紫色砾石组成,下部则由较大的紫色风化砾石组成,该地层仅出土少量文化遗物。地层厚度为 40~70 cm。

第⑥层:网纹红土层。土质较硬,纯净,没有文化遗物出土。出露厚度为 80~125 cm。

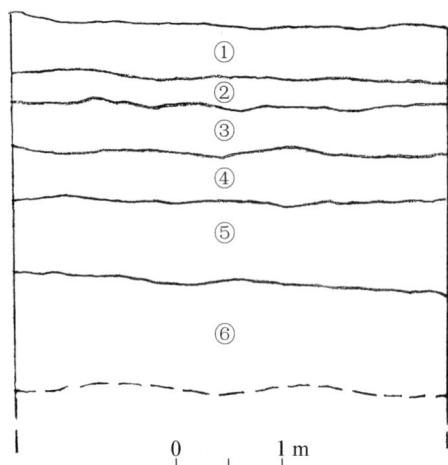

图 6　那赖遗址 EAT16 北壁剖面图

东区探方 EAT16 西壁自上而下分为 6 层（图6、7）：

第①层，现代耕土层，灰褐色砂黏土，土质疏松，富含植物根须，出土物有近代陶瓷片等遗物。厚约 40~55 cm。

第②层，灰黄色亚黏土层，结构较疏松，含少量砂质土和植物根系，此层出土少量的石器制品。厚约 25~30 cm。

第③层，棕黄色亚黏土层，结构较硬，含少量黄色风化礓石和红色角砾颗粒，包含较多的石器制品。厚约 40~60 cm。

第④层，棕红色风化网纹红土层，结构紧密，土质坚硬成块状，内含较多的黄色风化礓石和红色角砾颗粒，包含物见少量石器。厚约 50~55 cm。

第⑤层，洪积砾石层，由上下两部分构成。上部由细小的红褐色角砾和紫色砾石构成，下部由较粗大的紫色砾石组成。在本层中发现的石制品较多，但其刃部均遭受不同程度的磨蚀。厚约 55~85 cm。

第⑥层，网纹红土层，土质较硬，纯净。此层有少量玻璃陨石出土，但不见石制品。出露厚度约 90~105 cm。

图 7　那赖遗址 EAT16 西壁剖面

那赖遗址 B 区各亚区之间乃至同区之间的地层堆积层位尽管存在一些差异，但根据地层的土质上色及出土遗物、相关的叠压关系，每个探方的地层编号仍基本能将其确认在遗址的统一地层顺序之中（表 1）。

表 1　那赖遗址 B 区探方层位关系对应表

分区	SB																				EA	地层描述
编号/地层	T1	T2	T3	T4	T5	T6	T7	T8	T9	T10	T11	T12	T13	T14	T15	T16	T17	T18	T19	T20	T1~20	
①	①	①	①	①	①	①	①	①	①	①	①	①	①	①	①	①	①	①	①	①	①	灰褐色表土层
①A	①A	①A	①A	①A	①A	①A			①A	①A	①A	①A			①A	①A	①A	①A		①A		灰褐色砂黏土
①B				①B	①B	①B			①B	①B	①B	①B			①B	①B	①B	①B		①B		黄褐色土层
①C			①C	①C	①C				①C	①C	①C	①C				①C						灰黑色土层
②	②	②	②	②	②	②	②	②	②	②	②	②	②		②	②	②	②	②	②	②	灰黄色亚土层
③	③	③	③	③	③	③	③	③	③	③	③	③	③	③	③	③	③	③	③	③	③	棕黄色亚土层
自然坑			坑	坑	坑				坑	坑												灰白色风化土层
④	④	④	④	④	④	④	④	④	④	④	④	④	④	④	④	④	④	④	④	④	④	棕红色土
⑤	⑤	⑤	⑤	⑤	⑤	⑤	⑤	⑤	⑤	⑤	⑤	⑤	⑤	⑤	⑤	⑤	⑤	⑤	⑤	⑤	⑤	棕红色网纹红土层
⑥	⑥	⑥	⑥	⑥	⑥	⑥	⑥	⑥	⑥	⑥	⑥	⑥	⑥	⑥	⑥	⑥	⑥	⑥	⑥	⑥	⑥	洪积砾石层
⑦		⑦																				网纹红土层／砾石层

　　关于地层堆积的成因,中国科学院地质与地球物理研究所袁宝印研究员、中国科学院古脊椎动物与古人类研究所黄慰文研究员等人对那赖遗址 B 区进行实地考察后认为:南亚区的第①层为表土层,其中①A 层为近现代耕土层,①B、①C 层为历史时期地层;第②层为风化搬运层;第③层为风化网纹红土搬运层;第④层为网纹红土堆积层;第⑤层为洪积风化砾石堆积层;第⑥层为原生网纹红土层;底层为河床砾石堆积层。东亚区第①层为近现代耕土层;第②、③、④层为地表流水搬运作用形成的坡积层;第⑤层为洪积风化砾石堆积层;第⑥层为原生网纹红土层。

二、遗　　物

　　B 区出土遗物 375 件,包括所有石制品和玻璃陨石。按石器石料是否经过加工可分为人工制品和自然品,其中人工制品有打制和磨制两大类。石器岩性有砂岩、硅质岩、石英岩等。石器种类有砍砸器、刮削器、手镐、手斧、薄刃斧、石砧、石锤、石片、断块等。B 区遗址出土的文化遗物似可划分为三个不同的时期,下面就三个不同时期分别记述如下。

(一) 第一期文化遗物

　　第一期文化遗物包括发掘区南区第 4 层、第 5 层、第 6 层和东区的第 5 层、第 6 层的出土遗物 50 件,包括石制品和玻璃陨石。其中石制品 48 件,主要出自南区第 4 层和东区第 5 层之中。玻璃陨石仅见 2 件,均出自东区第 6 层。

　　其种类包括砍砸器、刮削器、手镐、手斧、石片、断块、砾石、石核等(表 2)。

表 2　那赖遗址 B 区第一期石制品统计表

类　型	砍砸器	刮削器	手斧	手镐	石片	断块	砾石	石核	合计
数　量	14	3	2	11	1	11	4	2	48
百分比	29	6	4	24	2	23	8	4	100

1. 砾石

　　4 件。包括有人工痕迹和没有人工痕迹两类。砾石的形状有扁圆形、长条形和不规则形等,多在 10~22 cm 之间,岩性有砂岩、硅质岩等。有人工痕迹的仅见 1 件,其侧端有人工打掉的小片疤痕。这类砾石应该是当时人类有意从别处带来的用于制作石器的原料。

2. 石核

2 件。石核以自然台面为主,台面角最大值 105°、最小值 78°。从台面角和石片疤痕的特征看,剥片方法均采用直接锤击法。

3. 石片

1 件。岩性为砂岩。石片尺寸不大,为自然台面。打击点比较清晰,半锥体不甚突出。打片采用锤击法,石片保留较多的砾石面。

4. 断块

11 件。岩性有砂岩、硅质岩、石英岩、石英,以细砂岩为主。其共同特征是没有明显的打击点,长度差别较大,属于打片时形成或自然形成的断块。

5. 石器

30 件。类型可分为砍砸器、刮削器、手斧和手镐,其中砍砸器最多,其次为手镐,再次为刮削器,手斧最少。

（1）砍砸器

14 件,占工具总数的 47%,均利用砾石直接打制而成。岩性有砂岩、石英岩、硅质岩等,以砂岩为最多,其次为硅质岩,再次为石英。器体较大,长最大值为 19.0 cm,最小值为 12 cm;宽最大值为 17.0 cm,最小值为 8.0 cm;厚最大值为 8.0 cm,最小值为 5.0 cm;重最大值为 1 700 g,最小值为 850 g,重量均值为 1 240 g。刃角均较平缓,处于 40°~70°之间,多为 60°~70°。石器均为单面加工而成,通常由较扁平的一面向较凸出的一面打击。以锤击法为主,碰砧法次之。加工简单,器身保留大部分的砾石面。大部分刃缘没有经过二次加工,多没有使用痕迹。根据刃缘多少和刃缘形状分为单边凸刃砍砸器、单边直刃砍砸器和双边刃砍砸器（表 3）。

表 3　那赖遗址 B 区第一期砍砸器统计表

类　型	岩　　性			刃　　缘			修整和使用痕迹		合计
	砂岩	石英岩	硅质岩	单边凸刃	单边直刃	双边刃	有修整或使用痕迹	无修整和使用痕迹	
数　量	9	3	2	5	3	6	2	12	14
百分比	64	21	15	36	21	43	14	86	100

单边凸刃砍砸器

标本 EAT20⑤：145　原料为较扁平的细砂岩砾石,形状近舌形。在器身上端单向打制出刃面。加工面片疤多不规则,凹凸不平,刃部稍凸弧,刃部右侧有使用痕迹。长12 cm,宽10 cm,厚6.3 cm,刃角65°,重870 g(图8,1)。

标本EAT19⑤:107　原料为砂岩砾石,平面近三角形。在砾石的上端和两侧单向打击出刃面和凸弧形的刃缘,刃面较陡,左侧打出一个较大片疤,与右侧加工面相交成一纵脊,右侧有三个凹槽,当为剥落石片断裂而成。长16.5 cm,宽12 cm,厚8 cm,刃角60°,重1 700 g(图8,2)。

单边直刃砍砸器

标本EAT19⑤:140　原料为砂岩砾石,平面近铲形。在砾石的上端单向打击出刃缘,刃面斜平,有修整痕迹,加工面磨蚀严重。长13.4 cm,宽10.5 cm,厚6 cm,刃角60°,重850 g(图8,3)。

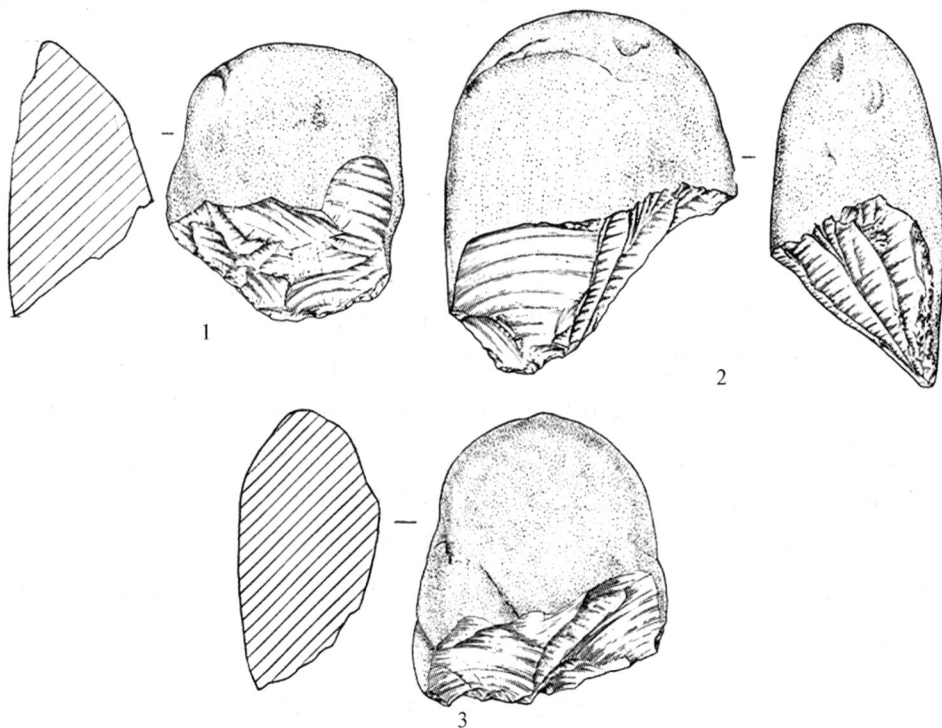

图8　砍砸器

1. EAT20⑤:145　2. EAT19⑤:107　3. EAT19⑤:140

双边刃砍砸器

标本SBT20④:213　原料为细砂岩砾石,平面近椭圆形,单面加工。在砾石的两侧单向打片形成刃缘,两刃缘相交成一个尖。器身保留大部分砾石面。长12 cm,宽10 cm,厚7 cm,刃角40°,重1 350 g(图9,1)。

标本SBT20④:223　原料为较扁平的砂岩砾石,平面近椭圆形。在砾石的上端和两侧单向打击,形成较陡直的刃面,刃缘较钝。长14 cm,宽17 cm,厚5 cm,刃角60°,重

1 700 g(图 9,2)。

标本 SBT20④：128　原料为砂岩砾石,平面近椭圆形。在砾石的上端和两侧单向打击,在左侧加工出一平直的刃缘,右侧形成一较钝的刃面。长 12 cm,宽 12 cm,厚 5 cm,刃角 55°,重 900 g(图 9,3)。

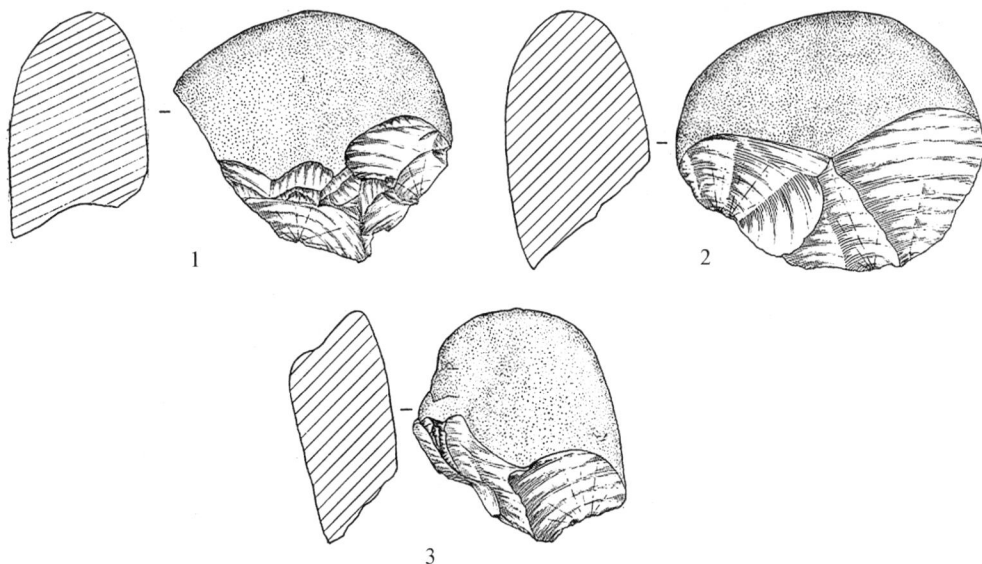

图 9　砍砸器
1. SBT20④：213　2. SBT20④：223　3. SBT20④：128

（2）刮削器

3 件,占工具总数的 10%,系利用砾石石片打制而成。岩性均为砂岩。器体较大,长最大值为 13 cm,最小值为 6.7 cm;宽最大值为 11 cm,最小值为 8.4 cm;厚最大值为 5 cm,最小值为 1.6 cm;重最大值为 540 g,最小值为 130 g,均值为 336 g。多为单面反向加工而成,刃角平缓,处于 30°～70°之间。以锤击法简单加工,器身局部保留砾石面。大部分刃缘没有经过二次修整,多没有使用痕迹。根据刃缘多少可分为单边凸刃刮削器、单边直刃刮削器、多边刃刮削器。

单边凸刃刮削器

标本 SBT19④：212　原料为细砂岩砾石石片,平面为不规则形。正面为劈裂面,背面及两侧保留砾石面,器身较薄。上端有较锋利的弧形刃缘。长 9.5 cm,宽 11 cm,厚 2.9 cm,刃角 30°,重 340 g(图 10,1)。

单边直刃刮削器

标本 SBT20④：225　原料为砂岩砾石,近椭圆形。器身正面和背面为砾石劈裂面,打击点半锥体明显。由一侧端单向打击成刃缘,刃部较陡直,刃缘锋利、直刃,刃缘处有许多细碎的凹疤,为使用痕迹。长 13 cm,宽 10 cm,厚 5 cm,刃角 70°,重 540 g(图 10,2)。

多边刃刮削器

标本 EAT16⑤：125　原料为砂岩砾石,平面近四边形。加工面平整,周遭刃部经过修整,一侧刃端呈锯齿形。长 6.7 cm,宽 8.4 cm,厚 1.6 cm,刃角 45°,重 130 g(图 10,3)。

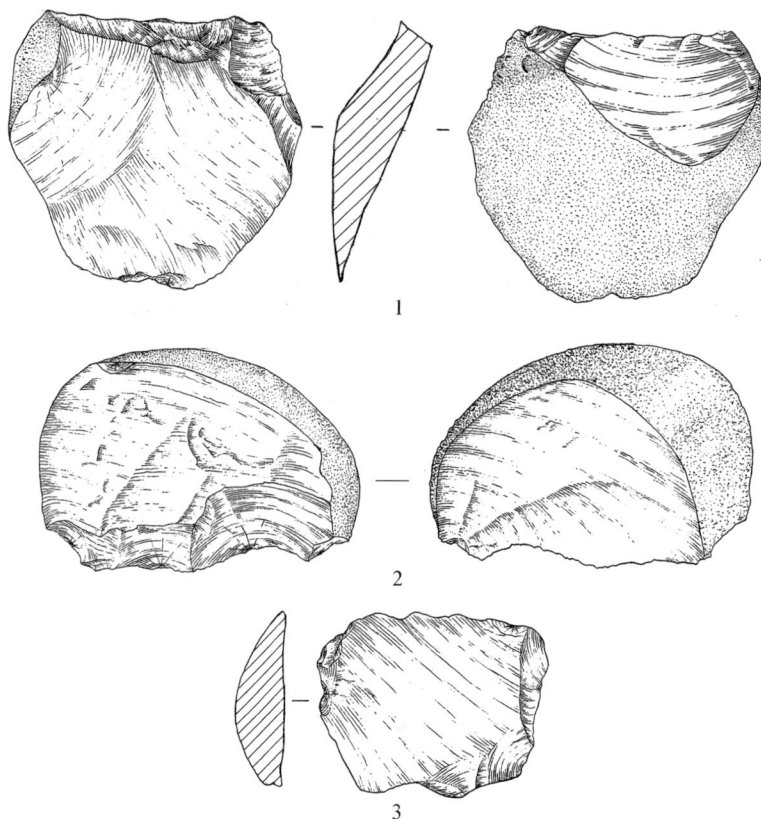

图 10　刮削器
1. SBT19④：212　2. SBT20④：225　3. EAT16⑤：125

（3）手斧

2 件,占工具总数的 6.7%。均为砾石石器,器型厚重。其制作大多沿石料两侧及两面加工,往一端汇聚成尖,修整仅限于侧刃和端刃部位,尤以端刃修理最为普遍。

标本 EAT20⑤：130　原料为砂岩砾石。由两侧往一端两面加工而成,制作比较简单,加工仅限于器身上半部,下半部保留砾石面。右侧片疤多为阶梯状,片疤大而浅。左侧片疤斜直。两侧刃缘均经过修整。器身背面剥片较小,正面剥片稍多。上宽下窄,尖部略呈舌状,刃缘局部经过修整。器身厚重。长 17 cm,宽 10 cm,厚 7 cm,尖面角 70°,重 1 420 g(图 11,1)。

标本 EAT15⑤：105　原料为砂岩砾石。由两侧向一端两面加工而成,两侧片疤相交呈一纵向凸棱。两面剥片至器身下半部,把端保留砾石面。背面片疤大而深,正面片疤小而浅。器身上窄下宽,尖部略呈舌状,刃缘加工精致。器身厚重。长 15 cm,宽 13.5 cm,厚 6 cm,尖面角 70°,重 1 600 g(图 11,2;图 12,1)。

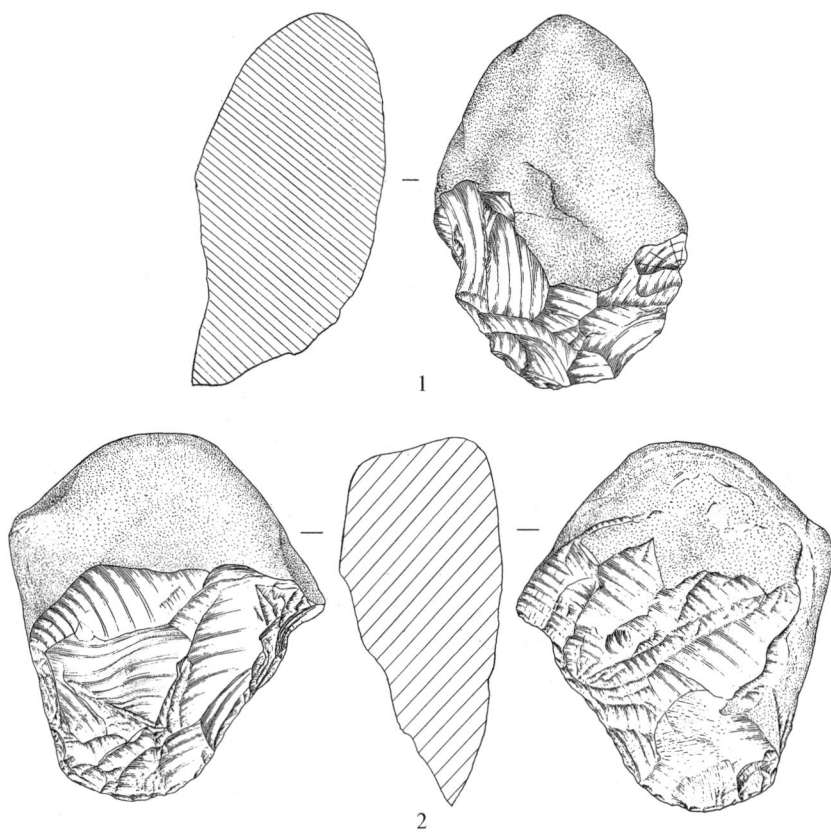

图 11　手斧
1. EAT20⑤：130　2. EAT15⑤：105

1. 手斧（EAT15⑤：105）　　　　2. 手镐（EAT6③：46）

3. 砍砸器（EAT9③：56）　　　　　　4. 砍砸器（SBT9②：83）

5. 薄刃斧（SBT4③：174）　　　　　　6. 刮削器（SBT20②：7）

图 12　那赖遗址 B 区出土石器

（4）手镐

6 件。占工具总数的 20%。均为大型砾石直接加工而成，不见利用石片加工成器者。多从砾石较扁平的一面向较凸出的一面打击，从两侧往一端加工出一舌状尖。原料以砂岩为主，次为石英岩、硅质岩。手镐制作比较简单，通常最大限度地利用自然面，不见通体加工的标本，器身均保留大部分的砾石面。刃角多为 50°～70° 之间。长最大值为 19.3 cm，最小值为 14 cm；宽最大值为 16.9 cm，最小值为 10 cm；厚最大值为 8.9 cm，最小值为 6.5 cm；重最大值为 2 200 g，最小值为 780 g，重量均值为 1 562 g。手镐形状多样，有船底形、三角形等。

船底形手镐

标本 EAT16⑤：136　原料为石英岩砾石，平面形状近船底形。砾石背面隆起，正面较平整。由较平的一面向隆起的一面单向打击出刃面和刃尖，左上和右上分别有较大的片疤，两片疤在上端中央相交，刃尖部位有修整痕迹，与刃尖相对的背面局部亦有剥片痕迹。长 19 cm，宽 14 cm，厚 7 cm，尖面角 70°，重 2 200 g（图 13，1）。

标本 EAT16⑤：124　石器原料为砂岩砾石，平面形状近船底形。在砾石的两侧缘由扁平的一面向较凸的一面打击而成，两侧缘在前端相交成一舌尖。在石器的正面沿刃尖剥片至根部，片疤均较浅平。背面则保留砾石面。两侧刃面较平缓，舌尖刃较陡直。刃尖和刃缘留有细碎的凹疤。长 15.5 cm，宽 13.3 cm，厚 8.8 cm，尖面角 70°，重 1 560 g（图 13，2）。

三角形手镐

标本 SBT12④：187　原料为砂岩砾石，平面近三角形。在两侧由较平的一面向较凸的一面打击，两侧缘在前端相交呈一刃尖。两侧加工面陡直。正面剥片至根部，背面保留砾石面。尖部断面略成三角形。长 14 cm，宽 10 cm，厚 7 cm，尖面角 70°，重 780 g（图 13，3）。

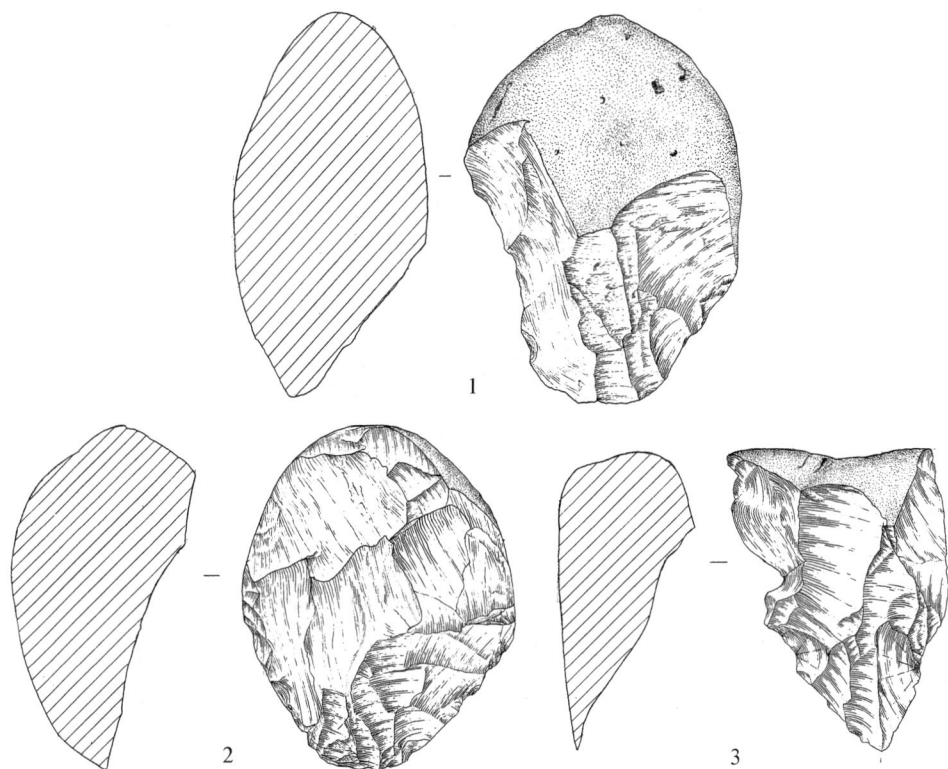

图 13　手镐

1. EAT16⑤：136　2. EAT16⑤：124　3. SBT12④：187

（5）其他

标本 EAT19⑤：108　原料砂岩砾石。原料两面都较扁平。单面加工，打制加工限于右侧及上端，在右侧形成一直形的刃缘，上端为舌形尖。舌尖部分片疤均较小而浅平，使用痕迹不明显。器身上窄下宽，保留绝大部分砾石面。长 14 cm，宽 13 cm，厚 7 cm，尖面角 65°，重 1 680 g（图 14，1）。

标本 EAT16⑤：118　石器原料为砂岩砾石。在砾石的两侧缘由一面向另一面打击而成，两侧缘在前端相交成一舌尖。在石器的正面沿刃尖剥片至根部，片疤较大且凹凸不平。背面则保留砾石面。两侧刃较陡直，舌尖刃较平缓。长 19.3 cm，宽 16.9 cm，厚 6.5 cm，尖面角 70°，重 1 800 g（图 14，2）。

标本 EAT20⑤：132　石器原料为硅质岩砾石，两面较扁平。在砾石的两侧缘由一面向另一面加工，两侧缘在前端相交成一舌尖。在石器的正面沿刃尖剥片至根部，左侧刃面

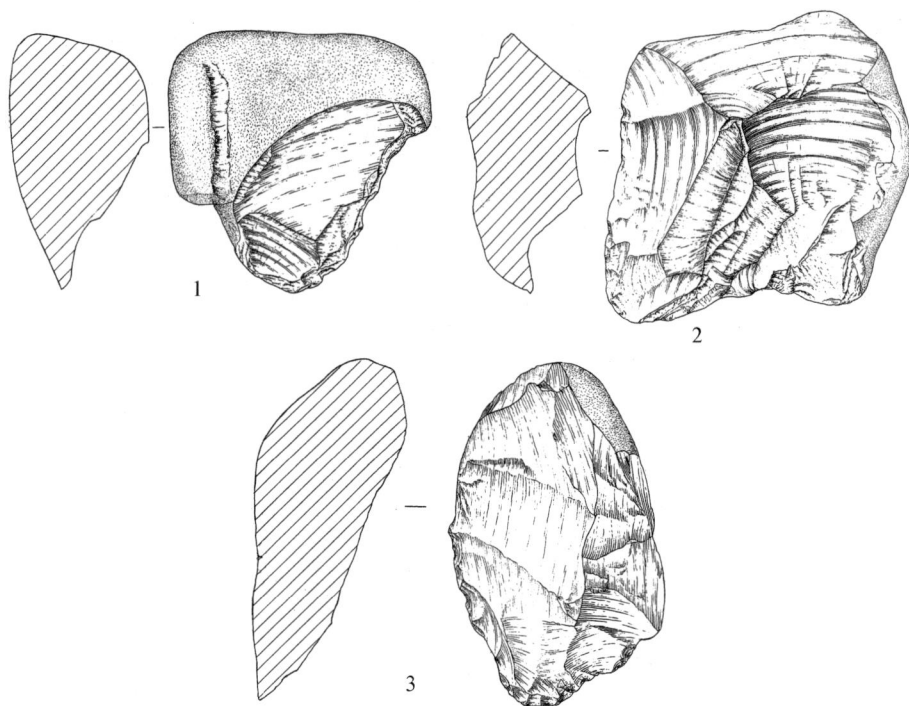

图 14　其他
1. EAT19⑤：108　2. EAT16⑤：118　3. EAT20⑤：132

平缓且片疤较大,右侧刃面陡直且片疤均较小。背面则保留砾石面,舌尖刃较平缓。长 19 cm,宽 10 cm,厚 8.9 cm,尖面角 52°,重 1 350 g(图 14,3)。

6. 玻璃陨石

此次出土的玻璃陨石数量不多,仅 2 件,均出自东区第 6 层网纹红土之中。玻璃陨石形状扁圆形,颜色呈漆黑色,具有玻璃光泽,表面均有凹坑。两件玻璃陨石的直径近 2 cm,其棱角锋利,未见冲磨痕迹。

(二)第二期文化遗物

第二期文化遗物包括南区第③层,东区第③层、第④层出土的石制品 208 件,种类包括砾石、石核、断块、石锤、砍砸器、刮削器、手镐、薄刃斧、尖状器、石片等(表 4)。

表 4　那哈遗址 B 区第二期石制品统计表

类型	砾石	石锤	砍砸器	刮削器	手镐	薄刃斧	尖状器	石核	石片	断块	合计
数量	26	3	46	17	6	2	1	6	20	81	208
百分比	12.5	1	22	8	3	1	0.5	3	10	39	100

1. 砾石

26 件。占石制品总数的 26%。无人工痕迹。形状有扁圆形、扁长形、长条形等,大小多在 8~17 cm,岩性有砂岩、石英岩、硅质岩等。

2. 石核

6 件。占石制品总数的 3%。石核大小差别较大,分单台面、双台面和多台面三种,多台面少见。石核以自然台面为主,台面角最大的 100°以上,最小的 50°以上。

3. 断块

81 件,占石制品总数的 39%。岩性有砂岩、硅质岩、石英岩、石英,以细砂岩为主。没有明显的打击点,大多沿石块的自然纹理断裂,长度差别很大,大多数砾石面多于片疤面,属于打片时形成或自然形成的断块。

4. 石片

20 件。占石制品总数的 10%。岩性有砂岩、硅质岩、石英岩、石英,以砂岩为主。石片尺寸不大,最大的长 20 cm,宽 17 cm,厚 5 cm,重 1 240 g;最小的长 4 cm,宽 3 cm,厚 0.5 cm,重 9 g。多为自然台面,人工台面较少。打击点比较清晰,半锥体不甚突出。打片多采用锤击法,石片多保留砾石面。

标本 SBT15③:59　原料为砂岩石片,扁长形。石片正面底端保留砾石面,背面为劈裂面,石片上端可见打击石片的疤痕,打击点不清晰。长 5.6 cm,宽 5 cm,厚 0.5 cm,重 30 g(图 15,1)。

标本 EAT1④:72　原料为砂岩砾石石片,形状为扇形。石片正面为劈裂面,正面顶端及背面保留砾石面,打击点清楚,半锥体明显。长 20 cm,宽 17 cm,厚 5 cm,重 1 240 g(图 15,2)。

标本 SBT11③:218　原料为砂岩砾石,器身正面为砾石的劈裂面,上端为自然台面,背面保留砾石面。半锥体突出,打击点明显。长 7 cm,宽 5 cm,厚 1 cm,重 90 g(图 15,3)。

标本 SBT15③:60　原料为砂岩砾石,形状略呈梯形。石片两面均为劈裂面,正面由多个片疤组成,片疤较大。石片正面上端保留砾石面。长 5 cm,宽 5.5 cm,厚 1.5 cm,重 50 g(图 15,4)。

5. 石器

总计 75 件。类型有砍砸器、刮削器、石锤、薄刃斧、手镐、尖状器共 6 种。

(1)砍砸器

46 件,占工具总数的 61%,均采用砾石直接打制而成。岩性有砂岩、石英岩、硅质岩等,以砂岩为最多,占 51.7%,次为硅质岩和石英岩。器体较大,长最大值为 19 cm,最小值

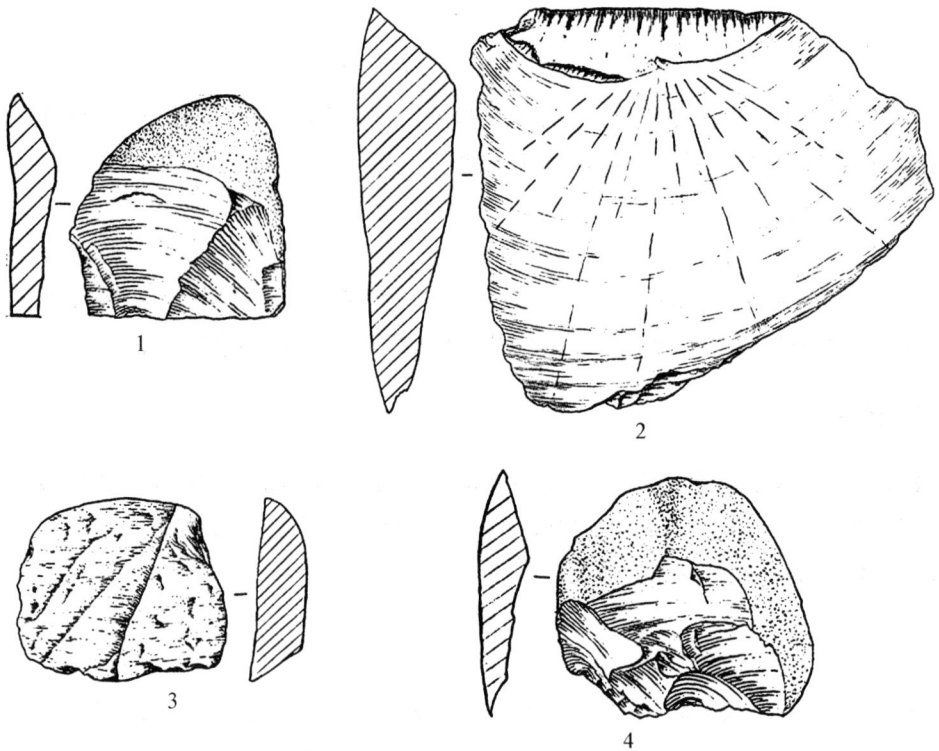

图 15　石片

1. SBT15③：59　2. EAT1④：72　3. SBT11③：218　4. SBT15③：60

为 8 cm；宽最大值为 18 cm，最小值为 8.3 cm；厚最大值为 8 cm，最小值为 3 cm；重最大值为 1 800 g，最小值为 510 g，重量均值为 1 100 g。石器均为单面加工而成，通常由较扁平的一面向较凸出的一面打击。刃角均较小，处于 30°～70°之间。以锤击法为主，碰砧法次之。加工简单，器身都保留大部分的砾石面。大部分刃缘没有经过二次修整，多没有使用痕迹。根据刃缘多少和刃缘形状可分为单边凸刃砍砸器、单边凹刃砍砸器、单边直刃砍砸器、双边刃砍砸器和多边刃砍砸器五种（表 5）。

表 5　那赖遗址 B 区第二期砍砸器统计表

类　型	岩　　性			刃　　缘				修整和使用痕迹		合计
	砂岩	石英岩	硅质岩	单边凸刃	单边直刃	双边刃	多边刃	有修整或使用痕迹	无修整和使用痕迹	
数　量	26	9	11	18	13	9	6	6	40	46
百分比	57	19	24	39	28	20	13	13	87	100

单边凸刃砍砸器

标本 SBT7③：126　原料为一椭圆形的细砂岩砾石。在器身上端单向打制出一凸弧刃。加工面片疤多不规则，凹凸不平。器身厚重，大部分保留砾石面。长 12 cm，宽 14 cm，厚 7 cm，刃角 70°，重 1 850 g（图 16,1）。

标本 SBT20③：49　原料为硅质岩砾石。在器身上端及两侧单向打制出一刃面，刃部稍凸弧，刃缘部经过修整，打击点不明显。加工面片疤大且多不规则，凹凸不平。器身保留绝大部分砾石面。长 16.5 cm，宽 12.2 cm，厚 7.5 cm，刃角 70°，重 1 710 g（图 16,2）。

标本 EAT11③：89　原料为较扁平的细砂岩砾石。在器身上端和右侧单向打制出刃面。加工面片疤不多，刃部稍凸弧。打击点和放射线明显。器身保留绝大部分砾石面。长 14 cm，宽 12 cm，厚 5.3 cm，刃角 60°，重 1 190 g（图 16,3）

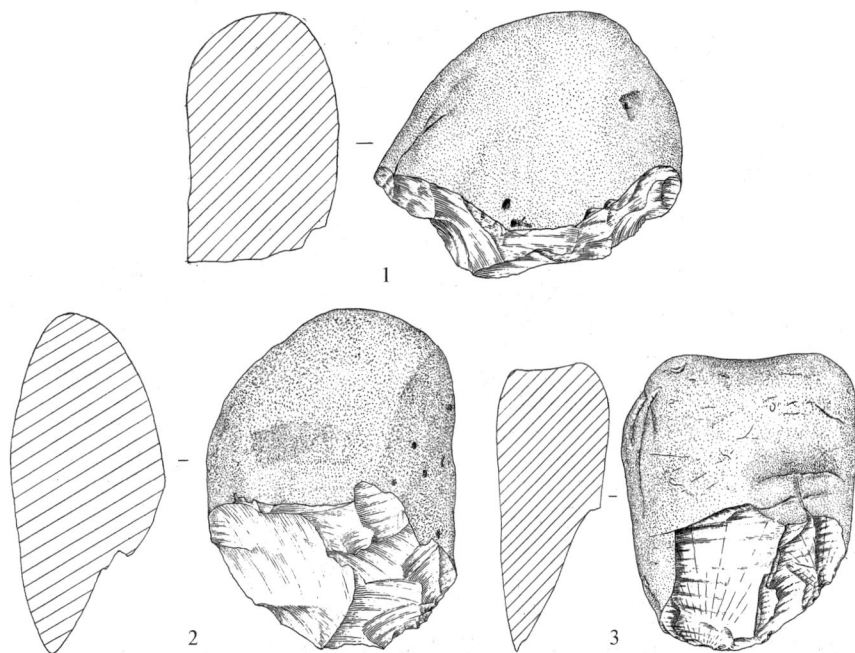

图 16　砍砸器
1. SBT7③：126　2. SBT20③：49　3. EAT11③：89

标本 EAT9③：56　原料为扇形砂岩砾石。在器身上端及两侧单向打制出刃缘，刃面呈凸弧形，刃缘经过修整。加工面片疤多不规则。器身保留绝大部分砾石面。长 18 cm，宽 12 cm，厚 5 cm，刃角 65°，重 1 800 g（图 17,1；图 12,3）。

单边凹刃砍砸器

标本 EAT20③：83　原料为较扁圆的变质岩砾石。在左右两侧及前端剥片，加工出一凹刃。两加工面在中轴线右侧相交成凸棱。器身片疤大而深。背面和正面下端保留砾石面。长 12 cm，宽 11 cm，厚 6 cm，刃角 80°，重 1 040 g（图 17,2）。

标本 SBT4③：192　原料为石英岩砾石。下端较窄，上端较宽。在较宽的一端单向打制出刃面，凹刃，有使用痕迹。器身下端及背面保留砾石面。长 8 cm，宽 8 cm，厚 3 cm，刃角 58°，重 550 g（图 17,3）。

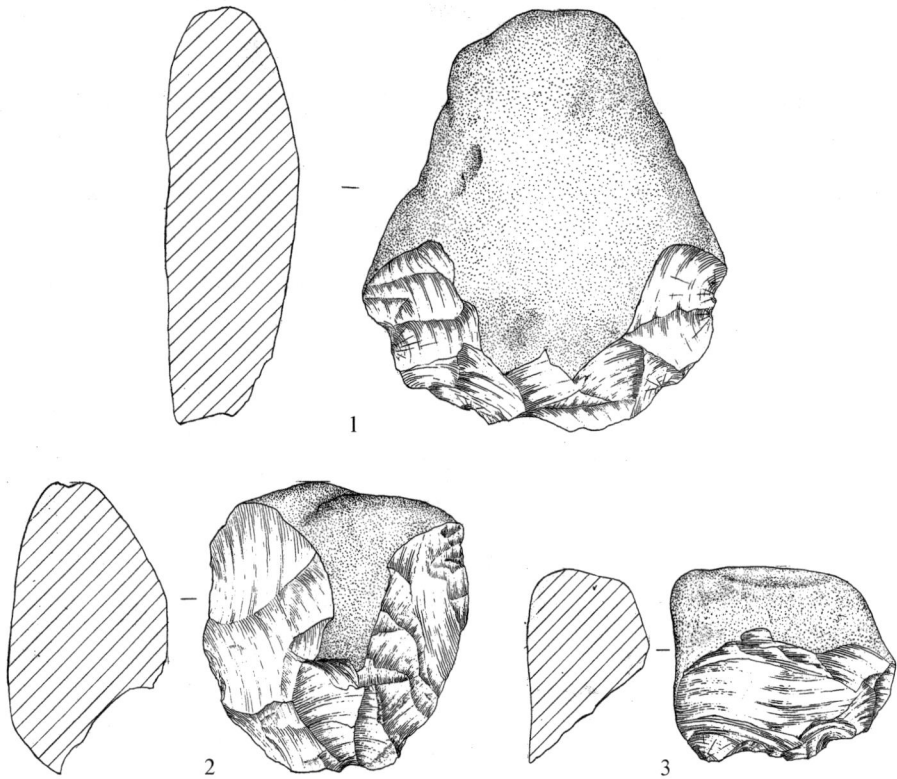

图 17　砍砸器
1. EAT9③：56　2. EAT20③：83　3. SBT4③：192

单边直刃砍砸器

标本 EAT16④：96　原料为一椭圆形砂岩砾石。在砾石较宽一端单向打击出一陡直的刃缘。器身片疤较大,把端部及背面保留砾石面。长 11 cm,宽 15 cm,厚 8 cm,刃角 65°,重 1 320 g(图 18,1)。

标本 SBT17③：19　原料为石英岩砾石。由其较宽一端单向打出刃面,较陡直。器身大部保留砾石面。片疤大而不规则。长 11 cm,宽 15 cm,厚 8 cm,刃角 65°,重 1 320 g (图 18,2)。

标本 EAT6④：50　原料为石英岩砾石。下端较宽,上端较窄。在较窄的一端单向打制出较陡直的刃面。器身保留大部分砾石面。长 10 cm,宽 12.5 cm,厚 4.8 cm,刃角 65°,重 860 g(图 18,3)。

双边刃砍砸器

标本 EAT9④：60　原料为较扁圆的硅质岩砾石。在左右两侧及前端剥片,加工出一凸刃和一侧凹刃。位于端部的刃缘由左右两刃组成,中部有一凸棱,两刃相交成一尖刃。左侧凹刃疤大而深,打击点粗大。器身中部和下端及背面均保留砾石面。长 12.5 cm,宽 12.5 cm,厚 6.4 cm,刃角 70°,重 1 040 g(图 19,1)。

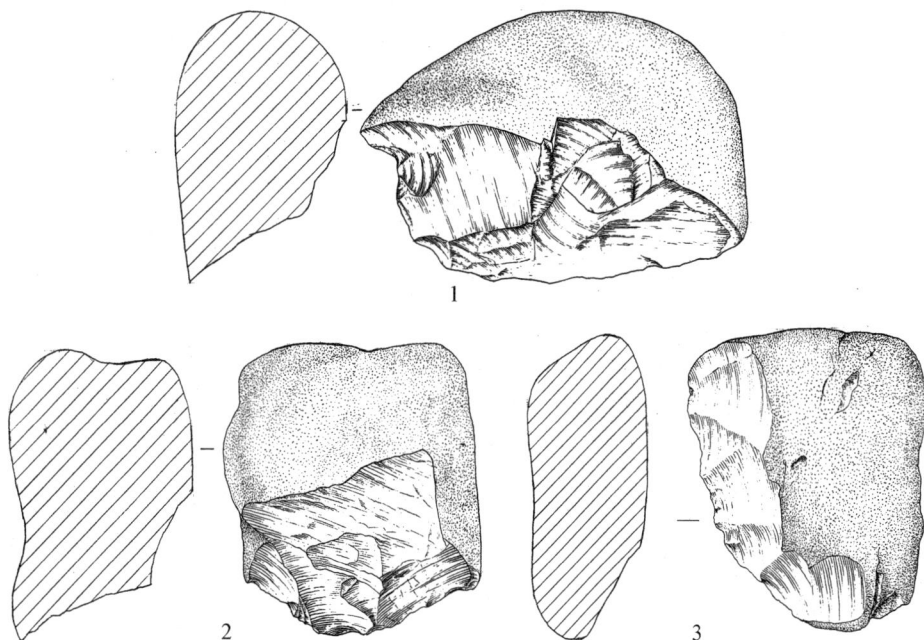

图 18　砍砸器

1. EAT16④：96　2. SBT17③：19　3. EAT6④：50

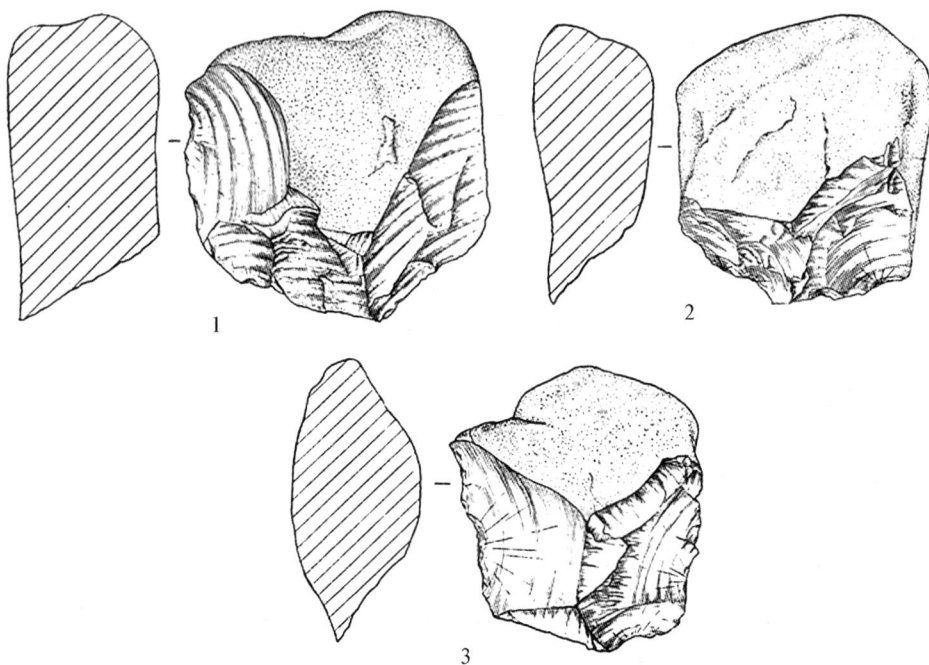

图 19　砍砸器

1. EAT9④：60　2. SBT8③：102　3. SBT1③：115

标本 SBT8③：102 原料为一扁圆的砂岩砾石。在其较厚的一端剥片,加工面在中部相交形成凸棱,左右两侧则为两凹刃。打击点清楚。器身保留大部分砾石面。长 11 cm,宽 10 cm,厚 4 cm,刃角 50°,重 750 g(图 19,2)。

多边刃砍砸器

标本 SBT1③：115 原料为较扁圆的砂岩砾石。在左右两侧及前端剥片,加工出三个凹刃,刃缘经过加工。两加工面在中轴线右侧相交成凸棱。石器片疤大而深。打击点清楚。器身下端及背面均保留砾石面。长 10.1 cm,宽 10.5 cm,厚 5 cm,刃角 58°,重 580 g(图 19,3)。

标本 EAT3③：43 原料为较扁圆的细砂岩砾石。在左右两侧及前端剥片,加工出三个凹刃。两侧加工面在中轴线相交成凸棱。器身片疤短而尾部折断成阶梯状。背面和正面下端保留砾石面。长 14.5 cm,宽 18 cm,厚 6 cm,刃角 70°,重 1 580 g(图 20,1)。

标本 SBT8③：68 原料为较扁圆的细砂岩砾石。在四边剥片,形成两侧直刃和端部凹刃。左右两侧刃缘较薄,经过修整。端部刃缘厚重。器身片疤多而不规整,尾部多有折断,成阶梯状。背面及把手局部保留砾石面。长 16 cm,宽 12.5 cm,厚 4.7 cm,刃角 62°,重 1 140 g(图 20,2)。

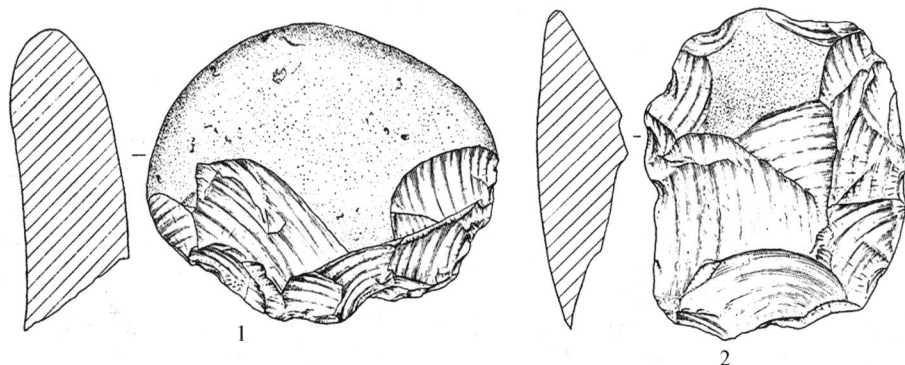

图 20　砍砸器
1. EAT3③：43　2. SBT8③：68

（2）刮削器

17 件,占工具总数的 22.7%,采用砾石毛坯或石片毛坯打制而成。岩性有砂岩、石英岩、硅质岩三种,以砂岩为最多,次为石英岩和硅质岩(表 6)。器体较大,长最大值为 13 cm,最小值为 5.9 cm;宽最大值为 13 cm,最小值为 4 cm;厚最大值为 4.7 cm,最小值为 1 cm;重最大值为 410 g,最小值为 35 g,重量均值为 193 g。石器多为单面加工,通常由较扁平的一面向较凸出的一面打击。刃角均较平缓,处于 30° ~ 50° 之间。以锤击法简单加工,器身都保留大部分的砾石面。刃缘大部分没有经过二次修整,多没有使用痕迹。根据刃缘多少和刃缘形状可分为单边凸刃刮削器、单边凹刃刮削器、单边直刃刮削器和双边刃刮削器及多边刃刮削器(表 6)。

表 6　那赖遗址 B 区第二期刮削器统计表

类　型	岩　　性			刃　　缘					使 用 痕 迹		合计
	砂岩	石英岩	硅质岩	单边凸刃	单边直刃	单边凹刃	双边刃	多边刃	有使用痕迹	无使用痕迹	
数　量	8	2	7	4	6	3	2	2	5	12	17
百分比	47	12	41	24	35	17	12	12	29	71	100

单边凸刃刮削器

标本 SBT11③：203　原料为硅质岩砾石石片。器身背面为砾石劈裂面,器身周边保留一小圈的砾石面。单面加工,在器身上端正面有二次修整的片疤。刃缘较凸弧,有细碎的使用痕迹。长 7 cm,宽 5 cm,厚 1 cm,刃角 35°,重 60 g(图 21,1)。

标本 EAT10③：3　原料为扁圆的细砂岩砾石片。单面加工。在砾石的正面左右两侧和上端单向打制,在上端形成一刃缘,片疤浅而平缓。器身保留绝大部分砾石面。长 9.7 cm,宽 8.4 cm,厚 3.4 cm,刃角 50°,重 330 g(图 21,2)。

单边凹刃刮削器

标本 EAT1③：23 原料为扁圆的硅质岩砾石石片。器身背面为砾石劈裂面,打击点及放射线明显。由砾石的正面左侧和上端单向打制,在上端和左侧交汇处及端部形成凹刃缘。器身背部保留砾石面。长 11 cm,宽 10.5 cm,厚 2 cm,刃角 45°,重 300 g(图 21,3)。

标本 SBT11③：155　原料为砂岩砾石石片。器身背面为砾石劈裂面,器身周边保留一小圈的砾石面。单面加工,在器身上端右侧形成一凹刃,刃部有二次修整的痕迹。有细微使用痕迹。长 9 cm,宽 5 cm,厚 3 cm,刃角 55°,重 210 g(图 21,4)。

单边直刃刮削器

标本 EAT4③：22　原料为浅灰色硅质岩砾石石片,平面近长方形。器身正面为砾石劈裂面,打击点及放射线明显。在砾石片上端单向打制,刃缘平直,上有锯齿状的使用凹痕。器身背部保留砾石面。长 6.5 cm,宽 10.5 cm,厚 3 cm,刃角 40°,重 200 g(图 21,5)。

标本 SBT11③：155　原料为砂岩砾石石片。器身背面为砾石劈裂面。单面加工,在器身上端形成一直刃。器身正面保留砾石面。长 9 cm,宽 5 cm,厚 3 cm,刃角 55°,重 210 g(图 21,6)。

单边直刃刮削器

标本 SBT4③：194　原料为细砂岩砾石石片。利用剥离的石片加工而成,利用端部锋利的边缘作为刃缘,刃缘平直。把端保留砾石面。长 5.9 cm,宽 4.5 cm,厚 2 cm,刃角 30°,重 50 g(图 22,1)。

双边刃刮削器

标本 EAT8③：47　原料为硅质岩砾石石片。器身背面为砾石劈裂面,正面打击点及

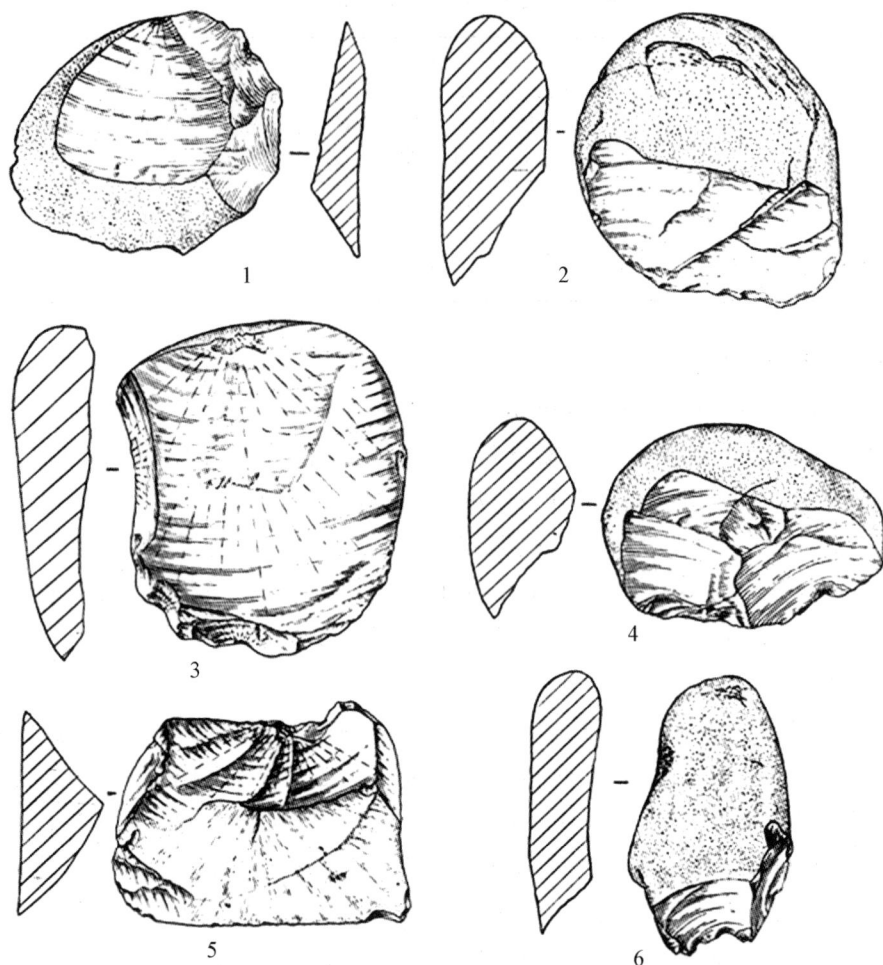

图 21　刮削器

1. SBT11③：203　2. EAT10③：3　3. EAT1③：23
4. SBT11③：155　5. EAT4③：22　6. SBT11③：155

放射线明显。单面加工,在器身上端及左侧打出两凹刃,刃缘处有细微使用痕迹。器身正面保留部分砾石面。长 7 cm,宽 10.5 cm,厚 6 cm,端部刃角为 65°,重 380 g(图 22,2)。

标本 EAT16③：87　原料为扁圆硅质岩砾石石片。器身正面为砾石劈裂面,打击点及放射线明显。单面加工,在器身上端及左侧打出两刃缘,左侧刃缘处有细微使用痕迹。器身背面保留砾石面。长 9 cm,宽 12 cm,厚 4.7 cm,端部刃角为 55°,重 410 g(图 22,3)。

多边刃刮削器

标本 SBT4③：90　原料为长条形硅质岩石片,器型宽大而薄。背面保留砾石面,正面为劈裂面。除器身下端顶部外,左右和上端均为锋利的刃缘,左侧及上端刃缘经过修整。长 13 cm,宽 7 cm,厚 1 cm,端刃角 50°,重 240 g(图 22,4)。

标本 SBT15③：106　原料为黑色硅质岩砾石石片。器身背面为劈裂面,利用石片的两侧及上端锋利的边沿作刃缘直接使用,端刃有明显的使用痕迹。器身背面保留砾石面。长 8 cm,宽 4 cm,厚 1 cm,端部刃角 25°,重 80 g(图 22,5)。

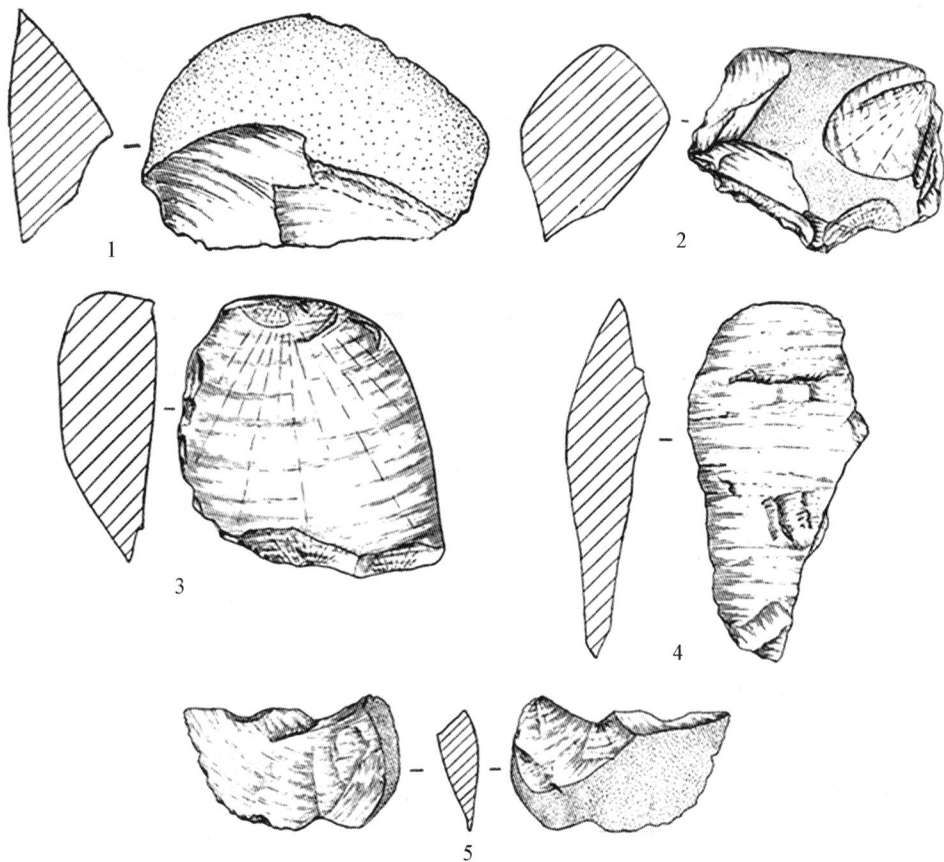

图 22　刮削器

1. SBT4③：194　2. EAT8③：47　3. EAT16③：87　4. SBT4③：90　5. SBT15③：106

（3）石锤

3 件,占工具总数的 4%,均直接采用砾石石料加工而成。岩性均为砂岩。以砾石一端为把端,另一端以锤击,锤击一端有一很陡的由片疤组成的面。器体较大,长最大值为 15 cm,最小值为 9 cm;宽最大值为 12 cm,最小值为 10 cm;厚最大值为 7 cm,最小值为 5.5 cm;重最大值为 1 060 g,最小值为 910 g,均值为 980 g。

标本 EAT15④：70　原料为圆形砂岩砾石。器身下端为截断面,截断面经明显的加工。上端散布着因锤击而形成的石片凹疤或凹坑。刃缘明显的砸击痕迹。器身保留大部分砾石面。器长 15 cm,宽 10 cm,厚 7 cm,刃角 70°,重 1 060 g(图 23,1)。

标本 EAT6③：10　原料椭圆形砂岩砾石。器身保留了完整的砾石面,正面有一小凹疤。刃缘直而钝厚。长 9 cm,宽 12 cm,厚 5.5 cm,重 910 g(图 23,2)。

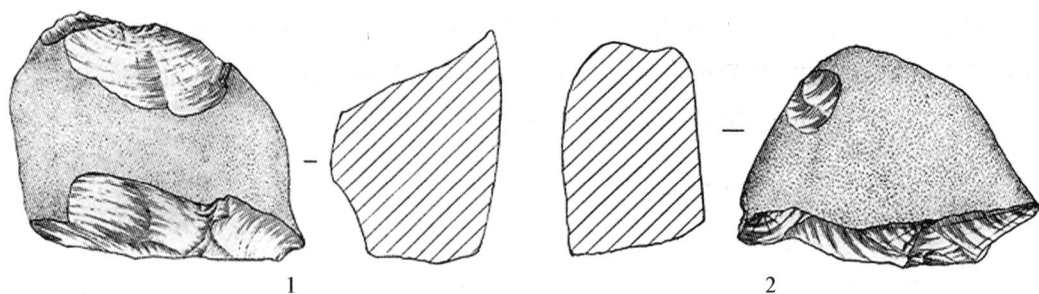

图 23　石锤
1. EAT15④：70　2. EAT6③：10

（4）薄刃斧

2 件。约占工具总数的 3%，直接采用砾石石料或石片加工而成。岩性均为砂岩。以砾石一端为把端，另一端加工成刃缘。单面加工，修整仅限于侧刃和端刃部位。器体较大，长最大值为 21.5 cm，最小值为 20 cm；宽最大值为 15.5 cm，最小值为 10 cm；厚最大值为 7.4 cm，最小值为 7 cm；重最大值为 1 950 g，最小值为 1 650 g，均值为 1 800 g。

标本 SBT4③：174　原料为砂岩砾石石片。器身正面为砾石劈裂面。单面加工，石片的破裂面与背面的砾石面在远端相交，形成一凸弧刃，刃口扁薄锋利，可见修整痕迹。器身两侧亦经过初步修整。器身正面刃端片疤密而深，下端片疤大而薄。背面及把端保留砾石面。刃部有细碎的使用痕迹。长 21.5 cm，宽 15.5 cm，厚 7.4 cm，刃角 55°，重 1 650 g（图 24，1；图 12，5）。

标本 SBT4③：175　原料为砂岩砾石。在右侧及上端由较平一面向较凸一面打击，右侧缘与远端相交呈一刃，刃缘平直。右侧加工面陡直。刃端加工点及放射线明显。器身保留绝大部分砾石面。长 20 cm，宽 10 cm，厚 7 cm，刃角 70°，重 1 950 g（图 24，2）。

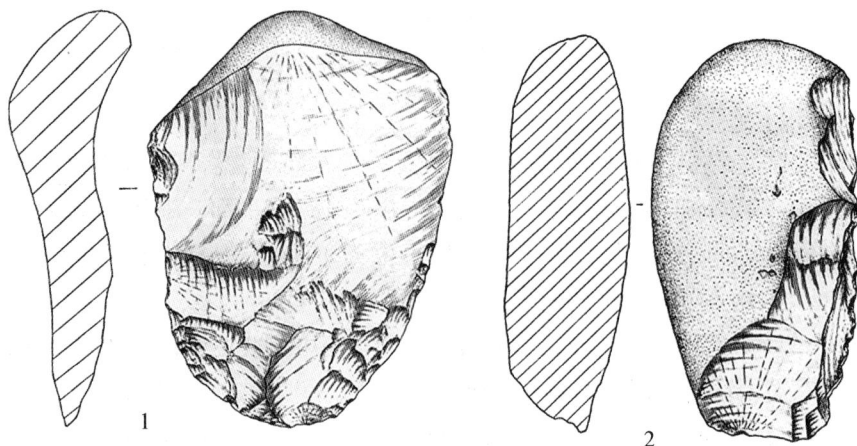

图 24　薄刃斧
1. SBT4③：174　2. SBT4③：175

（5）手镐

6 件。占工具总数的 8%。均为大型砾石直接加工而成，不见利用石片加工成器者。多从砾石较扁平的一面向较突出的一面打击，从两侧往一端加工出一舌状尖。原料以砂岩为主，次为石英岩、硅质岩。手镐制作比较简单，通常最大限度地利用自然面，不见通体加工的标本，器身均保留大部分的砾石面。刃角多为 50°~75° 之间。长最大值为 18 cm，最小值为 11 cm；宽最大值为 12 cm，最小值为 10 cm；厚最大值为 9.4 cm，最小值为 4.5 cm；重最大值为 1 450 g，最小值为 390 g，重量均值为 930 g。手镐形状多样，有三角形、四边形等。

三角形手镐

标本 EAT6③：46　原料为扁长形砂岩砾石，平面形状近三角形。由较平一面向较凸一面打击，沿两侧向前端加工出一尖，两侧剥片至底端，刃缘陡而利。正面中间和把手部分及背面保留砾石面。长 17 cm，宽 11 cm，厚 5 cm，侧刃角 65°，重 1 140 g（图 25,1；图 12,2）。

标本 EAT8③：7　原料为灰色石硅质岩砾石，平面形状近三角形，单面加工，由两侧向前端加工出一尖，两侧剥片至底端，片疤较大。两加工面在正面中轴线形成一棱。背面和把手部分保留砾石面。长 11 cm，宽 10 cm，厚 4.5 cm，侧刃角 50°，重 390 g（图 25,2）。

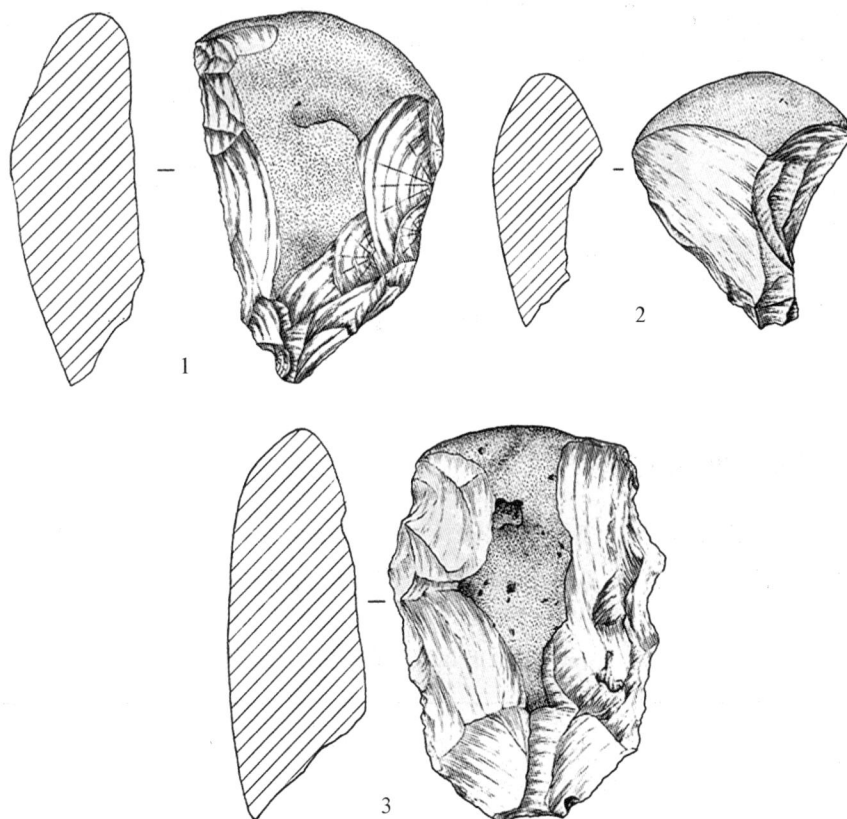

图 25　手镐

1. EAT6③：46　2. EAT8③：7　3. EAT10③：91

四边形手镐

标本 EAT10③∶91　原料为砂岩砾石,属三棱手镐。由较平的一面向较凸的一面打击,沿两侧向前端加工出一刃尖。两侧加工面陡直,剥片至根部。正面中央小部及把端和背面保留砾石面。长 14 cm,宽 10 cm,厚 7 cm,尖面角 70°,重 780 g(图 25,3)。

(6) 尖状器

标本 EAT6③∶26　原料为一长圆形砂岩砾石。单面加工,在其中部由两侧向前端加工出一尖,两加工面在中轴线形成一凸棱,加工面陡直。长 17 cm,宽 11 cm,厚 5 cm,尖面角 65°,重 1 140 g(图 26,1)。

标本 SBT8③∶94　原料为长圆形石英岩砾石。单面加工。由较平的一面向较凸的一面打击,沿两侧向前端加工出一尖。打制加工限于上端,加工面呈三角形,刃缘陡直。其余部分保留砾石面。长 16 cm,宽 10.1 cm,厚 9.4 cm,尖面角 75°,重 1 380 g(图 26,2)。

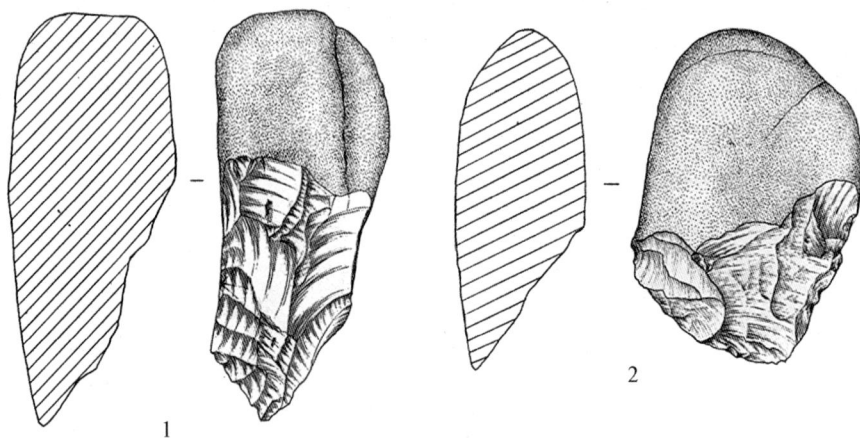

图 26　手镐
1. EAT6③∶26　2. SBT8③∶94

(三) 第三期文化遗物

第三期文化遗物包括南区第①层、第②层及东区第②层,出土的石制品共 111 件,种类包括砾石、石核、断块、石锤、石棒、砍砸器、刮削器、石片等(表 7)。

表 7　那赖遗址 B 区第三期石制品统计表

类 型	砾石	石锤	石棒	砍砸器	刮削器	石锛	石砧	石核	石片	断块	合计
数 量	8	4	2	24	11	1	1	8	6	46	111
百分比	7	3	2	22	10	1	1	7	5	42	100

1. 砾石

8 件。占石制品总数的 7%。无人工痕迹。形状有扁圆形、扁长形、长条形等,大小多 6~15 cm,岩性有砂岩、石英岩、硅质岩等。

2. 石核

8 件。占石制品总数的 7%。石核大小差别较大,分单台面、双台面和多台面三种,多台面少见。石核以自然台面为主,台面角最大的 90°以上,最小的 35°以上。

3. 断块

46 件,占石制品总数的 42%。岩性有砂岩、硅质岩、石英岩、石英,以细砂岩为主。没有明显的打击点,大多沿石块的自然纹理断裂,长度差别很大,大多数砾石面多于片疤面,属于打片时形成或自然形成的断块。

4. 石片

6 件。占石制品总数的 5%。岩性有砂岩、硅质岩,以砂岩为主。石片尺寸不大,最大的长 11 cm,宽 5 cm,厚 5 cm,重 500 g;最小的长 5 cm,宽 3 cm,厚 0.3 cm,重 100 g。多数为自然台面,少数为人工台面。打击点不清晰,半锥体亦不甚突出。打片多采用锤击法,石片多保留砾石面。

标本 SBT8②:24 原料为硅质岩石片,扁圆形。自然台面,打击点和半锥体不明显,放射线不清楚。石片四边保留砾石面。长 7 cm,宽 5 cm,厚 2 cm,重 130 g(图 27,1)。

标本 SBT20②:17 原料为砂岩砾石片,不规则形。自然台面,打击点和半锥体不明显,放射线不清楚。器身两面都为砾石的劈裂面,正面由多个片疤组成。长 9 cm,宽 5 cm,厚 1 cm,重 100 g(图 27,2)。

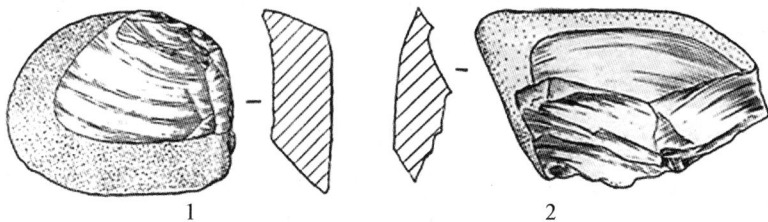

图 27 石片
1. SBT8②:24 2. SBT20②:17

5. 石器

总计 43 件。类型有砍砸器、刮削器、石锤、石棒、石砧、石斧等。

（1）砍砸器

24 件,占工具总数的 55.8%,均采用砾石直接打制而成。岩性有砂岩、石英岩、变质岩、硅质岩等,以砂岩为最多,占 54%,次为石英岩。器体较大,长最大值为 16 cm,最小值为 9.5 cm;宽最大值为 15 cm,最小值为 7 cm;厚最大值为 6 cm,最小值为 1 cm;重最大值为 1 400 g,最小值为 380 g,重量均值为 930 g。石器均为单面加工而成,通常由较扁平的一面向较凸出的一面打击。刃角处于 40°~75°之间。以锤击法为主,碰砧法次之。加工简单,器身都保留大部分的砾石面。大部分刃缘没有经过二次修整,多没有使用痕迹。根据刃缘多少和刃缘形状可分为单边凸刃砍砸器、单边直刃砍砸器、双边刃砍砸器等(表 8)。

表 8　那赖遗址 B 区第三期砍砸器统计表

类　型	岩　　性				刃　　缘			修整和使用痕迹		合计
	砂岩	石英岩	变质岩	硅质岩	单边凸刃	单边直刃	双边刃	有修整或使用痕迹	无修整和使用痕迹	
数　量	13	5	4	2	11	7	6	5	19	24
百分比	54	21	17	8	46	29	25	21	79	100

单边凸刃砍砸器

标本 SBT20②:8　原料为一扁圆形的砂岩砾石。在器身上端单向打制出一凸弧刃,刃缘局部经过修整。器身把端及背面保留砾石面。长 10 cm,宽 9 cm,厚 4 cm,刃角 65°,重 570 g(图 28,1)。

标本 SBT5②:52　原料为变质岩砾石。在器身上端及左侧单向打制出一刃面,刃部稍凸弧。左侧加工面剥片至根部。器身绝大部分保留砾石面。长 13 cm,宽 12 cm,厚 6 cm,刃角 70°,重 1 220 g(图 28,2)

标本 SBT9②:74　原料为较扁圆的细砂岩砾石。在器身上端和左侧单向打制出刃面。加工面片疤不多,刃部稍凸弧。打击点和放射线明显。器身保留绝大部分砾石面。长 12 cm,宽 15 cm,厚 5 cm,刃角 55°,重 1 400 g(图 28,3)

标本 EAT20②:81 原料为扁平砂岩砾石。在器身上端单向打制出刃缘,刃面略呈凸弧形,刃缘经过修整。加工面陡直,片疤呈阶梯状。器身保留绝大部分砾石面。长 10.5 cm,宽 12 cm,厚 4 cm,刃角 60°,重 690 g(图 28,4)。

单边直刃砍砸器

标本 SBT10②:152　原料为一长圆形细砂岩砾石。在砾石较宽一端单向打击出一陡直的刃缘,刃部经过修整。器身片疤较大,器身大部保留砾石面。长 11.5 cm,宽 7.6 cm,厚 3.5 cm,刃角 52°,重 510 g(图 28,5)。

标本 SBT6①:230　原料为扁圆形黑色变质岩砾石。由其较窄一端单向打出刃面,

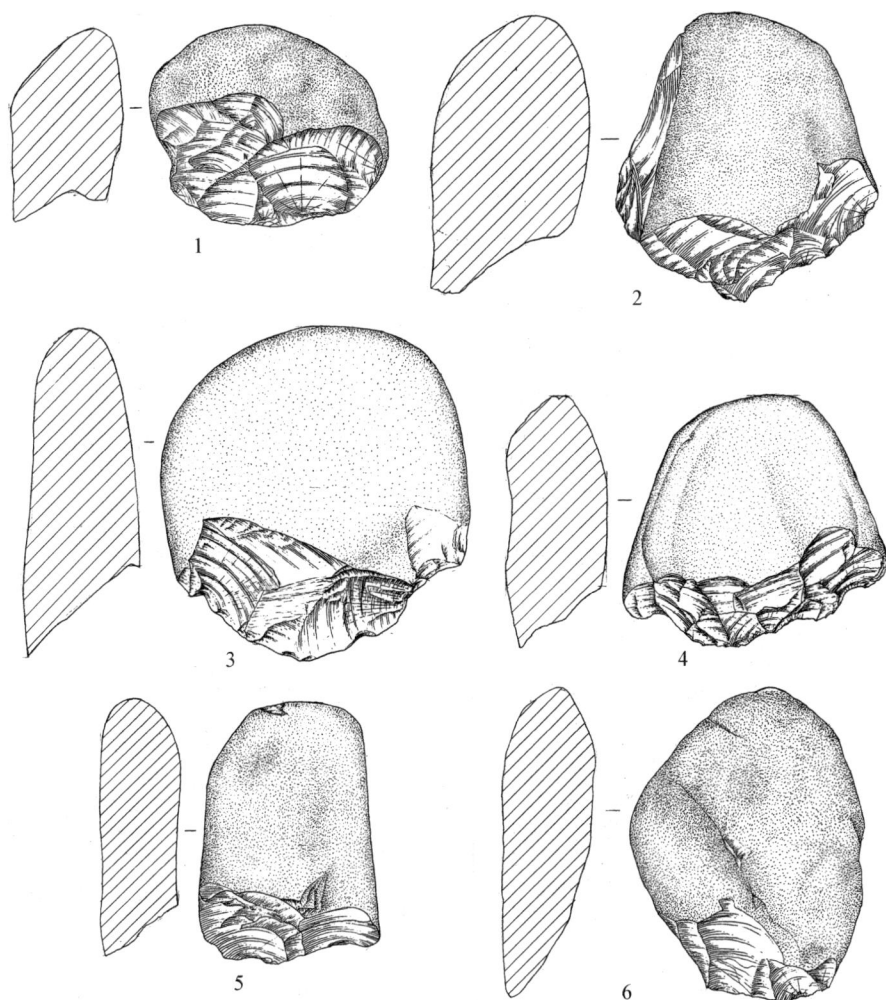

图 28 砍砸器
1. SBT20②：8 2. SBT5②：52 3. SBT9②：74 4. EAT20②：81
5. SBT10②：152 6. SBT6①：230

刃缘斜直。器身保留大部分砾石面，上窄下宽。在较宽的一端单向打制出陡直的刃面。片疤大而深。器身大部保留砾石面。长 11 cm，宽 12 cm，厚 5 cm，刃角 65°，重 1 200 g。片疤浅而小，尾部多有折断。长 14 cm，宽 11 cm，厚 3 cm，刃角 60°，重 760 g（图 28,6）。

标本 SBT10①：229 原料为砂岩砾石。由其较宽一端单向打出一斜直的刃面，刃缘陡直。器身大部保留砾石面。片疤界限不明显。长 15 cm，宽 11 cm，厚 5 cm，刃角 60°，重 870 g（图 29,1）。

双边刃砍砸器

标本 SBT4②：172 原料为砂岩砾石。在右侧及前端剥片，加工出一直刃和一凹刃。片疤大而深。器身把端及背面均保留砾石面。长 10 cm，宽 7 cm，厚 3 cm，刃角 45°，重 380 g（图 29,2）。

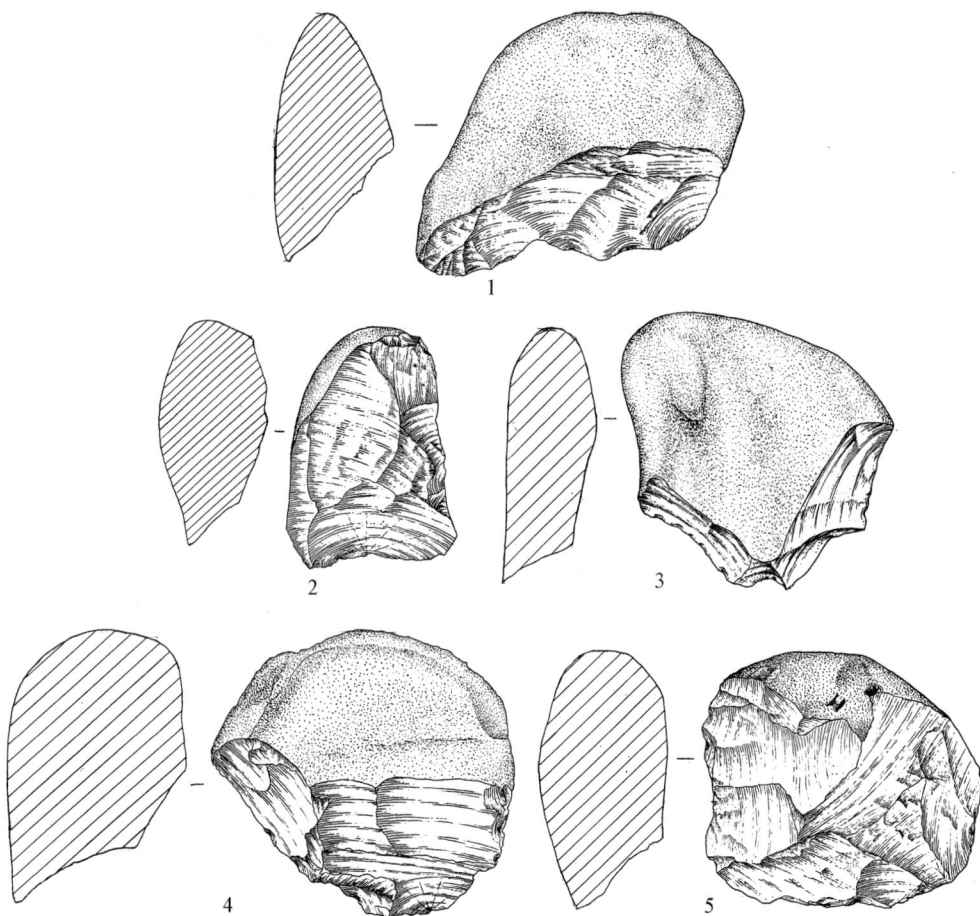

图 29　砍砸器

1. SBT10①：229　2. SBT4②：172　3. SBT16②：32　4. SBT9②：83　5. SBT9②：129

标本 SBT16②：32　原料为硅质岩砾石。在其较宽的一端两侧剥片，左右两侧加工出两斜直刃。刃缘有使用痕迹。器身大部保留砾石面。长 13 cm，宽 10 cm，厚 3 cm，刃角 50°，重 700 g（图 29，3）。

多边刃砍砸器

标本 SBT9②：83　原料为砂岩砾石。在左右两侧及前端剥片，加工出三个直刃，左侧剥片至末端，右侧剥片至中部。石器片疤大而深。器身下端及背面均保留砾石面。长 14 cm，宽 11 cm，厚 5.5 cm，刃角 53°，重 1 320 g（图 29，4；图 12，4）。

标本 SBT9②：129　原料为变质岩砾石。在左右两侧及前端剥片，加工出三刃缘，两侧剥片至末端。两侧加工面在中轴线相交成凸棱。器身片疤大而深。背面和把端保留砾石面。长 12 cm，宽 14 cm，厚 4 cm，刃角 75°，重 830 g（图 29，5）。

（2）刮削器

11 件，占工具总数的 26%，采用砾石毛坯或石片毛坯打制而成。岩性有砂岩、石英岩、硅质岩三种,以砂岩为最多,次为石英岩和硅质岩(表 9)。长最大值为 11 cm,最小值为 7.2 cm;宽最大值为 9.5 cm,最小值为 5.5 cm;厚最大值为 4.1 cm,最小值为 1 cm;重最大值为 400 g,最小值为 30 g,重量均值为 211 g。石器多为单面加工。刃角均较平缓,处于 40°~60°之间。以锤击法简单加工,器身都保留大部分的砾石面。刃缘大部分没有经过二次修整,多没有使用痕迹。根据刃缘多少和刃缘形状可分为单边凹刃刮削器、单边直刃刮削器、双边刃刮削器及多边刃刮削器(表 9)。

表 9 那赖遗址 B 区第三期刮削器统计表

类　型	岩　　性			刃　　　缘				使 用 痕 迹		合计
	砂岩	石英岩	硅质岩	单边直刃	单边凹刃	双边刃	多边刃	有使用痕迹	无使用痕迹	
数　量	8	2	1	6	1	2	2	1	10	11
百分比	73	18	9	55	9	18	18	9	91	100

单边凹刃刮削器

标本 SBT12②:109 原料为砂岩砾石石片。器身正面为砾石劈裂面,片疤宽大。单面加工,在器身上端形成一凹刃,有细微使用痕迹。器身背部保留砾石面。长 10 cm,宽 7 cm,厚 3.1 cm,刃角 58°,重 200 g(图 30,1)。

单边直刃刮削器

标本 SBT9②:80 原料为黑色砂岩砾石,器身略呈三角形。单面加工,在砾石较宽

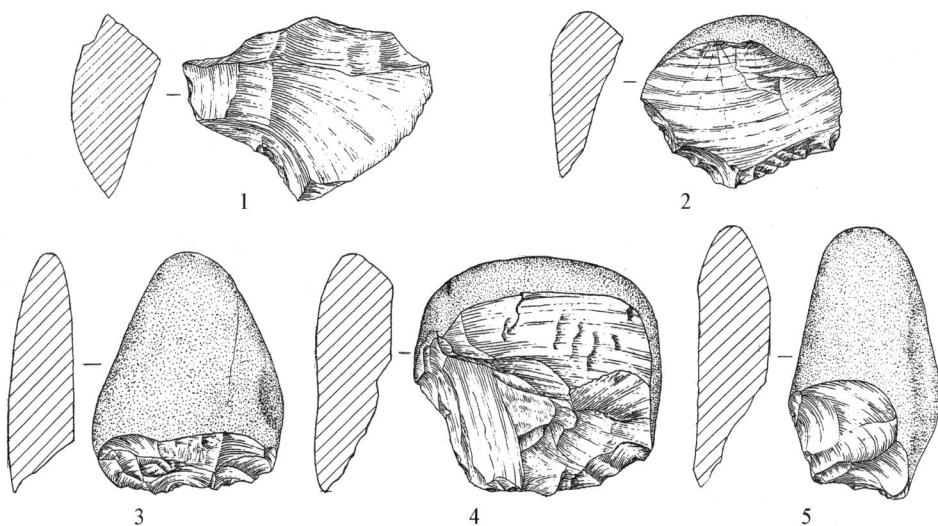

图 30 刮削器

1. SBT12②:109 2. SBT11②:111 3. SBT9②:80 4. SBT20②:7 5. SBT9②:73

一端剥片,形成一陡直刃。器身正面大部及背部保留砾石面。长 9.5 cm,宽 8 cm,厚 1 cm,刃角 60°,重 260 g(图 30,3)

多边刃刮削器

标本 SBT11②:111　原料为椭圆形硅质岩石片。器身把端及背面保留砾石面,正面为劈裂面,打击点及半锥体明显。除器身把端外,左右和上端均为薄而锋利的刃缘。长 8 cm,宽 5.5 cm,厚 2 cm,重 150 g(图 30,2)。

双边刃刮削器

标本 SBT20②:7　原料为砂岩砾石石片。器身正面及背面为砾石劈裂面。单面加工,在器身上端及左侧打击形成两刃缘,刃缘处有细微使用痕迹。器身四周局部保留部分砾石面。长 9 cm,宽 9.5 cm,厚 3.5 cm,重 400 g(图 30,4;图 12,6)。

标本 SBT9②:73　原料砂岩砾石,平面近长条形。在砾石较宽一端及左侧单向打击出一直刃缘。器身正面大部及背部保留砾石面。长 11 cm,宽 6 cm,厚 2 cm,刃角 50°,重 30 g(图 30,5)。

（3）石锤

4 件,占工具总数的 9%,均直接采用砾石石料加工而成。岩性均为砂岩。以砾石一端为把端,另一端为锤击端,锤击一端有一很陡的由片疤组成的面。器体较大,长最大值为 19 cm,最小值为 10 cm;宽最大值为 10 cm,最小值为 5 cm;厚最大值为 7 cm,最小值为 3.5 cm;重最大值为 1 100 g,最小值为 820 g,均值为 960 g。

标本 SBT5②:188 原料为长圆形砂岩砾石。器身下端为截断面,截断面经明显的加工,加工面斜直,风化严重。器身保留大部分砾石面。器长 19 cm,宽 6 cm,厚 3.5 cm,刃角 60°,重 1 100 g(图 31,1)。

（4）石棒

2 件,占工具总数的 5%,均直接采用长条形砾石石料加工而成。岩性均为砂岩。以砾石一端为把端,另一端为锤击端。长最大值为 13 cm,最小值为 11.5 cm;宽最大值为 3.6 cm,最小值为 2.5 cm;厚最大值为 2.4 cm,最小值为 2 cm;重最大值为 160 g,最小值为 140 g,均值为 150 g。

标本 SBT11②:214　原料为长条形砂岩砾石。以砾石一端为把端,另一端为锤击端,有细微敲击痕迹。器身保留砾石面。器长 13 cm,宽 3.6 cm,厚 2.4 cm,重 160 g(图 31,2)。

标本 SBT10①:231　原料为长条形砂岩砾石。以砾石一端为把端,另一端为锤击端,有细微敲击痕迹。器身保留砾石面。器长 11.5 cm,宽 2.5 cm,厚 2 cm,重 140 g(图 31,3)。

（5）石砧

1 件。占工具总数的 2%。

标本 SBT10①:34　原料为椭圆形砂岩砾石,对其两面和四周进行剥片,无砾石面,正面加工成凹形面。长 15 cm,宽 12 cm,厚 3.5 cm,重 710 g(图 31,4)。

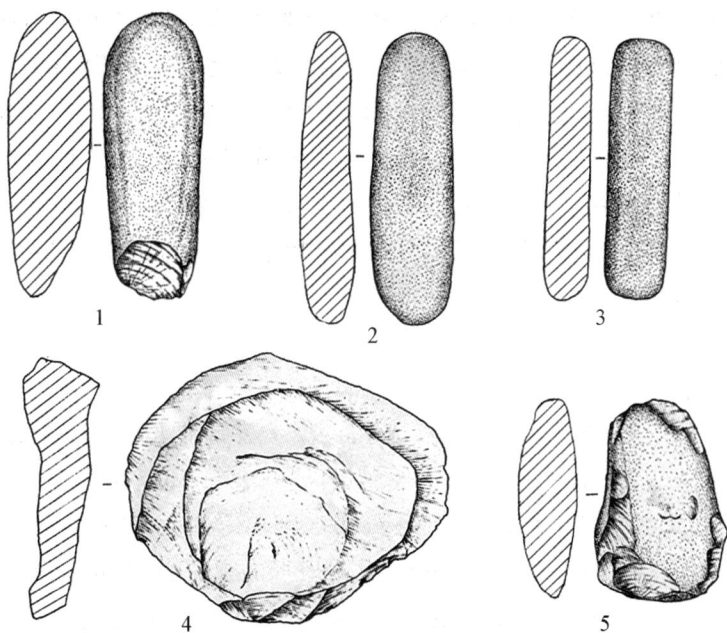

图 31 其他类型石器

1. 石锤(SBT5②:188) 2. 石棒(SBT11②:214) 3. 石棒(SBT10①:231)
4. 石砧(SBT10①:34) 5. 石斧(SBT7②:44)

（6）石斧

1 件。占工具总数的 2%。

标本 SBT7②:44 原料为一梯形砂岩砾石。在其较宽一端两面加工出刃缘,通体磨光。风化比较严重。长 8.9 cm,宽 6 cm,厚 3.6 cm,重 180 g(图 31,5)。

三、结 语

1. 关于石制品的特征及技术

那赖遗址石制品的原料均为砾石,岩性有砂岩、石英岩和硅质岩等,其中以砂岩为主。这些原料在遗址所在地的砾石堆积层中均可见其踪迹,表明那赖遗址制作石器的原料全部来自附近第四阶地的河流砾石层。这种情况与百色盆地其他诸旧石器地点无异。

那赖遗址出土的石器绝大部分利用砾石直接打制而成,也有少部分是用从砾石上打下的大石片加工而成。石器器体厚重,其尺寸一般在 10 cm 以上,属大型工具范畴。主要器类有砍砸器、刮削器、手镐、手斧等,器型简单,器类较少。从组合看,以砍砸器为主体,刮削器次之,手镐、手斧在石制品中所占比例不高。这种情况与田东西坡岭遗址出土的石制品极为相似,与百色盆地高阶地其他旧石器地点发现的石制品组合亦差不多。

那赖遗址的石器制作除手斧为两面打制外,其他类型石器以单面打制为主。砍砸器均为砾石单面打制而成,制作简单,器身保留大部分砾石面。刮削器毛坯有石片和砾石两种,用砾石加工者均为单面打制,而石片刮削器则多为反向加工。手斧、手镐亦多直接利用砾石在其两侧和上端直接剥片加工而成。绝大部分器物的刃面一般由深凹的片疤组成,刃缘曲折,表明锤制直接打击技术是加工石器最常用的技术。当然,也有少数工具上的片疤浅平而延伸较远,器身相对较薄,轮廓相对规范。这种加工效果显示了某些西方阿舍利石器工业技术特征。

2. 年代分析

如上所述,那赖遗址出土的石制品,特别是第一、第二期出土的石制品和百色盆地其他地点发现的石制品无论在石制品的原料、打制方法上,还是在器型乃至器类的组合上,均表现出极大的一致性:那赖遗址第一、第二期出土的大型石器工具包括手斧、薄刃斧、手镐、砍砸器、刮削器,为百色盆地旧石器地点的常见类型;那赖遗址石制品原料的岩性以砂岩和石英岩为主,硅质岩也占一定比例,这和盆地其他地点石制品的原料来源比例一样;制作方法上均以锤击法为主,石核利用率低,大多数为自然台面,器身多保留较多的砾石面,这和盆地其他地点也相同;器类以砍砸器和刮削器为主,砍砸器均为单向打制,手镐则大多数为单向打制,砍砸器和刮削器等工具类石器的刃角都不大,这些情况与百色盆地其他旧石器地点如百色上宋遗址、田东坡西岭遗址等的情况相同或相近。

总体而言,那赖遗址第一期、二期出土的石制品和百色盆其他地点发现的石制品是一致的,其年代亦应大体相当,同属于旧石器时代,但其年代跨度可能较大。其中东区第⑥层和南区第④层属于网纹红土层,从地层中出土未经搬运的玻璃陨石及陨石测年背景资料来看,其时代应不晚于距今80~70万年,大致为旧石器时代早期。第⑤层为洪积砾石堆积层,从出土的遗物和其夹在第⑥、第④层网纹红土中间来看,其时代应与网纹红土堆积时代相同,应为旧石器时代早期的堆积层。鉴于此,第一期文化应属旧石器时代早期文化。

那赖遗址第二期文化包括南区第③层、东区第③层和第④层,其中东区第③层和第④层为地表流水搬运作用形成的坡积层,内混杂较多而且磨圆度好的小砾石;南区第③层为风化网纹红土层,由于风力作用搬运堆积而成。这些堆积层的形成并非原地埋藏,而是由于外力的作用而形成的风化或侵蚀了的次生(或第二次堆积)网纹红土层,它们应形成于原生网纹红土之后。因此,其时代应稍晚于第一期文化。

第三期出土的打制的工具类石器的制作方法上与第一期、第二期相同。但不同的是,第三期出现了通体磨光的石器;而且在石器的选料上,出现了许多新石器时代常用的长条形石料;工具尺寸明显缩小、重量明显减轻,石片亦明显变小。由于发现的磨制石器种类少,又没有发现陶器,难以准确判断其年代,其时代大体属于新石器时代中晚期。

通过上述石制品的对比分析及对石制品层位的分析,我们认为,那赖并非一个单纯的旧石器时代早期遗址,它包含了旧石器时代和新石器时代两个完全不同的时期,甚至旧石器时代亦可划分为不同的阶段。那赖遗址旧、新两个不同时代所反映的石器制作技术具有一定的传承性,它们的发现,为研究百色盆地石器时代文化的发展和演化提供了新资料。

附记:在发掘期间,广西考古研究所的领导和专家特别是林强、韦江、彭长林、谢光茂等同志多次到工地给予热情帮助和指导,对此我们深表谢意。同时,田阳县博物馆罗志柏、黄明标、黄中正等人为发掘工作的正常开展做了大量而又细致的工作,柳江县文物管理所和融水县博物馆亦为此次发掘工作在人力上给予了大力支持,对此我们一并致谢。

遗址发掘领队韦江、彭长林,执行领队蒋远金,队员:孙国瑞、徐剑、潘晓军、廖黔芳、韦仲凯、石磊、刘颖环、齐仁才、孙海力等。

绘图:刘颖环　蒋新荣　蒋花姣

摄影:石　磊　韦仲凯

执笔:蒋远金　潘晓军　孙国瑞　徐　剑　叶　亮

参考文献

[1] 黄启善.百色旧石器[M].北京:文物出版社,2003.

[2] 广西壮族自治区文物工作队,百色市右江民族博物馆,百色市右江区文物管理所.广西百色市上宋旧石器时代遗址发掘简报[A].见:广西壮族自治区文物工作队编.广西考古文集(第 2 辑)[C].北京:科学出版社,2006.

[3] 林强.广西百色田东坡西岭旧石器时代遗址发掘简报[J].人类学学报,2002,21(1).

[4] 袁宝印,侯亚梅,王頠,等.百色旧石器遗址的若干地貌演化问题[J].人类学学报,1999,18(3).

[5] 谢光茂.关于百色手斧问题——兼论手斧的划分标准[J].人类学学报,2002,21(1).

[本文发表于《广西考古文集(第 4 辑)》,科学出版社,2010 年]

田东檀河遗址发掘简报

广西文物保护与考古研究所　田东县博物馆

为配合南宁(坛洛)至百色高速公路的工程建设,2005 年 6～9 月,广西文物保护与考古研究所会同田东县博物馆等单位对田东县檀河旧石器时代遗址行了抢救性考古发掘。发掘历时三个多月,揭露面积 2 000 m²。现将发掘情况报告如下。

一、地理位置及遗址概况

檀河遗址(又称高岭坡遗址)是一处非常重要的旧石器时代遗址,现为国家重点文物保护单位。遗址位于田东县林逢镇檀河村坡算屯后面的高岭坡(图 1),地处右江右岸的四级阶地上,坡势平缓,高出附近田地约 20 m,网纹红土大面积裸露,是古代人类活动的中心区域之一,地表散布较多的石制品,分布范围约 0.5 km²。附近的山包也都有同时代的石器出土,是一处以高岭坡为中心呈环状形分布的旧石器时代遗址。这次发掘的遗址点属于檀河旧石器时代遗址的控制地带,位于遗址的南部边缘,地势较平缓,略从西北向东南倾斜,地表大部分裸露。发掘前遗址所在地部分已被当地村民开垦为旱地,种有芒果、荔枝等农作物。

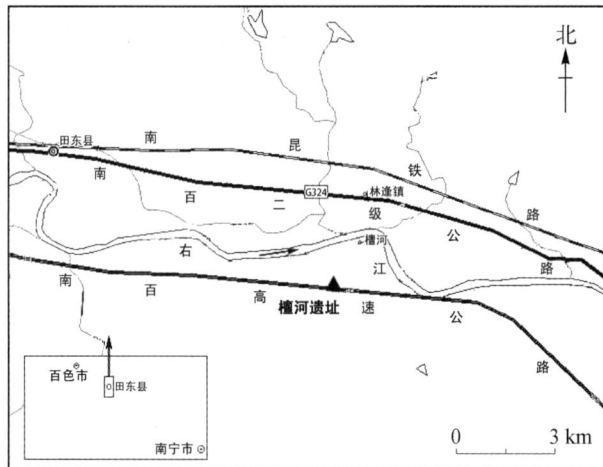

图 1　檀河遗址地理位置图

二、布方情况及地层堆积

我们根据地形从西向东共布 5×5 m 的探方 80 个,编号为 T001、T002……T080,总发掘面积 2 000 m²。由于原来的地势不平,各个探方地层堆积的情况也不一样,发掘的深度也不相同;地层最少的 2 层,最多可分 5 层,发掘深度最深约 2.3 m,平均约 1 m。发掘区的西北部为裸露的网纹红土,含较多的铁锰结核颗粒,遗物很少;南部多为坡积层,土色偏黄,黏性较大,土质较细腻,出土的遗物也较多。南部部分探方黄色黏土层下直接为砾石层,有的为网纹红土层,大部分石器出在黄色黏土层底部与网纹红土层的交接处。现以 T050 西壁和 T075 西壁为例介绍如下。

1. T050 西壁地层(图 2,1)

第①层:表土层,灰褐色砂质黏土,疏松,含少量植物根系和腐殖质,干后土色灰白,土质坚硬。厚 9~14 cm。此层没有出土遗物。

第②层:淡棕红色偏黄的砂质黏土,土色纯净,土质较紧密、细致,干后偏硬。厚 0~76 cm。此层出土 4 件器物。

第③层:黏土,土色由红、黄两种颜色组成,结构呈颗粒状,颗粒粗,土质坚硬、结实,

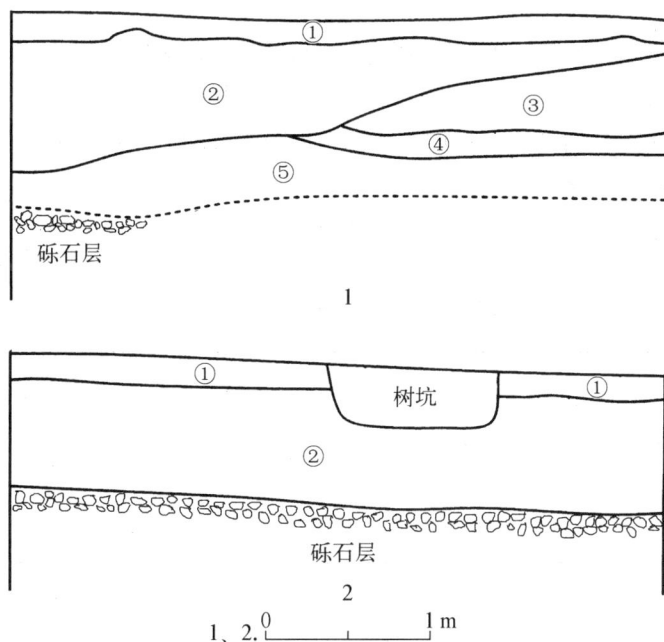

图 2 檀河遗址探方剖面图
1. T050 西壁剖面图 2. T075 西壁剖面图

土团易碎,夹有铁锰结核颗粒。厚0~45 cm。此层没有出土遗物。

第④层:棕红色黏土,夹有较多的粗大的黄色颗粒及较小的铁锰结核颗粒,土质坚硬、结实。厚0~14 cm。此层没有出土遗物。

第⑤层:棕红色黏土,夹有少量的铁锰结核颗粒,且愈往下颗粒越粗、越多,土质较紧密。厚18~36 cm。此层没有发现器物。

第⑤层下为砾石层。

2. T075 西壁地层(图2,2)

第①层:表土层,灰褐色砂质黏土,疏松,含少量植物根系和腐殖质,近西北角的表土层里夹有砖红色的黏土及铁锰颗粒。干后土色灰白、土质坚硬。厚10~14 cm。此层没有发现器物。有一现代果树坑,开口在第①层,打破西壁和第②层;填土土色灰褐色,疏松,含少量腐殖质。

第②层:淡棕红色偏黄的砂质黏土,因渗透的原因,上部土色较杂,下部土色纯净,土质较紧密、细致,干后偏硬。厚63~68 cm。此层没有发现器物。

第②层下为砾石层。

三、出 土 遗 物

发掘过程中未发现遗迹现象。发掘区因地处遗址的边缘地带,因此出土的遗物较少,总共54件,均为石制品。类型有砍砸器、手镐、刮削器和石片等(表1)。这次发掘出土的器物在①、②、③、④层均有发现,器物的编号以单个探方的各个地层为单位进行编号。从地质地貌及堆积的情况来看,有出土遗物的地层均为次生堆积层,且从器型和打制方法来看并无明显的区别,故把这4层所出的器物统一记述。

表1　檀河遗址石制品统计表

类　型	砾石、断块	石　锤	石　片	石　器	合　计
数　量	18	1	7	28	54
百分比	33.3	1.9	12.9	51.9	100

1. 石片

7件。岩性有石英岩和硅质岩。石片的尺寸都不很大,长最大值为137 mm,最小值为

37 mm,平均值为76 mm;宽最大值为105 mm,最小值为37 mm,平均值为73 mm;厚最大值为35 mm,最小值为8 mm,平均值为21 mm;重最大值为430 g,最小值为18 g,平均值为170 g。均为自然台面。打击点都较清楚,半锥体和放射线大部分较明显。打片方法全部为锤击法。形状有梯形、三角形和近圆形三种,以梯形为主。背面或多或少都留有砾石面,背面全部为砾石面的有2件,其余均有片疤。大部分的边缘较锋利,没有明显的冲磨痕迹。部分标本有使用痕迹(表2)。

表2 石片统计表

类 别	岩 性		形 状			台面特征	背面特征		合计
	石英岩	硅质岩	梯形	三角形	圆形	自然台面	有疤	无疤	
数 量	5	2	5	1	1	7	5	2	7
百分比	71.4	28.6	71.4	14.3	14.3	100	71.4	28.6	100

标本T029②:01 平面形状近三角形,原料为石英岩。自然台面,破裂面沿砾石内的自然纹理剥落而成,打击点清楚,半锥体、放射线均较明显。石片右边薄,左边厚,边缘锋利,右侧缘有使用后留下的细小片疤。背面保留砾石面。长137 mm,宽94 mm,厚33 mm,石片角110°,重430 g(图3,1)。

标本T034②:01 平面形状近梯形,原料为石英岩。台面为自然台面,打击点清楚,半锥体、放射线均较明显。背面右侧为砾石面,左为片疤,打击台面与石片的台面相同,片疤面大于砾石面。石片的远端成一尖角。长72 mm,宽80 mm,厚16 mm,石片角120°,重90 g(图3,2)。

标本T055②:02 平面形状近梯形,原料为石英岩。台面为自然台面,打击点清楚,半锥体、放射线均较明显。石片背面由多个片疤组成,打击台面与石片的台面相同,左下角保留少量砾石面。石片的远端较为锋利,没有使用痕迹。长61 mm,宽57 mm,厚15 mm,石片角140°,重60 g(图3,3)。

标本T051②:01 平面形状近四边形,原料为石英岩。自然台面,打击点清楚,半锥体明显。背面略呈龟背状,有一近圆形的片疤,打击台面与石片的台面相同,余为石皮,砾石面大于片疤面。长87 mm,宽105 mm,厚35 mm,石片角132°,重320 g(图3,4)。

2. 石锤

1件。标本T011③:01 形状呈三角形,岩性为石英岩。以圆尖的一端为把手,另一端用以锤击,锤击的一端有一很陡的由片疤组成的面,片疤层层叠叠,小且浅平。片疤面与砾石面夹角近90°。长88 mm,宽87 mm,厚61 mm,重500 g(图3,5)。

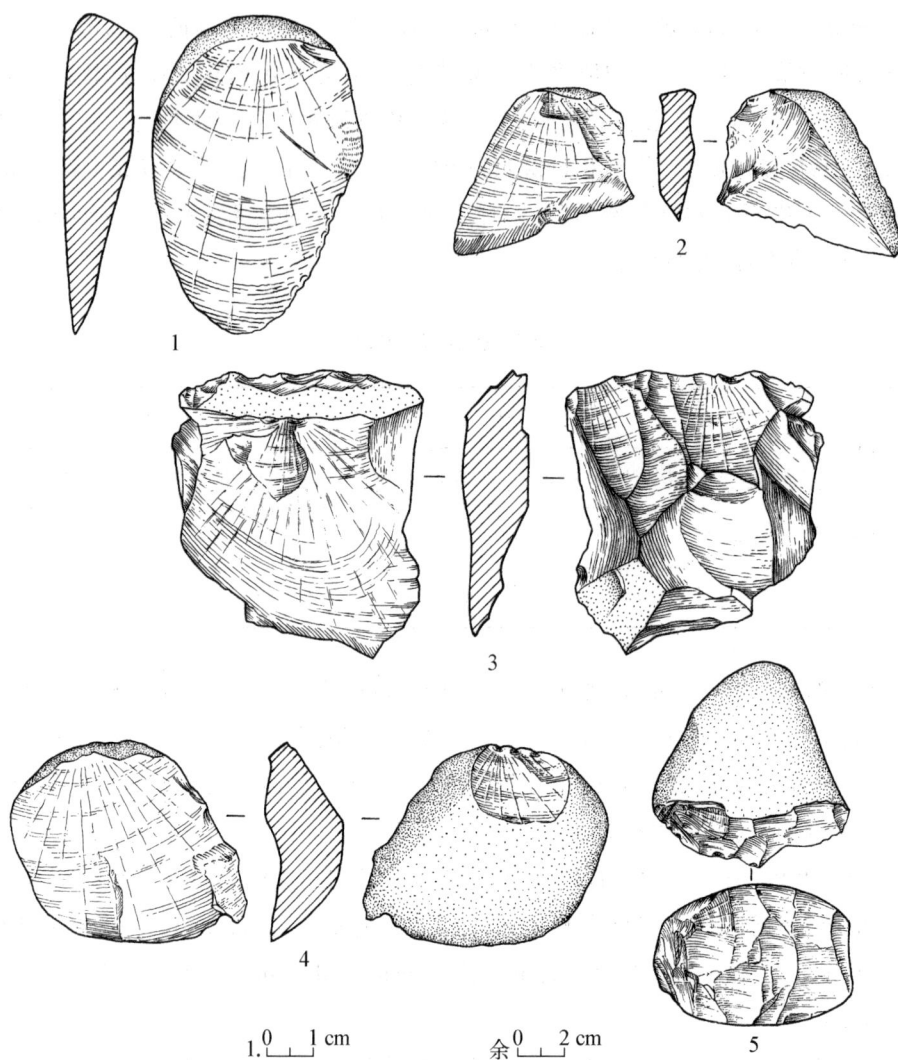

1.⟞__0___1 cm⟝　　　　余⟞__0___2 cm⟝

图3　檀河遗址出土石片、石锤

1~4. 石片（T029②：01、T034②：01、T055②：02、T051②：01）　5. 石锤（T011③：01）

3. 石器

总计28件。类型包括砍砸器、刮削器、手镐等三种，其中砍砸器最多，22件，为石器类的78.6%；刮削器5件，为17.8%；手镐仅1件，为3.6%。

（1）砍砸器

22件。岩性有石英岩、砂岩和硅质岩等，以石英岩和砂岩为主，两者都超过40%；硅质岩最少，只有13.6%。形状有四边形、三角形和椭圆形三种，以四边形为主，占59.1%；其次为椭圆形和三角形。器体较大，长最大值为194 mm，最小值为93 mm，平均值为132 mm；宽最大值为148 mm，最小值为74 mm，平均值为109 mm；厚最大值为100 mm，最小值为 40 mm,平均值为 62 mm;重最大值为 2 300 g,最小值为 520 g,平均值为 1 070 g。石器全部以砾石为毛坯打制而成。以单面加工为主,双面加工很少,只有 2 件。部分加工较简单,少数加工面最少的只有 2 个片疤,没有经过修整的也有少一些的,且器身大部分保留砾石面。剥片以锤击法为主(表 3)。

表 3　砍砸器统计表

类　别	岩　性			形　状			刃　数		刃缘特征			刃部修整情况		合计
	石英岩	砂岩	硅质岩	四边形	三角形	椭圆形	单边	双边	直刃	凸刃	凹刃	修整	未修整	
数　量	10	9	3	13	4	5	15	7	6	13	3	19	3	22
百分比	45.5	40.9	13.6	59.1	18.2	22.7	68.2	31.8	27.3	59.1	13.6	86.4	13.6	100

标本 T066②:02,平面不规则。原料为砂岩砾石。由较平一面向较凸一面打击,沿向前端加工出一弧刃,最先打击的片疤大而较平整,两侧修整的片疤凹深,并且尾部折断,刃缘部位均有修整后留下的细小崩疤。背面保留砾石面,正面大部分保留砾石面,砾石面粗糙。长 114 mm,宽 100 mm,厚 56 mm,刃角 45°,重 670 g(图 4,1)。

标本 T063②:01　用长形硅质岩砾石单面打制而成,在一端两侧剥片,加工出两刃口,两刃相交成一尖,为尖刃砍砸器。左侧仅打出一个片疤,在靠尖部刃缘略加修整,右侧则经过几次修整,片疤尾部折断,有修整过留下的细小疤痕。两加工面在中轴线附近相交成一纵向凸棱。背面和正面大部分均保留砾石面。长 155 mm,宽 88 mm,厚 73 mm,刃角 52°,重 1 210 g(图 4,2)。

标本 T014③:03　用椭圆形石英岩砾石单面打制而成,在一端两侧剥片,加工出两刃口,两刃相交成一圆尖。片疤浅平,经过修整,两侧及尖部有细小崩疤。背面和正面均保留大部分粗糙的砾石面。长 148 mm,宽 100 mm,厚 61 mm,刃角 50°,重 1 040 g(图 4,3)。

标本 T066②:01　用扁方形石英岩砾石两面打制而成,先以一面作台面剥片,再以剥落后的片疤作台面剥片,加工出一较平齐的刃。一加工面片疤少,较大且浅,另一加工面片疤则较多,并较小且深凹,形成重叠的阶梯状。长 123 mm,宽 118 mm,厚 74 mm,重 1 230 g(图 4,4)。

标本 T046②:02,用扁圆形硅质岩砾石单面打制而成,在一端和相邻一侧上部剥片,加工出两刃口,两刃相交成一尖,为尖刃砍砸器。片疤较大,浅平较光滑。尖部经过修整,有细小的崩疤。右侧似经过使用,有细小崩疤。两加工面在中轴线右侧相交成一纵向凸棱。背面和正面部分均保留光滑砾石面。长 102 mm,宽 120 mm,厚 75 mm,刃角 58°,重 860 g(图 4,5)。

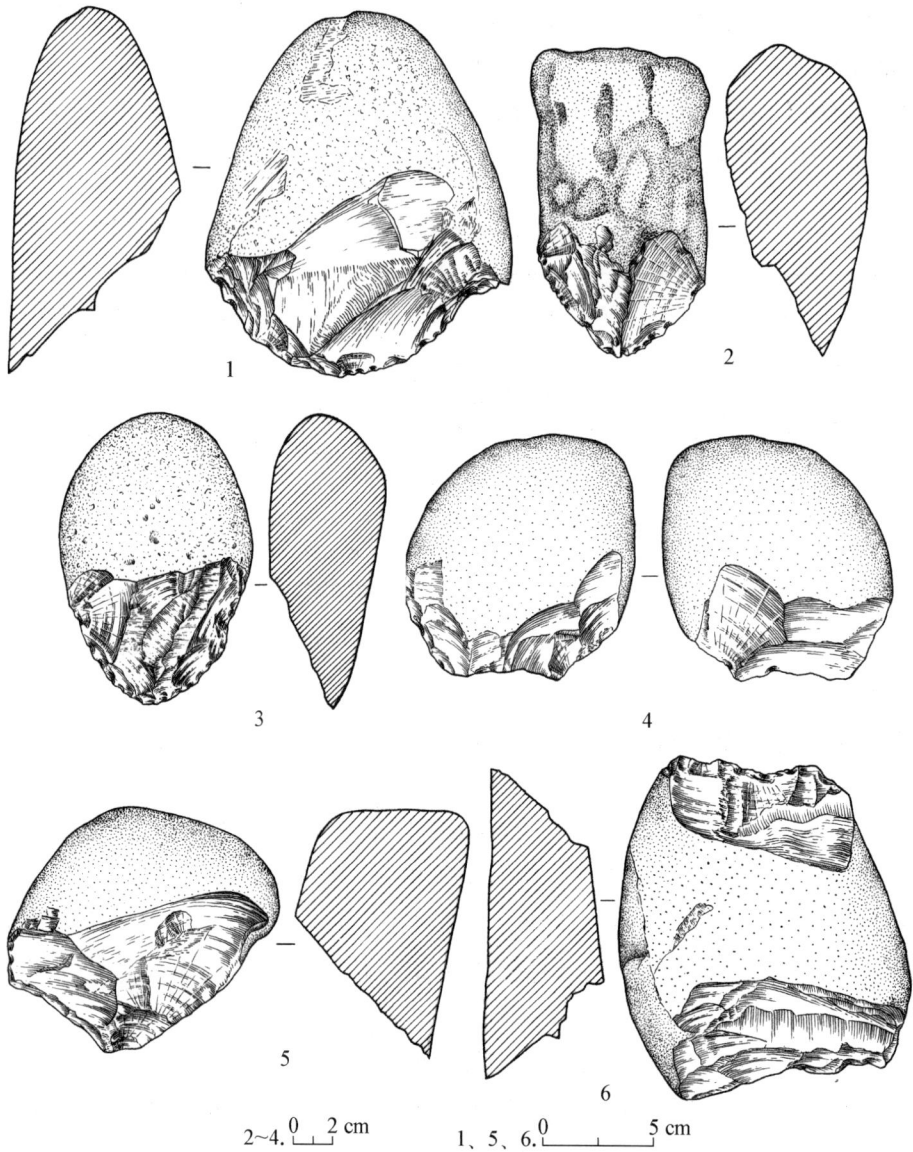

图 4　檀河遗址出土砍砸器

1. T066②：02　2. T063②：01　3. T014③：03　4. T066②：01　5. T046②：02　6. T014③：04

　　标本 T014③：04　用扁长形石英岩砾石两端单面打制而成，平面形状不规则。上端片疤浅平，刃部有细小的崩疤，下端片疤凹深且较陡，背面均保留砾石面。长 144 mm，宽 126 mm，厚 51 mm，刃角 50°和 52°，重 1 060 g（图 4，6）。

　　（2）刮削器

　　5 件。岩性有硅质岩、砂岩和石英岩，以硅质岩为主。均用砾石单面打制而成。形状有四边形、扇形和三角形，大部分都是宽大于长，3 件是宽大于长，只有 1 件长大于宽。长最大值为 86 mm，最小值为 75 mm，平均值为 82 mm；宽最大值为 120 mm，最小值为

63 mm,平均值为99 mm;厚最大值为57 mm,最小值为31 mm,平均值为45 mm;重最大值为480 g,最小值为300 g,平均值为408 g。用锤击法打制,加工大都较简单,有的没有进行修整,在一边剥片形成一个刃,刃缘大都较平齐(表4)。

表4　刮削器统计表

类　别	岩　　性			毛坯	刃数	刃缘特征		合计
	硅质岩	砂岩	石英岩	砾石	单边	直刃	凸刃	
数　量	2	2	1	5	5	4	1	5
百分比	40	40	20	100	100	80	20	100

标本T056①∶01　平面形状近扇形。用一硅质岩砾石由一边单面打制。加工时经过多次修整,部分片疤尾部折断,形成层叠的阶梯状。加工面片疤较多,但都较小,上部的片疤浅平,刃部片疤陡峭。刃缘弧凸,形成凸刃,有细小崩疤。背面保留砾石面。长81 mm,宽113 mm,厚57 mm,刃角80°,重500 g(图5,1)。

标本T033②∶01　平面近四边形。用一扁平硅质岩砾石由一边单面剥片而成。加工简单,加工面片疤少,片疤较大且斜平。刃缘较平齐,刃部有细小崩疤。器身保留大部分砾石面。长86 mm,宽120 mm,厚31 mm,刃角65°,重480 g(图5,2)。

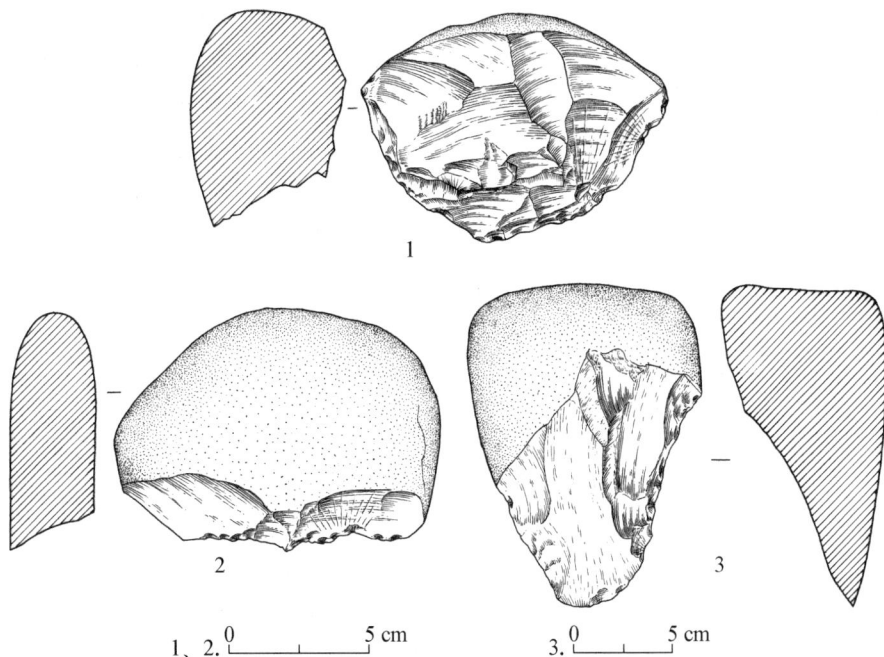

图5　檀河遗址出土刮削器、手镐

1、2. 刮削器(T056①∶01、T033②∶01)　3. 手镐(T011④∶01)

（3）手镐

1 件。标本编号为 T011④：01　平面近三角形。原料为稍平的长三角石英岩砾石。在较窄端两侧剥片，于前端相交成一圆斜尖。左边加工较多，加工至近把端，加工面不平整，片疤较多且小，并且深凹，侧缘较平直，刃缘经过多次修整，有细小的打击片疤；而右侧加工仅限于上半部，加工面较平，片疤少且较浅，侧缘较平直，刃缘未经修整。把端和背面均保留砾石面。长 153 mm，宽 114 mm，厚 80 mm，尖角 45°，重 1 280 g（图 5，3）。

四、采 集 标 本

在这次的发掘过程中，我们在地表和周边采集到部分石制品标本。总共 17 件，其中有石片、石锤、砍砸器、手镐、刮削器等，以砍砸器为主。现将部分器物介绍如下。

1. 石片

标本采：01　平面形状近三角形，原料为砂岩。自然台面，打击点清楚，半锥体、放射线均较明显。远端尾部折断，打击点处有小片疤。石片右边薄，左边厚，边缘锋利。背面保留砾石面。长 100 mm，宽 90 mm，厚 21 mm（图 6，1）。

2. 石锤

标本采：10　形状呈三角形，原料为砂岩砾石。以圆尖的一端为把手，另一端用以锤击，锤击的一端有一很陡的由片疤组成的面，片疤层层叠叠，片疤细小，部分内凹折断，片疤棱被冲磨圆钝。片疤面与砾石面夹角近 90°。长 105 mm，宽 123 mm，厚 85 mm（图 6，2）。

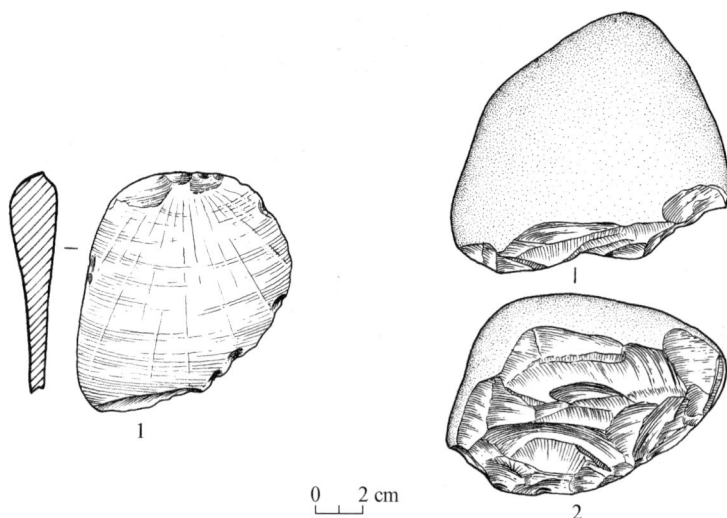

0　　2 cm

图 6　檀河遗址采集石片、石锤

1. 石片（采：01）　2. 石锤（采：10）

3. 砍砸器

标本采：15　平面近方形，原料为石英岩。一端单面打制而成，片疤小且浅，经过修整，刃缘有细小片疤，部分片疤尾部折断。背面和正面均保留大部分砾石面。长156 mm，宽106 mm，厚50 mm，刃角75°（图7，1）。

标本采：06　平面近三角形，原料为砂岩。一端单面打制而成，刃缘前凸成弧形。片疤较小，凹而深，经过二次加工，刃缘有细小片疤，二次加工的片疤大部分尾部折断，与前一次加工的片疤成台阶状。背面和正面大部分均保留砾石面，多麻点。长111 mm，宽110 mm，厚46 mm，刃角70°（图7，2）。

标本采：11　用扁长形石英岩砾石一端单面打制而成，刃缘前凸成弧形。刃面片疤斜平，刃角较小，刃缘有细小片疤，为使用或二次修整所留下的痕迹。背面和正面均保留大部分砾石面。长110 mm，宽82 mm，厚38 mm，刃角60°（图7，3）。

标本采：09　用扁方形砂岩砾石单面打制而成，在一端两侧上部剥片，加工出两刃口，两刃相交成一尖，为尖刃砍砸器。左侧刃较陡，右侧刃较平缓，经过两次或两次以上修

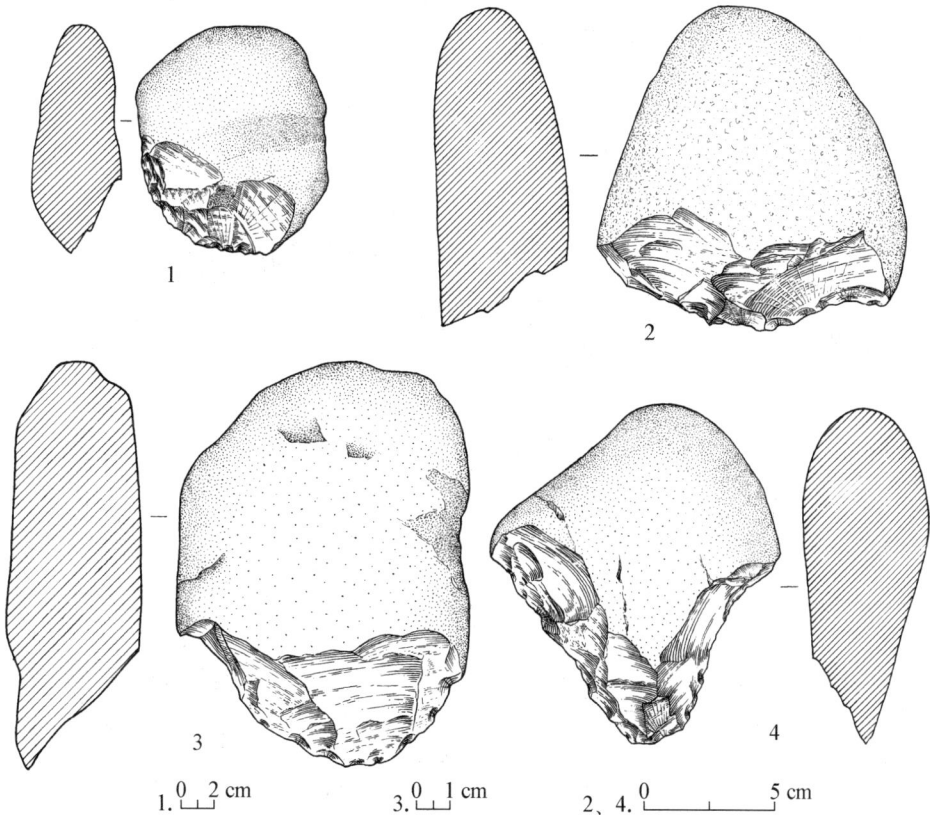

图7　檀河遗址采集砍砸器
1. 采：15　2. 采：06　3. 采：11　4. 采：09

整,有经修整后留下的小崩疤,尖部也经过修整,片疤小而且尾部折断,形成阶梯状。背面及正面保留大部分石皮。长 116 mm,宽 102 mm,厚 45 mm,刃角 50°(图 7,4)。

4. 手镐

标本采:13　原料为长形石英岩砾石,较厚。在较宽扁端两侧剥片,于前端相交成一舌状尖。左侧加工较小,但较陡;右侧加工近把端,片疤较大,但浅平。二次加工的片疤尾部折断,与前一次加工的片疤形成阶梯状。正面的部分和背面均保留砾石面。长192 mm,宽 140 mm,厚 130 mm,尖角 80°(图 8,1)。

标本采:02　原料为长形石英岩砾石。由两侧打击。向前端相交成一尖,经修整后成舌尖状;中间有一凸棱,成脊背状,横断面呈三角形。两侧刃经过两次或两次以上修整,修整的片疤较小,并且尾部折断。左边加工至把端,右边仅加工上半部。背部和把端保留石皮。长 134 mm,宽 83 mm(图 8,4)。

5. 刮削器

标本采:12　毛坯为扁方形砂岩砾石。一端单面打击而成,最先打击的片疤较大,后

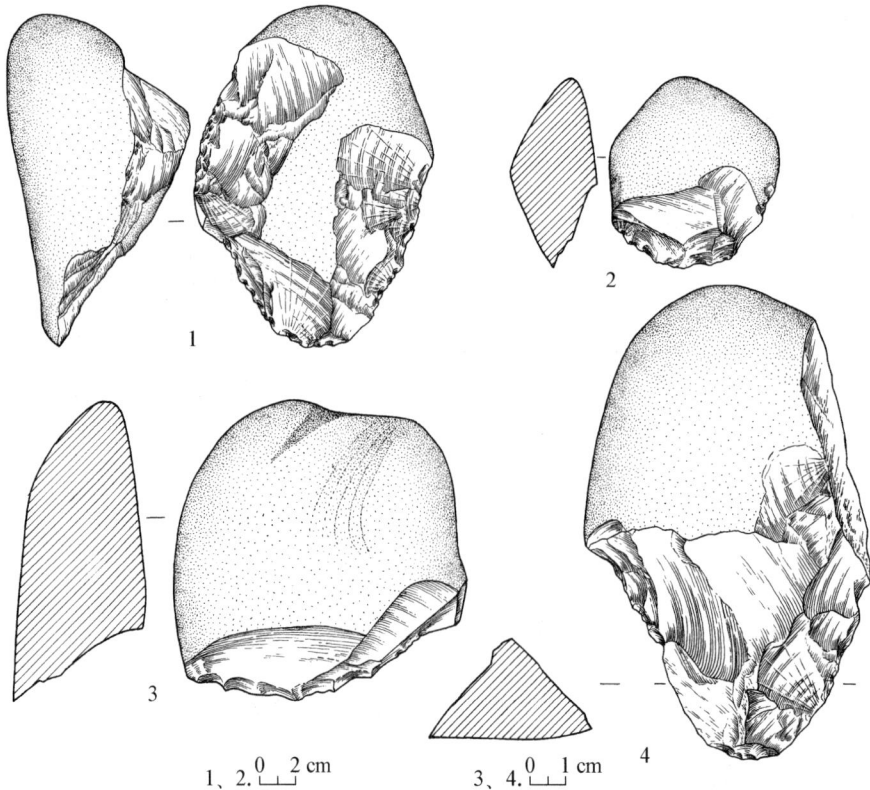

图 8　檀河遗址采集手镐、刮削器
1、4. 手镐(采:13、采:02)　2、3. 刮削器(采:12、采:05)

又经过几次修整,修整的片疤部分尾部折断,与先前的片疤成阶梯状。刃缘前凸,呈弧状。背面保留石皮,正面保留大部分石皮。长 108 mm,宽 98 mm,厚 50 mm,尖角 55°(图 8,2)。

标本采:05 毛坯为扁方形砾石,岩性为砂岩。一端单面打击而成,刃面较陡,刃缘成弧状。片疤深凹,刃缘有修整后留下的细小崩疤。器身保留大部分砾石面。长 85 mm,宽 85 mm,厚 40 mm,尖角 55°(图 8,3)。

五、结　　语

(一)地层的成因

此次发掘的区域属檀河遗址西南面边沿,为遗址的控制地带,地势比较低缓。发掘区西北面大部分为裸露的网纹红土,但从其各地层所包含的大量铁锰结核颗粒来看,并不是发育典型的原生网纹红土,而是母质为网纹红土在受到破坏后于不同时期在地表流水等外力的作用下搬运形成的二次堆积。因为铁锰结核颗粒的形成一般是暴露的网纹红土表面被氧化所致,地层中含有的大量铁锰结核颗粒应为次生堆积层。第③、④、⑤层属此类的堆积情况。

发掘区的南部地层土色偏黄,黏性较大,土质较细腻。因其原先地势低凹,应是近现代的耕作和地表流水的作用而形成的坡积层。第①、②层为这类堆积情况。

从地层堆积情况来看,整个发掘区已没有原生的文化层,均是在不同时期受到破坏后而形成的次生堆积层。其成因和过程应与百色上宋遗址[1]和田东坡洪遗址[2]相似。

(二)石制品的特征及技术

檀河遗址石制品的原料均为砾石,岩性有石英岩、砂岩和硅质岩,以石英岩为主。这些原料在发掘区和遗址周边的砾石层均能找到,表明制作石制品的原料全部来自附近第四阶地的砾石层,为就地取材。这种情况与百色盆地其他各旧石器遗址相同。

石制品种类较少,主要有石片、石锤、砍砸器、刮削器、手镐等,数量也不多,出土石片7件,石锤仅1件。出土的工具类除砍砸器占较大比重外,刮削器5件,手镐1件。

石片个体均较小,剥片方法只见锤击法,打击台面全部都是自然台面,背面大都保留部分自然砾石面,少部分背面全为砾石面。多数石片打击点清楚,半锥体较突出,放射线清晰。

本次发掘出土的器类较少,器型也较简单,从石器组合看,以砍砸器为主,刮削器次之,手镐出土的只有1件。砍砸器主要以砾石一端单面打制而成,制作简单,器身大部分保留砾石面,以两端单面打制的只有编号为 T014③:04 的一件,而一端双面打制的也仅有 T066②:01 一件。刮削器均以砾石为原料一端单面打制,器体较小,打制方法简单,刃部大部分只稍作修整。手镐制作也较简单,左侧加工较多,而前端和右侧只是稍作修整,把端和背面均保留砾石面。

本次发掘出土遗物数量较少,工具类占一半多,以砍砸器等重型工具为主,这种情况与相邻的田东坡洪遗址④底⑤面及第⑥层出土的石制品相似[3],和百色盆地其他高阶地的旧石器时代遗址发现的石制品也基本上是一致的。

(三)年代分析

此次发掘区域的地层都不是原生地层,都是经过不同时期的破坏、搬运而形成的二次堆积,同时也没有发现用以测年的遗物,只能从石制品的原料、个体特点、打制方法和器物组合等方面进行分析。本次发掘出土和采集到的标本在取材方面,主要以砂岩、石英岩、硅质岩等砾石为主。砍砸器、手镐等器类个体均较大,一般在 80 ~ 150 mm,而刮削器这类小型工具则在 100 mm 左右,大部分都不超过 100 mm。打制方法以锤击法为主。石器组合以砍砸器为主,有手镐、刮削器等。这些特征与百色盆地其他高阶地的旧石器时代遗址是相似的。

发掘区域属于檀河遗址的边缘,为该遗址的控制地带,1988 年、1991 年两次对该遗址中心区域的发掘还没有具体的报告,因此无法进行对比,但是从中心区域采集到的标本看,二者在取材、打制方法和个体特征方面是一致的。这次发掘出土的石制品不多,种类也少,与其他同类型遗址不便作详细、系统的比对,但从器物特征等方面看,与相邻的田东坡洪遗址年代相当,应为距今 80 万年左右。

(四)发掘意义

在此次发掘之前,中国科学院古脊椎动物与古人类研究所与广西文物工作队等单位曾对檀河遗址的中心区进行过多次发掘,出土过较多的石制品。这次发掘的地点为遗址的边缘地带,地层已遭到破坏,出土的石制品也不多,种类少,但是为檀河遗址的进一步研究丰富了实物资料,同时也为百色旧石器时代遗址的文化内涵和年代的认识提供了十分重要的资料,地层的堆积情况则成为国宝单位檀河旧石器时代遗址今后保护工作的重要参考资料。

附记:本次发掘领队为李珍,参加发掘的人员有广西文物保护与考古研究所的李珍、陈丁山,百色右江民族博物馆的刘康体,田东县博物馆的田丰、黄秋艳,武鸣县文物管理所的韦志贞等。

执笔:李 珍 刘康体 黄秋艳 韦志贞

绘图:蒋新荣

注 释

[1] 广西壮族自治区文物工作队,百色市右江民族博物馆,百色市右江区文物管理所.广西百色市上宋

旧石器时代遗址发掘简报[A].见:广西壮族自治区文物工作队编.广西文集(第2辑)[C].北京:科学出版社,2006.

[2] 闫少鹏.田东坡洪遗址A区发掘简报[A].见:广西文物考古研究所编.广西考古文集(第4辑)[C].北京:科学出版社,2010.

(本文发表于《广西考古文集(第5辑)》,科学出版社,2013年)

广西百色盆地高岭坡遗址的
地层及年代*

谢光茂　林　强　余明辉　陈晓颖

胡章华　鹿化煜　黄秋艳

一、前　　言

中国南方百色盆地的旧石器因含有众多的早—中更新世手斧而闻名于世。1973 年以来，上百处旧石器遗址或地点被发现，其中经过发掘的超过 20 处，取得了一系列研究成果[1~16]。盆地内发育有七级阶地[17]，其中第Ⅳ级阶地尤为重要，发现有手斧和玻璃陨石。2013 年以前，考古发掘通常只揭露土状堆积的上部，从来没有从第Ⅳ级阶地的地表发掘到砾石层。2013~2014 年，广西文物保护与考古研究所会同田东县博物馆对田东高岭坡遗址进行了系统的考古发掘。本次发掘共布 5 m×5 m 的探方 8 个，揭露面积 200 m²。当发掘到下部网纹红土堆积时，发掘面积减到 100 m²；往下分级内收，至底部发掘面积缩至 64 m²。我们从遗址地表往下一直发掘到砾石层，深度达 7.6 m，揭露出包含多个不同时期地层的完整堆积剖面。在属于旧石器时代的地层中发现石器制造场和用火遗迹，出土石制品 800 多件。本文主要介绍这次发掘在地层及年代方面所取得的收获，文化遗存的研究将另文发表。

高岭坡遗址是百色盆地遗址群最重要的遗址之一，是全国重点文物保护单位。它位于广西田东县林逢镇坛河村的高岭坡，东南距田东县城约 13 km，处在右江南岸的第Ⅳ级阶地，地理坐标为 23°33′60″N，107°11′57″E（图 1），于 20 世纪 80 年代发现，1993 年进行过发掘并发表了发掘报告[18,19]。此外，1988 年至 1995 年之间还进行过 4 次试掘。前几次发掘和试掘都限于遗址堆积的上部，没有下挖至砾石层，因此，关于遗址整个地层堆积情况及含石器的地层并没有弄清楚。

---

　* 基金项目：国家自然科学基金（41472138）。

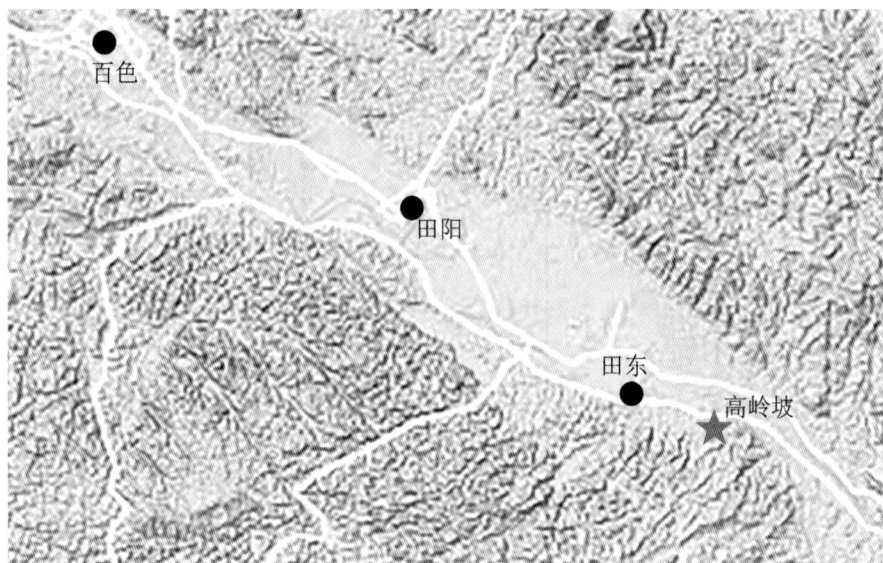

图1 高岭坡遗址位置图示意图

二、地层堆积

此次发掘的地层划分是按照考古学的地层划分方法来完成的,即根据土色和土质的变化及包含物的不同进行分层。从地表到砾石层一共划分出17层。但有些地层的界限并不是很清楚,它们之间的土色土质是一种渐变关系。这些地层可归为上下两部分,两部分之间有一层薄薄的分布不连续的铁锰结核层(图2~4)。

上部堆积的平均厚度约1m,但厚度变化大,因为其叠压在高低不平的下部堆积的面上。可分为7层,由上而下为:

第1层表土层,土质松软;第2层扰土层。这两层均为灰黄色。第3层棕色土,结构较密,出土有研磨器、砺石及打制石制品。第4层为红色黏土,结构均匀,属于均质红土。此层发现一小型石器制造场和一处用火遗迹,出土大量打制石制品。第5、第6层土色土质差别不大,只是第6层含较多深红色和黄色小土粒,出土打制石制品。第7层在土色土质上和上面几层都有很大的差别,类似网纹红土,含较多白色和黄色的土状颗粒,这些颗粒由上往下逐渐变大,最后形成与下部网纹红土接近的堆积。此层出土的石制品多数发现于地层堆积的下部,尤其是低凹的底部。第7层之下是一层主要由铁锰结核颗粒构成的沉积,通常只有几厘米厚,分布不连续。此层层面高低不平,起伏较大,在整个发掘区总体上由东南往西北倾斜,以东南角位置最高。铁锰结核颗粒主要分布在地势较高的部位,往下逐渐变少,在低凹处基本消失。与此相一致,高处铁锰结核层最厚,沿着坡下逐渐变薄,至低凹处渐灭。

北壁　　　　　　　　　　　　　　　西壁

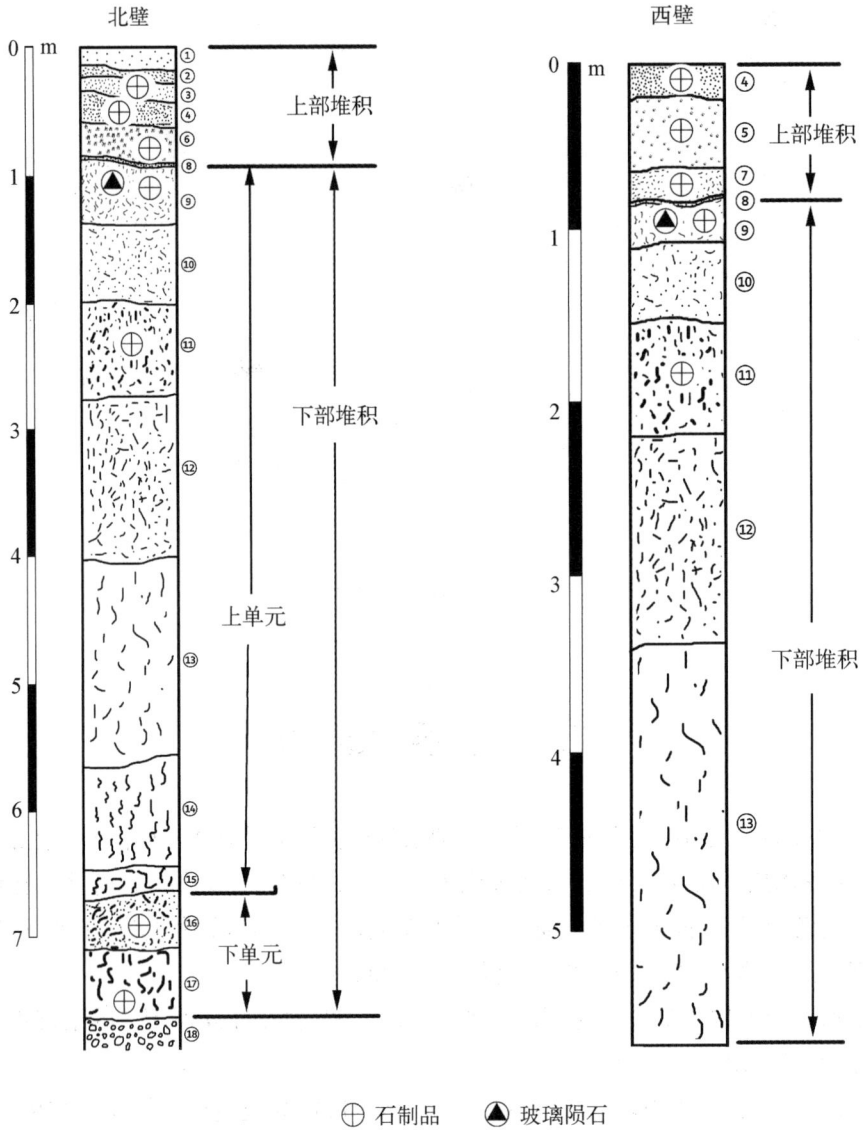

⊕ 石制品　　　▲ 玻璃陨石

图2　高岭坡遗址地层柱状图

　　下部是遗址的主要堆积,厚达6 m多,包括9层(9~17层)。这部分堆积又可分
为上下两个单元。上部单元有7层(9~15层),属于典型的网纹红土,结构致密。这
个单元各层的差别主要是网纹的粗细、长度的不同及其分布的疏密。该单元堆积中
发现两条冲积夹层,一条位置较高,另一条位置较低。冲积夹层底部呈弧形,有一薄
层颜色更红的含铁较高的堆积物。处于位置较低的冲积夹层内的堆积物有一定的胶
结,很硬。该单元堆积中出土的石制品很少,且仅见于第9层和第11层。下部单元
包括两层(第16~17层),砂黏土,较上部单元堆积松软。这个单元堆积仅发现2件
石制品。

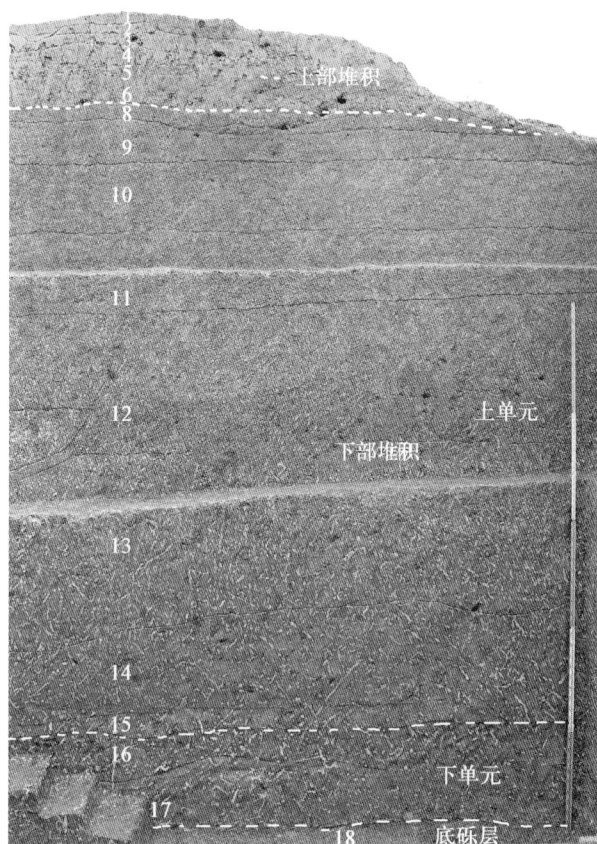

图 3　高岭坡遗址地层堆积剖面（北壁）

图 4　高岭坡遗址地层堆积剖面（西壁）

三、文化序列与年代

（一）文化序列

高岭坡遗址发现的文化遗存包括遗迹和遗物两部分。遗迹仅发现于地层堆积的上部。第3层发现数量较多的柱洞。第4层发现一处用火遗迹和一个小型石器制造场。石制品在许多地层都有出土，这些地层包括第3至第7层、第9、第11、第16、第17层(图2;表1)。

表1　高岭坡遗址各地层出土石制品(包括砾石)统计表

地　层	石　制　品	数　量	百分比
3	打制石制品、研磨器、砺石	57	6.85%
4	砾石、石锤、石核、石片、刮削器、断块等	573	68.87%
5	砾石、石片、砍砸器、手镐、刮削器、断块等	52	6.25%
6	砾石、石片、砍砸器、手镐、刮削器、断块等	67	8.05%
7	砾石、石片、砍砸器、手镐、刮削器、断块等	76	9.14%
9	手镐、石片、断块	4	0.48%
11	砾石	1	0.12%
16	砾石	1	0.12%
17	石核	1	0.12%
合计		832	100%

第3层出土的石制品包括打制石制品、研磨器、砺石等。研磨器和砺石属于新石器时代典型的工具类型，在百色地区的新石器遗址中常有发现，这表明第3层属于新石器时代。

第4层出土大量石制品。由于这一层发现石器制造场，多数石制品属于形状不规则的小石片及碎屑，修理的工具很少。石制品的表面，包括石皮和片疤面，显示比较新鲜，表明它们风化较轻。这一层未发现磨制石器、陶片等新石器时代的文化遗存，因此此层应属于旧石器时代(图5)。

虽然第5、第6层的土色土质略有差别，但这两层出土的石制品却很一致。石制品风化不明显，片疤较为新鲜，大多数石器用砾石直接加工而成;与这两层下伏的网纹红土出土的石器相比，器身较小而薄，手镐尖部多为锐尖(图6)。

图 5　第 4 层出土的石制品

图 6　第 5 层出土的石制品

第 7 层出土的石制品比较特别。和第 5、第 6 层的石制品相比,该层出土的石制品较大而厚重,而且经受明显的磨蚀和风化(图 7)。

图 7　第 7 层出土的石制品

第 9 层及其以下的地层出土的石制品数量很少,其中第 9 层 4 件(手镐 1、石片 1、断块 2),第 11、第 16 层各 1 件(砾石),第 17 层 1 件(石核)。因此,这些地层之间的石制品难以比较。总体而言,这些石制品风化比较严重,石器厚重,尤其是手镐,把端较厚(图 8)。

图 8　第 9 层(b)和第 17 层(a)出土的石制品

根据地层关系及石制品特征,可以将高岭坡遗址发现的文化遗存分为 5 个组群,由晚到早其顺序如下:第 5 组(第 3 层);第 4 组(第 4 层);第 3 组(第 5～6 层);第 2 组(第 7 层);第 1 组(第 9～17 层)。

（二）年代

上部堆积保存有炭类遗存,而下部堆积网纹红土中则未发现有炭。我们采集了部分炭样并送北京大学第四纪年代实验室进行[14]C年代测定。15个样品中有3个未能达到测试要求。测年结果中有几个数据出现倒转或不一致(表2)。第3层有3个测年样品,其中样品BA140278和BA140279测得的数据分别是0.13 kaAD和1.70 kaBC;另一个样品BA140277的年代为4.24 kaBC。前两个样品的年代明显偏晚,后一个的测年结果和出土的文化遗物的年代特征一致。造成这种测年结果不一的原因可能是,年代明显偏晚的炭样可能来自晚期的地层(第1、第2层),通过堆积的裂隙进入第3层,因为黏土变干后容易产生大小不等的裂隙。我们在发掘时也可以看到这种现象,在下面的地层被揭露后经太阳暴晒变干并出现许多裂痕。而叠压在第3层之上的是近现代的堆积,所以才出现这种测年不一的结果。第7层所测的2个样品(BA140290和BA140291)的结果很不一致,分别为6.64 kaBC和0.17 kaBC,晚于第6层的测年结果。造成这种测年数据倒转的原因可能是由于当地村民挖坑种芒果(发掘区位于果园),来自晚期地层的木炭通过坑底的裂隙进入早期地层所致。

表2　高岭坡遗址的[14]C测年结果

地层	样品	实验室编号	样品原编号	[14]C年代	树轮校正
3	炭	BA140277	T02E③:33	5 295±35	4 240 BC
3	炭	BA140278	T02N③:36	1 770±25	130 AD
3	炭	BA140279	T06N③:35	3 345±35	1 700 BC
4	炭	BA140280	T03④a:24	8 365±30	7 520 BC
4	炭	BA140281	T03N④a:37	8 485±40	7 590 BC
4	炭	BA140282	T03④a:22	9 025±40	8 300 BC
4	炭	BA140283	T06④b:18	8 615±40	7 730 BC
4	炭	BA140285	T05④b:31	9 085±35	8 340 BC
6	炭	BA140288	T07⑥:46	9 000±40	8 300 BC
6	炭	BA140289	T07⑥:48	9 297±40	8 630 BC
7	炭	BA140290	T06⑦:51	7 730±35	6 640 BC
7	炭	BA140291	T06⑦:50	2 050±30	170 BC

注:树轮校正所用曲线为IntCal04(1),所用程序为OxCal v3.10(2).

参考资料:1. Peimer PJ, MGL Baillie, E Bard, et al., 2004, Radiocarbon, 46:1029~1058; 2. Christopher Bronk Ramsey, 2005, www.rlaha.ox.ac.uk/orau/oxcal.html.

除了^{14}C测年,在发掘时我们还采集了光释光测年样品和古地磁测年样品。光释光测年结果(上部堆积)见表3,而古地磁测年结果尚未获得。光释光样品测试时,先在暗室条件下,将采样管两头2~5 cm曝光部分去除,用于测试含水量和年剂量。中间未见光部分,经10%盐酸和30%双氧水,分别去除碳酸盐类矿物和有机质。之后,样品过湿筛,然后利用40%HF溶蚀40分钟除去长石,经红外(IR)检验,确保提纯的石英中无长石污染(或长石的影响可以忽略不计),从而最终获得63~90 mm的纯石英颗粒。所有样品的等效剂量(Equivalent dose,D_e)均采用单片再生剂量法(Single-aliquot regenerative-doseprotocol,简称SAR)(Murray and Wintle,2000,2003)进行测试。测试时使用仪器为Risø TL/OSL - DA - 20C/D全自动释光仪,配有蓝光激发光源($\lambda = 470\pm30$ nm;40 mW cm^{-2})和红外激发光源($\lambda = 880\pm80$ nm),释光信号通过9235QA光电倍增管进行检测放大,光电倍增管前置一个7.5 mm厚的U340滤光片,人工β辐射源为^{90}Sr/^{90}Y源。样品放射性元素(铀、钍和钾)含量在中国原子能科学研究院利用中子活化法(NAA)测定。含水量采用实测含水量,同时考虑到地质历史时期含水量变化,给定绝对误差7%。之后,根据样品的海拔高度、地理位置及采样深度等计算出宇宙射线对年剂量的贡献(Prescott和Hutton,1994)。最后,采用最新的剂量率转换因子(Guérin et al.,2011)计算样品的剂量率。

表3　高岭坡遗址光释光测年结果

实验室编号	样品号	深度(cm)	地层	U(ppm)	Th(ppm)	K(%)	H$_2$O(%)	剂量率(Gy/ka)	等效剂量(Gy)	年龄(ka)
1789	TD – GLP – W55	55	4	2.98±0.11	12.2±0.33	0.52±0.03	10.7	2.12±0.16	14.5±0.5	6.8±0.6
1790	TD – GLP – W90	90	5	3.14±0.11	12.6±0.34	0.65±0.03	12.3	2.24±0.17	17.4±0.6	7.8±0.7
1791	TD – GLP – W130	130	6	3.21±0.12	15.1±0.39	0.91±0.03	19.8	2.47±0.18	25.3±1.7	10.2±1.0
1792	TD – GLP – E – G60	60	6	3.10±0.11	14.8±0.38	0.76±0.03	16.1	2.41±0.18	35.1±3.4	14.5±1.8
1793	TD – GLP – E – G90	90	7	3.32±0.12	18.5±0.46	1.23±0.04	18.4	3.02±0.22	>111	>37
1794	TD – GLP – E – G130	130	7	3.32±0.12	17.5±0.44	0.96±0.04	20.6	2.66±0.19	>127	>48

由于尚无古地磁测年结果,光释光测年也仅限于上部堆积,因此目前只有上部堆积的地层具有绝对年代。不过,我们在第9层发现了玻璃陨石*(图9;图10)。玻璃陨石共发现3件,一件较大,呈球状,另外两件为碎片,均出土于同一位置。出土玻璃陨石的地层为原生的网纹红土。玻璃陨石表面色泽鲜亮,棱角锋利,保留有气孔、凹槽和线纹等特征,无人工痕迹和磨蚀痕迹,应属于原地埋藏。较大的颗粒状玻璃陨石和小碎片玻璃陨石出在原生网纹红土层同一位置的现象在百色盆地南半山遗址也曾发现过(2005年9月在该遗址发掘期间,本文第一作者曾陪同地质专家、中国科学院地质与地球物理研究所袁宝印研究员等到现场考察,一起观察了这种现象)。因此,可以用玻璃陨估计第9层的年代。据研究,百色盆地第四纪地层出土的玻璃陨石属于澳亚散布区,用裂变径迹法测得其年代为700 kaBP[20]。而位于同一盆地的百谷遗址出土的玻璃陨石经采用 Ar/Ar 法测得的绝对年代为803 kaBP[6],据此高岭坡遗址第9层的年代应为这个时代。由此推测,第9层以下地层的年代应等于,甚至早于距今803 kaBP。

图9 玻璃陨石出土情景

图10 高岭坡遗址出土的玻璃陨石

综合 [14]C 和光释光测年结果,第3层的年代应为6.20 kaBP;第4层的年代在9.5 kaBP 和10.3 kaBP,平均为距今10 ka;第5、第6层在10.3 kaBP 和14.5 kaBP 之间,平均为距今12.4 kaBP(但根据这两层出土的石制品特征,这两层的年代更有可能早到距今15 kaBP 年);第7层的年代至少老于距今37 kaBP;第9层为距今803 kaBP;第10层至第17层的年代大于或等于距今803 kaBP(表4)。

* 2015 年出版的《人类进化杂志》的一篇文章(Wang W, Bae CJ. How old are the Bose(Baise) Basin(Guangxi, Southern China)bifaces? [J]. The Austalasian tektites question revisited. J. Hum. Evol, 2015, 80:171~174)中错误地用了高岭坡遗址本次发掘的一张地层剖面照片。在该文的图 2 中,玻璃陨石出自第 3 地层单元(unit 3),即我们所划分地层的第12、第13层。然而,事实并非如此。我们本次发掘所发现的玻璃陨石均出自第9层,而非第12、第13层。这张地层剖面照片是 2014 年发掘时我们自己拍摄的,至今尚未发表。该文作者并未参与本次高岭坡遗址的发掘,却在未征求我们意见的情况下用了这张照片。

表 4　高岭坡遗址 5 组文化遗存的年代

组（G）	地层（L）	测年（kaBP）	平均数（kaBP）
G5	L3	6.2	6.2
G4	L4	9.5~10.3	10.0
G3	L5~6	9.5~14.5	12.4
G2	L7	>37.0	>37.0
G1	L9~20	≥803	≥803

四、讨 论 与 结 语

　　百色盆地共发育有 7 级阶地,除第 I 级阶地外,第 IV 级阶地(T4)是盆地分布最广、最为典型的阶地[17]。该阶地发现了包括手斧在内的石制品及玻璃陨石。高岭坡遗址所在的第 IV 级阶地由砂岩基座、砾石层、黏土层和亚黏土层组成。

　　高岭坡遗址的地层堆积可分为上下两部分,这两部分之间有一明显的界线。下部堆积(网纹红土)直接叠压在砾石层之上,表明这部分堆积是由右江河流冲积而成。这部分堆积中发现的两条冲积夹层应该是右江支流的古河道,出现在下部堆积形成时期。

　　遗址的上部堆积则不整合地叠压在下部堆积之上,之间有一条起伏不平的界线。在下部堆积面上有一层分布不连续的、主要由铁锰结核颗粒组成的堆积薄层,暗示曾存在过一个侵蚀期。第 9 层层面就是一个侵蚀面,侵蚀面高低不平,在整个发掘区总体上由东南往西北倾斜。发掘区西北不远处正好是第 IV 级阶地现在的边缘,边缘外直接是第 I 级阶地(第 II、第 III 级阶地在此缺失),形成约 20~30 m 的高差。由于发掘区靠近阶地的边缘,可能是这个区域一直处在侵蚀状态,只是从几万年前开始才叠加了次生堆积。第 9 层之上形成的薄层铁锰结核颗粒属于残留堆积,其来自地势较高的原生网纹红土堆积。当地势较高的网纹红土在雨季遭到地表流水冲刷时,堆积中的泥土被流水带走,而这些豆状铁锰结核颗粒,因体大而重,不容易被流水带走,许多留存下来,在原生网纹红土堆积之上逐渐形成铁锰结核颗粒堆积层。事实上,发生在高岭坡第 IV 级阶地上的侵蚀期在广西其他地方[21]以及东南亚和南亚地区[22,23]都有发现。第 7 层的堆积表面上看类似网纹红土,实际上是一种次生堆积,来自高处的原生网纹红土。与原生的网纹红土相比,这种次生堆积结构没有那么紧密,网纹红土中的蠕虫状的纹样也不复存在,代之是花斑状纹样。在侵蚀阶段,位于高处原生网纹红土堆积中的石制品被冲刷、暴露,并经受风化,而位于斜坡上的石制品由于地表流水的作用及自身重力作用,容易向下移动并聚集在低凹的地方。这种现象在百色盆地许多旧石器遗址地表现代形成的冲沟中仍然能见到。换言之,这些在原生网纹红土被侵蚀时暴露并被搬运到低凹处的石制品在后来的次生网纹红土堆积形成过程中被重新掩埋。正因如此,多数出土于第7层的石制品被发现在此层堆积的下部,甚至是底部。这些石制品表面多有网纹印痕,这些网纹印痕应是原先埋在网纹红土时形成的。

第1层至第5层堆积的成因更为复杂。这些地层含有砂砾和小砾石,表明这些堆积主要是通过地表流水作用形成的。也可能有风成因素,尤其是第1层至第4层,因为含砂砾极少。情况可能是这样,在这些晚期地层形成过程中,不同时期的人群先后在遗址上活动,他们活动的遗存被埋在各地层中,因此这些遗存应是原地埋藏的。第4层发现的用火遗迹和石器制造场及不少能拼合的石制品就是明显的例证。

根据地层对比和出土遗物的特征,高岭坡遗址的旧石器时代文化遗存可分为3期。第一期包括第1组和第2组的石制品;第3组的石制品属于第二期;第4组的属于第三期。依据地层分析和综合测年,第1期的年代为803 kaBP;第2期为15 kaBP;第3期为10 kaBP。事实上,百色盆地其他遗址的考古发掘也同样发现早晚两套不同组合的石制品,如百色大梅、田阳的那赖、田东的坡洪等遗址[24]。早期的石制品通常表面泛白,带有网纹红土印痕,风化明显,石器比较粗大,存在手斧;晚期的石制品风化不明显,没有网纹红土的印痕,石器较小,缺乏手斧。一些遗址(包括高岭坡遗址)地表采集的石制品也同样包括早晚两套不同的组合,他们的原生层位应分别是同一遗址下部的早期堆积(网纹红土堆积)和上部的晚期堆积。

高岭坡遗址的地层堆积包括了更新世和全新世两部分。更新世的堆积又可分为上下两部分,上部堆积的年代要比下部堆积的年代晚得多。旧石器时代文化遗存出自多个年代不同的地层,表明这些文化遗存属于不同时期。

本次高岭坡遗址发掘表明,百色盆地第Ⅳ级阶地出土的文化遗存并不都是旧石器时代的,它的上部存在新石器时代的文化堆积。第Ⅳ级阶地不存在新石器时代文化堆积的观点[25]与事实不符。同样,把高岭坡遗址上部堆积中属于旧石器时代地层出土的所有文化遗存都归到旧石器时代早期[18]也是错误的。事实上这部分文化遗存出自晚更新世地层,最晚的年代为10 kaBP。本次发掘发现,6 m多厚的网纹红土堆积可分为多个不同的地层。在这些不同地层中出土的石制品,很可能不是同一时代的。玻璃陨石只发现于网纹红土堆积的上部。那些出自堆积下部地层的石制品应早于上部地层出土的包括玻璃陨石在内的石制品。百色旧石器的年代最晚为10 kaBP,最早可能大于803 kaBP。

致谢: 本文作者感谢弋双文高工、卓海昕博士和张文超博士帮助采集测年样品及实验室处理分析。高岭坡遗址发掘(2013~2014)得到国家文物局的资助。广东省文物考古研究所的刘锁强副研究员参加了短期的发掘。本研究得到国家自然科学基金(41472138)的部分资助。

注　释

［1］李炎贤,尤玉柱.广西百色发现的旧石器[J].古脊椎动物与古人类,1975,13(4)：225～228.

［2］覃圣敏,覃彩銮,梁旭达,等.广西新州打制石器地点的调查[J].考古,1983(10)：865～868.

［3］何乃汉,邱中郎.百色旧石器的研究[J].人类学学报,1987,6(4)：289～297.

［4］黄慰文,冷健,员晓枫,等.对百色石器层位和时代的新认识[J].人类学学报,1990,9(2)：105～112.

［5］曾祥旺.广西百色市百谷屯发现的旧石器[J].考古与文物,1996(6)：1～8.

［6］Hou YM, Potts R, Yuan BY, et al. Mid-Pleistocene Acheulean-like stone technology of the Bose Basin, South China [J]. *Science*, 2000, 287：1622－1626.

［7］林强.广西百色田东坡西岭旧石器时代遗址发掘简报[J].人类学学报,2002,21(1)：59～64.

［8］黄启善.百色旧石器[M].北京：文物出版社,2003：104～108.

［9］王頠,莫敬尤,黄志涛.广西百色盆地大梅南半山遗址发现与玻璃陨石共生的手斧[J].科学通报,2006,51(18)：2161～2165.

［10］Xie GM, Bodin E.Les industries paleolithiques du bassin de Bose(Chine du Sud)[J]. *L'Anthropologie*, 2007, 111：182－206.

［11］裴树文,陈福友,张乐,等.百色六怀山旧石器遗址发掘简报[J].人类学学报,2007,26(1)：1～15.

［12］谢光茂,林强.百色上宋遗址发掘简报[J].人类学学报,2008,27(1)：13～22.

［13］谢光茂,林强,黄鑫.百色田东百渡旧石器遗址发掘简报[J].人类学学报,2010,29(4)：355～371.

［14］闫少鹏.田东坡洪遗址 A 区发掘简报[A].见：广西文物考古研究所编.广西考古文集(第 4 辑),科学出版社,2010：36～62.

［15］王頠.广西百色盆地枫树岛旧石器遗址[M].北京：科学出版社,2014.

［16］邱立诚.田阳那满旧石器时代遗址发掘报告[A].见：广西文物考古研究所.广西考古文集(第 4 辑),科学出版社,2010：83～116.

［17］袁宝印,侯亚梅,王頠,等.百色旧石器遗址的若干地貌演化问题[J].人类学学报,1999,18(3)：215～224.

［18］侯亚梅,高立红,黄慰文,等,百色高岭坡旧石器遗址 1993 年发掘简报[J].人类学学报,2011,30(1)：1～12.

［19］高立红,袁俊杰,侯亚梅.百色盆地高岭坡遗址的石制品[J].人类学学报,2014,33(2)：137～148.

［20］黄志涛.广西玻璃陨石初步研究[J].地质地球化学,1995,218(4)：50～54.

［21］Chardin PT, Young CC, Pei WC et al. On the Cenozoic Formations of Kwangsi and Kwangtung[J]. *Bulletin of the Geological Society of China*. 1935, 14：179－205.

［22］Derevianko AP, Su NK, Tsybankov AA et al. *The Origin of Bifacial Industry in East and Southeast Asia* [M]. Novosibirsk：IAET SB RAS Publishing, 2016.

［23］Ghosh AK, Das R. Palaeolithic Industries of West Bengal[J]. *Bulletin of the Cultural Research Institute*, 1996, 5(1－2)：83－93.

［24］谢光茂,林强,韦江.百色盆地旧石器时代考古发掘取得重大突破[N].中国文物报,2007－05－04.

［25］Wang W, Bae CJ. How old are the Bose (Baise) Basin (Guangxi, Southern China) bifaces? —The Austalasian tektites question revisited[J]. *Journal of Human Evolution*, 2015, 80：171－174.

(本文发表于《人类学学报》2020 年第 39 卷第 1 期)

论 文 篇

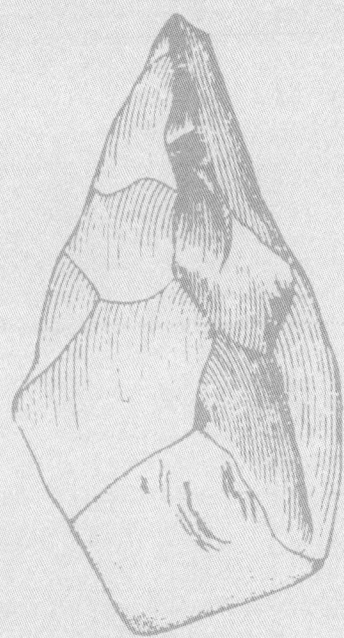

百色旧石器的研究

何乃汉　邱中郎

本文记述的石制品,绝大部分是广西壮族自治区博物馆会同百色地区文化部门 1982 年在百色县文物普查中采集的*,有几件是笔者和文本亨同志 1983 年在复查该县石器地点时采集的。两次共得 752 件。

百色石制品的研究,李炎贤、尤玉柱和曾祥旺都曾做过,本文仅根据新采集的做些补充。

一、石制品的分布状况

石制品采自 21 个地点,其中主要采自上宋、杨屋、大同、平迈、江凤、百谷、大法、大梅和小梅 9 个地点。它们都分布于右江两岸高阶地的红土层地表和剥蚀沟中,以三级阶地的较多,四级阶地的次之。右江两岸阶地的分布状况概括如下:

一级阶地高出右江水面 10 m 左右,阶地堆积物由灰褐色砾石和灰色砂质土构成。二级阶地高出水面 15~20 m,阶地堆积物由灰褐色砾石和浅黄色亚砂黏土构成。三级阶地高出水面 40~60 m,阶地堆积物由下部的黄灰色砾石和上部的砖红色土和棕黄色亚黏土构成。四级阶地高出水面 90~120 m,阶地堆积物由下部的黄灰色砾石和上部的含结核的红土和灰黄色亚黏土构成。由于长期的剥蚀作用,位于三级和四级阶地之上的覆盖部分大多已不存在。

这些石制品分布的地理位置是,除了在较高的阶地面上基本连成一片外,各个地点有所不同,例如在江凤,分布于自那么山起至沙洲止,长约 1 km 的裸露的红土层地表;在百谷,分布于长、宽数百米的阶地面直到阶地的腰部;在大法的那表坡和薹了坡,小梅的南地坡和南板坡,分布于上下坡被分割了的两个相邻的土岭上。

二、石制品的特征和分类说明

石制品是由相当多的、大型的砍砸器,两面器和少量的尖状器和刮削器(后者本文未

---

　　* 参加普查的除了笔者之一何乃汉外,还有广西壮族自治区博物馆张宪文,右江革命文物馆曾祥旺、从彩云、于曼萍,百色县文化馆蒋惠忠和田林县文化局顺坚诸同黄志。

包括在内)组合而成。这种组合情形,在我国已知的旧石器地点或地点群中不多见。它们的加工方法,除了两面器和几件砍砸器由两面加工外,都是向一面的。所成之刃口,除了部分为直刃、凸刃外,大多呈尖状或舌状。它们中有的加工粗糙,有的加工精致,它们的钝端大多保留砾石面。它们的原料有硅质岩、砂岩、石英岩、脉石英,也有少量的砾岩和泥质岩。

本文为了分类上的方便,将什么样的石器叫尖状器做了如下规定:它的素材是石片或断片,它的尖刃角是锐角,它的尖刃角的两个边都做了加工。因此,对于那些不是用石片或断片加工的、带有锐角的石器,或尖刃角大于锐角的,或尖刃角的两个边未加工或只有一边加工的本文都不叫它尖状器,而叫它尖状砍砸器或尖状两面器或其他石器。

尖刃角是指尖端上两个边的夹角,其大小是通过尖刃上的两个直边测得的。如果尖刃上的两个边不是直的,而是弧形的,我们就利用弧形边上两个弧高点,使之与尖端点相连。这样所成之角,我们也叫尖刃角。

本文把用砾石或石片为素材的、经单面或两面加工的石器通名为砍砸器。两面砍砸器和两面器有所不同,两面砍砸器的加工痕迹多集中在边缘部分,而两面器则多到达器身。单面砍砸器和刮削器也有所不同,单面砍砸器的器形大,加工粗犷,而刮削器一般说来器形较小而加工则多较细致。虽然如此,在实际工作中要把两者截然分开比较困难。

本文中砍砸器的分类是根据刃缘多寡、刃口形状确定的,有直刃、凸弧刃、多刃、尖状和舌状的多种。其中尖状砍砸器,我们沿用了李炎贤、尤玉柱所采用的名称。舌状砍砸器可以看成是尖状砍砸器的一种变形,它具有独特的形式,在我国已知的旧石器地点中属罕见。

还有几件体积较小的石器,如小梅 5 号、大同 52 号和上宋 5 号似可归于刮削器中,但由于它们加工粗糙,又都用砾石制作,这里暂且把它们作为砍砸器看待。

两面器是经两面加工而成的,它的素材不限于石核或砾石,也可以是石片。本文中的两面器是根据其外形来命名的,有尖状的和肾状的两型。两面器在我国旧石器遗址中有过发现,但数量不如百色地点的多。时代较早的有陕西蓝田公王岭的两面器、陕西汉中梁山的两面器,时代较晚的有山西丁村的两面器。其他还有丁村沙女沟、蓝田涝池河沟和陕西乾县的两面器,但是它们和百色的一样都采自地表。

三、石制品的时代

由于我们从百色采集的石制品都来自地表,无地层依据,因而给判断其时代带来了困难,但是从石制品的加工技术和石器的类型分析,它们应属于旧石器时代。因而我们同意李炎贤、尤玉柱和曾祥旺对时代所做的分析,属于旧石器时代似无多大问题。

四、石 制 品 记 述

在石制品中,石器有 546 件,分成尖状器、两面器和砍砸器三大类;石核有 84 件,包括天然台面者 74 件,素台面者 10 件;石片有 92 件,包括天然台面者 73 件、素台面者 19 件;在天然台面石片中,长大于宽者 28 件,宽大于长者 45 件;在素台面石片中,长大于宽者 10 件,宽大于长者 9 件;此外还有石锤等未作分类的石器。

现将从 546 件石器中选出的 65 件,按三大类分述如下。

1. 尖状器

共 2 件,分成角尖的和正尖的两型,都采自江坝村附近高 50 m 的阶地面上。

江凤 110 号标本,为角尖尖状器,原为一件石英岩砾石石片,长为 130 mm,宽 125 mm,厚 56 mm;尖端在石片的右上角,由右侧边和远端边正向加工而成;远端刃角约 80°,右侧刃角在 60°~70°之间;尖端的长宽指数为 146;尖刃角和尖面角*分别为 88°和 65°;钝端未作修理,保留了砾石的天然面(图 1)。

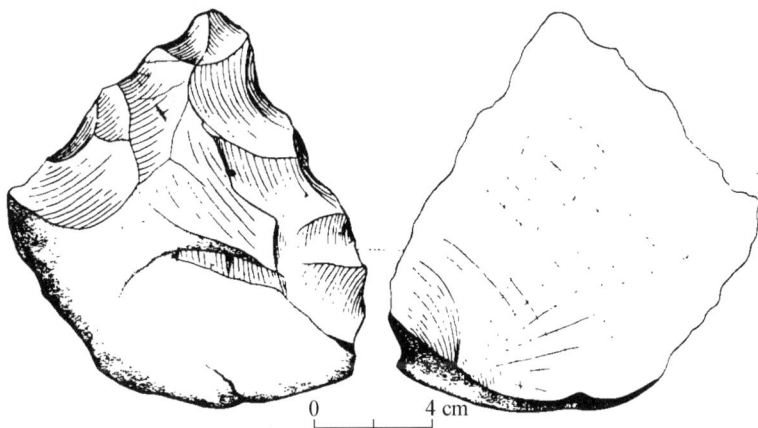

图 1 石英岩砾石尖状器

江凤 24 号标本,为正尖尖状器,原为一件硅质岩砾石石片,长 150 mm,宽 97 mm,厚 54 mm;尖端靠近石片轴,是由两侧边正向加工而成;左侧刃微凸,右侧刃微凹,刃口不平齐,刃角在 50°~80°之间;尖端的长宽指数为 73;尖刃角和尖面角都在 75°左右;在钝端的背缘上保留了砾石的天然面。

---

* 尖端的破裂面(或底面)和背面(或顶面)所夹之角。

2. 两面器

共 14 件,用大块砾石或石片经两面加工而成,多保留天然的砾石面,按其形状可分为尖状两面器和肾状两面器两型。两面器的测量见表 1。

表 1 两面器的测量(长度、宽度、厚度单位:mm)

标本号	长 (1)	下宽 (m)	中宽 (n)	上宽 (o)	厚 (c)	下宽距 (a)	1/a	m/c	m/a	1/m	n/m×100	o/m×100
大同 9 号	146	101	85	54	88	38	3.8	1.1	2.7	1.4	84	53
大同 13 号	184	115	110	80	87	90	2.0	1.3	1.3	1.6	96	70
大同 14 号	184	113	113	69	71	90	2.0	1.6	1.3	1.6	100	61
大同 49 号	184	116	101	76	70	87	2.1	1.6	1.3	1.6	87	65
大同 56 号	187	105	103	89	70	102	1.8	1.5	1.0	1.8	98	85
百谷 1 号	180	110	82	52	79	44	4.1	1.4	2.5	1.6	75	47
百谷 9 号	146	141	120	55	61	38	3.8	2.3	3.7	1.0	85	39
百谷 13 号	200	150	126	69	68	96	2.1	2.0	1.6	1.3	84	46
百谷 63 号	190	103	100	87	67	82	2.3	1.5	1.3	1.8	97	84
江凤 14 号	220	134	127	68	73	68	3.2	1.8	2.0	1.6	95	50
杨屋 7 号	195	130	110	77	68	70	2.8	1.9	1.9	1.5	84	59
杨屋 18 号	181	95	96	70	76	97	1.9	1.3	1.0	1.9	101	74
杨屋 53 号	162	128	103	72	66	55	2.9	1.9	2.3	1.3	80	56
小梅 40 号	171	132	115	70	60	55	3.1	2.2	2.4	1.3	87	53

1) 尖状两面器:有 12 件,又有砾石面保留较多的和较少的区别。前者有大同 9 号、13 号、49 号,江凤 14 号,杨屋 18 号、53 号,小梅 40 号,百谷 1 号、9 号 9 件,后者有杨屋 7 号,大同 14 号,百谷 13 号 3 件。兹举例如下。

大同 9 号标本,是两面器中长度最小、厚度最大的,采自那毕乡何屋村东南之南坡山高 60 m 的阶地面上,用粉砂岩厚砾石制作,一端粗厚,一端扁尖。在粗厚一端,保留着砾石面;在扁尖一端,尖端刃部圆钝。尖面角在 50° 左右。从整体看,该标本有四条纵脊,左右两条由两侧边加工而成,侧刃角在 60°~75° 之间;上下两条由上下面上左右侧面的片疤相连而成,它们在离尖刃不远处逐渐消失(图 2)。类似的标本有百谷 1 号。

杨屋 18 号标本,采自杨屋村东狮子山高 60 m 的阶地面上,用条形砂岩砾石制作;一端保留条形砾石的天然面,另一端加工成扁尖;尖刃角和尖面角分别为 107° 和 55°。类似的标本有小梅 40 号。

大同 14 号标本,采自和大同 9 号标本同一阶地面上,用石英岩砾石石片制作,石片上保留着原砾石面的台面。其尖端位于石片长轴一端,由两侧刃会合而成,尖刃角和尖面角分别为 64° 和 55°,侧刃角在 70°~75° 之间。

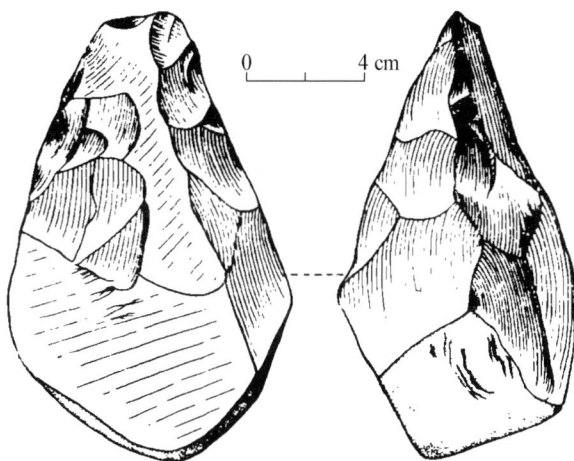

图 2　尖状两面器

在石器的平坦面上,片疤多小而深凹;在凸出面上,片疤多大而浅平。类似的标本有百谷 13 号。

2)肾状两面器:计有大同 56 号和百谷 63 号两件标本。前者采自距那毕乡何屋村东南高 60 m 的阶地面上,用石英岩砾石制作。其侧刃,一个平直,另一个弧形。平直者弦长 145 mm,侧刃角在 70°~75° 之间。弧形者弦长为 165 mm,弧高为 40 mm,侧刃角在 75°~90° 之间。这件标本还有两个都呈弧形的端刃,其中一个较大,其弦长为 92 mm,刃高为 15 mm,端刃角在 40°~45° 之间;另一个窄小,其弦长为 43 mm,刃高为 4 mm,端刃角也在 40°~45° 之间。在较大端刃附近,残留着一小片砾石面。与百谷 63 号标本相比,这件标本加工痕迹较多(图 3)。

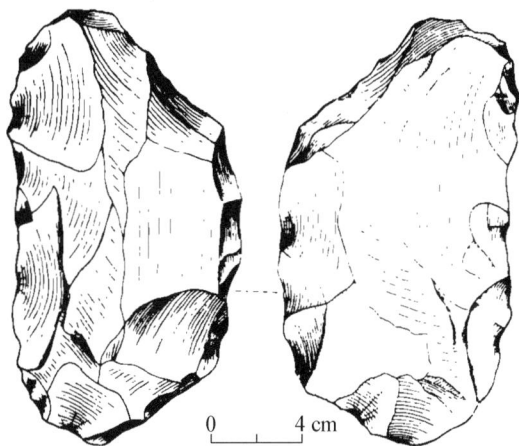

图 3　肾状两面器

3. 砍砸器

共 49 件,大多用大块砾石制作,根据刃缘的形状、多寡,分为直刃、凸弧刃、多刃、尖状和舌状 5 型。

1)直刃砍砸器:有 4 件,2 件用砾石制作,2 件用石片制作。大同 30 号标本,用硅质岩砾石制作。长 123 mm,宽 86 mm,厚 31 mm,只有一个直刃,位于砾石长轴一边,单向加工而成,刃角在 50°~70° 之间。

平迈 3 号标本,由硅质岩砾石石片制作,采自平迈村东南高 40 m 的阶地面上,长 108 mm,宽 13 mm,厚 35 mm,刃缘在石片的远端,经反向加工而成,刃角在 40°~70° 之间。

2）凸弧刃砍砸器：有 14 件，按其加工方法分为单面的和两面的两型。

单面的 有 10 件，其中 6 件属于大型，4 件属于中小型。它们的弧度，有的很大，有的很小。其中最小的一件其弦长弧高指数$\left(\dfrac{\text{弧高}}{\text{弦长}}\times 100\right)$为 15；最大的一件为 119，其他几件，指数在 30~45 者 4 件，61~76 者 3 件，93 者 1 件。兹举例如下。

大同 52 号标本，属于中小型者，采自何屋村东南高 60 m 的阶地面上，用石英岩砾石制作，长 81 mm，宽 75 mm，厚 29 mm；刃缘在砾石一端，约占砾石周长的二分之一；刃缘弧度大，其弦长弧高指数为 67，刃角在 50°~55°之间。与刃缘相对一端未作修理，保留着砾石面。

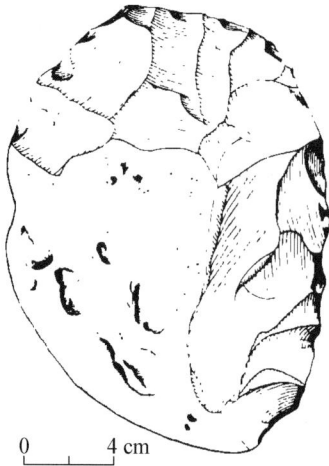

百谷 60 号标本，属于大型的，采自百谷村东北高 100 m 的阶地面上，用扁圆形砾石制作，长 199 mm，宽 145 mm，厚 58 mm，刃缘在砾石周边上，约占周边长的三分之二；刃缘弧度大，其弦长弧高指数为 71，刃角在 50°~60°之间（图 4）。

江凤 63 号标本，采自江坝村西北高 50 m 的阶地面上，用石英岩砾石制作，长 175 mm，宽 164 mm，厚 74 mm；刃缘在砾石一端，弧度小，其弦长弧高指数为 15。与刃缘相对一端保留了砾石的原有形态。

两面的 有大同 53 号、下国村 10 号、大法 38 号和大梅 27 号 4 件标本。兹举例如下。

大同 53 号标本，采自何屋村东南高 60 m 的阶地面上，

图 4 凸弧刃砍砸器

用石英岩砾石石片制作，长 152 mm，宽 143 mm，厚 50 mm，具有一个弧形扁尖，是由左侧边和远端边正反向加工而成，端刃角在 50°~75°之间。它和两面器主要的区别在于在破裂面上加工痕迹仅限于刃缘部分而未到达器身。另一件下国 10 号标本，采自下国村东南约 500 m，高 40 m 的阶地面上，也用石片制作，它和大同 53 号标本主要的区别在于背面上加工痕迹不多。大法 38 号标本和大梅 27 号标本都用砾石制作，都有一个弧形的经两面加工的尖刃，尖刃角一个为 55°，另一个在 60°~70°之间。

3）多刃砍砸器：有大同 36 号、68 号、10 号，百谷 54 号和江凤 114 号 5 件，用大块的砾石或砾石石片制作。

江凤 114 号标本，用石英岩扁平砾石制作，长 151 mm，宽 150 mm，厚 48 mm，有三个边做了加工，前端边和右侧边为正向（向凸出一面）加工，左侧边在靠近后端边处为反向（向平坦一面）加工，刃缘曲折，刃角在 50°~60°之间。其后端边和顶、底两面都保留着砾石面。

大同 10 号标本，采自何屋村南坡山高 60 m 的阶地面上，用石英岩石片制作，长 101 mm，宽 150 mm，厚 53 mm。其远端刃由交互加工而成；右侧刃由正向加工而成，刃角在 70°~85°之间；左侧边粗厚，保留了石英岩石片的原有形态。

4)尖状砍砸器:共17件,分成单尖的和双尖的两型。单尖的有三角形单尖的和条形单尖的两式。双尖的只有条形的一式。它们都用卵圆形或条形砾石将相邻两边加工而成,其中除百谷5号一件为一边单面加工另一边两面加工外,都是向一面的。其尖刃除个别的较为锐利外,都较圆钝。

三角形单尖的 有12件,尖刃角在75°~120°之间,其中6件在70°~90°之间,6件在91°~120°之间,尖端的长宽指数在74、81和96者各一件,在115~126者4件,在138~180者5件。兹举例如下。

百谷69号标本,采自百谷村东北高100 m的阶地面上,长176 mm,宽118 mm,厚53 mm,用黄绿色石英岩砾石沿两侧边单向加工而成,底面保留着砾石面。该标本的左侧刃微凹,右侧刃微凸,刃口平齐,刃角在60°~80°之间。所成之尖端为圆弧形的,其长宽指数为125,尖刃角为116°。

平迈12号标本,采自那毕乡平迈村东南高40 m的阶地面上,长175 mm,宽138 mm,厚52 mm,用卵圆形砾岩砾石制作。具有一个尖端,其长宽指数为116,尖边角为87°;尖端的两个侧刃微凸,侧刃角在70°~90°之间,底面和钝端都保留着砾石面。

百谷70号标本,采自百谷村东北高100 m的阶地面上,用泥质岩长条形砾石制作,长为177 mm,宽106 mm,厚88 mm;尖端在砾石长轴一端,由两侧边加工而成,左侧刃较长,约和左侧边等长,右侧刃较短,约占右侧边长的二分之一,侧刃角分别为50°~70°和90°。尖刃角和尖面角分别为75°和55°。其底面、根部和部分顶面都保留着砾石面。

条形单尖的 有4件,都用条形厚砾石制作,尖刃角在71°~85°之间,尖端的长宽指数分别为49、65、91、153。兹举大梅97号标本为例,该标本采自四塘乡大梅村附近高40 m的阶地面上,用石英岩砾石制作,长203 mm,宽95 mm,厚77 mm。尖端为圆尖,尖刃角约97°,是由砾石长轴两侧边向一端加工而成,侧刃微凸,侧刃角在65°~80°之间,其底面和钝端都保留着砾石面(图5)。

双尖的 仅有大梅99号标本1件,采自和大梅76号标本相同的阶地面上,用火成岩砾石制作,状似梭子,长208 mm,宽90 mm,厚85 mm。和单尖砍砸器不同之处主要在于,它以另一个尖刃代替单尖的钝端。其尖刃角一个为70°,另一个为100°,两个尖刃都做了削薄处理,都留下几个条形片疤。在器身上,在左右侧面相交处残留着一小片斜度约50°的砾石面。其底面未作修理,保留着砾石面。

0 ____ 4 cm

图5 尖状砍砸器

5)舌状砍砸器:有9件,都用砾石在一端单向加工成的,形状似舌。舌体的宽度在104~225 mm之间,长度在103~202 mm之间(图6)。石器的底面全为砾石面,其钝端有的经过加工,但多数都保留着砾石面。兹举三例如下。

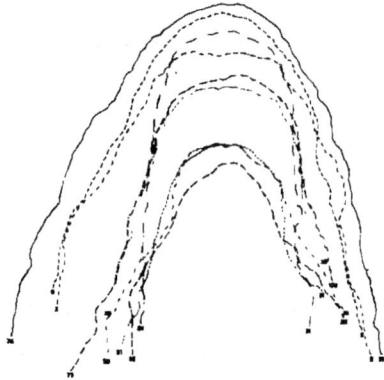

图 6　舌状砍砸器之舌体轮廓比较，
数字为标本号

杨屋村 51 号标本，采自杨屋村东狮子山高 60 m 的阶地面上，用石英岩砾石制作，长 171 mm，宽 150 mm，厚 83 mm。其制作方法可能是先将条形砾石的一端减薄，然后将减薄的一端进行修理，使之成舌状器物。其舌体长 100 mm，宽 127 mm。刃缘平齐，刃角在 50°~70°之间。石器的钝端未做修理，保留着砾石面。

百谷 31 号标本，采自百谷村东北高 100 m 的阶地面上，用硅质岩砾石制作，长 227 mm，宽 104 mm，厚 80 mm，重 2 060 g。舌体长 160 mm，宽 104 mm。和杨屋村 51 号标本相比，这件标本的体积大，舌侧刃较长和钝端不保留砾石面。

百色上宋村 9 号标本，采自百色镇西南 5 km 上宋村西北高 50 m 的阶地面上，用脉石英砾石制作。这是一件巨型砍砸器，长 285 mm，宽 200 mm，厚 100 mm，重 5 936 g。舌体长 173 mm，宽 190 mm。其加工方法类似杨屋村 51 号标本。如此巨大的标本，可作何使用，尚难推测，但又不能把它归于石核之中。类似的标本尚有杨屋村 2 号和百谷 74 号两件。

本文石制品的原料由广西地质局中心实验室韦启忠同志鉴定，插图由刘增和戴嘉生同志绘制，作者谨此致谢。

参考文献

[1] 李炎贤，尤玉柱.广西百色发现的旧石器[J].古脊椎动物与古人类，1975，13(4)：225~228.
[2] 曾祥旺.广西百色地区新发现的旧石器[J].史前研究，1983(2)：81~88.
[3] 黄慰文.中国的手斧[J].人类学学报，1987，6(1)：61~68.

（本文发表于《人类学学报》1987 年第 6 卷第 4 期）

百色旧石器与南亚、东南亚早期旧石器的关系

谢光茂

在广西百色盆地右江河岸的高阶地上,已发现旧石器地点近百处。其石器数量之多、分布之广,在国内同时代的石器文化中是不多见的。自1973年发现以来,不少学者曾对这一地区的旧石器地点进行多次调查、发掘和研究[1~6],引起了学术界的广泛关注。现在,我们对百色旧石器的面貌及其文化性质已有了初步的认识。它和邻近的南亚、东南亚地区早期旧石器的关系如何呢? 本文拟就这个问题进行初步的探讨。

一、一 般 介 绍

为了便于比较,先概述一下百色旧石器以及南亚、东南亚的早期旧石器。

1. 百色旧石器

百色旧石器,已采集的标本约有4 000件,石器原料几乎都是砾石,岩性主要为砂岩和石英岩。石核大小悬殊,多是自然台面,少数以石片疤作台面;石核利用率低。石片多不定形,背面大多保留有砾石面,一般体型细小。石器绝大多数是用扁平的砾石打制而成;单向加工的多,交互打击的少,加工往往限于器体的上部(刃端部分),手握部分多保留砾石面。以石核石器为主,石片石器很少。大型石器与小型石器并存,而以大型石器占大多数,石器类型有砍砸器、尖状器、手斧和刮削器。

砍砸器是石器组合中数量最多的一类大型石器。刃缘有直刃和凸刃,不见凹刃。单面刃砍砸器(Choppers)数量最多,两面刃砍砸器(Chopping-tools)较少,也有相当数量的锛形砍砸器(hand-adzes)*(图1,1、2)。

尖状器 器体粗大,最大者长38.3 cm,宽19.3 cm,厚9.0 cm,重7.5 kg。制作方法一般是用扁长的砾石在长轴的两侧往一端加工成尖,另一端保留砾石面。两侧修理平直,尖

---

* 莫维斯在研究南亚、东南亚早期旧石器时,将大型石器分为 Chopper、Chopping-tool、hand-adze、Cleaver、proto-hand-axe 和 hand-axe(Movius,1948,1955)。按照我国的传统分类,Chopper、Chopping-tool、Cleaver、hand-adze 均属砍砸器,proto-hand-axe 属于尖状器。

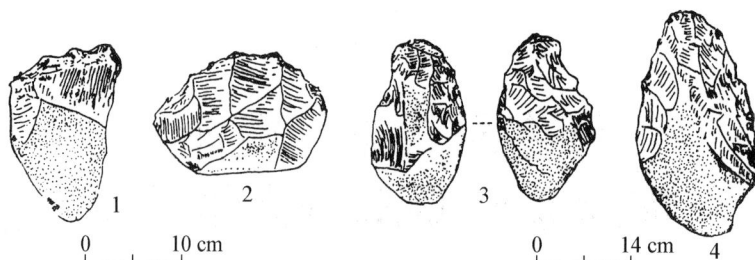

图 1　百色的石器
1、2. 砍砸器　3. 手斧　4. 尖状器

刃角在 60° 左右。器身正面多呈三角形,但因把柄往往不加修整,保留砾石面,故把端边缘多呈凸弧状(图 1,4)。

刮削器　用扁薄的石核、石片或砾石制作,有直刃刮削器、凸刃刮削器、盘状刮削器和端刮器 4 种。

手斧　在百色石器工业中,虽然发现了数量可观的手斧,且一部分相当典型,但在以前有关百色旧石器的文章中,除了个别学者对这一类型使用"手斧"(hand-axes)或"两面器"(bifaces)等名称外,其余的或称之为尖状器,或称之为"似手斧尖状器",甚至有的将其归到砍砸器一类。百色的手斧大多用砾石制成,个别用大石片制作。柄端一般比较厚重,多保留有砾石面。其正面形状有三角形、橄榄形、半月形、卵形和矛头形等(图 1,3)。

百色旧石器的时代,根据新近的研究,被认为与蓝田人的时代相当,距今大约 100 万~73 万年[6]。

2. 早期索安文化(Early Soan culture)

南亚旧石器时代早期的砾石石器文化以早期索安文化为代表[7~9]。它发现于 1928 年,分布在南亚次大陆西北部旁遮普地区索安河(印度河支流)岸的高阶地上,地质时代属于中更新世后半段。石器原料为砾石,岩性主要为石英岩。石核粗大,具修理台面的很少,而以砾石面作台面或以石片疤作台面的占绝大多数;石核多呈圆盘状或长条形,也有龟背形石核。石片多保留有砾石面,石片角 95°~100°;经过加工的石片极少,而有使用痕迹的石片则比较普遍。石核石器占大多数,石片石器很少。石核石器是用扁平的卵形、长条形或圆盘形的砾石打制而成,石片疤大而深凹,刃缘多呈扇贝形;单向加工的多,交互打击的少;柄端通常保留砾石面。石器类型主要有砍砸器、手斧,也有少量尖状器。

砍砸器　是石器组合的主体类型,数量最多。它可分为两类:一类是用扁长形砾石制成,刃缘陡厚(50°~80°),大多为端刃(图 2,1);另一类是用圆盘状的砾石制作,刃缘较薄(20°~60°),大多为凸弧刃(扇贝形刃)(图 2,2)。单面刃砍砸器(Choppers)较多,两面刃砍砸器(Chopping-tools)较少。

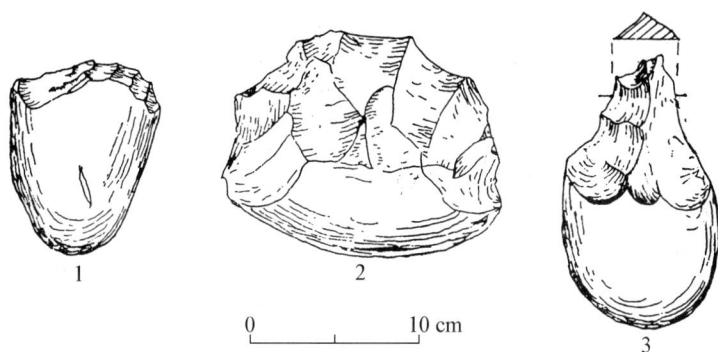

图2 早期索安文化的石器[7]

手斧 早期索安文化是一个含有手斧的石器工业。这里的手斧可分为两类,即阿布维利类型(Abbevillian forms)手斧和阿舍利类型(Acheulian types)手斧。前者体形硕大,柄端粗重且保留有砾石面,石片疤深凹,制作粗糙;后者器体扁薄,制作较精细,不保留砾石面。

尖状器 数量不多,加工仅限于器体的上部,其余则保留砾石面(图2,3)。

3. 早期安雅辛文化(Early Anyathian)

早期安雅辛文化[7~10]发现于20世纪30年代初,分布在缅甸北部伊洛瓦底江河谷地带,地质时代属中更新世并延续到晚更新世早期。石器原料主要为化石木和硅质凝灰岩,也有少量的石英岩。石核大小并存,台面经过简单修理,即在砾石上先打去一块石片,然后以石片疤作台面。石片的半锥体凸出,石片角90°以上,石片保留有砾石面。石器主要为石核石器,石片石器很少;石核石器多单向加工,交互打击的较少。石器类型有砍砸器、尖状器、刮削器和雕刻器。

砍砸器 是早期安雅辛文化中数量最多的一类大型石器,构成该石器工业的主体。它可分为锛形砍砸器(hand-adzes)、单面刃砍砸器(Choppers)、两面刃砍砸器(chopping-tools)。锛形砍砸器占很大的比例,其原料基本为化石木,加工仅限于器体长轴的一端,其余均保留自然面,刃口陡直,刃角通常为45°~75°(图3,1)。单面刃砍砸器在数量上仅次于锛形砍砸器,通常用砾石制作,加工一般限于器体的一端或一边,其余保留砾石面(图3,2),有些器体粗大,长达23.5 cm。两面刃砍砸器用砾石制成,制作简单,刃口往往是用交互打击法在两面各打去三四块石片而成,刃角一般小于70°。

尖状器、刮削器、雕刻器的数量极少,只有几件。

4. 巴芝丹文化(Patjitanian)

巴芝丹文化[7~9]分布于爪哇中南部巴索卡河(Baksoka)河谷,1935年发现,地质时代属于中更新世后半段并延续到晚更新世早期。制作石器的原料为砾石,岩性有硅质凝灰岩和硅质石灰岩。石核数量很少,台面经过修理。石片大小悬殊,大者长超过30 cm,重达

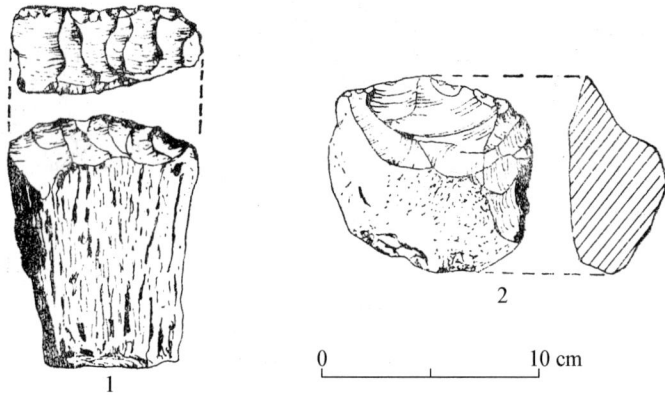

图 3　早期安雅辛文化的石器[7]

约 3.2 kg,小者类似石叶。石器多为单向加工,交互打击的较少。由于不少石器是由从巨砾中产生的大石片制成,因此,很难确定巴芝丹文化是属于石核石器传统还是石片石器传统[7,8]。石器类型有砍砸器、尖状器、手斧、刮削器等。

砍砸器　是大型石器中数量最多的一类,可分为单面刃砍砸器(Choppers)、两面刃砍砸器(Chopping-tools)和锛形砍砸器(hand-adzes)。其形状和制法均与早期安雅辛文化的同类器物相同。

尖状器　比较普遍,多用大石片制作,柄端多保留自然面。

手斧　数量较多,占所有石制品的 6.32%。有的加工简单,仅限于器体的上半部分,柄端粗重且保留有砾石面,很像阿布维利型手斧;有的则通体经过加工。多数手斧的正面略呈卵形,但也有一部分呈三角形或其他形状[7]。

刮削器　用石片制作,有边刃刮削器、凹刃刮削器和端刮器。

5. 淡边文化(Tampanian)

淡边文化[7~9]发现于 1938 年,分布在马来西亚北部帕拉科(Perak)河河谷,地质时代为中更新世。石器原料全为石英岩砾石。石核发现较少,总的来说与早期安雅辛文化的石核很相似。石片多保留有砾石面。石器有单面加工的,也有两面加工的。石核石器成为石器工业的主体。石器类型有砍砸器、尖状器、手斧和刮削器。砍砸器数量最多,且大多为单面刃,两面刃的较少,加工仅限于器体的上部(图 4)。

6. 其他早期旧石器文化

这个时期的旧石器文化在泰国、菲律宾、越南均有发现。在泰国曼谷以西北碧府境内的河流阶地上,发现多处时代属于中更新世的旧石器遗址或地点[7,8,11]。石器的原料均为砾石,岩性主要为石英岩,其次为砂岩和混岩。石器多为单向加工,交互打击的较少;器身

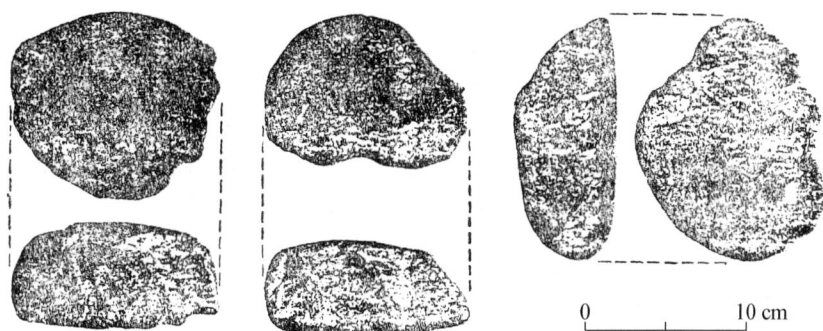

图 4　淡边文化的石器[7]

上保留相当多的砾石面。石器几乎都是石核石器。石器类型有砍砸器、尖状器、手斧、刮削器,而以砍砸器的数量最多[7]。

在越南清化省西部发现了时代属于中更新世的旧石器(图 5)。石器大部分是用粗大的玄武岩石片制成,真正的石核石器不多,石器类型有砍砸器、手斧和刮削器[9、12]。

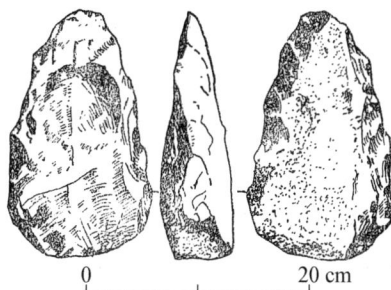

图 5　越南清化的手斧[12]

时代属于中更新世的旧石器在菲律宾吕宋岛北新也有发现(图 6),其原料为石英岩、砂岩砾石,石器类型有砍砸器、雕刻器和手斧[9、13]。

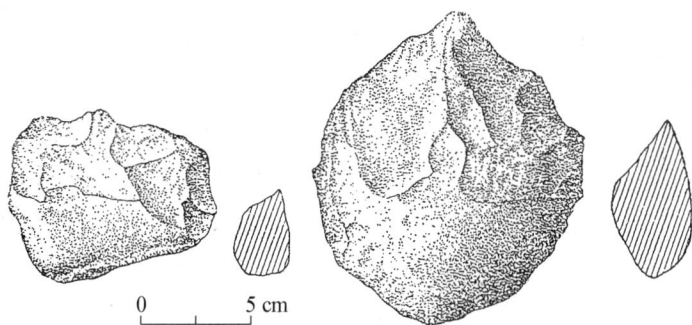

图 6　菲律宾的石器[13]

二、石器的对比

由上可知,在广阔的南亚、东南亚地区普遍发现有早期旧石器文化。这些早期旧石器文化之间存在许多共同的特点,归结起来主要有如下几个方面:

1. 基本上都是砾石石器文化,石核石器是石器工业的主体。除了缅甸的安雅辛石器工业有相当部分的石器是用块状的化石木作原料外,其他工业的石器都是用表面光滑的砾石制作。在各石器工业中,除了刮削器大多是用石片制成外,其他类型的石器绝大部分是用砾石制作的石核石器。虽然巴芝丹的石器和越南清化的石器有相当部分是石片石器,但它们都是用大石片制作的;而且,巴芝丹的大石片(从巨砾上打下的)还用作石核产生小石片[7],从这个意义上说,这部分大石片石器也可看作石核石器。另外,越南清化的石器比较复杂,因为发现这些石器的地点也有新石器时代的东西,苏联学者博里斯科夫斯基(Boroskovsky)所说的薄刃砍砸器(Cleavers)其实是新石器时代晚期的遗物[12]。

2. 石器粗重,基本上是大型石器。在南亚和东南亚地区,无论哪个石器工业,都是以大型石器为其主要特征。绝大多数石器的长度都在 10 cm 以上,20 cm 以上的也不少。例如,巴芝丹的手斧长达 27.6 cm[7],越南清化的手斧长度大多都在 20 cm 以上[12],安雅辛的砍砸器有的长达 23.5 cm[7]。

3. 石器的制作简单、粗糙。各处的石器均是选用扁平的砾石作原料,在石料的一端或两侧打制成器,大多保留有砾石面,极少是通体加工的。因此,石器的外观显得原始、粗犷。

4. 石器组合中基本上是砍砸器、尖状器、刮削器和手斧,其中砍砸器的数量最多,成为石器组合的主体类型,而且砍砸器又以单面加工的居多。

5. 石核一般比较粗大且数量较少,很少修理台面,而以自然面(砾石面)或以石片疤作台面的占大多数。石片多不定形,背面往往带有砾石面,经过第二步加工的石片很少。

将百色的旧石器与南亚、东南亚早期旧石器相比,可以看出,它们有许多相同或相似之处。第一,百色的旧石器几乎都是用砾石加工而成,石片石器很小,这和南亚、东南亚早期旧石器一样,都属于砾石石核石器文化。第二,百色旧石器以大型石器为主,器体硕大,最大者长达 38 cm,这也和南亚、东南亚早期旧石器一样。第三,南亚、东南亚早期旧石器的主要类型有砍砸器、尖状器、刮削器和手斧,且砍砸器所占的比例最大。百色的石器亦然。砍砸器是百色石器组合中数量最多的一类,刃缘以单面加工的较多,两面加工的较少;尖状器的数量也不少,制作较为精致;与砍砸器和尖状器相比,刮削器和手斧所占的比例较小。第四,百色的石器制作简单、粗糙,加工一般限于器体的一端或两侧,器表或多或少保留有砾石面,通体加工的极少。这也和南亚、东南亚早期旧石器一样。第五,在南亚、东南亚的早期旧石器文化中,石核一般都较少,且体型粗大,大多利用自然面(砾石面)或石片疤作台面,修理台面极少。百色旧石器也是这种情况,石核数量不多,且多数没有一定的形状,大多利用砾石面作台面,也有一部分利用石片疤作台面,台面经过修理的极少。另外,百色的石片多数没有一定的形状,体型细小,背面多数留有砾石面,经过加工的石片很少,这和南亚、东南亚的情况大体相同。

三、讨 论 与 结 论

通过上面的对比,我们发现百色旧石器和南亚、东南亚早期旧石器存在许多共性。这些共性的存在,主要是由于生活在这些地区的远古人类在适应相似的自然生态环境中创造出的相似文化的结果。

南亚和东南亚地区以及我国的岭南地区在地理上均处于热带和亚热带。在更新世早、中期,这些地区具有相似的自然环境。上述各地的旧石器都发现于河流的阶地上,且大多都是分布在构造和地貌上最具特征的砖红土阶地,如百色旧石器[6],早期索安文化和早期安雅辛文化[7]。在第四纪,砖红土分布在中国岭南地区和南亚、东南亚地区,其分布范围与湿润热带和亚热带森林气候相同[6]。由此可见,在更新世早、中期,百色地区和南亚、东南亚地区的气候环境大体相同。这些地区自然环境的相似性,在动物群方面也得到反映。早更新世的西瓦—马来动物群分布于印巴北部、缅甸、马来西亚、爪哇[9],中更新世的中国—马来动物群则分布于泰国、华南、缅甸、马来西亚、爪哇等地[7,9,12]。不同的哺乳动物群反映出不同的气候环境、生态环境。华南和南亚、东南亚在更新世早、中期存在相同的哺乳动物群,说明这些地区当时具有大致相同的自然景观。研究结果表明,广西巨猿动物群反映的自然景观是:热带、亚热带气候,湿热多雨,有茂密的山区森林及个别平原草地[14]。由此可知,南亚和东南亚当时也具有与广西相类似的自然环境。

不同的文化可以反映出古人类对不同环境的适应;反之,相同的环境可使古人类创造出相同的文化。在旧石器时代,由于人类对环境的依赖性,工具组合必须与当地的自然环境相适应。在森林环境中,人们须用锋利、坚固的砍砸器之类的大型工具来对付森林;在开阔的热带大草原和平原区,人们必须用投射器来射杀他们无法潜近的野兽;生活在湖畔、河滨和海岸的人们,则发展鱼叉和鱼钩。如果不发展与当地环境相适应的工具,人们就难以生存。岭南地区和南亚、东南亚地区地处热带和亚热带,在更新世早、中期,气候湿热多雨,植被发育,森林茂密。生活在这些地区的古人类,为求得生存,他们发展了砍砸器一类的大型工具,以适应这些地区的自然环境。所以,以砍砸器为主体的大型石器成了这些地区早期旧石器文化的一个主要特征。此外,这些地区竹木资源十分丰富,可以设想,生活在这些地区的古人类除了使用石质工具外,他们还使用竹木等有机物制作的器物。竹木等有机原料的用途很广,它们可用来制作精致的器物,在某些方面不但可以取代石片石器,且可弥补石器在功能上的不足。分布在东南亚森林地区的当代原始部落如塔桑代人、安达曼人,他们的工具除制作简单的石斧石刀外,还有掘土棒、竹刃等,同时还有用竹木骨贝等制作的装饰品[15、16]。制作这些竹木器只需砍砸器这样简单的工具来砍劈,一般的石片即可将之加工成形。由于热带和亚热带的气候环境,竹木器很难保存,故难以发现它们。但从加里曼丹的尼阿(Niah)洞穴的发掘结果看,石器从堆积的最下层到最上层都没有变化和发展,简单加工的砍砸器一直延续很长时间(40 000～50 000B.P.)[17],这说明,这些制作简单的石器只是一种基本工具,另外还有竹木等非石质工具。正是由于竹木器的广泛使用,百色旧石器和南亚、东南亚早期旧石器才表现出器形单一、制作粗糙、石片很少加工的共同特征。

另外,岭南地区和南亚、东南亚地区气候湿热,雨量充沛,江河广布,河滩上多砾石,这为远古人类制作石器提供了理想而丰富的材料。在这些形状和大小极其多样的砾石中,远古人类选取最接近他们所要制作的石器的原料——其形状通常是扁圆和长条形的,然后在其边缘稍加打击,修出刃口,即可成器;而一般不需要先从石核上打下石片,然后用石片制作石器。所以,百色旧石器和南亚、东南亚早期旧石器均属于砾石石核石器文化,这也是这些石器工业中很少发现石核的原因。

当然,在进行文化对比时,还要考虑到文化传播这个因素。在旧石器时代,处于不同地区的人类群体,他们不可能有意识地同远距离的其他群体发生关系。但人们为了生存,有时会进行迁徙。虽然每次迁徙的距离不长,迁徙的方向也不一致,但在几万年的时间长河中,经过无数代人不自觉的接力,人类文化也可传播到遥远的地方,并可能与不同谱系的文化发生交流。但谈到文化传播时,必须考虑到地理障碍因素,只有把这个因素考虑进去,文化传播才具有意义。岭南地区和南亚、东南亚地区均属山地丘陵地带,多崇山峻岭;特别是缅甸西部的弓形山脉,它隆起于上新世后期,并由北向南延伸至马来亚,大部分海拔都在1 800 m以上[7]。这种地理环境无疑给远古人类的迁徙及其文化传播带来很大困难。另外,岭南地区和南亚、东南亚地区地处热带和亚热带,可供人类食用的天然食物是很丰富的。生活在这些地区的靠采集狩猎生活的远古人类,并不需要不停迁徙才能维持生存。分布于菲律宾棉兰老岛上的塔桑代人生活在一块很小的地面上,他们每天仅仅花上几个小时寻找食物就能生存下去[15]。再者,采集—狩猎者的迁徙也并非长途跋涉,而是在其固定区域或居住区域之中,如当代昆布须曼人[18]。这从一个侧面反映了远古人类要跟相距遥远的其他人类群体发生交流并非易事。不过,在更新世早、中期,岭南地区的远古人类及其文化和东南亚地区的其他人群及其文化发生某种交流和传播并不是不可能的,但这还要更多的证据来证明。

总之,百色旧石器和南亚、东南亚早期旧石器在文化面貌上具有许多共性;这些共性主要是由于生活在这些地区的古人类对相似的自然环境所产生的文化适应的结果。

附:本文初稿承蒙黄慰文和蒋廷瑜二位先生的审阅,黄慰文先生还提出了修改意见,谨此致谢!

注 释

[1] 李炎贤,尤玉柱.广西百色发现的旧石器[J].古脊椎动物与古人类,1975,13(4):225~228.

[2] 广西文物工作队.广西新州打击石器地点的调查[J].考古,1983(10):865~868.

[3] 曾祥旺.广西百色地区新发现的旧石器[J].史前研究,1983(2):81~88.

[4] 何乃汉,邱中郎.百色旧石器的研究[J].人类学学报,1987,6(4):289~297.

[5] 黄慰文,刘源,李超荣,等.百色石器的时代问题[A].见:广东省博物馆等编.纪念马坝人化石发现三十周年文集[C].北京:文物出版社,1988:23~35.

[6] 黄慰文,冷健,员晓枫,谢光茂.对百色石器层位和时代的新认识[J].人类学学报,1990,9(2):105~112.

[7] Movius, HL. The Lower Palaeolithic of Southern and Eastern Asia[J]. *Transactions of the American Philosophical Society*, 1948, NS38, Part 4.

[8] Movius, HL. Palaeolithic Archaeology in Southern and Eastern Asia, Exclusive of India[J]. *Journal of World History*, 1955. Vol.2.

[9] Ghosh, Asok K. Ordering of Lower Palaeolithic Traditions in South and South-east Asia[J]. *Archaeology and Physical Anthropology in Oceania*, 1971. Vol.6 (2):87－101.

[10] Movius, HL. The stone Age of Burma[J]. *Transactions of the American Philosophical Society*, 1943. Vol.32, Part 1.

[11] 彭南林.泰国北碧府考古发掘报告[J].云南文物,1984(15):152~160.

[12] Ciochon, Russell L., Jhon W. Olsen. Paleo-anthropological and Archaeological Research in the Socialist Republic of Vietnam[J]. *Current Events*. 1986, 15:623－633.

[13] Fox, Robert B. *The Philippine Paleolithic, Early Paleolithic in South and East Asia*[M]. Paris: Mouton Publishers, 1978:59－85.

[14] 计宏祥.中国南方第四纪哺乳动物群所反映的自然环境变迁[J].古脊椎动物与古人类,1982,20(2):148~154.

[15] 张凤岐.棉兰老岛的塔桑代人——石器时代的穴居人[A].见:刘达成,等编译.当代原始部落漫游[C],天津:天津人民出版社,1982:1~20.

[16] 李梦桃译.安达曼人[A].见:刘达成,等编译.当代原始部落漫游[C],天津:天津人民出版社,1982:39~53.

[17] Harrisson, Tom. *Paleolithic Studies in Borneo and Adjacent Islands, Early Paleolithic in South and East Asia*[M]. Paris: Mouton Publishers, 1978:37－57.

[18] Haviland, William A. *Anthropology*[M]. CBS college Publishing, 1982.

（本文发表于《南方民族考古》1991 年刊）

关于百色的手斧

林圣龙　何乃汉

根据笔者的不完全统计,到目前为止在中国发现的被认为是手斧的标本共 69 件,分布于 15 个地点。其中发现于广西百色者达 38 件,占总数的 55%。对于百色的手斧,学术界还存在不同的看法[1,2]。因此,对百色手斧做一类型学的分析和讨论,对于探讨中国手斧问题可能是有一定意义的。

一

最早提出百色石器中存在手斧的是黄慰文。他认为曾祥旺在百色六坟山四级阶地上采集的定名为"似手斧尖状器"的 P.8203 号标本(图 3,3)是手斧[1]。这件标本是由远端两侧向两个面加工,器体粗大,长 236 mm,宽 141 mm,厚 113 mm,重 4 125 g[3]。

笔者已撰文对这件标本进行过讨论[2]。这件标本的特征比较典型:原料是一块大砾石,标本重达 4 125 g,是一件极其粗大的重型工具;前半部两面加工,但大约 1/3 的后部和根部完全不加工;打制粗糙;截面厚,厚度达到宽度的 4/5(厚/宽比率 0.80);使用部位在圆钝的前端。因此笔者认为,从特征组合的情况来看,它应是一件石核斧。

二

1987 年何乃汉、邱中郎发表《百色旧石器的研究》。文中记述的石制品,绝大部分是广西壮族自治区博物馆会同百色地区文化部门于 1982 年在百色县文物普查中采集的,有几件是 1983 年复查时采集的。两次共得石制品 752 件,采自 21 个地点,其中主要采自上宋、杨屋、大同、平迈、江凤、百谷、大法、大梅和小梅 9 个地点。它们都分布于右江两岸高阶地的红土层地表和剥蚀沟中,以三级阶地的较多,四级阶地的次之。在石制品中,有石器 546 件,分成尖状器、两面器和砍砸器三大类。原研究者对两面器的定义是:"两面器是经两面加工成的,它的素材不限于石核或砾石,也可以是石片。本文中的两面器是根据其外形给以名称的,有尖状的和肾状的两型。"[4] 两面器共 14 件,其中尖状两面器 12 件,肾

状两面器2件。原研究者对4件标本进行了描述,附有2件标本的插图。笔者对这批标本进行了观察和补充描述,现将结果记述于下:

(一)大同9号标本(图1,1)

这件石器是这批石器中长度最小、厚度最大的一件,采自那毕乡何屋村东南之南坡山高60 m的阶地面上,用粉砂岩厚砾石制作。一端粗厚,一端扁尖。在粗厚的一端,保留着砾石面;在扁尖的一端,尖端刃部圆钝。尖面角在50°左右。从整体看,这件标本有四条纵脊,左右两条由两侧边加工而成,侧刃角在60°~75°之间;上下两条由上下面上左右侧面的片疤相连而成,它们在离尖刃不远处逐渐消失。长146 mm,宽101 mm,厚88 mm[4]。

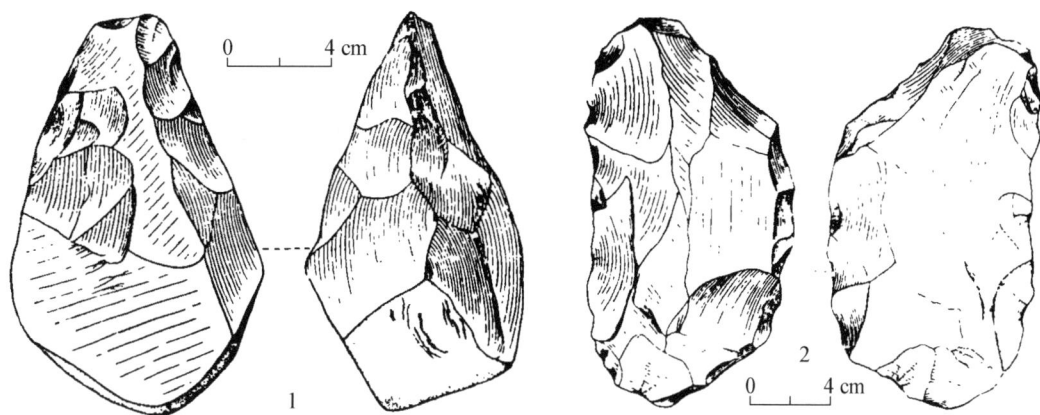

图1　大同9号(1)和大同56号(2)标本[4]

这件石器的素材是砾石,由砾石的两侧进行初步打片,粗制成型,修整主要在每一面左侧刃缘的中间部分,片疤呈台阶状。每一面上都有一条纵脊从前端延伸到后端。根部成宽的V字形,全部是砾石面。前端为一扁平的舌状尖,有纵向打片的痕迹,去掉了尖端附近的纵脊或较厚的部分,使尖端变薄,片疤较短,末端形成陡坎。刃缘占周长的67%。使用部位显然在尖端。截面非常之厚。宽/长比率为0.67,厚/宽比率为0.87,厚/长比率为0.60,纵截面为楔形,重970 g。

关于这件标本以及下面将描述的标本的类型归属问题,我们将在全部标本描述完以后再一起讨论。

(二)大同14号标本

这件石器采自和大同9号标本同一阶地面上,用石英岩砾石石片制作,石片上保留着原砾石面的台面。其尖端位于石片长轴一端,由两侧刃会合而成,尖刃角和尖面角分别为64°和55°,侧刃角在70°~75°间。在石器的平坦面上,片疤多小而深凹;在凸出面上,片疤多大而浅平。长184 mm,宽113 mm,厚71 mm[4]。

石器的一面为原石片的破裂面,相对较平,左侧全部进行了修整,右侧前半部进行了修整,修整疤深凹,致使靠近尖端的部分显得隆起并形成一丫形的脊,但延伸不远。背面修整主要在右侧,形成一交互打击成的刃,刃缘曲折。背面中间有一纵脊。两侧刃缘在距尖端约 1/2 处明显缩窄,在前端会合成一扁平的舌状尖,尖端两面都有比较细致的修整痕迹,纵向或斜向打片,去掉纵脊和隆起的部分,使尖端稍稍变薄。尖端显然是使用部位。根部为原石片的台面,保留着砾石面。刃缘占周长的 72%,截面比较厚。宽/长比率为 0.61,厚/宽比率为 0.63,厚/长比率为 0.39,纵截面为楔形,重 1 332 g。

(三) 杨屋 18 号标本

这件石器采自杨屋村东狮子山高 60 m 的阶地面上,用条形砂岩砾石制作,一端保留条形砾石的天然面,另一端加工成扁尖,尖刃角和尖面角分别为 107° 和 55°。长 181 mm,宽 96 mm,厚 76 mm[4]。

这件标本的后半部基本上保留了长条形厚砾石的原貌,加工主要在前半部。通过在两侧的初步打片粗制成型,然后在有的边缘处稍稍修整。两侧刃缘在前端会合成一扁平的舌状尖。尖端两面有进一步修整的痕迹,纵向和斜向打制。一面上有一块比较大的长方形片疤,去掉了中间凸起的部分,片疤末端形成陡坎。另一面修整只限于非常靠近尖端的部分,片疤很短,形成层叠的陡坎。根部似方形,全为砾石面。刃缘占周长的 39%。使用部位在尖端。截面厚。宽/长比率为 0.53,厚/宽比率为 0.79,厚/长比率为 0.42,纵截面楔形,重 1 692 g。

(四) 大同 13 号标本

这件标本的形状很不规整,前半部向上翘起。素材可能是一块砾石石块。打制主要在前半部,由两侧向两面加工,在前端修制出一个宽而扁平的舌状尖,上面比较平整,下面比较凸起。上面进行了若干修整,使之稍稍变薄。下面进行了较多修整,纵向打片,片疤或长或短,末端形成或高或低的陡坎,结果是去掉了这部分的纵脊和凸起的部分,使尖端变薄。尖端边缘呈弧形,相当规整对称。石器后半部的形状极不规则。底面由右下角打掉一块大的石片,留下一个微凹的面;顶面高高隆起且凹凸不平,大部分是砾石面,与前半部之间有一不规则的高的陡坎。刃缘占周长的 47%。使用部位在尖端。截面厚。宽/长比率为 0.63,厚/宽比率为 0.76,厚/长比率为 0.47。整体说来粗大厚重,比较宽,形态极不规则,重 1 560 g。

(五) 大同 49 号标本

素材为砾石。底面较平,前部 2/3 部分主要是一打片面,与后端的砾石面之间有一道陡坎,左侧大部分和右侧靠近尖端部分进行了修整,石片疤较深凹,形成许多道陡坎。顶面由尖端向后逐渐隆起,中间保留了一条砾石面,两侧大部分进行了边缘修整。一侧刃还比较平整,另一侧是由交互打击形成的比较曲折的刃。两侧刃向前聚拢成一舌状尖。尖端一面较平,有纵向修整的痕迹,另一面成缓坡状。根部呈宽的 V 字形,保留了砾石原有的形态和砾石面。刃缘占周边的 58%。使用部位在尖端。截面厚。宽/长比率为 0.63,厚/宽比率为 0.60,厚/长比率为 0.38,纵截面似楔形,重 1 379 g。

(六)百谷 1 号标本

素材是一块厚砾石。形状不很规整,后部较平,前端向上成歪的翘起。底面后端大部分是平坦的砾石面,左侧全部进行了修整,石片疤深凹,形成一道道陡坎,右侧主要是初步打片面,两侧很不对称,尖端有纵向修整的痕迹。另一面(顶面)高高隆起,从尖端到根部有一纵脊贯通器身,中间最高,左侧进行了陡峭修整,片疤短宽深凹,成台阶状,形成一陡峭的、与底面成 90°的侧面,右侧大部分边缘进行了修整,在前部靠近边缘处形成一道深的陡坎。两侧刃缘都相当曲折钝厚。刃缘占周长的 60%。前端为一歪斜而扁平的尖端。根部呈弧形,全部为砾石面。使用部位在尖端。截面厚。宽/长比率为 0.61,厚/宽比率为 0.72,厚/长比率为 0.44,纵截面为不很规则的楔形,横截面大体为三棱形,重 1 372 g。

(七)百谷 9 号标本

这件石器的形状近似等边三角形,短而宽。素材可能是一块大石片。底面比较平,原来是一石片面,两侧进行了修整,片疤比较浅平,个别地方较深凹,靠近根部处有一道棱横贯后端。另一面比较隆起,中间有一向后逐渐高起的纵脊,两侧都进行了修整,左侧片疤较浅平,右侧稍短宽而深凹。两侧刃缘在尖端附近明显缩窄,左侧刃比较规整,右侧的比较曲折,向前聚拢成一扁平的舌状尖,尖端两面都有纵向和斜向打片的痕迹,目的是修掉隆起和纵脊的部分,形成一个近似三角形的尖端区,一面较平,另一面成缓坡状。根部没有加工。刃缘占周长的 60%。使用部位在尖端。纵截面似楔形,横截面大体为三角形。长 146 mm,宽 141 mm,厚 61 mm。宽/长比率为 0.97,厚/宽比率为 0.43,厚/长比率为 0.42,重 985 g。

(八)百谷 13 号标本

素材可能是一块大石块,根部是岩石节理面,好像是被斜向截去一块似的。一面稍凸,两侧都进行了打片和修整,左侧片疤比较深凹,右侧则比较浅平,中间部分稍稍隆起。另一面稍平,中间微凹,左侧经初步打片后修整较少,右侧修整较浅平,中间有一丫形的低脊。两侧刃缘一侧较平整,另一侧较曲折,向前聚拢在前端成一扁平的舌状尖,比较对称规整,一面较平,一面稍稍隆起,两面均有纵向打片痕迹。现在尖端处有一块缺损可能是后来造成的。根部节理面边缘有若干打击痕迹。使用部位在尖端。刃缘占周长的 71%。长 200 mm,宽 150 mm,厚 68 mm。宽/长比率为 0.75,厚/宽比率为 0.45,厚/长比率为 0.34,纵截面楔形,重 1 267 g。

（九）江凤 14 号标本

这件标本是这批石器中最大、最重的,素材是一块扁平的大砾石。加工主要在器物的前半部。在较平的一面,两侧进行了初步打片,留下了大而浅平的片疤,但修整痕迹很少,左侧后半部保留了一大块砾石面。另一面稍稍凸起,前半部两侧进行初步打片,然后在边缘处稍稍修整,中间有一纵脊;后半部几乎全为砾石面所覆盖。左侧刃缘曲折,右侧的比较规整,在前端聚拢成一比较尖的尖端,一面较平,另一面稍稍隆起。根部比较宽,保留了砾石原来的形态和砾石面。刃缘占周长的59%。使用部位在尖端。长 220 mm,宽 134 mm,厚 73 mm,宽/长比率为 0.61,厚/宽比率为 0.54,厚/长比率为 0.33,纵截面为楔形,重 1 870 g。

（一○）杨屋 7 号标本

素材可能是一块砾石大石块。制作重点在器物的前半部,后半部的形状很不规则。底面稍平,两侧进行了打片和修整,比较粗糙,片疤较短,常形成陡坎,器身中部稍稍隆起,留下一条原来石块的面,后端未作加工,左侧好像被斜向截去一块似的,根部似 V 字形。另一面凸起,两侧大部分进行了打片和修整,片疤比较深凹,器身中间比较隆起,有一弯曲的脊纵贯器身,两侧刃缘比较曲折,在距尖端约 5 cm 处在两侧各重击一下,使两侧刃缘稍稍缩窄,在前端会合成一扁平的舌状尖,后端左侧为一大片节理面,右侧为一块砾石面。尖端一面有纵向打掉一块较大石片的痕迹,去掉了稍稍隆起的部分,使之较平,旁边还有若干较小的纵向修整的痕迹;另一面稍稍凸起,上面有一丫形的脊。根部边缘有打击痕迹,似是为了打钝便于执握。刃缘占周长的 65%。使用部位在尖端。长 195 mm,宽 130 mm,厚 68 mm,宽/长比率为 0.67,厚/宽比率为 0.52,厚/长比率为 0.35,重 1 454 g。

（一一）杨屋 53 号标本

素材是一块一面较平一面凸起的砾石。器物后端完全没有加工。底面较平,两侧进行了初步打片和修整,但两侧的片疤没有在中间会合,中间保留了一条砾石面,片疤比较浅平,但常形成陡坎,后端为砾石面。另一面比较隆起,两侧进行了打片和修整,左侧刃陡,片疤深凹,形成层叠的陡坎,右侧成坡状,片疤比较浅平,器身中部隆起,靠近左侧有一纵脊,向后分开成人字形。两侧刃缘一侧比较曲折,另一侧比较平整,在中间部位稍稍缩窄,在前端会合成一比较宽的扁平的舌状尖,尖端两面都有纵向或斜向加工的痕迹,一面较平,另一面成坡状,端部刃缘上有一小凹缺。根部大致为弧形,全为砾石面。刃缘占周长的 57%。使用部位在尖端。长 162 mm,宽 128 mm,厚 66 mm。宽/长比率为 0.79,厚/宽比率为 0.52,厚/长比率为 0.41,纵截面似楔形,重 1 291 g。

（一二）小梅 40 号标本

素材是一块宽而扁平的砾石。一面较平,两侧大部分边缘进行了加工,片疤短,有的形成陡坎,两侧片疤之间保留了一条砾石面,这一面的大约 3/4 的表面都是砾石面。另一面左侧全部和右侧约 1/2 的边缘进行了加工,中间形成一微弱的脊,后部为砾石面。两侧刃缘比较曲折,左侧刃缘在接近尖端时明显缩窄,使之与右侧刃缘的相应部分比较对称,前端为一扁平的舌状尖,两面均有纵向或斜向加工的痕迹。尖端部分比较规整、对称。根部为圆弧形的砾石面。刃缘占周长的 33%。使用部位在尖端。长 171 mm,宽 132 mm,厚 60 mm,宽/长比率为 0.77,厚/宽比率为 0.45,厚/长比率为 0.35,重 1 358 g。

(一三) 大同 56 号标本 (图 1,2)

在百色的这批石器中,大同 56 号和百谷 63 号标本的形态比较特殊,原研究者把它们归入肾状两面器。

大同 56 号标本采自距那毕乡何屋村东南高 60 m 的阶地面上,用石英岩砾石制作而成。其侧刃,一个平直,另一个弧形。平直者弦长为 145 mm,侧刃角在 70°~75° 之间。弧形者弦长为 165 mm,弧高为 40 mm,侧刃角在 75°~90° 之间。这件标本还有两个都呈弧形的端刃,其中一个较大,其弦长为 92 mm,刃高为 15 mm,端刃角在 40°~45° 之间。在较大端刃附近,残留着一小片砾石面。长 187 mm,宽 105 mm,厚 70 mm[4]。

这件石器的一面保留了一小块砾石面,从这块砾石面比较平的情况来看,原来砾石的这一面就比较平,故而石器的这一面也比较平。另一面靠近后端处也保留了一小条砾石面,相当陡,现在石器的这一面也比较凸起,器身中央有一条中脊,从前端一直延伸到后端附近。一侧用交互打击修整出一个直刃,修整疤较短而深,有的地方形成陡坎,刃缘曲折,适于砍砸。相对一侧也进行了修整,但比较粗糙,刃缘呈弧形,相当厚,刃角 75°~90°,很可能是执握部位。两端一面或两面进行了纵向加工,但片疤较短,多处形成陡坎,似乎是为了使器形更规整些。截面比较厚。宽/长比率为 0.56,厚/宽比率为 0.67,厚/长比率为 0.37,重 1 364 g。

(一四) 百谷 63 号标本

这件标本近似长方形。一面的整个周边进行了打片和修整,整个面上布满疤痕,有的深凹,有的形成陡坎,器身中部比较凸起,因此整个面凹凸不平。另一面整体隆起,四周加工较少,面上还局部保留砾石面。石器的两侧,一侧大体为一直刃,刃缘非常曲折,另一侧主要为一陡的砾石面,非常之厚,边缘处稍稍加工,似为便于执握。两端进行了纵向加工,片疤短,有的形成陡坎。截面厚。长 190 mm,宽 103 mm,厚 67 mm,宽/长比率为 0.54,厚/宽比率为 0.65,厚/长比率为 0.35,重 1 415 g。这件标本的形态和打制方式与大同 56 号标本比较相似。

根据以上的观察和描述,我们将对这 14 件标本进行类型学上的分析和讨论。

如前所述,原研究者把上述 14 件标本都定为两面器,笔者觉得似有重新考虑的必要。

关于大同 56 号和百谷 63 号标本,都是在一侧修制出一个曲折的刃,另一侧虽有少量加工,但相当之厚,似乎是执握部位,因此可能是修理把手的砍砸器。

关于百谷 1 号标本,一面较平,一面高高凸起,一侧进行了陡峭修整,形成陡峭的侧面,截面厚,横截面大体为三棱形,因此可能是一件似镐石器。

其余 11 件标本,有这样一些共同的特征:

(1)一般都有一个尖端和一个粗厚的根部。加工主要在器物的前半部,后端或者完全不加工,或者加工很少,基本保留了素材的原貌(砾石面、节理面或石片台面等)。这是它们最基本的特征,许多其他特征与此有密切的关系。

(2)加工重点在尖端。尽管器物后半部都不规整,但约 5~7 cm 长的尖端部分形状比较对称、规整。由两侧进行加工在接近尖端时有的稍稍缩窄。尖端大多数是扁平的舌状尖,仅少数标本稍尖(如大同 49 号、江凤 14 号标本)。舌状尖的一面、大多是两面都有纵向或斜向打片的痕迹,少数片疤宽而长,大多数比较短小,片疤末端常形成陡坎。大多数尖端一面较平,另一面成坡状,有的中间有一纵脊或丫形脊。

(3)器物周边没有连续的刃,刃缘长度占周长的 33%~72%,平均为 57%。

(4)使用部分在尖端,根部是不能使用的钝厚的面,应是执握的部位。

(5)两面打制,但一般说来仅限于两个面的大约 1/2 的表面。打制比较简单粗糙,主要是初步打片,修整较少,且多是边缘修整。大多数片疤比较深凹,有的还形成陡坎。侧刃大都比较曲折。缺乏阿舍利手斧制作过程中的去薄技术(thinning technique)。

(6)纵截面或多或少为楔形,横截面大多不很规则,缺乏典型的透镜体形。

(7)器物都比较厚而粗重,重量在 970~1 870 g 之间。大家熟知的标本如蓝田平梁 P.3468 号的重量为 928 g,三门峡 P.2768 号为 1 262 g,乾县 P.5786 号为 1 145 g,丁村 P.0684 号为 833 g,沙女沟似手斧石器(原丁村 P.1844 号)为 1 113 g(林圣龙,1994)。在百色的这 11 件标本中,仅 2 件在 1 000 g 以下,有 6 件在 1 200~1 400 g 之间,有 3 件在 1 500 g 以上,最重者达 1 870 g。平均每件重 1 377.5 g。

(8)各件石器的形态各异,有的很不规整,基本上是由素材的形状控制的,没有通过打制达到标准化。

从这些特征组合来看,这 11 件标本很难归入手斧之列。因为典型的手斧,除了它的平面形状(杏仁形或卵圆形)之外,主要特征是截面为透镜体形;修整疤渗透到两个面的大部分表面;整个周边或几乎整个周边有锐利的刃[5]。比较一下,百色的 11 件标本没有一件具有这些特征。另外,在工具的分类上,手斧属于大型切割工具,而百色的标本显然是一类重型工具。

在重型工具中,有一类称之为镐。百色的标本是否是镐一类的工具? 镐的主要特征是:它是重型工具;只有最低限度的打片或修整,形状缺乏标准化;制作重点在尖而不在刃,有一突出而明显的尖;截面为高背、平凸或三角形,截面比较厚。在百色发现的石器中,也有典型的镐,我们不妨作一比较。

一件是百谷 70 号标本,采自百谷村东北高 100 m 的阶地面上,用泥质岩长条形砾石制作,长 177 mm,宽 106 mm,厚 88 mm;尖端在砾石长轴一端,由两侧边加工而成,左侧刃较长,约和左侧边等长,右侧刃较短,约占右侧边长的二分之一,侧刃角分别为 50°～70° 和 90°。尖刃角和尖面角分别为 75° 和 55°。其底面、根部和部分顶面都保留着砾石面。原研究者将其归入三角形单尖的尖状砍砸器[4]。

这件石器的素材是一块非常厚的砾石。底面是十分平整的砾石面,完全没有加工。背面高高隆起,左侧刃全部进行了陡峭修整,右侧边后半部为原来陡峭的砾石面,前半部进行了陡峭修整。两侧刃缘在趋近尖端处明显缩窄,会合成一短而结实的尖。尖端处有纵向修整的痕迹,片疤短,形成陡坎。尖很短,向后陡然升起成一高的陡坎,然后是一平的高背。根部似梯形,全是砾石面。横截面似梯形。使用部位显然是在尖端。宽/长比率为 0.60,厚/宽比率为 0.83,厚/长比率为 0.50,重达 1 955 g。

另一件是大梅 97 号标本(图 2)。标本采自四塘乡大梅村附近高 40 m 的阶地面上,用石英岩砾石制作,长 203 mm,宽 95 mm,厚 77 mm。尖端为圆尖,尖刃角约 97°,是由砾石长轴两侧边向一端加工成的,侧刃微凸,侧刃角在 65°～80° 之间,其底面和钝端都保留着砾石面。原研究者把它定为条形单尖的尖状砍砸器[4]。

这件石器的素材是一块长而厚的砾石。底面中间稍平,两端有点翘起,几乎全是砾石面,仅尖端有纵向打片的片疤,侧边有三个小的片疤。另一面两侧进行了陡峭修整,片疤深凹、层叠,有许多道深的陡坎。两侧刃缘在前端会合成尖,由于底面一侧翘起,因此使得尖歪斜而钝厚,不很规整。后端和根部是砾石面。纵截面大致成楔形,横截面似高背形。截面厚。宽/长比率为 0.47,厚/宽比率为 0.81,厚/长比率为 0.38,重 1 647 g。笔者认为以上两件是一端有尖的镐。

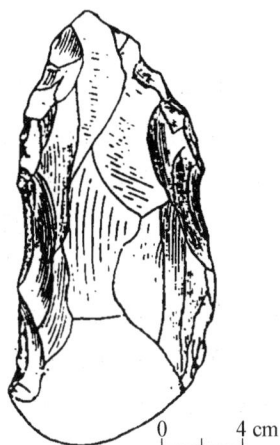

图 2　大梅 97 号标本[4]

还有一件是大梅 99 号标本,采自和大梅 76 号标本一个阶地面上,用火成岩砾石制作,状似梭子,长 208 mm,宽 90 mm,厚 85 mm。和单尖砍砸器不同之处,主要在于它以另一个尖刃代替单尖的钝端。其尖刃角一个为 70°,另一个为 100°,两个尖刃都作了削薄处理,都留下几个条形片疤。在器身上,在左右侧面相交处残留着一小片斜度约 50° 的砾石面。其底面未作修理,保留着砾石面。原研究者把它定为双尖的尖状砍砸器[4]。

这件石器的素材是一块厚的大砾石。底面基本平整,仅两端稍稍翘起,全部是砾石面。另一面高高隆起,两侧全部进行了陡峭修整,在器身中间形成一凸起的纵脊,从前端一直延伸到后端。在两端各形成一个钝厚的尖。两个尖端均有纵向打片的痕迹。横截面呈三棱形。宽/长比率为 0.43,厚/宽比率为 0.94,厚/长比率为 0.41,重 1 667 g。这是一件两端有尖的三棱镐。

与这三件典型的镐相比,我们讨论的 11 件标本在总体形态、打制方法、截面厚度、尖的类型等方面均有很大的不同,不能被归入镐中。

在重型工具中还有一类叫石核斧。早期石核斧的主要特征是：用硬锤技术打制，通常两面加工；形状缺乏规范化；侧刃不规则；根部最经常是完全不加工的；截面厚；主要使用部位在坚韧的前端[6]。笔者认为，百色 11 件标本的主要特征与早期石核斧的这些特征比较吻合，因而可以考虑归入石核斧一类。

在非洲南部继阿舍利文化之后出现了桑果文化（Sangoan）。它的典型器物是镐和石核斧，可能与居住于森林环境、从事木器加工有关[7]。在这一点上（即存在镐和石核斧这两种重型工具），百色工业与桑果文化有相似之处。

表 1 汇集了上述 14 件标本的各项资料。

三

1991 年谢光茂先生发表《百色手斧研究》一文。文中报道了百色盆地发现的 23 件手斧标本，其中有曾祥旺先生[3]报告中归到尖状器一类中的 P.8170、P8072 和 P.2001 号标本；有广西文物工作队[8]报告中归到砍砸器一类的 P.79511 和 P.79513 号标本；还有 16 件是广西壮族自治区博物馆采集的，与何乃汉等[4]报道的 14 件手斧属于同一批材料；另外 2 件是谢光茂先生在坛河和公蛇岭两地点的砖红壤阶地（T4）上采集到的。文中对 8 件标本作了简单描述并附有插图。

关于曾祥旺先生报道的标本，一件是 P.8170 号标本（图 3,2），采自百色南坡山四级阶地地表，器体呈三角形，除尖部左侧刃是单面打击的外，其余的边缘都用交互打击法制成。长 230 mm，宽 180 mm，厚 95 mm，重 4 500 g，尖刃角 62°，原研究者将其定为"宽身大尖状器"[3]。

另一件是 P.8072 号标本（图 3,5），发掘于田阳县公篓煤矿矿区的三级阶地堆积中，原料是浅黄色砾石片，两个修理面对称，刃缘平齐，石片疤浅平，是这类标本中做得最精美的工具之一。长 225 mm，厚 75 mm，重 2 600 g。原研究者将其定为"似手斧尖状器"[3]。

还有一件是 P.2001 号标本（图 3,6），采自田阳县三雷村三级阶地，被原研究者定为"厚刃尖状器"。这类石器都用交互打击法制成，尖部较厚，横截面为菱形，两侧刃平直，上下两个修理面中部都有伸向尖端的粗脊。标本长 239 mm，重 2 650 g[3]。

从描述和插图来看，这三件标本打制得都比较简单粗糙，或多或少保留了砾石面，使用部位在尖端，特别是都比较重，它们的重量都超过了我们前面描述的 14 件标本的重量，尤其是 P.8170 号标本（4 500 g）几乎是 14 件标本中最重标本（江凤 14 号标本，1 870 g）的 2.5 倍。因此，笔者认为它们可能都是石核斧一类的重型工具。

关于广西文物工作队报道的标本，一件是新州 P.79511 号标本（图 3,4），这件石器近似三角形，从砾石的尖端两侧向内交互打击，正、背面各有一棱，横截面呈菱形。正面两侧疤痕宽大而浅，背面的疤痕浅小而密，尖端扁平。原研究者将其定为Ⅱ式尖刃砍砸器[8]。

表1 百色14件标本的各项资料汇总

标本号	发现方式	加工状况	长	宽	厚	宽/长	厚/宽	厚/长	刃缘长	刃缘占周长的百分比	重量	类型归属	何乃汉、邱中郎(1987) 本文作者
大同9号	地表采集	最低限度的打片和修整	146	101	88	0.69	0.87	0.60	268	67	970	尖状两面器	石核斧
大同14号	地表采集	最低限度的打片和修整	184	113	71	0.61	0.63	0.39	368	72	1 332	尖状两面器	石核斧
杨圣18号	地表采集	最低限度的打片和修整	181	96	76	0.53	0.79	0.42	184	39	1 692	尖状两面器	石核斧
大同13号	地表采集	最低限度的打片和修整	184	115	87	0.63	0.76	0.47	245	47	1 560	尖状两面器	石核斧
大同49号	地表采集	最低限度的打片和修整	184	116	70	0.63	0.60	0.38	278	58	1 379	尖状两面器	石核斧
百合1号	地表采集	最低限度的打片和修整	180	110	79	0.61	0.72	0.44	289	60	1 372	尖状两面器	似镐石器
百合9号	地表采集	最低限度的打片和修整	146	141	61	0.97	0.43	0.42	278	60	985	尖状两面器	石核斧
百合13号	地表采集	最低限度的打片和修整	200	150	68	0.75	0.45	0.34	388	71	1 267	尖状两面器	石核斧

续表

标本号	发现方式	加工状况	长	宽	厚	宽/长	厚/宽	厚/长	刃缘长	刃缘占周长的百分比	重量	类型归属	本文作者	伺乃汉、邱中郎（1987）
江凤 14 号	地表采集	最低限度的打片和修整	220	134	73	0.61	0.54	0.33	355	59	1 870	尖状两面器	石核斧	
杨垦 7 号	地表采集	最低限度的打片和修整	195	130	68	0.67	0.52	0.35	353	65	1 454	尖状两面器	石核斧	
杨垦 53 号	地表采集	最低限度的打片和修整	162	128	66	0.79	0.52	0.41	265	57	1 291	尖状两面器	石核斧	
小梅 40 号	地表采集	最低限度的打片和修整	171	132	60	0.77	0.45	0.35	128	33	1 358	尖状两面器	石核斧	
大同 56 号	地表采集	最低限度的打片和修整	187	105	70	0.56	0.67	0.37	320	61	1 364	肾状两面器	砍砸器	
百合 63 号	地表采集	最低限度的打片和修整	190	103	67	0.54	0.65	0.35	350	64	1 415	肾状两面器	砍砸器	

注：1. 长、宽、厚依[4]。
2. 单位：长、宽、厚和刃缘长为 mm；重量为 g。

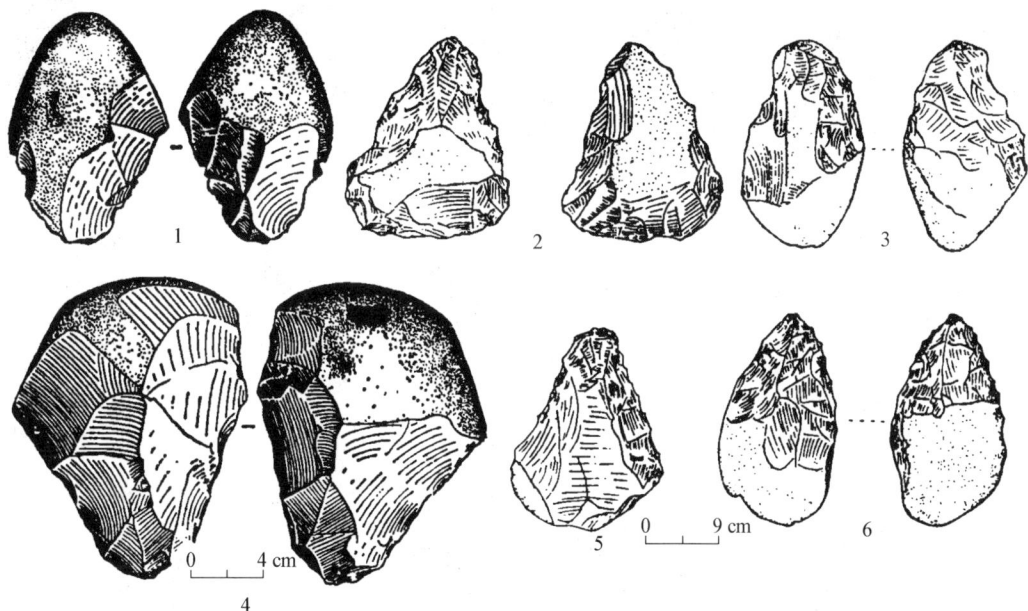

图 3

1. 新州 P.79513 号标本   2. 百色 P.8170 号标本   3. 百色 P.8203 号标本
4. 新州 P.79511 号标本   5. 田阳 P.8072 号标本   6. 田阳 P.2001 号标本
(1、4 依广西文物工作队[8];2、3、5、6 依曾祥旺[3]。比例尺:1、4 同;2、3、5、6 同)

另一件是新州 P.79513 号标本(图 3,1),被原研究者定为 I 式尖刃砍砸器。这类石器的特征是断面呈三棱形,器身圆厚,棱脊居中,两侧打击成刃缘。P.79513 号标本,在砾石的前端两侧刃缘分别向正、背两面交互打击,疤痕宽大,刃缘较扁薄,无细致修整加工痕迹[8]。

从描述和插图来看,这两件石器都只有最低限度的打片和修整,保留了较多的砾石面。P.79511 号标本粗大厚重,由两侧边缘加工在前端成一扁平的尖,后端几乎没有加工,因此可能是一件石核斧。P.79513 号标本加工主要在一侧边缘,形成一比较直的刃,很可能就是原研究者所定的砍砸器。

谢光茂先生本人报道的 18 件标本与何乃汉等[4]报道的基本上属于同一批材料。为节省篇幅,我们不再逐件讨论,只是综合地提出笔者的一点看法。

在谢文描述和图示的 8 件标本中,有一件比较特殊,这就是杨屋村 015 号标本(图 4,5),它是用砂岩大石片制成的,器身扁薄,背面加工简单且主要集中在一侧和尖刃部,而大部分保留砾石面。侧刃角约 65°,尖刃角 62°。谢光茂先生把它归入肾形手斧[9]。笔者认为,它与何、邱文中的大同 56 号和百谷 63 号标本比较相似,可能也是一件砍砸器。

从谢文的描述和插图来看,其余 7 件标本(图 4,1~4、6~8)的特征与我们前面讨论的 11 件标本的共同特征是完全一致的:器物粗大厚重;打制比较简单粗糙,后端大多不加工;周边缺乏连续的刃;使用部位在尖端;从所附两件标本的截面图(图 4,3、8)来看,截面

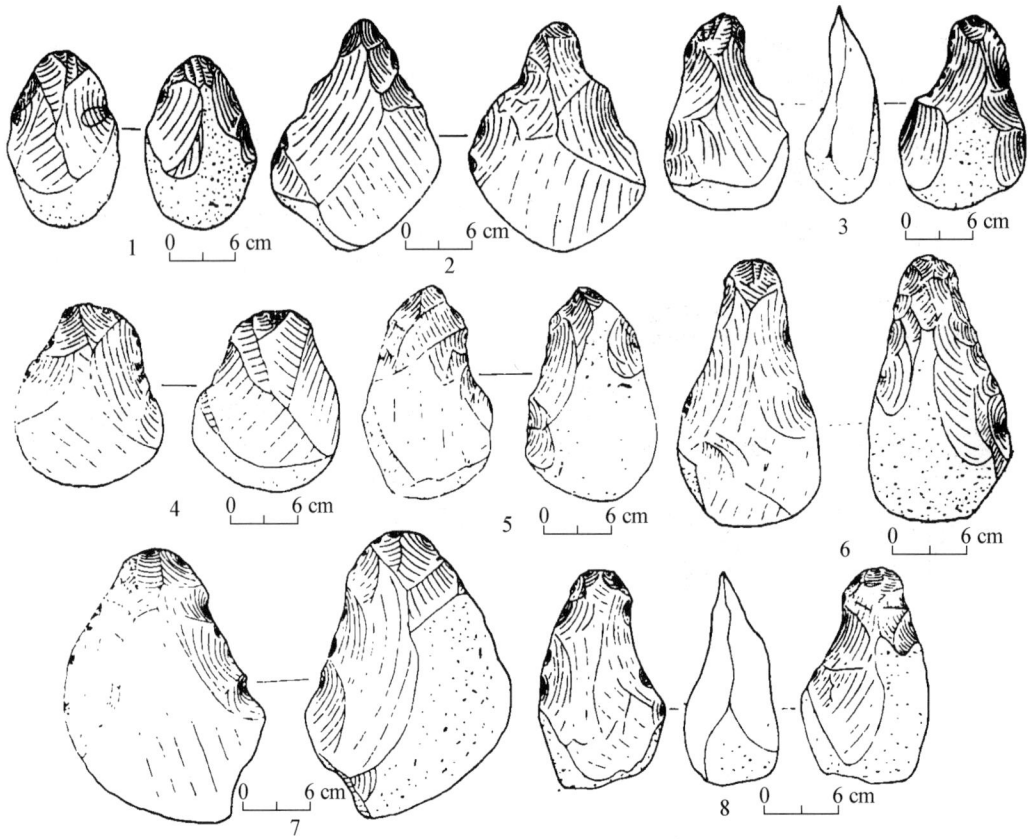

图 4

1. 坛河 30 号标本　2. 大同 008 号标本　3. 小梅村 03 号标本　4. 那召 01 号标本
5. 杨屋村 015 号标本　6. 百谷 008 号标本　7. 六坟 02 号标本　8. 百谷 010 号标本[9]

比较厚,纵截面似楔形;各件标本形态各异,缺乏规范化,等等。因此,笔者认为这 7 件标本也不是真正的手斧,而应是重型工具中的石核斧。

表 2 是谢光茂先生对 18 件标本的长、宽、厚的测量以及笔者计算的宽/长、厚/宽、厚/长的比率。

表 2　18 件标本的测量和比率

标 本 号	长	宽	厚	宽/长	厚/宽	厚/长
坛河 30 号	148	100	88	0.68	0.88	0.59
公蛇岭 6 号	152	96	72	0.63	0.75	0.47
东笋 03 号	190	134	58	0.71	0.43	0.31
东增 05 号	130	101	75	0.78	0.74	0.58

标 本 号	长	宽	厚	宽/长	厚/宽	厚/长
那召 01 号	150	130	65	0.87	0.50	0.43
六坟 02 号	230	180	72	0.78	0.40	0.31
百谷 010 号	165	102	69	0.62	0.68	0.42
百谷 008 号	199	115	90	0.58	0.78	0.45
大同 008 号	191	142	63	0.74	0.44	0.33
大梅 081 号	135	111	65	0.82	0.59	0.48
百谷 71 号	162	122	76	0.75	0.62	0.47
百谷 002 号	193	125	82	0.65	0.66	0.42
小梅村 03 号	191	108	64	0.57	0.59	0.34
杨屋村 04 号	165	106	78	0.64	0.74	0.47
大同 011 号	130	102	57	0.78	0.56	0.44
杨屋村 015 号	175	115	55	0.66	0.48	0.31
百谷 003 号	197	137	77	0.70	0.56	0.39
大同 046 号	165	95	80	0.58	0.84	0.48

注：长、宽、厚依谢光茂[9]；单位：mm。

四

　　如前所述，根据笔者的不完全统计，在百色盆地发现的石器中，有 38 件标本被不同学者认为是手斧。笔者前此已对一件标本进行过讨论[2]。本文中笔者对 14 件标本进行了观察和补充描述，对 13 件原研究者做了描述和图示的标本进行了分析和讨论。根据笔者的意见，在这 28 件标本中，有 4 件似应归入砍砸器，1 件可能是似镐石器，其余 23 件似应定为石核斧。

　　笔者认为，在中国手斧的研究中，一个问题是缺乏关于手斧的严格的鉴别特征或标准。有的学者[9]引用印度学者巴塔恰耶[10]关于手斧的定义：（1）它是两面加工的，所以在欧洲手斧又被称为"两面器"（biface）；（2）其平面呈桃形、叶形或矛头形，甚至三角形，

但一般而言,均有一较宽而高的柄端(buttend),以及与柄端相对的刃端(working end);
(3)早期的手斧均为石核石器,但到后期亦有厚石片加工而成的。应该说,当我们一般性
地谈论手斧时,这样说也是可以的。但是,当我们对石器进行分类并要具体鉴定手斧时,
仅仅根据这个定义显然还很不够。事实上,在石器类型学中,关于手斧已有更准确、更严
格的定义和鉴别特征[5,6,11]。我觉得这是我们在鉴定手斧时应该首先要注意的。

　　另一个值得注意的问题是,在旧石器时代的或早或晚的时期,除了手斧以外,还有许
多种大型石器,如薄刃斧、钝背刀、镐、石核斧、砍砸器和叶形器等。它们中有的也具有与
手斧相似的形状,有的也是两面加工的。因此,我们在鉴定手斧时,还应注意与别种石器
类型区分开来,避免作出不正确的判断。

注　释

[1] 黄慰文.中国的手斧[J].人类学学报,1987,6(1):61~68.
[2] 林圣龙.对九件手斧标本的再研究和关于莫维斯理论之拙见[J].人类学学报,1994,13(3):189~208.
[3] 曾祥旺.广西百色地区新发现的旧石器[J].史前研究,1983(2):81~88.
[4] 何乃汉,邱中郎.百色旧石器的研究[J].人类学学报,1987,6(4):289~297.
[5] Isaac G LI, *Olorgesailic: Archeological Studies of a Middle Pleistocene Lake Basin in Kenya*[M]. Chicago:The University of Chicago Press,1977.
[6] Clark J D, Kleindienst M R. The Stone Age cultural sequence:Terminology, typology and raw material [A]. In:Clark JD ed. *Kalambo Falls Prehistoric Site*[C]. Cambridge:Cambridge University Press. 1974, Vol.2:71-106.
[7] Clark J D. *The Prehistory of Africa*[M]. New York:Praeger Publishers,1970.
[8] 广西文物工作队.广西新州打制石器地点的调查[J].考古,1983(10):865~868.
[9] 谢光茂,百色手斧研究[A].见:封开县博物馆等编.纪念黄岩洞遗址发现三十周年论文集[C].广州:广东旅游出版社,1991:116~124.
[10] Bhattacharya, D K. *Old Stone Age Tools*[M]. Calcutta:KP Bagchi & Company,1979.
[11] Kleindienst M R. Components of the East African Acheulian assemblage:an analytic approach[A]. In:Mortelmans C and Nenquin J eds. *Actes du IV^c Congres Panafrican de Prehistoire et de l'Etude du Quaternaire*[C], 1962:81-105.

（本文发表于《人类学学报》1995 年第 14 卷第 2 期）

百色旧石器的发现与研究

谢光茂　林　强

一、引　言

百色旧石器分布于广西西部的百色盆地,是迄今为止东亚所发现的年代最早的一个含手斧的石器工业。从 1973 年最初发现至今已近 30 年。这期间,科学工作者都做了哪些工作,取得了哪些研究成果,存在什么问题。本文对这些方面做一综述,以期今后更好地开展工作。

二、调查与发掘

1973 年 10 月,中国科学院古脊椎动物与古人类研究所、广西壮族自治区博物馆和广西石油地质部门组成的调查队,在广西百色盆地进行地层古生物考察时,在百色市上宋村附近的高阶地上首次发现旧石器,并采集了一批石器标本[1]。1982～1983 年,广西壮族自治区博物馆会同百色地区文化部门对百色地区进行文物普查时,发现一批旧石器地点,采集了数量众多的石制品[2,3]。1979 年 6 月,广西文物工作队在位于盆地中段的田阳县新州进行文物调查,并对长蛇岭地点进行了试掘,在地层中出土了 4 件石器[4]。与此同时,以百色右江革命文物馆曾祥旺为主的百色地区文物工作者,也在盆地进行了多次调查,采集了大量的石制品[2]。

1986 年春,以黄慰文为首的由中国科学院古脊椎动物与古人类研究所、广西壮族自治区博物馆和中山大学人类学系等单位组成的考察队,开始对盆地的旧石器地点进行科学考察[5]。此后,考察队几乎每年都到此进行工作。参加考察的科研单位也逐年增加,先后有中国广西自然博物馆、美国圣路易斯华盛顿大学人类学系、美国史密森研究院国家自然博物馆、美国伯克利地质年代中心、中国原子能科学研究院、日本东北大学文学院史学科以及中国科学院地质研究所等。涉及学科除考古学外,尚有地质学、地貌学、古环境学和年代学等。考察队除对盆地石器地点进行地质、地貌调查外,还选择了一些遗址或地点进行考古发掘。发掘工作主要有:1988 年冬,考察队对位于盆地东段田东县境内的高岭坡遗址进行小规模发掘;次年,又对该遗址进行发掘。两次共出土了100多件石制品[6]。
1993年春,考察队先后在位于百色市附近的百谷遗址和田东县高岭坡遗址进行较大规模
的发掘。百谷遗址的发掘面积约80 m²,共出土遗物近70件;高岭坡的发掘面积为20余
m²,共出土遗物430多件[7]。此外,考察队还对百色市的小梅遗址作过试掘。1994年后,
考察队工作重点转移到地质学、地貌学、古环境学和年代学方面。

　　与此同时,广西文物工作队也在盆地开展考古发掘工作。1994年夏,他们发掘了田
东县思林镇的坡西岭遗址,发掘面积为800 m²,出土遗物240多件。1997年冬,又对田阳
县的濑奎遗址进行了发掘,发掘面积160余m²,出土遗物140多件①。

　　根据我们最新统计的结果,从1973年的初次发现至今,百色盆地的旧石器地点已增至
近70处,获得的石制品达7 000件,其中出土石制品近1 000件②。总发掘面积1 000余m²。

三、研 究 成 果

(一) 确定了文化内涵及性质

　　百色旧石器最初发现时,只采集到7件石制品,类型仅有刮削器、砍砸器和手镐(大尖
状器)三种[1]。此后,经过考古工作者的努力,获得的石制品已达8 000件。对这些材料
的研究表明,百色旧石器属于砾石石器工业。制作石器的原料是以石英岩、砂岩、石英为
主的粗砾,打片和加工石器均采用锤击法和碰砧法。石核大小悬殊,多为自然台面,利用
率不高。石片形状不规整,背面多留有砾石面,有为数不少的大石片(10 cm以上)。石器
多半用砾石直接打制而成,但也有相当数量是以石片为毛坯的。除手斧外,其他基本上都
是单面加工的。大多数石器的制作比较简单,几乎所有石器均保留有或多或少的砾石面。
石器尺寸大,多半在10 cm以上[1~4,8,9]。

　　在工具分类上,早期研究者认为百色旧石器只有砍砸器、手镐和刮削器。后来随着材
料的增加和研究的深入,发现百色旧石器有不少标本属于手斧[10~12]。此外,还有一定数
量的薄刃斧③。这表明,百色旧石器不是"模式Ⅰ"那类简单的石片和石核工具,而是一个
含手斧的石器工业,具有西方阿舍利的石器制作技术。特别是这里的手斧,不论是制作技
术、器物形态还是年代方面都和非洲的部分手斧几乎没有什么两样。这就表明了在莫维
斯的所谓"砍砸器文化区"内同样存在手斧文化。早在1998年,著名的美国《科学》杂志

---

①　坡西岭遗址的发掘报告已送《人类学学报》,待刊。濑奎遗址的发掘资料尚在整理中。
②　今年3、4月,本文作者对收藏于各地文博单位的百色旧石器标本进行统计。这些标本主要收藏于广西壮族
自治区博物馆和右江民族博物馆。其中广西壮族自治区博物馆约1 500件;右江民族博物馆近5 000件。此外,约
1 500多件分别收藏于百色市博物馆、田阳县博物馆、田东县博物馆、广东省博物馆、广州市文物考古研究所和中国科
学院古脊椎动物与古人类研究所。
③　本文作者在最近整理以往采集的百色旧石器标本时,发现有一定数量的薄刃斧。有关报道将于近期发表。

刊登了题为《中国灵巧的直立人》的评论文章,对百色手斧的发现给予简要的报道和很高的评价[13]。2000年3月,侯亚梅等人在美国《科学》杂志发表了题为"中国南方百色盆地中更新世类似阿舍利石器技术"的研究报告,进一步指出百色旧石器是一个具有阿舍利技术的旧石器时代初期的石器工业[14]。这一研究成果是对50多年前美国考古学家莫维斯提出的、在学术界影响深远的"两个文化"理论的严峻挑战,在国际学术界引起了很大震动。2001年1月,中国国家科技部将百色旧石器的发现和研究成果,与纳米技术、人类基因组等重大发现一起,评为"2000年中国基础科学研究十大新闻"。

(二)解决了石器层位问题

百色盆地自第四纪以来发育了7级河流阶地。第4级阶地是盆地中除第1级阶地外,分布最广、保存最好的阶地,具有典型的河流堆积的二元结构,由厚砾石层和粉砂、砂质黏土、黏土组成,不整合覆盖在古近系岩层之上。该阶地又是盆地内最具特色的标准的砖红壤化阶地,厚达15m的砾石层上是具有蠕虫状斑纹的原生砖红壤(又称网纹红土)层[5,6,15]。在该砖红壤层的地表,广泛分布有旧石器。

百色旧石器的原生层位的确定经历了几次反复。首先,最初的报告认为石器出自第3级阶地的砖红色黏土层[1]或棕黄色黏土层[4]。1986年以后,黄慰文率领的百色盆地旧石器考察队,在对盆地的旧石器地点作初步考察时,也认为石器出自第3级阶地的黄色砂质黏土层[5]。但是,1988年考察队通过对盆地东段的田东高岭坡遗址的发掘,发现石器的原生层位是第4级阶地的砖红壤层[6]。1993年对高岭坡遗址的再次发掘,在石器的层位方面获得同样的结果[7]。对其他遗址的发掘,进一步证实了百色旧石器的原生层位就是第4级阶地的砖红壤层。1993年,考察队发掘的百谷遗址是位于高出右江河面105m的第4级阶地,石器发现于原生的砖红壤层,即地表以下1~1.35m处[7]。1994年,广西文物工作队发掘田东坡西岭遗址,石器也出自第4级阶地的砖红壤层。1997年,该队发掘了田阳濑奎遗址的4个地点(捻坡、六刀坡、娘如坡和琴鸡坡),石器均出自第4级阶地的砖红壤层。通过对这些遗址的发掘,解决了广泛分布于百色盆地高阶地地表的石器的层位问题。

(三)确定了石器的年代

百色旧石器的年代问题,一直是百色旧石器研究的一大难题。1988年以前,几乎所有石器都是地表采集的,石器的层位不清楚。再者,所有石器都分布在右江的砖红壤阶地上;砖红壤的酸性很强,不利于化石的保存,因而无法为遗址的断代提供古生物学证据。在较早发表的报告里,作者把它定为晚更新世,即旧石器时代晚期[1,4];有的报告则笼统地将其归到旧石器时代,并且认为延续时间很长[2,3]。黄慰文等在其最初的考察报告里,由于认为石器的原生层位是第3级阶地的黄色砂质黏土层,因此曾将百色旧石器的时代定为中更新世,年代与周口店期相当[5]。但通过1988年冬对田东高岭坡遗址的发掘,发现石器的原生层位并不是原来所推测的位于第3级阶地的砂质黏土层,而是第4级阶地的砖红壤层,因而很快改变了这种看法。并根据德日进、杨钟健等前人对两广新生代地质的研究结果,把百色旧石器的年代提前到早更新世[6]。

1993 年,在百色的百谷遗址的原生堆积中出土了与石器共存的玻璃陨石,为百色旧石器的断代带来了突破。该遗址位于百色市东南约 15 km 的那毕乡百谷屯的背面山。高出右江河面约 105 m。遗址所在的阶地是这一河段最高的阶地,且远离盆地边缘。阶面已被侵蚀成几个低矮的小山包,大部分地表为裸露的红土。这次发掘选在一个顶部平坦而又保存有完整二元结构堆积的小山包。共开挖了 5 个 2 m×2 m 探方和一条 28 m×2 m 探沟,发掘面积近 80 m²。以 10 cm 为一水平层由上而下逐层发掘。探方均下挖至 2 m 深左右,未到砾石层。从探方的剖面看,堆积大致可分为两层:上部的风化层和下部的网纹红土层。两层之间没有明显的界线,只是一种渐变关系,实际上是同一套堆积。出土的遗物近 70 件。除石制品外,还有 7 颗玻璃陨石。其中 4 颗是在网纹红土中出土的,而且有些被发现和石制品在一起。这些陨石基本上是圆形或椭圆形的,表面多气孔,坚硬如铁,最大者直径达 3.5 cm,无人工痕迹。

百色玻璃陨石与我国南方及东南亚地区发现的玻璃陨石出于同源,属于远东散布区,是所有玻璃陨石群类型中距今年代最近的一种类型。由于百色玻璃陨石被发现于含石器的第 4 级阶地的砖红壤层,并和石器同属原地埋藏,因此对玻璃陨石进行年代测定,可以得出百色旧石器的年代。百色玻璃陨石的发现还使远东散布区的北界由过去的 21°N 向北移至 24°N,为计算陨石撞击动力参数提供了新的证据[16]。通过对百谷遗址出土的玻璃陨石进行裂变径迹法测定,得出百色石器的年代为距今 0.733 Ma[17]。美国伯克利地质年代学研究中心利用百谷遗址出土的玻璃陨石,采用氩/氩法($^{40}Ar/^{39}Ar$)测出的年代为距今 0.803 Ma[14]。虽然该数据与我国测出的 0.733 Ma 有出入,但由于所用方法不同,仍属于允许的误差范围。总之,不论是 0.733 Ma,还是 0.803 Ma,都说明百色旧石器是迄今为止在东亚发现的年代最早的含手斧的石器工业。

四、存 在 问 题

(一)年代问题

如前所述,百色旧石器通过玻璃陨石测得其年代为距今约 0.733 Ma 或 0.803 Ma。然而,有人认为百色旧石器的年代可能属于晚更新世的旧石器时代晚期[1,18]。此外,也有学者认为用玻璃陨石来测定百色石器的年代不可靠。例如,侯亚梅等人的文章在《科学》杂志发表后,有学者对此提出质疑。同年 7 月,该杂志在 289 卷以《中国中更新世玻璃陨石及似是而非的年代》为题,开辟了一个专栏讨论百色玻璃陨石的年代问题。奥地利的科伯尔(C.Koeberl)和美国的格拉斯(B. P. Glass)撰文指出:玻璃陨石很少发现于原生层位,而通常发现在比它们实际年代要晚的堆积;原始人常常用陨石制作工具或者用作护身符;在澳大利亚,陨石还被土著人搬运。英国的基茨(S.G.Keates)也指出,玻璃陨石在东南亚岛屿经常发现于河流堆积。例如在中爪哇的桑吉兰(Sangiran)人类化石地点,玻璃陨石被重新堆积过,其年代并不代表其所在堆积的年代,更不用说石器的年代了,只代表陨石本身的年代。他们据此认为百色盆地与石器共存的玻璃陨石可能不是原地埋藏的,不能代表石器的年代[19]。

尽管黄慰文、鲍茨(R.Potts)等对此撰文进行了解释,从地层、堆积、陨石的形态及其分布方面说明玻璃陨石是原地埋藏的,其年代应代表石器的年代[19]。但要彻底解决百色旧石器的年代问题,还需要做更多工作。例如,对遗址地层中出土玻璃陨石周围的土壤进行采样,通过实验室观察,寻找玻璃陨石碎屑;因为这些碎屑能帮助证明在地层中发现的玻璃陨石是原地埋藏的。此外,虽然发现石器的阶地没有化石,但盆地周围有许多岩溶洞穴,其中一些保存有动物化石。因此,对这些洞穴进行调查并将之和盆地的阶地对比,不仅可以了解百色旧石器的制作者当时的生存环境和经济生活,而且有助于解决百色旧石器的年代问题。

(二) 石器的分期

百色旧石器分布范围广,在长 90 余、宽约 15 km,面积为 800 km^2 的盆地内均有发现,地点近 70 个,已获得石制品达 8 000 件。在分布广泛、地点众多、材料丰富的百色旧石器中,是否在时间上存在早晚不同阶段? 换言之,百色旧石器是否有早晚之分? 曾祥旺在他的报告中曾指出,百色旧石器在第3、第4级阶地堆积中均有发现。在“第3级阶地和第4阶地黄土裸露的地表和侵蚀沟底,广泛发现为数众多的旧石器。在(第)3级阶地棕黄色的亚黏土层和(第)4级阶地的灰黄色亚黏土层的剖面,也常发现类似地表的石制品”。此外,在第3级阶地和第4级阶地的砾石层中均发掘出被流水冲磨过的石制品。因此,他认为百色旧石器“延续的时间相当久远”[2]。侯亚梅等认为百色盆地的旧石器只存在于第4级阶地,所有石器都属于一个时代,即 0.803 Ma[14]。本文作者在最近整理广西壮族自治区博物馆所收藏的百色旧石器标本时,发现有一定数量的标本具有不同时间加工的疤痕,即在同一器物上存在早晚阶段的片疤。这些标本均具有这样的特征:所有早期加工的片疤已经过严重的冲磨,而晚期的片疤则和其他众多标本一样,没有明显的冲磨痕迹。这类标本见于砍砸器、手斧等工具类型中。另外,本文第一作者 1988 年在百色市阳圩乡的百达发现一个属于旧石器时代中晚期的地点(紧邻百色盆地),两刃相交成一角尖的器型是该地点石器的主要特征之一。这种器类在百色盆地的旧石器中也有一定数量[20]。另外,在位于盆地边缘的田东定模洞发现时代属于旧石器时代晚期的石器和人类化石及动物化石[21,22]。从这些现象看,百色盆地旧石器可能存在早晚不同阶段。不过,要解决这一问题,除对石制品进行观察、分析外,更主要是选择一些位于不同阶地的石器地点进行发掘。

（三）缺乏石球之因

石球在中国南方早期砾石石器中普遍存在,如陕西梁山旧石器[23,24]、湖南洞庭湖区的旧石器[25~27]、安徽水阳江和巢湖地区旧石器[28,29]等。然而,百色旧石器却没有发现一件石球! 石球属于重型工具,关于它的用途至今尚不清楚。有人认为它是一种狩猎工具[30]。也有人认为除可用作狩猎工具外,还可能有其他用途,如砸击骨头,锤捣植物,甚至是一种礼仪用器——象征物[31]。洞庭湖区和百色盆地相距不远,同属于亚热带气候区,在更新世早、中期,这两个地区的自然环境基本相同[18,32]。在洞庭湖区的旧石器中存在不少石球,而在百色盆地为什么没有发现呢? 百色盆地右江河谷砾石众多,大小和形状多种多样,不乏类似石球的砾石。生活在这一地区的古人类没有必要制作石球,而使用天然的"石球"。这可能是百色旧石器缺乏石球的主要原因。但这需要今后的工作来证实,例如注意观察与石器共存的圆形砾石,特别是地层中出土的此类砾石是否有使用痕迹。

（四）活动遗迹

另外,虽然百色旧石器分布广泛、地点众多,但至今没有发现一个营地或居址。其他活动遗迹如用火遗迹等,至今亦无确切的发现。广西文物工作队发掘新州地点时,在堆积层中发现少许灰烬[4];1993年百谷遗址的发掘也曾出土一些被砖红土(未被火烧过)包裹的炭粒。但这些都不像是原地埋藏的。虽然曾祥旺曾报道过发现有用火遗迹[2],但无具体记述,估计也不是原地埋藏的。究其原因,一方面可能是由于这些地点均位于河流阶地上,流水作用使得人类活动遗迹难以保存;另一方面也可能与我们的工作做得不够有关。实际上,从首次发现到现在,总共发掘面积才 1 000 余 m²,这对 800 km² 的石器分布范围来说,可谓沧海一粟。也许生活在这个地区的古人类的营地及其他遗迹根本不在以前的发掘范围内。因此,今后在发掘方面还要多做工作。

五、结　　语

百色旧石器在中国南方及东南亚地区的砾石石器中具有广泛的代表性。特别是它那数量众多的手斧,是挑战"莫维斯线"的有力证据。再者,百色盆地紧靠云贵高原,地处人类起源"亚洲中心"的边缘,在探讨人类的进化和文化的传播、发展以及东西方文化的关系等方面占有重要的地位。另外,由于百色旧石器的原生层位是分布广泛的砖红壤层,并且与可供测年的玻璃陨石共存,因此,这使得百色盆地的砖红壤层因含有丰富的早期人类活动证据而成为研究东亚南部砖红壤地层的难得剖面。虽然百色旧石器的研究工作取得了令人瞩目的成果,但由于种种原因,特别是资金缺乏,调查和发掘工作进展缓慢,研究的力度也不够,学术上还存在不少问题。相信随着工作的深入,百色旧石器的研究将会取得更加丰硕的成果。

注 释

[1] 李炎贤,尤玉柱.广西百色发现的旧石器[J].古脊椎动物与古人类,1975,13(4):225~228.

[2] 曾祥旺.广西百色地区新发现的旧石器[J].史前研究,1983(2):81~88.

[3] 何乃汉,邱中郎.百色旧石器的研究[J].人类学学报,1987,6(4):289~297.

[4] 广西文物工作队.广西新州打制石器地点的调查[J].考古,1983(10):865~868.

[5] 黄慰文,刘源,李超荣,等.百色石器的时代问题[A].见:广东省博物馆等编.纪念马坝人化石发现三十周年文集[C].北京:文物出版社,1988:95~101.

[6] 黄慰文,冷健,员晓枫,等.对百色石器层位和时代的新认识[J].人类学学报,1990,9(2):105~112.

[7] 谢光茂,林强.百色盆地旧石器考古获重大突破[N].中国文物报,1993-06-27.

[8] 谢光茂.百色旧石器与南亚、东南亚早期旧石器的关系[J].南方民族考古,1990(3):237~247.

[9] 谢光茂.论中国南方及东南亚地区早期砾石石器[J].东南文化,1997(2):51~58.

[10] 黄慰文.中国的手斧.人类学学报[J],1987,6(1):61~68.

[11] 谢光茂.百色手斧研究[A].见:封开县博物馆等编.纪念黄岩洞遗址发现三十周年论文集[C].广州:广东旅游出版社,1991:116~124.

[12] 张森水.中国旧石器考古学中的几个问题[A].见:湖南省文物考古研究所编.长江中游史前文化暨第二届亚洲文明学术讨论会论文集[C].长沙:岳麓书社,1996:6~19.

[13] Gibbons A. In China, a handier *Homo Erectus*[J]. *Science*, 1998, 279: 1636.

[14] Hou Y, Potts R, Yuan B *et al*. Mid-Pleistocene Acheulean-like stone technology of the Bose Basin, South China[J]. *Science*, 2000, 287: 1622-1626.

[15] 袁宝印,侯亚梅,王頠,等.百色旧石器遗址的若干地貌演化问题[J].人类学学报,1999,18(3):215~224.

[16] 高建国.百色玻璃陨石的双重价值[N].中国文物报,1993-07-18.

[17] 郭士伦,郝秀红,陈宝流,等.用裂变径迹法测定广西百色旧石器遗址的年代[J].人类学学报,1996,15(4):347~350.

[18] 王幼平.更新世环境与中国南方旧石器文化发展[M].北京:北京大学出版社,1999:1~170.

[19] Koeberl C, Glass B P, Keates S G. Tektites and the age paradox in Mid-Pleistocene China[J]. *Science*, 2000, 289: 507a.

[20] 谢光茂,谢日万.右江上游的旧石器[J].南方文物,2001(2):1~5.

[21] 曾祥旺.广西田东县定模洞人类化石及其文化遗存[J].考古与文物,1989(4):1~6.

[22] 李有恒,吴茂霖,彭书琳,等.广西田东县祥周公社定模洞调查报告[J].人类学学报,1985,4(2):127~131.

[23] 阎家骐,魏京武.陕西梁山旧石器之研究[J].史前研究,1983(1):51~56.

[24] 陕西省考古研究所汉水考古队.陕西南郑龙岗寺发现的旧石器[J].考古与文物,1985(1):1~12.

[25] 向安强.洞庭湖区澧水流域发现的旧石器[J].南方民族考古,1990(3):249~269.

[26] 袁家荣.湖南旧石器文化的区域性类型及其地位[A].见:湖南省文物考古研究所编.长江中游史前文化暨第二届亚洲文明学术讨论会论文集[C].长沙:岳麓书社,1996:20~47.

[27] 谭远辉.虎爪山北坡旧石器地点调查报告[J].湖南考古辑刊,1999(7):1~15.

[28] 房迎三.皖南水阳江旧石器地点群调查简报[J].文物研究,1988(3):74~83.

[29] 方笃生.巢湖市望城岗旧石器的发现与研究[J].文物研究,1990(6):19~35.

［30］陈星灿.中国旧石器时代的石球是狩猎工具吗？［J］.见：封开县博物馆等编.纪念黄岩洞遗址发现三十周年论文集［C］.广州：广东海洋出版社,1991：142～146.

［31］Kathy S, Toth N. Early Stone Age Technology in Africa：a review and case study into the nature and function of spheroids and subspheroids［A］. In：Robert S C, *Ciochon RL eds. Integrative Paths to the Past*［C］. New Jersey：Prentice Hall, 1994：429－449.

［32］王幼平.环境因素与华南旧石器文化传统的形成［A］.见：湖南省文物考古研究所编.长江中游史前文化暨第二届亚洲文明学术讨论会论文集［C］.长沙：岳麓书社,1996：55～62.

（本文发表于《第八届中国古脊椎动物学学术年会论文集》,海洋出版社,2001 年）

百色盆地舌形刃重型工具的三维有限元应力分析[*]

袁俊杰　武成浩　侯亚梅　谢光茂　王　頠

前　　言

从"操作链"的角度而言,一件工具的"生命周期"包括制作原料的采办、加工、使用、修理和废弃[1]。工具的有效刃口在使用过程中往往会有一定程度的崩损、磨蚀等痕迹,刃口相对变钝;对于精致耐用的工具而言,石器的制作者们还会对其进行二次的修理加工,使刃口保持锋利。工具在使用过程中是一个主动施力的过程,根据所加工对象的不同,刃缘会产生不同程度的磨蚀或者崩损,其使用寿命势必取决于刃缘的受力情况。将具有典型刃缘形态的标本进行有限元分析,可以将受力情况定量化,为石器的力学分析提供一种新的方法学尝试。此外,还可以通过有限元方法建立的 3D 模型,来对石器的功能进行模拟分析,通过不同工况(力学过程)下的数值分析对比,来推断工具的使用功能。

有限单元法(Finite Element Method, FEM),简称有限元,它通过模拟计算研究解决各种工程力学、热学、电磁学及多物理场问题,并与计算机技术、三维图像技术等学科相结合,是近几十年来将数学物理方法广泛应用于工程领域如数字仿真和虚拟现实等领域的新型技术手段[2]。随着该手段的不断成熟与发展,有限元分析已被成功引入生物力学领域,取得了一系列的研究成果[3~6]。在生物力学领域,有限元建模的主要对象是生物体,包括人体的组织和器官;同时还涉及临床上治疗需要的各种假体,如人工义齿、人工复合关节、钢板等等。相对于生物体而言人工合成材料为各向同性,生物体则为各向异性。以长管骨为例,其中央是富含骨髓的空腔,骨管则由骨松质和骨密质构成,从物理特性来说,"材料"并非均质,即为各向异性。各向异性材料的有限元在建模时需考虑多重因素,其弹性模量需要在各个方向上分别赋值,且要选择具备各向异性特性的单元,而各向同性的材料则要简化很多。

生物力学领域的有限元分析法为百色旧石器建模提供了良好的参照。对于以各向同性的砾石为毛坯制作的百色旧石器来说,使用有限元方法建模具有可行性基础。

百色旧石器自从 1973 年发现以来[7],至今发掘和采集的旧石器标本有 10 000 余件,

———————

　　[*]　国家重点基础研究发展规划项目(2006CB806407);国家自然科学基金项目(40172009);国家自然科学基金特殊学科点人才培养基金(J0630965);中国科学院院长专项基金。

工具类型涵盖了砍砸器、刮削器、手镐、薄刃斧和手斧等类型[8~10]。这其中有不少工具的有效刃缘呈明显的舌状,这种现象曾为学者所关注[11]。百色盆地的石器工业是典型的砾石工业,当时的工具制作者们在选择制作工具的毛坯时,多是经过精挑细选的,他们往往借助于天然砾石面的形态,对一端进行加工,达到自己想要的器形,而相对的另一端则往往保留部分石皮作为持握的把手。这些工具中有些类型的使用端具有相似的舌形结构形态,无论其传统意义上的分类如何,我们认为它们具有相似的功能。这些工具的岩性以石英砂岩、石英岩和硅质岩居多。这些岩石从材料力学角度而言,具有典型的各向同性,因而为有限元分析应用于这类舌形刃缘的力学研究提供了可能。

一、材 料 与 方 法

（一）标本

本文研究的标本来自百色盆地的 13 个地点（或遗址）,大部分为右江第四阶地采集,仅有少部分为地层出土,总数 44 件,包括手斧、手镐和砍砸器三种器形。现分别藏于中国科学院古脊椎动物与古人类研究所、广西壮族自治区博物馆、广西自然博物馆、右江民族博物馆和田东县博物馆。年代均为中更新世早期,距今 80 万年左右[12]。

（二）标本测量

在 44 件标本中,手斧比例最多,共 21 件,占建模标本总数的 47.8%;手镐比例次之,共 17 件,占建模标本总数的 38.6%;砍砸器比例最少,共 6 件,占建模标本总数的 13.6%。除了手斧为两面加工外,其余标本皆为单面加工。我们选取了 12 项测量指标,用于提取相关点面的指征数据进行建模。这些测量指标包括:弦长、弦高、弦厚,长、宽、厚,左侧刃缘长、右侧刃缘长,左侧刃缘夹角、右侧刃缘夹角,尖刃角和尖面角。其中需要说明的是,考虑到这些工具都具有典型的"舌形刃",笔者在选取弦长、弦高和弦厚这组指标时,定位于典型舌形刃的下缘、左右剥片对称处进行测量（图 1）。其中编号为百色百谷 15 的凸刃砍砸器,剥片简单,剥片面积仅占器身的 1/4,不像其他标本具有明显的两侧刃缘,因而我们没有进行左侧刃缘长、右侧刃缘长,左侧刃缘夹角、右侧刃缘夹角和尖刃角的测量。

（三）建模方法

根据这 44 件标本测量提取的点面指征数据,用国际通用的 ANSYS 有限元分析软件进行建模。ANSYS 软件为大型通用有限元分析专用软件,由世界上最大的有限元分析软件公司之一的美国 ANSYS 公司开发,融结构、热、流体、电磁场、声场和耦合场分析于一

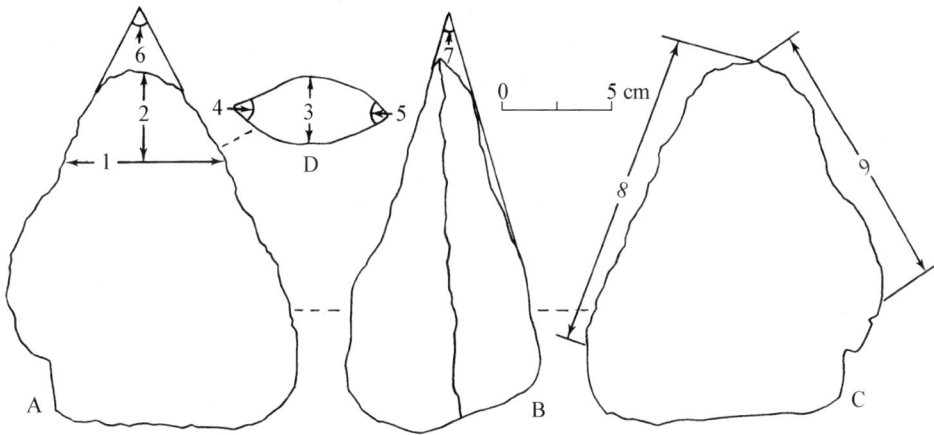

图 1　建模数据的测量示意图

1. 弦长　2. 弦高　3. 弦厚　4. 左侧刃缘夹角　5. 右侧刃缘夹角
6. 尖刃角　7. 尖面角　8. 左侧刃缘长　9. 右侧刃缘长

体,可与多数 CAD 软件接口,实现数据共享与交换[13]。经过三十多年的发展,ANSYS 已逐渐为全球工业界广泛接受。ANSYS 涵盖了机械制造、航空航天、能源、交通运输、土木工程、水利、电子、地矿、生物医学等众多领域,同时也是这些领域进行国际国内分析设计技术交流的主要分析平台。本文将 ANSYS 软件建模方法引入到百色旧石器的力学研究中。

（四）数据分析

利用美国 SPSS11.5 通用软件对数据进行统计分析。

二、结　　果

（一）SPSS 软件分析数据

我们将 44 件标本的测量数据输入 SPSS11.5 软件中,得到上述 12 项数值的描述统计表(表 1)。其中建模关键的弦长、弦高、弦厚、尖刃角和尖面角偏差较小,我们可以将这组数据等效为一个近似的 3D 实体,进行 ANSYS 建模。

（二）ANSYS 建模

在实际使用中,工具刃口的应力分布主要取决于其承受的荷载,而材料参数的影响是不大的,材料参数的变化主要影响的是工具的变形,本文中以舌形刃口所受应力作为指标来进行分析。这些工具的岩性有石英砂岩、石英岩和硅质岩,其中石英砂岩比例最高共有

19件,占总数的43.2%;石英岩次之共有16件,占总数的36.3%;硅质岩最少共有9件,占总数的20.5%。这些材料的物理参数相差不大属于同一个量级,本文选取硅质岩的材料参数进行建模,不影响我们对所建模型力学分析的评判。硅质岩弹性模量 $E(\times 10^2\ \text{MPa}) = 4.181$,单轴抗压强度 $\sigma(\text{MPa}) = 81.2$,泊松比为0.204。

表1   建模标本的测量数据

	数　量	最小值	最大值	平均值	标准偏差值
弦长(mm)	44	48	135	76.91	20.251
弦高(mm)	44	25	101	50.75	17.096
弦厚(mm)	44	23	69	40.48	9.439
长度(mm)	44	118	243	168.36	28.941
宽度(mm)	44	68	159	117.45	20.153
厚度(mm)	44	49	98	69.93	12.020
左侧刃缘长(mm)	43	36	245	121.35	42.674
右侧刃缘长(mm)	43	35	208	113.07	35.096
左侧刃缘夹角(度)	43	42	89	66.02	10.122
右侧刃缘夹角(度)	43	38	88	69.28	9.533
尖刃角(度)	43	45	105	65.58	11.562
尖面角(度)	44	32	73	54.75	9.339
有效数量(件)	43				

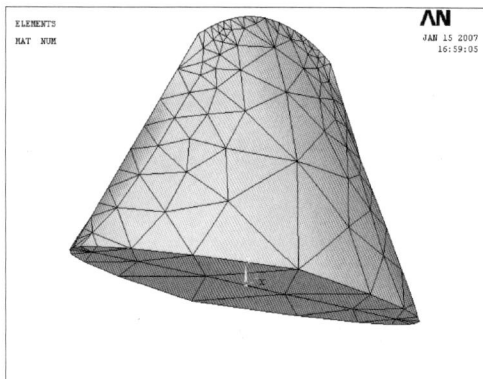

图2   百色舌形刃工具的3D模型

百色工具的把手多含有天然的砾石石皮,对于我们判断把端很有帮助。可以想象,工具使用者手持工具生产劳作是一种主动施力的过程;根据力相互作用的原理,对手持的把端按固定端施加约束,即在工具舌形刃的底面施加三个方向的约束(图2),将这类工具作为一个受力模型在刃缘施加线荷载[14]。考虑到正常人上臂100 kg(1 000牛顿)的力,加上动力效应(如挥动),我们在刃缘21个节点上分别施加100牛顿的力,总荷载大小为 2 100 牛顿,分 Y 轴和 Z 轴加载两种工况来模拟纵向的劈裂和砍砸及近似的横向挖掘(图 3、4)。

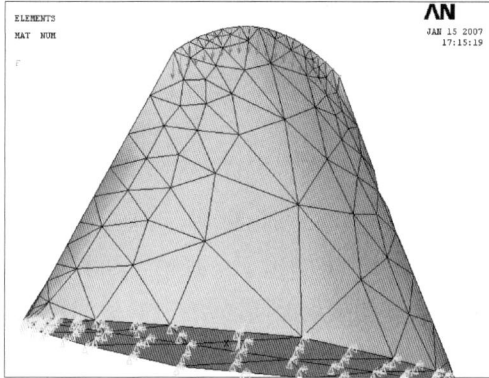

图 3 劈裂和砍砸模拟工况荷载图   图 4 挖掘模拟工况荷载图

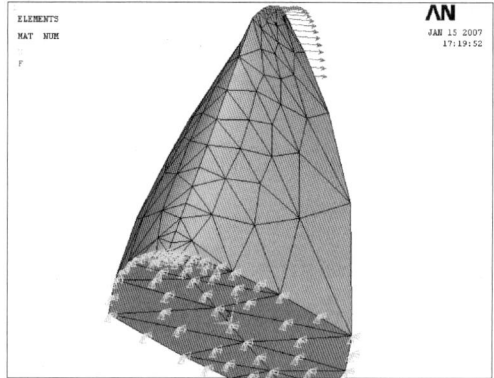

1. 材料输入

百色重型工具的毛坯多为石英岩、石英砂岩和硅质岩这样的砾石,这些原料属于颗粒状材料,此类材料受压屈服强度远大于受拉屈服强度,且材料受剪切力作用时,颗粒会膨胀,常用的 VonMises 屈服准则不适合这种材料,而采用 Drucker-Prager 屈服准则可得到较为精确的结果。在 DP 材料数据表中需要输入黏聚力、膨胀角和内摩擦角等物理力学参数(表 2)。

表 2 硅质岩物理力学参数

岩 石	密度试验	劈裂试验	单轴压缩试验			斜面剪切试验	
	密度 $\rho(\text{g/cm}^3)$	抗拉强度 $\sigma_t(\text{MPa})$	单轴抗压强度 $\sigma_c(\text{MPa})$	弹性模量 $E(\times 10^2\ \text{MPa})$	泊松比	黏聚力 (MPa)	内摩擦角 (°)
硅质岩	2 796	5 488	81.27	4.181	0.204	41.76	36.28

2. 单元选择

在进行三维建模时,我们采用 SOLID45 单元的高阶单元 SOLID95 对百色这类重型工具进行建模,并进行有限元分析。本单元在保证精度的同时,允许使用不规则的形状,有相容的位移形状,适用于曲线边界的建模。因为岩石材料边界或整体形状并不是规则的,所以用 SOLID95 单元比较合适。本单元由 20 个节点定义,每个节点有三个自由度:沿节点坐标系 X、Y、Z 三个方向的平动。本单元可以有任何空间方向,具有塑性、蠕变、膨胀、应力钢化、大变形、大应变的功能,有各种输出选项。

3. 单元划分

对一个算题所划分的单元和节点的选取是否适度将直接影响运算结果,只有选取恰当才能既满足精度又能在计算机运行的范围内进行运算。这里我们把重点研究的舌形刃缘部位网格划分较细,把次要的部位网格划分较粗,就是兼顾精度和运算效度的考虑。

(三)ANSYS 结果分析

经过分析,如图5和图6所示。当施加外荷载为 2 100 牛顿时,劈裂、砍砸模拟工况的刃缘最大应力为 191.6 兆帕;挖掘模拟工况的刃缘最大应力为 10 224 兆帕。两种工况下刃缘处只有几毫米石材发生破坏,其余大部应力只有零点几兆帕远远小于硅质岩单轴抗压强度 81.27 兆帕。这表明在这两种工况下,石器用于劈裂、砍砸时更加耐用。由于石器实际使用中,并非是理想中的线荷载,应该还包括面荷载,故刃缘应力集中现象应该有所缓解,从模型的力学分析中可以得出刃缘的几毫米边缘破坏现象是由于高应力作用所致。从应力云图分析来看,当外力达到数万牛顿,也就是数吨的时候,除刃缘外石器中其他部位的应力也仅仅是几兆帕或者是几十兆帕。因此我们选取的百色具备舌形刃缘的重型工具完全可以在当时条件下作劈裂、砍砸和挖掘来使用,除刃缘微有破损外而石器大部不发生破坏。

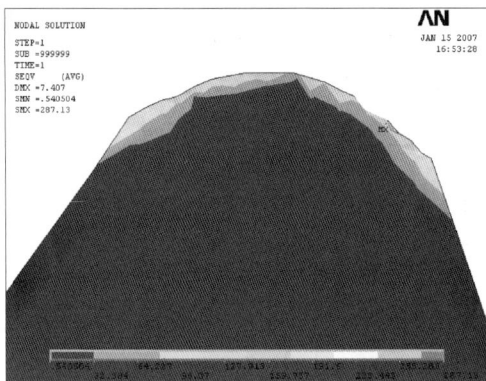

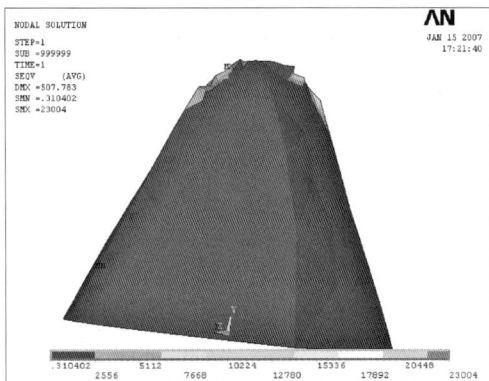

图5　劈裂、砍砸模拟工况应力云图　　　　图6　挖掘模拟工况应力云图

三、讨　　论

(一)本文结果对百色石器研究的意义

百色旧石器的类型以大型工具为主,这些工具的片疤清晰且具有明显的刃缘,对其中典型标本进行分析测量,可以运用有限元方法建模,把实际实体转化为虚拟的 3D 模型进

行数字模拟。用有限元分析软件(如 ANSYS 软件)进行数学运算,可以得出具体的应力数值,对于定量化数字化研究石器应力是个突破。不同工况的模拟可以得出不同的应力数值,可以为石器的功能研究提供参照。曾有学者做实验表明,百色的手斧和手镐在劈裂竹子上很有效,推测加工竹木器可能是百色手斧和手镐的主要用途之一[15]。我们的分析结果也表明在模拟纵向受力(代表劈裂、砍砸)和横向受力(代表挖掘)这两大类工况下,百色的这些具有舌形刃缘的重型工具做劈裂、砍砸时更加耐用,亦即更适用于劈裂和砍砸。

(二) ANSYS 分析结果判定

本文将建模的舌形刃缘选取了 21 个节点施加荷载,每个节点给予 100 牛顿的力,这个值是常人力臂的最大值,经过 ANSYS 运算我们得出了刃缘的崩损是由于高应力所致。该结果与标本的实际观察结果吻合。在本文记述的 44 件标本中,标本编号为百色大同055、百色 GLP89 - C155(图 7,1)的两件凸刃砍砸器、百色 GLP86 - C006(图 7,2)的一件手镐及百色杨屋 53(图 7,3)的一件手斧的舌形刃缘都有崩损,提示舌形刃缘曾作为功能部位进行了使用。由于旧石器为人工打制,其外形不像人工铸件那么标准,本文仅仅是根据测量指标进行了舌形刃缘部位的近似建模。

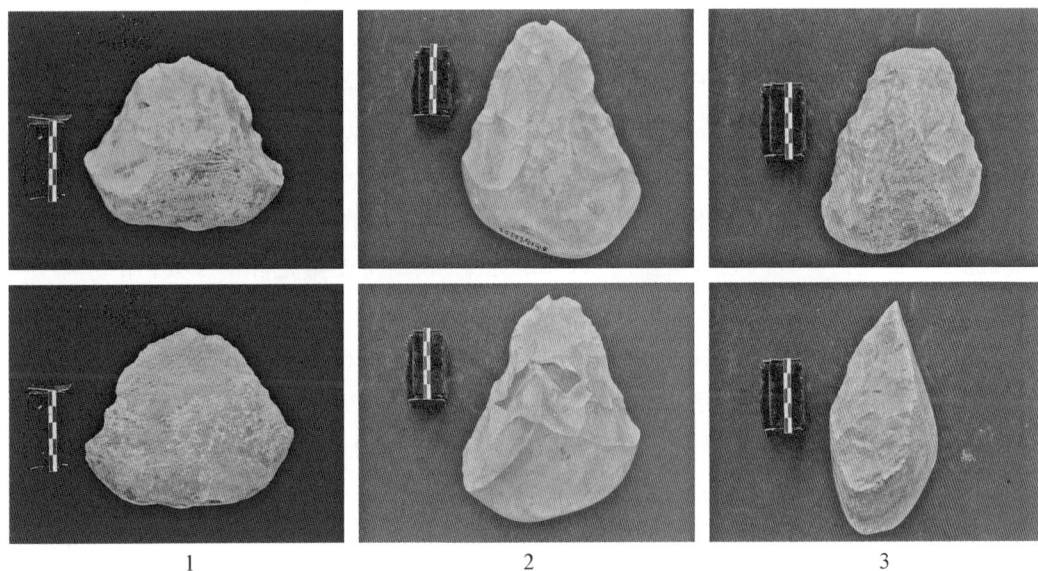

图 7　建模所用的部分百色重型工具

1. GLP89 - C155(高岭坡遗址的凸刃砍砸器)　2. GLP86 - C006(高岭坡遗址的手镐)　3. YW - 53(杨屋遗址的手斧)

(三) 有限元建模的优势

有限元方法是应用于工程领域中的一种数学物理方法,它能够对一些建筑结构构件进行建模,分析其各个方向的应力分布,为工程质量提供科学论证。而有限元分析软件

（如 ANSYS）的基本功能是建立研究对象的有限元仿真模型,通过仿真对模型进行求解运算,来获取所建模型的未知结构力学的指标。

本文首次尝试使用有限元方法对百色这类重型工具进行建模,首先将 44 件标本的点面数据输入到 ANSYS 软件中,建立起一个 3D 的结构模型;然后把弹性模量、单轴抗压强度、泊松比、黏聚力、膨胀角和内摩擦角等物理参数赋予模型;最后确定有限元分析的边界条件,包括对舌形刃工具模型附加虚拟的固定、加载等。

有限元方法在旧石器力学研究中最大的优势就是对考古标本的"无创性",该方法在不破坏珍贵标本的前提下,通过测量给出的点面数据用有限元方法进行建模分析,然后通过计算机运算来得到石器有效刃缘的应力大小。本研究所建模型可作为今后进一步研究的参照,进行相关的对比研究。

（四）本研究的不足与展望

有限元分析方法问世六十多年来,已经发展成为工程力学领域最为常用的一种数值模拟计算方法。在生物力学领域的应用近年来也获得不少成果,如对临床上假体的植入和指导治疗都起到了良好的效果。本研究是将有限元分析方法引入旧石器功能学研究的初步尝试,个中仍存在诸多不足。旧石器领域的有限元力学分析建模尚未有人探究。包括从标本的测量指标到相应的岩石弹性模量的测定等诸多工作,都还没有明确的标准和实验测定。本研究的模型是在观察了百色大量相关标本的基础上,对具有舌形刃缘的重型工具尝试性地确定了一些建模数据,其中的得失有待在以后的工作中进行评估。限于研究基础的不足,我们尚未对百色石器的毛坯砾石进行弹性模量的测定,仅以硅质岩的弹性模量来进行初步的建模,即便是同一种岩性,也会因产地的不同以及石料内在晶体结构和裂隙发育程度而有数值上的差异,在后续研究中,我们将逐步完善基础数据的积累,继续围绕力学分析和功能模拟两大主题进行研究。

本文主要讨论了重型工具使用过程中应力造成破碎的模拟结果,并没有考虑工具的预制加工和修理。诚然,一件工具的加工和使用是一个很复杂的过程,不同加工过程如初加工与二次修整会留下各种片疤,这些片疤有时很容易和砍伐和挖掘时造成的破碎相混淆。而工具的运动方式(tool motion)及不同的加工材料(worked material),又会在石制品上留下不同的微痕。石制品刃缘部分的破损或表面的光泽可能并不一定是使用造成的。自然动力(如流水和风沙等)和人为的扰动(如发掘损伤等)均会在石制品刃缘和表面留下微痕[16]。所以,石器工具在生产和使用过程中受力情况极其复杂,它往往是各种动力过程共同作用的产物,常会因不同的运动方式以及不同的工作对象而发生不同程度的损坏,本文仅仅是通过加载人手臂最大挥动荷载来进行的应力分析,只选取了重型工具常用的劈裂、砍砸和挖掘等工况(即纵向受力和横向受力)进行模拟,得出的应力分析结论并不能涵盖这类工具可能的所有用途。因此,如何从应力分析的角度来帮助了解石器工具的功能和人类的行为,可能还需要多变量和多方法的综合分析。本文只是从力学模拟的角度,提供了一个初步可供参照的方法。

　　史前人类的生产生活方式一直是旧石器时代考古学所研究的一个重要的领域,考古学家通过对石制品的研究,可以了解更多的史前人类的生活习惯或者生活方式。微痕分析的方法可以说是旧石器研究领域推断古人类生活行为方式最为常用的一种科学研究方法,该方法强调在实验的基础上对石器的功能进行分析和解读,大大加深了我们对古人类经济行为的认识。就以往的研究来看[17~18],微痕分析的研究标本一般为燧石制品,它们在中国旧石器时代遗址中数量不占多数,对石制品的埋藏条件也有较高的要求。百色盆地的砾石石器由于风化和侵蚀等自然原因在目前条件下较难开展微痕研究,而运用有限元方法对百色石器进行力学模拟和功能分析,通过对一定数量的具有相似功能形态的石器进行标本数据采集,建立数字模型来探讨石器的功能,进而解读古人类的生产生活方式,了解古人类的经济行为,不失为一个新的可供努力的研究方向。

　　致谢:百色市右江民族博物馆的黄胜敏馆长和田东县博物馆的田丰馆长在有关标本的研究方面所给予的支持;中国地质科学院地质力学研究所的裴军令先生的指导和鉴定标本岩性;沈文龙先生清绘线图。

注　释

[1] Sellet F. Chaine operatoire: the concepte and it's application[J]. Lith Tech, 1993, 18(1/2): 106 - 112.

[2] 钟世镇.数字人和数字解剖学[M].济南:山东科学技术出版社,2004:392~396.

[3] 罗承刚,龚宪生.近端股骨的非均匀及各向异性有限元模拟[J].重庆大学学报(自然科学版),2004(2):20~23.

[4] 李苏皖,卜海富,何仿,等.正常双腿站立位股骨上段应力分布的三维有限元分析[J].临床骨科杂志,2003(1):4~7.

[5] 王成焘.中国力学虚拟人[J].医用生物力学,2006(3):7~13.

[6] Korioth TWP, Romilly DP and Hannam AG. Three-Dimensional finite element stress analysis of the dentate human mandible[J].Am J Phys Anthropol, 1992, 88: 69 - 96.

[7] 李炎贤,尤玉柱.广西百色发现的旧石器[J].古脊椎动物与古人类,1975,13(4):225~228.

[8] 黄启善.百色旧石器[M].北京:文物出版社,2003:1~180.

[9] 谢光茂,林强.百色旧石器的发现与研究[A].见邓涛,王原主编.第八届中国古脊椎动物学学术年会论文集[C].北京:海洋出版社,2001:245~253.

[10] 谢光茂.广西旧石器时代考古回顾与瞻望[A].见广西壮族自治区文物工作队编.广西考古文集(第2辑)[C].北京:科学出版社,2006:9~35.

[11] 何乃汉,邱中郎.百色旧石器的研究[J].人类学学报,1987,6(4):289~297.

[12] HOU Ya-mei, Potts R, YUAN Bao-yin et al. Mid-Pleistocene Acheulean-like stone technology of the Bose basin, South China[J]. Science, 2000, 287(5458): 1622 - 1626.

[13] 王富耻,张朝晖.ANSYS10.0有限元分析理论与工程应用[M].北京:电子工业出版社,2006:1~383.

[14] 廖东华,韩海潮,匡震邦.离体胫骨的有限元分析[J].生物医学工程学杂志,1998,15(1):53~57.

[15] 谢光茂.百色旧石器与亚洲东南部其他早期砾石石器异同的成因[A].见黄启善主编.百色旧石器[M].北京：文物出版社,2003：104~108.

[16] 沈辰,陈淳.微痕研究(低倍法)的探索与实践——兼谈小长梁遗址石制品的微痕观察[J].考古,2001(7)：62~73.

[17] 侯亚梅.石制品微磨痕分析的实验性研究[J].人类学学报,1992,11(3)：202~215.

[18] 侯亚梅.考古标本微磨痕初步研究[J].人类学学报,1992,11(4)：354~361.

（本文发表于《人类学学报》2008 年第 27 卷第 2 期）

旧石器时代早期古人类的利手分析

——以百色盆地高岭坡遗址为例[*]

袁俊杰

一、前　言

（一）利手（Handedness）的定义

利手（Handedness）是一个神经生物学的术语，一般是指人类运动行为中的优势手现象，惯常使用右手者被称为右利手（Right-handers），惯常使用左手者则被称为左利手（Left-handers），也就是俗称的"左撇子"。利手一般表现在一些用手的复杂和精细操作上，比如说：用筷子、写字、用绣花针、打球、投掷飞镖、用锤子[1]，等等；界定时类似于指纹图谱的识别，要综合多项指标才可以进行左右利手的认定。国内一些学者曾将利手翻译为"手性"[2]"左右手"[3]等中文名称，笔者考虑这是一个规范的神经生物学术语，虽在考古人类学领域涉及，但仍建议统一使用"利手"名称[4]。

在人类的运动行为中，还有两大未解之谜，这就是直立行走和右利手。在现生的灵长类中，我们人类存在着极其明显的利手现象，不对称地偏向使用一侧的手（利手）是人类的特征[5]。在现代人群中，大约有90%的人是右利手（Right-hander），大约10%的人为左利手（Left-hander）。其中在男性中，右利手占80%，左利手占9%，两利手（Ambidextrous）占11%；在女性中，右利手占66%，左利手占2%，两利手占32%，两性间存在一定的差异[6]。尽管在现生的非人灵长类中也存在类似的利手行为，但比例远没有达到如此悬殊，大约为1：1。如黑猩猩在用手持握和工作时并没有显示出明显的群体偏侧性（Populational laterality）[7]。从现有的研究来看，人类的利手和大脑的偏侧化是紧密联系的，不仅仅存在于现生的人类，而且在化石人类的颅内模中也有所反映[8~12]。这就提示现代人群中右利手的偏侧化有着本质上的基因改变，这种改变可能早在人猿沿着不同进化路线分野时就已经存在了[13]。

对史前遗址中的古人类群体进行利手分析，可以通过古神经证据（如对颅内模的研

＊　本文为广西人文社会科学发展研究中心一般项目"百色盆地旧石器遗址群阿舍利文化研究——以手斧为中心"的资助，项目批准号：YB2012004。

究)来得到大脑偏侧化情况,并进一步反推当时人类的利手情况;而大量的史前遗址仅有文化遗物(如旧石器)的发现,并没有伴生古人类化石,如何从石制品的研究中找到古人类群体的利手证据,这是个全新的课题。实验考古学和神经生物学的方法可以帮助我们对史前人类的利手情况及其可能的神经结构改变进行推断。就目前笔者所掌握的资料来看,仅有美国考古学家 N. Toth 对肯尼亚库彼福勒(Koobi Fora)遗址和西班牙安布罗纳(Ambrona)遗址古人类群体所作的利手分析[14]。虽仅有一个孤例,但其中的研究方法值得借鉴,笔者也尝试用同样的方法,通过实验考古学对旧石器时代早期的百色盆地高岭坡遗址的古人类群体进行利手行为方式的分析。

(二)百色盆地高岭坡遗址及其年代

百色盆地位于广西壮族自治区的西部(N23°34′~N23°55′,E106°34′~E107°15′),向西连接云贵高原,南面邻近中南半岛。盆地呈北西—南东走向,长约 90 km(从百色的东笋到田东的思林),宽约 15 km,面积约 800 km²。西江最大支流邕江两个支流之一的右江,由云南入境后顺长轴穿越盆地并在南宁附近与左江汇成邕江。本地区属于亚热带湿润季风气候,夏季长而炎热,干湿季节明显。盆地西部和北部为中、下三叠系砂页岩构成的低山丘陵,东部和南部为上古生界石灰岩峰林、洼地和谷地。盆地内沉积了下第三系湖相含煤砂岩、砂质泥岩和泥岩,厚达 3 000 m 以上。在此基础上,第四纪以来发育了一系列河流堆积和地貌[15]。

高岭坡遗址位于广西壮族自治区百色市田东县境内的林逢镇檀河村(黄慰文先生在《对百色石器层位和时代的新认识》一文中曾提到高岭坡遗址地理位置为田东县檀河镇林逢乡坡算村,经笔者实际考察应为田东县林逢镇檀河村,坡算村应为檀河村下面的一个屯,亦即高岭坡遗址所在地,现予以说明),距县城东南方约 10 km 处右江南岸的第四阶地上,地理坐标为北纬 23°33′60″,东经 107°11′57″。(图 1)该遗址方圆 2 km²,顶面最高处高出右江水面 62 m,海拔约 152 m,砖红壤裸露,地表至今仍然散布有不少的石制品。由于百色盆地遍布南方特有的酸性砖红壤,不利于动物骨骼的保存,所以在右江河谷两岸的河流阶地上没有发现与石器伴生的动物化石,因而无法利用生物地层学进行相对年代的推定。在 1993 年高岭坡遗址的发掘中出土了与石器同层的玻璃陨石,为百色旧石器的年代测定工作带来了突破,经由中国原子能科学研究院和美国加州大学伯克利分校地质年代中心分别用裂变径迹法和氩/氩法测定,分别获得距今 73.3 万年[16]和 80.3 万年[17]的数据,亦即早更新世晚期至中更新世早期。由于百色高岭坡遗址在文化遗物及地层年代学上的重要性,2001 年 6 月,遗址被国务院公布为第五批全国重点文物保护单位。

近些年来,百色盆地的旧石器因其年代的久远性和具有与西方相似的阿舍利技术而被国际学界所关注[18、19]。作为旧大陆人类迁徙与演化研究不可或缺的重要文化遗物,百色盆地丰富的旧石器为研究当时古人类的行为和技术特征提供了最直接的载体。对于史前遗址石制品的研究,除了传统的类型学研究以外,国际学术界已将更多的目光关注在古

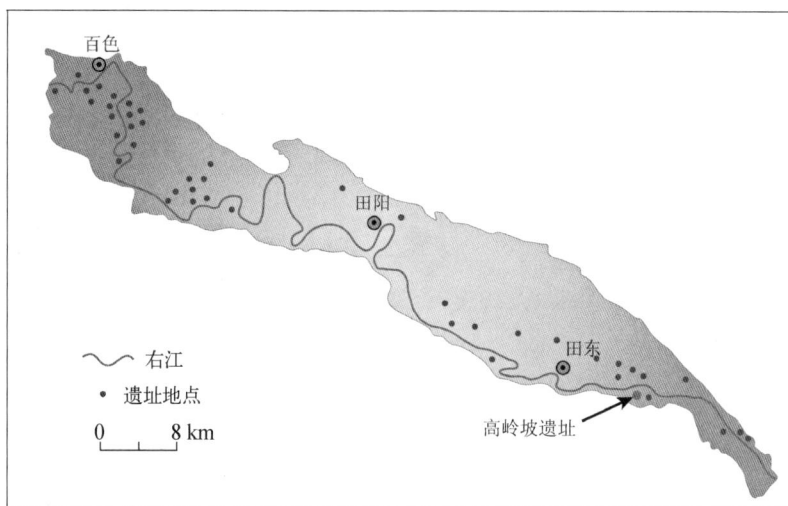

图1　百色高岭坡遗址地理位置图

人类的行为和认知能力分析上[20~25],这些新的思路有助于获取更多的史前人类行为和认知能力的信息。

二、研究方法和材料

(一) N. Toth 的利手实验

在对肯尼亚库彼福勒(Koobi Fora)遗址和西班牙安布罗纳(Ambrona)遗址石制品的研究中,N. Toth 发现打制石片时手持握的石核偏向于顺时针方向的旋转(从上向下观察)。此后,他对早期石器打制的实验模拟研究也显示上述这种非随机的模式一直存在于右利手打制的工具制作者中。N. Toth 据此推断早在早更新世时,那时的古人类的大脑就已经有了明显的偏侧化,大脑的两个半球已经有了更多的功能分化。

右利手的工具制作者在连续打制一系列具有叠覆关系的石片时,左手持握的石核往往因手腕的解剖特性而呈顺时针方向旋转,从而产生了具有右手源石片(right-oriented flakes)特征的石片。(图2)包括 N. Toth 本人在内的右利手工具制作者在模拟打制时都

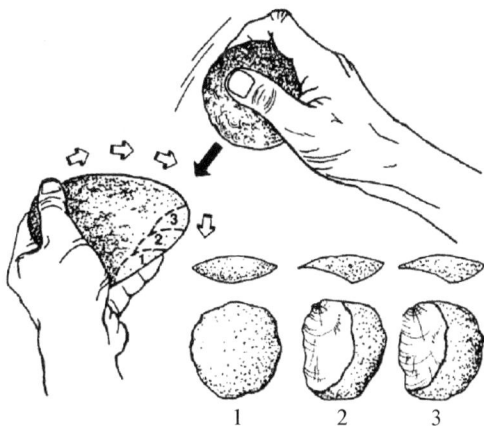

图2　顺时针方向打制右手源石片示意图
2 和 3 均为右手源石片(依 Stanley H. Ambrose, 2001)

出现了这种现象,相反的结果也出现于左手打制者当中。

以右手源石片(right-oriented flakes)为例,它的鉴定特征是,石片台面向上(不论是人工台面还是自然台面),背面朝向观察者,右侧有石皮者皆为右手源石片;左手源石片(left-oriented flakes)的鉴定特征则与此相反。(图3)

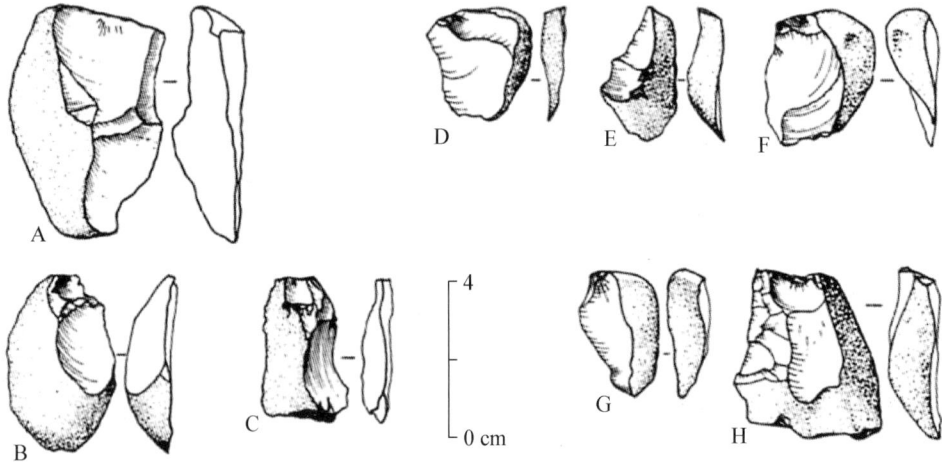

图3　N. Toth 划分的左手源石片和右手源石片示意图
A、B、C 为左手源石片　　D、E、F、G、H 为右手源石片[14]

N. Toth 用了 7 年的时间研究了早更新世的奥杜威工业、肯尼亚库彼福勒遗址和中更新世的西班牙安布罗纳遗址,并将重点放在对早期人类的技术和适应性的研究上。其中在对库彼福勒遗址的研究中,Toth 的工作还包括对典型早期石核的实验复制。在对 125个石核的打制实验中,共复制产生了 1 569 件直径≥2 cm 的石片,这里有 386 件石片符合左右手源石片的鉴定特征,通过分析得到右手源石片与左手源石片的比例是 56∶44,这个比例经常出现在右手打制的实验复制中(N. Toth 本人也是右利手)。而库彼福勒遗址中有 303 件石片符合石片左右手源鉴定的特征,右手源石片和左手源石片的比例为57∶43。安布罗纳遗址中有 79 件石片符合左右手源石片鉴定特征,右手源石片和左手源石片的比例为 61∶39,大于库彼福勒遗址的 57∶43(通过统计分析,上述结论 p<0.05)。

从以上数据可以看出这两个史前遗址的古人类群体是一个右利手偏好的群体。

(二) 高岭坡遗址的利手实验

1. 实验被试

该实验的被试者由三部分组成:笔者、一名左利手美国学者[Catherine A.Forster 是美国纽约州立大学石溪分校(Stony Brook)解剖学系的副教授,2006 年夏访问中国科学院古脊椎动物与古人类研究所,笔者与其谈到利手实验时得知她是个左利手,故而邀请她做一次模拟打片,她非常爽快地接受了邀请,尽管此前她并没有任何打制经验,但是做起来非常认真,留下了珍贵的左手打制的石片样本]和百色田东县第一中学的 32 名高中学生,具体情况见表 1。

表 1　被试情况统计表

被试组成	性　别	年　龄	利　手
笔　者	男	28	右利手
美国学者	女	46	左利手
田东中学高中生	男 17 人,女 15 人	平均 16.5 岁	左利手 2 人,右利手 30 人

2. 实验步骤

（1）原料采集

考虑到是对高岭坡遗址古人类群体进行利手分析,笔者在模拟打制的原料选择上采取原地采集的原则,这样就保证石料的岩性构成与遗址中的石制品一致。因为在旧石器考古中,原料不仅是制作石器的物质基础,而且是影响石器工业特征的重要因素[26]。

现在的高岭坡遗址附近有着广泛的砾石层的出露,我们采集石料用一种随机的方式,并不刻意追求砾石的天然形态,总共采集石料约 350 kg。后经过鉴定,岩性涵盖石英砂岩、石英岩、石英、粉砂岩和硅质岩,与遗址中石制品岩性相当,总共有效打制 46 件石核,其岩性构成见图 4。

（2）被试情况与利手确定

考虑到是对高岭坡遗址古人类群体进行利手分析,在模拟打制实验被试的选择上,我们选取了遗址所在的田东县第一中学的 32 名高中生。

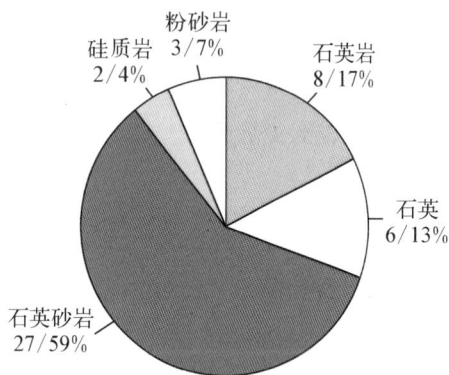

图 4　田东利手实验石核的岩性构成

对于利手的确定,最常用的界定方法是以书写的用手为主[27]。一般来讲,利手是根据书写、进食等少数几个动作来确定的;也有更进一步以拿筷、执笔、投掷、提物、刻划、玩牌及玩球等习惯中的 3 项以上来确定[28]。笔者根据学生的特点确定了 4 项标准让学生选择:拿筷、写字、打锤子和投掷铅球,以符合其中 3 项及以上的来确定利手情况。之所以选择打锤子作为指标之一,是因为模拟硬锤打制石器类似于打锤子的挥动。曾有学者研究表明,打锤子比写字更具有右利手的偏侧化[29]。基于此,我们专门设计了问卷来获取被试的基本情况和利手情况(详见附录一)。

这批学生中男生有 17 名,女生有 15 名;有 1/4 的学生从不了解石器,3/4 的学生了解一点儿石器;有 21.9% 的同学曾有过打制石器的经验,78.1% 的同学从未有过打制石器的经验,依据上述利手的鉴定指标,最终确定 32 名学生中左利手有 2 名(男、女各一名),其余皆为右利手。

(3)打制示范

实验开始前,笔者先将实验目标确定为模拟打制石器,而没有告诉被试者实验目的是做利手分析,这样就尽可能避免一些人为的干扰。笔者首先给被试者简单交代了一些术语(如打击台面,台面角,毛坯,两面加工等),并亲自做了打制示范,并嘱咐要根据毛坯的形态,自己决定打制什么器形及确定哪种加工方式(如用单面加工还是两面加工)。

(4)正式打制

正式打制时,笔者交代每一名被试者,如果打制的石核因为岩性节理而损坏则要更换原料继续打制(损坏的石核则不记入统计当中)。每个人打下的石片要连同石核收集起来,放入标本袋中并写上自己的名字,做到标本和人一一对应。

(三)研究材料

高岭坡遗址是中国科学院古脊椎动物与古人类研究所参与百色盆地旧石器研究以来首个经过系统正式发掘的遗址[30],本文所研究的材料是于 1988 年、1989 年和 1991 年三年野外发掘所获得的 65 件石片。

(四)实验结果

(1)各类被试者打制情况统计

具体数据见表 2。

表 2　被试打制石片统计表

被试组成	利　手	打制有效石片总数*	手源石片数目和比例	左手源石片数目和比例	右手源石片数目和比例
笔　者	右利手	31	12(38.7%)	4(33.3%)	8(66.6%)
美国学者	左利手	16	4(25%)	4(100%)	0
田东第一中学学生	左利手 2 人	0	0	0	0
	右利手 30 人	378	63(16.7%)	20(31.7%)	43(68.3%)

* 这里指的有效石片也是比照 N. Toth[14]的标准,以石片直径≥2 cm 来确定。

(2)遗址和实验组利手情况的对照分析

高岭坡遗址中总共有 65 件符合利手源石片特征的石片,其中左手源石片 30 件,右手源石片 35 件(图 5),通过 x^2 检验得出,左、右手源石片数量没有显著差异($x^2 = 0.39$, df = 1, p>0.5)。这说明样本中没有反映出利手源石片的差异。

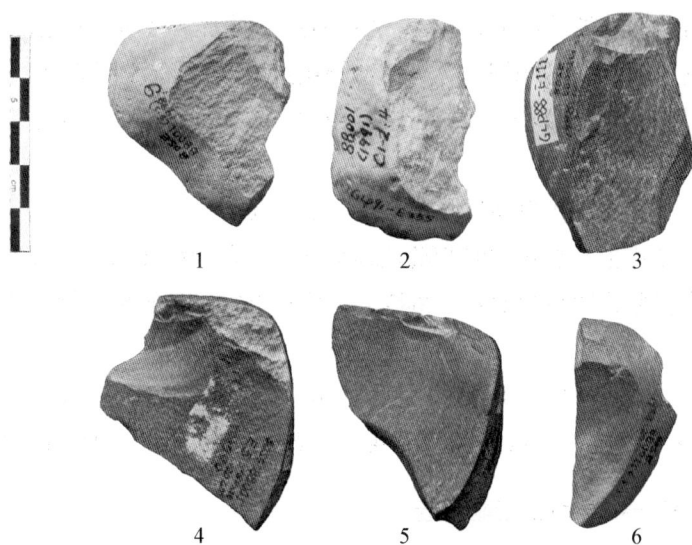

图 5　高岭坡遗址中的部分利手源石片
1~3. 为左手源石片　4~6. 为右手源石片

本实验由于三类被试者不同质,所以在进行后面的遗址和实验对比分析时,笔者仅选取了田东一中的学生作为对照组(图 6)。通过卡方检验得出:在实验组中,左手源石片 20 件,右手源石片 43 件,根据 x^2 检验的结果,右手源石片数量显著地多于左手源石片数量。($x^2 = 8.40$, df = 1, p<0.01)。这说明实验群体是一个右利手为主体的人群,模拟打制中产生更多的右利手石片。

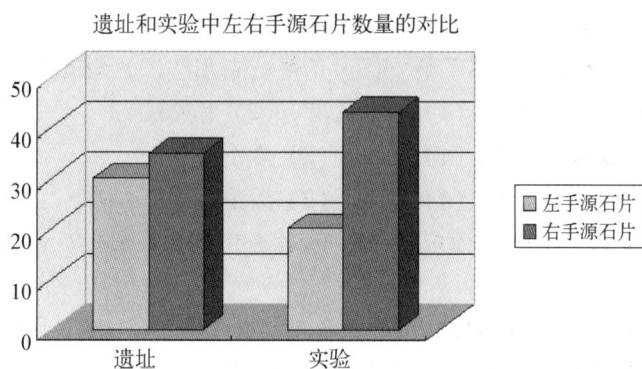

图 6　田东第一中学利手实验对照组和高岭坡遗址中利手源石片柱状图

三、结　　论

田东第一中学利手实验对照组通过方差分析,p<0.01,说明左手源石片与右手源石片

数量上差异显著。田东被试者中有 30 人是右利手,2 人是左利手,上述结果显示 N. Toth 的方法是可行的,右利手的被试者能打制出更多的有右手源石片特征的石片。

遗址组通过方差分析,p>0.5,说明左手源石片与右手源石片数量上差异不显著。这样的结果有如下几种可能:

1. 高岭坡遗址中古人类群体并没有利手的显著偏好。

2. 笔者论文研究的材料仅仅是高岭坡遗址石制品的"冰山一角",现有的利手源石片并不能代表整个遗址石制品的面貌。留待以后更多材料的补充再来阐释遗址古人类群体的利手情况。

下一步,我们的工作将主要放在百色盆地出土的手斧、手镐、砍砸器等重型工具的利手分析之上,希望能够进一步解读 80 万年前百色直立人的利手行为和认知能力。

附录一:田东县第一中学利手实验问卷

田东实验被试情况登记及实验说明

同学:

您好!欢迎您参加我们的实验。

在实验开始之前,请您先回答以下几个问题,请务必按照您的真实情况回答,实验结束之后我们会送给您一些礼物,谢谢您的合作!

1. 姓名:

2. 年龄:

3. 性别:(1)男 (2)女

4. 年级:(1)高一 (2)高二 (3)高三

5. 您了解石器吗?(1)不了解 (2)了解一点儿 (3)知道很多

6. 您以前打制过石器吗?(1)从来没有 (2)打制过

7. 您吃饭一般用哪只手?(1)左手 (2)右手

8. 您写字一般用哪只手?(1)左手 (2)右手

9. 假如给你一个锤子,让你砸一枚钉子,你会用哪只手来砸?

(1)左手 (2)右手

10. 上体育课时,有投掷铅球项目,您是用哪只手?(1)左手 (2)右手

下面,我们就开始做实验,这个实验想请你来模仿猿人打制石器。大家知道,猿人通过两个石头的相互碰撞得到石器,并用作工具来割肉、挖掘等,现在我们请您也来尝试一下这个过程,在这之前会有老师给你们示范,你们按照老师的要求来做,在打制的过程中不要相互交流,也不要相互模仿,有问题请举手,再次感谢您的合作!

这个实验是一个自愿参加的实验,如果您有兴趣参与,请在下面签上您的名字!如有风险请自己定夺!

签名:

注 释

[1] 罗跃嘉.认知神经科学教程[M].北京：北京大学出版社,2006：78~92.

[2] 约翰·内皮尔(著),陈淳(译).手[M].上海：上海科技教育出版社,2001：1~172.

[3] 王运辅,武仙竹,李海军.国外切割痕迹研究方法述评及在湖北白龙洞的初步应用[J].考古,2009 (11)：86~96.

[4] 袁俊杰."Handedness"的考古学释读[N].中国文物报,2010 - 11 - 13(7).

[5] J. M. Warren. Handedness and laterality in humans and other animals[J]. *Physiological Psychology*, 1980, 8：351 - 359.

[6] 秦震.临床神经生理学[M].上海：上海科学技术出版社,1984：587~632.

[7] W. C. McGrew, L. F. Marchant. *In Great Ape Societies*[M]. Cambridge：Cambridge Univ. Press, 1966：255 - 272.

[8] A. M. Galaburda, M. LeMay, T. L. Kemper, et al. Right-Left Asymmetries in the Brain[J]. *Science*, 1978, 199：852 - 856.

[9] N. Gundara, S. Zivanovic. Asymmetry in east African skulls[J]. *Am J Phys Anthropol*, 1968, 28：331 - 337.

[10] M. LeMay. Morphological cerebral asymmetries of modern man, fossil man, and nonhuman primate [J]. *Ann N Y Acad Sci*, 1976, 287：168 - 170.

[11] M. LeMay. Asymmetries of the skull and handedness-Phrenology revisited[J]. *Journal of Neurological Sciences*, 1977, 32：243 - 253.

[12] A. B. Rubens. Asymmetry of the lateral (sylvian) fissures in man[J]. *Neurology*, 1976, 126 (7)：620 - 624.

[13] K. D. Schick, N. Toth. *Making Silent Stones Speak: Human Evolution and the Dawn of Technology* [M]. New York：Simon & Schuster, 1993：108 - 146.

[14] N. Toth. Archaeological evidence for preferential right-handedness in the lower and middle Pleistocene, and its possible implications[J]. *Journal of Human Evolution*, 1985, 14 (6)：607 - 614.

[15] 黄慰文,冷健,员晓枫,等.对百色石器层位和时代的新认识[J].人类学学报,1990,9(2)：105~112.

[16] 郭士伦,郝秀红,陈宝流,等.用裂变径迹法测定广西百色旧石器遗址的年代[J].人类学学报,1996, 15(4)：347~350.

[17] Hou Yamei, R. Potts, Yuan Baoyin, et al. Mid-Pleistocene Acheulean - like Stone Technology of the Bose Basin, South China[J]. *Science*, 2000, 287(5458)：1622 - 1626.

[18] A. Gibbons. In China, a Handier Homo erectus[J]. *Science*, 1998, 279 (5357)：1636.

[19] A. Gibbons. Chinese Stone Tools Reveal High-Tech Homo erectus[J]. *Science*, 2000, 287 (5458)：1566.

[20] P. G. Chase. Tool-making Tools and Middle Paleolithic Behavior[J]. *Current anthropology*, 1990, 31 (4)：443 - 447.

[21] J. D. Heinzelin, J. D. Clark, T. White, et al. Environment and Behavior of 2.5-Million-Year Old Bouri Hominiod[J]. *Science*, 1999, 284 (5414)：625 - 629.

[22] J. McNabb, F. Binyon, L. Hazelwood. The Large Cutting Tools from the South African Acheulean and the Question of Social Traditions[J]. *Current Anthropology*, 2004, 45(5)：653 - 677.

[23] S. P. McPherron. Handaxes as a Measure of the Mental Capabilities of Early Hominids[J]. *Journal of Archaeological Science*, 2000, 27：655 - 663.

[24] T. Wynn. Archaeology and cognitive evolution[J]. *Behavioral and Brain Sciences*, 2002, 25 (3)：389 - 438.

[25] T. Wynn, F. L. Coolidge. The expert Neandertal mind[J]. *Journal of Human Evolution*, 2004, 46 (4): 467 – 487.

[26] 谢光茂.原料对旧石器加工业的影响[J].广西民族研究,2001(2):99~102.

[27] 梅锦荣.神经心理学[M].台北:桂冠图书股份有限公司,1991:65~69.

[28] 张联珠,刘彩仙,倪春娟,等.汉族左利人群指纹和趾纹的研究[J].人类学学报,2002,21(2):147~154.

[29] M. Annett. A classification of hand preference by association analysis[J]. *British Journal of Psychology*, 1970, 61: 303 – 321.

[30] 侯亚梅,高立红,黄慰文,等.百色高岭坡旧石器遗址 1993 年发掘简报[J].人类学学报,2011,30(1):1~12.

（本文发表于《华夏考古》2013 年第 1 期）

百色盆地澄碧河库区含手斧
遗址群调查及研究*

李大伟　雷　蕾　谢光茂　刘康体
麻晓荣　黄　鑫　李　浩

引　言

　　广西百色盆地因发现具有阿舍利（或似阿舍利）技术风格的石器组合而受到国内外学术界的广泛关注[1]。自1973年盆地内第一个遗址（上宋遗址）发现以来,目前已在盆地内第4级阶地发现旧石器遗址上百处,其中经过发掘的遗址超过20处,取得了一系列的研究成果[1~18]。研究者认为百色盆地内发育有7级阶地[19],其中第4级阶地因发现有手斧和伴生玻璃陨石显得尤为重要。在2000年发表的一项研究成果中,研究者通过对玻璃陨石进行氩-氩法测年,进而判断百色盆地第4级阶地手斧年代为803 ka B.P.[20]。但是,一些学者对这些手斧的年代提出质疑,认为测年所用玻璃陨石并非原地埋藏,且在百色盆地第4级阶地地层中未发现手斧,因此,玻璃陨石的年代不能代表百色盆地手斧年代[20]。但是,自2005年以来,在枫树岛和大梅遗址发现了与原位埋藏的玻璃陨石处于同一水平层位的手斧,从而为手斧年代问题的解决提供了更为明确的地层依据[21~25]。

　　目前,大部分百色盆地旧石器标本存放在百色市右江民族博物馆。从1990年开始,该馆研究人员即在百色盆地进行多次调查,并采集较多的石制品。目前馆藏石制品有5 000多件,其中包括400多件手斧和手镐标本以及一定数量的玻璃陨石。2017年开始,中国科学院古脊椎动物与古人类研究所、广西民族大学、广西文物保护与考古研究所以及右江民族博物馆组成联合研究组,对百色盆地澄碧河库区含手斧的遗址进行野外调查和复查,并对保存在右江民族博物馆的库区内所有石制品进行分析研究。从目前的材料来看,澄碧河库区是一处含手斧遗址相对集中的区域,发现的手斧数量也较多,这为深入探讨旧石器时代早期手斧工具的技术与形态特征,以及东西方早期人群的迁徙扩散和技术交流等提供了宝贵材料。本文主要对该区域含手斧遗址的调查与发现情况,以及手斧工具的特征进行研究和报道。

　　* 中国科学院(B类和A类)战略性先导科技专项项目(批准号：XDB26000000和XDA19050102)、国家社会科学基金项目(批准号：18CKG004)、中国科学院百人计划和广西哲学社会科学规划项目(批准号：17CKG001)共同资助。

一、澄碧河库区旧石器遗址发现概况

澄碧河库区位于广西百色市右江区,属于右江上游支流澄碧河流域。澄碧河库区总体上表现为低山和丘陵地貌,库区边缘低山海拔 300~500 m,丘陵海拔 180~300 m。地势自西北向东南逐渐降低。该地区属于亚热带季风气候,年均气温 21.5~22.5 ℃,年均降水量 1 200 mm 左右[26]。

王頠[27]曾对澄碧河库区枫树岛遗址进行调查及发掘,首次在地层中发掘出土手斧,并在与手斧同一层位发现玻璃陨石。枫树岛的发掘和研究,有助于澄清国内外学术界有关百色手斧的地层来源问题和玻璃陨石能否代表手斧年代的问题;同时,枫树岛大量手斧的分析和研究,对于了解东亚地区早期人类起源、演化和文化传统都具有重要科学意义。本次,我们对澄碧河库区进行全面的考古调查和复查,其中复查遗址 3 处,新发现遗址 15处,目前共发现旧石器遗址 18 处,分布在澄碧河库区周边,主要集中在库区南边。遗址包括后山遗址、林科所遗址、松树岛遗址、桃花岛遗址、无名岛遗址、澄碧林场遗址、松林岛遗址、枫树岛遗址、鸬鹚岛遗址、横山岛遗址、那务新村遗址、马鹿场遗址、太阳岛遗址、公兰岛遗址、囊前岛遗址、弄皇岛遗址、平毕遗址和那郎遗址(图 1)。其中 14 处遗址含有手

图 1　澄碧河库区旧石器遗址群

1. 后山遗址　2. 林科所遗址　3. 松树岛遗址　4. 桃花岛遗址　5. 无名岛遗址　6. 澄碧林场遗址　7. 松林岛遗址　8. 枫树岛遗址　9. 鸬鹚岛遗址　10. 横山岛遗址　11. 那务新村遗址　12. 马鹿场遗址　13. 太阳岛遗址　14. 公兰岛遗址　15. 囊前岛遗址　16. 弄皇岛遗址　17. 平毕遗址　18. 那朗遗址

斧,以太阳岛遗址、澄碧林场遗址、那朗遗址、无名岛遗址和鸬鹚岛遗址发现的手斧数量最
多(表1)。

表1 澄碧河库区石制品统计表

序号	遗 址	石核	石片	刮削器	砍砸器	手镐	手斧	粗制大型工具	总数
1	后山遗址	10			3	0	0		13
2	林科所遗址	4	1		2	0	0	1	8
3	松树岛遗址					0	2		2
4	桃花岛遗址	7				0	6	4	17
5	无名岛遗址	13	23	6	4	0	6	8	60
6	澄碧林场遗址	19	6		7	4	20	2	58
7	松林岛遗址					1	3		4
8	枫树岛遗址	1	3			1	5		10
9	鸬鹚岛遗址	1	4	1		1	10	2	19
10	横山岛遗址	4				0	0	1	5
11	那务新村遗址	2			3	0	2	1	8
12	马鹿场遗址	2	5			0	3		10
13	太阳岛遗址	15	5			4	21	11	56
14	公兰岛遗址	3		1	3	0	1		8
15	囊前岛遗址	5			4	0	0		9
16	弄皇岛遗址	3			1	1	1	2	8
17	平毕遗址	8		1	19	0	1		29
18	那朗遗址	0	0	0	0	1	7	0	8
	总数	97	47	9	46	13	88	32	332
	占比(%)	29.20	14.10	2.70	13.80	3.90	26.50	9.60	100

百色澄碧河库区遗址群地层堆积情况大致相同,从上而下可以划分为3层:

第①层,表土层;

第②层,网纹红土层,厚薄不一致,发现有丰富石制品及玻璃陨石,石制品包括手斧、

手镐、砍砸器和刮削器等石器;

第③层,砾石层。

以太阳岛遗址为例,该遗址地理坐标为 23°58′53″N,106°39′05″E;高程 180.3 m。遗址处于澄碧河库区北岸,地势由西北向东南倾斜,由 3 个相邻的半岛组成。遗址呈不规则状分布,分布面积较大,东西长约 1 000 m,南北宽约 3 000 m。在遗址上采集到手斧、手镐、砍砸器和刮削器等石器,以及较多玻璃陨石。

根据遗址在枯水期暴露的地层来看,遗址地层厚度约 7 m,从上而下可分为 3 层(图 2):

① 粉色砂质黏土组成的表土,松散,植被根系发育。厚 0~40 cm;

② 上部网纹红土层,厚约 6 m。为百色盆地第 4 级阶地典型堆积物,地表可采集到数量较多的石制品和玻璃陨石,石制品中包括手斧和手镐等具有阿舍利技术特色的工具类型;

③ 下部砾石层,目前侵蚀暴露的砾石层厚约 50 cm,未见底。砾石岩性以砂岩、石英为主,粒径以 2~30 cm 左右居多。表面散落的砾石以石英居多,砂岩、石英岩次之,中等磨圆度。

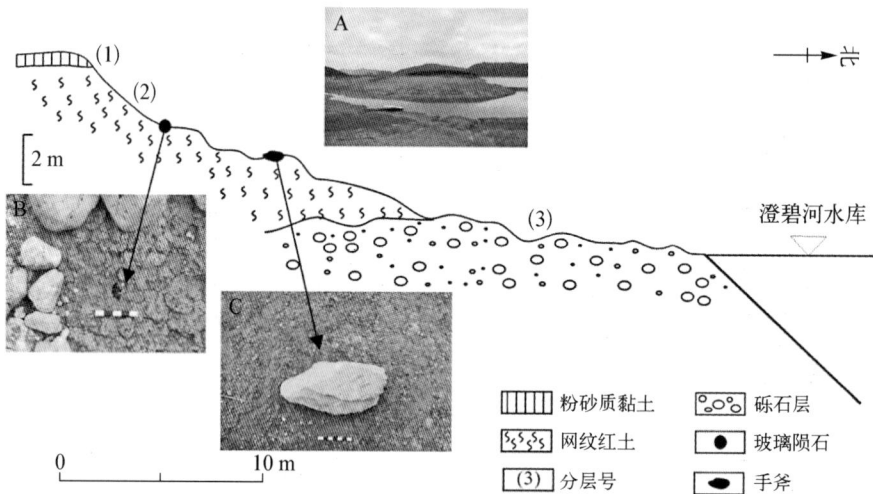

图 2　太阳岛遗址地貌景观及石器与玻璃陨石发现位置

A. 遗址面貌　B. 玻璃陨石　C. 手斧　该图修自[28~29]

此次联合调查共采集石制品 332 件,另有玻璃陨石 60 件,手斧均为采集所得。石制品类型包括石核(n=97 件)、石片(n=47 件)、刮削器(n=9 件)、砍砸器(n=46 件)、手镐(n=13 件)、手斧(n=88 件)、粗制大型工具(n=32 件)(表 1)。本文定义的粗制大型工具是指尚未加工成型的大型工具,主要表现为手斧或手镐等工具的初级形态。另外,传统上主要以加工方式来划分手斧和手镐工具,即单面加工的为手镐,两面加工的为手斧。为了便于对比研究,本文采用了目前国际学界广泛使用的分类标准[30,31],即根据石器远端部位形态的不同,将远端横截面呈三角形的石器划分为手镐,远端横截面呈平凸形、双凸形或其他扁平形态的石器划分为手斧。

从表 1 中可以看出,在发现的 18 个遗址中,石制品数量最多是无名岛遗址(n = 60件),其次是澄碧林场遗址(n = 58 件)和太阳岛遗址(n = 56 件)。工具类型包含砍砸器、手斧、手镐和刮削器,其中以手斧数量最多(n = 88 件),其次砍砸器(n = 46 件),刮削器最少(n = 9 件)。发现手斧的遗址有 14 个,占遗址总数的 78%。

澄碧河库区石器原料来自附近的河滩砾石,岩性包括砂岩、石英岩、石英、各类硅质岩和火成岩等,其中石英岩比例最高,其次为各类硅质岩。包括手斧在内的部分石制品上保留有网纹红土印痕,且一些石制品磨蚀较为严重,表明其暴露地表的时间已经比较长。

调查中还发现了一定数量的玻璃陨石。这些玻璃陨石颜色漆黑,不透明,形状为条形和不规则状,陨石表面可见清晰的坑洼、凹槽和线纹,玻璃陨石表面未见人工打制的疤痕。澄碧河库区地表采集的玻璃陨石在形态特征上与目前已发掘出土的玻璃陨石非常相似(如库区内的枫树岛遗址),推断这些陨石属于早、中更新世之交的亚—澳散布区玻璃陨石[15]。

二、澄碧河库区手斧的技术与形态特征分析

(一) 手斧技术特征

从 88 件手斧的磨蚀程度来看,大部分手斧都经历了不同程度的磨蚀,其中轻度磨蚀的有 51 件,占 58.0%;中度磨蚀和重度磨蚀的各有 17 件;仅有 3 件手斧仍保持新鲜的刃缘。因此,大部分手斧在暴露地表后,都经历了一定时间的外力(水流/风力)磨蚀作用。

制作手斧的原料主要为石英岩,有 69 件,占 78.4%;另有少量的硅质岩(n = 7)、火成岩(n = 6)、石英(n = 4)和砂岩(n = 2)。从对库区内自然砾石层的统计可以看出,砂岩和石英是占比最高的原料,石英岩仅占次要地位,这可能指示了古人类有意挑选石英岩作为制作手斧的原料。

从毛坯来看,大多数手斧(n = 62,70.5%)采用河滩砾石直接加工,但也有一部分手斧(n = 11,12.5%)以大石片为毛坯加工而成。少量手斧(n = 4,4.5%)采用板状毛坯(即自然裂开的砾石)进行加工,另有 11 件手斧由于磨蚀较为严重,难以辨别毛坯类型。相对于砾石毛坯和板状毛坯,大石片毛坯代表了更长的操作链系统以及更高的技术与认知能力的要求[32,33]。古人类首先需要选择尺寸较大的石核,并能够从石核上顺利剥取大石片,这类大石片的长度或宽度一般大于 10 cm。在此基础上,以大石片为毛坯,进行手斧的加工制作。

在工具的加工方面,澄碧河库区手斧主要采用两面加工的方式制作而成,计有 65 件,占 73.9%;单面加工的手斧有 22 件,占 25.0%;另有 1 件手斧的加工方式难以确定。在之前的研究中,多数学者认为百色盆地手斧两面加工的手斧中以单面加工为主,并认为这是

百色盆地手斧区别于其他地区手斧的技术特征之一[1,34,35]。但是,澄碧河库区的手斧材料显示,两面加工的方式明显占比更高。造成这种差异的原因,目前仍不清楚,但考虑到澄碧河流域与右江流域在地理空间上的差异,今后可以尝试从空间变异性的角度对该问题进行探讨。

修理片疤(简称修疤)数量的多少,是反映手斧加工程度的一个重要指标[36,37]。对澄碧河库区手斧修疤的统计结果显示,修疤数量的变异范围较大,其中最少的有 8 个,最多的达 47 个,平均修疤数量为 21.5 个。另外,我们也对手斧上的阶梯状修疤进行了专门的统计。这类修疤一般认为是由原料内部发育的节理造成的,质地均一的原料,产生阶梯状修疤的几率较小。从统计数据来看,澄碧河库区手斧阶梯状修疤最少的仅 1 个,最多的则达 26 个,平均为 7.5 个。从每件手斧阶梯状修疤与总修疤的比值来看,比值最小的为7.1%,最大为 72.7%,平均比值为 35.0%。这一结果显示,阶梯状修疤数量约占总修疤数量的三分之一,因此,原料质地对打制技术的发挥以及手斧最终形态都会产生一定程度的影响。另外,手斧修疤数量的区域间比较结果显示(图 3 和表 2),澄碧河库区手斧平均修疤数量为 21.5 个,欧洲地区手斧平均修疤数量在 10.6 个到 39 个之间,澄碧河库区手斧的平均修疤数量处在西方手斧平均修疤数量的变异范围之内,表明在修理程度上,东西方手斧之间并没有显著的差别(图 3 和表 2)。但是,我们也注意到,西方手斧的修疤数量与手斧年代之间存在一定的对应关系,即年代越晚,手斧修疤数量相应的越多。因此,在今后研究中,我们应该对比更多与澄碧河库区手斧在年代上相近或相同的西方手斧标本。

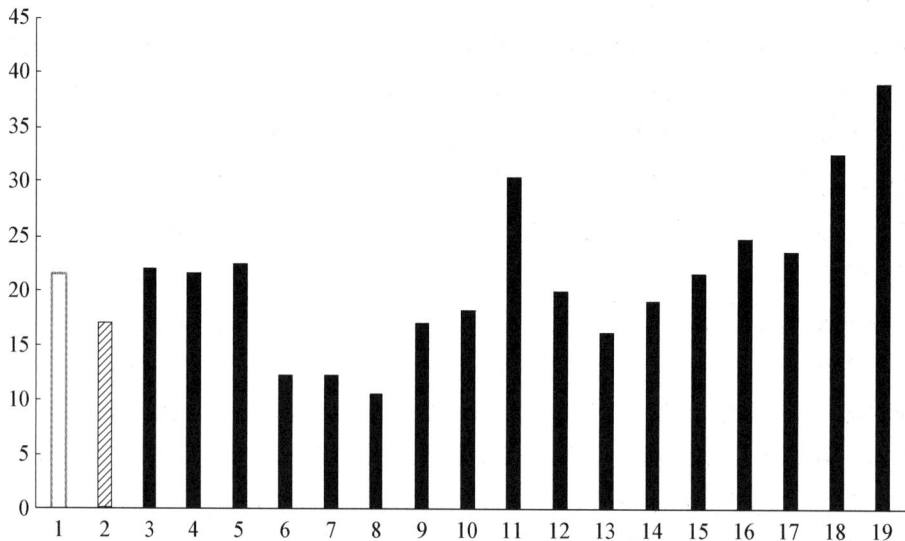

图 3　不同地区手斧修疤数量比较(左边坐标为修疤数量平均值,数据来源于参考文献[38~40])
1. 澄碧河库区(中国)　2. 丹江口库区 3 级阶地(中国)　3. Hunsgi(印度)　4. Chirki(印度)　5. Porto Maior(西班牙)　6. KGA6 - A1 Locus C(埃塞俄比亚)　7. KGA4 - A2(埃塞俄比亚)　8. KGA10 - A11(埃塞俄比亚)　9. KGA7 - A1, A2, A3(埃塞俄比亚)　10. KGA12 - A1(埃塞俄比亚)　11. KGA20 - A1, A2(埃塞俄比亚)　12. Olorgesailie(肯尼亚)　13. Beds Ⅲ/Ⅳ of Olduvai(坦桑尼亚)　14. Ternifine(摩洛哥)　15. Grotte des Ours(摩洛哥)　16. STIC(摩洛哥)　17. Rietputs 15(南非)　18. Doornlaagte(南非)　19. Cave of Hearths(南非)

表2　不同地区手斧修疤数量的比较（数据来源于参考文献［38~40］）

遗　　址	国　家	年　代	数量	修　疤　数　量			
				最小值	最大值	平均值	标准偏差
东　亚							
澄碧河库区	中　国	约80万年	88	8	47	21.5	8.15
丹江口库区3级阶地	中　国	约50~30万年	100	6	37	17.05	7.01
南　亚							
Hunsgi	印　度	中更新世	38	8	54	22.05	10.32
Chirki	印　度	中更新世	40	10	41	21.60	7.26
欧　洲							
Porto Maior	西班牙	约29~20万年	67	5	55	22.5	—
非　洲							
KGA6 – A1 Locus C	埃塞俄比亚	约175万年	4	—	—	12.30	5.70
KGA4 – A2	埃塞俄比亚	约160万年	19	—	—	12.30	7.50
KGA10 – A11	埃塞俄比亚	约145万年	16	—	—	10.60	5.70
KGA7 – A1, A2, A3	埃塞俄比亚	约140万年	17	—	—	17.10	7.70
KGA12 – A1	埃塞俄比亚	约125万年	30	—	—	18.20	7.30
KGA20 – A1, A2	埃塞俄比亚	约80万年	19	—	—	30.40	10.9
Olorgesailie	肯尼亚	约99~70万年	913	—	—	20.00	8.20
Beds Ⅲ/Ⅳ of Olduvai	坦桑尼亚	约99~70万年	333	—	—	16.20	6.30
Ternifine	摩洛哥	约70万年	48	3	56	19.10	10.45
Grotte des Ours	摩洛哥	约40万年	51	8	50	21.60	9.92
STIC	摩洛哥	<70万年	70	8	74	24.80	11.34
Rietputs 15	南　非	约130万年	57	7	41	23.63	7.81
Doornlaagte	南　非	约60万年	15	13	72	32.50	16.40
Cave of Hearths	南　非	约50万年	64	12	106	39.00	13.81

（二）手斧形态特征

本文首先对澄碧河库区手斧远端和近端的横截面形态进行了统计。结果显示，手斧远端（即由两边汇聚而成的尖部）横截面形态以平凸形（n＝42，47.7%）和双凸形（n＝40，

45.5%）为主，仅有少量为梯形（n＝4，4.5%）和不规则形（n＝2，2.3%）形态。手斧近端（即底部）横截面形态则以椭圆形为主，可细分为厚度较大的椭圆形（n＝40，45.5%）和扁平的椭圆形（n＝9，10.2%）两种；其次为不规则形，有20件，占22.7%；三角形（n＝10，11.4%）和方形（n＝9，10.2%）的底部也占有一定比例。

远端是手斧的使用功能单元，而近端往往是用于手握的把手端。平凸或双凸形为主的远端形态更有利于发挥切割、砍砸等功能。对远端刃缘角度的统计也显示，刃角平均值为55°，指示手斧的刃缘以锋利型为主。相较远端，澄碧河库区手斧的近端形态主要为椭圆形，这种把端形态保证了无须修理，便可以手握，应是古人类对原料有目的选择的结果（图4）。

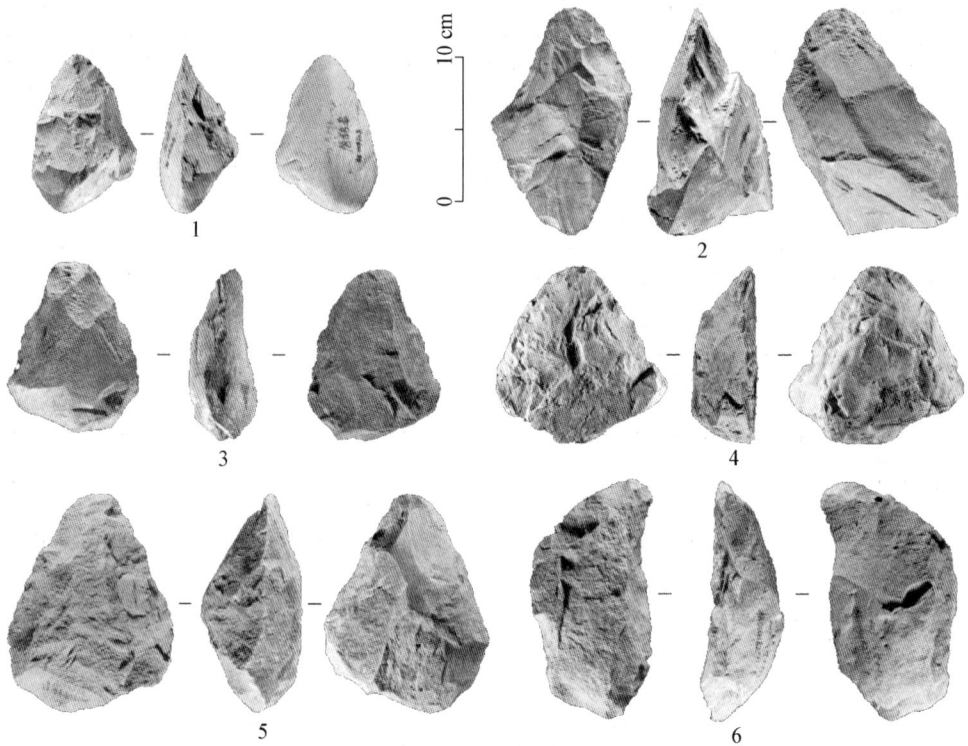

图4　澄碧河库区调查发现的手斧标本
1. 标本004308 鸬鹚岛　2. 标本004155 那郎　3. 标本004153 那郎　4. 标本004506 弄皇岛
5. 标本004162 那务新村　6. 标本004182 澄碧林场

先前研究中，学者们对百色盆地手斧的尺寸测量指标也给予了特别的关注，并且认为百色盆地手斧在厚度上明显不同于西方阿舍利技术中的手斧，可能暗示了该地区手斧的出现是本土趋同演化的结果[41]。为了更好地认识澄碧河库区手斧的形态特征，我们将该地区手斧与非洲、欧洲以及中国其他地区发现的手斧进行尺寸对比。除了之前学者们广泛应用的厚度指标，本研究还加入了长度、宽度、伸长度（长度/宽度）和扁平度（厚度/宽度）指标，以便全面地认识区域间手斧尺寸的异同。另外，对与手斧同层出土的玻璃陨石的氩氩法测年结果显示，澄碧河库区手斧的年代处于距今80万年左右的早-中更新世过渡阶段[15],因此,本研究有目的地选择了距今80万年以来的手斧标本进行对比分析。

统计结果显示,澄碧河库区手斧在长度指标(Mean＝162.86 mm)上处于其他地区手斧的变异范围之内,但在宽度(Mean＝118.33 mm)和厚度(Mean＝73.66 mm)上,都明显高于其他地区的手斧标本(图5和表3)。澄碧河库区手斧的伸长度指标(Mean＝1.40)在所有地区中是最低的,而扁平度指标(Mean＝0.64)则明显较高,仅次于韩国汉滩江流域的手斧(Mean＝0.65)(图6和表3)。因此,澄碧河库区手斧的宽度和厚度明显较大,进而导致手斧在侧视时两侧呈鼓起的形态,而在正视时器身较短、远端的尖状程度也较弱。对于造成澄碧河库区手斧独特尺寸特点的原因,可能与当地原料的形状和大小有关,尤其是砾石石器,不同区域的砾石形状及大小存在较大的差异;当然,也可能与手斧在当地生态环境下所发挥的功能有一定关系[42~44]。

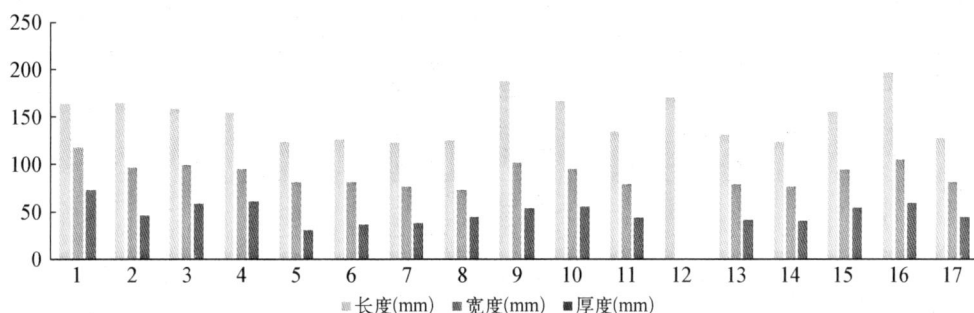

图5 不同地区手斧长宽厚测量指标的比较(数据来源于参考文献[38~40])

1. 澄碧河库区(中国) 2. 丹江口库区3级阶地(中国) 3. 洛南盆地(中国) 4. 汉滩江盆地(IHRB)(韩国)
5. Boxgrove(英国) 6. Broom Pits(英国) 7. Corfe Mullen(英国) 8. Cuxton(英国) 9. Porto Maior(西班牙)
10. STIC(摩洛哥) 11. Grotte des Ours(摩洛哥) 12. KGA20－A1, A2(埃塞俄比亚) 13. Olduvai, Masek Beds
(坦桑尼亚) 14. Elandsfontein(南非) 15. Amanzi Springs(南非) 16. Doornlaagte(南非) 17. Cave of Hearths(南非)

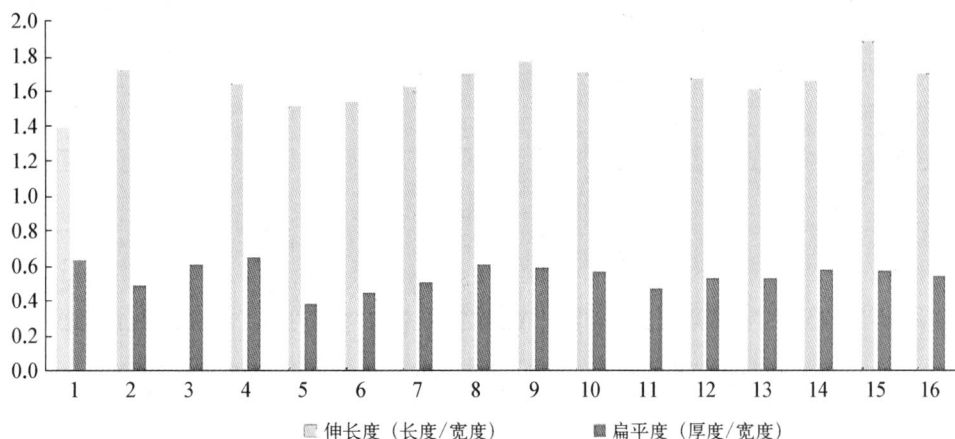

图6 不同地区手斧伸长度和扁平度测量指标的比较(数据来源于参考文献[38~40])

1. 澄碧河库区(中国) 2. 丹江口库区3级阶地(中国) 3. 洛南盆地(中国) 4. 汉滩江盆地(IHRB)(韩国)
5. Boxgrove(英国) 6. Broom Pits(英国) 7. Corfe Mullen(英国) 8. Cuxton(英国) 9. STIC(摩洛哥)
10. Grotte des Ours(摩洛哥) 11. KGA20－A1, A2(埃塞俄比亚) 12. Olduvai, Masek Beds(坦桑尼亚)
13. Elandsfontein(南非) 14. Amanzi Springs(南非) 15. Doornlaagte(南非) 16. Cave of Hearths(南非)

表3　不同地区手斧测量指标的比较（数据来源于参考文献[38~40]）

遗址	国家	年代	数量（件）	长度（mm）			宽度（mm）			厚度（mm）			伸长度（长度/宽度）			扁平度（厚度/宽度）		
				平均值	标准偏差	变异系数	平均值	标准偏差	变异系数	平均值	标准偏差	变异系数	平均值	标准偏差	变异系数	平均值	标准偏差	变异系数
澄鹭河库区	中国	约80万年	88	162.86	27.19	16.70	118.33	19.83	16.76	73.66	19.38	26.31	1.40	0.27	19.31	0.64	0.19	29.69
丹江口库区3级阶地	中国	约50~30万年	105	164.28	31.31	19.06	96.19	15.25	15.85	46.33	12.19	26.31	1.72	0.23	13.38	0.49	0.12	24.71
洛南盆地	中国	约25~7万年	236	157.44	39.60	25.15	98.32	18.36	18.67	58.41	13.46	23.04				0.61	0.14	22.95
汉滩江盆地（IHRB）	韩国	约30万年	58	153.86	30.46	19.80	94.16	13.92	14.78	60.19	12.92	21.46	1.64	0.27	16.44	0.65	0.14	21.65
Boxgrove	英国	约50万年	182	122.56	22.67	18.50	80.79	13.27	16.42	30.59	5.66	18.51	1.52	0.12	7.92	0.38	0.05	13.15
Broom Pits	英国	约29~23万年	241	125.06	35.73	28.57	81.11	17.10	21.08	36.22	10.20	28.16	1.54	0.25	16.28	0.45	0.09	20.10
Corfe Mullen	英国	约50~38万年	131	121.64	27.49	22.60	75.54	13.77	18.23	37.94	12.30	32.42	1.62	0.29	17.88	0.51	0.16	31.51
Cuxton	英国	约43~23万年	205	124.05	34.71	27.98	73.04	15.89	21.76	44.15	11.80	26.73	1.70	0.28	16.50	0.61	0.13	21.36
Porto Maior	西班牙	约29~20万年	67	186.40	32.50	17.44	100.60	12.80	12.72	53.40	10.70	20.04	—	—	—	—	—	—
STIC	摩洛哥	<70万年	82	166.02	26.64	16.05	94.61	15.68	16.57	54.64	10.64	19.47	1.77	0.19	10.75	0.59	0.12	20.45
Grotte des Ours	摩洛哥	约40万年	40	133.14	18.30	13.74	78.45	11.08	14.12	43.81	6.79	15.50	1.70	0.16	9.39	0.57	0.10	17.69
KGA20 – A1, A2	埃塞俄比亚	约80万年	19	169.90	47.80											0.47	0.08	17.02
Olduvai, Masek Beds	坦桑尼亚	70~40万年	125	129.98	17.21	13.24	78.44	10.69	13.63	41.25	7.75	18.79	1.67	0.19	11.38	0.53	0.09	17.00
Elandsfontein	南非	<60万年	232	122.44	32.86	26.84	75.85	16.82	22.18	40.13	11.19	27.88	1.61	0.22	13.64	0.53	0.10	18.83
Amanzi Springs	南非	约60万年	133	154.50	30.74	19.90	93.38	16.41	17.57	53.69	11.22	20.90	1.66	0.19	11.45	0.58	0.10	17.26
Doornlaagte	南非	约60万年	44	195.87	36.17	18.47	103.90	14.45	13.91	59.03	11.76	19.92	1.88	0.21	11.15	0.57	0.10	17.54
Cave of Hearths	南非	约50万年	64	127.07	25.90	20.40	80.92	14.60	17.60	44.40	10.10	22.70	1.70	0.24	14.10	0.54	0.09	16.70

东亚

欧洲

非洲

三、讨论与小结

（一）石制品的特征

此次调查发现了数量较多的手斧工具,为探讨百色盆地手斧技术和形态特征提供了重要材料。从手斧在遗址中的分布状况来看,在 18 个遗址中,有 14 个遗址发现手斧,占遗址总数的 78%。制作手斧的原料来自附近的河滩砾石,从岩性构成来看,澄碧河库区手斧与百色盆地右江河谷第 4 级阶地发现的手斧在原料上较为相似[8、15]。因此,我们推测生活在澄碧河库区的早期人类,可能采集当时河滩暴露的砾石加工石器。另外,大部分手斧都经历了不同程度的磨蚀。从毛坯来看,大多数手斧采用河滩砾石直接加工,但也有一部分手斧以大石片为毛坯加工而成。在加工方面,澄碧河库区手斧主要采用两面加工的方式制作而成。详细的手斧修疤统计结果显示,澄碧河库区手斧修疤数量的变异范围较大。

对澄碧河库区手斧远端和近端的横截面形态的分析结果显示,手斧远端横截面形态以平凸形和双凸形为主,远端刃缘角度以锋利型为主。相较远端,澄碧河库区手斧的近端形态主要为椭圆形,这种把端形态保证了无须修理,便可以手握,应是古人类对原料有目的选择的结果。

总体来看,澄碧河库区手斧与右江河谷地区发现的手斧[8、15]存在很多技术上的相似之处,但同时也有一些区别。首先,在原料利用上,两个地区都以石英岩为主要原料制作手斧;其次,从毛坯来看,砾石毛坯在两个地区都占有重要的比例,但澄碧河库区大石片毛坯的比例高于右江河谷地区;最后,从修理类型来看,澄碧河库区手斧两面修理的比例明显高于右江河谷地区的手斧。

通过对澄碧河库区以及非洲、欧洲和中国其他地区发现的手斧进行尺寸对比[38~40],发现澄碧河库区手斧的宽度和厚度明显较大,进而导致手斧在侧视时两侧呈鼓起的形态,而在正视时器身较短、远端的尖状程度也较弱。对于造成澄碧河库区手斧独特尺寸特点的原因,我们认为可能主要与当地原料尺寸以及手斧在当地生态环境下所发挥的功能有一定关系。同时,也不能排除是由于年代早晚差异抑或不同人群差异所造成的。

（二）澄碧河库区遗址的年代与意义

百色盆地旧石器广泛分布于第 4 级阶地,手斧和玻璃陨石共存于网纹红土地层[8、15]。此次调查发现的旧石器遗址中,就有 10 个遗址发现了玻璃陨石;手斧等石器的表面有网纹红土的印痕,表明其原生层位是网纹红土层。根据以往的研究,百色盆地第四级阶地发现的玻璃陨石属于早、中更新世之交的亚—澳散布区玻璃陨石。最早在 1996 年,百色盆地百谷遗址网纹红土地层中出土玻璃陨石经过裂变径迹法年代测定,得出百谷遗址玻璃陨石的年代为 732 ka B.P.[45,46];2000 年,经过^{40}Ar/^{39}Ar 法对百色盆地第 4 级阶地中与石制品共生的玻璃陨石进行测年,其结果显示百色盆地第 4 级阶地石器文化层形成于距今803 ka B.P.[1]。据此,我们认为澄碧河库区第 4 级阶地遗址中含手斧地层的年代大约在早-中更新世过渡阶段,即距今 732 ka B.P. 或 803 ka B.P.。

近些年来,关于中国区域手斧的研究材料日趋增多,推动了中国区域手斧的进一步研究讨论。同时关于百色盆地手斧技术的起源,长期以来存在趋同演化和西方文化传播与交流两种对立的观点[47,48]。澄碧河库区是目前百色盆地内手斧分布密度最高的地区之一,并且手斧数量较多,澄碧河库区含手斧遗址群的发现和研究,从年代和石器技术两个重要方面,为我们了解中国手斧技术的多样性特点,以及深入探讨中国手斧技术的起源与演化问题提供了宝贵材料。

注　释

[1] Hou YM, Richard P, Yuan BY, et al. Mid-Pleistocence Acheulean-like stone technology of the Bose basin, South China[J]. *Science*, 2000, 287(5458): 1622 – 1626.

[2] 李炎贤,尤玉柱.广西百色发现的旧石器[J].古脊椎动物与古人类,1975,13(4):225~228.
Li Yanxian, You Yuzhu. Discovery of Paleolithic artifacts in Bose, Guangxi[J]. *Vertebrata PalAisatica*, 1975, 13(4): 225 – 228.

[3] 覃圣敏,覃彩銮,梁旭达,等.广西新州打制石器地点的调查[J].考古,1983(10):865~868.
Qin Shengmin, Qin Cailuan, Liang Xuda, et al. A survey of stone tools from Xinzhou in Guangxi [J]. *Archaeology*, 1983(10): 865 – 868.

[4] 何乃汉,邱中郎.百色旧石器的研究[J].人类学学报,1987,6(4):289~297.
He Naihan, Qiu Zhonglang. A study of stone tools from Baise, Guangxi[J]. *Acta Anthroplogica Sinica*, 1987, 6(4): 289 – 297.

[5] 黄慰文,冷健,员晓枫,等.对百色石器层位和时代的新认识[J].人类学学报,1990,9(2):105~112.
Huang Weiwen, Leng Jian, Yuan Xiaofeng, et al. Advanced opinions on the stratigraphy and chronology of Baise stone industry[J]. *Acta Anthroplogica Sinica*, 1990, 9(2): 105 – 112.

[6] 曾祥旺.广西百色市百谷屯发现的旧石器[J].考古与文物,1996(6):1~8.
Zeng Xiangwang. Discovery of Paleolithic artifacts in Baigu, Bose City, Guangxi[J]. *Archaeology and Relic*, 1996(6): 1 – 8.

[7] 林强.广西百色田东坡西岭旧石器时代遗址发掘简报[J].人类学学报,2002,21(1):59~64.
Lin Qiang. A preliminary report on excavations at the Poxiling Paleolithic site in Tiandong County, Guangxi[J]. *Acta Anthropologica Sinica*, 2002, 21(1): 59 – 64.

[8] 黄启善.百色旧石器[M].北京:文物出版社,2003:104~108.
Xie Guangmao, Lin Qiang, Huang Qishan. *Bose Paleolithic Industry*[M]. Beijing: Cultural Relics Press, 2003: 104 – 108.

[9] Langbroek M. Do tektites really date the bifaces from the Bose (Baise) Basin, Guangxi, Southern China? [J]. *Journal of Human Evolution*, 2015, 80(6): 175 – 178.

[10] Xie GM, Bodin E. Les industries paleolithiques du bassin de Bose (Chine du Sud)[J]. *L'Anthropologie*, 2007, 111(2): 182 – 206.

[11] 裴树文,陈福友,张乐,等.百色六怀山旧石器遗址发掘简报[J].人类学学报,2007,26(1):1~15.
Pei Shuwen, Chen Fuyou, Zhang Yue, et al. Preliminary report on the excavation of the Liuhuaishan Paleolithic site at Baise, South China[J]. *Acta anthropologica Sinica*, 2007, 26(1): 1 – 15.

[12] 谢光茂,林强.百色上宋遗址发掘简报[J].人类学学报,2008,27(1):13~22.
Xie Guangmao, Lin Qiang. A preliminary report on the excavation of the Shangsong site[J]. *Acta Anthropologica Sinica*, 2008, 27(1): 13 – 22.

[13] 谢光茂,林强,黄鑫.百色田东百渡旧石器遗址发掘简报[J].人类学学报,2010,29(4):355~371.
Xie Guangmao, Lin Qiang, Huang Xin. A preliminary report on the excavation of the Baidu site in the Bose Basin, South China[J]. *Acta Anthropologica Sinica*, 2010, 29(4): 355 – 371.

[14] 广西文物考古研究所,田东县博物馆.田东坡洪遗址A区发掘简报[A].见:广西文物考古研究所编.广西考古文集(第4辑)[C].北京:科学出版社,2010:36~62.
Museum of Liuzhou, Guangxi Institute of Cultural Relics and Archaeology, Tiandong County Museum. A report on the excavation of a area of the Pohong site in Tiandong County[A]. Guangxi Institute of Cultural Relics and Archaeology ed. *Collected Works of Guangxi Archaeology (Volume Four)*[C]. Beijing: Science Press, 2010: 36 – 62.

[15] 王頠.广西百色盆地枫树岛旧石器遗址[M].北京:科学出版社,2014:1~147.
Wang Wei. *The Fengshudao Site of Paleolithic Age in Baise Basin, Guangxi, South China*[M]. Beijing: Science Press, 2014: 1 – 147.

[16] 邱立诚.田阳那满旧石器时代遗址发掘报告[A].见:广西文物考古研究所编.广西考古文集(第4辑)[C].北京:科学出版社,2010:83~116.
Qiu Licheng. A report on the excavation of the Naman site in Tiandong County[A]. Guangxi Institute of Cultural Relics and Archaeology ed. *Collected Works of Guangxi Archaeology (Volume Four)*[C]. Beijing: Science Press, 2010: 83 – 116.

[17] Huang SM, Wang W, Bae CJ, et al. Recent Paleolithic field investigations in Bose Basin (Guangxi, China)[J]. *Quaternary International*, 2012, 281: 5 – 9. doi: 10.1016 /j.quaint.2011.10.013.

[18] Xu GL, Wang W, Bae CJ, et al. Spatial distribution of Paleolithic sites in Bose Basin, Guangxi, China[J]. *Quaternary International*, 2012, 281: 10 – 13. doi: 10.1016 /j.quaint.2012.02.019.

[19] 袁宝印,侯亚梅,王頠,等.百色旧石器遗址的若干地貌演化问题[J].人类学学报,1999,18(3):215~224.
Yuan Baoyin, Hou Yamei, Wang Wei, et al. On the geomorphological evolution of the Bose Basin, a lower Paleolithic locality in South China[J]. *Acta Anthropologica Sinica*, 1999, 18(3): 215 – 224.

[20] Koeberl C, Glass BP, Keates SG. Tektites and the age Paradox in mid-Pleistocence China[J]. *Science*, 2000, 289(5479): 507.

[21] 王頠,莫敬尤,黄志涛.广西百色盆地大梅南半山遗址发现与玻璃陨石共生的手斧[J].科学通报,2006,51(18):2161~2165.
Wang Wei, Mo Jingyou, Huang Zhitao. Recent discovery of handaxes associated with tektites in the Nanbanshan locality of the Damei site, Bose Basin, Guangxi, South China[J]. *Chinese Science Bulletin*, 2006, 51(18): 2161 – 2165.

[22] Wang W, Bae CJ, Huang, SM, et al. Middle Pleistocene bifaces from Fengshudao (Bose Basin, Guangxi, China)[J]. *Journal of Human Evolution*, 2014, 69: 110 – 122. doi: 10.1016 /j.jhevol.2013.11.002.

[23] 陈晓颖,谢光茂,林强.大梅遗址第一地点发掘简报[J].人类学学报,2017,36(3):289~303.
Chen Xiaoying, Xie Guangmao, Lin Qiang. Excavation of the Locality 1 of Damei Site in Bose Basin,

South China[J]. *Acta Anthropologica Sinica*, 2017, 36(3)：289 – 303.

[24] Xie GM, Lin Q, Yu MH, et al. Stratigraphie et chronologie du site de Gaolingpo dans le Bassin de Bose sud de la Chine[J]. *L'Anthropologie*, 2018, 122(1)：1 – 13.

[25] 谢光茂,林强,余明辉,等.广西百色盆地高岭坡遗址的地层及年代[J].人类学学报,2020,39(1)：106~117.

Xie Guangmao, Lin Qiang, Yu Minghui, et al. Stratigraphy and chronology of the Gaolingpo site in the Bose Basin, South China[J]. *Acta Anthropologica Sinica*, 2020, 39(1)：106 – 117.

[26] 百色地方志百色市志编纂委员会.百色市志[M].南宁：广西人民出版社,1993.

The Compilation Committee of Bose Local Chronicles. *Bose City Chronicles* [M]. Nanning：Guangxi Peoples Publishing House, 1993.

[27] 王頠.广西百色盆地枫树岛旧石器遗址发掘出土的手斧[N].中国文物报,2005 – 5 – 1.

Wang Wei. Discovery of handaxes in the Fengshudao site, Bose Basin, Guangxi[N]. *China Relic Paper*, 2005 – 5 – 1.

[28] 李大伟,黄中政,罗志柏,等.田阳百峰遗址发现的含手斧石制品研究[J].人类学学报,2015,34(3)：288~298.

Li Dawei, Huang Zhongzheng, Luo Zhibo, et al. Early mid-Pleistocene stone artifacts including handaxes discovered at the Baifeng site in Tianyang County, Bose Basin, Guangxi, South China [J]. *Acta Anthropologica Sinica*, 2015, 34(3)：288 – 298.

[29] 廖卫,李金燕,李大伟,等.广西田阳县那赖旧石器遗址发现的石制品和玻璃陨石[J].第四纪研究, 2017,37(4)：678~687.

Liao Wei, Li Jinyan, Li Dawei, et al. Paleolithic stone artifacts and tektite from the Nalai Site at Tianyang County, Guangxi Province[J]. *Quaternary Sciences*, 2017, 37(4)：678 – 687.

[30] Clark JD, Kleindienst M R. The Stone Age cultural sequence：Terminology, typology and raw material [A]. Clark J D ed. Kalambo Falls Prehistoric Site, Volume Ⅲ, The Earlier Cultures：Middle and Earlier Stone Age[C]. Cambridge：Cambridge University Press, 2001：34 – 65.

[31] Kuman K. The Acheulean industrial complex[A]. Smith C ed. Encyclopedia of Global Archaeology [C]. New York：Springer, 2014：7 – 18.

[32] Sharon G. Large flake Acheulian[J]. *Quaternary International*, 2010, 223(5)：226 – 233.

[33] Toth N, Schick K. Evolution of tool use [A]. Michael P. Muehlenbein, Basics in Human Evolution [C]. Amsterdam：Academic Press, 2015：193 – 208.

[34] Moncel M H, Arzarello M, Boëda É, et al. Assemblages with bifacial tools in Eurasia (second part). What is going on in the East? Data from India, Eastern Asia and Southeast Asia[J]. *Comptes Rendus Palevol*, 2018, 17(1 – 2)：61 – 76.

[35] Norton C J, Bae K. The Movius Line sensu lato (Norton et al., 2006) further assessed and defined [J]. *Journal of Human Evolution*, 2008, 55 (6), 1148 – 1150.

[36] Sharon G. *Acheulian Large Flake Industries：Technology, Chronology, and Significance* (Vol. 1701) [M]. Oxford：British Archaeological Reports Ltd, 2007：21 – 26.

[37] Shipton C, Clarkson C. Flake scar density and handaxe reduction intensity[J]. *Journal of Archaeological Science：Reports*, 2015, 2：169 – 175.doi：10.1016 /j.jasrep.2015.01.013.

[38] Kuman K, Li H, Li C R. Large cutting tools from the Danjiankou Reservoir region, Central China：Comparisons and contrasts with Western and South Asian Acheulean[J]. *Quaternary International*, 2016, 400：58 – 64.doi：10.1016 /j.quaint.2015.07.052.

[39] Li H, Li C R, Kuman K. Rethinking the "Acheulean" in East Asia：Evidence from recent investigations

in the Danjiangkou Reservoir region, Central China [J]. *Quaternary International*, 2014, 341 (1): 163-175.

[40] Li H, Li CR, Kuman K, et al. The Middle Pleistocene handaxe site of Shuangshu in the Danjiangkou Reservoir region, Central China [J]. *Journal of Archaeological Science*, 2014, 52: 391 - 409. doi: 10.1016 /j.jas.2014.08.033.

[41] Lycett S J, Bae C J. The Movius Line controversy: The state of the debate [J]. *World Archaeology*, 2010, 42(4): 521-544.

[42] Shipton C, Petraglia M D. Inter-continental variation in Acheulean bifaces [A]. Norton C, Braun D eds. *Asian Paleoanthropology* [C]. Dordrecht: Springer, 2011: 49-55.

[43] Petraglia M D, Shipton C. Large cutting tool variation west and east of the Movius Line [J]. *Journal of Human Evolution*, 2008, 55(6): 962-966.

[44] Gao X, Guan Y. Handaxes and the pick-chopper industry of Pleistocene China [J]. *Quaternary International*, 2018, 480: 132-140. doi: 10.1016/j.quaint.2017.03.051.

[45] 黄志涛.广西玻璃陨石初步研究[J].地质地球化学,1995(4): 50~54.
Huang Zhitao. Preliminary study of tektites in Guangxi [J]. *Geological Geochemistry*, 1995(4): 50-54.

[46] 郭士伦,郝秀红,陈宝流,等.用裂变径迹法测定广西百色旧石器遗址的年代[J].人类学学报,1996, 15(4): 347~350.
Guo Shilun, Hao Xiuhong, Chen Baoliu, et al. Fission track dating of Paleolithic site at Bose in Guangxi, South China [J]. *Acta Anthropologica Sinica*, 1996, 15(4): 347-350.

[47] Wang W, Stephen J, Lycett N V, et al. Comparison of handaxes from Bose Basin (China) and the western Acheulean indicates convergence of form, not cognitive differences [J]. *PLoS One*, 2012, 7 (4): e35804.

[48] 高星.中国旧石器时代手斧的特点与意义[J].人类学学报,2012,31(2): 97~112.
Gao Xing. Characteristics and significance of Paleolithic handaxes from China [J]. *Acta Anthropologica Sinica*, 2012, 31(2): 97-112.

（本文发表于《第四纪研究》第 41 卷第 1 期）

百色石器的时代问题

黄慰文　刘　源　李超荣　员晓枫　张镇洪　曾祥旺　谢光茂

自 20 世纪 70 年代初以来,百色盆地右江两岸的高阶地上陆续发现了大量打制石器[1~3]。它们的鲜明特色,引起了人们越来越大的兴趣。黄慰文在讨论东西方旧石器文化关系时,把百色石器当作中国境内的一个含手斧的石器工业看待[4]。何乃汉和邱中郎专门讨论了它的类型学问题[5]。然而,百色的石器标本绝大多数采自地面,原生层位不甚明确;加上缺乏伴生的动物群证据,时代也难以确定。1986 年 3 月 20 至 30 日,我们这些来自不同机构的同行走到一起,由曾祥旺同志引导,考察了西起上宋,东抵檀河的长约 80 km 的右江河谷(北纬 23°34′~55′,东经 106°34′~107°15′),对上宋、东增、南坡山、三雷、公蛇岭、长蛇岭、定模洞、宦屯、甘莲和檀河等十多处有代表性的剖面进行了重点观察(图 1)。本文就是此次野外观察的初步报告。

一、右江的阶地序列

百色盆地在广西壮族自治区西部。盆地底面海拔 90~100 m。盆地长 90 余 km,宽约 15 km,面积 800 km²。西江主源之一的右江由云南入境后,顺盆地长轴自西北而东南流贯其间。盆地西部、北部为中、下三叠系砂页岩构成的低山丘陵,东部、南部为上古生界石灰岩构成的峰林、洼地和谷地。盆地内沉积了下第三系湖相含煤砂岩、砂质泥岩和泥岩,厚度达 3 000 m 以上[6]。在此基础上,第四系以来发育了一整套河流地貌和堆积。据观察,右江的阶地序列可简述如下:

第一阶地(T1):基座阶地,广泛分布在河床两侧,是主要农耕地带。它由砾石层、交错砂层和浅褐色粉砂组成,不整合覆盖于下第三系岩层之上。阶地面高出河面 10~15 m。砾石层厚约 2 m,充填浅褐色砂,轻微固结。砾石岩性以粉砂岩和细砂岩为主,页岩和石英岩居次。砾径多在 2 cm 以下,其次为 5 cm 上下的,10 cm 以上的很少。砾石多扁圆体,磨圆度较好。

第二阶地(T2):基座阶地,呈岗丘状分布于河的两岸,市镇、村庄多建于其上。它由砾石层和粉砂、砂质黏土组成,不整合覆盖于下第三系岩层之上。阶地面高出河面 24~34 m。砾石层厚 1~2 m,充填锈黄色和褐色砂、黏土或砂质黏土。砾石岩性有粉砂岩、硅质岩、石英、石灰岩和砾岩等。砾径以 5~10 cm 和 5 cm 以下的较多,也有达到 30 cm 的。

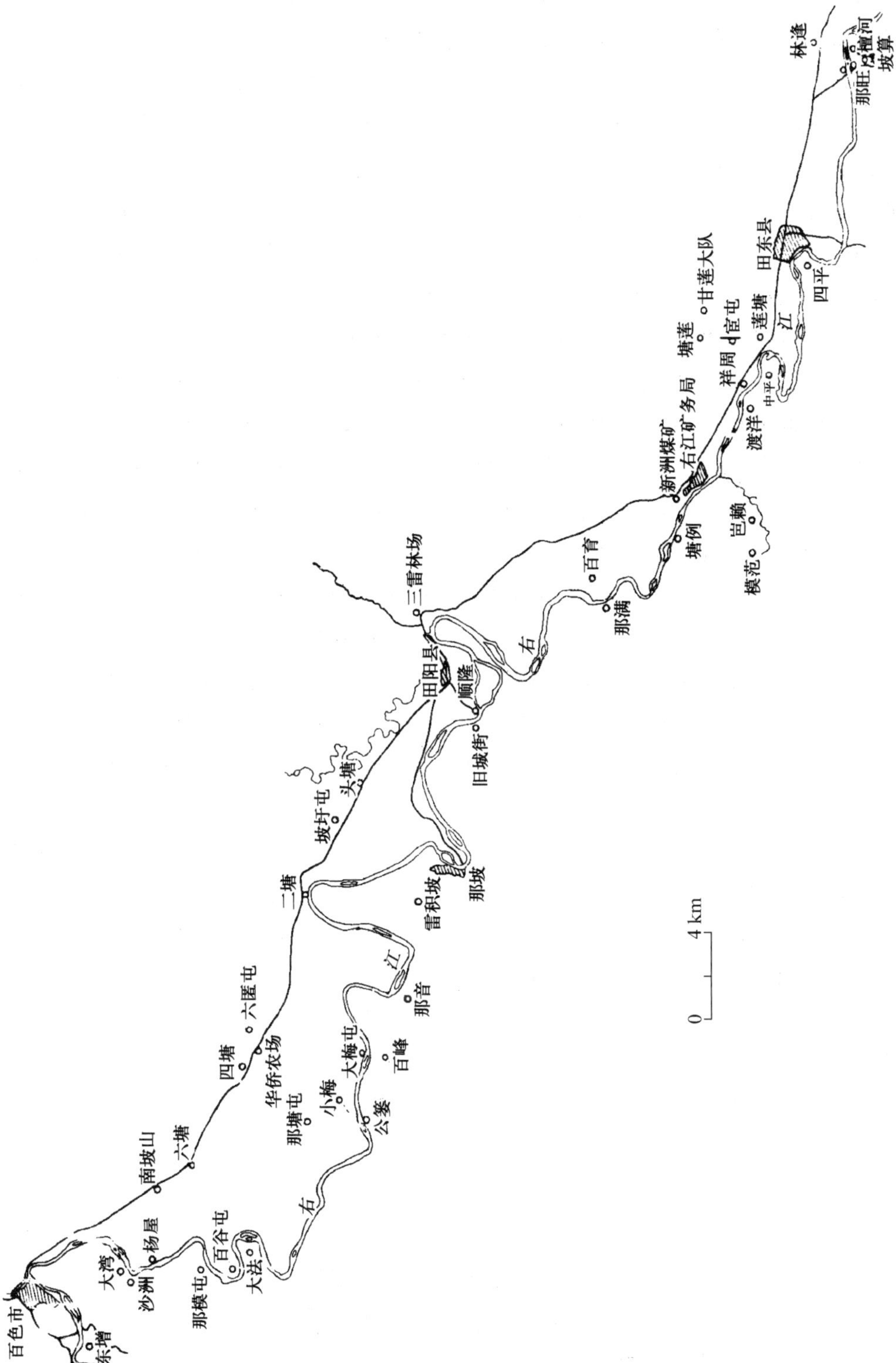

图 1 考察范围图

砾石磨圆度好,但分选较差。阶地上部堆积受一定程度砖红壤化影响而变成"类红土"。它具有轻度黄白相杂的斑点,零星的铁锰团粒散布其间。

第三阶地(T3):堆积阶地,由砾石层和黄色砂质黏土组成,不整合覆盖于"红土阶地"之上,阶地面在盆地中心高出河面的 64 m。砾石层厚 1~2 m。砾石岩性以粉砂岩为主,其次为硅质岩、石英、石灰岩等。砾径多为 1~3 cm,也有 5~10 cm 的。磨圆度较好,分选一般。砾石层充填红、黄、白色黏土和砂质黏土,固结较差。组成阶地上部的黄色砂质黏土厚 1~1.5 m,结构松散,这层堆积常因下面的砾石缺失而直接铺在红土阶地上。由于受侵蚀较剧,T3 保存很差,多数地方仅在红土阶地表面残留一些零星的砾石。

第四阶地(T4):埋藏阶地:由厚砾石层和粉砂、砂质黏土、黏土组成,不整合覆盖在下第三系岩层之上,同时又被较晚的 T3 所掩埋。阶地面受侵蚀而起伏不平,不同部位高差显著。在盆地中心一般高出河面约 54 m,在盆地边缘或上游峡谷段为 85~112 m,这级阶地呈连绵的岗丘广泛分布于河的两岸,是阶地序列中分布最广、宽度和厚度最大的阶地。砾石层一般厚 5 m,在盆地中心可达 13 m。砾石岩性以粉砂岩为主,其次为硅质岩、页岩、石英、石灰岩等,砾径以 3~5 cm 的最多,其次为 2 cm 以下的。但在一些剖面上,也出现了成层的 10~15 cm 或更大的砾石,它们总的来说分选性和磨圆度都比较好,一些地点出现交错层理。砾石层铁锰淋滤发达,固结度高,其前缘常形成壁立的陡坎。组成阶地上部的粉砂、砂质黏土和黏土,厚度可达 10 m。这组堆积的下部为呈水平或斜层理的紫、黄、白色相间的粉砂层,结构疏松,厚约 0.5 m。有些地点,在粉砂层之上有一层厚 5~10 cm 的褐铁矿层,呈深褐色。再上,为有蠕虫状斑纹的砖红土(有人称"网纹红土"),成分为黏土或砂质黏土。堆积的顶部为颜色单纯的砖红色风化壳,成分以砂质黏土为主,具蠕虫状斑纹。砖红土结构十分致密,表面受地面水流冲刷后常形成树枝状线沟组成的微型岗垅,前缘则多为陡坎。这级阶地远看一抹砖红,因此可称之为"红土阶地"。由于它在盆地内广泛分布以及具有鲜明的色调和结构上的特点,很容易和其他阶地分开。

第五阶地(T5):仅见于盆地边缘少数地点,由厚 1 m 左右的残存砾石层为代表,不整合覆盖在三叠纪岩层之上,高出河面 120~135 m。砾石岩性与 T4 的相近,但砾径较大,以 10~15 cm 的居多。

上述阶地序列,可参阅下述剖面(图 2、3)

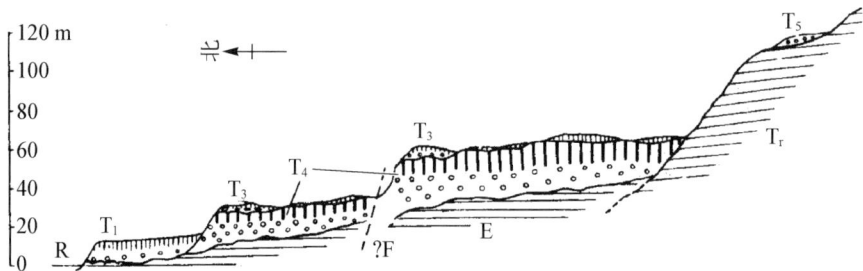

图 2　新洲煤矿附近的右江阶地

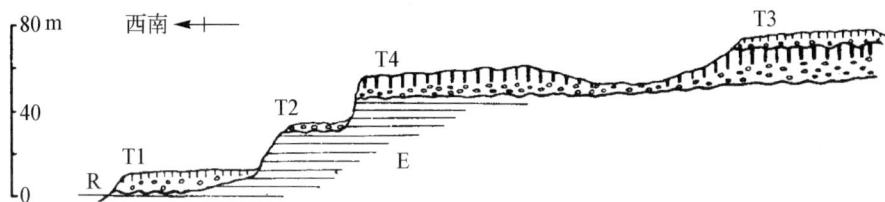

图 3　檀河附近的右江阶地

T1~5 阶地　R 河床　Tr 三叠系　E 下第三系　F 断层

二、石制品的出露和层位

迄今为止,先后从百色盆地采集的石制品总数已逾两千件。曾祥旺在报告中称:"从百色县的东笋至田东县的思林,在长 90 余 km,宽约 5 km 的狭长地带上,近乎是连绵不断的分布",比较丰富的地点就有五十七处[2]。从地貌部位而言,绝大多数石制品来自红土阶地地面,我们观察了右江民族博物馆和广西壮族自治区博物馆收藏的大量标本,以及我们此次采集的标本,注意到它们一般都棱角分明,少有磨蚀痕迹。此种保存状态,表明它们是就地暴露的,离原生地层不会太远,同时,暴露的时间不会太长。可是,哪个是原生层位呢? 已发表的报告对此说法并非一致。

李、尤的报告描述的石制品为十一件,据称得自上宋村的"第三级阶地"的"砖红色黏土"层,"大部分标本均由地层中挖出;只有三件标本一半埋在地层中,一半露在外面"[1]。此次我们考察了这个地点,认为报告所说的阶地实际上是本文的红土阶地,即 T4。

曾祥旺采集的标本有一千五百多件。它们绝大多数来自"(第)三级阶地和第四级阶地的地面",但"有一部分直接从地层中发掘出来",包括"第三级阶地"砾石层和顶部的"棕黄色的亚黏土层"、"第四级阶地"的砾石层和顶部的"灰黄色亚黏土层"[2]。该报告未附剖面图,但据文字描述和我们实地查对,觉得这里所说的两级阶地界限并不那么清楚。在我们看来,多数情况下实际上是同一级阶地,即红土阶地。至于"棕黄色的亚黏土层"和"灰黄色亚黏土层",则很可能就是不整合覆盖在红土阶地之上的、本文阶地序列中的 T3。

广西文物工作队在长蛇岭上开了十二条探沟。从北脊的探沟的"棕黄色黏土"层中获得四件石制品;但在南脊的探沟则一无所获[3]。长蛇岭在该报告中也是当作"第三级阶地"描述的。但实际上是两级叠置的阶地。下面是红土阶地,上面是 T3。保存在北脊顶部的"棕黄色黏土"正是不整合覆盖在红土阶地上的 T3 的堆积,在南脊上,这种堆积已侵蚀殆尽,原生砖红土完全暴露出来。在这里开的探沟未发现任何石制品,正好说明红土阶地不是产石器的层位。

上述三个报告对石制品层位的描述,实际上涉及红土阶地和 T3。本文前一部分说过,它们是在岩石学、沉积学等方面都有显著差别的两级阶地,代表了时间间隔较长的两个地质时代。如果两级阶地都出了石制品,那么,两组制品在时代上的差别也会在文化性质上有所反映。然而,从迄今所采的标本中,我们未能获得这种印象。因此,在没有新的、确凿的证据之前,我们还不敢相信百色石器有两个原生层位的说法。

那么,在两级阶地中,哪一级才是产石制品的原生层位呢? 据我们观察,T3 的可能性最大。根据是: 第一,迄今采集的石制品中的绝大多数出露于红土阶地的原生砖红土层的表面上。这一事实是过去大多数采集者公认的,也为我们此次观察再次证实,我们认为: 石制品的出露状态表明,它们是在原生层 T3 受严重侵蚀后就地留下来的。由于 T3 的堆积在多数地点没有保留,因而容易给采集者造成石制品产自红土阶地的假象;第二,广西文物工作队在长蛇岭的试掘结果为 T3 是石制品的原生层位提供了明确而有力的证据。有的报告虽然也提到从红土阶地中挖出过石器,遗憾的是,他们没有提供具体的发掘记录,以致读者很难据此做出判断。

除了从 T3 发掘石制品外,我们此次在长蛇岭新洲煤矿办事处西北面的 T2 砾石层中,也发现了几件带有轻微磨蚀痕迹的石制品。我们认为,它们是从老堆积中侵蚀出来后再堆积的。它们的发现,为 T3 是石制品的原生层位提供了间接证据。

三、时　　代

由于缺少哺乳动物化石证据,我们目前只能依据地貌、新构造运动和岩性特征等方面的资料来重建右江河谷发育史,并以此推论百色石器的时代。

在前述的右江阶地序列中,T5 是我们目前了解较少的一级阶地。不过,它的存在似无多大疑问。它代表盆地自老第三纪末期湖泊消失以来长期遭受侵蚀的历史已经结束,开始转入以右江为主角的地貌发育时期。这个转变大概发生在上新世(N2)晚期。

T4 即红土阶地,在序列中占有关键地位。它的巨厚堆积表明当时盆地在构造运动上曾长期处于缓慢的相对沉降过程,这期间,水量充沛的右江在盆地内左右摆动,将河谷拓宽至最大限度并形成了巨厚的沉积层。紧跟这个堆积期之后,是一个持续时间很长的、可以称之为“砖红壤化时期”(the period of lateritization)的侵蚀期。这期间,地壳趋于稳定,上述堆积露出水面并接受湿热气候的强烈风化和侵蚀,变成典型的具有蠕虫状斑纹的原生砖红土(vermicul ated primary laterite)和砖红土砾石层(lateritized gravel),阶地面也因长期侵蚀而起伏不平,河谷中不同部位高差显著。

1935 年春,杨钟健、德日进、裴文中和张席禔考察两广新生代地质时,红土阶地引起他们极大的兴趣。他们认为由砖红土所反映的湿热气候,是秦岭以南新生代一个值得注意的最突出的事件,而此后再未出现过如此湿热的气候了。他们将这套堆积同长江中、下游“雨花台阶地”、“庐山泥砾”和长江上游的高阶地对比,推论它们的时代为“晚上新世”,

与华北的"泥河湾期"相当。按现行地质年表,就是早更新世。至于"砖红壤化时期",他们认为出现在"晚上新世"之末和"早更新世"之前。这里所说的"早更新世"相当于现行地质年表的中更新世,即华南的以四川万县盐井沟为代表的含剑齿象动物群的"黄色堆积"(Yellow cave-deposits)时期,或华北的以周口店为代表的含肿骨鹿、梅氏犀动物群的"红色土"(Red and reddish loam)时期[7]。汤英俊等根据孢粉分析结果,为红土阶地建立了"长蛇岭组",时代暂归上新世[6]。李炎贤、尤玉柱将出露在上宋附近的这套堆积当成杨钟健等所描述的、比原生砖红土晚的、"红色土壤"(Red drift),时代定为晚更新世[1]。

我们赞成德日进和杨钟健关于红土阶地的堆积时代和随后出现的"砖红壤化时期"的时代的看法。首先,原生砖红土所反映的湿热气候期在秦岭以南地区晚新生代历史中确实是有普遍意义的一个显著的事件。砖红土分布甚广。北达秦岭南麓,这里的汉水河谷也普遍存在"红土阶地"[8];南抵东南亚地区,如泰国南邦府湄南河流域也发育了大致同时的"砖红土砾石层"(Lateritized Gravels)[9]。其次,将红土阶地的堆积期置于早更新世,将随后的"砖红壤化时期"定为从早更新世之末开始大体是合适的。有利于这一推论的佐证有:第一,位于秦岭北麓的蓝田出土的公王岭哺乳动物群(又称蓝田人动物群),含有华南和亚洲南部更新世动物群的主要成员,是一个带有浓厚南方色彩的动物群,时代早于周口店期[10,11],古地磁测定为距今约 100 万年[12]。公王岭动物群所反映的湿热气候在华北更新世动物群中是绝无仅有的,而它在时代上处于早更新世之末或中更新世之初,正好可以和秦岭以南的"砖红壤化时期"对比。第二,泰国湄南河的"砖红土砾石层"在岩性上和百色的红土阶地相似,它上面覆盖有一层"南邦玄武岩层"。用古地磁测定,发现这个盖层记录了发生在距今 73 万年前的由"松山负极性世"到"布容正极性世"的磁极转变。用钾氩法测定同层的岩石样品,获得距今 0.8±0.3 百万年和 0.6±0.2 百万年两个数值。我们认为,公王岭和南邦府的年代测定结果可用来印证百色红土阶地堆积期和随后的"砖红壤化时期"的年代。

"砖红壤化时期"之末,经历了长期相对稳定的右江河谷再度下沉并接纳新的堆积——T3,这套较新的堆积覆盖了红土阶地并使之成为埋藏阶地。T3 的堆积期正值百色石器制作者在盆地内频繁活动的时期,然而,这级阶地因后期侵蚀剧烈而保存不好,常常被一些观察者所忽视。他们把红土阶地列为右江的第三阶地。即便提到这套较新的堆积,也是当作红土阶地的组成部分看待。相反,德日进、杨钟健等注意了两者的区别。他们称较新的堆积为"红色土壤",时代与华南洞穴的"黄色堆积"以及华北的周口店期相当[9]。杨在同年单独署名发表的另一篇文章里,更清楚地指出两套堆积的区别。他说:"经此时期(指'砖红壤化时期'——引者)以后,仍有一次侵蚀堆积造成的较新之砾石与黄色或微红色土壤,此等较新之砾石与黄土,未受热湿作用影响"[13]。

继 T3 堆积期之后,本区发生了一次强烈的上升运动。河流深切,在河旁形成由 T3、T4 和下第三系岩层构成的陡坎,它高达 50~60 m,地貌十分壮观。有些地方,还发生了断距达 20~30 m 的断层。这次大概发生在中更新世末期的新构造运动,在喜马拉雅山以北的亚洲东部具有普遍意义。例如,秦岭南坡的汉水河谷经过这次运动造成了红土阶地前缘五六十米的陡坎和河床上许多由基岩构成的"孤山",最高的高出现在河床100多 m[8]。秦岭以北的黄河三门峡也大概是这时切开的。

这个侵蚀期之后,右江河谷又相继出现两个"堆积—侵蚀"轮回,分别产生了 T2 和 T1,从 T2 的堆积发生过轻度的砖红壤化来看,将这个堆积期划归晚更新世、随后的湿热气候划归全新世(与"气候最宜期"相当)似乎比较合适,而主张将 T2 同全新世的洞内含介壳的灰色堆积对比的意见[1]值得商榷。

在对上新世以来右江河谷的地貌发育史作概括性描述之后,我们可以进而讨论百色石器的时代了。自李、尤报告将百色石器的层位定在红土阶地,将时代定为晚更新世/旧石器时代晚期之后,其他关于这个遗址的报告也沿用了这种说法。我们认为,这种说法一方面将石器层位放到时代古老的阶地,另一方面却又把石器的时代推迟到晚更新世,这样做给本身带来了难以调和的矛盾。我们在观察的基础上,指出石器的层位是比红土阶地要晚得多的 T3;同时,根据对右江阶地序列的分析,将百色石器的时代放在同盐井沟动物群或周口店动物群相当的中更新世。这种调整,在目前看来是比较合理的。退一步来说,如果红土阶地也产石器,那么,它们的时代更是不可能迟到旧石器时代晚期的。当然,本文的认识在一定程度上说也是一种推论。今后,在通过发掘以获得更多的石器层位证据的同时,还应努力寻找年代测定的直接证据。

注 释

[1] 李炎贤,尤玉柱.广西百色发现的旧石器[J].古脊椎动物与古人类,1975,13(4).

[2] 曾祥旺.广西百色地区新发现的旧石器[J].史前研究,1983(2).

[3] 覃圣敏,覃彩銮,梁旭达.广西新州打制石器地点的调查[J].考古,1983(10).

[4] 黄慰文.中国的手斧[J].人类学学报,1987,6(1).

[5] 何乃汉,邱中郎.百色旧石器的研究[J].人类学学报,1987,6(4).

[6] 汤英俊,尤玉柱,徐钦琦,邱铸鼎.广西百色盆地、永乐盆地下第三系[J].古脊椎动物与古人类,1974(4).

[7] Teilhard de Chardin, CC Young, W C Pei and HC Chang. On the Cenozoic Formations of Kwangsi and Kwangtung. Bull. Geol. Soc. China, 1935, 14: 179 - 205.

[8] 沈玉昌.汉水河谷的地貌及其发育史[J].地理学报,1956(4).

[9] Geoffrey G. Pope, Sandra Barr, Allan Macdonald and Supaporn Nakabanlang. Earliest Radiometrically Dated Artifacts from Southeast Asia. *Current Anthropology*, 1986, 27 (3): 275 - 279.

[10] 周明镇.蓝田猿人动物群的性质和时代[J].科学通报,1965(6).

[11] 胡长康,齐陶.陕西蓝田公王岭更新世哺乳动物群[M].北京:科学出版社,1978.

[12] 程国良,林金录,李素玲.蓝田人地层年代的探讨[A].见:中国科学院古脊椎动物与古人类研究所编.古人类论文集[C].北京:科学出版社,1978 年.

[13] 杨钟健.广西几种地形概述[J].地理学报,1935(2).

(本文发表于《纪念马坝人化石发现三十周年文集》,文物出版社,1988 年)

对百色石器层位和时代的新认识

黄慰文　冷　健　员晓枫　谢光茂

广泛散布于广西百色盆地内右江沿岸高阶地表面的打制石器,由于含有较多的手斧而被看作是一种同西方早期旧石器相似的石器工业[1]。然而,令人遗憾的是,自 1973 年以来历次采集的数千件标本,除了少数有地层记录[2,3]以外,其余几乎均采自地面或缺少完备的地层记录。因此,也就难以恰当地判断这个工业的时代。

1986 年春本文作者等到百色考察后,曾提出石器可能产自覆盖在砖红壤化阶地之上的第三阶地的推测,又指出后者在时代上大概同华南洞内含盐井沟大熊猫-剑齿象动物群的"黄色堆积",或华北含周口店第 1 地点(北京人遗址)肿骨鹿动物群的堆积相当[4]。但是,当时我们没有机会通过发掘来检验上述推测。

1988 年冬,我们再次到百色盆地考察,主要目的是通过发掘获得更多的石器层位的确实证据并为解决石器工业的时代问题打下基础。本文就是这次发掘*的初步研究,着重讨论其时代。

一、地质、地理概况

百色盆地位于中国大陆南隅,属两广丘陵区(23°30′~60′N,106°30′~107°30′E),西侧连接云贵高原,南面邻近中南半岛。盆地呈北西—南东走向,长约 90 km(自百色市附近至思林附近),宽约 15 km,面积约 800 km²。西江最大支流——郁江两个主源之一的右江,由云南入境后顺长轴穿越盆地并在南宁附近与左江汇成郁江(从汇合点至横县的河段又称邕江,图 1。本区属亚热带湿润季风气候,夏季长而炎热,干湿季节明显。盆地西部和北部为中、下三叠系砂页岩构成的低山丘陵,东部和南部为上古生界石灰岩峰林、洼地和谷地。盆地内沉积了下第三系湖相含煤砂岩、砂质泥岩和泥岩,厚达 3 000 m 以上。在此基础之上,第四纪以来发育了一系列河流堆积和地貌。

右江沿岸一般可见三级阶地。它们的阶地面在盆地中心一般分别高出河面 10~15、24~34 和 50~70 m。此外,在一些地方,如新洲煤矿附近的公蛇岭顶部,在 50~70 m 阶地

---

　*　发掘于 11 月进行,田东县博物馆陈其复馆长也参加了工作。

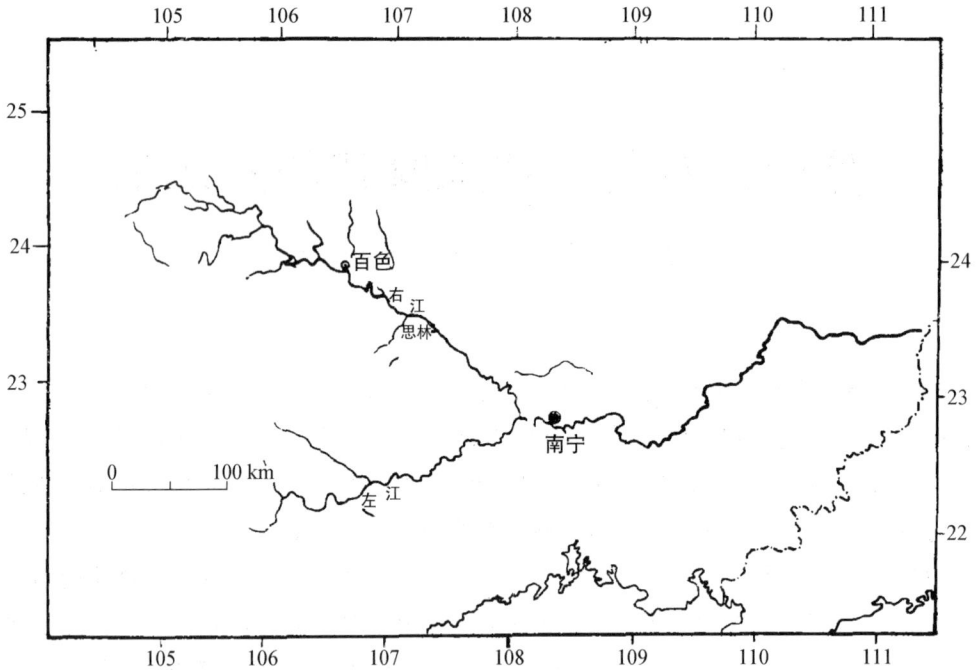

图 1　百色地理位置

之上覆盖有一个厚约 2 m 的结构松散砾石层。它代表时代较晚的阶地。因此,在我们建立的右江阶地序列中,将它定为 T3,而将压在它下面的 50~70 m 阶地定为 T4,性质为埋藏阶地[4]。在这个阶地序列中,T4 占有关键地位。它不仅是整个序列中厚度最大(砾石层厚可达 13 m,其上的粉砂、砂质黏土和黏土层可达 10 m)、面积最广的阶地,而且具有典型的河流堆积的二元结构。砾石的分选性和磨圆度很好,一些地方的砾石层出现交错层理,其上的粉砂层呈水平层理或斜层理。这些特征表明盆地在构造上曾长期处于稳定和相对沉降状态。在此期间,水量充沛的右江在盆地内左右摆动,将河谷拓宽至最大限度并形成了巨厚的沉积层。大概由于近代破坏植被而引起的严重侵蚀,结构松散的 T3 在多数地方已不复存在,而裸露的 T4 的上部堆积也变成细沟密布的岗垄。它们连绵于右江两岸,构成盆地内面积最广的阶地面(标高一般为 140~200 m)。T4 又是盆地内最具特色的标准的砖红壤化阶地。铁锰淋滤发达、固结程度高的砾石层以及其上具有蠕虫状斑纹的原生砖红壤(又称网纹红土),在结构、形态和砖红壤化程度等方面,都与德日进(Teilhard de Chardin)等所说的两广新生代盆地内的"砖红壤化大冲积扇"[5]和李连捷(Li Lien-chieh)描述的南宁附近郁江的红土阶地[6]基本一致。

二、发 掘 与 层 位

发掘地点位于右江右岸田东县坛河镇林逢乡坡算村背后一个当地叫作"高岭坡"的

砖红壤化阶地上(图2)。这一带砖红壤裸露,地面出露的石制品十分丰富。我们在这里
布置了三个均为 2.5 m×4 m(其中探方 A 后来扩至 4 m×4 m)的探方。从层位上说,它们都
位于砖红壤中,而且均未挖到底砾层。现以探方 A 为例,自上而下对地层描述如下:

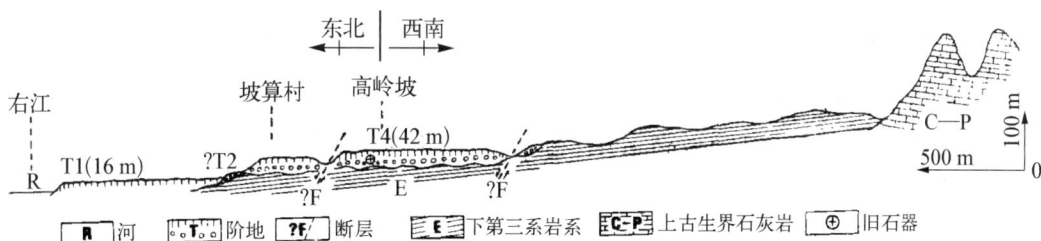

图 2　田东县坡算村附近的右江阶地

1. 灰褐色砂质黏土,含现代植物根茎和腐殖质,是风化残积、坡积构成的表土,厚 10~
25 cm;

2A. 浅褐色黏土,厚 60~80 cm,含零星砾石。砾径多在 1.7~2.5 cm 之间,个别达到
11.5~14.0 cm。砾石磨圆度、球度一般很差。岩性多为砂岩、火成岩、变质泥岩、石英和石
英岩等;

2B. 深褐色黏土,略带砖红色和白色 Fe_2O_3 和 Al_2O_3 网状斑纹以及富含颗粒状铁锰结
核和零星砾石,结构紧密,出露厚度 30 cm。

石制品自地面以下约 50 cm 开始出现,但多半集中在 60~80 cm 处。另有 2 件的部位
更深一些。从 2B 向上到 2A,无论色泽还是成分等方面的变化都是逐步过渡的。从沉积
类型上说,它们都是河漫滩相沉积,与它下面的砾石层属于同一个沉积轮回。1986 年春
我们在观察新洲煤矿附近的长蛇岭剖面时,不恰当地将两者看作是不连续的沉积层。现
应予纠正。

三个探方中两个出土了石制品:探方A 64 件,探方B 5 件。这些石制品在平面分布上
也有相对集中的现象,垂直分布则包括了 2A 的下部和 2B 的顶部。石制品原料的岩性初
步看来多半是石英、石英岩和变质泥岩,还有一些燧石和砂岩。这批制品包括一件卵石制
品和 18 件石片,其余为碎屑。

这次小规模的发掘纠正了我们曾经将 T3 看作石器层位的推测。根据此次发掘的
结果和我们对百色盆地内主要产石器地点的实地观察,现在可以说:百色石器的主体
部分——自 1973 年以来历次从砖红壤化阶地表面采集到的数千件标本,产自相同的层
位,即砖红壤层。此外,有少量标本产自比较年轻的阶地。例如,1986 年春我们就从长
蛇岭附近的 T2 砾石层中发现了几件带有磨蚀痕迹的石制品。后面这类制品有可能代
表盆地内时代比较晚的工业,也有可能是从砖红壤化阶地中冲刷出来又重新堆积的。
因为它们数量有限,不管属于哪一种情形,都不影响我们对百色石器主体部分层位的
认识。

三、关于时代的讨论

石器层位的确定使我们有了讨论时代问题的基础。虽然迄今为止没有发现可供判断百色石器时代的动物化石,但是,由于砖红壤化阶地是亚洲南部一种分布广泛而又富有特色的堆积,从而使我们有可能根据新构造运动、地貌、古环境等标志,以及邻近地区同类堆积的年代测定成果,通过地区之间的对比来对百色含石器地层的时代作出合理判断。

1. 构造和地貌

百色和两广地区的砖红壤化阶地具有鲜明的构造和地貌上的特征。它直接覆盖在第三纪湖相地层之上,代表盆地在湖泊变干并经历长期侵蚀之后重新接纳的一组最重要的堆积。它厚度大,面积广,具有典型的河流堆积二元结构,其上又覆盖了新的阶地堆积,反映了这组地层是在构造上处于持续稳定并相对沉降的状态下形成的。它的前缘常形成壁立的陡坎,反映在其形成以后的地质时期里曾经历了强烈的上升运动。上述特征在亚洲南部其他地方,如秦岭南麓的汉水谷地[7],长江上游[8]、伊洛瓦底河谷,可能还有印度河谷[9]都可以不同程度地看到。处于沉降区的长江中下游,砖红壤化阶地一般构成第二阶地[10],但其他特征依然可见。

"利用新构造运动周期性有节奏的波动在相当范围的区域内有一致性的这一特点,可把它当作研究第四纪沉积物发育过程及地层划分对比的标志和基础之一来看待"[11]。德日进等早年正是根据同样原理,将两广的砖红壤化阶地和长江上游高阶地砾石层及红壤、长江下游庐山"泥砾"、华北泥河湾期湖相地层归入同一个地文期的[5]。值得注意的是,除珠江水系的右江以外,长江流域以至南亚一些大河流域的砖红壤化阶地,都先后发现了时代很古老的石制品。例如,伊洛瓦底江的"安雅特Ⅰ期文化"、湄南河上游汪河的石制品以及近年在长江中下游湖北、湖南、安徽等地发现的石制品。此外,可以和砖红壤化阶地对比的印度河上游索安河的高阶地上也含有"前索安"粗大石片。

2. 古环境

全球气候变迁大致同步的特点已为越来越多的研究成果所证实。它使不同地区古环境研究成果用于对比第四纪沉积物发育过程和层序成为可能。以秦岭为界的中国北方和南方同处亚洲大陆东部,尽管在更新世沉积物特征上表现出明显的地区特色,但又为全球性气候波动所控制。土壤学家认为,砖红壤带与湿润热带和亚热带森林气候区相一致[12]。在东亚,第三纪红色风化壳自南向北一直分布到中国东北和内蒙古。进入第四纪以后,砖红壤的分布范围收缩到秦岭以南,即今天的南亚。到了现代,即便秦岭以南地区,"红壤化作用已经是相当微弱,甚至仅可能在湿热的夏季进行"[12]。以上事实说明,在亚洲,砖红壤化作用虽然自第三纪以来未曾中断,但规模和强度在不同地质时期有很大差别,而且呈现出逐步缩小和减弱的总趋势。如此,只要把握好这个变化规律,在野外便有可能将标准的砖红壤(又称"网纹红土"或"具蠕虫状斑纹的原生砖红壤")、准砖红壤和次生的砖红壤分开,并将它们作为划分亚洲南部第四纪地层的标志之一。

德日进等[4]高度重视砖红壤化阶地在古环境研究上的意义。他们称它为"华南晚新生代期间值得重视的最为引人注目的事件",认为这样强烈的砖红壤化是以后时代的堆积所看不到的。他们推断这个"晚上新世的砖红壤化时期(the Late Pliocene ' *Period of laterization*' or ' *lateritic period*')"始于"上新世之末"而止于"更新世沉积系列"之前。按照现在通用的地质年表,即始于早更新世之末而止于中更新世之前,也就是始于泥河湾期之末而止于周口店期(北京人时代)之前。

东亚古环境的研究,尤其是最近20多年的成果支持德日进等的上述看法。本文将列举一些事实于后:

1) 陕西洛川黄土-古土壤剖面记录该地区 2 400 000 年的地质事件中,发生了两次明显的升温事件。一次是发生在距今 1 800 000 年的"适宜气候事件",另一次是发生在距今 500 000 年的"最佳气候事件"[13]。从时间上说,后一事件同本文讨论的砖红壤化时期关系较大。这次事件的洛川剖面上表现为 S₅ 古土壤层。它由三层古土壤复合而成,在黄土地区具有普遍性。例如,蓝田陈家窝直立人下颌骨化石层位(古地磁测定为距今 650 000 年)上面的"红三条"。从时间上说,它大致相当于深海沉积氧同位素第 15 阶段(距今 610 000~560 000 年)由三个靠得很近的波峰为代表的全球性升温期[14]。

2) 周口店第 1 地点堆积孢粉分析也得出同样结果: 从下部第 11 层向上至第 7 层(距今约 600 000~400 000 年)气候温暖而且比较潮湿。其中又以第 8~9 层堆积时的气候最为适宜。这一时期周口店附近出现了一些亚热带植物。到了上部地层的堆积时期(大约从距今 300 000 年以后),气候变得温凉而且干旱,植被与今日的接近[15]。

3) 更新世时东亚发生过多次与全球性降温有关的哺乳动物南迁事件。徐钦琦提出过至少有四次,分别发生在距今 1 400 000 年前后、900 000 年前后、280 000~240 000 年和 18 000~10 000 年[16]。如果加上宋方义和张镇洪发现的距今 170 000 年左右或 130 000 年左右那次则一共五次[17]。这些事件中后三次相隔时间不长,表明自距今 300 000 年左右起,东亚的降温事件日趋频繁,整个环境已大不如前了。

4) 周明镇根据四川盐井沟动物群中许多动物个体明显增大的普遍现象,用贝格曼定律(Bergmann's Law)推论出中更新世时,至少在某一段时期内,亚洲南部发生过普遍的降温现象[18]。当时该地区的年平均温度或至少冬季的平均温度比现在的要低。

5) 距今 300 000 年的中更新世晚期,长江中下游开始堆积黄褐土类型的下蜀土,表明该地适于发育砖红壤的热带亚热带常绿季雨林景观此时已被温带森林景观取代[11,19]。反映寒冷气候的安徽和县动物群也正是这时出现在长江边上[20]。

从上面列举的事实看,距今 400 000 年左右是研究东亚环境发生重大转折的一个重要时刻。在这以前的更新世期间,亚洲南部存在过几次大规模发育砖红壤的机会,其中与本文讨论的"砖红壤化时期"关系较大的是北京人时代早期的那次。自距今400 000年以后,这样的机会可以说已不复存在了。为了进一步论证这个判断,还可以举出发育一定厚度的砖红壤需要较长时间的例证。有人计算过广西石灰岩地区形成1 cm厚的红壤需要13 000~32 000年[21]。在百色盆地,形成于全新世或晚更新世晚期的T1看不出砖红壤化迹象。形成于晚更新世初期或更早一些的T2只发生了轻度的砖红壤化。时代大约相当于周口店期的T3也未发生砖红壤化。因此,造成百色盆地以至亚洲南部盆地内第四纪沉积物强烈砖红壤化的时期,不可能出现在距今400 000年以后。

3. 年代测定

已知有两个地点的年代测定结果对于判断百色砖红壤化阶地的时代具有重要意义。一是泰国北部湄南河上游汪河 Mae Moh 盆地 Ban Mae Tha 地点含石制品的砖红壤化砾石层。对覆盖砾石层之上的"南邦玄武岩"(Lampang basalt)K - Ar 测定,其上部为0.6±0.2 myBP,下部为0.8±0.3 myBP。古地磁测定发现这个层记录了从松山反极性期向布容正极性期的转变。两种方法的测定证实砖红壤化砾石层的堆积时代早于0.73 myBP[22,23]。另一个是中国地质科学院地质力学研究所对长江下游庐山地区六个自然剖面和钻孔岩芯所作的古地磁测定,证实被作为大姑冰期的冰碛或冰水沉积物的网纹红土下部的"泥砾"层,基本上都处于松山反极性期的贾拉米洛事件附近,时间应在0.9~1.1 myBP,而"泥砾"之上被作为庐山-大姑间冰期或中更新世堆积物的网纹红土,最早出现于贾拉米洛事件后期,即0.8~0.9 myBP 左右,其顶部堆积延伸至布容正极性期,但估计不会晚于0.4 myBP[24]。

总之,上述构造、地貌、古环境和年代测定等方面的分析表明:亚洲南部晚新生代那次强烈的砖红壤化事件比较大的可能发生在北京人时代的早期,即距今600 000~400 000年期间,含百色石器的砖红壤化阶地的堆积时代应发生在这个事件之前。换句话说,百色石器的时代至少相当于北京人时代早期,而更有可能比北京人时代早并与蓝田人时代相当。这个估计和最初研究者把百色石器归入旧石器时代晚期[1]出入很大,也比我们[3]原先的估计要早。当然,最后确定百色石器的时代还需要更多的证据,对百色盆地的工作,包括地层、埋藏学、年代学和考古学等还必须继续深入去做。

致谢:本文插图系李荣山先生清绘,特致谢意。

(1989年12月18日收稿)

注 释

[1] 黄慰文.中国的手斧[J].人类学学报,1987,6(1):61~68.
[2] 李炎贤,尤玉柱.广西百色发现的旧石器[J].古脊椎动物与古人类,1975,13(4):225~228.

［3］覃圣敏,覃彩銮,梁旭达.广西新州打制石器地点的调查[J].考古,1983(10)：865~868.

［4］黄慰文,刘源,李超荣,等.百色石器的时代问题[A].见：广东省博物馆等编.纪念马坝人化石发现三十周年文集[C].北京：文物出版社,1988：95~101.

［5］Teilhard de Chardin, CC Young, W C Pei and HC Chang. On the Cenozoic Formations of Kwangsi and Kwangtung. *Bull. Geol. Soc. China*, 1935, 14：179－205.

［6］Li Lien-chieh. Physiographical significance of the occurrence of red earths in Nanning Basin, Kwangsi. *Bull. Geol. Soc. China*, 1936, 15：529－554.

［7］沈玉昌.汉水河谷的地貌及其发育史[J].地理学报,1956(4)：295~323.

［8］沈玉昌.长江上游河谷地貌[M].北京：科学出版社,1965.

［9］Movius, HL. The Lower Palaeolithic of Southern and Eastern Asia[J]. *Transactions of the American Philosophical Society*, 1948, NS38, Part 4.

［10］杨怀仁.第四纪地质[M].北京：高等教育出版社,1987.

［11］丁国瑜.新构造波动及其强度评价问题[J].中国地质,1962(89)：28~35.

［12］马溶之.对第四纪地层的成因类型和中国第四纪古地理环境的几点意见[J].中国第四纪研究,1958(1)：70~73.

［13］刘东生,等.黄土与环境[M].北京：科学出版社,1985：44~112.

［14］Imbrie, J., J D Hays, DG Martinson, A. McIntyre, AC Mix, J J Morley, N G Pisias, W L Prell and N J Shackleton. The orbital theory of Pleistocene climate：support from a revised chronology of the maine $\delta^{18}O$ record. In：*Milankovitch and Climate*, *Part 1*[M]. Eds. A. Berger *et al.*, D. Dordrecht：Reidel Publishing Company, 1984.

［15］孔昭宸,杜乃秋,吴玉书,等.依据孢粉资料讨论周口店地区北京猿人生活时期及其前后自然环境的演变[A].见：吴汝康,等著.北京猿人遗址综合研究[C].北京：科学出版社,1985：119~154.

［16］徐钦琦.东亚更新世哺乳动物的南迁活动及其与气候演变的关系[A].见：中国古生物学会编.中国古生物学会第13,14届学术年会论文集[C].合肥：安徽科学技术出版社,1986：271~278.

［17］宋方义,张镇洪.马坝人伴生动物群的研究[A].见：广东省博物馆,等编.纪念马坝人化石发现三十周年文集[C].北京：文物出版社,1988：23~35.

［18］周明镇.哺乳类化石与更新世气候[J].古脊椎动物与古人类,1963,7(4)：362~367.

［19］杨达源.晚更新世冰期最盛时长江下游地区的古环境[J].地理学报,1986(41)：302~310.

［20］徐钦琦,尤玉柱.和县动物群与深海沉积物的对比[J].人类学学报,1984,3(1)：62~67.

［21］韦启璠,陈鸿昭,吴志东,等.广西弄岗(自然保护区)石灰土的地球化学特征[J].土壤学报,1983,20(1)：30~41.

［22］Pope, G., S. Barr, A. Macdonald and S. Nakabanlang. Earlist radiometrically dated artifacts from southeast Asia[J]. *Current Anthropology*, 1986, 27：275－279.

［23］Sasada, M., B. Ratanasthien and P. Soponponpipat. New K-Ar ages from the Lampang basalt, northern Thailand[J]. *Bull. Geol. Surv. Japan*, 1987, 38：13－20.

［24］邢历生.庐山地区第四纪冰期的古地磁年代[J].中国地质科学院地质力学研究所所刊,1989(13)：71~77.

(本文发表于《人类学学报》1990 年第 9 卷第 2 期)

用裂变径迹法测定广西百色
旧石器遗址的年代*

郭士伦　郝秀红　陈宝流　黄慰文

一、引　言

　　1973 年以来,考古学和地质学工作者在广西百色盆地右江河谷砖红壤阶地上发现了大量石器,总计已达 5 000 件以上。这一发现说明,远古人类曾居住和生活在这一区域。这批旧石器在有关人类起源、旧大陆早期人类迁徙及东西方文化对比的研究中占有重要地位。以前,由于在遗址中没有发现适于测定绝对年代的材料,该人类遗址的年代无法断定。砖红壤地层不利于保存化石,无法用古生物学方法判断遗址的时代。用其他方法(如地貌学、沉积岩石学、古环境等)所得出的结论又因人而异。时代问题成了深入研究百色遗址的关键之一。

　　由本文作者之一主持的、从 1986 年起在盆地内持续进行考察的小组,继 1988 年解决了石器的层位问题之后[1],又于 1993 年同时在百谷和高岭坡两个遗址发掘出了与石器同层位并未经搬运和磨蚀的玻璃陨石。根据天体化学和空间科学研究资料,玻璃陨石是巨大地外物体(陨石或彗星)撞击地球时由飞溅而起的熔融地球物质在空气中凝固而成。玻璃陨石形成和落地的年代,就是与它们同层位的石器被制作、使用和丢弃在地上的年代,即古人类在这里生活的年代。我们用玻璃陨石对广西百色旧石器遗址的年代进行了测定。

二、玻璃陨石年龄测定

　　测定年代用的玻璃陨石是在百谷遗址砖红壤地层中距地表 1.2 m 深处挖掘出来的,出土时的标本登记号为: BG‑93‑18。玻璃陨石近于球形,直径约 35 mm,黑色,表面有空气磨蚀形成的圆坑。从表面结构特征和埋藏环境判断,这一玻璃陨石降落后未经过搬运和磨蚀。埋藏玻璃陨石的砖红壤地层位于紧靠右江的山丘状阶地上,山丘高出右江水面约 100 m,海拔 210 m。这级阶地呈二元结构,上层为砖红壤地层,即砂、砂质黏土和黏

　　* 本项目得到中国科学院古生物与古人类学科基础研究特别支持费资助(课题编号: 930402)。

土,下层为砾石层。阶地的沉积物成分都比较单纯,无混杂堆积现象,而且,附近没有更高的山丘,和盆地边缘有一定距离,这套沉积物没有接受坡积的条件。可以确定,百谷山顶保存的沉积物构成是原生的,没有经过后期扰乱和搬运。在距地表 0.9 ~ 1.2 m 深处发掘出的玻璃陨石和石器均属原地埋藏。

把玻璃陨石切成厚 1 mm 的薄片,把一部分薄片放入中国原子能科学研究院重水反应堆照射,热中子引起玻璃陨石中^{235}U 裂变(诱发裂变),同时用钴(Co)活化箔测定等效于2 200 m/s 的反应堆中子通量 Φ_0。把经反应堆照射和未经照射的薄片固定在玻璃片上,用金刚砂和氧化铬分别磨片和抛光,并同时对两种光薄片进行蚀刻,以显示玻璃陨石中的^{238}U 自发裂变径迹和^{235}U 诱发裂变径迹。采用的蚀刻条件为 40%HF, 25℃,20 s。在这种蚀刻条件下,蚀刻出的径迹为圆形或椭圆形尖底蚀坑。这种径迹与玻璃陨石中的气泡、裂痕和表面损伤易于区别,能确保测量的可靠性。用光学显微镜和固体径迹图像分析系统测量自发裂变径迹密度 ρ_s、诱发裂变径迹密度 ρ_i、自发裂变和诱发裂变径迹的长轴和短轴,用径迹直径法校正玻璃陨石中^{238}U 自发裂变径迹受热衰退对年代测定的影响。

我们共进行了两组测量,测量的自发裂变径迹数目分别为 350 和 1 167,相应的自发裂变径迹密度 ρ_s 为 $(3.43 \pm 0.18) \times 10^2$ cm^{-2} 和 $(3.44 \pm 0.10) \times 10^2$ cm^{-2},诱发裂变径迹数目为 564 和 5 974,诱发裂变径迹密度 ρ_i 为 $(1.031 \pm 0.043) \times 10^5$ cm^{-2} 和 $(1.606 \pm 0.021) \times 10^5$ cm^{-2},照射的中子积分通量 Φ_0 为 $(3.08 \pm 0.15) \times 10^{15}$ cm^{-2} 和 $(4.81 \pm 0.24) \times 10^{15}$ cm^{-2}。

计算年龄的公式为:

$$T = \frac{C_{235}}{C_{238}} \frac{\hat{\sigma}_f}{\lambda_f} \frac{\rho_s}{\rho_i} \Phi_0 k \qquad (1)$$

其中,C_{235}　C_{238}——^{235}U 和^{238}U 同位素丰度比(7.26×10^{-3})

　　　　　　$\hat{\sigma}_f$——^{235}U 有效裂变截面$(562 \times 10^{-24}$ cm$^2)$ [2]

　　　　　　λ_f——^{238}U 自发裂变衰变常数$(7.03 \times 10^{-17}$ a$^{-1})$ [3]

和　　　　　　k——径迹衰退修正因子。

用两组样品的测量数据和径迹衰退修正因子 k = 1.23±0.03(见下节)计算的玻璃陨石的年龄分别为 0.731±0.065 百万年和 0.733±0.048 百万年,两组数值的平均值为 0.732±0.039 百万年。广西百色旧石器人类遗址的年代与玻璃陨石形成和降落的年代相同,即距今 0.732±0.039 百万年。

三、自发裂变径迹衰退对年代测量的修正因子

玻璃陨石中的^{238}U 自发裂变径迹在常温下可长期保留,但如果玻璃陨石曾经受热,则

自发裂变径迹会产生衰退,其表现为:径迹可蚀刻长度缩短,蚀刻速度下降,玻璃陨石表面径迹直径缩小,径迹数目减少,即 ρ_s 减小,由公式(1)计算的年龄偏小。因此,必须对这一影响进行修正,以获得正确的玻璃陨石年龄。

用固体径迹图像分析系统测量自发裂变径迹和诱发裂变径迹长轴和短轴的长度,并选择二轴长度之比小于1.3的径迹,取其二轴长度的平均值作为径迹直径。两种径迹直径的分布示于图1。由图1可见,玻璃陨石中自发裂变径迹最可几直径为 3.86 μm,诱发裂变径迹最可几直径为 4.22 μm,很明显,自发裂变径迹直径小于诱发裂变径迹直径,这一差异是由玻璃陨石曾经受热产生的。利用玻璃陨石中裂变径迹直径与径迹密度之间的对应关系(图2)[4],对裂变径迹衰退效应进行了修正。图2中 D 和 D_0 分别为已衰退和未衰退裂变径迹的直径,ρ 和 ρ_0 分别为已衰退和未衰退裂变径迹的密度。对所测玻璃陨石,裂变径迹衰退修正因子为 $k = 1.23 \pm 0.03$。公式(1)采用了这一数值。

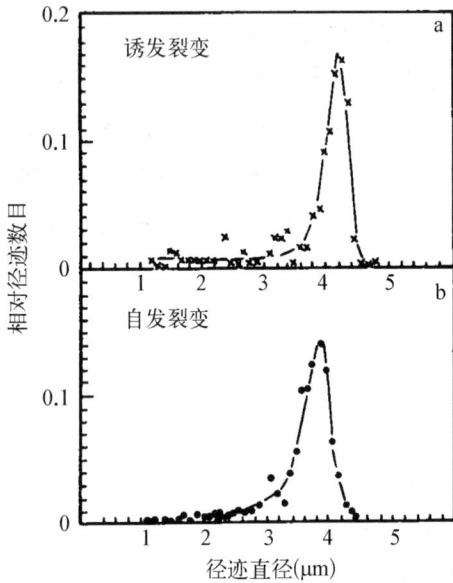

图1 玻璃陨石中自发裂变与诱发裂变径迹直径的分布。自发裂变径迹最可几直径小于诱发裂变径迹最可几直径,表明自发裂变径迹曾因受热而衰退

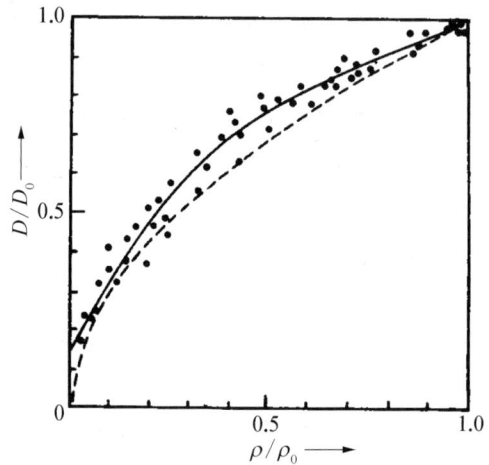

图2 玻璃陨石中裂变径迹直径与径迹密度之间的对应关系(Storzer et al., 1969)。图中实线为通过实验点的光滑曲线,用这一曲线对玻璃陨石的年龄进行修正。虚线为用化学成分相同的人造玻璃的径迹蚀刻参数计算的曲线

四、百色旧石器人类遗址的年代

根据考古学和地层学发掘资料,所测玻璃陨石是降落在与石器相同层位而未经搬运

过的。因此,所测玻璃陨石的年代为石器被古人类制作、使用和丢弃的年代,或广西百色人类生活的年代。这一年代值为 0.732±0.039 百万年。

致谢：作者对中国原子能科学研究院重水反应堆工作人员和张存贤协助照射样品,朱文志协助切片和中国科学院地质研究所陈祥高协助制备样品表示感谢。

注 释

[1] 黄慰文,冷健,员晓枫,等.对百色石器层位和时代的新认识[J].人类学学报,1990,9(2)：105~112.

[2] 郭士伦,周书华,孟武,等.裂变径迹法测定北京猿人的年代[J].科学通报,1980,25：1137~1139.

[3] Roberts J H, Gold R, Armani R J. Spontaneous-fission decay constant of ^{238}U[J]. *Phys Rev*, 1968, 174：1482 - 1484.

[4] Storzer D, Wagner G A. Correction of thermally lowered fission track ages of tektites. *Earth Planet Sci Lett*, 1969, 5：463 - 468.

(本文发表于《人类学学报》1996 年第 15 卷第 4 期)

百色旧石器遗址的若干地貌演化问题

袁宝印 侯亚梅 王 頠 鲍立克 郭正堂 黄慰文

自 1973 年以来,广西百色盆地陆续发现多处旧石器遗址,采集了数千件石器标本,发表了多篇有关该遗址文化、地层及时代等方面的研究结果[1~8],引起了国内外有关学者的极大兴趣。1998 年 3 月 13 日美国《科学》杂志第 279 卷登载 A. Gibbons 的评论文章,专门介绍百色旧石器的研究进展及意义,国内也有一些专家准备对该区的旧石器文化及环境、地层等问题开展进一步研究工作。无疑,百色盆地已成为我国旧石器考古和第四纪地质研究的新热点。作者等曾多次(包括 1999 年 1~2 月的一次)在百色盆地进行旧石器考古和第四纪地质、地貌调查,深感该区地貌演化历史的研究对认识旧石器遗址的时代、分布、特征等有重要意义。为此,我们根据野外调查结果撰写本文,希望能对该区今后的研究工作有所帮助。

一、百色盆地地理与构造特征

百色盆地位于广西西部,西起百色市,东至思林,呈北西—南东方向延伸,长约 100 km,最宽处约 15 km。盆地外围主要是三叠系地层组成的中低山,海拔一般为 500~1 500 m,其中由泥盆—二叠系灰岩组成的山地中形成峰林岩溶地貌,岩洞发育。右江流经百色盆地,河水面高程从 109 m 降至 81 m。河漫滩一般比较狭窄,但曲流却较发育。

百色盆地东南端紧靠北回归线,属亚热带湿润季风气候,年平均气温 22.4℃,月平均气温在 20℃以上的月份可达 8~9 个月,年降雨量 1 000~1 170 mm,大多集中在 5~9 月。右江两岸有宽阔的河流阶地,适于种植水稻、甘蔗、芒果和香蕉等作物,加以气候适宜,农业发达,素有"桂西粮仓"和"芒果之乡"的美称。

百色盆地及周边地区缺失侏罗—白垩系地层。白垩纪末至第三纪初,印支—燕山运动使该区出现北西—南东向断裂,盆地沿断裂下陷并沉积湖相浅色含煤构造。早第三纪末在喜马拉雅运动主幕作用下,盆地上升,早第三纪沉积遭受剥蚀,有些部位受到错断和挤压褶皱等,所以缺失晚第三纪沉积①(图 1)。到上新世末和第四纪时期,构造运动表

---

① 广西壮族自治区地质局,1974,区域地质调查报告,百色幅。

现为间歇式抬升,盆地中出现多级阶地。阶地沉积物中活动断层屡见不鲜,并对阶地形态有较强的改造作用,表明这个时期盆地受青藏高原隆起的影响比较强烈。早第三纪地层遭受切割,形成高出河面 100～300 m 的丘陵。总之,盆地地貌特征反映该区自晚第三纪以来以抬升为主。

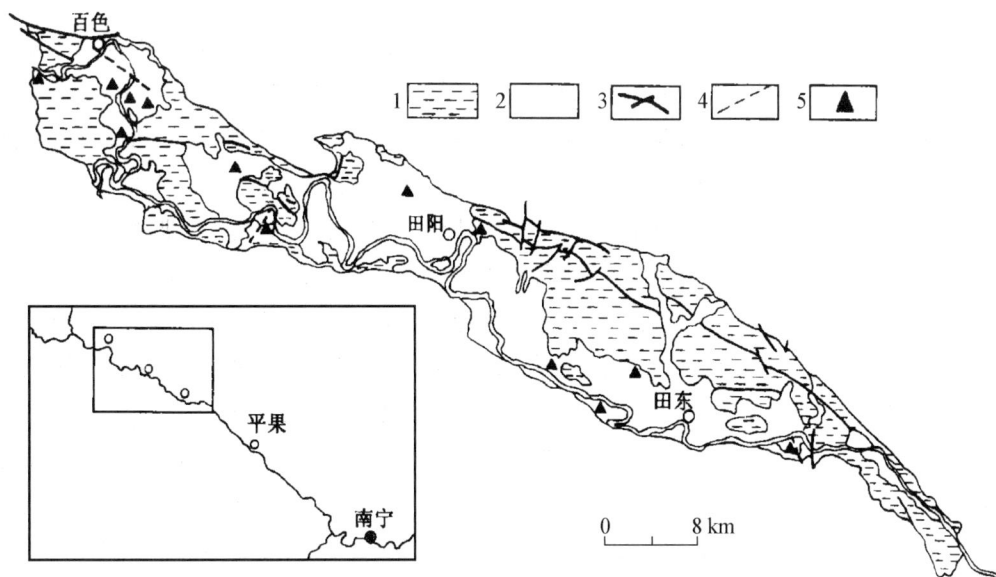

图 1　百色盆地新生代沉积与构造略图
1. 老第三系　2. 第四系　3. 断层　4. 剖面位置　5. 旧石器地点

二、百色盆地右江阶地序列

右江在百色市西约 6 km 处进入盆地,此后狭窄的峡谷河流地貌形态顿时变为开阔的盆地平原河流地貌,曲流发育,多心滩及沙洲,但是河漫滩不发育,一般宽仅几十米。河流两岸可以分辨出 7 级阶地,其中 I ～ Ⅳ 级为堆积阶地或基座阶地。 I 级和 Ⅱ 级阶地分别高出河面 10 m 和 15 m,阶地宽约 5～7 km,是盆地貌的主体和主要的农业区。老第三纪地层构成的低缓丘陵高出河面 100～300 m,其边缘往往形成右江的 Ⅲ 级和 Ⅳ 级阶地。Ⅲ级阶地在盆地东部不发育,盆地西部该阶地比较多见。Ⅳ 级阶地较为普遍,它们仍保留台地状的阶地形态,但受后期构造运动影响,往往被断层错断为几个不同高度的台阶,致使不同的调查者划分右江阶地的数目有很大差别。在丘陵较高的部位,往往可以看到三级高度不同的平台,其上散布河流砾石和铁盘碎块,台地的斜坡上堆积有红色黏土组成的坡积物,这些台地也是河流阶地,目前已确定至少有三级这种类型的阶地。在丘陵顶面稍微平坦的地方,覆盖有 30 cm 左右的黄褐色亚砂土,推测为风成沉积。百色市人民公园向东

南至百色甘化公司乙炔气厂阶地剖面、田东县高岭坡和百色市小梅高村山阶地剖面较为典型,现分别描述如下:

(一)百色市人民公园—甘化公司乙炔气厂阶地剖面(图2,A)

百色市位于右江与澄碧江交汇处,右江的左岸阶地上。Ⅰ级阶地高10 m,由黄褐色亚黏土、亚砂土和底砾层组成的堆积阶地,宽约500 m。盆地开阔地区该阶地宽度较大,可达3~4 km,由于其水分条件较好,一般种植水稻,可以称为"水稻阶地"。Ⅱ级阶地高出河面约15 m,顶部为风化较强的红色黏土,有轻微的网纹化。由于该阶地地下水位比Ⅰ级阶地低,比较干燥,村镇大多建在这级阶地上,所以称为"村镇阶地"。Ⅲ级阶地高出河面约30 m,百色市主要市区和人民公园即建于该阶地上,并可见到厚约6 m的阶地沉积物。上部为红色黏土,厚约2 m,向下逐渐转变为网纹红土。底部出露砂砾石层,砾石直径3~10 cm,分选磨圆均好,其中砂岩、页岩砾石已高岭土化,一触即碎。该阶地剖面未见基岩出露,但根据其他地区阶地特征对比,应属基座阶地。Ⅳ级阶地高约50 m,阶地沉积由砖红色黏土,网纹红土组成,其下为砂砾石层。该阶地为基座阶地,由于其上已建设各种建筑物,只零星地露出阶地沉积物剖面。

从百色市向东南,沿公路是宽阔的Ⅰ级和Ⅱ级阶地,距百色市约6 km,在甘化公司乙炔气厂附近,可见到Ⅲ级和Ⅳ级阶地沉积剖面,Ⅲ级阶地高出河面约40 m,阶地沉积剖面上部为红色黏土,向下渐变为网纹红土,厚约6 m。下部为砾石层,其中的砂页岩砾石已风化为高岭土,砾石分选磨圆很好,砾径5~15 cm,可见厚度约3 m。Ⅲ级阶地多用来引水灌溉,种植蔬菜,我们称之为"蔬菜阶地",Ⅳ级阶地剖面沿公路开挖面出露,厚约3 m,上部为1.5 m厚砖红色黏土,下部为强烈网纹化的红土,未见砂砾石层出露。阶地上砖红色黏土植被覆盖程度低,被地表径流冲刷后形成浅沟和土丘,类似劣地地形。Ⅲ级阶地表面的红黏土层则未见此种地形,可能是由于两个阶地顶部黏土特性不同造成的。Ⅳ级阶地土地贫瘠,但却适于种植芒果,目前几乎所有Ⅳ级阶地上都开发为芒果园,因此又可称为"芒果阶地"。

百色人民公园—甘化公司乙炔气厂阶地剖面是百色盆地Ⅲ级阶地发育较好的地区,Ⅲ级阶地沉积物特征与Ⅳ级阶地类似,但与Ⅰ级和Ⅱ级阶地沉积物有明显不同。说明Ⅲ级阶地形成后地貌发育过程进入了一个新的阶段。

(二)田东高岭坡阶地剖面

高岭坡位于田东县城东南8 km右江南岸Ⅰ级阶地后缘上。Ⅰ级阶地高出河面约10 m,堆积阶地,由黄褐色亚黏土、亚砂土组成。Ⅱ级阶地高出河面约15 m。Ⅲ级阶地高出河面18~20 m,在一些地方河流相砾石层尚未出露,仅见到上部的网纹化红土。Ⅱ级和Ⅲ级阶地在附近存在,但在图2,B所在位置缺失。Ⅳ级阶地前缘高35 m,后缘高75 m,阶地被几条活动断层所错断,成为 3 个不同高度的台地(图 2,B)。阶地沉积物厚约 20 m,上部为砖红色黏土和网纹红土,下部为砂砾石层,阶地表面的砖红色黏土被流水侵蚀后形成类似劣地地形。同样的情形也出现在不同高度台地上的砖红色黏土层上。最高的台地剥蚀面上和其他台地的砖红色黏土中均发现旧石器,并在相应的层位找到埋藏玻璃陨石。在阶地沉积物中,发现属正断层性质的活动断层。不同高度的台地间,也存在断层的地貌形态,但由于后期坡积物覆盖,尚未找到直接证据。根据以下特征,可确定它们是Ⅳ级阶地被活动断层错断后的产物:

① 不同高度台地表面都存在具标志特征的砖红色黏土劣地形态。

② 不同高度台地上都发现技术特征与类型一致的旧石器,相应层位发现玻璃陨石。

③ 阶地沉积中发现活动断层,不同高度的台地之间有指示断层存在的地貌特征。

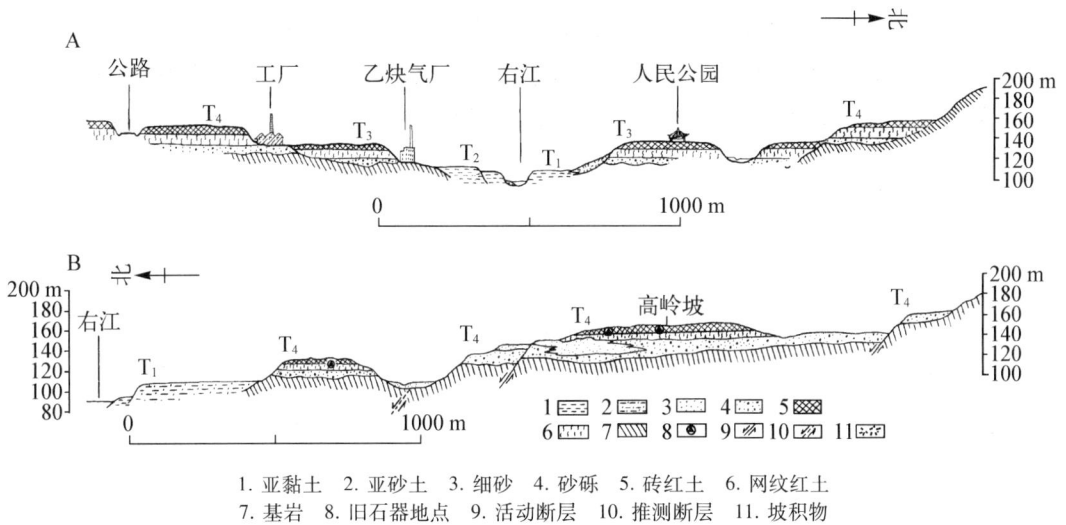

图 2 百色盆地阶地剖面 Ⅰ
A. 百色人民公园—甘化公司乙炔气厂阶地剖面 B. 田东县高岭坡阶地剖面

1. 亚黏土 2. 亚砂土 3. 细砂 4. 砂砾 5. 砖红土 6. 网纹红土
7. 基岩 8. 旧石器地点 9. 活动断层 10. 推测断层 11. 坡积物

百色市人民公园至甘化公司乙炔气厂阶地和田东县高岭坡阶地都属盆地较开阔地段的阶地剖面,阶地虽有错断抬升,但Ⅳ级阶地的高度都较低,高出河面 35~50 m 左右。盆地西端和盆地狭窄处阶地高度较大,如百色市南大桥附近。右江南岸Ⅳ级阶地被断层错开后形成高出河面 72 m、100 m 和 115 m 高的 3 个台阶,其上都有砖红色黏土形成的劣地地形。

(三) 百色市小梅高村山阶地剖面(图 3,A)

百色市小梅村发育典型的Ⅳ级阶地,阶地沉积中也发现埋藏的旧石器和玻璃陨石。小梅以西高村山一带为老第三纪地层组成的丘陵,其上可见到 3 个高度不同的台地。最低的台地高出河水面约 100 m,台地面狭长而平坦,宽约 20 m,长约 200 m,台地面上散布着磨圆的河床相砾石和铁盘碎块及铁锰结核。台地两侧的坡地上堆积着强烈风化的红色黏土组成的坡积物。中间的台地高出河水面约 120 m，台地面平坦而狭窄，长度可达 500 m，上面覆着河床相磨圆砾石，杂有厚大的铁盘碎块，两侧斜坡上也有红色黏土坡积物沉积。最高的台地面高出河面约 170 m 以上，顶面平坦宽阔，长度和宽度都大于 200 m，上面被磨圆的河流砾石层所覆盖，厚约 0.5 m。砾石层之上是灰黄色的黄土状堆积物，厚约 0.3 m。这一级台地周围的坡地较陡，上面没有残留坡积物。组成上述三级台地的老第三纪地层为湖相砂岩、黏土岩，它们与上覆的砾石层为不整合关系。所以推测这三级台地是盆地湖泊消亡后，初期的右江形成的阶地，上面原来都覆盖有河流沉积物。随着盆地的上升，遭受切割和侵蚀，阶地面上的河流沉积物被冲刷，部分细粒物质堆积在阶地的斜坡上，成为坡积物，粗粒的河床相砾石残留在阶地面上。由于砾石中混有铁盘碎块和铁锰结核，说明河流沉积物在被侵蚀冲刷之前已遭受了强烈的风化作用。鉴于以上观察到的事实，可以判断上述台地为右江古老的河流阶地，自下而上依次划分为Ⅴ级、Ⅵ级和Ⅶ级阶地。这些阶地上已无法种植芒果树，只能生长其他树种，可以称为"森林阶地"。Ⅴ～Ⅶ级阶地也应经受了后期构造的影响，也有可能被断层错断，但是在高村山不同高度的台地之间未发现断层或断层形成的地貌现象，所以认为它们是形成时间先后不同的河流阶地。

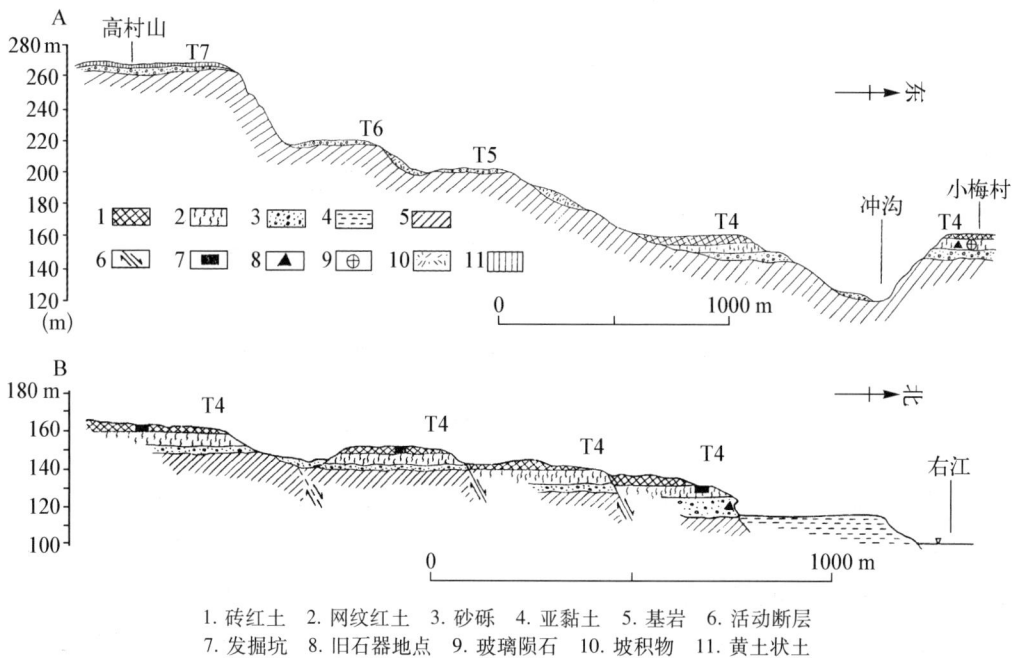

1. 砖红土　2. 网纹红土　3. 砂砾　4. 亚黏土　5. 基岩　6. 活动断层
7. 发掘坑　8. 旧石器地点　9. 玻璃陨石　10. 坡积物　11. 黄土状土

图 3　百色盆地阶地剖面 Ⅱ

A. 百色市小梅村附近阶地剖面　B. 田阳县瀬奎阶地及旧石器地点剖面

根据以上剖面所获得的证据，百色盆地共发育了 7 级阶地，Ⅳ级阶地被后期活动断层切断后，形成数级台阶。Ⅲ级阶地在盆地东部不发育，沉积物特征接近于Ⅳ级阶地。Ⅰ级和Ⅱ级阶地面和沉积物是地壳比较稳定时期形成的，并使右江发育曲流。大致在晚更新世末至全新世初地壳再次抬升形成陡直的岸坡，但仍保留曲流形态，反映出构造运动比较强烈。

三、田阳县濑奎阶地沉积物的地层穿时性

田阳县濑奎村位于右江右岸。右江在这里出现一个较大的河曲,凸岸发育Ⅰ级和Ⅳ级阶地,Ⅰ级阶地高约 12 m,Ⅳ级阶地被断层错断为 4 个高度不同的台地,它们之间发育活动断层或者断层地貌现象(图 3,B)。被错断的阶地上升幅度不同,高者距河水面 60 m多,低者约 25 m。阶地沉积物上部为 1 m 多厚的砖红色黏土,在阶地表面形成劣地地形,其下为网纹红土,底部是砂砾石层,总厚 10 m 左右。在不同高度的Ⅳ级阶地沉积物中都发掘到旧石器,并找到玻璃陨石。由于旧石器发现于阶地沉积的不同层位中,是否说明它们属于不同时期的产物呢?下面根据地层穿时性规律做初步的讨论。

阶地沉积物实际是由河床相、滨河床相、河漫滩相等构成的,当河流进入平原或盆地后,河流地质作用以侧蚀为主。图 4 表示平原区河流侧蚀过程中形成的各种沉积相及其地层,在枯水期,主流线位置形成砾石层、砂砾层等河床相沉积,同时河水的环流在凹岸形成侵蚀,在凸岸形成比河床相要细的滨河床相沉积物。洪水期时河水水深和流速都加大,对凹岸的侵蚀和在凸岸的滨河床相沉积都更为强烈。洪水淹没了河漫滩,并在其上沉积亚黏土或黏土类较细的河漫滩相沉积,那么一次洪水形成的河床相、滨河床相和河漫滩相沉积物的表面就构成了该河流沉积当时的时间面。随着河流不断地向凹岸移动,凸岸的河流沉积物变得越来越宽,并且构成从上向下由黏土、亚黏土到砾石层等不同岩性的地层。一般认为砾石层在下,时代最老,河漫滩相的黏土、亚黏土在上,时代最新。实际上无论河床相砂砾石层还是河漫滩相黏土、亚黏土层都是穿过地层沉积时的时间面的,这就是河流沉积表现的地层穿时性。因此,阶地沉积底部的砾石层并不总是比上部的河漫滩相黏土层时代老。当古人类在这里生活时,他们的活动场所既可以是河漫滩,也可能是河边或河床上,他们打制的石器既可以保留在河漫滩相沉积中,也可能在河床相沉积物中发现,而它们都是同一时代的。如果上述分析正确,那么出自濑奎阶地剖面上不同层位的旧石器就有可能是同一时期的人类遗物。当然,经过仔细和深入的研究后也可能会发现它们在埋藏时间上的细微差别。

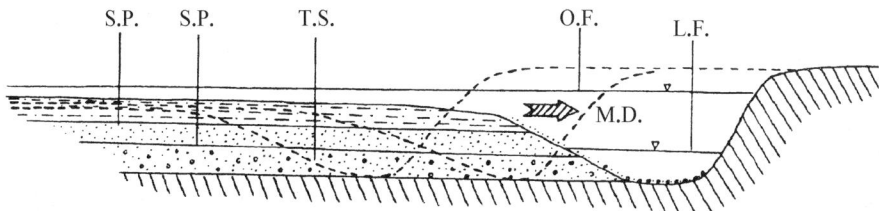

图 4 阶地沉积层穿时性示意图

S.P.地面层 T.S.时间面 O.F.洪水位 L.F.枯水位 M.D.河床移动方向

四、百色盆地地貌发育历史及其
对古人类生活的影响

　　讨论百色盆地地貌发育历史,首先要确定各级阶地的时代,袁宝印等根据古地磁测定及玻璃陨石年代学的研究曾估计第Ⅳ级阶地属早更新世至中更新世初[6,9],郭士伦等也用裂变径迹法测定了百色盆地百谷遗址与旧石器共生的玻璃陨石并获得距今 73.3 万年的地质年龄[10],地层学研究表明该区除了一些残存的阶地堆积物外缺乏晚第三纪地层。另外,根据地层及地貌分析对比等,现将百色盆地上新世末和第四纪以来的地貌发育历史简述如下:

　　上新世末至第四纪初,本区受喜马拉雅运动影响沿着早第三纪北西—南东向断裂带发生新的活动,两个断层带之间的地块下沉,两侧山地抬升,右江开始形成并流经下沉地区出现的百色盆地。这次构造运动的幅度和强度都不大,并以间歇性抬升为主要运动形式,首先形成Ⅶ~Ⅴ级阶地,随之是较长时间的地壳稳定期,右江在盆地中进行较强的侧蚀作用,并且形成典型的曲流地貌景观。这时百色盆地气候炎热多雨,植物繁茂,地形平坦,在靠近河流的地方适于当时古人类的生存,他们生活在河边高河漫滩或阶地上,其生活状况及文化阶段将由旧石器文化的研究结果阐明。大致在这个时期,距今约 73 万年左右,发生一次玻璃陨石的散落过程[9,11],当时的古人类应目睹了这次壮观而恐怖的天文地质事件。百色盆地像海南岛、东南亚、澳大利亚一样,地面上分布着许多降落的玻璃陨石。以后,它们和古人类使用的旧石器一起被后来的河漫滩沉积所掩埋,故此在旧石器遗址中,玻璃陨石与旧石器在同一层位被发现。在Ⅳ级阶地相同的层位内,不管这里有无旧石器发现,都可见到玻璃陨石,说明旧石器遗址层位中的玻璃陨石不是人类拣拾集中到一起,而是自然过程的结果,根据玻璃陨石的年龄可以比较准确地估算旧石器遗址的地质年龄。距今 73 万年以后,河流在现在Ⅳ级阶地上又堆积了大约 1~1.5 m 厚的沉积,然后盆地经历了一次上升过程,上升幅度大约 20 m 左右,使原来的河漫滩变成现在的Ⅳ级阶地,其下又发育新的河漫滩,也就是现在的Ⅲ级阶地面。推测大约在距今 50 万年以后,盆地再次发生抬升运动,上升幅度一般在 20~30 m,河漫滩上升为现在的Ⅲ级阶地。同时,上述两次构造抬升过程在盆地中造成了许多新的次一级活动断层,它们使Ⅳ级阶地被断层错开,各部分抬升幅度的差异使Ⅳ级阶地成为高度不等的几级台地形态。

　　新的构造抬升运动过后,盆地长期稳定,河流侧蚀,形成目前盆地中最宽的盆地平原地形,成为主要的农业区。大约在晚更新世末,地壳又一次间歇性抬升,河流下切,Ⅰ级和Ⅱ级阶地形成。右江河床中许多地方能见到基岩,说明这次抬升过程仍在持续之中,所以侧蚀微弱,Ⅰ级阶地前缘以陡坡形态直接与河床相连,河漫滩不发育。盆地中Ⅲ级阶地形成后的人类活动也有所发现,目前正在逐步深入研究过程中。

致谢： 本项目得到国家自然科学基金(批准号为 49894170 – 06)、中国科学院古生物与古人类学科基础研究特别支持费(批准号为 9812)和美国史密森研究院国家自然博物馆资助。国家文物局、广西壮族自治区和百色地区各级政府对考察工作给予大力支持。中国科学院院士刘东生教授一向关心百色盆地的工作。他不顾 82 岁高龄,参加了 1999 年 1 月的野外考察,令大家深受鼓舞。我们谨借此机会向上述机构和个人表示衷心谢意。

注　释

[1] 李炎贤,尤玉柱.广西百色发现的旧石器[J].古脊椎动物与古人类,1975,13(4)：225~228.

[2] 覃圣敏,覃彩銮,梁旭达.广西新州打制石器地点的调查[J].考古,1983(10)：865~868.

[3] 黄慰文,刘源,李超荣,等.百色石器的时代问题[A].见：广东省博物馆等编.纪念马坝人化石发现三十周年文集[C].北京：文物出版社,1988：95~101.

[4] 黄慰文,冷健,员晓枫,谢光茂.对百色石器层位和时代的新认识[J].人类学学报,1990,9(2)：105~112.

[5] 黄慰文.南方砖红壤层的早期人类活动信息.第四纪研究[J],1991(4)：373~379.

[6] 袁宝印,叶素娟,蒋忠信,等.论华南地区红土地层问题[A].见：刘嘉麒等编.中国第四纪地质与环境[C].北京：海洋出版社,1997.

[7] 侯亚梅,黄慰文.百色旧石器研究[A].见：陈洁等编.元谋人发现三十周年纪念暨古人类国际学术研讨会文集[C].昆明：云南科技出版社,1998：127~130,244~247.

[8] Hou Yamei. New observations on Paleolithic of China reflected by three sites[A]. In：M. Budja eds. *Procilo o Raziskovanju Paleolitika*, *Neolitika Ineneolitika v Sloveniji*[C], XXV. Ljubljana：University of Ljubljana, 1998：1 – 15.

[9] 袁宝印.海南岛玻璃陨石(雷公墨)起源问题的初步探讨[J].地质科学,1981(4)：329~336.

[10] 郭士伦,郝秀红,陈宝流,等.用裂变径迹法测定广西百色旧石器遗址的年代[J].人类学学报,1996,15(4)：347~350.

[11] 袁宝印,叶连芳.雷公墨的地层年代学研究[J].科学通报,1979(6)：271~273.

(本文发表于《人类学学报》1999 年第 18 卷第 3 期)

百色手斧研究

谢光茂

    百色旧石器是迄今为止在岭南发现的时代最早的一个石器工业。它分布在广西西北部百色盆地右江河谷的高阶地上,大部分石器的原生层位是在高阶地的砖红壤堆积中,时代可能与蓝田人相当,距今大约 100~70 万年[1]。百色旧石器不但是以"重型工具"为主体的砾石石核石器工业,而且是一个含手斧的石器工业。但是,在以往有关百色旧石器的文章中,很少提到手斧,虽然有的文章报道了手斧的材料,但却把它归到砍砸器[2]或尖状器[3]等类型中去,以致造成有些学者对百色旧石器中手斧的存在表示怀疑[4]。因此,有必要对百色手斧作一些较全面的介绍。本文在增加新资料的基础上,对百色的手斧进行初步的论述。不妥之处,还望同行指正。

一、材 料 介 绍

    按照手斧的定义①,百色旧石器中有不少是属于手斧这一类型的,且有一部分相当典型。曾旺祥报告中归到尖状器一类中的 P8170、P8072、P2001 号标本均属于手斧[3];广西文物工作队报告中归到砍砸器一类的 P78511、P89513 号标本亦属于手斧[2]。1982 年广西壮族自治区博物馆所采集的石器标本中,除了 14 件手斧已报道[5]外,尚有 16 件属于手斧的标本未曾报道。另外,笔者于 1986 年在坛河和公蛇岭两地点的砖红壤阶地(T4)上各采到一件手斧标本。由于条件的限制,目前难以统计手斧在石制品中所占的百分比,但据笔者的印象,就大型石器而言,它在数量上仅次于尖状器。

    这次报道的 18 件手斧,都是比较典型的。它们的测量数据见表 1。现举数例如下:

    坛河 30 号标本,是用砂岩砾石制作。器身轮廓呈卵形。柄端厚重且保留较多砾石面;尖端刃部比较圆钝。器身一面(腹面)较平,另一面(背面)较凸。腹面加工面积较大,两侧石片疤相交于中间,形成一条微凸的纵脊,纵脊在尖端刃部消失;背面加工较少,两侧

---

    ① 印度学者巴塔恰耶(D.R.Bhattach aya)给手斧下了这样的定义:① 它是两面加工的,所以在欧洲手斧又被称为"两面器"(biface);② 其平面呈桃形,叶形或矛头形,甚至三角形,但一般而言,均有一较宽而高的柄端(Butt end),以及与柄端相对的刃端(working end);③ 早期的手斧均为石核石器,但到后期亦有厚石片加工而成的(据童恩正,1989)。

片疤没有穿过器身上部。尖端刃部的加工精细,而且从石片疤上可以看出,尖端刃部曾使用纵向加工的方式进行加工。侧刃角 62°~87°,尖面角 52°(图 1,2)。

表 1 手斧的测量(长度、宽度、厚度单位:mm)

标本号	长(l)	下宽(m)	中宽(n)	上宽(o)	厚(e)	下宽距(a)	$\dfrac{l}{a}$	$\dfrac{m}{e}$	$\dfrac{m}{a}$	$\dfrac{l}{m}$	$\dfrac{n}{m}\times100$	$\dfrac{o}{m}\times100$
坛河 30	148	100	94	70	88	60	2.5	1.1	1.7	1.5	94	70
公蛇岭 6	152	96	74	60	72	65	2.3	1.3	1.5	1.6	80	63
东笋 03	190	134	115	80	58	80	2.4	2.3	1.7	1.4	90	59
东增 05	130	101	96	70	75	75	1.7	1.4	1.4	1.3	95	69
那召 01	150	130	107	79	65	62	2.4	2.0	2.1	1.2	80	62
六坟 02	230	180	155	120	72	85	2.7	2.5	2.1	1.3	86	52
百谷 010	165	102	85	59	69	64	2.6	1.5	1.6	1.6	83	58
百谷 008	199	115	91	62	90	56	3.6	1.3	2.0	1.7	79	54
大同 008	191	142	123	81	63	85	2.3	2.3	1.7	1.4	87	57
大梅 081	135	111	104	66	65	48	2.8	1.7	2.3	1.2	94	59
百谷 71	162	122	115	73	76	77	2.1	1.6	1.6	1.3	94	59
百谷 002	193	125	101	59	82	76	2.5	1.5	1.6	1.5	81	47
小梅村 03	191	108	85	48	64	28	5.8	1.7	3.9	1.5	79	44
杨屋村 04	165	106	74	55	78	32	5.2	1.4	3.3	1.6	69	52
大同 011	130	102	81	54	57	25	5.2	1.8	4.1	1.3	79	53
杨屋村 015	175	115	99	76	55	63	2.8	2.1	1.8	1.5	86	66
百谷 003	197	137	112	74	77	62	3.2	1.8	2.2	1.4	82	54
大同 046	165	95	93	63	80	47	3.5	1.2	2.0	1.7	98	66

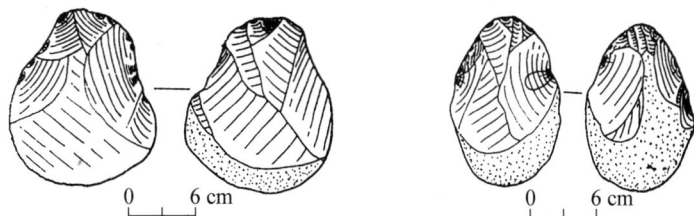

图 1

1. 广西那召出土的手斧　2. 广西田东坛河出土的手斧

那召 01 号标本,系用石英岩石核制作。器身较为扁薄。这件标本的片疤上存在有双生的打击点,显然是使用碰砧法加工的结果。柄端保留有砾石面。侧刃角 67°~77°,尖面角 48°(图 1,1)。

小梅村 03 号标本,是用砂岩砾石制作。柄端厚重且保留较多的砾石面。器身一面较平,另一面较凸。在 3/4 长处,两侧往尖刃端明显内收。尖端刃部圆钝,略呈舌状。尖面角 42°,侧刃角 66°~85°(图 2)。

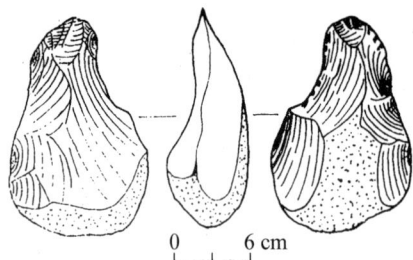

图 2　小梅村出土的手斧

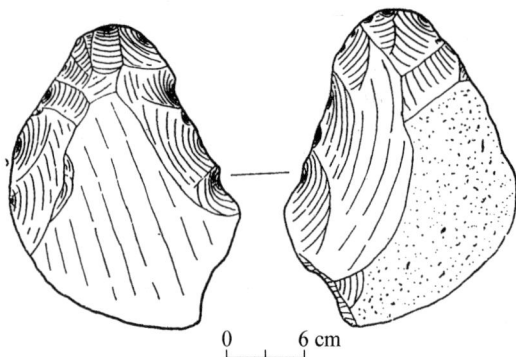

图 3　六坟出土的手斧

六坟 02 号标本,是用石英岩大石片制作而成,器身宽大。破裂面上的加工比较对称;背面的加工主要集中在一侧,另一侧的加工仅限于上部,下半部则保留砾石面。端刃部多为纵向加工。尖面角 58°,侧刃角 60°~80°(图 3)。

杨屋村 015 号标本,是用砂岩大石片制成,器身扁薄。背面加工简单且主要集中在一侧和尖刃部,而大部分保留砾石面。侧刃角约 65°,尖面角 62°(图 4)。

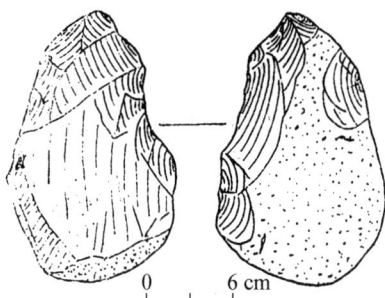

图 4　杨屋村出土的手斧

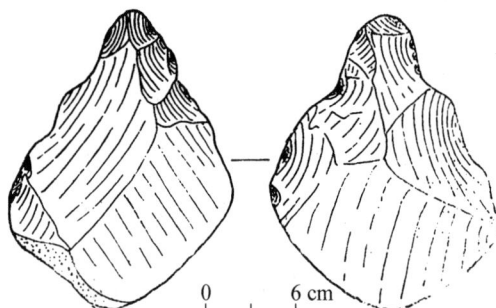

图 5　大同出土的手斧

大同 008 号标本,用石英岩石制作。两侧加工对称;两面中间均有一条由石片疤相交而成的纵向棱脊,棱脊至尖端刃部逐渐消失。把端保留部分砾石面。侧刃角 58°~73°,尖面角 55°(图 5)。

百谷 008 号标本,系用砂岩大石片制成。这种大石片,实际上是用一端大另一端小的长条形砾石纵向对半劈开而成。柄端厚重。背面另一侧加工较多,基本上达到根部;另一侧仅限于上部。尖端刃部圆钝,轮廓呈舌状。尖面角49°,侧刃角约72°(图6)。

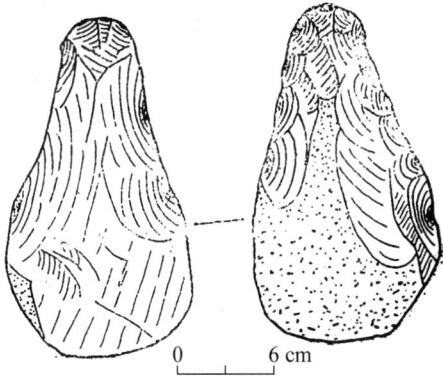

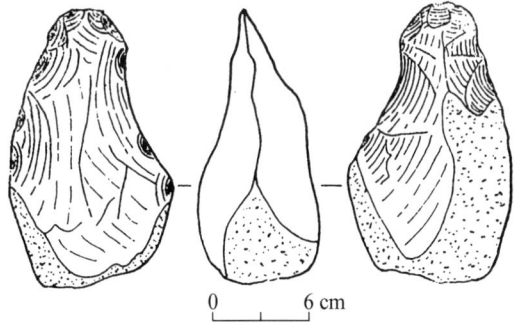

图6 百谷出土的手斧   图7 百谷出土的手斧

百谷010号,用硅质岩砾石制成。柄端厚重。器身的一面较平且略凹;另一面凸起,中部有一条纵脊,在近尖端刃部消失。在尖端刃部的一面明显存在有纵向加工的石片疤。侧刃角59°~71°,尖面角50°(图7)。

二、百色手斧的特点

根据这次报道的18件手斧,并结合以前发表的材料看,百色手斧具有如下特点。

1. 百色的手斧大多数用砾石加工而成,少数用石片制作,同时也有用石核制作的手斧。例如,本文报道的18件手斧中,用砾石制作的12件,用大石片制作的4件,用石核制作的2件。曾祥旺报告中的5件属于手斧的标本,除1件是大石片制作外,其余4件均为砾石制作。

2. 百色手斧的制作使用了两种打击方法,即锤击法和碰砧法。多数手斧是用锤击法加工的,少数手斧用碰砧法加工且是锤击法兼而使用。这和砍砸器、尖状器等大型石器使用的打击方法相同。

3. 百色手斧的制作,使用了横向加工和纵向加工①这两种加工方式。后者的使用不及前者普遍,在百色的手斧中,只有少数标本具有纵向加工的痕迹。

4. 几乎所有的手斧都保留有或多或少的砾石面。不管是砾石制作的手斧还是用石片或石核制作的手斧,都保留有砾石面;有的手斧保留的砾石面甚至占了器表面积的一半,如P2001号标本[3]和P79513号标本[2]。因此,总的来说,百色手斧的制作比较简单、粗糙。

5. 形状多种多样。从器身的轮廓看,百色的手斧大致可分为三角形、卵形、肾形和矛

---

① 这里说的纵向加工,是指加工端部刃部时,打击方向大致与器身长轴平行。与纵向加工相对的是横向加工,即制作石器时,打击方向大致与器身长轴垂直。东南亚发现的手斧中,有的也使用了纵向加工的方式。

头形等几种。其中三角形手斧比较普遍,如 P8072 号标本、P8170 号标本[3]和大同 008 号标本。由于把端通常不加修理,保留砾石面,因此这边的轮廓线常呈凸弧状。卵形手斧多半是器身的上半部加工,下半部保留砾石面。因此,卵形手斧也是百色手斧中加工面积最少的一种,如 P2001 号标本[3]和 P79513 号标本[2]。肾形手斧多用石片制作,其两侧边缘一边较直,一边呈凸弧状,大同 56 号标本[5]、杨屋村 015 号标本以及六坎 02 号标本均属此种。矛头形手斧较少,此种手斧可以 P8282 号标本[3]、百谷 008 号标本为代表。

6. 百色的手斧和该石器工业中的尖状器相比,两者制作技术是基本相同的,它们的正面轮廓也是相似的。尖状器的制作使用了锤击法和碰砧法这两种打击方法;加工方法有纵向加工和横向加工,如 P7783 号标本[3]。手斧的制作也是这样的,所不同的,是手斧的制作还使用了交互打击和两面加工技术。上述手斧的四种形状,在尖状器中均能找到。

三、对　　比

1. 与国内的对比

迄今为止,除百色盆地外,在中国境内还有两个地区发现了旧石器时代的手斧,即汾渭地堑和汉水谷地[1]。但是,除了位于汉水谷地的陕西梁山和位于汾渭地堑的山西丁村发现较多手斧,可与百色手斧作对比外,其他各地发现的手斧由于都是零星的,只有一两件,因此难以和百色手斧进行对比。

陕西梁山的旧石器是一个以“重型工具”为主体的早期旧石器工业。这个石器工业存在数量较多的手斧。这里的手斧以砾石或大石片为毛坯,用交互打击法对两侧进行修整,刃端修成尖状,把端保留砾石面,器身厚重[1]。梁山手斧的这些特点在百色手斧中同样存在。另外,从图上观察,梁山的 P6211 号手斧标本和百色手斧一样,尖刃部的加工使用了纵向加工的方式。但它们之间也有不同的地方,例如,百色手斧的刃端除了尖状的外,还有圆钝舌状的;梁山手斧的类型也不及百色手斧那样丰富多样。

丁村文化是一个含手斧的石器工业。丁村的手斧和百色的手斧相比,差异较大。丁村的手斧不少是用石核制作,加工比较精细,没有保留石皮[1,6],而百色的手斧主要是用砾石和石片制作,加工简单,根部保留砾石面。从制作技术上看,丁村手斧没有使用纵向加工的方式。器形也和百色的大不一样。总的来说,百色的手斧,外观显得比较粗糙原始,丁村的手斧则显得比较精细进步。

2. 与国外的对比

在东南亚地区,普遍发现有早期旧石器文化。据笔者所知,中南半岛的缅甸、泰国、越南以及马来西亚、印度尼西亚、菲律宾等地区都发现了早期旧石器。而且,除了上缅甸的安雅辛文化外,其他各地的早期旧石器文化都存在有手斧[7~10]。东南亚的手斧可以印度尼西亚爪哇岛上的巴芝丹文化的手斧和越南清化旧石器工业的手斧为代表。

巴芝丹文化[8、10]分布于爪哇岛中南部巴索科河(Baksoka)河谷,发现于1935年,地质时代属于中更新世后半段并延续到晚更新世早期。工具组合有砍砸器、尖状器、手斧、刮削器等。巴芝丹的手斧数量较多,其在石制品中的比率为6.32%。

巴芝丹的手斧和百色的手斧相比,二者有许多相同或相似之处。例如,巴芝丹的手斧和百色的手斧一样,主要是用大石片和砾石制作,柄端厚重,大多保留有砾石面,而且有的手斧保留的砾石面超过器表的一半(图8);巴芝丹的手斧加工方式也有横向加工和纵向加工两种;另外,巴芝丹手斧的形状和百色的也很相似,多数手斧的正面呈三角形、卵形和矛头形。但它们之间也有不同的地方,如巴芝丹的手斧以大石片作毛坯的较多,而百色的手斧则以砾石加工为主;百色手斧有呈肾形的,而巴芝丹的手斧

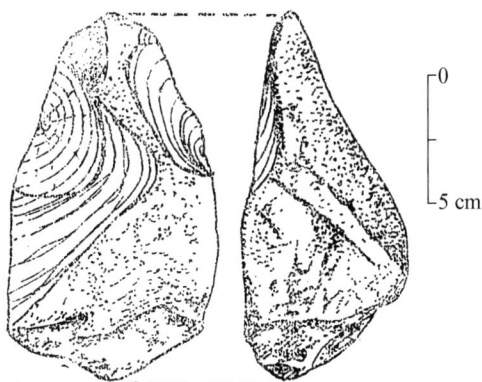

图8 巴芝丹手斧

有呈长叶形的;百色的手斧几乎都保留有砾石面,而巴芝丹手斧有的是通体加工。

分布于越南清化省西部的早期旧石器,是一个以手斧为主体的石器工业,时代为中更新世晚期[9、10]。清化的手斧大多数是用玄武岩大石片制作,器形硕大,多数在20 cm左右;加工多限于器身两侧边缘和尖端刃部部分,两侧的加工基本上达到根部;柄端和器身的一面(背面)往往留有石皮(砾石面);无纵向加工;器身轮廓呈弹头形(图9)。清化的手斧和百色的手斧相比,它们之间有不少相似的成分,如两者都是器形粗大,制作简单,器身保留有砾石面等。同时,它们又各有自己的特点,如百色手斧多用砾石制作,而清化手斧多用石片制作;百色手斧使用了纵向加工的方式,而清化的手斧没有这种方式;百色手斧形态多样,清化手斧形态比较单一。

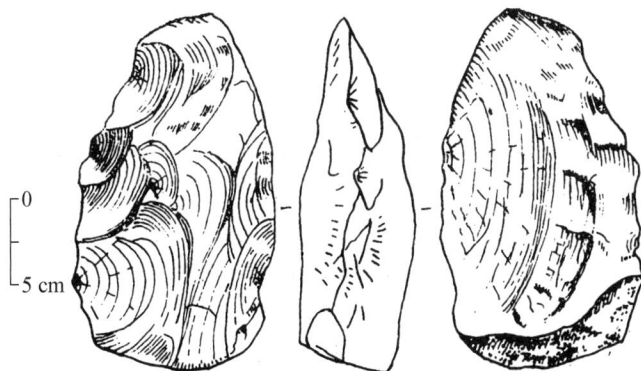

图9 清化的手斧

四、讨 论 与 结 论

百色旧石器存在手斧,这已成为一个事实。早在 20 世纪 50 年代,莫维斯在研究爪哇巴芝丹文化的手斧时就曾预言:随着考古工作的深入开展,将来在华南等地会发现类似巴芝丹文化的旧石器文化,即含手斧的砾石石器文化[11]。现在看来,他并没有说错。百色手斧,尽管在数量上不及砍砸器、尖状器,构成不了工具组合的主流,但它的存在足以证明百色旧石器是一个含手斧的工业;而且,如同砍砸器出现于手斧文化中一样,它成为以砍砸器为主体的百色石器工业的一个组成特征。

百色手斧是在砍砸器基础上由尖状器直接演变而来的。首先,从制作的技术上看,百色手斧的打击方法和加工方式均可在该石器工业的砍砸器和尖状器上找到。百色的砍砸器和尖状器的制作普遍使用了直接打击法和碰砧法,并且使用了横向加工和纵向加工这两种加工方式,百色的手斧也不例外。这就是说,百色手斧的制作技术是由砍砸器和尖状器的制作技术发展而来的。其次,从器物的形态上看,百色的手斧的形状和尖状器的形状很相似。如果将这三种石器类型作形态上的比较,可以看出,它们之间存在一种渐变的关系,即端刃砍砸器→尖状器→手斧。

从上面的对比可以看出,百色的手斧和丁村的手斧差别较大,而和分布于汉水上游深山手斧相似;同时又和爪哇巴芝丹的手斧以及越南清化的手斧接近。这似乎表明,百色手斧和我国北部地区发现的手斧存在较大的差异,而和我国南部其他地区的手斧以及东南亚地区的手斧有许多共性。

20 世纪 40 年代,莫维斯将全世界的旧石器早期文化划分为两个文化传统,即砍砸器传统(The great chopper—chopping-tolo complex)和手斧传统(The great hand-axe complex);前者包括东亚、东南亚和印度次大陆北部;后者包括整个非洲、欧洲的南、中西部以及中东和印度半岛;并且认为,在砍砸器传统地区不存在真正的手斧[8]。事实并非如此。正如印度半岛、南非、东非等手斧传统地区的手斧文化存在数量众多的砍砸器一样,在所谓的砍砸器传统地区也发现了为数不少的手斧。除上述外,在蒙古[12]、朝鲜[13]、日本[14]均发现早期旧石器的手斧,而且,在越南和日本还发现了以手斧为特征的文化,手斧成为石器组合的主体类型。莫维斯所说的巴芝丹文化的手斧和淡边文化的手斧的加工方式与手斧传统地区的不同,即前者使用了纵向加工,事实上有一部分手斧不是纵向加工的[15],百色手斧亦是如此。因此,莫维斯的"两种传统"的观点与事实并不相符。

致谢:本文初稿承蒙中国科学院古脊椎动物与古人类研究所黄慰文先生审阅并提出宝贵意见,在此谨致谢忱。

注 释

[1] 黄慰文,冷健,员晓枫,谢光茂.对百色石器层位和时代的新认识[J].人类学学报,1990,9(2).

[2] 覃圣敏,覃彩銮,梁旭达.广西新州打制石器地点的调查[J].考古,1983(10).

[3] 曾祥旺.广西百色地区新发现的旧石器[J].史前研究,1983(2).

[4] 童恩正.西藏高原上的手斧[J].考古,1989(9).

[5] 何乃汉等:百色旧石器的研究,《人类学学报》1987(6).

[6] 贾兰坡.丁村旧石器[A].见:贾兰坡旧石器时代考古论文选[C].北京:文物出版社,1984.

[7] 彭南林.泰国北碧府考古发掘报告[J].云南文物,1984(15).

[8] Movius, HL. The Lower Palaeolithic of Southern and Eastern Asia[J]. *Transactions of the American Philosophical Society*, 1948, NS38, Part 4.

[9] Ciochon, R. t and J. W. olsen. pateoanthropological and archaeologied research in the socialist Republic of Human Evotution. 1986(15).

[10] Ghosh, A.k. Ordering of lower palaeotithic traditions in south and southeast Asia[J]. *Archaeology and physical Anthropology in oceania*, 1971(2).

[11] Movius, HL. Palaeolithic Archaeology in Southern and Eastern Asia, Exclusive of India[J]. *Journal of World History*, 1955. Vo1.2.

[12] Derevianko, A. P. The lower paleolilhic in the south of the soviet Far East[A]. Ed. by Fumiko. *Earty Poleolithic in South and East Asia*[C]. Ikawa Smith, Paris: Mouton. publishers, 1978.

[13] Sohn, pow-key. The early pateolilhic industries of sokchorng-ni, korea[A]. Ed. by Fumiko. *Earty Poleolithic in South and East Asia*[C]. Ikawa-Smith, Paris: Mouton. publishers, 1978.

[14] Ikawa-smith, Fumiko. The history of early pateolithle research in Japan[A]. Ed. by Fumiko. *Earty Poleolithic in South and East Asia*[C]. Ikawa-Smith, Paris: Mouton. publishers, 1978.

[15] Fox, R. B. the philippine pateolilhic[A]. Ed. by Fumiko. *Earty Poleolithic in South and East Asia*[C]. Ikawa-Smith, Paris: Mouton. publishers, 1978.

（本文发表于《纪念黄岩洞遗址发现三十周年论文集》,广东旅游出版社,1991 年）

关于百色手斧问题

——兼论手斧的划分标准

谢光茂

一、前　　言

自 1973 年以来,中国科学院古脊椎动物与古人类研究所、广西壮族自治区博物馆等多个单位的考古学和地质学工作者对广布于广西百色盆地的旧石器遗址或地点进行了多次的调查、考察,并对其中的几个遗址进行了考古发掘,获得了一批石制品[1~7]。根据地貌学的研究结果以及对在原生堆积中与石器共存的玻璃陨石的年代测定,百色旧石器的年代为距今 73 万年[6,8~10]或距今 80 万年[11]。

百色旧石器以砾石为毛坯,岩性主要有砂岩、石英岩、硅质岩等。石器制作简单、粗糙;个体粗大、厚重,以重型工具为主;器形有砍砸器、手镐(大尖状器)、刮削器等。此外,在百色旧石器中还有另一类工具,其大小和器身轮廓跟这里的手镐差不多,但它是两面加工的。对于它的归类,学者意见不一。较早的报告往往将之归为似手斧尖状器、大尖状器[3]或砍砸器[2]。1987 年,黄慰文先生第一次将之归为手斧类型[12]。之后,何乃汉等[4]在研究百色旧石器时对这种石器亦作了类似的归类。在此基础上,本文作者对这类工具作了初步的研究,也认为它们是手斧[13]。张森水[14]也认为百色存在手斧。但至今仍有学者对此持不同的看法,或认为是石核斧[15],或认为是原手斧[16]。

由于百色旧石器属于砾石石器文化,其分布广、地点多、石器材料丰富,且年代又早,这在中国南方及东南亚地区的旧石器文化中具有广泛的代表性。因此,解决好百色旧石器手斧的分类问题,不仅有助于上述地区其他石器工业同类工具的归类,而且对于东西方文化的比较研究也不无意义。

二、手斧的划分标准

百色手斧是否为真正的手斧? 或者说,百色旧石器是不是一个含手斧的石器工业? 要解决好这个问题,首先要解决手斧的划分标准问题。

手斧在西方有 4 个名字：handaxe，boucher，coup-de-poing，biface。但这些名字各有不同的含义，handaxe 意为不安柄而似斧，boucher 表示与屠宰有关，coup-de-poing 表示可手握击打，biface 意为两面加工。手斧最初是在 19 世纪 80 年代末发现于法国北部的阿布维利(Abbevile)遗址。在欧洲，早期类型手斧有多种叫法，即阿布维利(Abbevilian)手斧、前舍利(Prechellean)手斧和舍利(Chellean)手斧。直到 20 世纪 60 年代这些名称才终止使用，而把所有手斧统称为阿舍利(Acheulean)手斧[17]，并在时间上划分为早期、晚期和末期 3 个阶段[18]。

关于手斧的定义，国内外的学者都有诸多的论述[19~25]。但由于各人的认识不同和受材料的限制，对手斧的论述很不一致。但从各家对手斧所给的定义看，手斧的鉴别特征有如下几方面：

1) 制作方法 手斧是两面打制的工具，这是手斧最基本的特征。虽然 Clark 说亦有极个别手斧是单面加工的[18,26]，但从其文章中有关此类标本的插图看，其所谓的单面加工，只是一面加工很少，实际上两面都是经过加工的。

2) 加工部位和范围 从器身的上部到通体加工。事实上许多手斧都或多或少地保留有石皮，正如 Bordes[17] 所指出的那样："通体加工的手斧并非常见，甚至到了莫斯特文化期，有些手斧的把端亦未经过加工，同样保留石皮。"

3) 平面形状 多种多样。以 Clark 的类型划分为例，平面形状多达 10 种；Kleindienst 分得更多，有 27 种，包括卵形、心形、三角形、圆形、双尖、肾形以及对称和不对称的，等等。可见其形状之多、差异之大。虽然像圆形、肾形、双尖形等手斧确实少见，但也不像我国有些学者所认为的那样，只有对称的像心形和卵形等少数几种。

4) 截面形状 不少学者认为手斧的截面为双凸或平凸，但实际情况远非如此。如印度手斧[27,28]、非洲手斧[29,30]、西亚的手斧[31,32]就有不少截面为三角形，西亚 'Ubeidiya 的手斧有的横截面甚至是四边形①。正如 Bordes[17] 所说的那样："在很长一段时间里，手斧的截面是不对称的、三角形的，一面扁平，一面凸起，后来才变为对称的截面。但截面不对称的手斧一直到手斧文化末期都有存在。"

5) 功能和用途 由于加工精致的手斧，特别是用燧石等原料打制的手斧大多具有锋利的刃缘，加之有的手斧被发现与大型动物骨骼共存[29]，因此，有的学者认为手斧是用来屠宰动物的，将手斧归到大型切割工具中[19]。关于手斧的功能和用途问题，至今仍是个尚未解决的问题。虽然 Clark 把手斧归为大型切割工具，但在他后来的文章中又认为手斧可能是多用途的工具。他说："答案(关于手斧用途问题的)，我们至今仍不知道。实验表明，手斧用来屠宰大型动物、切割关节筋络、砍树枝、在树上砍挖爬树的脚趾坎以及加工木器等都很有效。"[18]有人对印度的手斧进行过功能研究，认为手斧是多功能的工具，特别适合于挖掘[27,28]。实验表明：手斧和薄刃斧均属重型工具，不仅用于切割，还可用于砍砸

---

① 1999 年 10 月，在参加 '99 北京国际古人类学学术讨论会期间，来自美国哈佛大学的 Bar-Yosef 教授这样告诉笔者。他是 'Ubeidiya 遗址的研究者。

骨头、树木等，是一种多效用的工具[33,34]。在欧洲和非洲都发现不少巨型手斧，如在英国 Shrub Hill 遗址发现的手斧，其长宽厚分别为 28.3、13.2、5.2 cm；非洲 Isimila 的手斧中有的长近 30 cm①。如此巨大的手斧用于切割的可能性不大，而更可能用于其他方面，如用作石核生产石片等。事实上，手斧的切割功能不如石片。实验表明，石片用于切割动物皮特别有效[33]。在非洲的 Olorgesailie 遗址中，发现屠宰大象的工具并非手斧，而是石片[35]。此外，手斧还可能是一种武器和礼器[36]。可见，手斧应是一种多功能多用途的工具，而不仅仅是切割工具。因此，把手斧归为大型切割工具并不能代表其所有用途，而把其用途之一作为它的鉴别特征更是不妥的。正如黄慰文[25]所指出的那样："工具类型的划分应以形状和技术为原则。"因为旧石器时代离我们很遥远，各方面情况差别很大，如不同地区的自然环境、生态环境以及古人类的经济生活方式等都有大的差异，这些都会导致工具组合的不同以及同种类型工具在用途上的差异。像手斧这种多功能的工具其用途更是如此。

6）测量特征　虽然 Clark、Kleindienst 等曾用测量数据来对手斧作过界定，但他们都是针对很典型的手斧而言的，而对于非典型手斧，就很难用某个数据作为划分标准了。

综上所述，手斧的划分标准应是：

1）手斧是两面打制的重型工具；

2）通常有一较宽而厚的把端和与之相对的较尖而薄的刃端，除根部和根部附近外，周边经过修整；

3）平面多种多样，通常是卵形、梨形、叶形、三角形。截面通常为双凸、平凸或三角形；

4）早期类型手斧用硬锤打击、器身厚、片疤深、刃脊曲折，轮廓不匀称并保留较多石皮；晚期手斧多用软锤打击，器身变薄，片疤浅远，刃脊平齐，轮廓匀称，不保留或保留很少的石皮。

三、百色手斧是真正的手斧

按照上述标准，百色旧石器有不少标本可归为手斧。笔者曾对广西壮族自治区博物馆所藏的部分手斧作了报道[13]，黄慰文[37]亦介绍了个别百色手斧标本，在此不赘述。本文仅就另外几件标本作补充介绍。这几件标本均系采自第四级阶地红土地表，没有明显的冲磨痕迹。

百谷 93（GB93）　发现时器身大部分尚埋于土中。以石英岩大石片为毛坯。腹面大部分经过加工，中上部剥片的片疤超过中轴线，且片疤多而层叠；下部部分保留原石片的破裂面。背面加工在两侧边和上部，片疤较大，中下部保留较多的砾石面。该器物加工较精细，刃缘平齐，尖部尖薄，但因原料受风化，剥片易折断，形成较多阶梯状的片疤。器物平面略呈三角形，中上部横截面呈双凸，刃角 43°~69°（图 1,1）。

---

① 源自 1992 年在北京周口店举办的"中美考古训练班"讲义资料（英文）。笔者曾参加该训练班学习。

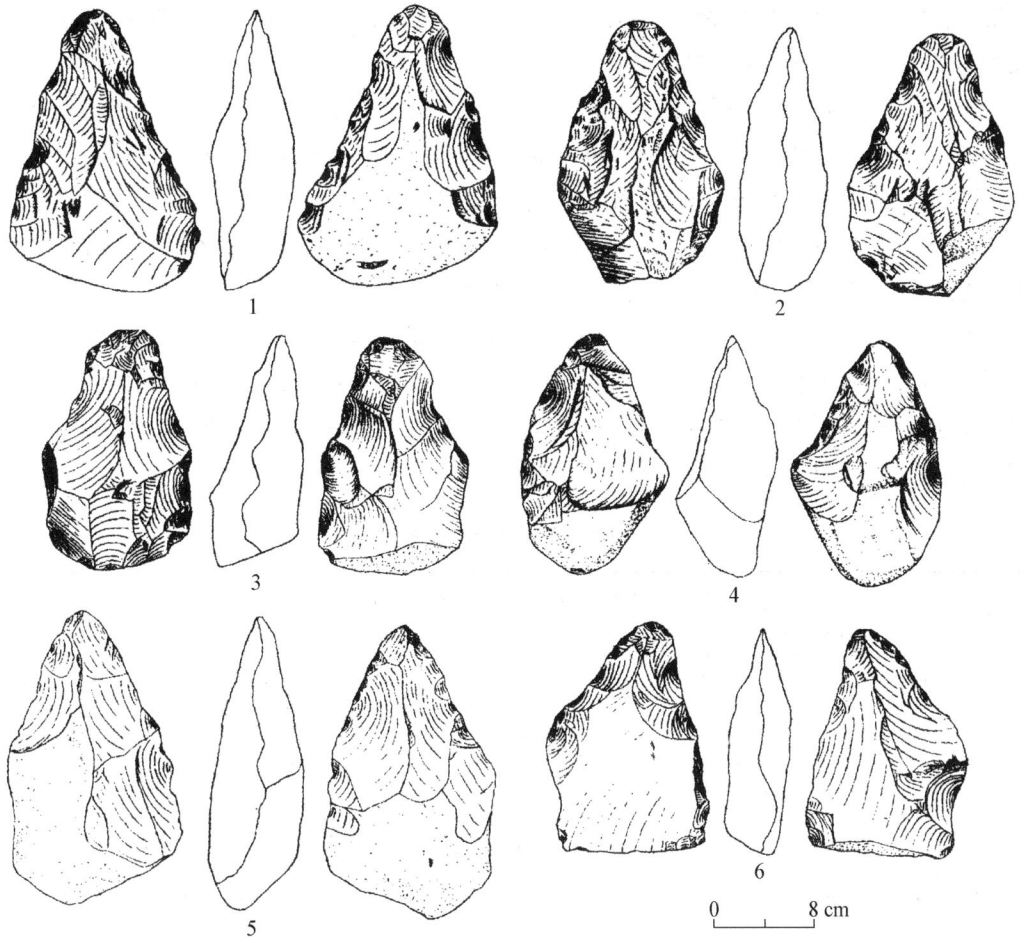

图 1　百色手斧

1. 百谷 93　2. 杨屋村 007　3. 大同 014　4. 大同 049　5. 江凤 014　6. 下角村 010

杨屋村 007　石器的毛坯可能是一大石片或长条形砾石纵向劈裂的一半。岩性为石英岩,匀质性差,结构面多,片疤大多短而宽,远端折断而成阶梯状。在根部的剥片有的甚至沿结构面裂开,尖刃部制作精致,除根部保留一小块砾石面外,几乎通体加工。平面大致呈梨形,中上部的横截面呈双凸。刃角 52°~68°(图 1,2)。

江凤 014　由一扁长形石英岩砾石打制而成。制作简单,加工主要在器身的上半部,片疤大,修整少,下半部大多保留砾石面。石器虽加工简单,但形制规整对称,且刃缘锋利,刃角 53°~68°(图 1,5)。

下角村 010　用石英岩大石片打制而成。破裂面的加工集中在器身的上半部,下半部保留石片的破裂面。背面剥片较多,修整主要在尖部。把端保留一块砾石面。器身轻而薄并明显保留有埋藏时网纹红土的印痕。尖刃部横截面呈双凸。刃角 46°~67°(图 1,6)。

大同 014　用石英岩大石片制作。除把端外,周身经过剥片,片疤大而深凹,尖部经较多修整。由于原料不好,有些片疤远端折断而成阶梯状,或剥片时沿石料的结构面断裂而形成凹坑或凸疤。把端保留一块石皮（原岩石的节理面）。石器平面为三角形，尖部横截面呈双凸，刃角 50°~64°（图 1,3）

大同 049　用细砂岩砾石打制而成。较平的一面先剥下一大块石片，然后在大片疤的两侧施以较小的剥片和修整，片疤重叠而成阶梯状，大片疤的远端与砾石面相交，形成一明显的凸棱，根部保留砾石面。器身的另一面较凸，加工主要在两侧，中间和根部保留砾石面。由于原料结构面较多，剥片易折断，形成较多阶梯状的片疤。器物的平面略呈卵形，加工部分的横截面为平凸，刃角 48°~67°（图 1,4）。

谢么 004　用火山岩砾石打制而成。器身绝大部分经过剥片，只在把端保留一小块石皮。由于原料含杂质多，且不匀质，剥片易折断，形成许多短而宽的阶梯状的片疤。器身下部虽经多次剥片，但均因片疤折断而无法减薄，在中间各形成一凸块。尖部扁薄、舌状，横截面略呈双凸。刃角 39°~62°。

表 1　百色手斧的测量　　　　　　　　（单位：mm）

标 本 号	长 (l)	宽 (m)	厚 (e)	中宽 (n)	3/4 长宽 (o)	底至宽距 (a)	l/a	n/m	m/e	l/m	o/m
木棉山 01	117	126	63	98	58	55	3.22	0.78	2.00	1.40	0.46
百谷 93	213	151	66	111	66	50	4.26	0.74	2.29	1.41	0.44
谢么 004	191	120	80	105	76	60	3.18	0.88	1.50	1.59	0.63
大同 014[4]	184	113	71	113	69	90	2.04	1.00	1.59	1.63	0.61
下角村 010	173	120	48	117	65	86	2.01	0.98	2.50	1.44	0.54
大同 049[4]	184	116	70	101	76	87	2.11	0.87	1.66	1.59	0.66
百谷 005	215	119	68	108	74	57	3.77	0.91	1.75	1.81	0.62
江凤 014[4]	220	134	73	127	68	68	3.23	0.95	1.84	1.64	0.51
杨屋 007[4]	195	130	68	110	77	70	2.78	0.84	1.91	1.50	0.59

木棉山 01　系用从明显风化的岩块上打下的大石片制作而成。扁平的一面为石片的破裂面，加工主要在器身的上部，片疤小而浅，但远端多被折断；较凸的一面（背面）大部分加工，只在把端部分保留石皮，片疤较大，且两侧的片疤因尾端折断而成阶梯状。器身平面略呈三角形，中部横截面三角形，尖部为舌状，扁薄，刃角 43°~65°。

从上面介绍的几件手斧标本并结合以前报道的材料看，若按次一级分类，百色手斧基本上属于早期类型手斧。它们通常以砾石为原料，岩性主要是石英岩、砂岩。使用硬锤打制，片疤较深凹，刃缘曲折，加工大多限于器身上半部，把端或多或少保留石皮。平面多呈三角形，器身厚重。然而，它们毕竟是手斧。

事实上，西方（包括印度半岛）的手斧有不少也属于早期类型。例如东非奥杜威峡谷和坦桑尼亚[38]（图2,6）、南非的 Sterkfontein、北非的摩洛哥和阿尔及利亚[29,32]（图2,1、2）、中东的约旦河谷[31,32]（图2,3）、高加索地区[39]（图2,4）以及印度半岛[27,28,40]（图2,7）等地出土的手斧中均有不少制作简单、片疤深凹、刃缘曲折、形状不规则并保留部分石皮等特点的石器。它们没有使用软锤技术和去薄技术，但并未因此被怀疑不是手斧。即使在被认为手斧加工精致的欧洲地区，也不乏此类型手斧（图2,5）。可见，不典型手斧在西方也广泛存在，它们只不过是属于早期类型手斧罢了。

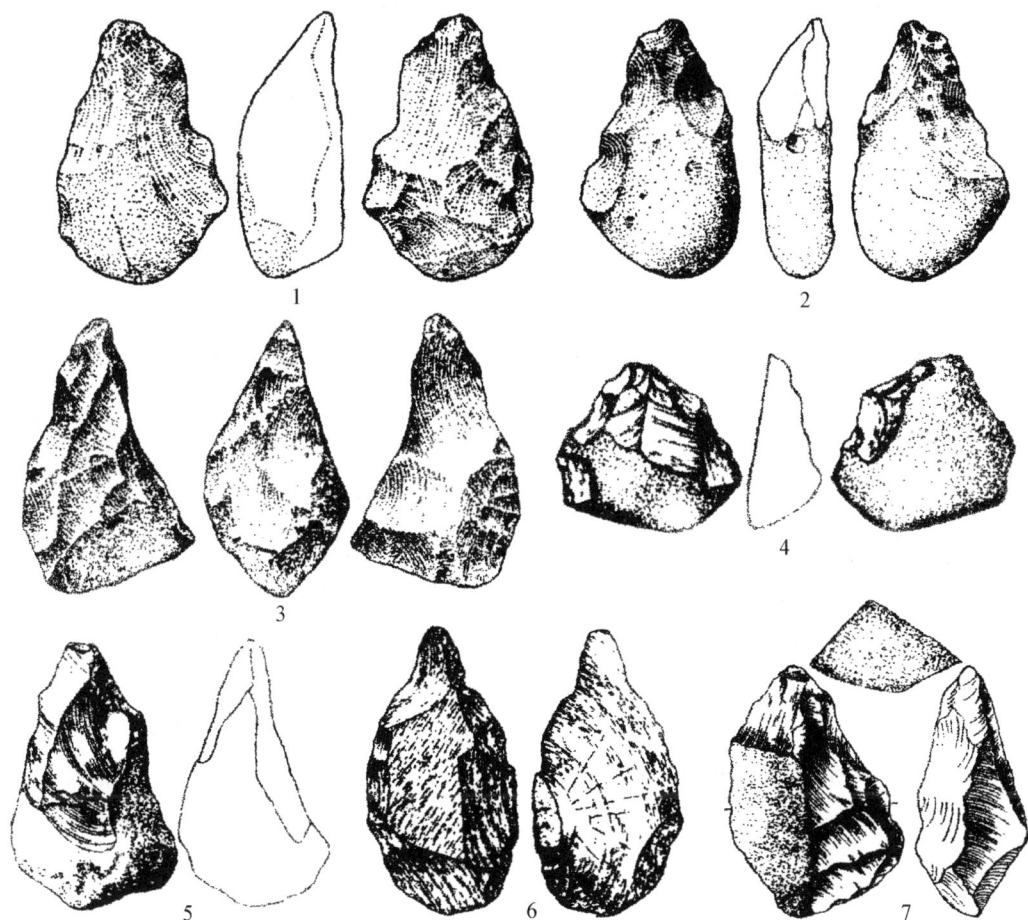

图2　西方的手斧

1. 阿尔及利亚的 Asedjrad 遗址[32]　2. 摩洛哥的 Tamegroute 遗址[32]　3. 以色列的 'Ubeidiya 遗址[32]　4. 高加索地区的 Treugol' naja 遗址[39]　5. 英国的 Swanscombe 遗址[23]　6. 坦桑尼亚的 Isimila 遗址[38]　7. 印度 West Bengal 遗址[28]

四、手斧与原料的关系

手斧在技术和形制上的差异主要是由于原料的不同所致。众所周知，原料对石器制作技术起着很大的制约作用。Bordes[41]认为原料对打制技术的影响比成型工具的形制更甚。李炎贤[42]指出："原料对石制品的技术和类型的选择、表现和发展起着颇为重要的作用。"原料的不同岩性、不同形态,对手斧的制作技术都有很大的影响。不同岩性的原料,由于质地不同,会直接影响手斧的制作质量以及最后的成型。例如,非洲奥杜威峡谷的Waylands Korongo 遗址的手斧主要用玄武岩、石英岩大石片为毛坯,第二步加工简单粗糙,片疤深凹,刃缘曲折,平均每件手斧的片疤数为 10.5 片,器型对称的标本很少。而同一地区、时代相同的 Hebereros 遗址的手斧用质地细腻的响石制作,第二步加工精致,平均每件手斧片疤数为 20 片,器型对称、细长,刃缘平直。这些差异主要是由于原料岩性不同、质地差异所致[43]。另外,原料的形态和结构对石器形制也产生制约作用。实验表明,同种原料之下,原料的不同形状对工具的成型产生制约。例如,用石英岩石片打制的手斧,其截面通常呈三角形,器身较薄,而用岩块制作的手斧,则截面呈三角形的较少,器身也厚[44]。高加索地区的 Rudaroi 遗址的手斧因其原料层理多,加工的片疤呈阶梯状[39]。

百色手斧主要用石英岩、砂岩砾石制作。石英岩、砂岩并不是制作石器的好原料,在 Clark 划分石料的 3 个档次中(即粗糙原料、中质原料、优质原料),石英岩属粗糙原料一档[18],其质地坚韧,要用软锤技术打片是很困难的。因此,在以石英岩为主要原料的手斧中,如印度半岛、北非、叙利亚等地的手斧,普遍使用硬锤技术,片疤往往深凹,刃缘曲折[18]。另外,石英岩一类的岩石不像燧石等原料一样易剥下长而薄的石片,很难减薄,因此打出的石器,其刃口通常较陡,器身厚重。而在欧洲的阿舍利文化中,手斧多用燧石制作[18]。这些石料是制作石器的理想材料(Clark 归之为优质原料),可用软锤减薄。即使非洲地区许多手斧常用的玄武岩石料,其质地也比石英岩、砂岩好(Clark 归之为中质原料)。因此,"不能以软锤技术来证明石器是否为精细加工,因为原料的性质限制了精细加工的程度"[18]。

另外,百色手斧和印度以及东南亚地区的手斧一样,属于砾石石器,把端根本不需再作加工即便于抓握,故器物把端往往保留石皮。而以岩块为毛坯制作的手斧,其把端通常要经过加工才便于抓握。因此,手斧把端加工与否或加工多少,主要也是由原料决定的。

五、结　　论

综上所述,手斧是两面加工的多功能的重型工具。它包括制作简单、形态各异的早期类型手斧和加工精细、器形规整的晚期类型手斧。

百色旧石器遗址中确实存在手斧。虽然百色手斧不如西方晚期阿舍利典型手斧那样加工精致、器形规范,但它们仍然是手斧。事实上,百色手斧和非洲及印度半岛那些原料相同的早期类型手斧在制作技术和器物形态上没有什么两样。如果百色手斧只因缺乏所谓典型手斧就否认它的存在,那么,西方那些非典型的手斧也不是手斧了,也要归到其他类型去了。

总之,百色手斧是关系中国南方乃至整个东亚、东南亚同类石器的归类问题,并由此涉及文化传统问题。早在1991年,李炎贤先生在一篇关于砾石石器的分类的文章中就指出手斧的分类是其中的突出问题之一[45]。随着砾石石器在我国南方及东南亚地区的不断发现,石器材料越来越多,建立包括手斧在内的砾石石器的统一分类标准的工作已成为我国旧石器时代考古学家迫切的任务之一。特别是手斧的分类,由于长期受莫维斯的"两个文化传统"理论的影响,加上对国外有关材料的了解有限,造成我国不少学者在认识上的很大混乱。要解决好这个问题,笔者认为,首先要对国外的材料有一个比较全面的了解,其次要客观地进行分类,不要将与西方相同的器物人为地加上中国的"特色"。

最后,需要指出的是,石器原料对石器制作技术及形制具有很大的制约作用。因此,在进行石器对比时,不仅要考虑技术因素,更要考虑原料因素;否则,对比就失去了意义。

致谢:本文的照片为党春宁拍摄。卫奇、黄慰文和林圣龙三位研究员提供了部分外文参考资料。笔者在此深表谢意。

注 释

[1] 李炎贤,尤玉柱. 广西百色发现的旧石器[J]. 古脊椎动物与古人类,1975,13(4):225~228.

[2] 广西文物工作队. 广西新州打制石器地点的调查[J]. 考古,1983(10):865~868.

[3] 曾祥旺. 广西百色地区新发现的旧石器[J]. 史前研究,1983(2):81~88.

[4] 何乃汉,邱中郎. 百色旧石器的研究[J]. 人类学学报,1987,6(4):289~297.

[5] 黄慰文,刘源,李超荣等. 百色石器的时代问题[A]. 见:广东省博物馆等编. 纪念马坝人化石发现三十周年文集[C]. 北京:文物出版社,1988:23~35.

[6] 黄慰文,冷健,员晓峰. 对百色石器层位和时代的新认识[J]. 人类学学报,1990,9(2):105~112.

[7] 谢光茂,林强. 百色盆地旧石器考古获重大突破[N]. 中国文物报,1993-6-27(1).

[8] 黄慰文. 南方砖红壤层的早期人类活动信息[J]. 第四纪研究,1991(4):373~379.

[9] 郭士伦,郝秀红,陈宝流等. 用裂变径迹法测定广西百色旧石器遗址的年代[J]. 人类学学报,1996,15(4):347~350.

[10] 袁宝印,侯亚梅,王頠等. 百色旧石器遗址的若干地貌演化问题[J]. 人类学学报,1999,18(3):215~224.

[11] HOU YM *et al*. Mid-Pleistocene Acheulean-like stone technology of the Bose basin, South China [J]. *Science*, 2000, 287(5458):1622-1626.

[12] 黄慰文. 中国的手斧[J]. 人类学学报,1987,6(1):61~68.

[13] 谢光茂. 百色手斧研究[A]. 见:封开县博物馆等编. 纪念黄岩洞遗址发现三十周年论文集[C]. 广州:广东旅游出版社,1991:116~124.

[14] 张森水. 中国旧石器考古学中的几个问题[A]. 见:湖南省文物考古研究所编. 长江中游史前暨第二届亚洲文明学术讨论会论文集[C]. 长沙:岳麓书社,1996:6~19.

[15] 林圣龙,何乃汉. 关于百色的手斧[J]. 人类学学报,1995,14(2):118~131.

[16] 安志敏. 中国的原手斧及其传统[J]. 人类学学报,1990,9(4):303~311.

[17] Bordes F. *The Old Stone Age*[M]. New York:McGraw-Hill Book Company, 1968.

[18] Clark JD. The Acheulian lndustrial complex in Africa and Elsewhere [A]. In: Corruccini, Ciochon eds. *Integrative Paths to the Past* [C]. New Jersey: Prentice Hall, 1994: 451 – 469.

[19] Clark JD. Kalambo Falls Prehistoric Site. Ⅱ. *The Later Prehistoric Cultures* [M]. Cambridge: Cambridge University Press, 1974.

[20] Bhattacharya DK. *Old Stone Age Tools* [M]. Calcutta: KP Bagchi & Company, 1979.

[21] Kleindienst MR. Components of the East African acheulian assemblage: an analytic approach [A]. In: Mortelmans, Nenquin eds. *Actes du IVᵉ Congress Panafricain de Prehistoire et de l'Etude du Quaternaire* [C], 1962: 81 – 105.

[22] Toth N, Schick KD. Handaxe [A]. In: Ian Tattersall *et al.* eds. *Encyclopedia of Human Evolution and Prehistory*. New York & London: Garland Publishing, 1988: 241.

[23] Roe DA. *The Lower and Middle Palaeolithic Periods in Britain* [M]. London, Boston and Henley: Routledge & Kegan Paul, 1981.

[24] 林圣龙. 对九件手斧标本的再研究和关于莫维斯理论之拙见 [J]. 人类学学报, 1994, 13(3): 189~208.

[25] 黄慰文. 东亚与东南亚旧石器初期重型工具的类型学——评 Movius 的分类体系 [J]. 人类学学报, 1993, 12(4): 297~304.

[26] Clark JD, Kurashina H. Hominid occupation of the East-Central Highlands of Ethiopia in the Plio-Pleistocence [J]. *Nature*, 1979, 282: 33 – 39.

[27] Sankalia HD. The Early Paleolithic in India and Pakistan [A]. In: Fumiko Ikawa-Smith ed. *Early Paleolithic in South and East Asia* [C]. Paris: Mouton Publishers, 1978: 97 – 127.

[28] Ghosh AK, Das R. Palaeolithic Industries of West Bengal [J]. *Bull Cul Inst*, 1966, 5(1–2): 83 – 93.

[29] Clark JD. *The Prehistory of Africa* [M]. New York: Praeger Publishing, 1970.

[30] Clark JD, Asfaw B, Assefa G *et al.* Palaeoanthropological discoveries in the Middle Awash Valley, Ethiopia [J]. *Nature*, 1984, 307(5950): 423 – 428.

[31] Bar-Yosef O. The Lower and Middle Palaeolithic in the Mediterranean Levant: Chronology, and cultural entities [A]. In: Herbert Ullrich ed. *Man and Environment in the Palaeolithic* [C]. Liege: Etudes et Recherches Archeologiques de l'Universite de Liege, 1995: 247 – 263.

[32] Fieldler L. Cultural interpretation of the artifacts from *Homo erectus* time [A]. In: Herbert Ullrich ed. *Man and Environment in the Palaeolithic* [C]. Liege: Etudes et Recherches Archeologiques de l'Universite de Liege, 1995: 62.

[33] Toth N. The Oldowan reassessed: A close look at Early Stone Artifacts [J]. *J Archaeol Sci*, 1985, 12: 101 – 120.

[34] Potts R. Acheulean [A]. In: Ian Tattersall *et al.* eds. *Encyclopedia of Human Evolution and Prehistory* [C]. New York & London: Garland Publishing, 1988: 3 – 5.

[35] Potts R. Olorgesailie: new excavations and findings in Early and Middle Pleistocene contexts, southern Kenya rift valley [J]. *J Hum Evol*, 1989, 18: 477 – 484.

[36] Baldwin GC. *The World of History: The Study of Man's Beginnings* [M]. New York, 1963.

[37] Huang W, Wang D. La recherche recente sur le Paleolithique Ancien en Chine [J]. *L'Anthropologie*, 1995, 4: 637 – 651.

[38] Wynn T. Piaget, stone tools and the evolution of human intelligence [J]. *World Archaeol*, 1985, 17(1): 32 – 43.

[39] Ljubin VP, Bosinski G. The earliest occupation of the Caucasus region [A]. In: Roebroeks W, Kolfschoten V eds. *The Earliest Occupation of Europe* [C]. Leiden: University of Leiden, 1995: 207 – 253.

［40］Ray R. A study of Acheulian cultural remains found from the Gravel Beds in Orissa［J］. Gondwana Geological Magazine, Spl, 1999, 4：361－369.

［41］陈淳. 旧石器研究：原料、技术及其他［J］. 人类学学报,1996,15(3)：268~275.

［42］李炎贤. 中国旧石器时代晚期文化的划分［J］. 人类学学报,1993,12(3)：214~223.

［43］Jones PR. Effects of raw materials on biface manufacture［J］. *Science*, 1979, 204：835－836.

［44］Stiles D. Early hominid behaviour and culture tradition：raw material studies in Bed Ⅱ, Olduvai Gorge ［J］. *Afr Archaeol Rev*, 1991, 9：1－19.

［45］李炎贤. 关于砾石石器分类的一些问题［A］. 见：封开县博物馆等编：纪念黄岩洞遗址发现三十周年论文集［C］. 广州：广东旅游出版社,1991：147~153.

（本文发表于《人类学学报》2002 年第 21 卷第 1 期）

广西百色杨屋旧石器时代
遗址石制品初步研究

谭　琤　周天媛　麻晓蓉　刘康体
韦　江　左逢源　李　泉　冯小波

一、遗 址 概 况

（一）地理位置

　　杨屋旧石器时代遗址位于广西百色市那毕乡大旺村杨屋屯村（图 1、2），2000 年、2002 年由中国科学院古脊椎动物与古人类研究所联合其他单位对该遗址进行了考古发掘。在发掘过程中，在网纹红土层中发现了与石器同时存在的玻璃陨石降落区，发现玻璃陨石 33 件[1]。

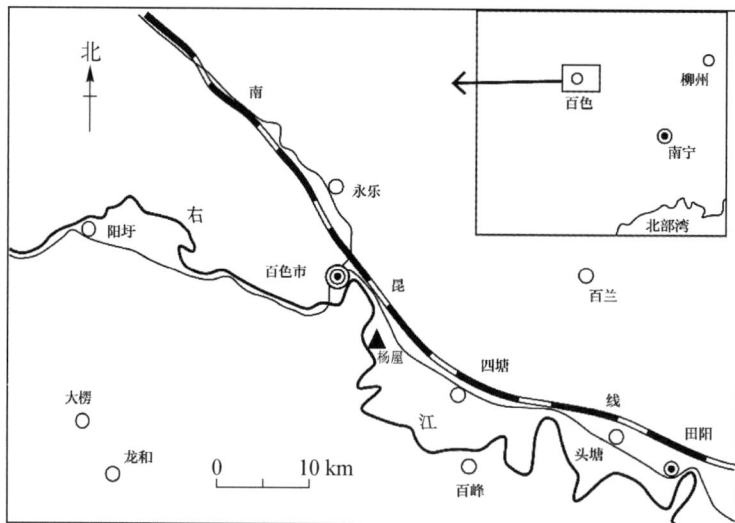

图 1　广西百色杨屋旧石器时代遗址地理位置图

（二）地层堆积与年代

　　2002 年在对杨屋遗址进行发掘时，发现地层堆积有 5 层：第①层为褐色黏土层；第②

图2　杨屋旧石器时代遗址航拍图(东南—西北)(红圈内为杨屋遗址)

层为黄褐色黏土层;第③层为网纹红土层,含有玻璃陨石和旧石器;第④层为黄褐色砾石层;第⑤层为第三纪砂质泥岩。在第③层发现了与石器共存的玻璃陨石,从而得到了可以测年的依据,认为杨屋遗址的年代属于旧石器时代早期,大约距今83万年[2,3]。但有关杨屋遗址发掘的地层信息以及石制品的情况均未发表,因此本文中的地层剖面图来自作者在杨屋遗址采集到石制品的地点进行现场测量并绘制而成。

　　本文中的研究对象是在杨屋遗址的网纹红土中采集到的214件石制品,且该层的厚度在0.8 m左右,未见底。该层为红褐色黏土,包含有少量植物根茎,土质较为纯净且致密。所测量剖面的中心点位置为东经106°38′32.934″,北纬23°51′7.236″,海拔高程约156 m,方向为东—西向(图3)。

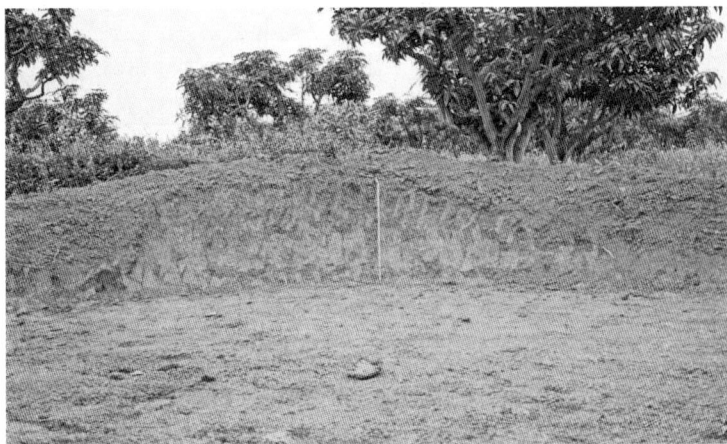

图3　杨屋旧石器时代遗址剖面

二、石 制 品 研 究

（一）概述

在杨屋旧石器时代遗址采集到的石制品共计有 214 件，均为广西右江民族博物馆采集而得，仅有 1 件加工工具，其余的石制品均为加工对象，包括 91 件原料及素材和 122 件石器。原料及素材分别包括 49 件断（碎）片（块）、6 件断裂的砾石、9 件有加工痕迹的砾石、14 件石片、12 件石核和 1 件石核剩块。石器包括 111 件砾石石器和 11 件石片石器；砾石石器包括 106 件普通单向加工的砍砸器、1 件手镐、2 件手斧和 2 件普通单向加工＋双向加工的砍砸器。石片石器则为 11 件刮削器。

（二）岩性

杨屋遗址采集的石制品，在岩性大类上可分为沉积岩、火成岩和其他类，岩性小类包括硅质岩、泥质岩、角砾岩等 11 种。

在杨屋遗址采集到的打制石制品中，从岩性的大类看，沉积岩的石制品最多，共 188 件，占石制品总数的 87.8%；其次是火成岩的石制品，共 23 件，占 10.8%；最少的为玛瑙制品，仅 3 件，占 1.4%；没有发现使用变质岩加工成的石制品。从岩性的小类上看，在这 11 种岩性中，粉砂岩占大多数，有 57 件，占 26.6%；其次为砂岩的石制品，有 43 件，占 20.1%；再次为细砂岩的标本，有 37 件，占 17.3%；以下依次为脉石英的标本，有 23 件，占 10.8%；石英砂岩的标本，有 21 件，占 9.8%；硅质岩的标本，有 13 件，占 6.1%；泥质砂岩和泥质粉砂岩的标本，各有 5件，各占 2.3%；角砾岩的标本，有 4 件，占 1.9%；泥质岩和玛瑙标本，各有 3 件，各占 1.4%（表 1）。

表 1　杨屋遗址采集石制品的岩性统计表　　　　　　　　　　（单位：件）

岩性　　　　　层位	沉　　　积　　　岩									火成岩	其他	小计
	砂岩	细砂岩	粉砂岩	泥质岩	泥质砂岩	泥质粉砂岩	硅质岩	石英砂岩	角砾岩	脉石英	玛瑙	
采　集	43	37	57	3	5	5	13	21	4	23	3	214
	188											
百分比	20.1	17.3	26.6	1.4	2.3	2.3	6.1	9.8	1.9	10.8	1.4	100
	87.8											

杨屋遗址的古人类加工石制品的素材是从河流的沉积物和岩石的风化物中选择出来的或者直接从矿中开采的具有一定硬度、脆性和韧性的并且适于制成石制品的岩石或矿物，这类岩石或矿物的摩尔硬度大约在 7°（表 2）。

表2　杨屋遗址采集的石制品岩性数量及硬度统计表　　　　（单位：件）

类　　型	粉砂岩	砂岩	细砂岩	脉石英	石英砂岩	硅质岩	泥质砂岩	泥质粉砂岩	角砾岩	泥质岩	玛瑙
数　　量	57	43	37	23	21	13	5	5	4	3	3
摩尔硬度(°)	2~6	2~6	2~6	7	6~7	7	2~5	2~5	3.5~6.5	2~3	6~7

（三）类型

在本文中将杨屋旧石器时代遗址采集的石制品分为加工工具和加工对象两类。加工工具主要是指石锤、石砧及其他用来加工石器的工具；加工对象可分为原料及素材和石器。原料及素材为加工的对象，如断（碎）片（块）、石核、石片等；石器为素材加工之后的石制品，根据素材的类型又可分为两类，即砾石石器和石片石器。砾石石器又可分为砍砸器、手镐和手斧等，石片石器又可分为刮削器、凹缺刮器和端刮器等（表3）。

在全部石制品中石器有121件（另有1件有孤立凹下片疤的砾石），占总数的56.5%，约占3/5，说明成品率较高。在石器大类中，砾石（石核）石器占大多数，有110件，占石器总数的91%；石片石器有11件，占石器总数的9%。砾石石器的类型较多，有砍砸器、手镐、手斧等；石片石器只有刮削器。在石器小类中，普通单向加工的砍砸器有104件，占石器总数的86%；手镐有1件，占0.8%；普通双向加工的砍砸器有1件，占石器总数的0.8%；手斧有2件，占1.6%；其他类型的砍砸器有2件，占1.6%；刮削器有11件，占9.1%（表4）。

1. 加工工具

石锤，有1件。野外编号：标000365，素材为砾石。自然尺寸为长81 mm，宽49 mm，厚36 mm，重量为185 g。岩性为灰色粉砂岩，似敲琢器。近、左、远和右侧面均有使用的小疤（图4）。

2. 加工对象

（1）原料及素材。有断块（片）40件、碎块（片）9件、砾石16件。

（2）石片。有14件。均为完整石片。我们依石片背面保留砾石石皮比例的多寡将石片分为四类：Ⅰ类石片是背面全部为砾石石皮或节理面；Ⅱ类石片是背面的砾石石皮或节理面的面积大于（或等于）片疤面积；Ⅲ类石片是背面的砾石石皮或节理面的面积小于片疤面积；Ⅳ类石片的背面是没有砾石石皮或节理面，全为片疤。依实验考古推测，Ⅰ、Ⅱ类石片大部分是古人类剥片时的产物；Ⅲ、Ⅳ类石片多为加工石器（如手斧、手镐、砍砸器等）过程中的产物。杨屋遗址发现的石片中，Ⅰ、Ⅱ类石片（7件）和Ⅲ、Ⅳ类石片（7件）比例相当，因此杨屋遗址可能是一个剥片和石器加工并重的加工作坊。

表 3　杨屋遗址采集的石制品类型统计表

（单位：件）

大类	亚类	类型	数量	百分比
加工工具		石锤	1	0.5
原料及素材		断（碎）片（块）	49	22.8
原料及素材		断裂砾石	6	2.8
原料及素材		有加工痕迹的砾石	14	6.5
原料及素材		有孤立凹下片疤的砾石	9	4.2
原料及素材			1	0.5
石核	单台面		7	3.3
石核	双台面		4	1.9
石核	多台面		1	0.5
石核	石核剩块		1	0.5
加工对象·石器·砾石（石核）石器·单向加工的砍砸器	普通	单刃	37	17.3
加工对象·石器·砾石（石核）石器·单向加工的砍砸器	普通	双刃	52	24.3
加工对象·石器·砾石（石核）石器·单向加工的砍砸器	普通	多刃	15	7.0
加工对象·石器·砾石（石核）石器·单向加工的砍砸器	特殊	手镐	1	0.5
加工对象·石器·砾石（石核）石器·单向加工的砍砸器	特殊	手斧	2	0.9
加工对象·石器·砾石（石核）石器·双向加工的砍砸器	普通	单刃	1	0.5
加工对象·石器·砾石（石核）石器·单向+双向加工的砍砸器		双刃+单刃	1	0.5
加工对象·石器·砾石（石核）石器·单向+双向加工的砍砸器		单刃+孤立凹下片疤的砾石	1	0.5
加工对象·石器·石片石器·刮削器		单刃	6	2.7
加工对象·石器·石片石器·刮削器		双刃	2	0.9
加工对象·石器·石片石器·刮削器		多刃	3	1.4
合计			214	100

表 4　杨屋遗址采集石器统计表

（单位：件）

大类	亚类	类型	数量	小计	百分比（个体）	百分比（小计）
砾石（石核）石器·单向加工的砍砸器	普通	单刃	37	104	30.6	86.1
砾石（石核）石器·单向加工的砍砸器	普通	双刃	52		43.0	
砾石（石核）石器·单向加工的砍砸器	普通	多刃	15		12.5	
砾石（石核）石器·单向加工的砍砸器	特殊	手镐	1	3	0.8	2.4
砾石（石核）石器·单向加工的砍砸器	特殊	手斧	2		1.6	
砾石（石核）石器·双向加工的砍砸器	普通	单刃	1	1	0.8	0.8
砾石（石核）石器·其他		单刃 chopper+孤立凹下片疤的砾石	1	2	0.8	1.6
砾石（石核）石器·其他		双刃 chopper+单刃 choppingtool	1		0.8	
石片石器·刮削器		单刃	6	11	5.0	9.1
石片石器·刮削器		双刃	2		1.6	
石片石器·刮削器		多刃	3		2.5	
合计			121	121	100	100

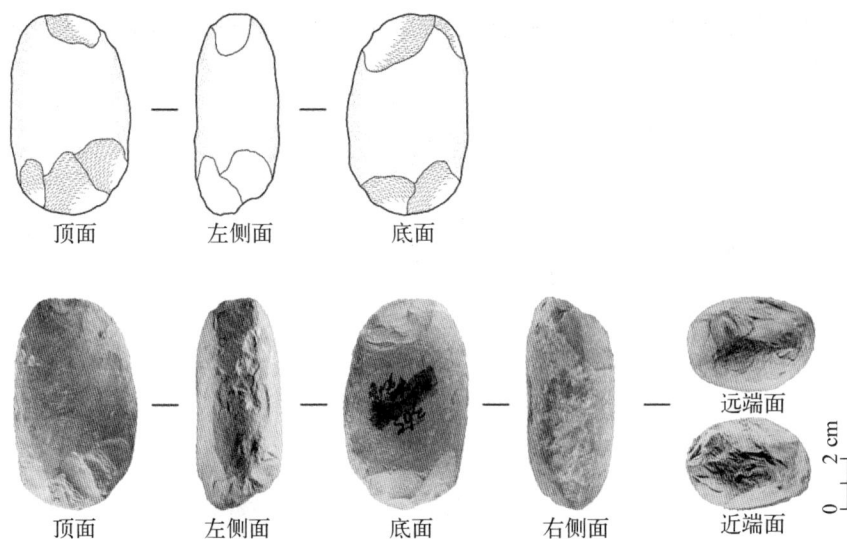

图 4 杨屋遗址采集的石锤（标000365）

（3）石核。有 13 件。根据台面数量可分为单台面、双台面、多台面石核和石核剩块（表5）。

表 5 杨屋遗址采集的石核分类统计表 （单位：件）

类　型	单台面石核			双台面石核		多台面石核	石核剩块	合计
台面位置及关系	顶面	底面	右侧面	相邻相连	相对不相连	相邻相连		
数　量	1	5	1	3	1	1	1	13
	7			4				
百分比	7.7	38.4	7.7	23.1	7.7	7.7	7.7	100
	53.8			30.8				

（4）砾石石器

1）单向加工的砍砸器

单向加工的砍砸器,可分为普通单向加工的砍砸器和特殊单向加工的砍砸器（手镐）两类。

普通单向加工的砍砸器（Chopper）,共 104 件,依据加工后的刃缘数量可分为单刃、双刃和多刃三类。

① 普通单向加工的单刃砍砸器

有 37 件。根据刃缘位置可分为:刃缘在近端边、左侧边、右侧边近端、远端边和右侧边。

刃缘在左侧边的单刃砍砸器（Chopper）,有 5 件。野外编号：P84154,素材为砾石。自然尺寸为长 68 mm,宽 54 mm,厚 15 mm,重 69 g。岩性为黄褐色泥质砂岩。刃缘平面形

状为凸刃,侧视形状为弧形刃。有两块加工的片疤,加工方向均为正向,可测刃角分别为
60°、62°(图5)。

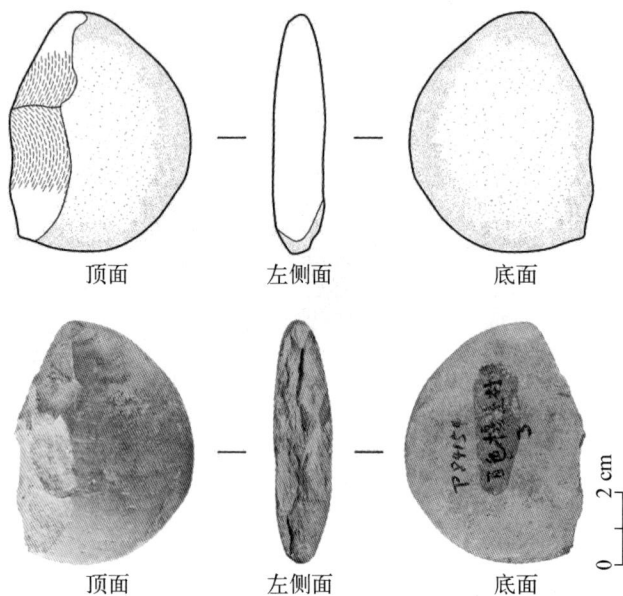

图5 杨屋遗址采集的单刃砍砸器(P84154)

刃缘在右侧边的单刃砍砸器(Chopper),有4件。野外编号:P84141,素材为砾石。
自然尺寸为长72 mm,宽55 mm,厚40 mm,重187 g。岩性为黄褐色细砂岩。刃缘平面形
状为连续"S"形刃,侧视形状为弧形刃。有三块加工的片疤,加工方向均为正向,可测刃
角分别为61°、59°(图6)。

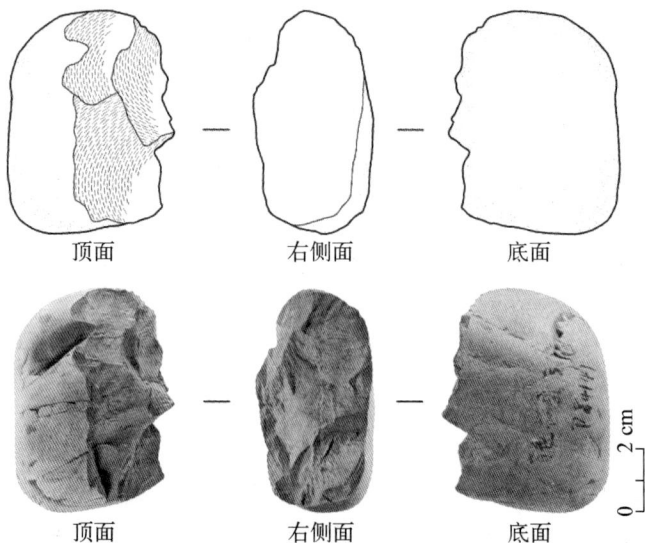

图6 杨屋遗址采集的单刃砍砸器(P84141)

　　刃缘在近端边的单刃砍砸器（Chopper），有 18 件。野外编号：1971，素材为砾石。自然尺寸为长 95 mm，宽 108 mm，厚 65 mm，重 891 g。岩性为灰黄色硅质岩。刃缘平面形状为凸刃，侧视形状为弧形刃。有五块加工的片疤，加工方向均为反向，可测刃角 91°、67°、74°、77°（图 7）。

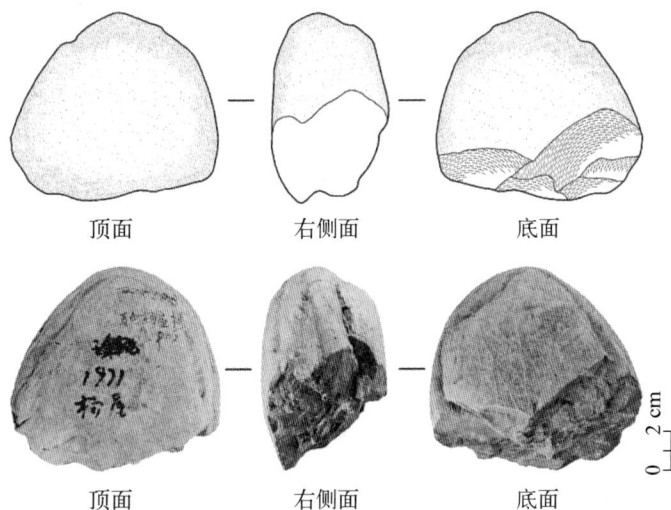

图 7　杨屋遗址采集的单刃砍砸器（1971）

　　刃缘在远端边的单刃砍砸器（Chopper），有 10 件。野外编号：标 000179，素材为砾石。自然尺寸为长 103 mm，宽 87 mm，厚 48 mm，重 531 g。岩性为黄褐色泥质砂岩。刃缘平面形状为凹刃，侧视形状为弧形刃。有两块加工的片疤，加工方向均为正向，可测刃角为 74°（图 8）。

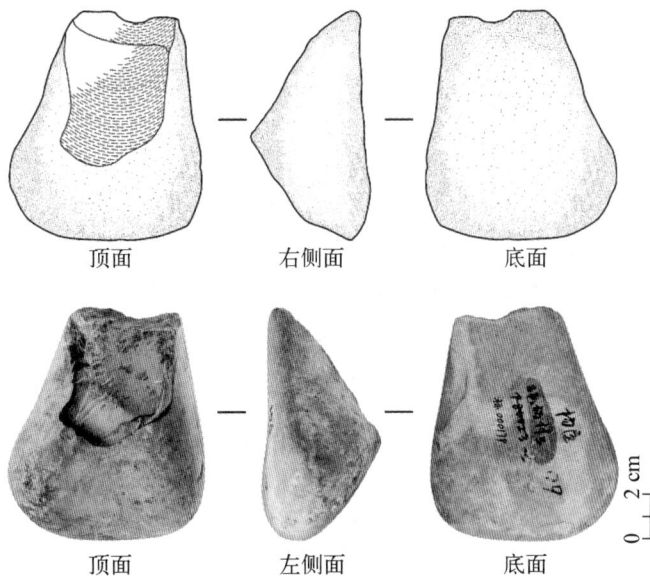

图 8　杨屋遗址采集的单刃砍砸器（标 000179）

② 普通单向加工的双刃砍砸器

有 52 件。根据刃缘位置关系可分为：相邻相连成尖、相邻相连不成尖和相邻相连成舌状。

两条刃缘相邻相连且不成尖的双刃砍砸器（Chopper），有 44 件。

两条刃缘相邻相连且成尖的双刃砍砸器（Chopper），有 7 件。野外编号：标 004052，素材为砾石，似手镐（Pic）。自然尺寸为长 188 mm，宽 115 mm，厚 75 mm，重 1 591 g。岩性为红褐色石英砂岩。刃缘在左侧边和右侧边，二者相邻相连且成尖；左侧刃平面形状为"S"形刃，侧视形状为弧形刃；右侧刃平面形状为"S"形刃，侧视形状为弧形刃。有十块加工的片疤，加工方向均为正向，可测刃角分别为 70°、83°、65°、72°、53°（图 9）。

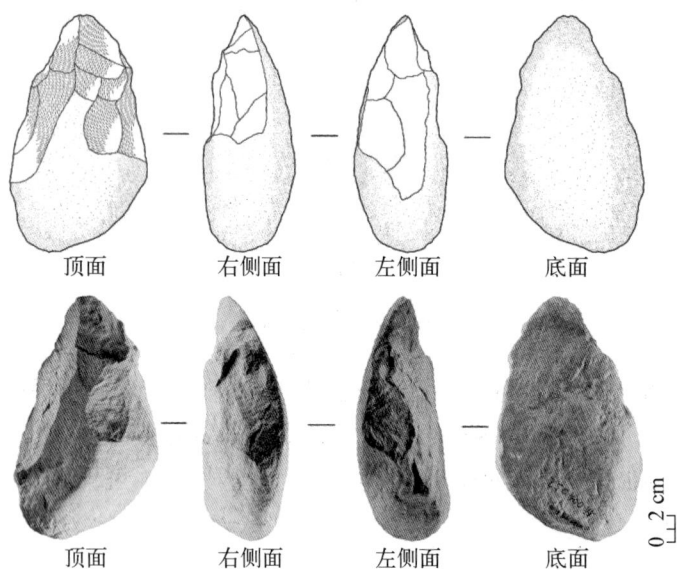

图 9　杨屋遗址采集的双刃砍砸器（标 004052）

两条刃缘相邻相连且成舌状的双刃砍砸器（Chopper），有 1 件。

③ 普通单向加工的多刃砍砸器

有 15 件。其中三条刃缘相邻相连且成梯形的多刃砍砸器（Chopper），有 7 件。野外编号：364，素材为砾石。自然尺寸为长 181 mm，宽 110 mm，厚 87 mm，重 1 704 g。岩性为黄褐色砂岩。刃缘在左侧边、远端边和右侧边，三者相邻相连且成梯形；左侧刃平面形状为凸刃，侧视形状为弧形刃；远端刃平面形状为凸刃，侧视形状为弧形刃；右侧刃平面形状为"S"形刃，侧视形状为弧形刃。有六块加工的片疤，加工方向均为正向，可测刃角分别为 89°、78°、80°、78°、46°（图 10）。

三条刃缘相邻相连且不呈梯形的多刃砍砸器（Chopper），有 5 件。三条刃缘不相连的多刃砍砸器（Chopper），有 1 件。

四条刃缘相邻相连且呈四边形的多刃砍砸器（Chopper），有 1 件。

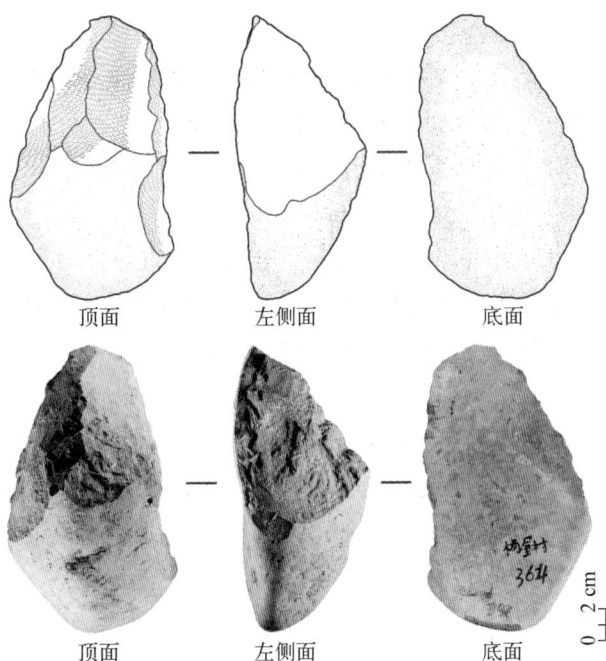

图 10　杨屋遗址采集的多刃砍砸器(364)

④ 手镐

手镐,有 1 件。野外编号: P84172(304),素材为砾石。自然尺寸为长 143 mm,宽 101 mm,厚 64 mm,重 945 g。岩性为黄褐色砂岩。刃缘在近端边左段和近端边右段,二者相邻相连且成尖;近端左侧刃平面形状为凸刃,侧视形状为弧形刃;近端右侧刃平面形状为凹刃,侧视形状为弧形刃。有五块加工的片疤,加工方向均为反向,可测刃角分别为 60°、67°、70°、69°、83°(图 11)。

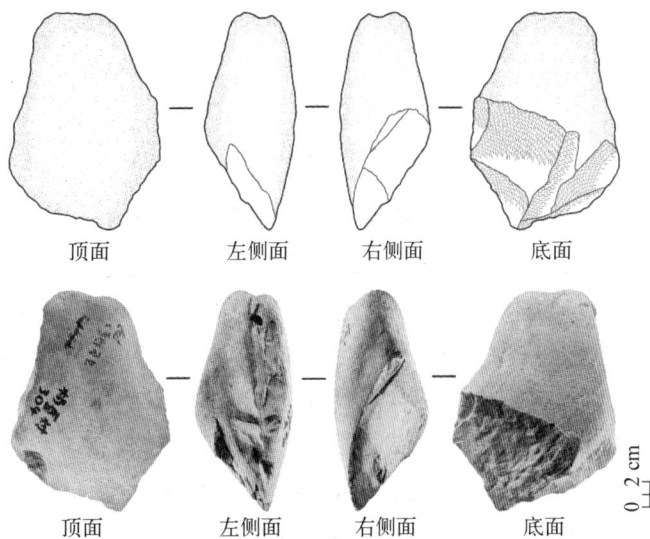

图 11　杨屋遗址采集的手镐[P84172(304)]

2）双向加工的砍砸器

双向加工的砍砸器，可分为普通双向加工的砍砸器和特殊双向加工的砍砸器两类。

普通双向加工的单刃砍砸器，刃缘在近端边，有 1 件。

特殊双向加工的砍砸器，手斧，有 2 件。全部为完整手斧。

心形手斧，1 件。标 000037，素材为"Kombava"石片石核。自然尺寸为长 162 mm，宽 127 mm，厚 68 mm，重量 1 093 g。岩性为黄色石英砂岩。刃缘分别在左侧边和右侧边，二者相邻相连且成尖状；左侧刃平面形状为略"S"形刃，侧视形状为连续"S"形刃；右侧刃平面形状为曲折刃，侧视形状为连续"S"形刃。加工的小疤有二十块，其中十块为正向加工，十块为反向加工。可测刃角分别为 60°、72°、72°、60°、65°、75°、83°、71°、75°、72°、63°、62°、53°、73°、80°、70°、80°、80°。背面上左侧刃缘的长度为 168 mm，破裂面上左侧刃缘的长度为 168 mm，左侧刃缘的长度为 168 mm；背面上右侧刃缘的长度为 145 mm，破裂面上右侧刃缘的长度为 145 mm，右侧刃缘的长度为 145 mm。两面加工的总长度为 313 mm（图 12）。

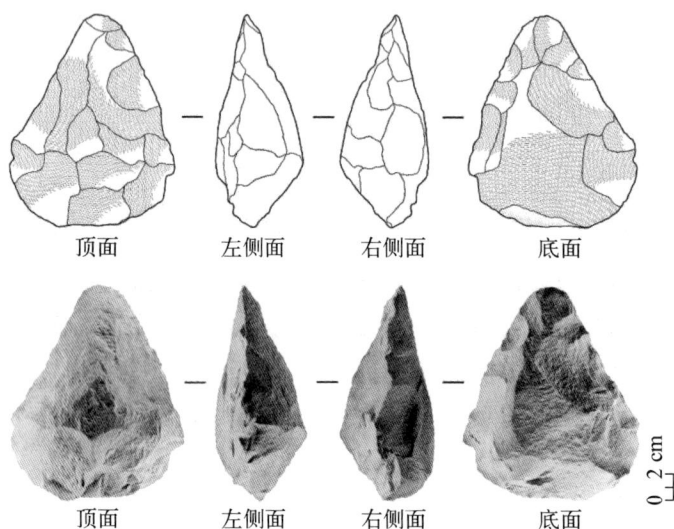

图 12　杨屋遗址采集的手斧（标 000037）

舌状手斧，1 件。标 000039，素材为砾石。自然尺寸为长 187 mm，宽 144 mm，厚 74 mm，重量 1 590 g。岩性为黄色石英砂岩。刃缘分别在左侧边和右侧边，二者相邻相连成舌状；左侧刃平面形状为连续"S"形刃，侧视形状为连续"S"形刃；右侧刃平面形状为连续"S"形刃，侧视形状为连续"S"形刃。有二十一块加工的片疤，加工方向中正向的有十块，反向的有十一块。可测刃角分别为 65°、42°、57°、65°、77°、113°、72°、103°、60°、42°、45°、99°、112°、61°、71°、57°、70°、75°、62°、92°、54°。顶面上左侧刃缘的长度为 170 mm，底面上左侧刃缘的长度为 170 mm，左侧刃缘的长度为 170 mm；顶面上右侧刃缘的长度为 148 mm，底面上右侧刃缘的长度为 148 mm，右侧刃缘的长度为 148 mm。两面加工的总长度为 318 mm（图 13）。

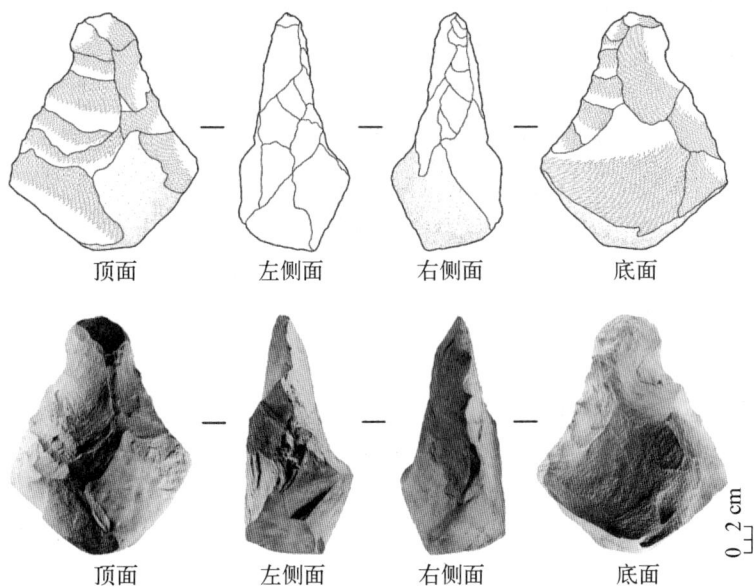

图 13　杨屋遗址采集的手斧(标 000039)

3) 其他类型的砍砸器

有 2 件。1 件为单向加工的单刃砍砸器+有孤立凹下片疤的砾石,1 件为单向加工的双刃砍砸器+双向加工的单刃砍砸器。

(5) 石片石器

刮削器,有 11 件。均为普通刮削器,根据加工后的刃缘的数量分为单刃、双刃和多刃。

单刃刮削器有 6 件。根据刃缘所在的位置可分为:刃缘在近端边(3 件)、右侧边(1 件)、远端边(1 件)和左侧边近端(1 件)。

双刃刮削器有 2 件,多刃刮削器有 3 件。

三、比　较　研　究

(一) 那赖遗址 B 区石制品

那赖遗址 B 区位于田阳县城西南那赖屯西约 200 m 的山坡上,分布范围约 5 km²,属于旧石器时代早期遗址,大约距今 80.3 万年。

从石制品岩性上看,那赖遗址 B 区石制品的岩性以砂岩和石英岩为主,硅质岩也占一定比例。其中,砾石、石核、石片和石器多为砂岩,断块多为细砂岩。而杨屋遗址石制品的岩性以粉砂岩为主,其次为砂岩和细砂岩,在各个石制品类型中均以粉砂岩为主。

从石制品类型上看,杨屋遗址包括石锤、断块、砾石、石核、刮削器和手斧等。那赖遗址 B 区除以上类型外,还出现了薄刃斧、石砧、尖状器和完整砾石,器物类型比杨屋遗址更为丰富。

从器形和组合上看,两个遗址的器体厚重,属于大型工具范畴,绝大部分石器利用砾石直接打制而成,仅有小部分是采用石片加工而成。而且,二者均以砍砸器为主,刮削器次之,手镐和手斧所占比例不高。

从打击方法上来看,那赖遗址 B 区除了使用硬锤锤击法以外,还使用碰砧法进行加工。此外,除手斧为两面打制外,其他类型的石器均为单面加工;石核利用率低且大多为天然台面。

那赖遗址 B 区和杨屋遗址均属于居住时间长、规模较大、石制品较多的群体营地,二者石制品所反映的石器制作技术具有一定的趋同性[4]。

(二)六怀山遗址石制品

六怀山遗址位于百色市右江区江风村,属于右江第四级阶地,其年代为早更新世至中更新世初期,大约距今 73.3 万年。

从石制品种类上看,六怀山遗址除了石核、石片、断块和砾石四种素材之外,石器仅有砍砸器和手镐两种,没有加工工具,石器组合和杨屋遗址相比较为单一。但六怀山遗址的砾石较杨屋遗址多,可能是古人类储备的石料。两个遗址的石制品总体均以大型为主。

从石制品岩性上看,六怀山遗址以石英砂岩为主,其次为粉砂岩和石英岩;而杨屋遗址以粉砂岩为主,其次为砂岩和细砂岩。在岩性大类上,杨屋遗址均为沉积岩,而六怀山遗址还包含有变质岩。

从剥片技术上看,均以单台面石核为主,且台面均为天然台面,表明古人类在打片之前一般不对石核台面进行预先修整。此外,杨屋遗址全部为完整石片,六怀山遗址也仅包含一件断裂石片。

从石器加工上看,六怀山遗址石器的毛坯全部为砾石,在砾石的一端进行单向加工,加工方法为硬锤锤击法。而杨屋遗址的石器毛坯除了砾石以外,还包括石片和断片等,与六怀山遗址相同的是,石器同样为单向加工,加工方式简单,保留石皮较多。

上述特点表明两个遗址的石器组合均系重型工具,具有中国南方旧石器时代文化的鲜明特点[5,6]。

(三)六合遗址石制品

六合遗址位于百色市右江区龙景街道办事处大湾村六合屯西南面约 600 m 处的六合山,遗址主要分布于六合山的东坡和北坡,面积约 2 km²。

从石制品种类上看,六合遗址有原料三种,即石核、石片和断块;加工工具一种,即石锤;加工对象三种,即砍砸器、刮削器和手镐。和杨屋遗址相比,六合遗址石器种类较少。但从石器小类的数量上看,两个遗址都是砍砸器数量最多,这种现象与百色盆地其他高阶地地点发现的石制品特点也趋于相同。

从石制品岩性上看,六合遗址以石英岩为主,杨屋遗址以粉砂岩为主。这些岩性的砾石在遗址所在的山头顶部的砾石层均可发现,由此可见,制作石制品的原料均来自遗址附近第四级阶地的砾石层。

从剥片技术上看,两个遗址的石核加工方法均为硬锤锤击法,二者不同的是,杨屋遗址仅存在天然台面石核,而六合遗址存在天然台面和人工台面两种。两个遗址都是以单台面石核为主,其次为双台面石核和多台面石核,不论哪一种类型的石核,都保留有砾石石皮,石核的利用率不是很高。两个遗址的石片均为天然台面石片且加工方法均为硬锤锤击法。

从石器加工上看,两个遗址的砍砸器的素材均仅见砾石一种,砍砸器的加工方法仅见硬锤锤击法,其他方法未见。砍砸器的加工方式均仅有单面加工一种,未见有双面加工的砍砸器。在六合遗址中,刮削器的素材均为砾石,而杨屋遗址的刮削器的素材为断片、碎片或石片,未见有砾石作为素材。两个遗址的手镐的素材均为砾石,且加工方法均为硬锤锤击法。以上这些特点表明,杨屋遗址和六合遗址同样具有中国南方旧石器时代文化的鲜明特点[7,8]。

（四）高岭坡遗址石制品

高岭坡遗址位于百色盆地田东县林逢镇檀河村,地处右江南岸的第四级阶地,阶地顶部高出右江河面 62 m,海拔 152 m。该遗址第一次发掘是在 1988 年,前后共发掘过 5 次,属于百色盆地中发掘较早的遗址。为了弄清楚第四级阶地整个地层的堆积情况,2013～2014 年对高岭坡遗址又进行一次发掘,揭露出了厚度超过 7 m 且完整的地层序列,其文化遗存涵盖了旧石器和新石器两个时代。根据地层、石制品及测年情况的分析,旧石器时代文化遗存可分为三期,最早的可上溯到距今 80.3 万年。

高岭坡遗址的石器除了与杨屋遗址类似以外,还发现了鸟喙状器。这类石器出现于旧石器时代初期,由此表明百色盆地的文化面貌存在新的内容。

从石制品岩性上看,高岭坡遗址以石英砂岩为主,杨屋遗址以粉砂岩为主,二者岩石的摩尔硬度均可达到 7°左右,表明了早期人类基本掌握了分辨石料是否适合加工成石器的能力。

从剥片技术上看,两个遗址均以硬锤锤击法作为主要加工方法,并且加工方式主要是从较平的一面向较凸的一面进行单向加工为主,同时存在少量交互与错向的加工方式。

高岭坡旧石器时代遗址位于中国南方旧石器时代文化分布区内,总体具有南方文化的特点,但该遗址石器整体更精致化,拼合石片以及大量断块、小石片的出现,表明该遗址曾作为一处石器加工制造场而存在[9~11]。

（五）梁山龙岗寺遗址石制品

梁山遗址位于长江最大支流汉江上游汉中盆地的南缘，背靠大巴山北端支脉梁山，隔江与秦岭山脉遥遥相望，属于汉水第三阶地，该遗址在类型和技术上与华南的百色旧石器文化有相似之处，是一个含手斧的旧石器时代早期遗址。

从石制品种类上看，两个遗址的原料和素材主要有砾石、断块、石核、石片，石器类型主要有砍砸器、刮削器、手镐、手斧等，其中砍砸器数量最多，因此二者在器物组合上具有一致性。不同的是，梁山石器中石球的数量相当多并且是一种主要的工具类型，而杨屋遗址甚至整个百色地区没有发现过石球，由此可说明梁山地区的古人类的生计方式以狩猎为主。

从石制品岩性上看，梁山遗址的石器以脉石英为主，而杨屋遗址的石器以粉砂岩为主。

从石器加工上看，二者的石器大多用砾石直接加工而成，在器身保留有大量石皮，器形个体粗大。不同的是，杨屋遗址的砍砸器全部为单面加工，而梁山遗址的砍砸器则是单面加工和双面加工都存在，加工较杨屋遗址复杂。除此以外，二者均发现了手斧。手斧是人类历史上第一类标准化的生产工具，通过测量数据所得到的各项比率发现，二者的手斧差别不是很大，其主要指标及其外形特征都反映了二者属于真正的手斧范围，因此可以认为梁山手斧与杨屋手斧在技术上有相当密切的关系。

从打击方法上看，二者打片和加工石器的主要方法均为硬锤锤击法。而梁山遗址在石片的生产过程中，出现了少量砸击法。

二者均具有中国南方砾石石器文化特征，杨屋遗址与梁山遗址既有诸多相通之处，又各具特色[12~17]。

（六）郧县人遗址石制品

郧县人遗址位于湖北省郧县青曲镇弥陀寺村，属于汉水的第四级阶地，海拔为200 m，年代大约为距今98.4~78万年。在该遗址出土的两具直立人头骨化石的年代为距今93.6万年，由此表明该遗址时代较早。

从石制品种类上看，在郧县人遗址发现了石核、石片、砍砸器、刮削器、石锤、碎片（碎块）和有打击痕迹的砾石等七类。和杨屋遗址相同的是，石核以单台面石核为主，剥片率较低。郧县直立人遗址出土的石制品表现出古老的面貌，有大量的砾石石器，包括手镐、手斧、斧状器等，另外有一件单面器和少量加工简单的小石器。尽管在该遗址出土手镐不多，但它却形成了一组使郧县人遗址与中国东南部其他旧石器时代早期遗址（例如杨屋遗址）中面貌比较接近的器物。

从石制品岩性上看，郧县人遗址的岩石种类非常多，主要以脉石英和石英岩为主，而像砂岩和石英砂岩则较少被使用。与之不同的是，杨屋遗址石制品的岩性以粉砂岩为主。

从加工技术上看,两个遗址都是主要采用硬锤锤击法来直接剥片和加工,可能有时也采用间接打制技术,且加工方向均以单向加工占多数,少数为交互加工。

从郧县人遗址以大型砾石石器为代表器物以及石器组合上的特点可以看出,它与在我国广西百色盆地的许多旷野遗址(如杨屋遗址)中发现的具有阿舍利文化性质的遗存极为相似[18~22]。

四、结　　论

通过对杨屋遗址采集的石制品进行统计分析和系统研究,得出以下几点结论:

(1)杨屋遗址共采集到石制品214件,石制品类型丰富,其中原料及素材91件、加工工具1件、砾石(石核)石器111件、石片石器11件。从砾石(石核)石器和石片石器的数量可以看出,杨屋遗址是以石核石器为主,以石片石器为辅,因此该遗址是南方砾石石器文化的代表性遗址。

(2)石制品岩性大类上,以沉积岩为主,以沉积岩为原料制作的石制品有188件,占石制品总数的87.8%。火成岩次之,以火成岩为原料制作的石制品有23件,占石制品总数的10.8%。另外,发现玛瑙制品3件,占石制品总数的1.4%。没有发现变质岩的石制品。石制品岩性小类上,以粉砂岩为主,占石制品总数的26.6%;其次为砂岩,占石制品总数的20.1%;最少的是泥质岩和玛瑙,各占石制品总数的1.4%。

这些原料均来自遗址附近河流的河漫滩堆积物或遗址所在的阶地底部的砾石层堆积中。早期古人类一般就地取材加工石制品,而且从不同岩性的所占比例的差异可以看出古人类对加工的原料有一定程度的认识,能够有意识地选择硬度适中、便于加工的原料作为素材加工成特定的石器。

(3)从石器类型上看,杨屋遗址类型较为丰富,砾石(石核)石器可分为砍砸器、手镐和手斧,而石片石器仅有刮削器。砍砸器数量最多,有111件,占石制品总数的52%,属于石器组合中的主体类型。手斧和手镐则是最具有特色的石器。这些石器普遍粗大,多为大型工具。

(4)杨屋遗址石制品以重型为主,轻型石制品为辅。

(5)杨屋遗址采集到的石核较少,大部分为天然石皮台面的单台面石核,利用率低。同样,在杨屋遗址采集到的石片数量较少,并且Ⅰ、Ⅱ类石片和Ⅲ、Ⅳ类石片各占50%,表明该遗址简单剥片时的产物和加工石器过程中产生的废片数量相当,因此说明杨屋遗址使用的可能是一种粗加工和精加工同时存在的加工模式。

(6)石器均为硬锤锤击法加工而成,石器大多为单面加工,两面加工的石器很少。大多数石器的加工范围仅加工一半,剩下留有部分砾石面,只有手斧既是两面打制且加工范围较大,仅在末端把手处留有少量砾石石皮。

　　（7）杨屋遗址是一处含有阿舍利文化因素的遗址,作为旧石器时代早期遗址中的手斧,它的制作比较粗糙,用硬锤锤击法加工而成,大多为砾石石器。在杨屋遗址中没有发现薄刃斧,这可能与当时的环境因素和人类的经济活动有关。

　　（8）在杨屋遗址,除了手斧和手镐加工较为精致以外,其他石器大多缺乏精致加工,造成这种现象的原因可能在该遗址附近石料分布广泛、种类多样、比较容易获取;另外,石料较为粗大且厚重,不方便携带,因此古人类可以边用边打制,用完即废弃,比随身携带要方便很多。

　　（9）杨屋遗址乃至百色盆地都没有发现1件典型石球,而在陕西汉中地区、湖南洞庭湖地区以及安徽巢湖地区等地石球却广泛存在。这可能是因为石球主要作为狩猎工具存在,而在百色盆地的右江两岸有大量类似于石球的天然砾石,因此百色地区的古人类也就没有必要制作石球这类器物了。

　　因此,杨屋遗址属于旧石器时代早期遗址,具有明显的百色盆地旧石器时代遗址的特点,且该遗址的石制品显示了我国南方以砾石石器为主的旧石器时代早期文化面貌。

注　释

[1] 刘扬,黄胜敏,郭耀峥. 近四十年广西百色盆地旧石器考古研究综述与展望[A].见:董为主编.第十三届中国古脊椎动物学学术年会论文集[C].北京:海洋出版社,2012:281~288.

[2] 黄胜敏. 百色旧石器的发现和研究[A].见:广西百色市委,广西百色市政府,广西历史学会编.历史的启示——右江流域民族历史文化与经济开发研讨会暨广西历史学会第十次会员代表大会论文集[C],2003:10.

[3] 黄启善. 百色旧石器[M].北京:文物出版社,2003:1~180.

[4] 蒋远金. 田阳那赖遗址B区发掘报告[A].见:广西文物考古研究所编.广西考古文集(第4辑)[C].北京:科学出版社,2010:175~212.

[5] 徐欣,李锋,陈福友,等. 百色六怀山遗址周边新发现的旧石器[J].人类学学报,2012,31(2):144~150.

[6] 裴树文,陈福友,张乐,等. 百色六怀山旧石器遗址发掘简报[J].人类学学报,2007,26(1):1~15.

[7] 黄胜敏,刘扬,黄鑫,等. 广西百色六合遗址发掘简报[J].人类学学报,2012,31(2):137~143.

[8] 黄胜敏,黄鑫,黄明扬,等. 百色六合遗址发掘简报[A].见:广西文物考古研究所编.广西考古文集(第4辑)[C].北京:科学出版社,2010:20~35.

[9] 侯亚梅,高立红,黄慰文,等. 百色高岭坡旧石器遗址1993年发掘简报[J].人类学学报,2011,30(1):1~12.

[10] 高立红,袁俊杰,侯亚梅. 百色盆地高岭坡遗址的石制品[J].人类学学报,2014,33(2):137~148.

[11] 谢光茂,林强,余明辉,等. 广西百色盆地高岭坡遗址的地层及年代[J].人类学学报,2019,38(1):1~11.

[12] 黄慰文,祁国琴. 梁山旧石器遗址的初步观察[J].人类学学报,1987,6(3):236~244.

[13] 阎嘉祺. 陕西省汉中地区梁山旧石器的首次发现和初步研究[J].西安矿业学院学报,1981(1):56~67.

[14] 侯金玲,王志宏,杨亚长,等. 陕西南郑龙岗寺新出土的旧石器和动物化石[J].史前研究,1986(2):46~59.

[15] 鲁娜,黄慰文,尹申平,等. 梁山遗址旧石器材料的再研究[J]. 人类学学报,2006,25(2)：143~152.

[16] 阎嘉祺,魏京武. 陕西梁山旧石器之研究[J]. 史前研究,1983(1)：51~56.

[17] 阎嘉祺. 陕西省汉中地区梁山旧石器的首次发现和初步研究[J]. 西安矿业学院学报,1981(1)：56~67.

[18] 冯小波,陆成秋,王昊. 湖北郧县直立人遗址研究新进展[J]. 江汉考古,2011,(3)：57~64.

[19] 冯小波. 郧县人遗址石制品的拼合研究[A]. 见：北京大学考古文博学院编. 考古学研究(七)[C]. 北京：科学出版社,2008：77~85.

[20] 冯小波. 郧县人遗址石核的研究[J]. 人类学学报,2004,23(1)：1~12.

[21] 冯小波. 湖北郧县人遗址石器的第二步加工[J]. 华夏考古,2003(4)：32~38.

[22] 李炎贤,计宏祥,李天元,等. 郧县人遗址发现的石制品[J]. 人类学学报,1998,17(2)：15~41.

（本文发表于《华夏考古》2020 年第 3 期）

附录：英文著作目录

Cheng F, Hong HL, Bae CJ, et al. Geochemical and detrital zircon U-Pb geochronological constraints on provenance of the Xiaomei red earth sediments (Bose Basin, Guangxi Province, southern China)[J]. *Palaeogeography, Palaeoclimatology, Palaeoecology*, 2018, 510: 49–62.

Feng XB, QI Y, LI Q, et al. L'industrie du Paléolithique inférieur du site de Baigu, Bassin de Bose, Province autonome du Guangxi Zhuang, RP de Chine[J]. *L'Anthropologie*, 2018, 122 (1): 14–32.

Hou YM, Potts R, Yuan BY, et al. Mid-Pleistocene Acheulean-like Stone Technology of the Bose Basin, South China[J]. *Science*, 2000, 287(5458): 1622–1626.

Huang SM, Wang W, Bae CJ, et al. Recent Paleolithic field investigations in Bose Basin (Guangxi, China)[J]. *Quaternary International*, 2012, 281: 5–9.

Koeberl C, Glass BP. Tektites and the age paradox in Mid-Pleistocene China[J]. *Science*, 2000, 289(5479): 507.

Langbroek M. Do tektites really date the bifaces from the Bose (Baise) Basin, Guangxi, southern China[J]. *Journal of Human Evolution*, 2015, 80(6): 175–178.

Lei L, Lotter MG, Li DW, et al. Refining the Understanding of Large Cutting Tool Technology in the Baise Basin, South China[J]. *Lithic Technology*, 2021, 46(2): 87–103.

Li H, Lei L, Li DW, et al. Characterizing the shape of Large Cutting Tools from the Baise Basin (South China) using a 3D geometric morphometric approach [J]. *Journal of Archaeological Science: Reports*, 2021, 36: 102820.

Li H, Lotter MG, Kuman K, et al. Population dynamics during the Acheulean at ~0.8 Ma in East and Southeast Asia: Considering the influence of two geological cataclysms [J]. *Palaeogeography, Palaeoclimatology, Palaeoecology*, 2021, 562: 109927.

Li H, Zhang M, Lotter MG, et al. Mobility and settlement dynamics of Large Cutting Tool makers in the subtropical forests of South China: A simulated ecological approach [J]. *Journal of Archaeological Science: Reports*, 2022, 42: 103353.

Li H, Lotter MG. "Tip of the tongue": Experimental reconstruction of handaxes at the Baise Basin (South China) and implications for lithic standardization[J]. *Lithic Technology*, in revision.

Michel V, Feng XB, Shen GJ, et al. First ^{40}Ar/^{39}Ar analyses of Australasian tektites in close association with bifacially worked artifacts at Nalai site in Bose Basin, South China: The question of the early Chinese Acheulean [J]. *Journal of Human Evolution*, 2021, 153: 102953.

Petraglia MD, Shipton C. Large cutting tool variation west and east of the Movius Line[J]. *Journal of Human Evolution*, 2008, 55(6): 962 – 966 .

Shipton C, Petraglia MD. Inter-continental variation in Acheulean bifaces [A]. *Asian paleoanthropology*[M]. Springer, Dordrecht, 2011: 49 – 55.

Wang W, Bae CJ, Huang SM, et al. Middle Pleistocene bifaces from Fengshudao (Bose Basin, Guangxi, China)[J]. *Journal of Human Evolution*, 2014, 69: 110 – 122.

Wang W, Bae CJ. How old are the Bose (Baise) Basin (Guangxi, southern China) bifaces? The Australasian tektites question revisited[J]. *Journal of Human Evolution*, 2015, 80: 171 – 174.

Wang W, Lycett SJ, von Cramon-Taubadel N, et al. Comparison of handaxes from Bose Basin (China) and the western Acheulean indicates convergence of form, not cognitive differences [J]. *PLOS ONE*, 2012, 7(4): e35804.

Wang W, Mo JY, Huang ZT. Recent discovery of handaxes associated with tektites in the Nanbanshan locality of the Damei site, Bose basin, Guangxi, South China[J]. *Chinese Science Bulletin*, 2008, 53(6): 878 – 883.

Xie GM, Lin Q, Chen X, et al. Stratigraphie et chronologie du site de Gaolingpo dans le bassin de Bose, sud de la Chine[J]. *L'Anthropologie*, 2018, 122(1): 1 – 13.

Xie GM, Bodin É. Les industries Paléolithiques du basin de Bose (Chine du Sud) [J]. *L'Anthropologie*, 2007, 111: 182 – 206.

Xie GM, Chen XY, Li DW, et al. Stratigraphy and chronology of the palaeolithic industry in Bose Basin, South China: Excavation of Gaolingpo [J]. *Archaeological Research in Asia*, 2021, 26: 100284.

Xu GL, Wang W, Bae CJ, et al. Spatial distribution of Paleolithic sites in Bose Basin, Guangxi, China[J]. *Quaternary International*, 2012, 281: 10 – 13.

Zhang P, Huang W, Wang W. Acheulean handaxes from Fengshudao, Bose sites of south China[J]. *Quaternary International*, 2010, 223: 440 – 443.

后　　记

为了纪念广西百色盆地旧石器考古发现和研究 50 周年，同时也为了便于学术研究，我们编辑了这本考古文集。

本书分为报告和论文两部分，报告部分基本上全部收录了正式发表的考古调查和发掘报告，由于篇幅限制，论文部分只收录了比较重要或有代表性的文章。另外，英文文章只列出作者、题目和刊载的期刊等信息，作为附录放在正文后面，以便读者查阅。所收入的报告（简报）和论文按原文照录，因受制版条件限制，删除了原文中不清楚的插图和图版。文章大致按发表的时间先后编排，文末注明原刊名称和期别，以便读者进一步查考。

本书由林强所长主编，谢光茂负责编写，陈强协助收集资料。本书收录的文章，未及请原作者校对，如有错漏，敬请原作者谅解。

本书的出版得到上海古籍出版社贾利民编辑的大力支持和帮助，在编辑和出版方面付出了辛劳，在此表示感谢！

编　者
2023 年 9 月 26 日